U0619747

外国人物传记

STEVE JOBS

乔布斯传

明道 编著

传

（典藏版）

中华工商联合出版社

图书在版编目（CIP）数据

乔布斯传：典藏版／明道编著．—北京：中华工商联合出版社，2020.9（2023.9重印）

ISBN 978 - 7 - 5158 - 2807 - 7

Ⅰ.①乔…　Ⅱ.①明…　Ⅲ.①乔布斯（Jobs，Steve Paul 1955 - 2011）-传记　Ⅳ.①K837.125.38

中国版本图书馆 CIP 数据核字（2020）第 145490 号

乔布斯传（典藏版）

编　　著：明　道

出 品 人：李　梁

责任编辑：林　立

封面设计：田晨晨

版式设计：北京东方视点数据技术有限公司

责任审读：郭敬梅

责任印制：迈致红

出版发行：中华工商联合出版社有限责任公司

印　　刷：三河市燕春印务有限公司

版　　次：2020 年 9 月第 1 版

印　　次：2023 年 9 月第 2 次印刷

开　　本：710mm×1020mm　1/16

字　　数：480 千字

印　　张：30.25

书　　号：ISBN 978 - 7 - 5158 - 2807 - 7

定　　价：68.00 元

服务热线：010 - 58301130 - 0（前台）

销售热线：010 - 58302977（网店部）

　　　　　010 - 58302166（门店部）

　　　　　010 - 58302837（馆配部、新媒体部）

　　　　　010 - 58302813（团购部）

地址邮编：北京市西城区西环广场 A 座

　　　　　19 - 20 层，100044

http://www.chgslcbs.cn

投稿热线：010 - 58302907（总编室）

投稿邮箱：1621239583@qq.com

工商联版图书

版权所有　侵权必究

凡本社图书出现印装质量问题，请与印务部联系。

联系电话：010 - 58302915

前 言
Preface

苹果公司，是近三十年来屡屡创造奇迹的一家公司，而它之所以能创造奇迹，公认的原因，是因为它有一个神一般的灵魂人物存在，他，就是乔布斯。乔布斯总能在关键时刻，让他创建的苹果公司创造出惊人的奇迹。更关键的是，乔布斯赋予了苹果产品独特的含义，让电子产品走下神坛，深入人类生活的各个角落。

在世界各类媒体的报道中，我们不难发现乔布斯的几项个人特质，比如"专注""完美主义""精英主义""现实扭曲力场"，等等。人们把乔布斯和他的"苹果"看成是一个传奇，提到乔布斯，就会把他和一系列堪称艺术品的产品联系起来：iMac，iBook，iPod，iPhone，iPad……

乔布斯带领苹果公司，上演了一场活生生的海明威式神话："你可以打败我，但你永远打不垮我。"他的身上有无数让人着迷的特质：坚韧不拔、知难而进、勇于创新、敢于冒险……

乔布斯，这个全球最酷的企业家、IT 产业的艺术家，为世界奉献了一个充满创意的"苹果"。乔布斯似乎拥有无穷无尽的意志力和行动力，他创造出一个又一个商业神话和新奇产品，不仅改变了他自己，甚至也改变和影响了地球人类的生活方式和对未来科技的认识。

超凡魅力，是一种赋予极少数人的礼物，而乔布斯正拥有这样一份堪称"现实扭曲力场"的"魔力"。目睹他长达数个小时的演讲，就好像是看一位善于展示的能手在不携带任何草稿的情况下尽情挥洒内心的独白。这是一种醉心于科学技术的独白，技术就是史蒂夫·乔布斯的整个世界。

科学技术的迅速发展使得很多事物看上去都是新颖的、超前的、光彩夺目的，而乔布斯又对这种迅速发展的技术有着非同一般的感受，他内心充满激情，他对"苹果"怀着一种狂热，他会因拯救濒临失败的东西激动不已——这不仅是为了自己，也是为了苹果公司，甚至是为了全世界的个人电脑产业。

他的"魔力"，他对胜利时刻的独特感受，他的从容，都汇集在了他创造的口号里：

"伟大的疯狂！"

"在世界上留下足迹！"

"让我们成为海盗吧！"

后来又产生了新的口号："这将是了不起的成就！"

"超越盒子！"

到了最后是："重振苹果！"

这些口号就像是一支奇特的队伍经过时产生的嘈杂声，既有苹果公司和 NeXT 公司的工程师，也肯定有巴斯光年、海底小丑鱼，还有超人特工队一家。

乔布斯推动开发的一个又一个的产品总让人们产生"必须拥有"的渴望，因为他总是在设计时，考虑到你和我这样平凡而实际的用户。乔布斯经常被拿来与发明家托马斯·爱迪生、"汽车大王"亨利·福特相提并论，因为他们发明的产品都经济实惠，让生活更加方便，改变了美国人乃至全世界人的生活方式。

他生活中的某些经历，听起来就像从电影里搬出来的童话故事：刚出生就被领养，出色地从失败中崛起，拥有令人无法置信的巨大财富……他被人爱，也招人恨，被强烈地崇拜，也被广泛地鄙视。

在以前，当乔布斯尚显年轻、羽翼未丰的时候，一些对他持怀疑态度的人认为，他只不过是一位行事大胆的鲁莽之辈。当这位年轻的电脑天才在苹果公司占有一席之地的时候，他就有些飘飘然了，也似乎开始变得冷酷无情了。虽然他参与设计了麦金塔个人电脑，但他的内心还是感到很空虚。

他在被自己开创的公司赶出去之后，在"荒野"之中待了十几年，在他重新回来的时候，他的内心世界发生了很大的变化，那是一种更加人性化的转变。创业的失败使他变得谦逊了，孩子们的出生使他变得温顺了，而年龄的增长也使他变得更加成熟了。虽然他还可能刚愎自用，还可能像以前一样只相信自己的决断，但重要的是，他已经意识到工作是大部分人做的："苹果公司就是一支团队。"

是乔布斯的努力使科学技术在每个人面前都充满了希望，而其他人是做不到这一点的。

他习惯穿着黑色的圆领 T 恤和一条已经穿得很旧的牛仔裤，这也显示了他依旧鄙弃那种公司传统的正式服装。带着一种缺乏自信，甚至有点自嘲的笑容，带领苹果公司的团队，为全人类创造出了更多更好更棒的电子产品。

　　而他的人生经历，自然也为人们探寻和研究，打开本书，让你了解一个真实的乔布斯，让你知道他是如何从一个被亲生父母遗弃的婴儿成长为全球电子产品领军人物，让你跟随乔布斯的失败与成功，体会逆境中的崛起，体会不一样的人生道路。

目 录
Contents

你想用卖糖水来度过余生，还是
想要一个机会来改变世界

被遗弃的孩子

"亲生父母对于其他人来说，可能还有更重要的意义，但对于我来说，他们仅是精子库和卵子库而已。"

——乔布斯

1954 年，来自威斯康星乡村的德裔女孩乔安妮·席贝尔·钱德里·辛普森进入了她梦寐以求的威斯康星大学，开始了绚烂多姿的大学生活。

与此同时，来自叙利亚的"约翰"阿卜杜勒塔赫·钱德里在贝鲁特拿到美国大学的学士学位后，进入了威斯康星大学攻读政治学硕士并担任助教。

于是，命运的齿轮就这样开始转动起来……修有政治课的乔安妮很快就为年轻助教钱德里优雅的举止和渊博的学识所倾倒，而钱德里也深深地被乔安妮的美丽乐观吸引，一场跨国的师生恋就此展开。

1954 年的夏天，乔安妮跟随钱德里来到了钱德里的祖国叙利亚。钱德里的家族在叙利亚非常显赫，他父亲经营着好几家炼油厂，还涉足了其他多种产业，除此之外，他在叙利亚首都和第一大城市大马士革及第三大城市霍姆基还有大量资产，至于这笔资产到底有多巨大，从他一度掌控了那里小麦的价格就可见一斑。尽管钱德里家族世代经商，但是十分重视孩子的教育，一直坚持送家庭成员到伊斯坦布尔或者巴黎索邦大学读书。阿卜杜勒塔赫·钱德里也没有逃过这样的安排，他在很小的时候就被送到一所耶稣会寄宿学校学习。因为钱德里是家中九个孩子中最小的一个，所以非常受宠。可能是爱屋及乌吧，乔安妮在钱德里家族中受到了热烈欢迎。钱德里和乔安妮在叙利亚度过了愉快的两个月，乔安妮甚至还从钱德里家人那里学会了如何做钱德里喜欢吃的叙利亚菜。快乐的时光总是过得很快，两个月后，当他们回到威斯康星，乔安妮发现自己怀孕了。

　　这个消息对于一个是学生、一个是研究生的他们来说，无异于一颗重磅炸弹，彻底打乱了他们正常的生活秩序。对于这个不合时宜到来的小家伙，他们想到了各种处置方法。首先是堕胎，但是因为当时他们所在的威斯康星是一个天主教地区，所以堕胎是违法的，孩子的这条小命暂时保住了；既然不能堕胎，那只有结婚，给孩子一个合法的身份了。

　　无奈的两个年轻人怀着忐忑的心情来到了乔安妮家。钱德里断断续续地向未来的老丈人说明了情况，并请求老丈人同意将女儿嫁给自己，给孩子一个合法的身份。

　　乔安妮的父亲——亚瑟·席贝尔是一个很成功的商人。

　　面对着眼前这个用期盼的眼神看着自己的年轻人，亚瑟·席贝尔问，你是天主教徒吗？钱德里的答案没有让他满意，于是，他冷漠而又坚决地拒绝了他们的请求。他之所以反对这门亲事还有一个原因。在这个顽固的天主教徒眼里，未婚先孕有损家族荣誉。亚瑟的态度让这对满怀希望的年轻人备受打击。想起上一次父亲对自己爱情的阻挠，乔安妮非常生气，进行了激烈的反抗。但是，亚瑟威胁说，如果乔安妮敢和钱德里结婚，他就剥夺乔安妮的财产继承权，并断绝父女关系。万般无奈，乔安妮和钱德里只有放弃结婚的打算，而还在妈妈肚子里的乔布斯，就这样注定了被遗弃的命运。

　　随着宝宝出生日期的临近，1955 年初，乔安妮挺着大肚子来到了旧金山一家医院。这家医院可以帮助未婚准妈妈接生，并秘密安排孩子的领养事宜。

　　小宝宝又在肚子里做运动了，满脸洋溢着母爱的乔安妮既开心又难过，开心的是宝宝终于快要降生了，难过的是自己快要和宝宝分离了。尽管自己不能亲自抚养，但是乔安妮还是希望宝宝可以在一个良好的家庭环境中长大。于是，她对负责安排领养事宜的医生提出了这样一个要求：领养孩子的父母双方必须都是大学毕业生。按照这个要求，医生将乔安妮肚子里的宝宝安排给了一对律师夫妇。所有的事情都安排好了，看来小家伙一降生就可以开始崭新的生活了。

那一天终于来临了，1955 年 2 月 24 日，在历经痛苦之后，乔安妮生下了一名男婴。看着这个哭声震天、健康可爱的小家伙，乔安妮柔肠百结。尽管万分不舍，还是得忍痛割爱。让她稍感安慰的是，要收养他的那户人家条件不错。可是，没过几天，负责安排收养事宜的医生告诉了乔安妮一个坏消息：那对律师夫妇想要收养的是个女孩而不是男孩，所以他们放弃了这次收养机会。

无奈之下，医生只好给乔安妮安排了排在第二位的领养人，他们就是乔布斯后来的养父母——保罗·乔布斯和克拉拉·哈戈皮安·乔布斯。

保罗后来回忆说，那是一天半夜，他接到了一个电话，电话里说："我们这里有个不请自来的小男孩，你们愿意收养他吗？""当然！"保罗毫不犹豫地回答。要知道他们想收养一个孩子已经很久了。

对于被领养这件事，乔布斯认为，养父母对自己非常坦率，他说在自己六七岁的时候就知道这件事了。他回忆说，刚知道这件事的时候，自己并没有什么特别的感觉，只是有一次他在自家门前的草地上向住在对面的小女孩讲述这件事时，小女孩的一句话，才让他意识到了领养的含义。小女孩天真地问乔布斯："他们把你送人，是不是不要你了？"这戳中了小乔布斯的痛处。他说："当时感觉就好像是遭到了雷击一样。"他大哭着跑回家，问父母是不是这样的。保罗夫妇这样告诉他："不，史蒂夫，不是这样的，没有谁遗弃你，是我们特意挑选你的。"乔布斯回忆说："他们说这话的时候，表情很严肃，眼睛直直地看着我的眼睛，语速特别慢，几乎是一字一顿地跟我说的，而且他们还向我重复了好几遍这句话。"这样的方式，让乔布斯印象深刻，也抚慰了他那颗受伤的心。

乔布斯周围的人都认为被遗弃这件事对于其性格有深刻的影响。乔布斯多年的同事德尔·约克姆说："他总想完全掌控生活中的每一样东西，应该和他刚出生就遭到遗弃有密切关系。"

自大学毕业后，一直都和乔布斯联系密切的格雷格·卡尔霍恩提到被遗弃对于乔布斯的影响时说："很多时候，他都把产品看作自己的延伸，这让他总想控制一切。他曾跟我说过被遗弃对他造成的影响及伤害。这让他形成了独立的性格，导致他生活在自己构筑的与现实完全不同的小世界里，遵循着一套和常人不同的行为方式。"

对于朋友们认为被遗弃给自己带来的创伤，乔布斯却矢口否认。他说："亲生父母对于其他人来说，可能还有更重要的意义，但对于我来说，他们仅是精子库和卵子库而已。被他们遗弃，让我变得更独立了。我的（养）父母一直都让我觉得自己很特别。"

养父母的厚爱

"他们百分之一千是我的父母。"

——乔布斯

每当有人称保罗和克拉拉为乔布斯的"养父母"或者暗示他们不是乔布斯的亲生父母时，乔布斯就会异常愤怒。

乔布斯的养父保罗·乔布斯全名是保罗·莱因霍尔德·乔布斯。和自己的儿子一样，他也有着丰富的人生经历。他出生并成长于威斯康星州日耳曼的一家奶牛场，父亲是个酒鬼，经常在喝醉后虐待他，但是保罗·乔布斯并没有受到父亲性格的影响，而是成长为了一个温和的男人。

刚到旧金山的时候，保罗一家的日子过得比较窘迫，但是随着保罗事业的发展，很快他们就过上了小康生活。经济条件的改善，更让他们体会到了没有孩子的缺憾。保罗夫妇一直想要一个孩子，但是克拉拉因为一次宫外孕丧失了生育能力。在他们结婚 9 年后，也就是 1955 年，他们决定收养一个孩子。他们收养的第一个孩子是个男孩，他们叫他史蒂夫·乔布斯。两年后，他们又收养了一个女儿，为她取名为帕蒂。

两个孩子的到来让保罗夫妇忙得不可开交，却也温馨甜蜜，日子就这样向前推移。

转眼，乔布斯 5 岁了。这时，保罗的公司将他调到了帕罗奥图的办事处。他们负担不起帕罗奥图的生活费用，于是举家搬到了帕罗奥图南边的山景城居住。和现在繁荣的山景城不同，当时的山景城还是一片荒凉，属于郊区，生活费用相对比较便宜。

尽管保罗一家当时的生活还不错，但是为了让孩子们有更好的生活条件，保罗决定换个薪酬更高的工作。当时乔布斯家的对面住着一个成功的房地产经纪人，他看上去不是很聪明，但好像赚了很多钱，保罗想既然他能干这一行，那自己也应该可以。于是他拼命上夜校通过执照考试，进入了房地产行业。结果，保罗运气非常不好，他刚进入房地产业没多久，这个市场就崩溃了，于是保罗一家的生活陷入了拮据之中。克拉拉不得不出去工作补贴家用。还好，当时很多公司对于员工的要求并不是很高，她很快在一家名叫瓦里安的公司当起了记账员。此时，他们家最值钱的财产——房子也不得不办理了第二份抵押贷款。这样的情况持续了差不多一年。当时乔布斯在上小学四年级，家庭的变故让他不能理解。有一次，老师问同学们，他们对于这个世界有什么不明白的。小小的乔布斯疑惑地回答说，他不明白自己的父亲为什么一下子就破产了。这件事让保罗意识到了自己事业的失败给儿子造成了多大的影响，他对此非常自责。于是，他很快就重新振作起来，找了一份机械师的工作。

尽管父亲的事业曾经一败涂地，但是乔布斯仍然尊敬并爱戴父亲，因为他总是坚持自己做人的底线和原则，绝不会为了做成某单生意而卑躬屈膝、阿谀逢迎，更不要说要诈骗人了。"做房产经济人，有时候需要违心地奉承别人，爸爸对此不在行，也没有兴趣这样做。这让我很佩服。"乔布斯说。

乔布斯养父母对于他的厚爱不仅体现在努力为他创造好的物质生活上，也体现在对于他意志的尊重上。当乔布斯大喊着"如果不换学校，我就不上学了"时，他们毫不犹豫地选择了搬家，让乔布斯进入更好的学校；当乔布斯任性地非要进入昂贵的里德学院时，他们又一次尊重了儿子的选择，尽管那笔学费他们筹措起来可能会很困难。这其中可能存在遵守承诺的成分（因为保罗夫妇答应了乔布斯的生母一定会让他上大学），但更多的是父母对于儿子的一种无私的爱。

乔布斯对于自己的养父母充满了感激，他说："他们百分之一千是我的父母。他们都很宠我，当意识到我很聪明后就有了强烈的责任感，竭尽所能地满足我的要求，送我去好学校，让我学更多的东西。"这让乔布斯始终认为自己是与众不同的，他认为，世界上的某些人，如爱因斯坦、甘地等是特别的，是被上帝选中并受到启示的，当然，他认为自己也是其中之一，这也形成了他独特而自我的个性。

硅谷热土

"在那里（硅谷）成长，让我受到了独特历史的启发，这让我很想成为其中的一员。"

——乔布斯

第二次世界大战后，美苏对峙的世界格局形成，为了在对峙中不落于下风，在世界范围内形成足够的影响力，美国加大了对于国防事业的投资，而从中直接受益的就是乔布斯所在的山景城。

美国国家航空航天局埃姆斯研究中心（NASA Ames Research Center）就位于山景城，乔布斯第一次看见计算机就是在这个研究中心，他说："是爸爸带我去的埃姆斯研究中心，在那里我第一次见到计算机终端，并第一眼就爱上了它。"随着国防工业的发展，20世纪50年代，其他一系列国防工程项目也相继在此处落户。这其中包括了1956年搬到NASA中心隔壁的洛克希德公司导弹与空间部门（The Lockheed Missiles and Space Division），它主要生产潜射弹道导弹。这家公司的到来比保罗一家早了四年，当保罗一家搬到这里时，这家公司的规模已经达到了拥有20000名员工。这个地区另外一家著名的公司是西屋电气公司，它距离洛克希德公司仅有几百米，在产品上也和洛克希德公司有联系，主要负责为其生产电子管和变压器。

军事工业的发展，刺激了以科技为基础的经济发展。这次经济发展开始于1938年两个人的"同居"。这两个人一个是戴维·帕卡德，另一个是他的朋友比尔·休利特。当时，戴维·帕卡德和他的新婚妻子先来到帕洛奥图，并购买了一座公寓，接着休利特也入住这幢公寓。这两位朋友的"同居"，促成了一个伟大公司的诞生，它就是惠普。而他们所住房子的车库，则成了一个传奇的诞生地，正是在那间车库中，他们研发出了第一台音频振荡器。当20世纪50年代各大军事工业入驻时，惠普已经具备了高速成长的能力，公司规模正在迅速扩大。

1960年，当保罗一家搬到山景城时，那里还有很多地方都覆盖着杏树和李子树，当然了，也还没有人将它称为硅谷。

　　但是乔布斯家的周围却居住了很多工程师，这让乔布斯陷入了浓郁的科技氛围中。他曾经回忆说："我周围住的都是些和高科技打交道的人，这让我对这些东西也充满了好奇，总会拉着他们问东问西，他们也都很乐意给我讲解这些东西。"

　　在乔布斯的邻居中，有一个人和乔布斯的关系最为密切，他就是和乔布斯家隔了七户的拉里·朗（Larry Lang），他是惠普的工程师。乔布斯说："无线电和电子产品就是他生活的全部，他最早在我心中建立起了惠普工程师的形象。"朗很喜欢和小孩子们在一起玩，他经常带着乔布斯和一帮小孩子到家里，给他们讲解电路原理，教孩子们用电脑。有一次他用一个碳晶话筒、一块蓄电池和一个扬声器做成了一个简易喇叭，让乔布斯对着话筒喊话，声音通过扬声器放大之后传了很远，乔布斯觉得好玩极了。他兴奋地跑回家告诉父亲说，并不是所有的话筒都要有电子放大器才能工作。保罗·乔布斯坚持认为肯定需要放大器，于是他们来到了拉里·朗家里，看他制造出来的扬声器。看过之后，保罗说："我赶紧撤吧，省得丢人现眼了。"

　　这件事让乔布斯第一次意识到了父亲不是"无所不知先生"，同时也让他发现了自己比父亲还要聪明，这让一直将父亲当作偶像来崇拜的乔布斯有些不安。"他初中都没有毕业，但却很聪明，几乎什么都能做，尤其是在机械方面，更是这样。发觉我比父亲聪明的那个时刻是我生命中最重要的时刻之一，它带给我的孤立感甚至比知道自己是领养的这个事实更加强烈。我永远忘不了那种感觉。"他后来回忆说。这是一种偶像破灭后的恐慌和无助，这种体验让乔布斯更加的独立，也更加相信自己的力量，这对于他性格中现实扭曲力场的形成起到了一定的推动作用。

　　当地浓郁的科技氛围让小乔布斯兴奋不已，他后来回忆说："当时拥有尖端科技的军事公司都集中在那里（硅谷），在那里居住真是太高科技，太酷了。在那里成长，让我受到了独特历史的启发，这让我很想成为其中的一员。"这种耳濡目染，也奠定了乔布斯以后的职业生涯。

问题少年

　　"在刚开始上学的那几年我觉得特别无聊，因为那些东西我都会了，所以我就不断地惹麻烦。"

——乔布斯

　　和很多天才一样，乔布斯的童年也有着光辉的"战绩"，当然了，他的战绩，都是由恶作剧谱就的。

　　乔布斯的战绩可以从三岁算起。他通常在凌晨 4 点的时候就会醒来，然后开始进行各种骚扰活动。为了让乔布斯可以稍稍安静一点，保罗夫妇给他买了录音机和磁带，让他戴上耳机自己听音乐。后来，保罗夫妇又把乔布斯的注意力转移到了电视上，希望电视可以让他安静一会儿。他们家的电视机几乎从早开到晚，这让乔布斯后来认定电视是历史上最糟糕的发明，他说："电视绝对是历史上最糟糕的发明，因为它会让人的思维处于停滞状态。大量的研究表明，电视对人的精神和心智是有害的，它会在消耗人们大量时间的同时，让大脑变得迟钝。不信的话你可以去跟那些长时间看电视的人聊天看看，他们反应非常迟钝。"当然了，他对于自己发明的电脑，却赞誉有加："只有人们打开电脑的时候，大脑才开始运转。"

　　乔布斯是一个好奇心旺盛的人，这从他小时候就可以看出来。他因为好奇塑料燃烧的气味，就把妈妈带有金属片的发夹塞到了电源插孔中，结果触电，烧伤了手，吓得父母赶紧送他去了医院；他很好奇杀虫剂到底是什么味道，就喝了一瓶灭蚁剂，结果不得不去医院洗胃……乔布斯顶着好奇心的帽子进行的此类探险可谓不胜枚举。

　　他会在邻居家的摄像机前做鬼脸，他会骑在三轮车上大喊大叫打扰邻居休息，他甚至看了一些不健康的电视节目，总之他就是一个让父母头疼的问题小孩。

　　终于熬到了乔布斯上小学的年纪，本以为有了老师的管制，乔布斯会收敛一些，谁知保罗夫妇想错了，等待他们的是一次次被老师送回家的乔布斯。

　　乔布斯小学时就读于距家四条街区的蒙塔·洛马小学。在四年级之前，乔布斯坚持"三不"政策：不听讲、不服从管理、不做作业。他认为做作业纯粹是浪费时间，他总在课堂上和老师唱反调，还多次因为不服从管理而被老师赶出了教室。

　　在乔布斯调皮捣蛋的同时，还有敏感而脆弱的一面。他曾经参加过一个游泳队，这也是他为数不多参加过的体育运动队。据跟他一起训练的一位同学描述，比赛失败后，乔布斯就会跑到一边哭泣，那个同学说："他是一个孤单而相当爱哭的男孩子。"爱哭的个性也伴随了乔布斯一生。

就这样，戴着"问题学生"的帽子，乔布斯升入了四年级，这一年改变了他的一生。这一年他面临的第一个变化是，和他一起恶作剧的费伦蒂诺被分配到了其他班级，当然，这是学校的策略，他们认为分开了乔布斯和费伦蒂诺，学校就会安宁一些。乔布斯面临的第二个变化是，他遇到了一个好老师。这位老师名叫伊莫金·希尔（Imogene Hill），是一位干劲十足的女老师，因为她圆乎乎的很可爱，所以人们昵称她为"泰迪"。这个泰迪成了改变乔布斯人生轨迹的人之一。

美好的时光总是过得很快，乔布斯巴不得四年级永远不要过去，可是他还是处在了四年级的尾巴上。这时，泰迪给乔布斯做了一项测试，结果显示，乔布斯的知识水平已经达到初中二年级了。这让保罗夫妇之外的其他人也意识到了乔布斯智力上的超常，于是他们决定让乔布斯连跳两级，直接进入七年级，他们认为这对于乔布斯来说是一个挑战自我和奖励自我的好方法。

但是乔布斯的父母决定让乔布斯只跳一级，于是乔布斯进入了距离蒙塔·洛马小学八条街的克里滕登中学。跳级本来是对于智力超群的学生的一种优待政策，但是乔布斯进入的这所学校对于优等生却没有任何特别的安排，而只是把他和那些年纪大一点的学生放在了一起。同时尽管蒙塔·洛马小学和克里滕登中学距离很近，但是学习环境却有天壤之别。在这所学校中，几乎每天都有打架事件发生，高年级学生在厕所中敲诈低年级学生的事更是司空见惯。硅谷记者迈克尔·S. 马隆（Michael S. Malone）曾经这样形容过这所学校："这所学校的学生们用一种特殊的方式来显示自己的男子气概，那就是带刀到学校中。"乔布斯到达这所学校后，人们热议的话题有两个：一，本校学生某某某、某某某、某某某刚因为轮奸而被关押；二，隔壁学校的校车被克里滕登中学的学生砸毁了，因为他们在摔跤比赛中胜过了克里滕登中学。乔布斯面临的就是这样的学习环境，同时因为跳级，乔布斯比自己周围的同学都小，这就让他的处境更恶劣了。他在学校中经常被欺负。他在那所学校坚持了一个半学期，到七年级上到一半的时候，他跑回家跟父母说："我坚决要换学校，如果不换学校，我就不上学了。"这对于乔布斯的父母来说是一个巨大的挑战，因为他们家当时的经济状况也就是勉强能维持收支平衡而已。但是，出于对儿子的爱，他们接受了。他们经过调查发现，那一带最好的中学是库比蒂诺中学，于是1967年，乔布斯夫妇倾尽仅有的21000美元，在那个地区买下了一座房子。

这座房子位于南洛斯阿尔托斯，距离搬迁前的家仅3英里，但是和原来的那所舒服的房子不同，这所房子没有任何特色。它位于克里斯特路1161号，但在1983年时，门牌号改成了2066号。这所房子没有任何特色，但是却有非常重大的纪念意义，因为后来苹果公司就诞生在这所房子的车库中。那是一个最普通不过的车库了，有着常见的带卷闸门，如果非要说优点的话就是设备还算齐全。就是在这个车库中，两个年轻人改变了电脑产业的进程和方向。保罗夫妇之所以选择这所房子，主要是因为它位于硅谷最安全也最好的学区库比蒂诺-森尼韦尔学区内。这次搬家对于乔布斯来说最重要的意义在于，他遇到了生命中另一个非常重要的人物——沃兹，这是后话，暂且不提。

有一个很玄妙的词叫作"偶然间的注定"，乔布斯无疑遭遇了这样的注定。乔布斯家的邻居是一名有机作物园丁，他在无聊的时候会教乔布斯如何种植有机作物。这偶然间的相逢，对乔布斯产生了深远的影响，这让他形成了一个终身未变的习惯——只吃素食。这个邻居对于乔布斯的另外一个重要影响是对于完美主义的追求。乔布斯曾说："他（有机作物园丁）不论种什么都要做到完美。他种出来的食物是我吃过的所有食物中最好吃的。也是受他影响，我开始只吃有机水果和蔬菜。"

这就是少年时期的乔布斯，一个调皮而聪明的问题学生。

迷恋电子和音乐

"我一直都在寻找那些真正让我感兴趣，真正能让我全身心投入的事情，无疑电子设备就是。"

——乔布斯

乔布斯在各个方面都多多少少地受到了父亲保罗·乔布斯的影响。他受父亲影响的其中一个方面后来成了他终身的追求，那就是对于电子设备的喜欢。

乔布斯第一次接触到电子设备，是在保罗·乔布斯摆弄的汽车上。乔布斯后来回忆说："父亲会为我讲解电子设备的基本原理，这很有趣，也最早让我对电子设备产生了兴趣。"

乔布斯自从在父亲摆弄的汽车上见识过电子设备后，就开始关注与电子设备相关的各种东西。

当乔布斯一家还在山景城居住的时候，那里有一家名叫海尔蒂克的商店。这家商店里经常有很多废弃不用的电子元件，而这些元件中大多数还都能用。因为物以稀为贵，相反地，东西多了就不被人珍惜了，在硅谷这样一个到处都是电子元件的世界里，人们甚至可以以颜料涂得不均匀就扔掉一个元件。去这家商店寻找可以用的元件就成了乔布斯非常喜欢干的一件事。乔布斯在上中学的时候，经常在周末想办法来这里做零工。

乔布斯进入库比蒂诺中学后，加入了学校的电子学兴趣班，和一帮电子迷们学到了不少的电子学基础知识，同时还跟着老师做了许多电路实验，这都为他后来的创业打下了基础。

他在库比蒂诺中学还认识了一位律师的儿子——比尔·费尔南德斯。费尔南德斯和乔布斯一样都是瘦瘦小小的，但是他们都极富个性，这让别人觉得他们很有距离感，所以两个被孤立的人走到了一起。除此之外，两个人成为好朋友还有一个原因，那就是两个人都是电子迷，他们都会长时间地沉浸在电子的世界中，而丝毫不理会周围发生了什么。那时，两个人经常躲在学校附近的生产车间里鼓捣电子器件，一玩就是几个小时。尽管在其他同学眼中，他们非常古怪，但是两人毫不在乎，而是完全沉浸在了科学技术的氛围中。对于电子的痴迷，为他们赢得了"电子迷"的称号，这个称号和"书呆子"完全不同，它可是非常酷的。

费尔南德斯也成了后来介绍苹果两位创始人认识的"媒人"。因为苹果公司的另一位创始人沃兹是费尔南德斯的邻居。沃兹的父亲是一位电子工程师，费尔南德斯就经常跑到沃兹家向沃兹的父亲请教各种电子问题，有时，比费尔南德斯大5岁的沃兹也会参与到费尔南德斯的科学比赛小游戏中。

布鲁斯·考特尔是乔布斯中学时的朋友，他自高中起就被认为是最有希望成功的学生，他也果然成功了，目前他是硅谷一家高级律师事务所的合伙人。在谈到乔布斯时，他说："我对史蒂夫·乔布斯印象非常深刻。我们一般人都习惯于不紧不慢地处理自己的工作，但乔布斯不一样，他通常会通过精确的估计，用别人一半的时间就把整件工作做得非常成功。"

乔布斯在惠普实习时，有些工友对于这位爱出风头的孩子有些不满，因为他是走后门进来的。但是他跟惠普的工程师们却相处得非常融洽，每天早上 10 点，工程师那里会供应甜甜圈和咖啡，乔布斯就会跑到工程师中间，和他们混在一起。

"惠普的创始人让我去惠普工作，我真是高兴坏了。那年夏天，我在惠普学到了很多。"乔布斯后来回忆说。在惠普的这一次实习经历也成了后来他应聘雅达利公司成功的原因之一。

后来，每当乔布斯提起这件事的时候，他都会表露出对休利特的尊敬，尽管后来他创立的苹果公司在成就上超过了惠普，但是他始终以惠普为目标，想要将苹果打造成像惠普那样的传世公司。

伴随着乔布斯的成长，他慢慢意识到生活中除了电子学还有其他一些东西。他回忆说："有一天，我从惠普公司装配线上工作回来，就兴高采烈地向我的学校监管克里斯讲我有多么喜欢电子学，我还问他最喜欢什么事情，他看了我一眼说：'我喜欢鬼混，我喜欢鬼混。'那个夏天我开始了解到世界上除了电子学，还有很多其他的事情。"

在库比蒂诺中学上完中学后，1968 年 9 月，13 岁的乔布斯进入了霍姆斯泰德高中，和他一起进入这所学校的还有他的好朋友比尔·费尔南德斯。霍姆斯泰德高中虽然是一所不怎么起眼的学校，但是学习气息非常浓厚，而且它还是加利福尼亚州的特色学校之一。巧合的是，就在乔布斯进入霍姆斯泰德高中的那一年，乔布斯后来的好友和合作伙伴史蒂夫·沃兹刚从这所学校毕业。

尽管这所学校学习气息非常浓厚，但是乔布斯和费尔南德斯发现他们体验不到在家里时那种浓郁的科学氛围了。

乔布斯根据自己的爱好，选修了约翰·麦科勒姆（John McCollum）教授的电子学，这门学科后来和其他部分一起成就了硅谷传奇。麦科勒姆和乔布斯的父亲保罗一样，也参过军，不过他参加的是空军。他是一个特立独行的老师，从不一板一眼地讲授课本知识，而是经常通过各种有趣的小实验激起学生的学习兴趣，比如他会在做实验时，让线圈产生炫目的电火花，吸引学生的注意。他还有一个对于学生们来说类似藏宝库的储藏室，里面堆放的是学生们做实验会用到的各种零部件。他会把储藏室的钥匙借给表现良好的学生作为奖励，这种方法极大地激励了学生们。

他讲课深入浅出，非常容易理解，同时他会把理论和实际联系起来，例如，在讲解怎样将电阻和电容串联和并联时，他会用这些知识制作扩音器之类的小玩意。

麦科勒姆当时所用的是学校边缘一间类似厂房的教室，出身于军队的麦科勒姆将军事化的作风和对权威的尊重带到了教学中，而乔布斯则一向蔑视权威，反抗权威，同时他已经不再隐藏对于权威的厌恶了，于是麦科勒姆和乔布斯之间有了不可调和的矛盾。

这样的性格冲突注定了两个人是不能长期相处的，于是，在上了仅一年之后，乔布斯就结束了麦科勒姆本来是三年的课程。乔布斯在这一年期间曾经制造出了一台带有光感器的装置，在遇到光后就会开启电路。他对于激光非常感兴趣，就和几个朋友一起通过安装在扬声器上的镜面反射激光，制造出了用于各种派对的音乐灯光表演装置。

在高中二年级结束时，14 岁的乔布斯好像对电子失去兴趣了，因为他加入了一个游泳俱乐部，俱乐部的训练占去了他很多时间，他还参加了水球训练。但是他很快就对这些东西失去了兴趣，他发现自己并不适合在这些方面发展，于是他重新开始研究电子。

乔布斯在痴迷电子的同时，还有另外两项爱好，一个是文学，另一个是音乐。

乔布斯喜欢文学和音乐都是从高中的最后两年开始的。当时乔布斯的心智进入了快速发展期。他开始听很多音乐，也开始阅读科技以外的书籍。就是在那一时期，乔布斯阅读了莎士比亚、柏拉图、迪兰·托马斯等作家的作品。他非常喜欢莎士比亚的《李尔王》、赫尔曼·麦尔维尔的《白鲸》和迪兰·托马斯的诗作，他甚至还上了文学创作课。

乔布斯曾经说："小时候，我本来打算学文学的，但后来我发现跟电子设备打交道更有趣。后来我看到了我喜欢的宝丽来创始人埃德温·兰德说的一段话，他说同时擅长人文和科学的人对这个社会是非常重要的，于是我的目标便成了成为那样的人。"自高中起，乔布斯始终在努力地向着自己的目标前进。

我们的存在，只为改变世界

第一次会面

"他是我见过的第一个比我还懂电子的人！"

——乔布斯

苹果双雄乔布斯和沃兹的会面和一台电脑的产生有密切的关系，这台电脑叫"奶油苏打水电脑"。

奶油苏打水电脑的产生可以追溯到 1969 年，当时在科罗拉多大学上了一年大学的沃兹按照和父母的约定来到了迪安扎社区学院。当时他主要的兴趣都集中在了设计和研发电脑上。为了研发自己的电脑，他深入地研究了通用数据（Data General）公司推出的 Nova 小型机，然后开始尝试组建克隆机。为了拥有第一手的资料，他甚至给通用公司写了一封求助信，要到了一份内容详实的内部文件。在迪安扎社区学院的这一年对于沃兹来说是充实而愉快的一年。

到暑假的时候，沃兹决定休学去赚钱。很快他就在一家名为坦勒特（Tenet）的电脑公司找到了一份程式设计师的工作，这个公司主要负责为交通部门生产计算机。沃兹对这个工作动心的另一个原因在于，这个公司的主管愿意把公司中多余的芯片免费送给他。

沃兹之所以需要这些芯片是因为，当年他和好友艾伦·鲍姆曾经耗时一个月为一个机械装置制作了各种图表和说明书。后来鲍姆去了麻省理工学院上学，沃兹就决定自己完成这项任务。尽管有公司主管的免费馈赠，沃兹还是决定要用尽可能少的芯片以挑战自我。

鉴于任务量太大，沃兹找来了自己的电子迷邻居，当时正在霍姆斯泰德高中读书的比尔·费尔南德斯帮忙。费尔南德斯加入之后，他们就将组装地点从沃兹的卧室搬到了费尔南德斯家的车库，因为那里有一个适合操作的工作台。沃兹后来这样描述自己制造这个装置时的构想："我在研发的时候就告诉自己这个装置必须能达成某个目标。就好像是电视机的遥控那样。"最后沃兹确实实现了这样的功能。在制造这个装置的时候，沃兹和费尔南德斯喝了很多克雷格蒙特奶油苏打水，所以他们为这个装置起名为"奶油苏打水电脑"。这是一台可以做乘法的计算器，当通过一系列的开关将数字输入后，结果就会用小灯表示的二进制呈现出来。

1970 年秋，这台凝聚着沃兹心血的计算机终于制造完成了，为了炫耀自己的成果，沃兹通过自己妈妈的关系，向当地的《圣何塞信使报》进行了展示。在展示的过程中，那位记者表示出了浓厚的兴趣，但遗憾的是，展示刚开始没多久，就因为那位记者不小心踩到电源线，让电源线着火而中断了。尽管如此，那个记者对于沃兹的杰作，仍然毫不吝惜赞美之辞，他在第二天的报纸上，用巨大的篇幅报道了沃兹的奶油苏打水计算机，夸奖说沃兹是一名技术天才，还刊登了沃兹的大幅照片。

这台计算器比后来的 Apple I 更加原始，受内存和计算能力的限制，它只能进行简单的数学计算，但是这丝毫不能掩盖它是一台真正的可以工作的电脑的事实，它比后来市场上出现的同样功能的计算机早了 5 年诞生。它的先进之处还在于，当几乎其他所有电脑都在使用磁芯内存的时候，它却采用了比较便于安装的随机存取内存芯片，而且和当时的其他电脑相比，它采用了更少的芯片，这就让它更小巧而精致。

这台电脑诞生后的某一天，费尔南德斯告诉沃兹说："我们学校也有一个叫史蒂夫的人，他跟你一样喜欢恶作剧和电子学，你们应该认识一下。"

于是，1971 年的某一天，在"媒人"费尔南德斯的安排下，苹果的两位创始人乔布斯和沃兹在费尔南德斯家的车库里有了第一次见面。32 年前，休利特走进帕卡德家的车库，惠普的传奇开始书写；32 年后，乔布斯和沃兹在费尔南德斯家的车库会面，苹果公司的传奇拉开帷幕——硅谷似乎和车库有着不解之缘。

据沃兹后来回忆说，他们见面的当天是非常普通的一天，费尔南德斯把他们叫到了自己家，在参观完奶油苏打水电脑后，两个史蒂夫就坐在费尔南德斯家门口的人行道边聊了很久，他们聊的主要内容都是关于两个人是如何调皮捣蛋的，当然了，也聊到了电子电路之类的问题。

据沃兹回忆说，通过聊天，他发现乔布斯和自己有很多相同点，他们都喜欢恶作剧，也都喜欢电子设备。但是沃兹也发现了两个人之间的不同，他发现乔布斯身上有一些自己不具备的能力，比如，自己能够制造出一个复杂的电路，但是却很难把自己的设计明明白白地讲解给别人听，也很难给别人讲清楚这个东西到底哪里好。而乔布斯则似乎天生就是一个销售家，只要搞懂了原理，他就能深入浅出地把这个设计的所有特性说出来，而且第一时间发现它的商业价值。沃兹还说："一般情况下，我不喜欢向别人介绍自己的设计，因为太困难了，他们总也不能理解，但是史蒂夫不同。只要我一讲，他就能明白。他简直就是我的知音，我喜欢他。尽管他看起来干干瘦瘦的，但是充满了活力。"

乔布斯和沃兹之间的这种区别，很大一部分来自于尽管他们都受到了自己父亲的影响，但是乔布斯更多的是从父亲讨价还价的过程中学到了如何赚取可观的利润，而沃兹则更多的是从父亲那里学到了对于工程学的痴迷和专注。他们之间的这种不同，也直接决定两个人后来在苹果公司的不同分工。

除了电子和恶作剧之外，两个人发现他们还有一个共同之处，那就是都喜欢音乐。乔布斯后来回忆说："我们刚好处于音乐最辉煌的时候，现在想想，那时就好像贝多芬和莫扎特从未去世那样。沃兹和我深陷其中，不能自拔。"沃兹向乔布斯推荐自己非常喜欢的一位歌手——鲍姆·迪伦（Bob Dylan），他后来也成了乔布斯的偶像之一。

在和乔布斯认识之后，沃兹逐渐地就融入了乔布斯的生活圈子，沃兹的好友艾伦·鲍姆也加入了其中。当时他们在一起除了听音乐外，干的最多就是恶作剧。

1971年的暑假即将到来的时候，为了欢送即将离校的高四学生，乔布斯、沃兹和鲍姆来到鲍姆家的后院，在一张被染成学校校旗的床单上画了一只巨大的竖起中指的手。甚至鲍姆的母亲也加入其中，帮他们搞定了色彩的渐变和阴影，这让整个画面看上去更加真实，她慧黠地说："我知道这是什么意思。"为了表明所有权，他们还从三人的名字中各取几个字母，组成了单词"SWABJOB"，意思是"沃兹尼亚克-鲍姆-乔布斯联合出品"，画在了床单上。他们利用滑轮和绳子控制床单的升降，当毕业生走到他们选定的阳台时，床单缓缓落下。这场恶作剧在学校广为流传，但也让乔布斯再次遭到了停学处分。40年后，乔布斯曾再次回到校园，他看着周围追逐打闹的学生们，指着其中一个阳台说："沃兹和我就是在那里，奠定了坚实的友谊。"

乔布斯和沃兹进行的最有趣的一次恶作剧使用上了沃兹上大学时制造的一个可以干扰无线电视信号的装置。

他们会先侦察一个众人都在看电视的房间，然后像串门那样走进去，接着按下干扰器，电视屏幕就会变得不清楚。当有人敲打电视机，妄图使它恢复清晰时，沃兹就会解除干扰，让电视机恢复正常。有时，他们会提高难度，让观众始终保持一个姿势，电视才会清楚。这个姿势可能是单脚着地，也可能是把手按在电视机的顶部等各种奇奇怪怪的动作。这件事让乔布斯印象深刻，即使很多年后，仍然记忆犹新。他在一次主题演讲上也遭遇了图像不清的情况，于是就脱离演讲，讲起了这件年轻时的趣事，还在台上做了几个很滑稽的动作，逗得现场一片笑声，最后他说："通常人们坚持不了5分钟，就会被气得面部扭曲，就像我这样。"说着，他做了一个扭曲的表情。

史蒂夫和沃兹一个像坏小孩，一个像乖宝宝，但对于电子的热爱将他们紧紧地联系在了一起。

盗打电话的坏小子

"我非常确定如果不是因为蓝盒子，就不会有后来的苹果公司。"

——乔布斯

沃兹和乔布斯这两大电子迷进行的最惊险的一次恶作剧是他们利用沃兹制造的蓝盒子盗打电话。

那是1971年9月的一个周末，21岁的沃兹在利用暑假挣够学费后，决定要在第二天出发去伯克利大学上大学三年级。也就是说，到那时为止，沃兹为了读大学已经换了三所学校了，他的大学一年级是在科罗拉多大学读的，二年级是在迪安扎社区学院读的，三年级将要在伯克利大学读。传奇的是，大三结束之后，沃兹没有立即读大四，而是去了惠普公司上班，一直到很多年后的 1981 年，已经身价不菲的沃兹才又化名为洛基·克拉克（Rocky Raccoon Clark）在伯克利大学读完了大学。当然了，这些都是后话。

即将要离家去伯克利的沃兹无意间看到了妈妈留在厨房桌子上的《时尚先生》（*Esquire*），就拿着翻了起来，他在看到了一篇文章后激动得几乎跳了起来。那篇文章的作者是一个名为罗恩·罗森鲍姆（Ron Rosen-baum）的记者，文章的名字为《蓝盒子的秘密》。在这篇报道中，罗森鲍姆讲了一个叫"咔嚓船长"的电话飞客通过模拟 AT&T 公司（美国电话电报公司）的特定音频而免费拨打长途电话的故事。他在这篇文章中披露电话网络中用以传输呼叫的开关发出的音频是 2600 赫兹，同时他还在文章中说，关于这件事人们可以从《贝尔系统技术期刊》中找到更详细的资料，不过在 AT&T 公司的强烈要求下，各地图书馆都已经将这本期刊下架了。沃兹刚读了这篇文章的一半，就按捺不住兴奋之情给乔布斯打了电话，并把这篇文章的一部分内容读给他听。沃兹后来回忆说："凭直觉，我知道那篇文章说的是真的。以我对史蒂夫的了解，我知道他一定会非常兴奋的。"果然，电话那头的乔布斯激动地说："我们必须马上找到那本技术期刊。"几分钟后，沃兹开车来到了乔布斯家，然后他们立刻赶到了斯坦福大学线性加速器中心的图书馆，希望在这里那本技术期刊能成为漏网之鱼，还没有下架。他们赶到图书馆的时候刚好是周末，图书馆关门了，幸运的是，他们知道一扇小门从不上锁，于是就从小门进入了图书馆。乔布斯后来回忆说："为了找到那本杂志，我们进去之后把书架上的书弄得到处都是，终于功夫不负有心人，沃兹找到了那本书，我们打开一看，上面真的记载有全部的信息，音调、频率等。我们当时感觉好像是自己从地摊上随意淘到的藏宝图忽然变成了真的，太震惊了。"

他们从图书馆出来后，直接冲去了森尼韦尔电子商店，最终赶在商店关门之前买到了需要的零部件。他们搭建了基本的音频电路后，开始寻找电话号码和不同频率声音之间的对应关系，乔布斯曾经在惠普探索者俱乐部的时候制造过一个频率计数器，他们就用这个计数器来调校需要的声音。号码只要一拨号，他们就能复制并录下文章中制定的声音。最终他们发现号码"1"是 700 赫兹与 900 赫兹两个音调的组合，号码"2"是 700 赫兹与 1100 赫兹的组合，号码"3"是 700 赫兹和 1300 赫兹的组合，等等。两个人忙到半夜终于调试好了，准备测试，结果两人遗憾地发现，自己失败了，因为由于振荡器不够稳定，没能骗过系统。沃兹后来回忆说："问题出现在了振荡器，它太不稳定了。可惜的是我们知道问题在哪儿，却没有办法立刻解决。而我第二天就要去伯克利大学读书了，没有时间慢慢调试了，所以只有暂时作罢。我决定到学校之后，自己动手做一个数字版的。"

没有人知道数字版的蓝盒子应该是什么样的，但是沃兹就是有本事让一个事物从无到有。他利用二极管和晶体管制作出了一个蓝盒子，并在拥有完美音准的室友帮助下完成了调试。沃兹真的是个天才，一项从无到有的创造，他仅用了两个多月的时间，感恩节前夕，蓝盒子已经彻底完工。它只有两副扑克牌那么大，非常精巧。在很多年以后，沃兹仍然自豪地说："我真的为自己感到自豪，我到现在都不敢相信我竟然做出了那么简洁的电路板。"

感恩节期间，沃兹开车从伯克利来到了乔布斯家中测试蓝盒子。他想给在洛杉矶的叔叔打电话，但是拨错了号码，他们毫不知情地大声对着电话嚷嚷着："嗨，你好。我们正在免费给你打电话，免费打啊！"电话那头的人可能以为自己碰到了神经病于是一直没有说话，乔布斯接着说："我们是从加利福尼亚打来的，你听到了吗？我们是从加利福尼亚打来的！"这就让电话那头的人更确定自己遇到了神经病，因为沃兹拨错了电话，他们当时就是在给加利福尼亚的另外一个人打电话，根本就没有超出一州的范围。

他们利用这只蓝盒子进行了很多恶作剧，最离谱的一次是他们打到了梵蒂冈，沃兹假装成了当时美国的国务卿亨利·基辛格，捏着嗓子，对电话说："你好，我是国务卿基辛格。我正在莫斯科参加峰会，请让教皇接电话。"对方竟然真的信了，他告诉沃兹说："国务卿先生，您好。我们这里的当地时间是早上五点半，教皇还在睡觉，暂时不能接电话。"过了一会儿，沃兹又打了过去要求跟教皇通话，这次接电话的是一名充当翻译的主教，他意识到了沃兹是假的，所以没有让教皇接电话。

对于这种盗打电话的行为，乔布斯后来回忆说："当时，我们都没有把这种行为看作偷盗，因为在这个过程中，只有电话公司受到了一点小小的损失，而那点损失对它们来说太微不足道了。"

为了向人们显摆自己的高超技能，沃兹和乔布斯甚至千方百计地联系上了制造蓝盒子的前辈"咔嚓船长"，他本名约翰·德拉浦，是 IT 历史上十大超级老牌黑客之一。沃兹和乔布斯向他展示了自己制造的蓝盒子。"咔嚓船长"对于沃兹制造的蓝盒子赞叹不已，因为它不用开关，当有人拨打长途电话时，会自动被激活。

那天，在和"咔嚓船长"分别后，因为沃兹的车停在了乔布斯家，所以乔布斯载沃兹来自己家。结果在高速公路上，乔布斯的车子出了问题，发动机动力全无，乔布斯非常冷静地凭借高超的车技，硬是在车子完全停下来之前将车子停在了路边的安全地带。他们两人走到路边的加油站里想用加油站里的付费电话向朋友求救，乔布斯突然想到了蓝盒子，于是就试着用蓝盒子给朋友打电话，结果两次都没有成功。正在这时，突然有一位警察出现在了他们面前，盯着乔布斯手中的蓝盒子问："这是什么东西？"乔布斯急中生智地说："音乐合成器。"说着，他还按动盒子上的按钮，蓝盒子就发出了几个不同频率的声音。警察看着这个奇怪的音乐合成器说："那这个橙色的按钮是干什么用的？"那个按钮正是蓝盒子的关键，它可以控制蓝盒子发出 2600 赫兹的声音，沃兹犹豫着不知道怎么解释时，乔布斯急忙回答道："校音用的。"这时，又来了一个警察，他拿过乔布斯手中的蓝盒子说："你说这是音乐合成器，它是怎么工作的？"乔布斯回答说："电脑控制。""电脑控制？电脑在哪里？"那个警察继续问道。"电脑在盒子里面。"乔布斯回答道，他尽量地保持平静，可是他已经吓得不行了，如果被警察知道他们盗打电话，那可就严重了，那可是违法啊。幸好，那两个警察没有再问什么，就走了。

受到惊吓的两个人赶紧给朋友打了求救电话，当乔布斯和沃兹被朋友送回乔布斯家的时候，已经是午夜了，但是沃兹坚持要开车回到伯克利。结果半路上，沃兹竟然困得趴在方向盘上睡着了。当他清醒过来的时候，汽车已经失控地冲向了路边。沃兹拼命地打方向盘，车子在路面上打了好几个转，幸好有安全带，沃兹才幸免于难。这次车祸，只毁掉了车子，而沃兹则毫发无伤，这不能不说是个奇迹。

刚开始的时候，蓝盒子只是乔布斯和沃兹两个人恶作剧的工具，后来，从父亲那里学习到生意经的乔布斯就发现了其中的商机，他想：既然我和沃兹对蓝盒子这么喜欢，那么其他人肯定也会喜欢的，为什么我们不多制造一些卖给其他人呢？乔布斯回忆说："有了这个想法后，我就把剩下的元件，比如说盒子、电源和数字键盘等都集中了起来，然后想出了定价方式。"乔布斯将所有零部件的价格加起来得出蓝盒子的成本价约为40美元，所以他将售价定为了150美元。

　　在确定售价后，沃兹和乔布斯像"咔嚓船长"一样给自己起了个别称，沃兹称自己为"伯克利蓝"，乔布斯则称自己为"奥拉夫·图巴克"，他们会挨个敲响各个宿舍的门，向人们兜售蓝盒子。如果看到某人对蓝盒子有兴趣，他们还会进行现场演示，比如用蓝盒子打电话给伦敦的利兹酒店或者是拨打澳大利亚的"打电话听笑话"服务电话。这是一种非常有效的销售方式，他们制造的100个蓝盒子很快就全部卖完了。蓝盒子的售价也随着市场行情的渐长，增加到了300美元，当然了，这个价格只对那些负担得起这个价格人实行，而对于学生们，蓝盒子的售价仍为150美元。同时，他们还承诺，如果销售出去的蓝盒子出了故障，可以免费维修。

　　他们合作的第一次生意一直持续了一年，到1972年时，有两件事让乔布斯和沃兹放弃销售蓝盒子。第一件事是他们遇到了自己人生中的第一次抢劫。那是在森尼韦尔的一家比萨店，乔布斯和沃兹带着新做好的一台蓝盒子正准备一会儿开车去伯克利。因为乔布斯急着用钱，所以他极力向邻桌的那个人推销，很快那个人就对蓝盒子产生了浓厚的兴趣了。于是乔布斯就拿起蓝盒子来到电话亭向他展示蓝盒子的用法，看完后，那个人说要到车里拿钱，乔布斯和沃兹就跟着他走向那个人的车子。乔布斯后来这么回忆自己人生中第一次遭到抢劫的场面："那时我手里拿着蓝盒子，跟着那个人走向他的车子，结果他打开车门，从车座下拿出一把枪抵着我的肚子说：'把它拿过来，老兄。'我的心砰砰砰地急速跳动着。天啊，那可是我第一次那么靠近一把枪，我真是被吓坏了。尽管很紧张，但我还是进行了一番思考，我在想用车门磕他的腿然后逃跑的可能性，但是鉴于他手中有枪，我乖乖地放弃了这个计划，然后听话地奉上了蓝盒子。那个人拿到蓝盒子后并没有立刻就走，而是给了我一个电话号码，他说如果蓝盒子真的能用的话，他以后会想办法把钱给我的。我当时就纳闷说这真是一次奇怪的抢劫。后来我试过打那个电话，竟然真的打通了，而且那个人还真的接了电话，但是他说他不会用蓝盒子。所以我就约他在一个公共场所见面，我们教他蓝盒子怎么用，同时他把钱给我们。但是我们很害怕就没有去，而且我们决定以后就算可以拿回那 150 美元，也不再跟那个男人联系了。"

另外一件事是他们两个人曾经见过的"咔嚓船长"东窗事发，以线路欺诈罪被警察逮捕了，这让他们很不安，于是他们决定放弃蓝盒子的生意。

这次生意结束后，乔布斯进入了里德学院上大一，而沃兹则继续在伯克利大学上大三，两个人暂时地分开了一段时间。当他们再次聚在一起的时候，乔布斯已经进入了雅达利公司上班，而沃兹则进入了惠普公司上班，他们的再次聚首也就是另一个传奇故事了。

这次恶作剧对于乔布斯和沃兹来说意义重大，它奠定了两个人后来的合作模式：沃兹负责技术发明，而乔布斯则负责将这项技术进行包装，推向市场。乔布斯后来回忆说："我非常确定如果不是因为蓝盒子，就不会有后来的苹果公司。通过蓝盒子我和沃兹学会了怎样合作，也获得了充足的信心，它让我们相信我们可以自己解决技术问题并把一些发明投入生产。"这次经历也让沃兹对自己信心倍增，他说："我们仅有 40 美元的东西就控制了价值数十亿美元的基础设施，你不知道这给了我们多少信心。出售蓝盒子也许并不是一个好主意，但是他让我认识到了自己的工程技术和他的远见卓识结合起来会做出一番怎样的事业。"

2012 年 5 月 28 日，国外媒体盘点了全球十大著名黑客，乔布斯和沃兹凭借蓝盒子而榜上有名。

我们跟着感觉走，你让我着迷得飞上了天

非里德学院不读

"我现在想起来真的觉得很羞愧。我当时太不懂事了，伤害了他们的感情，我应该表现得更好的。"

——乔布斯

1972 年，17 岁的乔布斯自霍姆斯泰德高中毕业了。毕业后，乔布斯就不想读书了，他后来回忆说："当时我不想读书，而更想去闯荡纽约。"

但是乔布斯的养父母劝阻了他的这个决定，因为他们曾经答应过乔布斯的生母一定会让他上大学。迫于无奈，乔布斯答应了父母的这个要求。但是他提出了自己的要求，他要自己决定上哪所学校，保罗和克拉拉毫不犹豫就答应了。因为他们一直都设有一笔专款用于乔布斯上大学，尽管这笔钱不是很多，但是让他上一个州立大学却是绰绰有余的。

在决定要上大学后，乔布斯就一个人对自己周围的学校进行了一番考察，他想找一个就像伯克利城那样嬉皮士氛围浓厚的学校以符合自己的气质，同时他还希望这个学校离家远一点，这样他就可以更自由一些。他转了一圈之后，认为伯克利大学虽然有巨大的阶梯教室，但却是个批量生产学位的地方；他也不想去斯坦福大学和加州大学在伯克利的分校，因为他觉得这两所学校离家太近了，同时他觉得去斯坦福读书的人都已经明确地

知道自己想要什么了，而他却不知道自己想要什么。另外，他认为斯坦福大学一点艺术性都没有，他想找一所更有趣、更有艺术性的学校。最终，他找到了符合自己要求的学校，位于俄勒冈州波特兰市的里德学院。

里德学院成立于 1908 年，是一所私立文理学院，它以崇尚自由和培养优秀的人才而著称，当然了，昂贵的学费也是它著名的原因之一。校内建筑多为都铎-哥特式风格，这所学校最吸引乔布斯的地方在于这所学校是当时各种流行思想和叛逆行为的集散地，这非常对乔布斯这个嬉皮士的胃口。它当时的在校人数只有 1000 人左右，规模甚至不到乔布斯上高中的霍姆斯泰德的一半，它在 20 世纪 70 年代的退学率一度超过了 1/3。它自由的氛围曾经吸引了众多精神领袖的到来。迷幻启蒙运动的发起人之一蒂莫西·利里就曾经来此举行"精神探索联盟"高校之旅，还在它的草地上喊出了"打开心扉、自问心源、脱离尘世（Turnon，Tunein，Dropout）"的伟大口号。即使在 5 年后，乔布斯来到里德学院的时候，还有很多人把这三句话奉为座右铭。这就是乔布斯即将踏入的学校。

尽管百般不愿，1972 年 9 月，保罗和克拉拉还是开车将儿子送到了里德学院门口，他们本来想送儿子进学校的，但是乔布斯拒绝了，他拿着行李连头都没回就走进了里德学院，甚至连"再见"和"谢谢"也没有跟父母说。后来，每当回忆起这件事的时候，乔布斯都很愧疚，他说："我现在想起来真的觉得很羞愧。我当时太不懂事了，伤害了他们的感情，我应该表现得更好的。他们为给我凑学费拼尽了全力，而我却不想让他们待在我身边。我当时甚至想让人们认为我是个孤儿，就像那些搭着火车四处流浪的人一样。我希望自己可以像浮萍一样，没有背景，没有根，也没有过去，就是孤零零的一个人，与任何人都没有联系。"这是当时正在探求人生意义的乔布斯的真实写照。

在里德学院，乔布斯也想取得好成绩，但不是在学习方面，而是在个人能力方面，因此他在学校中用在学习上的时间要远少于用在其他方面的时间。

在里德学院，乔布斯身上的嬉皮士精神好像找到了生长的沃土，他像其他嬉皮士一样，听鲍勃·迪伦的民谣和披头士的摇滚，读"垮掉的诗人"艾伦·金斯堡的号叫主义诗篇，以嬉皮士教父蒂莫西·利里的名言为座右铭，他在学校里穿着满是破洞的衣服四处乱逛，结交些趣味相投的朋友，和男孩子们一起泡妞、酗酒，尝试迷幻剂等微毒品带来的邪恶快感……

　　乔布斯和其他的嬉皮士们甚至找到了一处名为"苹果农场（Apple Orchard）"的地方，并将它建成了嬉皮士们的乐园。

弗里德兰

　　"看着一个朋友从精神至上变成彻底的金钱至上，真是五味杂陈，既痛心，又好笑，还很奇怪。"

——乔布斯

　　在里德学院，乔布斯遇到了一个对于他个性中"现实扭曲力场"的形成有重要影响的人，他就是罗伯特·弗里德兰。

　　乔布斯和弗里德兰的相识非常具有戏剧性。当时急需用钱的乔布斯决定卖掉自己的 IBM 电动打字机，而买家就是弗里德兰。那天，乔布斯走进要买打字机的弗里德兰的学生宿舍时，发现弗里德兰正在和女朋友云雨，于是很不好意思掉头就要离开。结果弗里德兰非常镇定地请乔布斯稍等一下。乔布斯后来回忆说："我当时想：'天啊，最离谱也不过如此了吧！'"乔布斯和弗里德兰就这样认识了。

　　弗里德兰的叔叔马塞尔·穆勒是一位百万富翁，他常年居住在瑞士，但是在波特兰西南 40 公里的地方却有一个约为 220 英亩的苹果园。穆勒知道弗里德兰在波特兰的里德学院上学后，就将苹果园交给了他管理。接手苹果园的管理后，痴迷东方宗教的弗里德兰很快就将果园改造成了公社，起名为团结农场（All One Farm）。乔布斯认识了弗里德兰之后，就经常和其他一些志同道合的朋友到这里来过周末。苹果园里当时主要种植的是格拉文施泰因苹果（一种带有红纹的黄色大苹果）树，乔布斯和农场里的另一位成员负责给果树剪枝。弗里德兰回忆说："我们当时负责生产有机苹果汁销售，而史蒂夫主要负责给苹果树剪枝，然后打扫果园。"

　　和乔布斯一样，弗里德兰也是一位禅宗爱好者，他曾经为了听《此时此地》一书的作者拉姆·达斯导师的一场演讲而专门跑到波士顿。他还在 1973 年的夏天，一个人去印度拜访了拉姆·达斯口中的精神导师

——尼姆·卡罗里大师，他还有一个更为人所熟知的名字——马哈拉杰-吉（Maharaj-ji）。当年秋天，从印度回来之后，弗里德兰的形象更加独特了——一身印度长袍配凉鞋，他还向所有朋友声明："从今天起，我新生了，请你们叫我……"说着，他说了一个长长的印度名字。为了便于禅修，他在校外租了一个位于车库顶上的房间，乔布斯经常去那里找他讨论禅宗的问题。弗里德兰追求自我启蒙的状态，并认为自己通过努力一定可以达到，这让乔布斯也受到了影响。乔布斯说："他提升了我的觉悟，让我进入了一个新的层次。"

星期天的晚上，乔布斯经常和其他一些痴迷禅宗的人一起步行十几公里到波特兰西边的哈雷·克里希纳寺（Hara Krishna），享用美味的免费素食。丹尼尔·科特基是乔布斯大学时期认识的好友，他们都痴迷禅宗，两个人后来还一起进行了印度之旅，他说："我们去那里主要是为了那里免费的美食。我们只要在那里待上一会儿，和他们一起唱唱歌，跳跳舞，就可以享用免费的美食。那感觉真是太棒了。"在那里他们会用尽一切力气唱歌跳舞。乔布斯大学时期的另一位好友伊丽莎白·霍姆斯说："罗伯特会彻底地放纵自己，但是史蒂夫会相对平静一些，他似乎拒绝彻底放松，因为那让他觉得尴尬。"

与弗里德兰的相识，褪去了乔布斯身上内向而羞涩的成分。科特基说："我最初认识的史蒂夫，身上更多地显露出羞涩和谦逊，是一个内向的年轻人。我觉得他认识罗伯特后，从罗伯特身上学到了推销的技巧，与人交往的方法，同时学会了展示自我个性及掌控全局。"

很多人和乔布斯相处的时候都会陷入他制造的现实扭曲力场中，但是罗伯特却是少数几个能够蛊惑乔布斯的人之一，而且乔布斯的现实扭曲力场还有一部分是从罗伯特身上学到的，甚至一度乔布斯把弗里德兰当作了自己的精神导师，直到后来他将弗里德兰看作了吹牛皮大王和诈骗高手，这一想法才改变。

在乔布斯深受弗里德兰影响的同时，弗里德兰也觉得乔布斯是一个非常有魅力的人。他后来回忆说："我对他最初的印象是总喜欢光着脚走路。最让我印象深刻的是他对于某些事情的热情和执着。当谈论起这些东西的时候，他的热情就会超越理性，达到疯狂的极致状态。这集中地体现在他说服人的时候。他会采用紧迫盯人的战术，让你盯着他的眼睛给出答案，那对于被说服的人来说，真是一种精神折磨。"

　　弗里德兰从里德学院毕业后，去了印度学习梵文和佛教。后来他偶然间在加拿大的沃伊西湾发现了镍矿，就开始从事矿藏开采业，并成了亿万富翁。有一次，弗里德兰公司经营的一处金矿在美国科罗拉多州的萨米特城造成了严重的环境污染，20多公里的河流被氰化物污染，这让他陷入了麻烦。而当时乔布斯在科技界的地位已经举足轻重，于是他向乔布斯打电话求救，希望他可以在当时担任美国总统的比尔·克林顿面前帮自己美言几句，但乔布斯没有理他。乔布斯提到这件事的时候，曾说："一个宣扬精神至上的人，一旦越过了魅力的界限，就会成为欺骗，而罗伯特显然就是这样。"他接着说，"看着一个朋友从精神至上变成彻底的金钱至上，真是五味杂陈，既痛心，又好笑，还很奇怪。"

退学不离校

　　"退学是我做过的最正确的决定之一。我真正的大学教育是从退学后开始的。"

——乔布斯

　　1972年，坚持非里德学院不上的乔布斯终于进入了里德学院，然而，仅一个学期，乔布斯就发现，这不是他想要的大学生活。他发现尽管里德学院里面有浓郁的嬉皮士氛围，但是却也有严格的课程要求，学生们必须按照大纲要求完成学业，必须读很多学校规定的书籍，必须修够一定的学分，这让乔布斯不胜其烦。有一次沃兹来拜访的时候，乔布斯挥舞着自己的课程表抱怨道："天呀，这些课程真是太烦人了。"沃兹说："是的，每个大学都会给学生们指定一些课程。"沃兹也不喜欢学校选定的课程，但是他选择了忍受："我从不会逃必修课，因为我知道那是必须学的。"但是乔布斯则不是这样，他拒绝去上学校规定的必修课，而只上那些自己感兴趣的课程。正如沃兹所说："这就是我们之间的差别。"

　　对于必修课的厌恶与高昂的学费，让乔布斯做出了一个大胆的决定：退学！他后来应邀在斯坦福大学毕业典礼上演讲时说："里德学院的学费那么昂贵，父母为了这笔学费省吃俭用，而我却不知道自己上大学的目的是什么，也没有发现大学可以帮我搞清楚这个问题，所以我决定退学。"

确定退学后的乔布斯甚至还从学校里要回了下半年的学费。

尽管决定要退学，但是乔布斯并不是真的讨厌里德学院，他只是不想上某些课程而已，所以退学后的乔布斯仍然待在了里德学院。而此时，里德学院也显出了它自由而博大的胸怀，校方容忍了乔布斯退学但是不离校的行为，在乔布斯停止交学费之后，学校还允许他旁听课程，并继续待在宿舍里和朋友们在一起。乔布斯甚至还和里德学院的教导主任杰克·达德曼成了忘年交，达德曼这样评价乔布斯："他是一个求知欲很强的孩子，从来都不会不加思考地接受任何事实，我很欣赏这一点。"

乔布斯自从退学后，彻底成了里德学院的边缘人员。他大多数时间里都光着脚走路，只有在下雪天的时候才会穿着凉鞋。后来，为了方便禅修，乔布斯从宿舍搬了出来，在校外以每月20美元的价格租下了一个没有供暖的车库房间。霍姆斯有时会来为他做饭，但是他挑剔的饮食习惯，经常会惹得霍姆斯非常生气。偶尔，乔布斯中学时的女朋友克里斯安·布伦南也会来乔布斯家做客，他们的关系时好时坏，但是乔布斯还是将主要精力都放了在对于心灵及个人觉悟的追求上。

当乔布斯在学校里过着嬉皮士的生活时，沃兹已经成为标准的惠普工程师。他从来没有碰过毒品，甚至在30岁之前，都没有喝醉过。沃兹对嬉皮士从来都不感冒，但是，他却和一个嬉皮士成了朋友，并且在3年后，和这个嬉皮士成立了一家公司。

乔布斯后来这样评价自己上大学时的那个时代："那是一个只能用'神奇'形容的时代，年轻人依靠虚幻的禅宗和堕落的迷幻药提升觉悟。吸食迷幻药对于我意义非凡，是不可磨灭的一段记忆。迷幻药刺激我看到了事物的另外一面。可能当药效退去之后，我会忘记自己具体看到了什么，但是我知道自己看到过。它让我更清醒地意识到了，金钱从来都不是我的目标，我的目标是创造伟大的发明，改变世界。我所应该做的是把我的人生放在历史和人类思想的长河中。"

加盟雅达利

"不得到一份工作，我是不会离开的。"

——乔布斯

自退学后，乔布斯在里德学院游荡了 18 个月。1974 年 2 月，乔布斯决定回到父母居住的洛斯阿尔托斯，并找份工作。当时，经过第三次科技革命，科技公司遍地开花，对于科技人才的需求非常大。这从 20 世纪 70 年代，《圣何塞水星报》的分类广告版面上，科技类的招工广告最多的时候曾达到了 60 页，可见一斑。所以当时的乔布斯想要找一份工作并不是什么难事。但是乔布斯不喜欢那些古板而正统的公司，然后一家"个性"的公司进入了乔布斯的视野。

说这家公司个性，主要是因为在众多呆板而枯燥的招聘广告中，它的广告却做得新颖而活泼，一下子吸引了乔布斯的注意，它的广告语是这样的："在享乐中赚钱！"这家公司就是雅达利（Atari）。

雅达利可以说是当时众多科技公司中杀出的一匹黑马，它创立于 1972 年，创立时的资本只有 250 美元，但是它推出的《乒乓》游戏，却开辟出了一个每年 50 亿美元的电视游戏产业，也为 PC 革命奠定了基础，这让它在当时的知名度甚至超过了惠普和英特尔。如果说威利·黑格波特海姆和拉尔·拜尔是"电子游戏之父"，那么雅达利公司的创始人诺兰·布什内尔就是真正将电子游戏带入大众生活的人。

布什内尔的成功离不开一个人的支持，他就是雅达利的首席工程师——阿尔·奥尔康。奥尔康是一个乐观而理性的人，他要负责帮布什内尔把关，确定什么样的事情可以做，什么样的事情不可以做。《乒乓》游戏就是由奥尔康研发的。其实在《乒乓》之前，雅达利公司还开发过一个游戏叫《电脑空间》，这是世界上第一台业务用投币式游戏机，它填补了电子游戏在商业市场的空白，但是因为这款游戏操作复杂，以失败而告终。意识到问题所在后，他们很快开发出了新游戏《乒乓》。《乒乓》操作起来非常简单，只要用屏幕上两根移动的光标充当球拍拦截充当乒乓球的小光点即可，在市场上大获成功。雅达利公司的第一台《乒乓》游戏机放在了森尼韦尔国王大道的一家酒吧里。几天之后，布什内尔接到电话说机器坏了。他派奥尔康去查看，发现原来是游戏机被硬币塞满了，由此可见这个游戏有多么受欢迎。

看到这么合自己口味的一家公司要招人，一身嬉皮士打扮的乔布斯就直接冲到了这个公司的大厅，对着前台人员说："我是来应聘的，不得到一份工作，我是不会离开的。"这种类似威胁的应聘方式让接待人员很吃惊。他告诉乔布斯可以留下简历，如果合适的话会通知他过来参加面试。

可是乔布斯坚持说："不，我不要这样，我今天就要得到这份工作，得不到的话，我坚决不离开。"乔布斯不达目的誓不罢休的个性在此时展示得淋漓尽致。接待人员无奈之下，只好向奥尔康报告了这件事。奥尔康后来这样描述当时的情景："我正在自己的办公室里，前台接待人员跑过来告诉我说，大厅里有一个嬉皮士一样的年轻人，坚持要得到我们公司的一份工作，如果得不到的话就不离开。他问我他是应该打电话报警还是应该让他进来。当时我很好奇，到底是什么样的一个人，竟然会做出这么不合常理的事情。于是，我告诉接待人员说，让他进来，我要见见他。"就这样，乔布斯成功地获得了人生第一份正式工作，成了雅达利公司最初的50名员工之一，他的职位是技术员，主要负责游戏机的调试和维修工作，时薪是5美元。尽管乔布斯没有接受过正规的电子学教育，但是小时候的耳濡目染再加上聪明的头脑，他竟然成功地胜任了这份工作。后来，布什内尔听说了这件事后，还专门抽空见了一下乔布斯，他非常喜欢乔布斯："他非常具有哲学气质，这是他和其他人的不同之处。关于哲学，我们秉承不同的观点，我赞同宿命论，而他坚持自由意志论。我认为事情都是命中注定的，每个人都在按照既定计划前进，而乔布斯和我的观点刚好相反，他认为意志的力量可以改变现实。"乔布斯的这种观点，为他终生不懈的拼搏做出了注释，也奠定了他身上现实扭曲力场的基础。

乔布斯刚开始的工作伙伴是一个名叫唐·朗的工程师，他思想非常保守，这就让乔布斯和他之间充满了矛盾。两个人刚合作了一天，朗就向奥尔康抱怨说："乔布斯有体臭，我没有办法和他一起工作。"朗不是在无理取闹，乔布斯当时坚持只吃素食，他认为这样的话，自己就不会有体味，所以很少洗澡，也从不用香体剂，这让他身上总有一股怪味。他身上总有怪味这个问题后来在乔布斯创办苹果公司后也一直让和他一起工作的人非常困扰。

在雅达利公司，乔布斯第一次展示出了他性格中类似恶魔的一面。他上夜班时，很少会需要和人交流，但是在偶尔需要和别人交流时，他会毫无顾忌地称别人为"笨蛋""蠢货""白痴"，这让他在雅达利公司成了以粗暴而闻名的"名人"。乔布斯后来在回忆这段生活时说："他们之所以讨厌我，是因为他们太差劲了，因此不能容忍我比他们优秀。"

乔布斯也并不是对所有的人都那么粗暴，他和公司的绘图员罗恩·韦恩成了好朋友，这个人后来还成了苹果公司最早的三个创始人之一。韦恩有一个秘密从来没有告诉过公司里的任何人，但是他选择了告诉乔布斯。那是一个周末，乔布斯到韦恩的公寓讨论哲学问题。韦恩突然对乔布斯说有些事想告诉他。乔布斯说："如果我没猜错的话，你想告诉我你喜欢男人。"韦恩点了点头。乔布斯后来回忆说："那是我第一次跟同性恋做朋友。我从他那里树立了关于同性恋的正确观点。"乔布斯对同性恋很好奇，就问韦恩："你喜欢男人，那漂亮女人对于你来说像什么？"韦恩说："她们对于我来说就好像一匹漂亮的马，我会欣赏它的美，但不会想和它上床。"后来说起为什么会把自己的性取向告诉乔布斯，韦恩说："性取向是我的一个秘密，我很少告诉身边的人，但是史蒂夫给我的感觉是，告诉他，我们仍然会是好朋友，它不会影响我们之间的关系。"可能这句话也解释了为什么后来的苹果公司可以笼络住那么多的人才，因为乔布斯身上有一种包容的力量，当然这种包容也是有选择性的，对于工作上的不完美，乔布斯是丝毫也不会包容的。

在雅达利公司，乔布斯收获良多。他开始注重产品的简洁性，韦恩说："史蒂夫从雅达利公司的游戏中意识到了简洁性的重要性，他在产品设计的过程中一直坚持了这条原则。"他还从布什内尔身上学到了如何将魅力转化为说服力，奥尔康说："诺兰是一个以自我为中心的人，他不能容忍别人否定自己的决定，史蒂夫从诺兰身上学到了这一点。不过，史蒂夫的性格让他有时会失控地辱骂别人，而诺兰则从不这样。他们的共同之处是都有一种积极向上的力量，这种力量强大到了让人害怕的程度，但它却让他们获得了成功。从这个角度来说，诺兰担得起'史蒂夫的导师'的称号。"另外，乔布斯还从雅达利公司学到了不拘一格降人才的招聘方法，以及如何把产品设计得更有趣而人性化，这些无意间的积淀后来都成了苹果公司成功的秘诀。

印度之行

"我第一次意识到也许托马斯·爱迪生对世界的贡献比卡尔·马克思和尼姆·卡洛里·巴巴加起来还大。"

——乔布斯

1974 年时，乔布斯之所以急切地想要进入雅达利公司是因为他想要攒钱进行一趟印度朝圣之旅。他的大学同学罗伯特·弗里德兰曾在1973年的夏天进行过一次这样的旅行，弗里德兰回来后兴高采烈地向乔布斯和科特基讲述了这次旅行的各种际遇，这让乔布斯和科特基心驰神往，他们决定也去印度进行一趟朝拜之旅，弗里德兰就给他们提供了一位高僧的联系方式和住宿地址。但是乔布斯和科特基没能立刻开始这趟旅行，因为他们没钱。

在雅达利工作了一段时间之后，乔布斯攒够了旅行所需的费用。他来到奥尔康的办公室，没有任何铺垫地说："我要辞职去印度寻找精神导师。"奥尔康后来回忆说："他来到我的办公室，眼睛直视着我，突然宣布说：'我要辞职去印度寻找我的精神导师了。'我以为他在开玩笑，就说：'好的，代我向你的导师问好！'接着，他说，他希望我可以承担他来回的车费，我这才意识到他是说真的，他要辞职去印度，我说：'做梦，不可能，我不会承担路费的。'"不过后来奥尔康想到公司里有一批零件需要运往慕尼黑，在那里组装完毕后由都灵（意大利的一个城市）的批发商负责配送出去。但是因为美国市场上的游戏是每秒60帧，而欧洲市场上的游戏是每秒50帧，所以在使用时需要进行一些调整。于是奥尔康把乔布斯叫来向他讲明了情况，希望他可以去押送这批货物到欧洲，并把这个问题解决，然后从那里去印度，因为从那里去印度要便宜一些。乔布斯毫不犹豫地答应了。乔布斯离开奥尔康办公室的时候，奥尔康开玩笑似的说："记得在两个小时内解决问题。"乔布斯到达慕尼黑后，真的在两个小时内解决了所有问题。

尽管只有短短两个小时的相处时间，乔布斯还是让德国那一群穿着西装的经理很不舒服。他们向奥尔康抱怨说："他真的是你们公司的技术员吗？他看起来就像个流浪汉，身上的味道也和流浪汉差不多，而且行为粗鲁。"奥尔康对这样的抱怨充耳不闻，他问："他帮你们解决问题了吗？"对方回答是的。他说："那不就行了，下次你们再有什么问题，可以尽管给我打电话，我这里有很多他这样的人。"他们说："不用了，下次我们宁愿自己解决，也不再和他那样的人打交道了。"奥尔康听后心里窃喜，没想到派乔布斯去还起到了这样独特的作用。在德国经理向奥尔康抱怨的同时，乔布斯也向奥尔康抱怨说："他们只给我提供土豆和肉，他们甚至都不知道'素食'这个词，真是太糟糕了。"

但是接下来的都灵之旅就让乔布斯感觉好多了，他对于意大利人的热情和好吃的意大利面印象深刻。他说："都灵是一座生机勃勃的工业城市，我在那儿的几周真是美妙极了。都灵的那个批发商是个很好的人，他为了照顾我的口味，每天都带我去一个饭店吃饭。那家饭店最好的一个地方就在于它没有菜单，你想吃什么直接告诉他们，他们就能给你做出来。那个地方真是太棒了，意大利最有名的菲亚特汽车制造公司的董事长有时会去那里吃饭。那里只有八张桌子，却有一张是专门为他预留的。"

在解决了都灵批发商的问题之后，乔布斯去瑞士的卢加诺拜见了弗里德兰的叔叔，也就是团结农场的真正主人，然后就从瑞士直接搭飞机去了印度。

1974 年初，一身嬉皮士打扮的乔布斯到达了印度，他穿着破破烂烂的衣服，光着脚走出了新德里机场。他出机场后直接乘车来到了弗里德兰给他推荐的酒店，但是那家酒店客满了，他只有去了出租车司机极力推荐的另一家酒店。乔布斯每当回忆起这件事的时候，都会这样说："那个人肯定拿了酒店的回扣，因为他带我去的那个酒店真是糟糕透顶，甚至水都没有过滤，可是老板骗我说过滤了，我就直接喝了。傻傻的我很快就因为饮用不卫生的水而患上了痢疾，高烧不退，身边也没一个人照顾，于是体重一个星期内就从 160 磅（约 72.5 千克）减到了 120 磅（约 54.4 千克），真是可怜极了。"

一个多星期后，乔布斯终于好了一点，他决定立刻离开新德里这个倒霉地。他去了印度北部城市赫尔德瓦尔，它是一个面积和帕洛奥图差不多大小的城市，靠近恒河的源头，乔布斯之所以选择这里，是因为它每三年就会举行一次盛大的宗教集会。而 1974 年恰逢每 12 年举行一次的最大规模的集会，称为"大壶节"（Kumbha Mela）。一下子这个当地居民不到 10 万的城市涌进了超过 1000 万人。乔布斯后来这样回忆大壶节的情形："满眼看到的都是教徒，随便一个帐篷里都住着一个甚至几个导师级的人物。还有人骑着大象巡游，非常热闹，但是那不是我想追寻的，所以在那里待了几天后，我决定离开。"

乔布斯决定去拜访弗里德兰曾经拜访过的尼姆·卡罗里大师。他先乘火车又转乘汽车来到了大师所在的村庄，结果遗憾地发现，尼姆·卡罗里大师已经去世了。没有了目标的乔布斯，在一户人家里租了个房间安顿下来。这户人家给他提供素食，并帮助他恢复了健康，乔布斯后来在提到这户人家的时候总是充满了感激。在这里他再次重读了《一个瑜伽行者的自传》，它是之前的一位旅行者落下的。乔布斯将这本书读了好几遍，因为在那里真的太无聊了。但是在那里他也交到了一个一辈子的好朋友——拉里·布里连特。他是一名流行病学家，当时在印度以根除天花为己任，后来主要负责帮助谷歌运营慈善机构，并负责管理斯科尔基金会。

正在无聊之时，乔布斯听到了一个消息，有位印度教的圣人要在一名富商位于喜马拉雅山脉的住处举办信徒聚会，乔布斯就赶了过去。在那里乔布斯经历的一件事，让他坚信自己是与众不同的。乔布斯回忆起当时参加那次聚会的目的时说："我去印度的目的就是找到一位有灵性的人，而那里无疑给我提供了机会。同时，我好久都没有吃顿好的了，我想那里也许会有好吃的，所以我就赶了过去。事实证明，我猜对了，我刚走进房子的时候就闻到了食物的香味。"当乔布斯正在享用美食时，乔布斯希望遇到的那位圣人，突然就从人群中选中了他，拉着他疯了一样开始大笑。乔布斯说："当时我正在吃东西，他突然穿过人群，来到我面前，拉着我说：'你纯净得就像个孩子。'"然后那位圣人拉着乔布斯逃离人群，来到了一个小山丘上，那里有一口井和一个小池塘。他拉着乔布斯坐下，拿出一把剃刀和一块肥皂，并开始把肥皂打在乔布斯头发上，然后用剃刀把乔布斯的头发剃光了。乔布斯说："他拿出剃刀的时候，吓了我一跳，我还以为他是个疯子。他边给我剃头边说这是在拯救我的健康。事实证明，他的剃头技术相当不错。"这个传奇经历，让乔布斯坚信自己是与众不同的，他认为世界上的有些人在来到这个世界之前是受到了上帝启示的，比如爱因斯坦、甘地等，而他自己也是其中之一，这种心理暗示对他独特人格的形成有重要的影响。

这件事之后没多久，乔布斯的好友科特基也来到了印度，乔布斯就返回新德里去见他。两人会合后，开始坐着公共汽车到处溜达。此时的乔布斯已经彻底地放弃了对于精神导师的寻找，而更多地转向了通过苦行体验、感官剥离和返璞归真寻求启蒙。

乔布斯和科特基后来晃荡到了靠近中国西藏的马纳里镇，在这里，科特基的睡袋连同旅行支票一起被偷走了。于是他们不得不返回新德里取消旅行支票，兑换现金。但是银行拒绝给他们兑换现金。这时，乔布斯的签证马上就要过期了，而科特基的签证则是延期的，而且机票是四个月往返，所以乔布斯就把自己所剩的总共150多美元都给了科特基，以便他可以在印度待到八月底。科特基回忆说："他不但担负起了我的住宿和饮食开销，还把自己仅剩的钱都给了我。"

此时的乔布斯，对于印度已经没有什么眷恋了，他决定启程回家。在印度游荡了 7 个月后，1974 年的秋天，乔布斯踏上了归程，在回家的途中，他又在伦敦逗留了几天，拜访了一位本来约在印度见面的朋友，然后就乘坐最便宜的一班飞机回到了奥克兰。在奥克兰机场，他打电话给自己的父母让他们来接他。保罗和克拉拉接到电话还犹豫了一下，电话那头真的是自己的儿子吗？他自从去印度后，只给自己写过几封简短的信，他真的回来了吗？保罗夫妇惊喜异常，他们立刻开车从洛斯阿尔托斯来到了奥克兰机场。乔布斯后来回忆起当时与父母见面时的情景时，总会不自禁地笑出声来："当时我的头发被剃光了，身上穿着印度棉袍子，皮肤被晒得又黑又红，他们从我身边来来回回走了差不多 5 次，妈妈才终于走到我身边试探性地叫：'史蒂夫？'我抬起头说：'嗨，妈妈。'"

这次印度之行，尽管没能让乔布斯找到自己的精神导师，但是仍然给乔布斯留下了深刻的印象。

《打砖块》游戏

"我不知道那些传言是从哪里冒出来的，我拿到钱分一半给沃兹，一直都是这样的。"

——乔布斯

自印度归来后，乔布斯稍微休息了一段时间就重新回到了雅达利公司上班。

奥尔康回忆说，那是 1975 年初的一天，当时他正在自己的办公室里，乔布斯在雅达利为数不多的朋友之一韦恩冲进了他的办公室喊道："嘿，你猜谁回来了？是史蒂夫！"然后他就看到了当时的乔布斯：黑红的脸，怪异的橘黄色袍子，赤脚，手里还拿着一本《此时此地》，看起来和寺院里的僧人无异。乔布斯问奥尔康，自己可不可以回来上班，奥尔康说："当然可以。"

和原来一样，乔布斯还是被安排上夜班，这样的安排无意间为乔布斯和他的好朋友沃兹提供了相处机会。事情是这样的：当时正在惠普上班的沃兹，一个偶然的机会在森尼韦尔的一家保龄球馆里玩了一次《乒乓》游戏，就迷上了。当他知道乔布斯在雅达利公司上夜班后，就经常在吃过晚饭后来找乔布斯免费玩游戏。对于这种揩油的行为，雅达利公司的老板布什内尔采取了纵容态度，这是因为，沃兹为了炫耀自己的本领，曾经将《乒乓》游戏利用很少的芯片改造成了可以在电视机上玩的版本，并向布什内尔进行了展示。布什内尔当时就对沃兹的设计赞不绝口，他想挖沃兹来雅达利公司上班，但是沃兹拒绝了，因为他喜欢惠普公司。

既然不能将沃兹挖到自己的公司，布什内尔想到了另外一个利用沃兹才能的方法，那就是通过乔布斯让沃兹为雅达利公司设计一款游戏。当时，雅达利公司在设计游戏时，动辄就需要用上百块芯片，这让成本急速上升，布什内尔决定改变这种现状，然后他就想到了沃兹。于是，1975年夏季的一天，布什内尔将乔布斯叫到了办公室说，公司打算设计一款新游戏，名字叫《打砖块》。这款游戏将一改原来《乒乓》游戏需要两个人才能玩的格局，而将采取一个人也可以玩的单机模式，玩家需要将球击向一面墙，每击中一块砖，这块砖就会消失，当玩家把这面墙上的所有砖块打完后，就可以逃出去了。他说："史蒂夫，我打算让你设计这个游戏，而且用的芯片越少越好。如果你能完成的话，我就给你 750 美元的薪酬。除此之外，如果你用的芯片数少于 50 块，那么每少用一块，就有 100 美元的奖金。"乔布斯欣然接受了任务。

当晚他就将这件事告诉了来玩游戏的沃兹，并请沃兹和自己一起完成，他说："我把酬劳分你一半，咱们一起完成吧！"沃兹毫不犹豫地答应了，但是他在乎的并不是那一半的酬劳，而是因为他觉得可以设计出一款很多人都会喜欢的游戏非常酷，同时也可以展示自己的才能。布什内尔对于乔布斯请沃兹帮忙这件事，这样说："我把这看作是买一送一，沃兹是个更加优秀的工程师。"乔布斯在沃兹答应帮忙后，才扔出了一枚他自己制造的重磅炸弹："我忘了跟你说，我们只有四天时间。"沃兹一下子惊讶地睁大了双眼："四天？通常情况下设计一个这样的游戏至少也要几个月吧？四天，就我们两个人怎么可能完成？"这时，乔布斯第一次在沃兹面前展示了现实扭曲力场，沃兹后来回忆说："当时我觉得自己根本不可能在四天内设计好这个游戏，但是史蒂夫让我做到了。我到现在都不明白他是怎么做到的。"布什内尔曾经这样评价乔布斯："当他想做某件事的时候，计划表都是按天和星期制定的，而不是按照月或年。"确实，当时布什内尔根本没有给乔布斯时间上的限制，只是乔布斯要在四天后去团结农场收苹果，所以他决定要在四天内完成所有设计。

对于这一情况毫不知情的沃兹，开始了夜以继日、不眠不休的设计工作。他会利用白天在惠普上班的间隙画出设计草图，晚上吃过饭后就赶到雅达利进行设计。沃兹在设计的时候，乔布斯就会在一边将芯片按照设计图排布在电路板上。沃兹说："如果史蒂夫排布芯片的速度跟不上我设计的速度了，我就会在他摆弄芯片的时候，玩一会儿我最喜欢的《极速赛道10》游戏。"在两人的密切配合下，四天后，他们竟然真的完成了这项原本不可能的任务，而且仅用了45块芯片，这比布什内尔要求的足足少用了5块芯片。

第五天一大早，乔布斯就带着只用了45块芯片的《打砖块》游戏的电路板来到了布什内尔的办公室。布什内尔对于乔布斯的到来非常吃惊，他还以为乔布斯要放弃这个挑战了，就在他要开口询问的时候，乔布斯开口了："游戏的电路板设计完成了，而且只用了45块电路板。"布什内尔吃惊地张大了嘴，暗想，天啊，这速度也太快了。于是，他爽快地付给了乔布斯750美元的薪酬和500美元的奖金。

乔布斯拿到钱后，将薪金平均分成了两份，并将其中的一份给了沃兹。但是关于那份奖金却成了乔布斯和沃兹之间一件没有定论的悬案，甚至就连当事人乔布斯和沃兹自己有时也搞不清楚事实的真相到底是怎样的。

想象一下在海浪的最前端冲浪是什么感觉，一定很兴奋刺激吧

热浪滚滚的时代

"那时，有些奇妙的事情正在发生……"

——乔布斯

20 世纪 70 年代初期，人们对于电脑的看法开始发生改观。约翰·马尔科夫是《时代》杂志的撰稿人，主要负责撰写科技类的文章，他一直都非常关注科技对于世界的影响，他撰写有一本关于非主流文化与电脑产业的书《睡鼠说了什么》，在书中，他写道："计算机的身份已经逐渐从被当作官僚机构的控制工具转变为了展示个人表达与自由解放的工具，人们对于它的态度也从最初的不屑一顾变为欣然接受。"美国当代最畅销诗人理查德·布劳提根 1967 年创作了一首关于计算机的诗，他在诗中描述了这样的场景，当蒂莫西·利里（1920 年 10 月 22 日~1996 年 5 月 31 日，美国著名心理学家、作家，以其晚年对迷幻药的研究而知名）大声地告诉世界，个人电脑已经替代迷幻药控制了人脑，并将他那句著名言论改写成"开机，启动，接入"（turn on，boot up，jack in）时，电脑致幻便已经得到证实。后来和乔布斯成为朋友的 U2 乐队主唱波诺这样解释为什么是来自湾区的非主流人士拉开了个人电脑产业的序幕："之所以那些

跟着摇滚摇头晃脑，吸着大麻、衣衫不整的嬉皮士们开创了 21 世纪，是因为他们看待问题的角度和常人不同，能看到事物的另外一面。而在美国或世界的其他地方都没有这种思维方式生活的土壤，或早早地将这种思维扼杀在了摇篮里。但迷茫而自由的 60、70 年代，则刚好将人们从原来的思维模式中解放了出来，为想象未来插上了翅膀。"

处于这种环境中的乔布斯，有着一颗躁动不安的心，他总觉得在这样的环境中，自己不应该是毫无作为的，他内心始终涌动着一股热情，一股改变世界的热情，只是他还没有找到改变这个世界的途径。当时的他会在早晨的时候冥想，白天的时候去斯坦福大学旁听，晚上的时候去雅达利工作，同时梦想着创办自己的事业。他曾经这样回忆自己当时所处的那个时代："那是一个神奇的时代。它孕育了最好的音乐，例如感恩而死，杰弗逊飞船乐队、琼·贝兹、詹尼斯·乔普林等；它哺育了改变世界的集成电路；它滋生了著名的反主流文化杂志《全球概览》。"

苹果一代的诞生

"我们做出了一个非同寻常的东西。"

——乔布斯

自从在家酿计算机俱乐部上第一次见到微处理器，沃兹就产生了一种想法，即利用微处理器设计一台带有键盘和显示器的终端机，使其成为一台独立的小型台式机。

其实，在此之前，沃兹就曾想过将键盘、屏幕与电路板整合在一套个人装置中，只是苦于没有必需的元件，所以此计划一直未能得到实施，直到在家酿计算机俱乐部中看到那个带有一整块中央处理单元的微处理器时，他的这种想法才有了付诸实施的可能。

沃兹和乔布斯一样，都属于那种想到就做的人。因此，沃兹在回到家后就立即开始了研制工作，并在当天晚上就设计出了后来成为 Apple I 计算机的草图。当然了，计算机的研制并非一朝一夕就能完成的。比方说选择微处理器、设计电路板，或是调试控制电路、编写程序语言等，无论哪一项对于沃兹来说都是一个不小的挑战。

在刚开始的时候，沃兹曾想使用英特尔 8080 微处理器。但由于该款芯片的成本太高，沃兹只得放弃了，并开始寻找其他替代品。后来，他通过一位在惠普工作的朋友，以 40 美元的价格购到一块摩托罗拉 6800 微处理器。不过，这对于沃兹来说，成本仍然有些高。再后来，他又经过多方努力，找到了 MOS 科技公司（MOS Technologies）生产制造的一款芯片，其性能不仅与摩托罗拉 6800 基本一样，而且价格也很便宜，每块芯片只需 20 美元。如此一来，Apple I 的制造成本再度降低了不少。不过，在英特尔生产的芯片成为行业标准之后，苹果电脑因为与之不兼容的事实，而使苹果公司遭受了不小的损失。

在研制 Apple I 的时候，沃兹每天除了吃饭睡觉之外，几乎所有的时间都用在了研制之上了。经过几个月的努力，他终于在 1975 年 6 月 29 日这一天成功试制出了第一台拥有实时输入、输出功能的个人电脑，而这一天对于个人电脑的发展也有着里程碑式的意义。尤其是沃兹在键盘上键入一个字符后，那个字符便立即显示在电脑屏幕上时，不但沃兹兴奋不已，就连在一旁观看的乔布斯也是满脸的震惊。

当乔布斯从震惊中恢复过来后，立刻兴奋地对沃兹说道："我们做出了一个非同寻常的东西。"随后，他又兴奋地接连问了沃兹好几个问题，如这台电脑可以联网吗，它是否能够配备一块磁盘作为存储器等。接着，他又帮沃兹找来不少零件升级这台电脑，如乔布斯托人找来的 DRAM（动态随机存取存储芯片），以及他从英特尔公司那里免费得到的几块英特尔 8080 微处理器等，为这台电脑性能的改善做出了不小的努力。当时，这台尚在设计开发中的电脑并没有名字，直到乔布斯和沃兹在半年之后创办苹果公司，并开始销售这种电脑时，乔布斯才正式将其命名为 Apple I。

在完成 Apple I 的初步设计后，乔布斯便建议沃兹参加家酿计算机俱乐部的会议，向各位爱好者展示自己的设计成果。但前进的路从来都不会是一帆风顺的，超越于时代的设计理念和 Altair8800 的冲击，让沃兹第一次在俱乐部内展示 Apple I 时，并没有引起多少人的关注。前来聚会的人，也只是说了些场面话，说他的设计很前卫，除此之外，别无其他。至于沃兹颇为自豪的"新式人机交互方式"（即利用键盘输入、输出的方式），那些 Altair 8800 爱好者们也很不以为然，甚至还有不少人觉得，键盘输入、输出的方式，还不如由 0 和 1 组成的机器语言奇妙。

但是，乔布斯和沃兹并未气馁，在接下来的几次聚会中，他们都会向别人展示 Apple I 的操作与功能。慢慢地，便有不少人为 Apple I 那简便的操作方式，及直观的显示方式产生了兴趣，后来还受到了俱乐部内 100 多名电脑狂热爱的追捧。由于人多地狭，他们聚会的地点也由弗伦奇的车库改迁到了斯坦福大学线性加速器中心的大礼堂。早在四年前，乔布斯曾与沃兹在这里找到了那本帮助他们设计出蓝盒子，并让他们赚了不少钱的科技期刊，现如今他们又在这里聚集到一群能够读懂他们理念的支持者，这是一种巧合，还是在暗示着什么？

在向各位爱好者展示的过程中，沃兹还从中发现了不少新的问题。随后，他又亲自为这台电脑编写了一个 BASIC 语言解释器。到了当年 10 月份时，Apple I 便已具备了 Altair 8800 的所有功能，而且与 Altair 8800 相比，Apple I 不但体积更小，成本也要低很多，尤其是操作更为简便。可以说 Apple I 的问世，对于个人电脑的发展有着划时代的意义。

Apple I 并不是世界上第一台个人电脑，因为在它之前，就已经有其他电脑存在了，比如 1975 年 MITS 公司推出的 Altair 8800。但是 Apple I 的出现却具有划时代的伟大的意义，因为它极大地简化了个人电脑的操作。

当时，电脑的操作是非常麻烦的。就以人们当时热烈追捧的 Altair 8800 来说，它采用的还是传统的二进制和机器语言，如果操作者不懂这些知识，就没法使用。而且 Altair 8800 本身既没有键盘，也没有显示器，所有程序的输入与输出全都得靠前面板上的开关和指示灯的明暗实现。

比如说，在 Altair 8800 机箱的前面板上的每个开关都代表一个二进制位，将开关拨到上面指示灯亮起时，代表 1，反之则代表 0。若是需要输入一段程序时，就得用手连续拨动开关，操作极为不便。因为，即便是输入一组最为简单的算数程序，也要拨动几十次开关才行。若是遇到复杂的统计计算，那就不是一般人能够操作得了的。

当然了，在 Apple I 问世之前，也曾有人想办法将此问题简化。如为 Altair 8800 配上了纸带阅读器、磁带机或是电传打字机等设备，运算时只需将运行结果直接打印到纸上便可。但这种便利都是有代价的，在当时，每台 Altair 8800 的售价仅为 600 美元左右，而一台电传打字机的售价则在 1500 美元左右，这根本就不是一般人能够消费得起的！

正是因为 Altair 8800 操作的复杂性，才使得众多电脑爱好者意识到了 Apple I 的强大与简便，并以 Apple I 为榜样，迅速掀起了一场电脑革新的风暴。其实，个人电脑在历史上的每一次发展与革新，在很大程度上都是为了方便用户操作，正如 iPad 摒弃传统的键盘和鼠标，将人们的手指解放出来一样，Apple I 把人们从那复杂的前面板、指示灯以及开关中解放了出来，实现了个人电脑技术的革新。

在苹果公司成立后，乔布斯虽然主张只以主板的形式出售 Apple I，至于键盘、显示器等需要用户自己准备，但是他们依然获得了不错的业绩。因为，他们在那块主板里已经装置好了控制键盘输入以及屏幕输出的芯片，用户在将 Apple I 买回家后，只需接上键盘和显示器就能使用了，再也不必像以前那样为那些二进制开关和红色指示灯的操作而烦恼了。对此，我们可以毫不夸张地说，正是由于 Apple I 的问世，才有了现代个人电脑的人机交互方式，这对于个人电脑的发展与革新都有着里程碑式的意义。

对此，沃兹后来也毫不做作地总结道："在 Apple I 问世之前，人们需要通过难懂的前面板和电脑沟通，而在 Apple I 之后，所有电脑都配备了屏幕和键盘，人们通过屏幕和键盘就可以和电脑沟通了。"

愚人节的礼物

"苹果公司的成立，是我当年收到的最好的愚人节礼物。"

——乔布斯

乔布斯与沃兹刚开始参加家酿计算机俱乐部的聚会时，沃兹都会很自豪地向别人演示他的机器，并乐于与他人交换与分享，甚至还将自己的电路板设计图纸免费提供给那些人看。乔布斯在最初的时候也曾劝过他不要这么做，但沃兹却觉得这个俱乐部的主题就是乐于奉献，帮助他人。而且，他还对乔布斯说道："我当初在设计 Apple I 时，目的就是为了将它作为免费资源贡献给别人。"

率先对沃兹这种观点表示反驳的是微软的创始人比尔·盖茨，因为他和保罗·艾伦在完成了 Altair 电脑的 BASIC 语言编译器后，家酿计算机俱乐部的成员在未经其允许，也没有付费的情况下，便复制了该编译器的程序在其内部相互分享。对于此事，比尔·盖茨在气愤之余还给家酿俱乐部的负责人写了那封著名的信："请你们中的大多数业余爱好者们注意一下，你们现在正在使用的软件是偷来的，你们觉得这样做对开发软件的人公平吗？假如你们再这样下去的话，还会有人再去编写好的软件吗？假如你们有谁愿意付钱购买我的软件的话，请给我来信，我会很感激的。"

乔布斯与比尔·盖茨的观点一致，不管是当初的蓝盒子还是现在的Apple Ⅰ，他都不希望沃兹的发明免费提供给别人。1975 年的感恩节前后，乔布斯已经确定了沃兹的设计肯定会改变整个世界，他想好好地把握住其中所蕴含的巨大商机。为了说服沃兹放弃免费为别人提供设计图，乔布斯想了很多理由，如他曾劝沃兹道："这些人根本就没有意识到你设计的电脑是前所未有的，他们只会在设计图中找乐子，根本就看不到这种电脑将会改变人们的生活。"眼见沃兹的思想发生了动摇，乔布斯又趁机使出了自己的"杀手锏"，道："反正那些人中绝大多数都没有时间自己去组装一台电脑，我们还不如将做好的电路板卖给他们呢，那样他们只需买来芯片插到板子上，很快就能做出可用的计算机来，那样的话不比他们自己设计、制造电脑方便许多吗，而且那样做还能让我们赚上一笔小钱。"

最终，沃兹还是被乔布斯那诱人的计划给打动了，他打算不再免费送出他的设计原理图，并准备销售其所制作的电路板。后来，沃兹在回忆这段往事时说道："当时我真的从没有想过要靠卖电脑赚钱，是史蒂夫告诉我说那个东西可以改变世界，他觉得我们应该把这些拿出来给大家看看，并伺机卖出去一些。"事实证明了乔布斯的眼光之独到。

当然了，1975 年的乔布斯毕竟只有 20 岁，他虽然隐隐觉得沃兹设计的电脑会改变人们的生活，但他最初时并没有打多大的算盘，他只是想在电脑爱好者这个圈子里卖些制作好的电路板。而在制作第一批电路板的时候，乔布斯并不打算自己制作，而是准备花 1000 美元请其在雅达利公司内的一个熟人，让他帮自己绘制 100 张电路板。按照乔布斯的设想，每块电路板的成本控制在 25 美元左右，那么每块只需卖 50 美元，他们就有1500 美元的利润。

沃兹在听到乔布斯的设想后，觉得他们不可能会卖掉所有的电路板。对此，沃兹回忆道："我当时真没有看出来我们该怎样收回成本，再加上当时的银行还拒绝支付我的支票，每个月我只能用现金付房租，当时的情况可真是糟糕透了。"

若想赚钱，最好的办法就是成立一家属于自己的公司，这是乔布斯的想法。同时，他觉得自己将会是个不错的老板，而沃兹也将会是个不错的技术合伙人。但是，沃兹对于两人合伙成立公司一事却不太积极，因为他对自己在惠普有着稳定收入的工作非常满足。

乔布斯深知沃兹的为人，他知道用怎样的方法才能说服沃兹。因此，乔布斯并没有与沃兹争辩说他们一定能够赚到钱，只是对他说："即便将来赔了钱，至少我们还可以对别人说：'在我们的一生中，我们曾拥有过一家公司。'"这句话就像是一顿丰盛的大餐一般，深深地诱惑着沃兹，毕竟大家都是年轻人，都想成就一番属于自己的事业，沃兹也不例外。对此，沃兹曾回忆道："你根本就难以想象我在当时的那种兴奋之情，两个最要好的朋友一同创办一家公司，那将会是件多么美妙的事情啊！因此，在我听完史蒂夫的话后，我马上就同意了他的提议。"

在刚开始的时候，沃兹虽然答应了与乔布斯一同创办公司，但他却没有立即从惠普辞职。不过，这样一来，新的问题就产生了。沃兹身为惠普的员工，其在惠普任职内的所有技术成果所有权都归惠普所有。也就是说，在没有得到惠普同意的情况下，他是无法利用自己所发明的产品牟利的。所以，他即便是答应了乔布斯的提议，也需要先解决掉销售这些电脑时的法律问题，为此，沃兹还专门将自己设计好的电脑拿给惠普的老板看，看看惠普是否有意生产并销售这款产品。

也许是冥冥中自有定数，沃兹的老板和同事们虽然对沃兹设计的电脑赞不绝口，但却没有人觉得 Apple I 会有什么市场，因为 Apple I 与惠普生产的那些商务电子产品相比，就像是个玩具一般，惠普的那些大客户们根本就不会花钱购买。随后，惠普公司便答应了沃兹的请求，并专门为沃兹出具了书面证明，放弃了对 Apple I 的所有权。于是，一向以严谨、务实著称的惠普，就这么白白错失了引领个人电脑革命的大好机会。

既然是要创办公司，首先得要有着足够的资金才行。但是，当时的两人身上一共才有不到 200 美元。为了凑够启动资金，沃兹忍痛以 500 美元的价格卖掉了自己的 HP 65 计算器，可是不善交际的他却被人给骗了，最后只拿到了 250 美元。至于乔布斯，则将自己的大众汽车卖了，再次筹到了 1100 美元。如此一来，他们就有了足够的资金启动项目了。接下来的事情就简单了，那就是为自己的公司起个好听的名字。

事有凑巧，在两人准备筹建公司的那段时间里，乔布斯抽空儿回了一趟俄勒冈的苹果农场，而在其返回"硅谷"的当天，沃兹驾车到机场接乔布斯。在回去的路上，两人就公司的名字进行了讨论。他们既考虑过用"矩阵"（Matrix）等较为典型的技术词汇命名，也尝试着创造一个新的词汇如"Executek"（寓意"执行"与"科技"）等命名，但在最后都被乔布斯否决了。正当二人陷入沉思时，乔布斯突然对沃兹说道："我们的公司不如就叫'苹果电脑公司'吧！"后来，当人们问他为什么会以"苹果"命名自己的公司时，乔布斯则笑称道："因为那段时间里我正在吃水果餐节食，'苹果'这个名字不仅听上去很有意思，而且还显得很有活力，同时也削弱了'电脑'这个专有名词的抽象性。更重要一点是，这个名字可以让我们公司在电话簿上排在雅达利公司之前。"就这样，公司的名字被定了下来。

在说服了沃兹之后，乔布斯觉得自己还需要找来一个有着资深的经历、懂得法律和商业事务的人来帮忙，同时，这个人还应在自己和沃兹的意见存在分歧或争执的时，起到调解的作用，并伺机打破僵局。经过仔细的甄选，乔布斯最终选中了自己在雅达利的同事兼好友罗恩·韦恩。韦恩虽然答应了乔布斯的邀请，但他却觉得乔布斯和沃兹只是一时心血来潮，若是想靠着售卖一些几十美元一块的电脑主板作为主要收入的话，是很难将生意做大的，但碍于自己与乔布斯的关系，最终还是答应了乔布斯的邀请，加入了苹果公司。

当谈及他们合伙时的状况时，韦恩说道："他们两个完全是两种人，但是他们的组合却是最强大的。有的时候，我总觉得史蒂夫有时就像恶魔的化身，他可以变得冷酷、残忍，但有的时候，他又极富魅力，让人心甘情愿地为他完成他想要做的事情；而沃兹虽然在电子设计方面是个天才，但性格却像个孩子一样，每次与陌生人打交道的时候，都会显得不知所措。正是这种能力上的互补，才使得他们的合作相得益彰。"对此，沃兹也承认道："我一直都不想与别人打交道，那样总会让我觉得有些别扭，但史蒂夫不同，他即便是给陌生人打个电话，别人都会心甘情愿地帮他做事。尽管有的时候他会对一些他认为不够聪明的人很粗暴，可他却从未那样对待过我。我想，这可能就是友谊吧！"

当乔布斯克服种种苦难，成功说服沃兹和韦恩之后，前期的所有准备工作也就完毕了。正所谓，万事俱备，只欠东风。现在最重要的就是起草一份合伙文书，将他们三人合伙的方式确定下来，那就标志着"苹果公司"真正成立了。

1976 年 4 月 1 日，当别人都在相互捉弄对方的时候，乔布斯等三人则坐在韦恩的卧室里共同签署了一份由韦恩起草的长达十余页的合作文书，将他们最终的合伙方式确定了下来。其中，乔布斯和沃兹两人各占苹果公司 45% 的股份，韦恩占 10%。至此，苹果公司历史上最伟大的时刻，便定格在了愚人节这一天。对此，乔布斯还曾调侃道："苹果公司的成立，是我当年收到的最好的愚人节礼物。"

尽管韦恩在苹果公司成立后的第 11 天，因害怕乔布斯会失败而选择逃避并退出了苹果公司，与乔布斯和沃兹开了一个不大不小的玩笑。但是，对自己的产品充满信心的乔布斯却不以为然，他觉得自己的产品定能震惊全世界，开创一个全新的电子时代。为此，他将他们的第一代产品命名为 "Apple I"，寓意他们的 "苹果" 将会一个接一个地从 "苹果树"上掉下来。

奇迹从车库开始

"只要你能说出自己的需求、感受和动机，我们就能做出正确的回应，生产出你所需要的产品。"

——乔布斯

在苹果公司成立后不久，乔布斯便准备向家酿俱乐部的成员们推销他们的产品了。乔布斯与沃兹带着一块经过改进的电路板，参加了一次家酿计算机俱乐部的聚会。在聚会时，先是沃兹向众位电脑发烧友展示了那块电路板上的微处理器、8Kb 的内存及其他本人编写的 BASIC 语言程序，并向众人特别强调了整个电脑的关键部位，即取代了由大堆灯泡和开关组成的前面板的键盘。

接着乔布斯便在会上发表了讲话，他先是指出了 Apple I 与 Altair 电脑最大的不同之处，即 Apple I 所有的关键元件都是内置的。随后，他又极为努力地向大家讲解了苹果电脑所潜藏的惊人价值。但是，绝大多数电脑爱好者们并未对 Apple I 表现出很大的兴趣，而且他们的理由也很简单，即 Apple I 所使用的微处理器只是二流产品，并非英特尔 8080 这类主流微处理器。

　　但是，真理往往掌握在少数人的手中。当大多数人离去之后，那个对早期苹果公司的发展起到过关键作用的人却留了下来，这个人就是向苹果公司下了第一笔订单的保罗·特雷尔（Paul Terrell）。1975 年初，特雷尔在门洛帕克的国王大道上开了一家电脑商店，即 Byte Shop，到了 1976 年，他已经拥有了三家连锁店。同时，作为家酿俱乐部的会员之一，俱乐部内的每次聚会他都会参加。在这一次聚会上，颇具商业眼光的他在看到 Apple I 后，便看到了其中所蕴含的商机。因此他留了下来，并想进一步地了解有关 Apple I 的信息。

　　在得知保罗·特雷尔的身份后，乔布斯非常兴奋，因为直觉告诉他，这个人肯定会为自己带来第一桶金。因此，乔布斯在私下为其做演示时，还不忘对他说道："看看吧，你肯定会喜欢上这东西的。"事实上也是如此，保罗·特雷尔只是看了一遍之后，便对 Apple I 产生了浓厚的兴趣。在临走之际，他还将自己的名片给了乔布斯和沃兹，并对他们二人说道："保持联系。"

　　第二天一早，特雷尔刚打开店门，就听见有人对他说道："我来联系你了。"之后，他便看到了衣衫不整的乔布斯正站在店门口冲自己笑。特雷尔对于乔布斯的突然到访虽然有些惊讶，但他很快就恢复了正常，因为乔布斯下面的话吸引到了他这个有着大志向的精明商人。"昨天在俱乐部成员聚会的时候，你也看到沃兹设计的电脑了，你是不是觉得它很棒？假如我们现在批量制造这种电脑的电路板，并以 50 美元一块的价格出售的话，肯定能够大赚一笔，不知你对此感兴趣吗？"

　　特雷尔有些诧异地说道："代销电路板？我觉得这个主意不是很好。你想想看，普通人谁会像俱乐部内的那些疯子一般自己购买元件组装电脑？假如让你选择的话，你是愿意去买一块没有芯片的电路板和一些元件自己组装，还是直接去买一台 Altair 8800 使用？"乔布斯听后眼前一亮，随即又对特雷尔说道："既然这样，我们就将除了显示器之外的其他元件都组装好由你代销，至于显示器则由客户们自己购买好了，这样的话肯定会有着不错的销量。"

　　特雷尔听到这句话时，显然已经心动了，因为他等的就是乔布斯这句话。乔布斯看到特雷尔的表情后就知道这件事情成了，便试探性地问道："你打算以什么样的价格从我们这里购进这种组装好的电脑呢？"特雷尔先是犹豫了一下，然后才开口道："这样吧，我可以为你们代销 50 台，每台支付 500 美元，你觉得怎么样？"

　　一台 500 美元，一共 50 台，乔布斯先是在脑子中飞快地计算了一下 Apple I 的成本，即每台不算显示器的话，成本在 400 美元左右。也就是说，假如以 500 美元的价格卖给特雷尔，那每台就可以获得 100 美元左右的利润。想到这里后，乔布斯当即便同意了特雷尔的提议，并为苹果公司接下了第一笔订单。乔布斯从特雷尔的 Byte Shop 出来后，便将这件事情立即打电话通知了正在惠普上班的沃兹。据沃兹回忆道："当听到这个消息时，我完全被震住了。即便是过去了这么多年，我对当时的情景仍记忆犹新。"很显然，乔布斯那精明的商业头脑和冒险意识，大大超过了沃兹和韦恩。因此，当沃兹和韦恩听到乔布斯与特雷尔谈妥了合同后，两人都觉得乔布斯肯定是疯了。

　　沃兹不善交际，虽然他知道苹果公司在当时只有 1000 多美元的流动资金，根本就没有足够的成本生产 50 台 Apple I，但他却没有明说。然而韦恩不同，他比较直接地说道："假如我们非要生产这么多电脑的话，恐怕只有向银行借贷才行了。但是，我们的电脑在制造出来之后，若是没人买的话，到时能拿什么去还银行的贷款呢？"面对着韦恩的反对，乔布斯依然深信 Apple I 肯定会改变整个世界，像 Apple I 这样的电脑不可能没有销路。

　　他还开导二人道："我们要把目光放长远一点，不能仅停留在 Byte Shop 的 50 台订单上，我们还可通过其他渠道卖掉更多的电脑，赚取到更多的利润。因此，我决定第一批制造 100 台，其中 50 台卖给特雷尔，剩下的 50 台则卖给我们的朋友和同事，至于零售价就比卖给特雷尔的价格高出三成好了！"

　　在乔布斯的自信和坚持下，沃兹最终选择站到了乔布斯的一边，并提议道："我觉得零售的价格可以定在 666.66 美元一台，因为我喜欢重复的数字。"在看到两个史蒂夫都同意的情况下，曾有过投资失败经历的韦恩则坐不住了，他总觉得自己好像着了这两个"疯子"的道儿了，他可不想再过一次一无所有的生活了。想到这里，韦恩便产生了退出苹果的念头。为了尽可能地不让自己的财产受到损失，在苹果公司成立的第 11 天，韦恩便折现卖掉了自己在苹果公司的股份，从苹果抽身而去。但是，令韦恩做梦都没有想到的是，那两个曾与他一起创办苹果公司的"疯狂小子"，最后却成了改变整个世界的电脑双雄。

　　在韦恩退出后，乔布斯和沃兹两人并未因此而受到多大的干扰，反而是激情更加高涨。为了能够完成订单，他们最先要做的便是筹集到足够的资金购买 50 台电脑所需的元件。为此，乔布斯先是找到其好友艾伦·鲍姆及其父亲，并从他们那里借到了 5000 美元。接着他又到银行借钱，但却遭到了无情的拒绝。随后，他又去了几个地方，但都没能借到钱。眼看借钱无果，乔布斯便另辟蹊径，打算从赊买元器件这一方面入手。后经多方努力，乔布斯最终在拿出自己公司与特雷尔的订单后，才说服了克拉默电子公司预支 50 台电脑的元件给他们，而赊账期则为 30 天。也就是说，他们必须在 30 天的时间内完成 Byte Shop 的订单，否则的话，他们除了偿还本金外，还得另外支付一笔违约金给克拉默电子公司。

　　在凑齐了所需的元件后，接下来的工作主要就是按时完成订单要求。但是，仅靠乔布斯两人的话，是很难在 30 天内完成 50 台的。因此，他们不得不找了一些帮手，如丹尼尔·科特基和他的前女友伊丽莎白·霍姆斯，以及乔布斯的妹妹帕蒂，至于他们工作的地点，就在乔布斯的家中。

　　刚开始的时候，他们工作的地点是在帕蒂空出来的卧室内，后转移到客厅，甚至连厨房都曾被他们占用过。在这种情况下，乔布斯的养父便停下了自己修理汽车的副业，建议他们将工作地点转移至车库。他不但为他们在车库内放置了一张长长的旧工作台，还为他们装上了一排贴好了标签的抽屉，以便他们存放各类元器件。大家千万不要小看了这个简陋的车库，因为苹果公司所创造的奇迹就是由这里开始的。

　　由于资金和时间的限制，乔布斯并没能兑现自己当初对特雷尔的承诺。因为在一个星期后，乔布斯只是将 12 块组装好的电路板交给了特雷尔。当特雷尔看到乔布斯所提交的"电脑"时很不高兴，因为他觉得自己订购的是带有电路板、机箱、电源和键盘的计算机，而不仅仅是一块电路板。但乔布斯却对他说，一个完全装配好的电路板，其实就是一台完整的"计算机"。

　　面对着乔布斯的"强词夺理"，特雷尔虽然很不高兴，但还是按照约定支付了货款。这样一来，每台电脑的成本就被乔布斯控制在了 340 美元左右，大大低于他们预估的成本。因此，当 50 台电脑的电路板完全交付完毕的时候，苹果公司的第一单生意就让他们赚到了近 8000 美元的利润。当然了，颇具革命性的 Apple I 也没有让特雷尔失望，那批电脑主板成了其商店内最畅销的产品，很快便销售一空，而这也为其带来了一笔不小的利润。

　　到了 1976 年底，乔布斯和沃兹一共制造并卖出了近 200 台 Apple I 。也就是说，在短短的 9 个月中，Apple I 就为他们带来了近 5 万美元的利润，这在极大程度上促成了沃兹放弃在惠普继续工作下去的决定，为其全力投入到苹果公司的工作之中，并打造出下一代真正意义上的个人电脑——Apple II ，开创出下一个奇迹，奠定了坚实的基础。

预测未来的最好方法就是创造未来

狂热的电脑先知

"要让人机交互变得更加简单，让电脑的操作更加容易，让电脑成为大众消费品。"

——乔布斯

Apple Ⅱ 在上市之后，之所以令全世界为之着迷，仔细盘点起来主要有两个原因：一是 Apple Ⅱ 有着独到的设计；二是 Apple Ⅱ 有着准确的市场定位。而这两个原因，则应分别归功于沃兹和乔布斯。

在当时的个人电脑市场上，Apple Ⅰ 虽然在设计上领先于其他的个人电脑，但 Apple Ⅰ 毕竟只是一块高度集成的主板，并不能算作一台完整的计算机，因此其竞争优势并不明显。如当时的 Altair 电脑，以及后来的 IMSAI 8080 和伯克利处理器科技公司生产制造的 SOL-20 等，都是其强有力的竞争者。鉴于此，在 Apple Ⅰ 的设计制造刚刚完成之后，沃兹便将其主要精力放在了 Apple Ⅱ 的研发之上。有了之前研发 Apple Ⅰ 的经验，沃兹在设计和制造 Apple Ⅱ 时就显得熟练多了，没过多久便研制出了 Apple Ⅱ 的样机。

在苹果公司成立一个月后，即在 1976 年的劳动节，当时正好又是周末，乔布斯和沃兹带着 Apple Ⅰ 和他们新研制出的 Apple Ⅱ 参加了在新泽西州大西洋城举行的第一届年度个人电脑节，在那里，所有人都有机会向别人展示自己的产品。在出发之前，他们将 Apple I 和 Apple II 样机分别放在两个雪茄盒子里，包装十分粗糙。结果，正是由于他们不注重苹果电脑的包装，这让他们在电脑节上遭遇了滑铁卢。

在电脑节开始后，各式各样的个人电脑纷纷登场。其中，最引人注目的是来自伯克利处理器技术中心的人员所携带着 SOL-20 电脑，那种电脑有着完整的配件、光滑的金属机箱，以及内嵌式的键盘，而接通电源和显示器的操作也很简单，再加上它所采用的微处理器与 Altair 计算机的一样，因此它可以很好地兼容 Altair 计算机的绝大多数程序。而乔布斯和沃兹带来的 Apple I 虽然在功能上要比 SOL-20 电脑强大很多，但是由于造型粗陋，一直都没有多少人感兴趣，即便是个别对苹果电脑感兴趣的人，也都在大众的引导下，倒向了造型优美的 SOL-20 电脑。

看到这种情况后，沃兹害羞了，他已经没有勇气向别人介绍 Apple I 的强大之处了。至于乔布斯则充满好奇地在会场中来回走动，仔细地观察每一位竞争对手的情况。经过全场的调查之后，他更加确信了沃兹设计出的电脑是无人能比的，因为无论是 Apple I 还是 Apple II 在功能上都能击败在场的所有对手。但是，与苹果电脑相比，SOL-20 有着更加迷人的外观，而 Apple I 与 Apple II 与它相比就显得有些邋遢不堪了。

通过这次小小的失败，乔布斯终于意识到了包装对于个人电脑市场的重要性。因此，当时他就下定决心，Apple II 在正式上市销售时，不但会有着漂亮的机箱、内置的键盘，还会将电源、软件、显示器等全都整合在一台机器中，使其成为一台真正意义上的个人电脑。对此，乔布斯曾回忆道："我当时的想法就是制造出一台整合所有部件的电脑，而我们的目标客户也不再是少数电脑爱好者了，而是所有希望将电脑拿到手后就能运行的人，这个数量将会是业余爱好者的 1000 倍以上。"

在参加电脑节之前，乔布斯本想将 Apple II 作为重头戏在最后推出，可是第一天的遭遇却让乔布斯打消了向世人展示 Apple II 的念头，他觉得 Apple II 应当以一种完美的面貌示人。因此，Apple II 在被他们带到新泽西后，只被他们带出过一次房间。那是一天的深夜，他们将 Apple II 带到了一间会议室内，并将其连接到了一台彩色投影仪上。他们这样做是为了验证沃兹的一个想法，即让 Apple II 的芯片运行出色彩，一改 Apple I 只有单色显示的情况。经过一番努力之后，沃兹比较轻松地搞定了 Apple II 的彩色输出接口，为了验证他的想法是否可行，他们才会借用酒店内的会议室，结果运行非常完美。当时除了乔布斯和沃兹二人外，只有一个酒店的技术人员见证了这一伟大的时刻。而且，当时他就直言不讳地说道："在我所见过的电脑中，只有这一台才是我愿意购买的。"后来，沃兹又将Apple Ⅱ连接到彩色电视机上，结果同样能够完美地运行。为此，Apple Ⅱ在 1977 年正式发售时，还特地采用了新设计的彩虹苹果商标，以强调Apple Ⅱ 的彩色功能。

乔布斯也知道，若想让 Apple Ⅱ 取得成功，需要的不仅仅是沃兹杰出的电路设计能力，还需要让 Apple Ⅱ 变成一台有着完整功能的消费产品。因此，在返回"硅谷"后，乔布斯便将主要精力放在了 Apple Ⅱ 的外观设计上。

他先是找来之前的合伙人罗恩·韦恩，请他为 Apple Ⅱ 设计一个机箱。但韦恩觉得乔布斯两人并没有什么钱，就为他们简单设计了一个机箱，那是一个有机玻璃制成的机箱，棱角处由金属片连接固定，在机箱的正前方还有一扇可以盖住键盘的卷门。乔布斯在拿到样品后很不高兴，因为他想要的是一种既简单精致而又轻巧的机箱，而不是那种笨重的金属机箱。

有一天，当乔布斯正在为此而苦恼时，一家百货公司内的一台食品加工机的塑料外壳给他带来的灵感。后来，他在参加一次家酿计算机俱乐部的聚会时，花了 1500 美元请一名技术顾问杰里·马诺克为他设计并制造一个外表光滑且又轻便的模制塑料制成的机箱。在看到乔布斯的着装后，马诺克先是有些怀疑，还要求乔布斯预支报酬给他，但却被乔布斯给拒绝了。后来，马诺克还是接受了乔布斯的委托，并在几个星期之后做出了一个完全采用流线型设计的塑料机箱，造型虽然简单，但看上去却很整齐、简洁，乔布斯看到后十分满意。

在解决了机箱的问题之后，乔布斯又将目光转向了 Apple Ⅱ 内部的风扇上。他觉得在计算机中安装风扇会发出噪音很容易让人分散精力，无法集中精神。当他向沃兹说明这一想法后，沃兹便在家中仔细对计算机中发热的主要器件进行了研究，并最终得出结论，计算机中的大部分热量是由电源产生的。也就是说，乔布斯若想在不使用风扇的情况下为电脑供电，就得设法对电源进行改善。可问题是，沃兹虽然在电路板及程序的设计上是个天才，但他在电源改进问题上却无能为力。

不过，这并没有让乔布斯退缩，反而激起了他高昂的斗志。为解决这一问题，他最先想到了雅达利公司的首席工程师奥尔康，后者在了解情况之后，便向乔布斯推荐了一个人，即罗德·霍尔特。对此，乔布斯回忆道："奥尔康在听完我所说的情况后，便将罗德·霍尔特介绍给了我，他是一个非常聪明的人，几乎精通所有的事物。"霍尔特和马诺克一样，在第一次见到乔布斯的时候，他也很怀疑乔布斯到底有没有能力支付自己所需的报酬。为此，他还半开玩笑半试探性说道："我收费很高的。"乔布斯相信奥尔康推荐给自己的人肯定是有真本事的，于是他便对霍尔特说道："钱不是问题。"就这样，霍尔特被乔布斯说服了。后来，霍尔特还辞去了在雅达利公司的职务，成了一名全职的苹果员工。

霍尔特在对电源进行改进时，并未采用传统的线性电源设计方案，而是设计出了一种非常复杂的转换电源，看上去与示波器等仪器上所使用的开关电源相类似。而且，这种新型电源的重量轻，体积也小，最重要的就是容易冷却。这项设计大大缩小了电源所占用的机箱空间，比较符合乔布斯之前所要求的不安装风扇的要求，同时也突破性地创新了计算机电源的输入方式。对此，乔布斯曾回忆道："那个开关电源是和 Apple II 的电路板一样伟大的发明，很少有人知道并赞扬霍尔特，但他应该为世人所铭记的。"

对于 Apple II，无论是在外形上还是技术上，乔布斯都力求完美，即便是别人看不到的地方，他也会尽心尽力地去做好。如在刚开始的时候，他就曾否决过沃兹对于 Apple II 电路板的布局设置，而其理由竟是沃兹设计的线路不够直。

正是这种对完美的追求，乔布斯的控制欲也变得越来越强。在当时，很多电脑爱好者都很喜欢定制和改装自己的电脑，有时候甚至还会在主板上插上各种部件，沃兹也不例外。毕竟沃兹在最开始的时候并没有想过以苹果电脑盈利，他在设计 Apple I 电脑的时候，只是将自己当成了一名爱好者，并将这种思想带到了 Apple II 的研制中。所以，他在设计 Apple II 的电路板时，准备预留 8 个扩展槽，这样可以满足爱好者们的需求。不过，喜欢追求完美的乔布斯则觉得预留过多的扩展槽将会威胁到无缝的用户体验，因此他便坚持要求沃兹只留两个扩展槽，即一个留给打印机，而另一个留给调制解调器就行。

对此，沃兹回忆道："我一般不会发脾气，但是那次我真的急了，就大声地对史蒂夫说：'我设计的电脑都会带有 8 个扩展槽，想要只带两个的，你就自己设计去吧。'"毕竟技术掌握在沃兹的手中，最终，这场争执还是以沃兹的胜利而告终。不过，沃兹却也通过这件事情感觉到自己不会一直胜利。

Apple Ⅱ 在 Apple Ⅰ 的基础上，继续沿着革新的道路大跨步迈进。不仅它那优美的塑料机箱第一次让电脑在外观设计上有了个人消费品的味道，Apple Ⅱ 还内置了 BASIC 语言解释器，让人们可以使用与英语语法类似的 BASIC 语言编写程序。在 Apple Ⅱ 之前，Apple Ⅰ 和 Altair 8800 虽然也支持 BASIC 语言，但却只能先从磁带上加载 BASIC 语言解释器后才能使用，而 Apple Ⅱ 一开机便能使用 BASIC 语言，这种创新大大简化了人机交互的方式。

"要让人机交互变得更加简单，让电脑的操作更加容易，让电脑成为大众消费品。"这是乔布斯在沃兹设计 Apple Ⅱ 时所提出的几点要求，同时也是 Apple Ⅰ 和 Apple Ⅱ 所体现出来的最为重要的革新精神。这种精神从苹果成立之初，直至后来其所推出了 Macintosh、iPod、iMac、iPhone 和 iPad 等系列产品，无一不贯穿着这种精神，而这也是乔布斯所独有的，一种可以令全世界为之疯狂的精神。

Apple Ⅱ 在面市销售之后，只用了短短的 6 年时间，就成功销售出了 100 多万台，开创了个人电脑的第一个黄金时代。而如此辉煌的成绩，也证明了乔布斯就像是个先知一般，对大众的心理与市场充满了准确的预见性。

马库拉入伙

"他在英特尔的时候没能获得成功，但在苹果我却能让他很好地证明自己。"

——乔布斯

1976 年秋，Apple Ⅰ 在特雷尔的商店里已不再是最为热门的个人电脑了。为此，乔布斯通过其他办法销售 Apple Ⅰ，为苹果公司创造了极为可观的利润。再加上当时的 Apple Ⅱ 已经到了研发的结尾，只要 Apple Ⅱ 面世，仅靠乔布斯和沃兹两人是不行的。所以，乔布斯便想了找一些可靠的投资者扩大公司的规模。乔布斯中学时的女朋友克里斯安·布伦南，就是在这个时候加入苹果公司的，但却不是以合伙人的身份，而仅是雇员。

到了 1976 年底，沃兹基本上完成了 Apple II 的研发工作，此时的乔布斯既要把 Apple II 推向市场，又得忙于扩建自己的公司，此时的他才感觉到自己肩上的压力之大。虽然他也很努力地到处网罗精英人士加盟他的公司，但是当时的苹果公司毕竟是资金有限，无法招揽到最好的人才。

但是扩大公司规模、生产电脑，这一切都要花费不少的钱财，乔布斯只得再次寻找认购苹果公司的"财神爷"。这一次，乔布斯找到了雅达利的创始人诺兰·布什内尔，而且，他也没有像前两次那般，要求别人花巨资买下苹果公司，而是告诉布什内尔只需投资一笔资金，便能得到苹果公司的一部分股权。"当时史蒂夫问我能不能投资 5 万美元，那样我将会得到苹果公司 1/3 的股权。可是，当时的我觉得自己很聪明，拒绝了他的提议，现在每想起这件事，我都非常后悔。"这是布什内尔在回忆当时的情形时所说的。

布什内尔在拒绝了乔布斯的提议后，便向乔布斯建议，让他去找曾任美国国家半导体公司任营销经理，后来创办了风险投资企业——红杉资本的唐·瓦伦丁。可能是优越的生活过惯了，当瓦伦丁开着奔驰来到了乔布斯家的车库，看到衣衫褴褛的乔布斯以及苹果公司的简陋时，竟连一点儿与他合作的欲望都没有了。不过，人既然来了，他也不好拂了乔布斯的面子，当场甩袖走人，只是委婉地表明了自己的意思，并在临走之前向乔布斯推荐了三个人。其中，对苹果公司在未来的 20 年发展中一直扮演着重要角色的人，迈克·马库拉就是其中之一。

马库拉是个谨慎而又聪明的人，他每走一步几乎都力求精准，英特尔公司正是在他的努力下才成功上市的，而他借此狂赚了几百万美元。乔布斯在找他出山时，他虽然只有 33 岁，但却已是处在半退休状态，正在好好地享受自己赚来的财富。不过，马库拉与瓦伦丁不同，他在来到乔布斯家的车库时，并没有太在意乔布斯的形象，反而被沃兹所展示的 Apple II 给深深地吸引住了。对此，马库拉回忆道："当时我对他们两个的长头发一点都不在意，毕竟头发什么时候都可以剪，但是他们向我展示的东西却不是一般人能够制造的出来的。"

马库拉并不像其他人那般，他的直觉告诉他乔布斯说的是对的。所以，自第一次见面之后，他虽然没有立即答应加入苹果公司，却会经常驾车来到车库。经过一段时间的接触，马库拉竟然发现自己对于开发软件着了迷，很快就成了一个有着极高水平的电脑程序迷。眼看时机成熟，乔布斯就趁机邀请马库拉入伙，而此时的马库拉在对 Apple II 有着深刻的了解后，也看到了苹果公司所蕴含的巨大潜力。因此，当乔布斯向他发出邀请，他几乎是毫不犹豫地就答应了下来。

在马库拉进入苹果公司后，之前帮助乔布斯设计电源的霍尔特也从雅达利公司辞职，正式加入到了苹果公司。在吸收了两员大将之后，乔布斯和沃兹经过商量，便对公司的股权做了重新的划分。其中，乔布斯、沃兹和马库拉各占 26% 的股权，霍尔特占 10%，至于剩下的股份主要留下用以吸引未来的投资者。作为回报，除了最初入伙时提供的 9 万美元，马库拉还主动为苹果公司提供了高达 25 万美元的信用贷款，这对于当时苹果公司来说，无异于雪中送炭。后来，乔布斯在回忆当时的情形还曾说过："当时我想迈克可能再也收不回他那 25 万美元了。"

在加入苹果公司后，马库拉先是帮乔布斯制定了一套完整的公司战略和经营计划方案。他在计划书中指出，乔布斯和沃兹不能只将市场停留在那些业余爱好者身上，只有将苹果电脑带入寻常百姓家，才能让苹果公司谋取到最大的利益，他的这一想法倒是与乔布斯之前的想法不谋而合。不仅如此，马库拉还在那份商业计划书中做了一个大胆的预测，即苹果公司将会在 5 年内成为《财富》排行榜 500 强的企业之一。虽然苹果公司最终用了 7 年时间才得以跻身《财富》500 强，但这也从侧面反映出了马库拉那卓绝的眼光。当然了，从这份公司战略和经营计划方案中，乔布斯也看了自己在商务和市场方面与马库拉的差距。

被上帝咬过的苹果

"你只要不把我们公司的商标做得太卡通了就行。"

——乔布斯

在苹果电脑开始生产后，乔布斯等人首先要面对的问题就是如何将苹果电脑推销出去，同时这也是乔布斯急需得到答案的问题。正在乔布斯为此而苦恼的时候，英特尔半导体公司在 1976 年秋末所做的一条广告吸引到了乔布斯的注意：在那则宣传广告中，英特尔放弃了之前直接对产品进行宣传的方式，而是以一种更为形象的东西替代原来的电脑形象，并获得了不错的宣传效果。受此启发的乔布斯很自然就被这种宣传方式吸引住了，而且，这种方式对以后苹果电脑的广告宣传理念都起到了很大的影响。

既然想要采取这种方式，那就得先找到设计出这种宣传理念的人。为此，乔布斯便亲自打电话到英特尔公司的市场部，想通过那里的人得到这一广告理念设计者里吉斯·麦肯纳的联系方式。当时接到电话的是麦肯纳公司的一个叫弗兰克·伯奇的业务经理，他在接到电话后只想尽快地将乔布斯打发掉，并不想为苹果公司代理广告业务。但是，乔布斯又怎会轻易放弃呢？在之后的几个星期内，乔布斯几乎每天都会给伯奇打电话，并要求伯奇到他的车库内亲眼看看苹果电脑，而后再做决定。

最后，伯奇终于屈服在乔布斯的"蘑菇功"下，驱车来到了乔布斯的车库。当伯奇回想起这段往事的时候这样说道："当时我就觉得乔布斯这人肯定是个怪胎，我根本就不想见他，可我又不能显得太过无礼。"尤其是他在见到不修边幅的乔布斯时，更是在后来感慨地说道："我初次见到乔布斯时，除了衣着外，他还给我留下了两点深刻的印象，一是我觉得他是个非常聪明的人，二是他所说的东西我完全听不懂。"

有了第一次的见面，以后的事情的就好办多了。在乔布斯的不懈努力下，麦肯纳终于肯见乔布斯和沃兹二人了。不过，他们第一次的会面却是不欢而散，而造成这一结果的并不是一向喜欢张扬的乔布斯，而是羞涩惯了的沃兹。当他们二人见到麦肯纳后，麦肯纳先是简单翻看了一下沃兹所写的有关苹果公司的介绍，并提出沃兹所写的内容技术性过强，若是不修改得生动一些的话，一般人是很难看懂的。但是，在听完麦肯纳的建议后，沃兹却带着非常不善的语气说道："任何人都别想修改我的稿子。"对于沃兹的表现，麦肯纳也有些生气了，既然自己负责广告宣传，在这方面的经验肯定要比沃兹这个外行人强得太多了。因此，在一怒之下，麦肯纳竟下了逐客令。

在离开麦肯纳的广告公司后，乔布斯很快就与麦肯纳提出了再次会面的要求，此时的麦肯纳也已恢复了过来，他也觉得自己之前的行为可能有些过激了，便答应了乔布斯。不过，第二次拜访麦肯纳的时候，只有乔布斯一人，而且，两人聊得还很投机。毕竟，麦肯纳对于自己能够策划 Apple Ⅱ 这种极具时代意义的产品也很有兴趣，因此，两人很快就达成了协议。

从一开始的时候，麦肯纳就很明白，苹果公司若想将其产品全面推广出去，就不能局限在电脑爱好者的市场，需要在媒体上大做广告才行。但在此之前，首先要做的就是为苹果公司设计一个标识。在此之前，苹果公司所用的一直都是罗恩·韦恩所设计的维多利亚木版画风格的标识，这种标识在乔布斯和麦肯纳眼中都显得过于复杂和业余，更不符合乔布斯那"至繁归于至简"的设计理念。于是，在乔布斯的要求下，麦肯纳便专门派设计师罗布·雅诺夫为苹果公司设计一个全新的标志。

在设计标识时，乔布斯并没有给雅诺夫更多的建议，只是对他说："你只要不把我们公司的商标做得太卡通了就行。"为此，雅诺夫想到了很多种设计方案，但都被他自己一一否决了。有一天，他的妻子从外边买回一袋子苹果，他看到后便立刻产生了灵感，既然苹果公司是个"苹果"，为什么不能用苹果作为苹果公司的标识呢？想到此处，他便对着妻子买回的这些苹果，花了一个多星期的时间，将苹果的外形简化成了一个圆圆的，且带有一片叶子的苹果。同时为了让这个"苹果"的标识看上去更加匀称一些，同时也为了避免人们在看到这个图案而联想到果蔬，他又在苹果的右边画出了一个缺口，就像是一个苹果被人咬掉了一口一般。不仅如此，雅诺夫还发现，"咬"（Bite）这个词的发音，正好与代表电脑的"字节"（Byte）相同，这可以说是一个完美的创意。

后来，乔布斯在第一眼看到这个标识时，立刻就喜欢上了这个图案。不过，这个标识在雅诺夫的眼中虽然是个完美的创意，但乔布斯还是给雅诺夫提出了一条修改意见，即为这个"苹果"加上彩色条纹。雅诺夫虽然不知道乔布斯为何会提出这一"怪异"的修改意见，但他还是在之前单色设计稿的基础上，为这个"苹果"增加了几道横条纹状的彩虹图案，只是这些条纹的排布顺序并不与真的彩虹相同。对此，雅诺夫回忆道："当时我并不知道 Apple Ⅱ 的卖点所在就是它的彩色功能，而我之所以将那些把彩条按照那种顺序排列，也没有什么特别的理由，只是我喜欢那样排列而已。"

这个被咬了一口的彩虹苹果商标，自从在 Apple Ⅱ 上第一次亮相后，一直沿用到了 1998 年，即乔布斯回归苹果后的第二年。甚至到了今天，仍有很多老苹果迷还在怀念那带有彩虹条纹的苹果标识。因为，这个彩色商标所记录了"苹果"成为 IT 巨人所走过的青葱岁月，成就了"苹果"这个品牌。

惊艳亮相

"Apple Ⅱ 是一台真正意义上的成品计算机，它不再是一些简单部件的组合了，当你买回去之后，立刻就能使用……它本身就是一件完美的产品。"

——乔布斯

当一切准备就绪后，一个令乔布斯等三人都很兴奋的消息传了过来。1977 年 2 月底，乔布斯收到了一份快件，当他打开快件，看到里面那张"首届西海岸电脑展览会的邀请函"时，当时便兴奋不已。随即，乔布斯便决定在首届西海岸电脑展览会公开发布 Apple Ⅱ。

该展会将于 1977 年 4 月在旧金山举办，举办这次展会的负责人正是家酿俱乐部的吉姆·沃伦，否则的话，苹果公司还不一定能够获得那张可以令他们一飞冲天的邀请函。乔布斯何等的精明，他知道在这次展现会上，苹果电脑必会大获全胜。马库拉和沃兹也觉得，通过这次展销会，可以将苹果电脑的强大之处更为直观地展现在世人的面前。因此，他们三人很快就达成了一致意见，参加这次展销会。

为了更好地展示自己产品，并给人们留下深刻的印象，乔布斯决定预定下展销会最靠前的展位。为此，乔布斯还向主办方预支了 5000 美元。沃兹对乔布斯的这一做法非常吃惊，因为这笔资金对当时的苹果公司来说，可以说是一笔巨款了，但乔布斯却毫不心疼地花了出去。不过，沃兹最终也没有对乔布斯的这一做法提出反对的意见，对此，他后来还回忆道："史蒂夫觉得那次展销会对于我们今后的发展至关重要，因为他想让全世界都知道，我们不仅有着一家很棒的公司，而且还有着世界上最棒的个人电脑。所以，我没有理由反对他那么做。"

除了乔布斯之外，苹果公司的另一大股东马库拉的表现也很"疯狂"。因为，仅仅是设计苹果公司的展位，他也花掉了近 5000 美元。当其他公司在设计展位时，用的只是一些普通的桌子和硬纸板做的牌子，上面是手写的各种标识语。而马库拉则在苹果公司的展位上安放了一大块背光式的有机璃板，上面还印着苹果公司的名称以及苹果电脑的商标。展台的四周，悬垂着黑色的天鹅绒。在展台上则摆放3台全新型号的Apple Ⅱ电脑和1台宽屏幕的显示器，显示器上所呈现的则是滑稽的游戏和供人们演示的程序。其他公司与苹果公司展台相比，简直是天壤之别。

在展销会开幕前的一天，为Apple Ⅱ参加展销会而设计的新机箱才运到。本来正在为机箱这么晚才运到而发火的乔布斯，在看到这几个机箱上面有些细小的污点时，乔布斯一下子就爆发了，并严令苹果公司为数不多的几名员工立刻将这几个机箱打磨干净。

除了Apple Ⅱ的外表形象，马库拉还十分注重乔布斯和沃兹的形象，他觉得在这么重大的场合，他们二人也应当穿得正式一点，而不是如之前那般懒散。为此，马库拉为他们介绍了一位旧金山的裁缝，并为他们二人每人定做了三套西装。不过，他们穿上之后却显得颇为滑稽。据沃兹对当时的情形回忆道："马库拉对我们说，我们必须盛装打扮一下自己，以崭新、整洁的形象登台亮相。"

待一切准备就绪，乔布斯等人就等着展销会开幕了。在展销会开幕当天，当展销会的大门正式打开以后，蜂拥而入的人群最先看到的便是最前端的苹果公司那华丽的展台，以及外表优美的Apple Ⅱ。尤其是当苹果公司的参展员工将Apple Ⅱ的机箱打开时，无论是电脑爱好者，还是普通参观者，亦或是媒体记者，所看到的都是一种从未见过，但设计却极为先进的计算机主板。Apple Ⅱ的主板可以说是沃兹使出浑身解数，将62块芯片通过集成电路而巧妙连接起来的电路板。当这些人听到沃兹的介绍时，他们一个个竟如同未见过世面的"乡巴佬"一般，纷纷为Apple Ⅱ的巧夺天工而感叹。

再加上Apple Ⅱ完全采用流线型的设计，以及电脑屏幕上那变幻莫测的多彩显示，更是令不少人着迷。一时之间，几乎所有的参观者全都围在苹果公司的展台周围，仿佛他们所看到的都是不真实的一般，将Apple Ⅱ视为一个奇迹般的存在。

在听取了马库拉的建议后，乔布斯也第一次穿上了整齐的西装，并不断地将展台边的帷幕扯到一边，以便向更多的人证明他们就只有这三台小巧的微型计算机，并没有靠着其他大型的计算机运行。当时一名正在上高三的学生，同时也是苹果公司程序员的克里斯·埃斯皮诺萨对此回忆道："在参加完第一天的展销会后，我们所有人都对自己的表现非常满意，但更多的却是兴奋，因为 Apple II 的出现，为整个计算机行业的发展指出了前进的道路。"

在这次展销会上，Apple II 虽然只是第一次在公众面前亮相，苹果公司也没有什么响亮的名声。但是，表现出众且极具划时代意义的 Apple II，不但一举吸引了世人的目光，更是让苹果公司的名声几乎在一夜之间响彻了整个旧金山海岸。无论人们相不相信可以将个人电脑装到塑料机箱里，或是一台功能强大的电脑的主板居然可以设计得如此简洁、大胆，Apple II 都做到了，因为它就真实地摆在大家面前。所以，在展销会结束时，苹果公司一下子接到了 300 多份订单，这比 Apple I 在过去一年中的总销量还要多出许多。在这 300 多位客户中，乔布斯还结识了水岛聪，即后来苹果公司在日本的第一位经销商。

在销售 Apple II 的过程中，乔布斯注意到，他们之前所售出的苹果电脑还有升级的空间，便在沃兹与马库拉的同意下，开启了售后免费升级电脑的服务。尽管这会让苹果公司蒙受一些损失，但是乔布斯却不在乎，他觉得只有客户满意了，才是苹果公司生存并持续强大下去的理由。因此，在乔布斯离开苹果公司之前，苹果公司一直都有着为已售电脑免费升级的服务。

Apple II 以完美的设计和革命性创新，在整个计算机业界刮起了一场风暴。可以说，苹果公司正是凭借着对个人电脑的改革，才得以像火箭升空一般迅速发展起来的。也许有人会问，人们为什么会为 Apple II 而如此疯狂？当你看到 Apple II 所创下的几项纪录，就不会再这么问了。如 Apple II 第一次使用了塑料外壳；第一次使用了不需要风扇散热的电源装置；第一次带有高分辨率色彩；第一次内置了扬声器界面；第一次实现了 CPU 与主板共享内存；第一次拥有了 48K 的内存……这一系列的革新，每一项都具有划时代的意义。按照乔布斯所言："Apple II 是一台真正意义上的成品计算机，它不再是一些简单部件的组合了，当你买回去之后，立刻就能使用。你根本无须为了能够正常使用 Apple II 而到处搜集硬件了，因为它本身就是一件完美的产品。"

自从参加完 1977 年的展销会后，苹果公司的购货订单便纷纷而来，从前的资金周转问题迎刃而解。一年之后，苹果公司更是从最初只有 6 名员工的小公司，迅速的发展成了拥有 60 名员工的中等计算机公司了。

与此同时，在苹果电脑横扫普通消费者市场的时候，众多美国高中院校也成了其忠实的客户。在 Apple Ⅱ 未推出之前，就有不少高中院校曾想选购一些适合学生使用的计算机，但是由于那些计算机操作过于复杂，他们才不得不暂时搁浅了这一计划。直到 Apple Ⅱ 的横空出世，他们才重新看到了希望，并迅速将 Apple Ⅱ 作为首选。因此，在 Apple Ⅱ 推出后的几年时间里，苹果公司就以摧枯拉朽之势，几乎横扫了整个个人电脑市场，而这也为苹果公司赢得了巨大的利益。

如在 1979 年，苹果电脑的销售额便达到了惊人的 7000 多万美元，而 1980 年的销售额则达到了前所未有的 11700 多万美元。到了 1982 年，Apple Ⅱ 更是以每月 33000 台的速度出售，当年的销售额更是两年前的五倍之多。在短短的 7 年时间内，苹果公司就从当初那个资金只有 1000 多美元的小公司，变成了《财富》排行榜上 500 强的大企业，创造了当时列入该名单的最年轻企业纪录。

乔布斯凭借着 Apple Ⅱ 的成功，不仅使自己迅速成了百万富翁，更是让苹果公司从大量的计算机公司中脱颖而出，迅速成了个人电脑市场上的霸主，为造就"苹果"神话起了个完美的开端。

总裁斯科特

"在苹果的时候，我朝斯科特吼过的次数最多。"

——乔布斯

一般来说，聘请创始人以外的人担任公司的总裁是一件好事。但是，苹果外聘总裁的历程却一点都不平坦，甚至是一波三折。几乎苹果公司的每一位外聘总裁都是带着懊丧、遗憾亦或是愤怒而离开的，甚至连乔布斯这个创始人也因为与自己聘请的总裁不和而最终被排挤出了苹果公司。可以说，苹果公司外聘总裁的历史，就是苹果公司早期的动荡史。如苹果公司的第一任总裁迈克·斯科特，与乔布斯之间就更有着说不清的恩怨。

1977 年 1 月，在苹果公司完成正式的公司注册手续后，总部就由乔布斯家的车库转移到了库比蒂诺史蒂文斯溪大道上租来的办公室内。而随着苹果公司的壮大，乔布斯每天都承受着来自顾客和供应商的压力。至于马库拉在入伙时就曾明确地表示自己并不打算亲自管理公司，甚至还坦白地向乔布斯和沃兹说道："我们作为年轻的创业者，由于缺乏经验，根本就不适合管理公司，我们需要聘请一个有经验的人来。"对于马库拉的提议，沃兹也觉得非常有理。

其实，马库拉这么说更重要的一点是因为在马库拉和沃兹都无意于亲自管理公司的前提下，乔布斯也没能承担起自己身上日益加重的责任。不仅如此，他的情绪一直处在喜怒无常中，这一点令苹果内部的不少员工都很反感。当初乔布斯还在雅达利公司上班的时候，他就曾因此而被众人嫌弃，只能上晚班。可是，这里是苹果公司，是他一手创办起来的，没人敢将他赶出来。每当回忆到这段往事的时候，马库拉都会忍不住说道："他变得越来越专横，批评别人的话也越来越刻薄，从来没想过为别人留点儿面子。"在苹果公司，乔布斯对待年轻的程序员克里斯·埃斯皮诺萨和兰迪·威金顿的方式最为粗暴。当时刚高中毕业的威金顿对此回忆道："有时史蒂夫只是瞄一眼我做的东西，就会打击我说，那些全是垃圾。他连我做的是什么都不知道，就完全否定，这太武断了。"

因此，苹果公司的员工，无论是高层还是基层，都不愿意再受乔布斯的管制，并一致决定外聘一位总裁对乔布斯加以管束。于是，他们便靠着马库拉的关系，从美国国家半导体公司挖来了身为职业经理人的迈克·斯科特，并使其成了苹果公司历史上的第一任总裁。

对于聘任斯科特一事，沃兹十分赞同，他和马库拉一样，希望斯科特的到来，能够管束好乔布斯。对这一决定，乔布斯虽然十分抵触，但无奈的是公司三大创始人中的两人都支持，再加上霍尔特等高层的支持，乔布斯只得被迫接受这一提议。失去对苹果公司的控制权，这对于乔布斯来说是件很痛苦的事情。因此，每当乔布斯回忆这段往事时，他都会说道："当时的我虽然只有22岁，也没有管理好一家公司的经验，可是苹果就像我的孩子，我从未想过要放弃它。"

斯科特自入主苹果公司以后，就背负着一个艰巨的任务——管束乔布斯。在斯科特来之前，乔布斯在苹果公司内可以说是想做什么就做什么。而在斯科特来之后，乔布斯才发现，自己手中的权力正在一点一滴地向斯科特流去。甚至连马库拉也经常站在斯科特的一边，此时的乔布斯才发现，这是一个从一开始便有意针对他的"阴谋"。

刚开始的时候，乔布斯和斯科特之间的火药味并没有那么浓，而斯科特也在严格执行着自己的任务。最初，斯科特还能找来乔布斯一起散步、闲聊，希望借此慢慢改变乔布斯的性格及处事方式。斯科特对此回忆道："记得当初我与他第一次散步闲聊时，我曾建议他多洗澡，他则以让我多看看果蔬饮食方面的书作为交换条件。"结果，对于乔布斯所奉行的果蔬饮食，斯科特始终都没能接受。对于斯科特的建议，乔布斯虽然也做出了小小的让步，但仍坚持每周只洗一次澡，这让斯科特很是受不了，但又无可奈何。

没过多久，乔布斯和斯科特之间就因为员工编号的问题上发生了争执。在斯科特看来，苹果电脑既然是沃兹发明出来的，那么沃兹自然是苹果公司的 1 号员工，乔布斯作为苹果创世元老为 2 号员工，之后是 3 号员工马库拉，费尔南德斯为 4 号，霍尔特为 5 号等。当时，众人对这个编号的处理都没有意见，唯独乔布斯例外。

乔布斯觉得自己的地位受到了威胁，便对斯科特大喊道："我要当'1'号！""我怎么会让他得逞呢，那样只会让他更加自负。"事后，斯科特对此回忆道。但是，当乔布斯听到斯科特拒绝了自己的请求后，先是对斯科特大发脾气，甚至还很没有形象地在董事会上痛哭流涕，但斯科特却毫不心软，坚持不让乔布斯当"1"号。后来，眼见事不可为，乔布斯就和斯科特玩起了数字游戏，因为他提出了一个建议："不让我当'1'号也可以，但是我要当'0'号。"面对着乔布斯如此的表现，斯科特终于还是向乔布斯妥协了，让他当上了"0"号。不过，后来的银行则又帮斯科特赢回了这一仗，因为美国银行的工资系统中要求员工的编号必须是正整数，因此，乔布斯只得郁闷地当起了他的"2"号。

自此之后，乔布斯和斯科特在苹果公司里便经常为一些事情争吵，且多为鸡毛蒜皮的小事。比方说，进货合同应该由谁签字，或是员工的办公室应该怎样布局，亦或是员工的工作台应该涂什么样的颜色等。不过，他们二人因为较重大事情而发生的争执也不少。如乔布斯曾想让 Apple II 的保修期增长至一年，这个想法曾让斯科特目瞪口呆。因为，当时电子产品的保修期最长的只有 90 天，若是延长至一年的话，苹果公司每年的收入就会降低不少。不过，这个问题最终以斯科特的再次屈服而告终。

除了马库拉和斯科特以外，一向与乔布斯关系最好的沃兹也开始对乔布斯的处事风格反感了。对此，沃兹回忆道："我希望公司就像一个大家庭一样，所有员工都是家人，大家没有矛盾地和平共处，共同为苹果公司做贡献，可是史蒂夫把自己当成了管理者，严苛地对待别人，破坏了愉快的氛围。"

不过，不管乔布斯和斯科特之间的矛盾无论如何深化，他们性格上的冲突暂时还没有到失控的地步。尤其是在 Apple II 成功推出之后，苹果公司的业绩越来越好，这也在一定程度上抵消了他们内斗时消耗的能量。但无论如何，苹果公司高层间的不和，准确地说，是所有人都与乔布斯不和，已经成了不争的事实。

苹果助推器：Visi Calc

"如果说硬件是电脑的大脑和肌肉，那么软件就是电脑的灵魂。"

——乔布斯

在推出 Apple II 时，乔布斯对其所做的市场定位便是普及型的个人电脑。因此，除了从外观造型设计上用力外，从一开始的时候，乔布斯就确定了 Apple II 两大核心功能，即游戏和办公。

不过，Apple II 在 1977 年 4 月刚刚推出之时，其办公能力还是相当有限的。毕竟当时的 Apple II 只支持读取缓慢且易出错的磁带机等外置存储设备。至于软件方面，除了沃兹开发并内置的 BASIC 语言解释器外，也没有多少可供 Apple II 选用的成熟软件。也就是说，Apple II 的功能虽然强大，但无论是在硬件和软件方面都需要进一步的改进。

在 Apple II 推出后不久，用户对苹果公司推出软驱的呼声也日渐高涨起来。乔布斯和马库拉在看到这一情况后，都极力支持对软驱的开发。乔布斯甚至还意识到，软驱的出现，将会令 Apple II 成为真正意义上的大众消费品。为此，乔布斯等人决定最迟在 1977 年为 Apple II 添加软驱支持，并决定在 1978 年 1 月于赌城拉斯维加斯举行的美国消费电子展（CES）上展出。

不过，在刚开始的时候，沃兹和其他工程师都在忙着其他事情，均无暇为 Apple II 添加软驱支持。直到 1977 年底，马库拉找到沃兹，并对他说："Apple II 必须支持软驱，并能在两周后的 CES 上演示，才能让 Apple II 成为办公室内必不可少的机器。"站在一旁的乔布斯也对沃兹说道："不是我们非要开发软驱不可，而是用户需要软驱，我们不能让客户们继续忍受像蜗牛一样慢的磁带机了。"

在马库拉和乔布斯的提醒下，此前一直忙于 Apple II 改进工作的沃兹才想到之前研制软驱的计划。虽然距离 CES 的正式开幕只有两周的时间，但这对于沃兹而言已经足够了。在之后的一段时间里，乔布斯对沃兹的工作非常配合，并且还时不时提供一些帮助。如乔布斯千方百计地为沃兹找来了舒加特公司所生产的 5 英寸软驱及其核心技术资料等。在沃兹忙着调试为 Apple II 新增的软驱接口的芯片以及底层控制程序时，其他的工程师和程序员也没有闲着，如苹果公司的第 6 号员工兰迪·威金顿就帮沃兹编写了一个高端应用接口程序。

当拉斯维加斯展会开幕后，带有软盘驱动器的 Apple II 和 8 个月前一样，再次取得了空前的成功。假如说 Apple II 在 1977 年 4 月问世的时候只是牛刀小试的话，那么在拉斯维加斯的这次展会上，Apple II 则成了一个受万众瞩目的超级明星。

带有软驱驱动器的 Apple II 作为当时最好的个人电脑，自然会引起众多的软件开发者的兴趣，甚至还有不少的编程高手针对 Apple II 编写了许多的应用程序。在这众多应用软件中，最受苹果公司关注的是办公软件，尤其是 Visi Calc 电子表格软件。

当今，熟悉微软 Office 办公软件的人，对电子表格也一定非常熟悉。可是，在 Visi Calc 没有被设计出来之前，根本就没有人知道什么是电子表格软件，更没有人知道如何利用所见即所得的方式在电脑上编制报表或是完成数据的统计计算。

这个程序的编写者是两个 Apple II 的狂热崇拜者，即丹·布里克林和鲍勃·弗兰克斯顿。在 Apple II 刚问世的时候，正在读大学的布里克林就有了编写一个所见即所得的财务报表软件的想法，可以让用户通过直观的方式，看到屏幕上的格子，而且，只需在里面填数字和一些简单的公式就能完成计算的任务。假如这个软件能够编写出来的话，绝对是一种革命性的用户体验。为此，布里克林在付出了不少的努力后，终于在 1978 年初编写出了 Visi Calc 程序的原型。但由于他一直解决不了程序运行速度缓慢的问题，便找来了弗兰克斯顿帮其改进程序，并合伙注册一家软件公司，专门从事电子表格软件的开发与销售。经过不懈的努力，两人终于在 1979 年完成了这个专门为 Apple II 而设计的电子表格软件，并于同年上市发售。

马库拉在得知 Visi Calc 的发售消息后，便立即联系布里克林和弗兰克斯顿，并试图由苹果出资买断 Visi Calc 软件的所有权，最后却因价格过高而不了了之。苹果公司虽然没有买下 Visi Calc 的所有权，但却买下了它的使用权。而内置了 Visi Calc 软件的 Apple II，也迅速成了人们购机的首选。

在拥有了软驱功能之后，再加上 Visi Calc 等办公软件的辅助，Apple II 的办公效率便一下子提高到了前所未有的高度，这也让 Apple II 的月销售量直线攀升，从 1978 年的每月销售几千台，直接蹿升到了每月万余台。到了 1983 年的时候，Apple II 更是凭借其出色的硬件设施，及 Visi Calc 等出色的办公软件的辅助，成了计算机历史上第一部销量过百万的个人电脑。如果说 Apple II 创造了一个传奇的话，那么 Visi Calc 电子表格软件就是这段传奇的助推器。

用正确的标准来判断大众是否
也想得到他们想要的东西

创始人被驱逐

"当时我很难过，我总觉得自己被马库拉遗弃了。他和斯科特的想法一样，他们都觉得我无法胜任丽萨项目的管理工作，为此我郁闷了很久。"

——乔布斯

在苹果公司，当初开发"丽萨"电脑的员工总会在不经意间显露出一种高人一等的优越感，他们与公司其他部门的员工有着明显的不同。假如其他部门的员工想要进入到他们工作的区域，必须佩戴有一枚黄色的徽章才行。不过，那种优越感并不能保证所有的工作成果都能令人满意。对此，霍金斯回忆道："当时大家都快要发疯了，这里的每一个人，包括史蒂夫在内，全都在为'丽萨'而努力。"

在当时的情况下，乔布斯身上那种冲突明显的多重个性也显现了出来。有的时候，他可能会让自己身边的同事对他怨恨不已，但下一刻，他也可能会瞬间改变自己的想法，让别人消除对自己的怨恨。

在丽萨电脑的研发过程中，乔布斯最常说的一句话便是："我们做出来的东西将会有着重大的意义，在不久的将来，肯定会掀起社会的轰动。"在当时来看，乔布斯此言无异于天方夜谭，甚至还有些可笑。但是，当时负责这一项目的人却没人认为这不可能，全都为实现这一理想而拼命地工作。尤其是有为数不少的工程师，还整天泡在实验室中，曾一度与外面的世界中断了联系。对此，霍金斯回忆道："乔布斯有一种对未来的洞察力，不仅如此，他还能鼓动他身边的人同他一起前进。假如他觉得某件事情可以成功时，他就会努力冲破一切障碍，带领所有人拼搏，直至实现自己的目标。"

很快地，霍金斯的话就应验了。随着丽萨项目的展开，乔布斯与该项目的负责人约翰·库奇等诸多思想较为传统的人的矛盾渐渐暴露了出来。其中，尤以库奇对乔布斯肆意插手丽萨项目意见最大。对此，乔布斯回忆道："我想要制造的是适合大多数人能用的电脑，而那帮和库奇一样曾在惠普干过的人，他们眼中的市场只有企业单位，我们的观念有着很大区别，而这也注定了我们之间的战斗将会非常激烈。"

在乔布斯与库奇的矛盾逐渐升级的情况下，马库拉和斯科特在刚开始的时候，出于对公司稳定的考虑，一直都在小心地控制着乔布斯的权力，尽量不让他过多地干预丽萨项目的进展。随着事态的发展，马库拉和斯科特对乔布斯越来越不放心，为此还曾警告乔布斯不得再越级管理。可是，乔布斯天生就不是那种可以安静下来的人，他虽然在马库拉的警告下安静了一段时间，但没过多久，便又开始对丽萨项目指手画脚了。

正所谓，不在沉默中爆发，就在沉默中灭亡。在苹果公司，库奇的地位虽然不如乔布斯，但是作为一个工程师，他也不是可以随意任人摆布的。因此，他在看到乔布斯不顾马库拉的警告而再次插手丽萨项目后，便很明确地告诉乔布斯，不准他再插手此事了。

马库拉和斯科特眼见事态发展到了如此严重的地步，再不解决的话，很有可能会毁掉苹果公司。于是，在 1980 年 9 月的一天，他们二人便联合沃兹，在暗中对公司进行了重组，将苹果公司划分成了四个部门。第一个是配件部，主要负责电脑配件的采购与制作；第二个是磁盘驱动部，也是当时的苹果公司正在努力发展的一个部门；第三个是将 Apple Ⅱ 和 Apple Ⅲ 两条生产线合并后而组成的一个新部门，即个人电脑系统部；至于第四个则是专业办公系统部，主要负责"丽萨"项目的开发。

自从在施乐公司看到图形用户界面后，乔布斯便决定将他所看到的一切都融入寄予着其厚望的"丽萨"电脑中。所以，他才会不顾一切地对丽萨项目指手画脚，哪怕是遭到了众多工程师们的反对也没有丝毫的退却。在一些小的争斗中，乔布斯虽然占了一时的上风，但是在遇到大的决策时，乔布斯却败得一塌涂地。

当马库拉等决定成立专业办公系统部负责丽萨项目时，乔布斯本以为自己肯定会入主该部门，但结果却让他大跌眼镜。马库拉和斯科特等人非但没让乔布斯如愿，还让其"死对头"约翰·库奇成了丽萨项目的实际负责人。不仅如此，马库拉等公司高层还决定让库奇接替乔布斯，担任研发部门副总裁的职务，只是授予乔布斯一个没有实权的董事会非执行主席，平时仅以苹果公司的公众形象出场，这一突变让乔布斯备受打击。后来，在回想起这段往事时，乔布斯说道："当时我很难过，我总觉得自己被马库拉遗弃了。他和斯科特的想法一样，他们都觉得我无法胜任丽萨项目的管理工作，为此我郁闷了很久。"

当然了，马库拉和斯科特并未将事情做绝，他们虽然不让乔布斯插手丽萨项目，但却允许乔布斯组织一小部分工程开发人员，研发新一代的机器。与此同时，他们还安慰乔布斯道："我们公司现在正筹划公开发行股票的事情，非常需要你在那个岗位上工作。"不过，乔布斯并没有因此而好受多少。对此，霍金斯回忆道："那一次事情真的让乔布斯很受伤，他对斯科特没有事先通知他，更没有和他商量过的情况下，便将他从副总裁的位置上撤下来的做法很不满。毕竟他还是这家公司的创始人，而'丽萨'更是凝聚了他众多心血的第一部电脑。结果，却出现了那种事情，我想无论是谁都会很难过的。"

这次遭逐是乔布斯第一次遭受如此大的羞辱。在此之前，他的事业可以说是一帆风顺，很快就成了公众眼中的宠儿。但是，经过此番突变后，他几乎变得一无所有，这之间的巨大反差，让他充分品尝到了失败后的痛楚。不过，这对于他来说未尝不是一件好事。因为从那一刻起，他的命运已在悄悄地发生着变化。

乔布斯要毁掉"丽萨"

"我们将会推出另一款性能稍弱，而售价却比丽萨更低的 Mac 电脑。这是由我亲自领导的一个项目，我可以提前告诉你们，Mac 电脑将会是一台最不可思议的电脑！"

——乔布斯

如果说在策划 Apple II 上市时的乔布斯是个天神的话，那在毁掉"丽萨"时的他就是个魔鬼。在他看来，既然自己无法亲手创造一个奇迹，那就将它给毁掉，让别人也无法获得成功。在有了这种疯狂的想法后，乔布斯的脑海中便产生了一个新的方法，即设计一台功能配置与丽萨相近，且价格更为低廉的电脑，不让丽萨有立足之地。

有了这种想法之后，乔布斯便想起了杰夫·拉斯金曾向自己提出的生产廉价、低性能便携电脑的计划。对此，乔布斯将其重新定义为拥有图形用户界面的 Mac 电脑，准备将其打造成一台小尺寸版本的丽萨，并以低廉的价格面向各种类型的办公室销售，这与"丽萨"电脑计划中的销售方向相同。在项目开始运作之初，就有人意识到 Mac 一旦问世的话，肯定会削弱"丽萨"的市场影响力。尤其是在乔布斯敦促伯勒尔·史密斯围绕摩托罗拉 68000 微处理器设计 Mac，并让 Mac 有着比"丽萨"更快的运行速度时，他的这一目的就更加明确了，他就是要毁掉丽萨。他甚至还跟约翰·库奇以 5000 美元作为赌注，赌 Mac 会在"丽萨"之前上市。

当然了，作为一个研发项目，不可能说批准就批准。也就是说，乔布斯前期虽然做了很多努力，但 Mac 电脑仍属于苹果公司设计规划中的实验性项目。为了让 Mac 电脑项目顺利进行，乔布斯也稍微收敛了一下自己的个性，非常恭敬地找到马库拉，希望他能批准 Mac 项目，将它当作公司的一项正式研究项目。马库拉在看到乔布斯如此恭敬之时，也小心了起来，并问乔布斯为什么要发起这一项目，乔布斯则避实就虚地回答道："Mac 电脑主要针对的是'丽萨'电脑所无法涉足的市场。"

由于之前并没有听说 Mac 电脑准备与"丽萨"电脑同时问世的传闻，再加上身边没有什么可以咨询的人，马库拉就凭借自己对乔布斯为人以及他在廉价机器方面的销售能力认为，乔布斯能够很好地开拓 Mac 电脑的销售市场。于是，他很快就同意了乔布斯的请求，批准了 Mac 电脑的研发项目，并很快通过了董事会的决议。至此，Mac 电脑真正成了苹果公司正式的研发项目。

Mac 电脑的正式研发工作开始没多久，负责管理开发"丽萨"电脑应用软件的工程师拉里·特斯勒便想开发出一些可以在两款机器上都能运用的软件。为此，在他的努力下，Mac 研发团队与"丽萨"研究团队暂时达成了和平，并邀请工程师伯勒尔·史密斯和安迪·赫茨菲尔德来到了丽萨的工作区，向他们展示一下 Mac 的样机。

　　当众多工程师聚在一起，认真地观看安迪·赫茨菲尔德操作演示 Mac 电脑时，负责丽萨大部分设计工作的工程师里奇·佩奇忽然闯了进来，并对众人喊道："Mac 电脑不仅会毁了丽萨，还会毁掉苹果公司！"眼见无人回应，佩奇更加的怒吼道："由于我们没让乔布斯负责丽萨项目，所以他就想亲手毁掉丽萨！我相信在 Mac 电脑问世以后，是不会有人购买丽萨的。"说完之后，他便冲出了房门，并狠狠地将门关上。过了一会儿，他又闯了进来，并对伯勒尔·史密斯和安迪·赫茨菲尔德说道："乔布斯是所有的问题关键所在，你们代我转告他，他的行为正在毁灭苹果公司！"

　　其实，佩奇的怒气由来已久，只是这次实在是忍不住了才爆发的。在此之前，乔布斯一直在公司内部公开赞美 Mac 电脑，同时还不忘抨击"丽萨"。可以说，两大开发团队的对立，完全是由乔布斯那不负责任的言行造成的。尽管乔布斯出于打击"丽萨"的目的而造成双方的对立，但这也让 Mac 团队的研发人员感受到一种无与伦比的归属感，提高了众人在工作中的积极性。为此，乔布斯还不失时机地为自己的团队贴上了"海盗"的标签，这也使得 Mac 研发团队显得更加特立独行。在 Mac 团队埋头苦干时，"丽萨"团队也没有闲着，都在奋力冲刺。

　　在乔布斯混乱而强势的领导下，Mac 的发布时间只得一推再推，最终还是让"丽萨"电脑抢先发布了。当"丽萨"电脑于 1983 年 1 月正式发布的当天，乔布斯给了库奇 5000 美元，那是他们当初定下的赌金。

　　乔布斯虽然被驱逐出了"丽萨"团队，但是身为董事会主席和苹果电脑形象代言人的他，依然是丽萨对外宣传推广活动中的主角。因此，丽萨的荣耀最终还是属于他。但是，乔布斯对此显然很不买账，尽管董事会之前曾一再告诫他，不得在推广丽萨电脑的时候提及 Mac 电脑，否则的话将会影响到丽萨电脑的销量。

　　对此，乔布斯非但没有将此事放在心上，还肆无忌惮地在《时代》《财富》《商业周刊》《华尔街日报》等各大媒体上放言："今年晚些时候，我们将会推出另一款性能稍弱，而售价却比丽萨更低的 Mac 电脑。这是由我亲自领导的一个项目，我可以提前告诉你们，Mac 电脑将会是一台最不可思议的电脑！"在丽萨唯一的荣耀时刻，乔布斯还不忘打击它，而这就是那个让人又爱又恨的乔布斯！

　　更可恶的是，乔布斯还毫不隐讳地向人们指出："未来的 Mac 电脑和丽萨绝不兼容。"乔布斯这番话无异于宣判了刚问世的丽萨电脑的死刑，这让雄心勃勃的丽萨团队遭受到了巨大的打击。

黯淡收场

"它太贵了，我们也曾试图将它卖给大公司，可是我们擅长的是将其出售给个人客户，所以丽萨的失败是不可逆转的。"

——乔布斯

在将乔布斯驱逐出丽萨项目后，丽萨电脑虽然采用了图形用户界面技术，但仍步了 Apple Ⅲ 的后尘，悲剧地成了苹果公司第二款失败的产品。

1983 年 1 月，苹果公司正式在纽约发布了丽萨电脑，它成了世界上第一款使用了图形用户界面技术的商业用电脑，这比 Mac 电脑的发布早了一年多的时间。不过，丽萨电脑太贵了，因为它的售价竟然高达 9995 美元！这也使得丽萨电脑在 IBM 的 PC 机面前，毫无竞争优势可言。

不仅如此，丽萨电脑上所能应用的软件也非常少，除了几款办公软件之外，它与 Apple Ⅱ 及后来的 Mac 电脑都互不兼容。然而更要命的是，丽萨电脑从一开始就将自己定位于纯粹的办公用电脑。为此，丽萨团队只是为其开发了几款办公软件外，无视第三方开发者的软件。

即使没有乔布斯从中推波助澜，丽萨电脑的销售前景依旧会很黯淡，失败也是其必然的结局。至于乔布斯的介入，只是加速了这一进程而已。更何况，当时对苹果电脑威胁最大的并不是乔布斯，而是蓝色巨人 IBM 于 1981 年 8 月所推出的个人 PC 机。

想当初，乔布斯之所以提出丽萨项目，以及后来提出的 Mac 电脑研发项目，都是为了阻截 IBM 的 PC 机。但事实证明，乔布斯还是低估了 IBM。在 1983 年初，苹果公司发布丽萨电脑的前夕，美国《时代》周刊上的一则关于上年度风云人物的介绍，引起了众人的注意。那篇文章中称："在过去的一年里，吸引人的话题有很多，但是，人们谈论得最多的却不是某个人，而是一台机器，即 IBM 公司推出的个人 PC 机。"

不过，在丽萨项目以失败而告终时，乔布斯的心中又升起了一丝新的希望，即随着丽萨项目的失败，苹果公司高层必会将希望寄托在 Mac 电脑上，这又给了乔布斯新的动力。

你唯一要做的是把你的特质发挥致极致，把对手远远的抛在后面

苹果的上市

"我在 23 岁的时候，资产达到了 100 万美元；在 24 岁的时候，我的资产达到了 1000 万美元；而在 25 岁的时候，我的资产就已经达到了 1 亿美元。"

——乔布斯

1977 年 1 月，马库拉在乔布斯和沃兹的邀请下加入了苹果公司，并将他们二人联手创办的公司改名为苹果计算机公司（Apple Computer Co.）。

到了 1980 年 12 月 12 日，眼看时机成熟的马库拉等人，带领苹果公司成功上市。不仅如此，他们还成了自福特汽车于 1956 年上市之后，最大规模的 IPO（首次公开募股）。到了 1980 年 12 月底，在短短的半个月内，苹果的市值便已高达 17.9 亿美元。在造就了近 300 位百万富翁的同时，也让乔布斯于一夜之间成了最年轻的靠白手起家的亿万富翁——当时的他只有 25 岁。

苹果公司的上市创造了股市上的一个奇迹。它以每股 22 元的价格上市，几分钟之内 460 万的公开股就被抢购一空。一天之内股票价格的涨幅达到了 32%，收于每股 29 美元。它刷新了新股上市最成功的记录，在此

之前，这项记录的保持者一直都是20世纪50年代中期福特汽车公司的公开上市，而苹果公司的这次上市在超额认购数量方面远远超过了福特公司。

在股票上市之前，作为苹果公司IPO的公众形象，乔布斯为苹果公司找来了两家投资银行，即位于华尔街的摩根士丹利和位于旧金山的汉布里克特–奎斯特。负责其IPO的运作。其中，摩根士丹利是一家是传统的投资银行，而后者虽然不是一家传统的投行，但其当时的服务主要针对部分特定领域。

据汉布里克特–奎斯特总裁比尔·汉布里克特回忆说："摩根士丹利是当时是最为保守的投行，乔布斯对他们公司的人十分无礼，但是他们最后竟然还是答应了他，太让我意外了。"

其实，摩根士丹利之所以会答应乔布斯，原因就在于他们看到了苹果的股票必然会迅速暴涨。不过，出于保守，摩根士丹利准备将苹果的股价定为每股18美元。可是，在摩根士丹利提出这一方案时，就有不少银行家质疑道："假如我们将这只股票定为18美元的话，接下来我们会赚到多少？难道我们不能将这只股票卖给更好的优质客户吗？"对此，汉布里克特提出了自己的想法，即在IPO之前，通过反向竞拍来为股票定价，并获得了大家的一致认可。最终，苹果公司的股价被定格在了22美元一股。

1980年12月12日，在股市开盘之前，乔布斯便早早地赶到了汉布里克特的办公室，他想亲眼见证苹果公司这颗新星的崛起。结果，让乔布斯和汉布里克特都没有想到的是，甫一开盘，仅仅几分钟的时间，苹果公司所发行的460万股公开股就被抢购一空。当天，更是以29美元每股的价格完美收盘，一天之内其股票的价格就上涨了三成多，这才让乔布斯悬着的心放了下来，他知道苹果成功了。

苹果公司的完美上市，不仅让乔布斯一夜暴富，成了身家达2亿多美元的富翁，苹果公司内的很多人也都因此而获得了巨大的财富。如马库拉以700万股股票获得了1.9亿多美元的财富，这与他当年投资苹果的34万美元相比，在四年不到的时间里，其投资回报率竟然达到了惊人的55882%。甚至连沃兹这个当初并不想创建公司的人，也因为手握400万股股票而赚到了1亿多美元。对此，乔布斯曾自豪地说道："我在23岁的时候，资产达到了100万美元；在24岁的时候，我的资产达到了1000万美元；而在25岁的时候，我的资产就已经达到了1亿美元。"

最年轻的亿万富翁

"钱对来我说并不那么重要，因为我从来没有缺过钱，它对于我来说只是个数字而已。"

——乔布斯

在苹果公司成功上市之后，史蒂夫·乔布斯便成了一位名副其实的亿万富翁，而且还是一个靠着自己创业获得财富最多的年轻人。在公众的眼中，他就是一个善于创造奇迹的人，是人们争相崇拜的偶像。

了解乔布斯的人都知道，他对一些设计优雅、工艺精湛的物品有着近乎疯狂的喜爱，比如他为自己购买的第一辆梅塞德斯—奔驰双人小汽车、宝马摩托车、双立人刀具和博朗电器等。对于奢侈的消费品，他一向都是非常抵触的。如马库拉曾邀他一起购买里尔喷气式飞机，他拒绝了，但他后来却要求苹果公司给他购置了一架湾流飞机。此外，尽管苹果公司的利润巨大，但他在和供应商签订合同时，仍会经过一番讨价还价，丝毫不会退让。

乔布斯虽然不是一个非常喜欢乐善好施的人，但他还是经常向尼泊尔和印度的盲人提供帮助和捐款等。但有一件事，对乔布斯的影响却很大。在苹果公司上市之前，乔布斯就曾以个人的名义捐出过 5000 美元，帮助拉里·布里连特成立了一个致力于帮助穷人对抗疾病的基金，即塞瓦基金会（Seva Foundation），并同意成为其董事会的成员。不过，在一次内部会议之上，乔布斯与另一名董事发生了争执，起因是乔布斯想雇用里吉斯·麦肯纳谋划其筹款以及公关等事务，但被那位董事拒绝了。会议结束后，乔布斯竟然在停车场内痛哭了一场。后来，在苹果完成 IPO 之后，布里连特带着基金会的几位董事，当然也包括那个曾拒绝了乔布斯提议的人，来到苹果公司后，说明了募集善款的来意。结果，乔布斯非但没有满足他们，还以此前曾向该基金会捐赠了一台 Apple II 和 VisiCalc 程序，帮助其对尼泊尔民众失明情况的调查为由，拒绝向其提供任何资助。

当然了，这并不是说乔布斯毫不讲人情的，只是他喜欢根据自己的喜好做事。比方说，对于自己的养父母，乔布斯就非常大方。在公司上市后，他就送给了二老价值约 75 万美元的股票。乔布斯的住所虽然简单，但他对于养父母却很孝敬。他也曾想为二老购置一套新房，但却被二老拒绝了。后来，老两口出售了一部分股票，用来偿还他们在洛斯阿尔托斯购买的那座房子的贷款。在还过贷款后，他们还将乔布斯喊了回来到家中庆祝。

苹果公司的成功上市，不仅给乔布斯带来巨大的利益，还有良好的声名。如在 1981 年 10 月，《企业》不仅第一次将乔布斯搬到了封面上，还宣称："是这个人永久改变了商业世界。"在杂志中他们更是极力渲染道："史蒂夫·乔布斯是个说话极富热情的人，他不但可以预见未来，还能创造未来。"此外，《时代》也在 1982 年 2 月对乔布斯做了个专题，称其"独自开创了个人电脑产业"。

尽管名利双收，但乔布斯还是把自己看作是一个反主流文化的孩子，对于名利看得不是那么重。有一次，他到斯坦福大学演讲，当时就有不少学生问他苹果的股价何时会上涨等问题。对此，乔布斯一概不理，只是开始对于苹果公司未来的新产品做了激情的演说。看到乔布斯如此，慢慢地就没人再问商业方面的问题了。后来，乔布斯在回忆这段往事的时候说道："那个时代的孩子更加醉心于物质主义，只知道追求名利，根本就不愿意用理想主义的方式来思考问题，这让我看到了我与那代人对待名利的差异。"

马库拉执政

"此事我一无所知，这都是斯科特在自作主张。"

——乔布斯

到了 1981 年初，苹果公司经过几年的发展，已经初具规模，但是其在人员结构上却显得日渐臃肿起来。苹果总裁斯科特最先发现了这个问题，他觉得公司的员工在公司壮大的同时，工作积极性越来越低。甚至还有不少员工都觉得公司绝对不会解雇他们，就连新加入的员工也觉得自己拿到了一个"金饭碗"，以后再也不用为工作的事情而发愁了。为了让员工保持对工作的积极性，他便想通过裁员的方式，让员工们警醒。

在准备裁员之前，斯科特先和马库拉和乔布斯商量了一下，结果二人没有多大犹豫便同意了。在得到二人的支持后，斯科特便开始了其裁员的计划。1981 年 2 月 25 日，星期三，斯科特展开了苹果公司历史上第一次大规模的裁员。在来到公司后，斯科特所做的第一件事便是通知所有员工在上班后，全部到公司的地下停车库召开全体员工大会。对此，程序员唐·登曼回忆道："在人员到齐后，斯科特便开始了演讲，他说：'苹果公司的人太多了，我需要解雇一些。待会儿我会将该解雇的员工召集到我的办公室，并将解雇的理由告诉他。'在斯科特说完后，整个会场一下子就安静了下来。因为这事来得太突然了，究竟都有谁会出现在那个被解雇者的名单上？在那一天，所有的人都很难静下心来工作。"

接下来，斯科特便吩咐各部门经理分别向斯科特提交一份建议名单，然后再由斯科特做最终的决定。结果，苹果公司的员工很快就发现了一个问题，即斯科特并未等到那些经理向自己提交建议名单，而是在当天上午便毫无预兆地解雇了近 40 名员工。解雇的消息出来时，那些被解雇的员工在毫无准备的情况下全都呆住了，他们怎么也想不到会轮到自己。尤其是在这批被解雇的员工中，并不是所有都是业绩差的人，也有不少人在几周前的工作中还取得了不错的业绩，甚至还有部分 Apple II 团队的员工。随着被解雇人员的相继离开，留下的员工也都明白了一件事情，只要管理者想要解雇你，你就得卷铺盖走人，无论你曾为公司作过多少贡献，都不能留下。

当天下午，在所有被解雇的员工都离开后，斯科特对着留下来的员工说道："在就任公司总裁的时候我曾说过，当我觉得做苹果的总裁不再感到快乐的时候，我会选择离开。但是现在，我改变主意了，我决定在这项工作中找不到快乐的时候，会解雇你们中的一些人，直到这项工作让我重新快乐起来为止。"

那些留下来的员工在听到斯科特的话后，几乎个个都咬牙切齿，因为没人知道自己将来的命运，说不定哪天自己就被解雇了。更何况现在还是公司刚刚上市不久，正面临着大好的前景，他们真的不敢想象在公司前景堪忧的情况下，他们所有人是不是都会被解雇掉。斯科特在这一天的粗暴做法，深深地烙进了每一个人的心中，几乎令所有人对公司的忠诚度都降到了 0。为此，还有不少人将那一天称为"黑色星期三"，以表达对斯科特的不满。尤其是在这个时候，乔布斯又竭力撇清自己与这件事情的关系，使得所有人都觉得这件事就是斯科特一个人的主意，这让人们对斯科特的怨恨又增加了几分。

经历过"黑色星期三"的狂风骤雨后，不少关于斯科特的流言蜚语迅速在公司内传播开来，再加上部分公司人力资源部成员对斯科特在解雇员工时的独断十分不满，他们也在暗中煽风点火。结果，斯科特在所有苹果员工的心中的威信大减，甚至连一向支持他工作的马库拉也刻意拉开了与他的距离。不仅如此，马库拉还产生了放弃他的念头，因为他觉得，此时的斯科特在管理上的手段十分拙劣，这与他刚到苹果时所表现出来的细致、谨慎完全不同，简直判若两人。

其实，斯科特的这次裁员活动仅是小打小闹，毕竟从1500多名员工中裁掉40余人并不算什么。但是由于当时的苹果公司正处在蓬勃发展的时期，许多人都认为斯科特此举"残暴不仁"。斯科特此举虽是得到了乔布斯和马库拉的暗中支持，可一旦犯了众怒，乔布斯和马库拉就立刻与他划清了界限，乔布斯甚至还曾公开说道："此事我一无所知，这都是斯科特在自作主张。"即便是一向充当和事佬的沃兹也在事后回忆道："斯科特没有通过正常的程序就突然解雇了那些员工，而且在他解雇的那些人中，还有不少都是好员工。为此，他失去自己的工作。"

1981年3月，趁斯科特到夏威夷度假的时候，马库拉召集了公司所有高层，就是否继续聘用斯科特为总裁一事展开了讨论。结果，绝大多数人都表示同意解除与斯科特的和约。不过，出于对公司稳定的考虑，马库拉等人决定，在当年7月与斯科特的和约到期时不再与他续约，以此结束他对苹果公司的管理。

对于这个决定，最兴奋的莫过于乔布斯了。乔布斯一直都觊觎着总裁之位，想要自己管理苹果公司，但之前却有斯科特挡在自己的面前，再加上现在他又负责着麦金塔机的研发项目，斯科特的存在也是一个潜在的障碍。因此，他觉得这样处置斯科特是最合适的。1981年7月，当苹果公司与斯科特所签订的合同到期时，马库拉代表董事会向他说明了之前的那个决定，斯科特对于这一突发事件，虽然不是很吃惊，但还是显得十分沮丧，只得黯然地离开苹果公司。

在斯科特离开后，马库拉便决定亲自出山，揽过了总裁的大权。其实，马库拉当时并不想这么做。在他准备辞退斯科特的时候，就曾四处物色新的总裁人选，但直到斯科特离开，他也没有找到合适的。而在斯科特离开后，乔布斯虽然曾向马库拉表示自己可以胜任总裁一职，但对乔布斯深有了解的马库拉却不这么认为，再加上董事会其他成员的反对，乔布斯最终未能如愿。正所谓国不能一日无主，在这个时候，马库拉只得再度出山，执掌苹果大权，至少也要带领苹果公司先走过这段过渡期再说。

很多时候真正重要的是跟随内心的直觉和勇气

德士古的小分队

> "我想我们这个小分队，也应该搬到更大的地方去了，比方说可以容纳 50 人以上的班德雷四号。"

> ——乔布斯

乔布斯在接手 Mac 项目后，首先做的就是从 Apple II 的开发团队中调了几名研发人员，如罗德·霍尔特、兰迪·威金顿、杰里·曼诺克、比尔·费尔南德斯、丹·科特克等。此外，还有一些苹果公司的老员工，如伯勒尔·史密斯、巴德·特里布尔（Apple II 机箱的设计者）、布赖恩·霍华德以及乔安娜·霍夫曼等，也都加入到了这个项目中。

在找齐人手后，乔布斯还想给这个项目再打上一层自己的印记。于是，他便想将拉斯金定下"Mac"的名称更改为"自行车"。在他看来，电脑和自行车一样，它们的出现都加速了人们的效率。不过，乔布斯的这一决定并没有人赞同，再加上 Mac 工作室的人都已经习惯了"Mac"的名称，甚至还有不少样机都标有"Mac"字样，就算改，一时半会儿的也改不过来。因此，乔布斯最后只得放弃变更名字的想法。

到了 1981 年初，原本只有 5 人的 Mac 团队，在乔布斯的不断拉拢之下，已经形成了一个 20 余人的团队。此时，乔布斯觉得他们这些人都挤在一个小小的研究室里显得过于拥挤了，他便想换个更大的地方搞研究。经过仔细物色，乔布斯看中了位于史蒂文森·克里克大道和 Saratoga-Sunnyvale 路交叉口的一栋名为"德古塔楼"（Taco Towers）的双层办公楼。

在 Mac 团队入驻之前，这里曾是丽萨团队进驻的地方，在丽萨团队于 1981 年搬出后，乔布斯便迫不及待地带着 Mac 团队进驻到了这个"好地方"。在刚刚进驻这里的时候，Mac 团队内的每个成员都很兴奋，因为苹果公司其他地方的办公场所都是单层的。其实，乔布斯并没有将整栋楼租下，他只是租下了顶层，以及被走廊间隔开的四个小套间。由于第二层的阳台和街角的那个加油站非常接近，再加上"德古"（Taco）和德士古（Texaco）的发音相似，于是，Mac 团队的这个新基地很快就有了一个新的名字，即"德士古塔楼"（Texaco Towers），而乔布斯也将 Mac 团队形象地称之为"德士古小分队"。

在到了"德士古塔楼"以后，布瑞尔·史密斯、丹·科特克等人便迅速选了一块各自相中的风水宝地，建立起实验室。与此同时，乔布斯并未停下招揽人才的脚步，因此，Mac 团队的研发人员在乔布斯的努力下一步步壮大着。

1982 年初，Mac 团队的成员几乎占满了整个德士古塔楼。对此，乔布斯说道："我想我们这个小分队，也应该搬到更大的地方去了，比方说可以容纳 50 人以上的班德雷四号。"没过多久，乔布斯就带着已经无比壮大的 Mac 团队，进驻到了这个位于苹果主园区的研发楼内。

Mac 团队在这个塔楼里驻扎的时间虽然不长，但几乎每个人都对这里有着深厚的感情。赫茨菲尔德曾对此回忆道："摩托罗拉 68000 芯片就是在那里第一次被我们装在了 Mac 电脑的主板上，是我们让一个有前途的研发计划变成了现实，并生产出了足以改变世界的产品。可以说，那里才是 Mac 的诞生地。"所以，即便是 Mac 团队搬离了"德士古塔楼"，仍有不少人以"德士古小分队队员"自称，以怀念曾在那里工作过的日子。

现实扭曲力场

"人活着就是为了改变世界，难道不是吗？"

——乔布斯

安迪·赫茨菲尔德在加入到 Mac 团队后，立刻就有了大量的工作待做。这部分地来自于乔布斯，因为他非常想让 Mac 电脑在 1982 年 1 月前完工。对此，赫茨菲尔德回忆道："史蒂夫真是太疯狂了，他想要我们在一年之内完成 Mac 电脑的所有研发工作，那几乎是不可能的事情。"

虽然不断有人向乔布斯抱怨此事，但他却一直不肯放宽 Mac 电脑的研发时间。不过，在苹果公司里，只有阿特金森一人能够开发出可以在电脑屏幕上显示图像的软件，再加上这项技术十分复杂，即便是阿特金森，也要半年多的时间才能将图形用户界面处理好。因此，Mac 电脑的研发工作肯定会长于一年。为此，研发组成员们为自己找到了一个好的办法，以避免到时候因未能完成 Mac 电脑的研发而遭到乔布斯的责骂。程序员唐·登曼对此回忆道："我们在乔布斯来到办公室的时候，每个人都会做出一副非常努力工作的样子。那样一来，到了最后期限，我们即便没能完工，也不会受到太多的责罚了。"不过，Mac 团队的工程师们也都清楚，在乔布斯的领导下工作，并不是一件轻松、惬意的事情，因此他们也都从未偷过懒。

后来，他们的计划还是得逞了，乔布斯被迫将 Mac 电脑推向市场的日期推迟到 1982 年 10 月 1 日。可即便如此，这些工程师们想要按照乔布斯的计划，在规定的时间内完成这个项目，也是不可能的。但在管理中一向粗暴、自负，因极度追求完美而显得过于苛刻的乔布斯，根本不在意这些。不仅如此，他还经常朝令夕改，给那些工程师们下达一些奇怪的命令，并让他们在短时间内完成自己的计划，趁机榨干每一位工程师的所有能量。虽然其中也有着不少好的主意，可是 Mac 团队内的工程师对他多是敬而远之，很害怕他会出现在自己的身边。

在刚开始的时候，赫茨菲尔德觉得特里布尔对乔布斯的形容过于夸张了。但没过多久，他就改变了自己的看法，并对此回忆道："现实扭曲力场并不是一种简单的个人力场，而是几种因素的混合物，其中既有颇富魅力的措辞风格，也有不屈的意志和让现实屈从于自己的热切渴望。如果史蒂夫用一个论点没能说服别人，那他就会切换到另一个论点继续劝说。有的时候，他还会突然将你的观点占为己有，还绝不承认这是别人曾提出过的想法，简直让人防不胜防。"

对于赫茨菲尔德说的这些，布鲁斯·霍恩也是深有体会。他和泰斯勒从施乐 PARC 跳槽到苹果以后，就亲身经历过了好多次。如有一次，他向乔布斯提了一个很好的建议，可是乔布斯却告诉他："你的想法太疯狂了，我是不会批准的。"可是当霍恩不再想这件事的时候，乔布斯则又在一周后突然跑到霍恩的前面，并对他说："嘿！我有个很棒的主意！"其实，乔布斯那个所谓的"很棒"的主意，就是霍恩之前提出的那个想法，并理所当然地将它视为自己的想法，霍恩即便是据理力争也没用。

赫茨菲尔德虽然知道乔布斯从没有研究过尼采，但他却知道乔布斯与尼采一样，都有着"超人"的特殊本性。如尼采在《查拉图斯特拉如是说》中写道："精神拥有了自己的意志，却被世界所驱逐的人，但这也为自己赢得了属于自己的世界！"反观乔布斯，他若感觉现实与自己的意愿不一致的话，他就会竭力扭曲或是忽略现实。如多年前，在他的女儿丽萨出生时，他就选择了忽略；而在多年之后，当他被诊断出患上了胰腺癌时，他再次选择了忽略现实的做法。此外，在平时的时候，即便是很小的一件事情，他也不愿意受到规则和现实的约束。比如说，他从来没在自己的汽车上装过牌照，有的时候他还会将汽车停在残疾人停车位上，根本就不顾忌别人的感受。

后来有人问乔布斯，对自己这种特殊能力有什么看法时，乔布斯则反问对方道："人活着就是为了改变世界，难道不是吗？"顿时那人被问得哑口无言。事实也证明了，正是在这种魔力的控制下，乔布斯才得以带领Mac团队，在掌握的资源远不及施乐及IBM的情况下，扭转了自己的颓势，改变了整个计算机产业的进程。

乔布斯的蛊惑力

"Mac团队是一支有着崇高使命的队伍，在不久的未来，我们在共同回顾这段奇妙的巅峰时刻时，你们就会发现，当初的那些痛苦，只不过是过眼云烟罢了，大可一笑了之。"

——乔布斯

在公众的眼中，乔布斯是个很有蛊惑力的人，几乎每一次演讲，他都能让所有人为之倾倒。在为Mac团队四处招揽人马的时候，他的这种能力更是展露无遗。

我们之前提到过，乔布斯对于人或物的分类很简单，非黑即白。在他看来，世人要么是"受到过启示的"，要么就是庸才。对于别人的研究成果，在他的眼中也只有两种，即"最棒的"和"最垃圾的"。对此，Mac团队的设计师阿特金森曾说过："在史蒂夫的手下工作实在是太难了，因为在他的眼中只有'神'与'白痴'两种人。如果你是神，他就将你供奉在高高的神坛之上，且绝不能犯错误。如果你在他的眼中是个'白痴'的话，无论他们如何努力，他都不会赏识他们，因为他不会承认自己当初的判断是错误的。因此，他们永远都无法摆脱'白痴'的身份。可即便如此，大家还是心甘情愿地在他手下做事。"

如当年的布鲁斯·霍恩，在大学毕业之前就接到了乔布斯的邀请。当初，乔布斯带着自己的团队去施乐 PARC 时，就发现了在那里做兼职的霍恩。自那个时候起，乔布斯就已经起了招揽他的心思，尤其是在听说霍恩接到了英特尔公司的邀请后，乔布斯就有些坐不住了，并立即给霍恩打了个电话。

在电话中，乔布斯非常直接地说道："布鲁斯，我是史蒂夫，你觉得苹果公司怎么样，你愿意来我们公司工作吗？"霍恩在接到电话之初非常意外，他没有想到乔布斯会主动给他打电话，但他很快就平静了下来，并回答道："苹果公司很棒，但我已经接受了英特尔的邀请，所以……"乔布斯未等他说完，便直接打断道："你知道自己在做什么吗？你还是忘了英特尔吧，明天早上九点就到苹果公司报到，我们这里还有很多东西等着向你展示呢！"

到了第二天早上，霍恩果真来到了苹果公司，见到了 Mac 团队的所有成员，并听了乔布斯的一通演讲。后来，霍恩对此回忆道："那天我也不知道我是怎么想的，就是觉得有股力量在吸引着我，结果我就出现在了苹果公司。"不过，尽管霍恩鬼使神差般地出现在了苹果公司，并不代表他就一定会加入苹果公司。但是，当乔布斯向他一一展示 Mac 团队的各项研究成果时，霍恩很快就改变了自己的主意，并于第二天给英特尔公司发去了一封邮件，称自己改变了注意，已经加入到了苹果公司。就这样，乔布斯靠着他那非凡的蛊惑力，让霍恩最终放弃了去英特尔的打算，正式加盟苹果公司，成了 Mac 团队中的一员。

乔布斯不仅在蛊惑别人加入 Mac 团队这一方面很有一套，在 Mac 团队内部，乔布斯也能通过自己的演讲，蛊惑每一个成员努力工作，并不断取得新的突破。如有一天，乔布斯刚到负责 Mac 电脑操作系统的工程师拉里·凯尼恩的办公隔间，就大声抱怨道："开机启动时间太长了，你要给我想办法缩短这个时间。"凯尼恩本想解释，结果又被乔布斯打断道："如果可以救人一命的话，你能想出办法让 Mac 电脑的启动时间缩短 10 秒钟吗？"凯尼恩听后有些犹豫地说道："也许可以。"乔布斯听后并没有表现出多么高兴，而是对凯尼恩说道："世界上如果有 500 万人使用 Mac 电脑，而这些人每天在开机的时候都要多用 10 秒钟，若是加起来的话，一年就要浪费 3 亿多分钟，而这 3 亿分钟却相当于 10 个人的终身寿命。"乔布斯的这番话让凯尼恩十分震惊。几周过后，当乔布斯再来看的时候，凯尼恩居然将 Mac 电脑的启动时间缩短了 28 秒，乔布斯就是这样从宏观的层面，蛊惑着其员工不断进取。

也有不少人认为乔布斯是个脾性暴躁、行为恶劣的人，很多受到其残酷"剥削"的员工，都曾表示自己在感情上很受伤，甚至还有不少人都有种心力交瘁的感觉。对此，沃兹回忆道："其实，史蒂夫不用让员工对他如此恐惧，也能让 Mac 团队伏做出自己应有的贡献。比方说我就很有耐心，与公司员工也没有那么多的矛盾。但若让我负责 Mac 项目的话，可能要比斯蒂夫负责还糟。因此，我觉得若是史蒂夫能将我们两人的风格中和一下的话，效果可能会更好。"

1982 年 9 月，乔布斯在蒙特雷附近的帕加罗沙丘举行了一次集思会。当时，近 50 名 Mac 团队的成员都挤在一间小屋里。在会议开始后，他只是小声说了几句话，然后就走到一个黑板架旁边，在上面贴上了一张卡片，上面写着"永不妥协"，接着他又在上面贴了一张写有"过程就是奖励"的卡片。随后，他便在众人不解的目光中解释道："Mac 团队是一支有着崇高使命的队伍，在不久的未来，我们在共同回顾这段奇妙的巅峰时刻时，你们就会发现，当初的那些痛苦，只不过是过眼云烟罢了，大可一笑了之。"

后来，在演讲的过程中，乔布斯曾突然拿出一个日记本大小的装置，并向众人问道："你们想知道这是什么好东西吗？"问完之后，他也不等众人回答，便打开了那个装置。这时，众人才发现乔布斯拿出来的是一台可以放在膝盖上的电脑，更神奇的是键盘和屏幕连接在了一起，有点类似于现在的笔记本。在看到众人惊讶的目光后，乔布斯非常满意地说道："你们所看到的就是我的梦想，我希望大家在 80 年代中后期就能造出这种电脑。"乔布斯的这番举动和话语给众人带去了巨大的震撼，当他们恢复过来以后，又马上为乔布斯的这种想法而陷入到了疯狂之中。

在集思会的最后，乔布斯面对众人说道："我知道我可能有一点难相处，但我绝不后悔，因为我们这 50 余人所做的工作将会对整个世界产生深远的影响。而这也是我在一生之中所做过的最有趣的事情。"当时很多人都不这么人为，但在多年之后，他们都同意了乔布斯的说法，因为他们的产品真的影响到了整个世界。

工业设计理念

"在做设计的时候，最重要的事情是让产品的特性一目了然。"

——乔布斯

乔布斯一直坚信，只有大众喜欢的设计，才是最好的。所以，自苹果公司创立之初，他对每一款产品的工业设计都很在意，而这也让其产品显得与众不同。

1981 年 6 月，关于 Mac 电脑的外形设计，乔布斯和苹果公司设计部的主任詹姆斯·费里斯已经讨论了很久。之后，他们虽然决定采用竖立放置的电脑外壳，并让 Apple Ⅱ 外壳的设计者杰里·马诺克负责具体的设计工作，但他的设计却一直未能得到乔布斯认可。正当乔布斯为此而烦恼的时候，一年一度的国际设计大会（International Design Conference）在阿斯彭开始了。为了寻求灵感，乔布斯决定参加这次大会。结果，在这次大会上，乔布斯不但找到了灵感，还被自由、简洁的意大利式风格给深深地吸引住了。对比，乔布斯回忆道："我就是去膜拜那些意大利设计师的，就好像电影《告别昨日》（*Breaking Acoay*）中的孩子膜拜意大利自行车手一样，那次大会对我真是一个奇妙的启示。"

在阿斯彭的国际设计大会上，除了意大利风格的作品，追求简约且兼具表现精神的现代主义风格作品，也深深地吸引着乔布斯的目光。这种设计风格主要通过运用干净的线条和简约的形式，强调产品的合理性和功能性，这与乔布斯所追求的设计理念不谋而合。后来，乔布斯在谈到自己对产品设计的基本想法时曾说过："设计是个有趣的领域。很多人觉得，设计只是简单的外观而已。其实不是，真正的设计不仅与产品的外观有关，还与产品的性能有关，而现代主义风格正是我所追求的。"如在研发设计 Mac 电脑时，他不但要求 Mac 电脑要有着漂亮的机身外壳，还要求自己的手下将 Mac 电脑的主板设计得漂亮、合理一些，至于性能更是不必说了。因为在乔布斯的眼中，没有最简单、最实用，只有更简单、更实用。

1983 年，国际设计大会再度在阿斯彭召开，乔布斯在这次大会上发表了一次演讲，他不仅对现代主义风格的简单朴素进行了称颂，还直言不讳地预言了索尼风格的消亡："索尼的产品设计虽然高科技感十足，却不是最好的设计，再加上其形式单调，早晚都会被淘汰的。"与此同时，他还以产品的功能和本性为出发点，基于现代主义风格而提出了一个替代方案，说道："我们设计的产品不仅会体现出其十足的科技感，还会给它设计一个简单、干净的包装，让人看到后就觉得非常舒服。"不仅如此，他还反复强调："我们奉行的是至繁归于至简的原则，追求的是极致简约的产品设计理念。"

乔布斯还曾说过："在做设计的时候，最重要的事情是让产品的特性一目了然。"他的意思非常明显，简约化设计的核心要素就是能够让人直观地感觉到产品的简单易用。一般来说，很多产品的设计，看着十分简单、漂亮，但若真正操作起来却很麻烦，这样的产品并不会有多好的市场。但他对于苹果电脑却充满了信心，尤其是对 Mac 电脑的桌面概念更是有着高度的赞扬："人们从直观上就能知道如何处理桌面。比方说，你在走进办公室后，桌子上放着一堆文件，其中最重要的多会放在最上面，因为你的秘书知道什么是要优先处理的。我们在设计 Mac 电脑的时候，就根据人们的这一经验，引入了桌面这个概念，使得人机交互更加友好、简单。"

如乔布斯当初为了苹果的产品能够有着优美而简洁的设计，曾在设计师杰里·马诺克以及非正式团体"苹果设计协会"的帮助下，组织了一次选拔赛，目的是为苹果公司挑选一些世界级的设计师，而此次选拔活动也有个很好听的名字，即"白雪公主"。乔布斯之所以起这样的名字，并不是他偏爱白色或是其他，而是因为白色够简单、干净。

最后，比赛的胜出者是一位名为哈特穆特·艾斯林格的德国设计师，索尼之前生产的特丽珑电视的外观就是由其设计的。为了显示出自己合作的诚意，乔布斯还亲自飞到巴登·符腾堡州的黑森林与他会面。两人第一次见面时，乔布斯就发现对方与自己一样，对于产品的设计都有着近乎完美的苛求。既如此，双方很快就达成了合作的协议，艾斯林格答应了乔布斯的要求，搬到了加利福尼亚居住。

艾斯林格虽然是个德国人，但他在与苹果合作时，几乎没有将任何有关德国的元素掺杂进去。在他看来，苹果电脑就是土生土长的美国产品，它应当有着独特的加利福尼亚风情。按照他所言："苹果电脑就像是好莱坞和音乐一样，要有一点叛逆，还要散发出自然性感的魅力。"为此，他一口气设计了40余个模型，让乔布斯检验。当乔布斯看到那些模型的时候，禁不住地感叹道："对，就是这样！"随后，乔布斯便将一款曲线紧致圆润，上面还有着散热和装饰作用的细密通风槽的白色机箱运用到了Apple II上。1983年，艾斯林格在帕洛奥图成立了自己的公司后，依然保持着与苹果公司在业务上的往来，并有多款产品的外观均是由其负责。

除了艾斯林格之外，乔布斯在参加了几次国际设计大会后，结识到了不少设计大师，这也使得其设计鉴赏能力不断地提升，再加上佛教禅宗的影响，他那独特的设计理念在吸取了众家之精华后，也悄然成型。直到他去世，他那"至繁归于至简"的设计理念一直都在影响着众人，即便是在他去世之后，这种影响依然存在。

残酷完美主义者

"如果要做成一件事，你就要对它十分、十分热爱，否则就没有任何意义。"

——乔布斯

为了追求完美，乔布斯可以不惜任何代价。举个最简单的例子，大家都知道乔布斯的讲演总能给人带去意外，不仅每次都能触及每个人的神经，还能将尺度拿捏得刚刚好，吊足每个人的胃口。不知道内情的人都觉得乔布斯是个即兴发挥的演讲天才，但实际上并非如此，因为每一场讲演，他都要提前几个星期，由上百人协同他一起准备。

其实，乔布斯这种对于完美近乎残酷的追求方式，更多地体现在他对苹果新产品的研制之中。在很多公司在产品开发的过程中，都会有人以

"做不出来"为由，对上边的要求进行缩水处理，此时就很需要一位铁腕的领导者将"不行"变成"行"。乔布斯就是这种有着超越了技术、超越了理性、超越了现实的直觉判断力的人。但令人有些可惜的是，无论是苹果的员工还是其合作伙伴，当场就能理解和认同乔布斯的人很少，只有到后来获得巨大成功时，他们才发现原来乔布斯的想法才是对的。

如在设计 Mac 电脑的外观时，乔布斯专门请来了苹果公司的设计总监詹姆斯·费里斯，由他协助设计 Mac 电脑的外壳。杰夫·拉斯金在未离开苹果之前，曾建议乔布斯采用状似缝纫机般的水平放置的方形外壳，并擅自让一个名为亚当·奥斯本的人代工制造出了一批。乔布斯得知后非常生气，并对拉斯金咆哮道："Mac 电脑的外形应当是清新脱俗的，而不是你所想的那样鄙陋。"

随后，乔布斯又找来费里斯，告诉他自己的想法，准备沿用 Apple Ⅱ 那"白雪公主"式的外观设计，但费里斯却提出了不同的意见。他觉得 Mac 电脑既然是一款全新的机器，那就应该有着其独特的外观，让用户看到后就能产生赏心悦目的感觉。为此，两人展开一场激烈的讨论。乔布斯觉得："我们要设计出一个经典的外形，我要让它像大众的甲壳虫汽车一样，永远不会过时。"费里斯则反驳道："不对，它的外形应该像法拉利那样性感、诱人。""不，应该更像保时捷！"这是乔布斯的意见。争论的最后，费里斯还是屈从了乔布斯的意志，决定设计一款像保时捷 928（乔布斯当时就有一辆保时捷 928）一般经典的 Mac 电脑。

在决定之后，乔布斯先是找来了比尔·阿特金森，并把他带到自己的保时捷 928 前，对阿特金森说道："伟大的艺术品是不会追随潮流的，因为它们将会引领新的潮流。你看他们将汽车的线条做得多么柔和，而这正是我们需要在 Mac 电脑上实现的目标。"接着，乔布斯又找来杰里·马诺克和大山·特里，在向他们灌输了自己的想法之后，让他们两人负责具体的外观设计工作。

一周后，大山·特里做出了一个初步设计方案，并制作了一个石膏模型。当时，Mac 团队的所有成员都聚集到了一起，并发表了自己的意见。赫茨菲尔德觉得特里的设计十分"可爱"，而其他人对于他的设计也很满意。不过，乔布斯却毫不留情地说道："这种造型太过方正了，一点儿曲线美的感觉都没有。难道你就不能将第一个倒角的半径再放大一点儿，还有就是斜角的尺寸我也不喜欢。"特里还以为他的设计方案只存在这两个问题呢，刚松了口气，就听乔布斯说道："这是一个开始。"当时的特里就知道这件事情肯定没完。

在之后的一段时间内，每隔一个月，马诺克和特里都会拿出一个设计方案供乔布斯挑刺儿，并按照乔布斯的意志加以改进，到了第四个的时候，已经跟第一个完全不同了。但是，乔布斯仍是非常不满，并很肯定地说，他喜欢或者讨厌某个细节，而他所说的东西则是马诺克和特里无法觉察到的。后来，为了寻找灵感，乔布斯还专门去了一趟家用电器专卖店。在来到家用电器专卖店没多久，乔布斯就有了新的想法。于是，他便立刻赶回公司，并要求马诺克和特里按照一台厨艺公司的电器的轮廓、曲线和斜角等，对 Mac 电脑的外壳造型重新设计。

最后，他们设计出了一款造型非常友好的外壳，因为，它看上去就像是一张人脸，相比于拉斯金的设计，不知道漂亮了多少倍。特里对此回忆道："这个造型的设计图纸虽然不是史蒂夫亲手画出来的，但正是他的思想和灵感才有了这个设计。还有就是，在史蒂夫没有告诉我们之前，我们根本不知道电脑的'友好'指的是什么。"

此外，乔布斯还坚持 Mac 电脑外壳必须是一体成型，它的构造必须是一种制造工艺上的突破。乔布斯这种苛刻的要求几乎让所有的工程师们都抓狂了，其中就有不少人抗议道："史蒂夫，我们根本就设计不出你说的那种有着奇特外形的外壳，太复杂了！"但乔布斯对于研发成员的抱怨，要么是听而不闻，要么就是用"无能"等言语去刺激他们。最终，这些人还是完成了这个不可能完成的任务，让乔布斯如了愿。

用过苹果电脑的人都知道，Mac OS 操作系统中的每个窗口的左上角都有黄色、绿色、红色三个按钮，分别对应着"缩小窗口""放大窗口"和"关闭窗口"等三个功能。但在最初的时候，这三个按钮都被设计成了灰色。在设计好后，乔布斯召集大家开会，并对这三个小按钮的设计进行了仔细的"研究"，他一边看一边摇头说道："不行，不行，这三个按钮仅从外观上看，根本就看不出它们有什么用，必须得改。"

听到乔布斯的话后，负责用户界面设计的柯戴尔·瑞茨拉夫说道："我之所以把它们设计成灰色，主要是为了不分散用户的注意力。如果您想要明确地区分它们的功能，我可以设计一个小动画，当鼠标移动到某个按钮上时，就会主动提示用户这个按钮的功能是什么，您觉得怎么样？"

乔布斯听后依旧摇了摇头道："不好，那样做太复杂了。"当瑞茨拉夫正在想其他方法的时候，突然听到乔布斯说道："这三个按钮可以分别设计成红、黄、绿三种颜色，分别对应不同的功能，就像是交通信号灯一样，让人们一眼就能看出它们分别代表着什么功能。"后来，瑞茨拉夫对此感慨道："当初刚听到这个建议时，我们都觉得史蒂夫很疯狂，他竟然能将交通信号灯和电脑的图形用户界面联系在一起，实在是太过怪异了。但后来我们就发现，史蒂夫是对的。不同颜色的按钮，看上去不但简洁、干净，还非常直观地暗示了用户它们有着不同的功能，简直是太完美了。"

界面图标绝对漂亮

"图标将是图形界面中不可缺少的要素之一。"

——乔布斯

乔布斯对于完美的追求，注定了他对 Mac 电脑的每一个细节都会关注。除了前文提到的外观设计之外，他对于 Mac 电脑的屏幕上所显示的内容也很痴迷。在他看来，电脑的界面不但要好看，还要好用。

如当初负责 Mac 电脑用户界面设计的柯戴尔·瑞茨拉夫曾回忆道："史蒂夫非常重视细节，细致程度居然达到了对每一个像素都很关注的程度。为此，他还经常盯着电脑屏幕，仔细地检查每一个像素，以确保每个图像都能准确地对齐。一旦发现问题，他会立即对着负责这个项目的工程师大吼大叫起来。"

在设计图形用户界面的时候，由于有些文档过大，需要翻页才能阅读到全部的内容，但有的时候却不知道自己翻了几页，这就会给工作或是阅读带去不便。瑞茨拉夫在考虑到这个问题时，便设计出了滚动条，这样便能直观地提示人们页与页的切换。按说这个设计在整个图形用户界面中并不抢眼，但是乔布斯发现后却对它非常在意，甚至还对瑞茨拉夫提出了批评，称其做出来的滚动条是垃圾，根本就没有体现出应有的艺术化效果。在被批评之后，瑞茨拉夫也提出了多种修改方案，但却一直未能得到乔布斯的认可。直到六个月后，他才拿出了一个乔布斯感到满意的设计方案。

Mac 电脑的主要研发工作都是"德士古塔楼"内完成的，这其中也包括一款应用在 Mac 电脑上图形程序。那一天，比尔·阿特金森非常兴奋地冲进办公室，他告诉大家自己想到一个绝妙的主意，可以快速地在屏幕上画出圆和椭圆。

在当时的技术条件下，若想在屏幕上画出圆或椭圆，需要通过计算平方根才能实现，但 Mac 电脑上所使用的摩托罗拉 68000 微处理器却不支持计算平方根这一功能。对此，阿特金森便从另一方面入手，他通过一组奇数序列相加，得到了一组完全平方数序列（如 $1+3=4$，$1+3+5=9$……），并通过这个方法顺利地画出了圆和椭圆。赫茨菲尔德回忆道："当阿特金森向我们演示这一算法的时候，除了史蒂夫外，所有人都震惊了。而在演示结束后，史蒂夫只是对他说了句：'能画出圆和椭圆是不错，但你觉得你能画出带圆角的矩形吗？'"

阿特金森听后说道："我觉得我们用不着那样做，只要我能把图形程序做得精简一点儿，可以满足基本的需要就可以了。更何况，我也做不出来。""你不知道吗？圆角矩形到处都有，你怎么可能做不出来？"乔布斯听后立刻跳起来大吼道。吼完之后，乔布斯变得更加激动了，他指着办公室里的小黑板、办公桌及其他一些东西带圆角的矩形说道："你就看看这个房间里有多少！除了这个房间内，你再看看外面还有更多，基本上每个角落都有！"说完之后，乔布斯就拉着阿特金森出了办公室，指着外面的车窗、广告牌以及街道的指示牌给他看。无论走到哪里，乔布斯都能给他指出带有圆角的矩形。后来阿特金森完全信服了，并对乔布斯说道："好了，你是对的，圆角矩形也是我们电脑中的一个基本要素。"

在图形设计方面，阿特金森的确是个天才。正如赫茨菲尔德回忆的那样："在第二天下午，比尔回到德士古塔楼的时候，脸上带着满足的微笑，并当着众人的面在电脑上飞快地画出了漂亮的圆角矩形。"自此之后，丽萨和 Mac 电脑，以及后来几乎所有的苹果电脑的对话框和窗口上，都用上了这种带有圆角的矩形。

在设计桌面窗口、文件及屏幕顶端的标题栏时，乔布斯也耗费了不小的精力。他在丽萨团队时，就不喜欢丽萨电脑上的标题栏，总觉得它们太黑、太粗糙了。在他来到 Mac 团队后，发现阿特金森等人竟然沿用了丽萨电脑上的标题栏，这让乔布斯很不爽。他希望 Mac 电脑的标题栏能够更加平滑一些，最好还能有些细条纹。为此，他还要求阿特金森和苏珊对标题栏进行了多次修改。阿特金森和苏珊还曾因此向乔布斯抱怨，他们还有更重要的事情去做，而不是将大量的时间浪费在修改标题栏上。乔布斯对于他们的抱怨则大发脾气道："你们能想象一下每天看着那难看的东西是种什么感觉吗？你们给我记住了，这不是件小事，你们必须做好！"阿特金森和苏珊看到爆发的乔布斯后，他们害怕了，直到他们按照乔布斯的要求，做出令他满意的标题栏后，他们才得以继续之前的工作。

除了要求界面图标等必须漂亮外，乔布斯对于 Mac 电脑上运行的程序窗口等，也有着完美的要求。克里斯·埃斯皮诺萨作为苹果的元老之一，他还在上高中的时候就到苹果上班了。后来，他虽然如愿以偿地进入到了伯克利大学学习，但却在乔布斯的蛊惑下，从伯克利退学，加入到了 Mac 团队。他知道，研发 Mac 的机会只有一次，所以为了让 Mac 电脑上留下自己的印记，他决定为 Mac 电脑开发一款计算器程序，且很快就完成了。赫茨菲尔德在回忆埃斯皮诺萨向大家演示那个计算器程序的情景时说道："那天，我们全都聚集到了一起，克里斯在展示完自己开发出程序后，他看着史蒂夫并屏住了呼吸，等待着史蒂夫的反应。"

在一阵沉默之后，乔布斯开口道："你做的这个只是个开始，因为你做的这个很烂，背景颜色太深了，线条粗细不均，计算器上的按键也太大了点儿。"虽然乔布斯对此程序有些不满，但还是认可了这个程序的价值，而埃斯皮诺萨为了让乔布斯满意，只得日复一日地不断对此程序进行完善，而且每次都会受到新的批评。

后来，有些忍受不了的埃斯皮诺萨想到了一个绝妙的主意，他决定让乔布斯自己动手设计这个计算器程序。为了达成这个目的，他先对这款程序做了个小小的修改，即允许用户自主改变程序线条的粗细、按键的大小、阴影、背景和其他属性。这天，乔布斯再次出现在埃斯皮诺萨的面前时，埃斯皮诺萨便让乔布斯亲自上阵，让他根据自己的喜好调整计算器的外观。约一刻钟后，乔布斯终于按照自己的想法，将那款计算器的外观调整到了最满意的地步。毫无疑问的是，那款计算器最终出现在了问世的 Mac 上，并作为经典，在之后 15 年内，几乎出现在了苹果所有的电脑产品中。

在所有的设计方案全都敲定以后，乔布斯还专门将 Mac 团队的成员都召集到了一起，并举行了一个简单的仪式。随后，他便说道："真正的艺术家都会在作品上签上名字。"说完之后，他便拿出一张绘图纸和一支笔，让所有人都签上了自己的名字，最后还让人将这些签名刻在了每一台 Mac 电脑外壳的内部。阿特金森对此回忆道："在那一刻，他让我们感觉到了，我们的成果就是一件伟大的艺术品。"

强力掌控一切

"不行，我不希望 Mac 电脑脱离我的掌控。"

——乔布斯

在研发 Mac 电脑的时候，乔布斯之所以不想让 Mac 电脑与丽萨的架构相兼容，除了竞争或是复仇的目的外，还与他对于控制权的迷恋有关。他想让 Mac 电脑在自己的控制下，成为一个独一无二的存在。

在他看来，一台真正完美的电脑，其硬件和软件应是一体的，所有的软件都是为了这台电脑的硬件而量身定做的，而这台电脑的硬件也是专为这些软件而定制的。如果非要让新研制出的新电脑兼容其他电脑上的一些软件，那其自身就要牺牲一部分功能，而这正是乔布斯所不能容忍的。所以，Mac 电脑上所使用的操作系统只能在自己的电脑硬件上运行，这与微软和安卓等操作系统相比，显得极为特立独行。乔布斯这种软、硬件紧密结合成一体化的产品理念，也让后来的 iPod、iPhone 和 iPad 等产品，从诸多竞争者中脱颖而出。

在 Mac 项目刚启动时，负责硬件设计的伯勒尔·史密斯曾也建议乔布斯道："电子组件的更新速度实在是太快了，我们很有必要在 Mac 电脑上保留下可扩展功能，至少也要留下一个外扩接口，以免 Mac 电脑一上市就因功能过时而被淘汰。"结果乔布斯却告诉他："不行，我不希望 Mac 电脑脱离我的掌控。"心有不甘的史密斯便暗中找到布莱恩·霍德华，与他一同设计了一个扩展槽。为了不引起乔布斯的怀疑，他们对其称之为"诊断端口"，主要用来诊断制造电脑过程中可能产生的错误，而乔布斯也相信了他们的说法。不过，协助乔布斯工作的罗德·霍尔特在发现了这个"诊断端口"的秘密后，就立即从主板上将其给拿掉了，并严肃地对史密斯二人说道："如果你们还想在 Mac 团队里干下去的话，最好不要惹恼了史蒂夫。"此事虽然不是乔布斯亲自出面解决的，甚至他可能都不知道有这回事，但自此之后，确实没人再提设置扩展槽的事情了。

乔布斯如此专断，虽然让众多电脑爱好者或是黑客们失去不少的乐趣，但却让他成功控制住了用户的体验。对此，曾担任苹果市场策划的贝里·卡什回忆道："史蒂夫喜欢掌控一切的感觉。之前每次提到 Apple Ⅱ 的时候，他都会向我们抱怨道：'我们没有控制权，只能看着那些人对它做些疯狂的事情，这是无法忍受的，而且我也不想再犯同样的错误了。'所以，他才不允许任何人改动 Mac 电脑，并将它牢牢地掌控在自己的手中。"不仅如此，乔布斯命人设计的机箱也很独特，一般的用户根本无法使用常规的螺丝刀打开 Mac 的机箱，只有特制的工具才能打开。对此，他还曾兴奋地对卡什说过："只有我们的员工，才能进入到机箱内部。"

　　如果说，乔布斯不允许别人动他的 Mac 是出于对自己产品的保护，那他决定取消 Mac 电脑键盘上的光标方向键，就显得过于霸道了。在此之前，人们早已经习惯了用键盘操控光标，但是，乔布斯在为 Mac 电脑配备上鼠标之后，就取消了 Mac 电脑键盘上的光标方向键，迫使用户们必须适应鼠标的指向和点击操作。虽然也有不少用户对乔布斯的这一做法提出了反对，但乔布斯却不像别的产品的开发者一样，相信顾客的话永远都是对的。为此，他还公开宣称道："如果大家都抵制使用鼠标的话，那你们就错了。"

　　乔布斯提出的苹果电脑的软件硬件"一体化"，不仅有效地控制住了用户的体验，还迫使苹果公司以外的软件开发商，必须专门针对 Mac 电脑的操作系统编写程序，而不是像其他人一样，只需编写好一个通用程序后，就可以在不同的电脑上应用。这样一来，苹果电脑上应用软件的开发、操作系统及硬件设备间的垂直整合也变得更加简单起来，而这正是乔布斯想看到的结果。

完美收官

"我们并不是在为别人而生产，而是在为自己生产，无论将来的市场如何，我都希望你们能够竭尽所能地生产出我们认为的最好的产品。"

——乔布斯

　　Mac 电脑在乔布斯及其"海盗团队"的共同努力下，历经 2 年多的时间，在吸收了各种有价值的思想以及失败的教训后，终于取得了巨大的成功，并决定于 1984 年初，将这台世界上最出色的 Mac 电脑推向市场。

1983 年中，Mac 电脑再次因磁盘驱动器出现了问题，而将发布的日期向后推迟，至于具体的时间，直到 1983 年 10 月，苹果公司的高层及 Mac 团队的高层及销售人员在夏威夷岛举行的销售会议上，才将 Mac 电脑的面世时间定在了 1984 年的 1 月。

然而，就在乔布斯等人在夏威夷参加会议时，《商业周刊》上刊载了一篇题为《个人电脑：赢家是 IBM》的文章。在那篇文章中，对 IBM 个人电脑的崛起进行了详细的报道。甚至还在文章的结尾处写道："IBM 仅用了两年的时间，就获取了个人电脑市场近四分之一的市场份额。照此发展，到了 1985 年的时候，IBM 极有可能会占据全球个人电脑消费市场份额的一半。"

乔布斯看到这个消息以后，顿时觉得压力大增，因为在 3 个月后上市的 Mac 电脑将会成为扭转整个局面的关键所在。因此，在会后，乔布斯便召集 Mac 团队的所有成员，对他们做了一番颇具煽动性的演讲，对 IBM 自 1958 年以来的所有错误决策进行了分析。如 "1958 年，IBM 拒绝收购发明了静电复印术的小公司。结果，两年后，那家公司重新注册为施乐公司，而自此之后，IBM 在此方面就一直在追着施乐的脚步走"等。

随后，乔布斯又对 IBM 试图主宰整个个人电脑市场的举动发出了质疑："IBM 想独吞个人电脑这块市场，现在的他们已经把枪指向了他们前进道路上的唯一一个劲敌——苹果公司。你们想让 IBM 主宰整个电脑产业吗？你们想让 IBM 控制整个信息时代吗？还有乔治·奥威尔在《1984》中描述的一切会变成现实吗？"下面的人听后都很激动，他们可不愿意成为 IBM 通往成功的垫脚石。接着，乔布斯又鼓励大家道："据我估计，Mac 电脑的销量将十分巨大。不过，我要你们记住，我们并不是在为别人而生产，而是在为自己生产，无论将来的市场如何，我都希望你们能够竭尽所能地生产出我们认为的最好的产品就行。"在这之后的三个月内，Mac 团队上下齐心，誓要将 Mac 电脑做成世界上最好的个人电脑，以打破 IBM 称霸的美梦。

不过，即便是 Mac 团队如何努力，他们在 Mac 电脑上市前的一个星期，仍有一个问题没能解决，即安迪·赫茨菲尔德曾和其他工程师向乔布斯保证，会在 1984 年 1 月 16 日之前，完成 Mac 电脑的编程工作并交付运行。但是，在距离交付日只剩下一周的时候，就有人向乔布斯报告说，程序还存在一些问题，他们无法在 1 月 16 日前完成工作，至少也要再给他们两周的时间才行。

乔布斯当时正在曼哈顿的一家酒店内，为即将召开的媒体沟通会做准备。他在听说了这个消息后，马上推掉了所有事情，并召集 Mac 团队的主要员工，开了一个电话会议。当负责软件开发的经理仔细地向乔布斯说明了情况后，赫茨菲尔德及其他人都围在电话机旁，听着乔布斯将如何抉择。再说了，他们提的要求很简单，一是将 Mac 电脑的上市时间向后推延一周；二是他们先给经销商一个"演示版"的软件，等到新的程序一完成，就马上对其进行替换。

乔布斯听后，并没有像往常那样大声咆哮，而是在沉默了片刻之后，对电话另一端的赫茨菲尔德等人说道："你们真的很棒，我相信你们能够搞得定这些问题，所以我不打算改变原定的上市计划！你们已经在这个程序上花了好几个月的时间了，若是再给你们两个星期的时间，结果也不会比现在好上多少。所以，你们还是赶紧将它做好吧。一周之后，我希望我能看到一套完美的程序。如果你们能够做到的话，我还可以将你们的名字标在那套软件的包装之上，让所有的人都记住你们。"

赫茨菲尔德等人没有想到乔布斯这一次竟会如此坚决，连一点商量的余地都没有，他们只得答应乔布斯一定会按时完成。结果，他们再一次在乔布斯那现实扭曲力场的作用下，完成了一项他们自认为不可能完成的任务。在他们突击完善那套程序的时候，兰迪·威金顿还专门带了大包浓缩咖啡，在交付程序的最后三天一会儿没睡。到了 1 月 16 日这天早上，一早便来到公司的乔布斯就发现了趴在沙发上几近昏睡的兰迪。虽然这套程序仍有几处细微的毛病，但乔布斯却觉得这不是问题，并让兰迪回去休息了。没过多大会儿，乔布斯又给位于弗雷蒙的工厂打去了电话，让他们开始生产印有苹果彩色条纹标志的箱子。乔布斯之前曾说"真正的艺术家总能完成作品"，而现在正是他证明自己就是一个伟大的艺术家的良机。

在所有的准备工作都准备就绪之后，Mac 电脑在发售之前还有一个很重要的问题需要解决，即 Mac 电脑的价格问题。在 Mac 电脑研发之初，其市场定价为 1000 美元左右。但是，当 Mac 电脑的原型机做出来之后，他们才发现，Mac 电脑光成本就超过了 1500 美元。因此，其市场定价也将有所提升。对此，乔布斯决定以 1995 美元的单价出售 Mac 电脑，而当时的苹果总裁斯卡利却表示反对。他觉得 Mac 电脑在上市之初的半年内，可能会因为生产能力不足而影响到其销量。所以，他建议以 2495 美元的单价出售 Mac 电脑，并以此控制住 Mac 电脑的订单量。

乔布斯并不赞同斯卡利的这一观点，并找到他质问道："你不觉得这个价格太高了吗？当年的丽萨电脑就因为单价过高而影响到了其销量。现在你若在将 Mac 电脑的单价提升 500 美元的话，极有可能会将我们那些忠诚的老用户给吓跑，这个责任你担得起吗？"

对此，斯卡利亦是毫不让步道："我们如果不提高 Mac 电脑的单价的话，那我们就不会有额外的预算为 Mac 电脑做市场宣传。也就是说，现在摆在我们面前的有两种选择，一是以较低的价格出售 Mac 电脑，却没钱进行大量的宣传；二是提高 Mac 电脑的定价，从中获取到足够的资金用在宣传上。对此你会选哪个？"对于斯卡利给出的选择题，深知市场营销策略重要性的乔布斯选择了第二个。因为他明白，若是无法将宣传做大、做广，Mac 电脑的优点及其革命性就无法让世人看到。所以，乔布斯同意了斯卡利的观点，同意提升 Mac 电脑的单价，事实也证明了斯卡利这一观点的正确性。

1984 年 1 月 24 日，Mac 电脑终于在世人的千呼万唤中出现在了发布会现场，很多人在看到 Mac 电脑的强大功能后都为之惊叹。尽管它的价格偏高，但却深受消费者的喜爱，还一举粉碎了 IBM 垄断个人电脑市场的计划。

"1984" 起惊雷

"我想要的是一种能让所有的人都会立即停下来观看的东西，最好能像一声惊雷一般，让所有人都惊奇不已。"

——乔布斯

1983 年初，乔布斯就已经开始着手 Mac 电脑的发布计划了，其中一环就是广告宣传。他希望 Mac 电脑的广告宣传片能像自己创造的产品一样，极具革命性。他曾说过："我想要的是一种能让所有的人都会立即停下来观看的东西，最好能像一声惊雷一般，让所有人都惊奇不已。"

在接触了几家广告公司后，乔布斯最终将目光落在了 Chiat/Day 广告公司的身上。该公司自收购了里吉斯·麦肯纳的广告公司之后，苹果的很多广告业务都是与其合作的。作为 Chiat/Day 广告公司的创意总监的李·克劳，有着丰富的经验，可以做出令乔布斯满意的东西，而这也是乔布斯在近 30 年的时间内都与其合作的主要原因。

在接到这个合同之前，李·克劳与其同事布伦特·托马斯和史蒂夫·海登，一直在对著名小说家乔治·奥威尔小说中的一句话进行辩论，即"这就是为什么 1984 不会变成《1984》。"后来，乔布斯来到 Chiat/Day 广告公司找李·克劳商谈广告一事时，无意间听到并立即喜欢上了这句话，还要求李·克劳对此加以演绎，作为 Mac 电脑的宣传广告。

李·克劳等三人很快就按乔布斯的要求，构思出了一个长 1 分钟的故事脚本，并找来里德利·斯科特拍出了样片。乍看之下，那片子有点像科幻片而不是广告片。因为这条广告是以蓝灰色调开始，最先出现在屏幕中的是一条行进中的队伍，走在一条装满了监视器械的通道里。此时，无名的女主角穿着一条橙色短裤和一件印有麦金塔计算机图片的白色背心，手中拿着一个大锤子，朝着出现"老大哥"影像的大屏幕跑去，而在她的身后则有四名正在追捕她的警卫。当那个老大哥正在向众人蛊惑着"我们的'统一思想'是更强大的武器，我们将会用它来消灭敌人"时，女主角也跑到了大屏幕之前，并朝着屏幕用力掷出了锤子，在那个老大哥喊出"我们将会获胜"的口号后，那柄被抛出的锤子正好将屏幕击碎。紧接着，视频中出现一段文字，即"苹果公司将在 1 月 24 日推出 Mac 电脑，到时候你会发现 1984 为何不像'1984'"，最后出现的则是苹果的彩色商标。

在这则广告中，李·克劳将 Mac 电脑塑造成了一个敢于反抗"老大哥"控制，愿为自由而战的斗士。后来，李·克劳回忆道："那则广告阐释了苹果公司的理念和目标，即让所有人都能享用到最新的科学技术，而不只有政府和大公司。因此，电脑假如不是为了掌控我们的生活，那它就得成为易被我们得到和使用的工具。"

对于这个创意，乔布斯十分喜欢，他看出了这则广告中的反叛精神，而这一点又和他本人非常相像。比方说，乔布斯用人从来都是不拘一格，凡是被他招入 Mac 团队的人，几乎每一个都个性十足，既有黑客气质的程序员，也有满脑子海盗精神的工程师，就连乔布斯也不例外。因为，他就是第一任"海盗头子"。

不过，乔布斯是一个矛盾集合体。他虽然有着极强的反叛精神，可他还有着极强的控制欲，他不希望任何人对自己一手打造的产品进行改造，哪怕是一个螺丝都不行。对此，很多人都指责乔布斯已经不再具有黑客精神了。如即将推出的 Mac 电脑，不仅价格过高，还没有扩展插槽。如此一来，电脑爱好者们就无法根据自己的喜好，在主板上插入自己的扩展卡或是添加一些自己想要的新功能。此外，若是有人想看看 Mac 电脑内部的构造，还要通过特殊的工具，才能打开其塑料壳。换言之，Mac 电脑就是一个封闭和受控的系统。若是严格来看的话，乔布斯更像是广告片中的"老大哥"，而非其他人或企业。

作为苹果公司的 CEO，斯卡利在第一次看到这个故事脚本的时候，就有些不太赞同。不过，乔布斯却坚持道："我们需要的是一个具有革命性的东西。"在这种情况下，斯卡利只得同意，并拨给了乔布斯一笔高达 75 万美元的广告拍摄费用。

广告片拍摄好以后，除了乔布斯外，最先看到的是苹果公司的一群销售人员和 Mac 团队的几个主要成员。他们大多数人都和乔布斯一样，个个都兴奋异常。看到这种情形后，乔布斯信心大增。因此，他决定在 1983 年 12 月召开的苹果年终董事会上播放这则广告。但这一次，在广告播放完毕后，乔布斯没有听到预想中的欢呼声，因为所有的人都沉默了。

在这些人中，表现最夸张的是梅西百货公司加利福尼亚分公司的 CEO 菲利普·施莱因，只见他无力地趴在桌子上，一副心力交瘁的模样。在所有董事中，只有马库拉一人静静地凝视刚刚上播放完广告片的屏幕。刚开始的时候，很多人都以为马库拉已经折服于这则广告了。可是，他接下来的这句话却表明了事情完全不是那么回事，因为，当时他向众人问的是："还有谁想另换一家广告公司？"

本来就对这个故事脚本有所怀疑的斯卡利，在看到这则广告的时候，已经没有一点儿信心了。他曾回忆道："不仅是我，还有很多人都觉得那是自己看到过的最差的广告片。"在董事会结束后，斯卡利觉得重新设计广告已经来不及了，因为在下一个月 Mac 电脑就该发布了。因此，他便就致电 Chiat/Day 公司，让他们将已经买下且准备插播 Mac 电脑广告的两个时段（一个 60 秒，另一个 30 秒）以低价卖掉，尽量减少公司的损失。

乔布斯听闻此事后非常生气，但他又无可奈何。一天晚上，自飞机事故后就淡出苹果管理层的沃兹，不知怎么就溜达到了 Mac 团队的办公楼上。乔布斯看到他后，便立刻拉住他道："沃兹，快过来，我给你看样东西！"紧接着，他便找来一台录像机，开始播放那段广告片。沃兹对此回忆道："当时，我一下子就被震住了，我觉得那是一个很了不起的片子。"

随后，乔布斯又告诉沃兹，董事会决定不在"超级碗"（美国职业橄榄球联赛）的大赛中播出这则广告，这让沃兹很吃惊。过了一会儿，沃兹向乔布斯问道："播放这段广告需要多少钱？""80 万美元。"乔布斯非常干脆地答道，这一切似乎都在他的算计之中一般。事实上也是如此，一向善良的沃兹决定帮乔布斯一把，对他说道："不如这样吧，假如你愿意出一半钱，剩下的一半我可以替你拿出来。"

但是最后，乔布斯和沃兹两人谁都没有出一分钱，因为 Chiat/Day 公司只是将 30 秒的那个广告时段卖掉了，至于另一个 60 秒的广告时段则没有卖出去。后来，李·克劳回忆道："当时我告诉苹果公司说，60 秒的卖不掉，而实际上则是我们根本就不想卖，也不想去尝试卖掉它。"结果，苹果公司只得将这个时段利用起来。刚开始的时候，有董事建议在这段时间内插播苹果之前做过的一个广告，而斯卡利为了避免董事会与乔布斯之间的矛盾升级，决定仍按原计划插播"1984"这则广告，打算在这 60 秒的广告时间内放手一搏。本以为自己筹划的广告就这样泡汤的时候，乔布斯怎么也没想到竟会峰回路转，最终帮到自己的不是沃兹这个老友，而是李·克劳这个合作伙伴。

从 1984 年 1 月 16 日开始，有关 Mac 电脑即将上市的报道便相继出现在美国各大媒体之上，而苹果公司的这则广告直到 1 月 22 日才第一次出现在世人的眼前。当时，美国职业橄榄球联赛的决赛刚刚结束第二节的比赛，苹果公司这则与众不同的广告就像是一道惊雷一般，展现在了 9000 多万人观众的眼前，一下子就吸引到了无数观众的眼球。即便是在广告放完之后，仍有不少人为之感叹不已，甚至连比赛的最后两节都没有心思看下去了。

不仅如此，当天晚些时候，美国三大电视网和 50 个地方电视台，都在新闻中重复播放了该则广告，这在为苹果公司做了大量的宣传工作的同时，也为苹果公司省下了数百万美元的广告费用。这则广告在火了几个月之后，最终被《广告时代》（*Advertising Age*）和《电视指南》（*TV Guide*）

共同选评为有史以来最伟大的商业广告。

　　2004 年，苹果公司为了纪念他们在 20 年前推出的这则广告，决定对这个广告进行翻拍，并做了一点小小的改动，即广告中那个女孩的身上多了一台 iPod，至于其他的则和当年完全一样，就连最后出现的彩色商标都未曾改动。

只有那些疯狂到以为自己能够改变世界的人，才能真正地改变世界

结缘 Mac

"刚开始的时候，他们做出的东西都是垃圾，好在他们及时改了过来，并做出了不错的东西。"

——乔布斯

自 1977 年，乔布斯和比尔·盖茨初次见面后，两人之间就保持着断断续续的来往。在那次展销会结束后，苹果公司专门找到比尔·盖茨，请他为 Apple II 电脑编写了一款名为"Multiplan"的电子表格程序。乔布斯在接手 Mac 项目后，再次想到了这个软件天才，希望他能为 Mac 电脑多编写程序。他的这个决定，对于后来研发出来的 Mac 机有着至关重要的作用。不过，他的这个决定，也让苹果公司日后在与 IBM 公司就个人电脑的市场争夺中，失去了主导权，并最终败下阵来。

其实，乔布斯之所以找到比尔·盖茨是有原因的。在找微软合作之前，乔布斯曾找到沃兹，希望他能为 Mac 电脑编写一个 BASIC 程序。但是，沃兹却没能让乔布斯如愿，这让乔布斯有些生气。再加上他在负责 Apple III 和"丽萨"项目的时候，就已经意识到了研发组的规模越大，他对研发组的影响力和控制力就越小。他在找微软合作的时候，Mac 团队的

成员只有十几个人，一切还都在他的掌控之中。但是，随着研发进度的不断推进，乔布斯害怕自己会随着团队的壮大而失去对该项目的掌控。尤其是在软件开发方面，这是他的软肋，他极易在这方面失控。为了杜绝这一情况，他才找到了微软，希望比尔·盖茨能够为 Mac 电脑开发一些软件，如 Mac 电脑急需改进的 BASIC 语言程序，以及文字处理、图表和电子表格等软件。

为了显示自己合作的诚意，乔布斯决定亲自到微软公司找比尔·盖茨谈谈。当时，他与比尔·盖茨和保罗·艾伦在微软总部的办公大楼里进行了一番长谈，他们在商讨的过程中，乔布斯极力宣扬他们合作的必要性，要求微软公司同意这一合作计划。

当时的微软公司虽然已经有不小规模了，但与苹果公司相比，还差很多。如在 1984 年，苹果公司的年销售额为 15 亿美元，而微软的却只有 1 亿美元。也就是说，当时的微软仍处在赶超苹果公司的阶段。所以，乔布斯在到了微软以后，也有了"嚣张"的资本。更何况，当时的微软公司主要是靠 BASIC 程序语言的授权进行盈利。虽然有很多种电脑都应用了这一程序，但是只有在 Apple II 上的应用才是最完美的。并且，随着 Apple II 的热销，微软的利润才会呈几何形式增长。

让乔布斯感到意外的是，他本以为比尔·盖茨会满口答应自己的要求，但却没想到比尔·盖茨竟没有立即答应。比尔·盖茨所以这样做是有原因的，当时的微软已经开始着手为 IBM 公司开发的个人电脑编写软件了，同时还有不少该公司的工程师进入到了微软。在这些人的影响下，他觉得计算机只不过是一台实用性的商业工具，而不会出现像乔布斯之前所描述的那样被人们抢购的情景。

乔布斯看到比尔·盖茨如此态度时，他觉得仅凭自己的几句话，是很难说服比尔·盖茨等人了。于是，他便提出了邀请，让比尔·盖茨和保罗·艾伦到 Mac 团队的工程实验室内参观一下再做决定。

在乔布斯离开后，比尔·盖茨和保罗·艾伦决定组织一队人马，到 Mac 团队的实验室内看看乔布斯口中的那台新奇的电脑。但在参观之前，比尔·盖茨就已经打算好了，他觉得"丽萨"电脑才是苹果公司大力扶持的项目，现在他们虽然答应到 Mac 团队的实验室去参观，但同时也会与丽萨团队的人打好关系，给自己上双保险。

比尔·盖茨等一行人到了库比蒂诺后，由赫茨菲尔德负责 Mac 电脑操作系统的演示工作。由于 Mac 电脑在当时还没有研制出可用的样机，因此他只能在丽萨电脑上运行为 Mac 电脑研发的一些软件，并通过 Mac 电脑样机的屏幕显示出来。

当时的比尔·盖茨并没有觉得 Mac 电脑有什么特别之处，对此，他曾回忆道："当我第一次到那儿参观的时候，他们只运行了一个应用程序，我只看到一些小东西在屏幕上跳来跳去，而且，那个好像是唯一一款能在那台电脑上运行的程序（当时 Mac Paint 还未完成）。"不仅如此，乔布斯在接待比尔·盖茨等人时的态度，也让比尔·盖茨非常反感，他回忆道："当时我有种被骗的感觉。因为，史蒂夫在接待我们的时候，对我们说了句：'我们也不是真的很需要你们，我们正在做的这个东西很伟大，许多东西都需要保密。'他说这句话无非就是在暗示：'我不需要你，但会考虑让你参与进来。'这真的让我难以忍受。"

不仅如此，就连 Mac 团队的其他"海盗们"也让比尔·盖茨有些难以忍受。如赫茨菲尔德曾回忆道："比尔并不是个很好的听众，他经常会打断我们的介绍，自己推测某个产品的用法，或是猜想某个软件是怎样运作的。"如赫茨菲尔德在向比尔·盖茨展示麦金塔电脑的光标如何在屏幕上快速而流畅地移动时，比尔·盖茨就突然发问道："你是用什么硬件来模拟出那个光标的？"赫茨菲尔德便非常自豪地对他说，他们只是靠着一款小小的软件就实现了这一功能，并没有运用任何特殊的硬件。但是，比尔·盖茨却不信，且坚持认为赫茨菲尔德撒谎了，若是没有其他硬件支撑，屏幕上的光标怎么出现如此流畅的移动效果呢？听到比尔·盖茨的话后，布鲁斯·霍恩对赫茨菲尔德说道："你还跟这样的人说什么呢？他根本就不是那种可以理解 Mac 电脑的伟大之处的人。"

虽然在这一次的参观过程中，双方人马之间闹了一点儿不愉快，但这却无伤大雅，结果还是很令双方满意的。尤其是比尔·盖茨，一想到微软能为 Mac 电脑制作图形界面软件，并借此将个人电脑带入到一个全新的境界，他就非常兴奋。因此，在参观结束后，双方就达成了协议，由微软公司为 Mac 电脑开发一系列的软件。

很快地，微软就组建了一个团队专门负责 Mac 电脑软件的研发项目。比尔·盖茨回忆道："当时我们在 Mac 项目上投入的人手比苹果公司的还要多，当时的他们只有十四五个人，而我们却有 20 人，当时我们真的是把微软的未来全都押在 Mac 电脑上了。"不过，在刚开始的时候，微软的那群程序员的表现很让乔布斯不满，好在他们的坚持赢得了乔布斯的认可。乔布斯对此回忆道："刚开始的时候，他们做出的东西都是垃圾，好在他们及时改了过来，并做出了不错的东西。"

后来，微软在开发出全新的电子表格软件 Excel 时，乔布斯对此办公软件十分喜爱，为了让这款软件出现在 Mac 电脑上，他还和比尔·盖茨达成了一个秘密的协议，即在未来两年内，微软若是只为 Mac 电脑做 Excel，而不为其他电脑公司开发个人电脑的版本，他可以撤掉 Mac 电脑的 BASIC 团队，并一直使用微软的 BASIC 程序进行开发。精明的比尔·盖茨听到乔布斯的这个提议后，知道自己很有可能会从中获得巨大的利益，因此他立刻就接受了。不过，这件事却激怒了苹果公司因此而遭到解散的 BASIC 团队成员，同时也为微软在与苹果日后的对抗中取得了一定的优势。

微软和苹果暂时取得了不错的关系，准确地说，应是比尔·盖茨和乔布斯之间的关系还算不错。在他们两人达成秘密协议没多久，他们两人还曾一同前往行业分析师本·罗森在威斯康星州日内瓦湖举办的一次聚会。当时与会的众人，除了乔布斯二人外，没人知道苹果正在开发图形界面。虽然他们在会上也透漏了一点儿信息，但却没人相信，这让他们二人既得意又有些失落。从威斯康星州回来之后，比尔·盖茨就成了苹果公司的常客，甚至在苹果公司的每次聚餐晚宴上，都能看到他的身影，仿佛他就是苹果的一分子。

不过，好景不长，苹果和微软之间还是出现了一些不和谐的事情。当初，双方在协议中规定，将微软的一些应用程序，如 Excel、File 和 Chart 等在换上苹果的商标后，与苹果自己开发的软件 Mac Paint 和 Mac Write，一起预装在 Mac 电脑中，进行捆绑销售。刚开始的时候，比尔·盖茨觉得这个协议非常棒，因为这样一来他们就不用自己销售这些软件了，只要卖出去一台 Mac 电脑，每台电脑上的每个程序都能给他带去 10 美元的收入。不过，由于微软的一些软件程序没能按照乔布斯的要求按时完成。结果，乔布斯便决定不在 Mac 电脑中预装微软的软件。如此一来，微软就得自己动手将这些软件卖给消费者了。

刚开始的时候，比尔·盖茨并没有抱怨太多，因为他发现，乔布斯的这一决定看似损害到了微软的利益，实际却是给了微软赚到更多 Money（钱）的机会。后来，微软在将他们做出来的那些办公软件售卖给其他个人电脑开发商后果然大赚了一笔。不仅如此，微软在为其他操作平台的个人电脑开发出 Word 之后，就立即停止了 Mac 版 Word 软件的开发，这让苹果公司蒙受了不小的损失。

不过，让乔布斯更想不到的是，正是他当初这个取消捆绑的决定，竟使得微软和苹果正式走上了对立面。而微软更是利用与苹果合作的这段时间，掌握了一些图形界面的核心技术，开发出了 Windows 操作系统，并靠着其强大的软件开发能力，曾一度将苹果公司逼上了绝路。

强盗与小偷

"比尔就像是个'小偷儿'一样，没有一点儿廉耻之心，竟然完全盗用了我们的东西。"

——乔布斯

自与微软合作伊始，乔布斯就对微软有所防备，他可不想自己的图形用户界面被微软盗取，并借机开发出自己的操作界面。因为当时的微软已经开发出了 DOS 操作系统，并授权给了多家电脑公司使用。

当时，微软开发出来的 DOS 系统，采用的是极为老式的命令行界面，显得小而呆板，与 Mac 电脑那优美的图形界面相比，简直就是一个小乞丐和高贵的公主相比一般，乔布斯和其团队都很担心微软会抄袭 Mac 电脑的图形界面的技术。

如安迪·赫茨菲尔德就曾注意到，微软方面的负责人，曾就 Mac 电脑的操作系统的运作细节问了很多问题。后来，他将此事告诉乔布斯，并对他说微软有意抄袭 Mac。乔布斯深知这件事的重大，也非常担心微软的抄袭行为，但他又不想在自己的下属面前表现出来，只得强作镇定道："微软就算有了 Mac 作为范本，也开发不出像样的操作系统。"

实际上，比尔·盖茨确实有意于 Mac 电脑的图形界面，并看到了这种图形界面的未来。作为天才，他相信自己有能力也有权利像苹果一样，根据施乐 PARC 所开发的这种操作界面，开发出一款属于微软的图形界面。后来，盖茨也曾坦率地承认此事道："当时，我们也有这么想过，毕竟我们也见识过施乐 PARC 的成果，并对这种图形界面很感兴趣。"

　　双方之间虽然互有猜忌和防备，但研发工作还在继续。不过，有许多事情并不是有所防备就能避免得了的。如在刚开始的时候，乔布斯决定于1983 年 1 月发布 Mac 电脑。因此，苹果与微软在签订合同之初就曾规定：微软在一年之内不得将任何与图形界面有关的软件卖给其他公司。也就是说，在 1984 年 1 月之前，微软所开发出的一切与图形界面程序与软件只得与苹果合作。但不幸的是，苹果电脑非但没能按时发布，还延后了整整一年的时间。

　　很快，苹果公司所担心的事情就发生了。1983 年 11 月，比尔·盖茨对外宣布，微软准备为 IBM 开发的个人电脑研发一种类似于苹果图形界面的操作系统——Windows1.0。苹果公司对此虽然非常不满，但又无可奈何，因为苹果此前曾正式授权微软将相关的专利技术用于 Windows1.0 的研发。也就是说，微软此举完全在其权利范围内，这些都是他们在最初的合同中定下的条款，即便是起诉到法院，苹果也得不到什么好处。

　　随后，比尔·盖茨又趁热打铁，在纽约的赫尔姆斯利大饭店（Hebnsley Palace Hotel）召开了一次产品发布大会。紧接着，他又飞到"赌城"拉斯维加斯参加了一次计算机分销商展览会（COMDEX），并在会上做了一次激动人心的演讲，指出了图形界面对于计算机的发展将会"超级重要"，至于鼠标等硬件也将成为一台电脑的标准配置。

　　乔布斯对于比尔·盖茨的行为相当愤怒，可他一点办法都没有，因为他们之间的合同就要到期了。但乔布斯又怎么会善罢甘休？既然行为上不能阻止，那他只好借助于语言对其进行猛烈的抨击。因此，在盛怒之下，乔布斯对着负责向其他软件公司宣传苹果的迈克·贝尔奇吼道："马上把比尔给我叫过来。"

　　比尔·盖茨接到通知后，他知道乔布斯想要做什么。对此，他回忆道："我知道他叫我来是想冲我发脾气，但我并没有觉得我做错了什么，我们当时在做 Windows 操作系统，而且还将整个公司都押在了上面。"

　　后来，盖茨一个人来到了 Mac 团队的基地。虽然他很想和乔布斯坐下来好好讨论这个问题，但乔布斯似乎并不想给他这个机会。当时，他们是在乔布斯的会议室里见的面，而围在比尔·盖茨周围的人却有十多个，他们都想看看乔布斯将如何处理这件事。赫茨菲尔德对此回忆道："刚开始的时候，史蒂夫一直对着比尔大呼小叫，并对微软盗用我们的东西表达了强烈的不满。"不过，比尔·盖茨在最初的时候，就像是入定的高僧一般不发一言，只是冷静地坐在那里直视着史蒂夫的眼睛，待乔布斯停下来之后，他才反驳道："史蒂夫，我觉得我们可以换一种方式来看待这个问题。首先，我要明确地告诉你，Windows 可没有抄袭 Mac。我想你应该知道，我们两家其实都是从施乐那里偷学到的这种图形用户界面技术。既然你能进入到施乐的'房间'里偷走他们的'电视机'，那我为什么不能进去偷走里面的'音响'呢？"

听到比尔·盖茨的话后，乔布斯有些哑火了，他理解对方话中的意思，但他就是忍不住想要发火。好在，他之前的情绪虽然非常激动，但并没有突破自己的底线。因为，他清楚此刻的苹果和微软就像是一座山中的两只老虎，既然无法将对方彻底除掉，那就只能想办法同生共处。

在乔布斯发完火后，比尔·盖茨非常平静地向乔布斯演示了一下微软正在研发的 Windows 操作系统。对此，比尔·盖茨回忆道："我本以为史蒂夫会说：'你看，它真的违反了合同中的某些协议。'但他却没有，只是指着电脑屏幕说道：'哦，你们做的就是一堆狗屎。'"在绝大多数情况下，若是有人指着自己的作品说是"一堆狗屎"，相信很多人都会很不高兴的。但比尔·盖茨听后却很高兴，因为他知道若是乔布斯这样说话，那他就有机会让乔布斯暂时平静下来。所以，比尔·盖茨当时就回应道："你说的不错，但它却是一坨儿可爱的狗屎。"

对于比尔·盖茨的回答，乔布斯也不知道该如何作答了，他也没有想到对方竟会如此爽利地承认。沉默了一会儿之后，他又提议到外边转转，比尔·盖茨自然不会拒绝。他们在路上走了很长一段时间，而乔布斯也在思考了很久之后才对比尔·盖茨说道："就这样吧，只要你们做出来的东西别太像我们的东西就行了。"随后，他又要求微软要继续为 Mac 电脑编写应用程序。对于这样的结果，比尔·盖茨自然十分高兴，对于乔布斯的要求也一并答应了。

继乔布斯之后，苹果 CEO 斯卡利也曾找到比尔·盖茨，并威胁他若是不停止 Windows 的开发工作，就会将其告上法庭。对此，比尔·盖茨则以停止开发 Mac 版的 Word、Excel 等程序作为威胁，迫使斯卡利与之妥协，并与其签署了一份合同，同意微软可以在其研发的 Windows 系统中使用苹果的部分图形界面技术。当然了，此时的比尔·盖茨也不想彻底得罪苹果，他在同意继续为 Mac 电脑编写软件的基础上，还对苹果做出承诺，即在一段时间内，只有苹果电脑可以使用 Excel 软件，其他人都不会得到授权。

　　1985年秋，在Mac电脑发布一年半后，微软才正式推出了Windows1.0版操作系统。不过，它并不像Mac电脑上的图形界面那般完美，怎么看都是一套劣质的操作系统。比方说，Windows1.0界面上的图标都很古板，窗口四四方方地平铺在界面上，打开的时候一点儿平滑感都没有，更不具备Mac电脑所具有的重叠窗口功能。因此，Windows1.0在发布之初，就遭到了很多人的嘲讽。不过，比尔·盖茨可不是一个轻易服输的人，在他的领导下，他们化嘲讽为力量，不断地对Windows操作系统进行改进，从最初的Windows1.0，到后来的Windows95，再到现如今的WindowsXP、Windows7等，微软的操作系统几乎已经主宰了整个操作系统领域。

　　其实，乔布斯当初的愤怒之情是可以理解的。我们都知道，苹果公司一直都致力于创新，他们的产品都是精心设计出来的，哪怕是一个细节他们都会精益求精。可事实证明，拥有最好最富创新意识的产品并不一定会是最后的赢家。比方说微软，他们在刚开始的时候，虽然只做出了一系列粗糙的复制品，但它最后却赢得与苹果的操作系统之争。如自Windows1.0发布后，苹果便对微软开始了长达近十年的诉讼。但每次法院都以"Windows的操作系统虽然与苹果的很像，但却不是一个东西"为由，驳回苹果的诉讼请求。因此，在近十年的诉讼活动中，苹果一直都未打赢那场官司。

　　多年之后，乔布斯这个曾经的"海盗头子"对此依然耿耿于怀，甚至还曾公开宣称道："比尔就像是个'小偷儿'一样，没有一点儿廉耻之心，竟然完全盗用了我们的东西，他们根本就没有自己的见解，也不会在产品中注入更多的内容。当然，我对他们的成功并没有异议，也觉得大部分的成功都是他们应得的。但有一点却很难让我接受，那就是他们的成功，竟然全都是靠着从我们这里偷去的技术而做出来的三流的产品取得的。"

　　不过，令乔布斯更加没有想到的是，微软后来竟凭借着这些"三流"产品，将苹果给逼到了绝路之上，甚至还差一点儿让苹果公司成为历史。由此来看，我们就能理解乔布斯为什么会对比尔·盖茨如此恼恨了。

你可以赞美他们、反对他们、颂扬他们、质疑他们，但唯独不能漠视他们

对 IBM的不屑

"如果 IBM 不主动退出个人电脑市场的话，我们将会让它吃不了兜着走。"

——乔布斯

苹果与 IBM 的恩怨由来已久，如乔布斯在创业之初，就曾大胆地斥责 IBM 为计算机界的独裁者。之后，苹果公司推出的 Apple I 和 Apple II 虽然压了 IBM 一筹，但作为老牌计算机产业巨头，IBM 的底蕴并非是苹果这个刚成立不久的公司所能比拟的。

因此，1981 年 8 月底，经过几年的蛰伏，IBM 强势推出了他们的个人 PC，并引起了业界内的一阵惊慌。乔布斯也不例外，但他却没有表现出来，他只是让自己的团队去买了一台回来研究。结果，大家一致认为，IBM 公司推出的这款个人 PC 有着笨重而又硕大的机身，技术老套不说，还毫无创新意识，操作复杂（IBM PC 用的是命令行提示符），性能低下，总之就是一款非常糟糕的作品，根本就无法与苹果公司正处在研发状态中的丽萨电脑和 Mac 电脑相比。他们坚信，只要等到丽萨电脑或是 Mac 电脑问世之后，肯定能够灭掉 IBM 公司那嚣张的气焰。如 Mac 团队的克里

斯·埃斯皮诺萨在对其进行研究之后，就觉得它很失败，并对其评价为"性能低下，毫无创新"。

对于 IBM 刚刚上市的个人电脑，乔布斯只是把它当成了苹果电脑的配角，在他看来，只有苹果电脑才会是最后的赢家。为此，他在发表完那篇文章之后，还曾向 IBM 公开挑衅道："如果 IBM 不主动退出个人电脑市场的话，我们将会让它吃不了兜着走。"可是，随着事态的发展，最后吃不了兜着走的竟是苹果公司，而不是 IBM。

IBM 作为一个老牌电脑品牌，早已在公众中树立起了良好的声望，而这正是苹果这个新生代的公司所不具有的资源。因此，就在苹果公司对 IBM 的产品不屑之时，IBM 却凭借着其强大的品牌效应，迅速在个人电脑市场站稳了脚跟。到了 1981 年底，仅仅 4 个月的时间，他们就售出了近 5 万台个人电脑。1982 年，IBM 的个人电脑销量就达到了 24 万台，与 Apple Ⅱ 的 27.9 万台销量相差无几。直到这时，苹果公司才开始认真对待这件事情，并决定用 1983 年推向市场的丽萨计算机来抗衡 IBM 的个人电脑。

但是，丽萨电脑并没能成功地抢夺到 IBM 的潜在用户，其中的原因有很多，主要有三点：一是丽萨电脑的售价过高（9995 美元）；二是丽萨电脑的硬件设施不能与市场上的其他软件兼容，只能应用几款捆绑程序；三是丽萨电脑的芯片过于老旧，无法胜任所有的信息处理工作。此外，再加上 IBM 于 1982 年顺应了美国政府对其提出的反垄断指控，开放了 IBM 个人电脑的标准，并随之成了行业标准，使得惠普、戴尔、康柏等电脑制造商只能生产与 IBM 相兼容的电脑，而苹果公司却不愿意开放自己的技术标准。综上种种，即便是丽萨电脑的软件程序要比 IBM 的更加先进，其操作系统也要比 IBM 的 DOS 操作系统先进许多，人们还是愿意选择 IBM 而不是苹果。

因此，到了 1983 年时，IBM 个人电脑的销量就已经达到了惊人的 130 万台，占据了近 1/4 的个人电脑市场。而苹果公司只有 Apple Ⅱ 销售出去了 42 万台，至于同年发布的 Apple Ⅲ 和丽萨电脑都以失败而告终，其年销量竟然连 IBM 的 1/3 都不到，这让苹果公司再次感受到了 IBM 带给他们的压力。但木已成舟，他们只能将希望寄托在即将上市的 Mac 电脑上，并想借助于 Mac 电脑打个漂亮的翻身仗。

苹果寻找总裁

"我和苹果的关系永远不会断，我希望在自己的一生中，我个人的生命历程可以和苹果的发展交织在一起，就像那幅织锦一样。虽然我会有几年不在苹果，但我一定还会回来的。"

——乔布斯

1982 年秋，丽萨电脑已经准备好了在来年春天的发布活动。而且，根据前期的用户体验反馈，丽萨电脑有着不错的反响，这令苹果公司上下都颇受鼓舞。不仅如此，还有一件事情值得苹果公司的员工高兴，那就是 Apple Ⅱ 的订单非但没有因为要发布丽萨电脑而有所削减，甚至还有所增加。不过，在众人欣喜之余，还有一件事情急需解决，那就是关于公司 CEO 的人选。

作为苹果公司的三巨头之一，迈克·马库拉对于权力并不像乔布斯那样执着。他从来都没有想过要当苹果的 CEO，他只想靠自己所持有的苹果股票期权过着豪华的生活，驾驶着自己私人飞机到处游玩，而不是整日里为公司内的各种纠纷而头疼。但在他被迫赶走了迈克·斯科特后，不得不暂时坐到了苹果 CEO 的位置上。不过，他在上任之前就曾答应过自己的妻子，只要找到合适的人选，他会立即让出这个职位。

可是，到了 1982 年底，在近两年的时间里，马库拉一直都未找到合适的人选。此时，他的妻子便有些不耐烦了，甚至还给他下了最后通牒，让他马上为自己寻找一个接班人。在此期间，乔布斯虽然也曾想过由自己担任公司的 CEO，不过他还是有些自知之明的，至少他知道当时的自己并没有能力管理好苹果公司。而且，马库拉也觉得乔布斯现在还是有些不成熟，做事过于冲动，还不适合担任苹果的 CEO。因此，他们只得在苹果公司之外寻找合适的人选。

不过，这并不代表乔布斯没有想法。即便是他不能出任 CEO，他也希望找到一个能够默契配合自己，并能供他驱使的 CEO，那样才能保证他将自己关于产品和公司未来的想法，毫无障碍地贯彻到公司日常运营中。

在物色的所有人中，他们只看中了两个。其中，他们两人都很看好的人是 IBM 个人电脑项目的研发者和产品上市的负责人唐·埃斯特里奇。当年，苹果在推出 Apple Ⅱ 并大获成功之时，IBM 在慌张之中，于 1980 年从公司内挑选出了 12 名最为优秀的工程师研发 IBM 个人电脑，要求他们必须在一年后完成并上市。而在这 12 个人中，贡献最大的就是唐·埃斯特里奇，正是在他的带领下，IBM 在个人电脑的领域内才真正走向了成熟，拥有了与苹果公司在个人电脑市场上叫板的资格。

乔布斯和他的 Mac 团队虽然对 IBM 的个人电脑不屑一顾，但是乔布斯对于埃斯特里奇的才华却非常赞赏。在他的身上，乔布斯仿佛看到自己身上所特有的那种上进心和创造力，甚至连对方的那点儿叛逆也与自己十分相像。

为了能够拉埃斯特里奇入伙，乔布斯亲自飞到博卡拉顿找到埃斯特里奇，对他开出了 100 万美元的年薪以及 100 万美元的签约奖金。按照乔布斯的想法，如此丰厚的条件足以打动任何一个人。但是，埃斯特里奇却拒绝了乔布斯的邀请，而他拒绝的理由也很简单："我喜欢做海军，而不是当海盗。"

关于第二个人选，则是乔布斯看中的百事可乐前总裁约翰·斯卡利。早在 1977 年，在百事可乐被可口可乐打压得毫无还手之力时，正是在他的带领下，百事可乐公司才得以走出困境，破除了可口可乐的钳制，打了一个漂亮的翻身仗。不仅如此，在经过多次的接触之后，乔布斯还感觉到，斯卡利在管理方面确实有着其独到之处，而这一点正是他所欠缺的。若是能够请到斯卡利做苹果的 CEO，那么乔布斯也可以随时向他请教，补足自己的缺点，将自己培养成真正有资格管理苹果的人。所以，在众人（包括苹果其他董事及斯卡利在内）还在为此而犹豫的时候，他就认定了斯卡利就是苹果的 CEO。

不过，乔布斯显然还是有些一厢情愿了，他高估了自己与斯卡利之间的默契度和互补程度。作为职业经理人，斯卡利的管理水平虽然要胜过斯科特许多，但是他和斯科特一样，根本就不可能真正理解乔布斯关于个人电脑技术与苹果公司未来的构想。而乔布斯这个向来不喜欢按常规出牌的人，也不可能真正学会斯卡利那一套严谨、务实的思维方式，这也就为他们日后的冲突以及他被斯卡利逐出苹果公司，埋下了伏笔。

说服斯卡利

"你是想卖一辈子的糖水，还是想和我一起改变这个世界？"

——乔布斯

约翰·斯卡利，作为百事可乐公司的前任 CEO，他在未到苹果就任之前，有着辉煌的成绩。为此，有很多猎头公司都想来挖他的墙角，可他就像是铁板一样，任谁都挖不动。不过，1982 年底的一个电话改变了这一切。

打电话过来的人是他的好友杰里·罗奇，此人是纽约最著名的猎头之一。在接到这个老友的电话时，斯卡利就预感到了这个电话非同一般。因为以他和罗奇的关系，除非有着极具诱惑的条件，否则他是不会给自己打电话来挖墙脚的。

电话接通后，杰里·罗奇便开门见山道："约翰，想换换工作吗？"斯卡利则笑着回应道："罗奇，这么多年了，难道你还不了解我吗？百事就是我的一切，我对其他机会是不会感兴趣的。"电话那头响起了杰里·罗奇的声音："我当然了解你，不过，你也知道，若是没有绝好的机会，我是不会给你打电话的。尤其是今天我给你说的这个机会，你一定会为之心动的。"

听到杰里·罗奇的话后，斯卡利倒被提起了一丝兴趣，他想听听是到底什么样的机会竟能有着让自己离开百事可乐公司诱惑力。接着，杰里·罗奇便对斯卡利讲述了乔布斯、沃兹等人的传奇故事，并对他讲明了苹果公司已经为找到一个合适 CEO 而忙了好几个月了，希望斯卡利能够找个机会和那群才华横溢，却又个性十足的年轻人见上一面。

对于苹果公司，斯卡利还是了解一些的，因为他的办公桌就有一台Apple Ⅱ。他对这台灵巧、方便的机器非常喜欢。现在，他有这么一个机会，可以和发明 Apple Ⅱ 的年轻人接触，而且，对方还为他提供了一个CEO 的职位！即便是经历过无数风浪的斯卡利，在初听到这个消息的时候，也有些惊讶得说不出话来了。

斯卡利之前虽然从未想过要离开百事，但在听到杰里·罗奇的话后，他有些动摇了。经过一夜的思考后，第二天早上，他就给杰里·罗奇回了一个电话，表明他虽然对苹果这家公司很感兴趣，却不值得他拿自己的前途做赌注。不过，在杰里·罗奇的劝说下，他还是同意到硅谷一趟，与开发了 Apple II 的那群年轻人见上一面。

1982 年 12 月下旬，斯卡利来到了苹果位于库比蒂诺的总部。当时，负责接待他的是迈克·马库拉。在简短的会谈之后，马库拉便带着他来到乔布斯的办公室，这也是他和乔布斯的第一次会面。在见到乔布斯之前，关于乔布斯的事情，他就听说了很多，不过在真的见到乔布斯的时候，他还是有些吃惊。据斯卡利回忆道："史蒂夫的办公室就像是一个很大的活动中心，外面有很多人都站在办公室外等着进去，而办公室内的电话则响个不停。不过，最让我感到惊奇的是，引领人们进入个人电脑产业时代的乔布斯的办公室里竟然没有一台电脑，而只是四处散落着各种电子配件和包装。"

在见到斯卡利时，乔布斯也对其表示出了极大的兴趣，并非常热情地对他说道："我是史蒂夫·乔布斯，很高兴你能来到苹果。"对此，斯卡利则赶紧回应道："我必须让你知道，我来这儿并不是为了应聘那份工作。"乔布斯则答道："我明白，不过，能见到你，听你讲些市场营销中的经验，我就已经非常高兴了。"

中午，乔布斯等三人来到苹果公司附近的一家餐馆就餐。乔布斯和往常一样，点的依旧是素食主菜和水果沙拉。刚开始的时候，乔布斯只是坐在一旁听着马库拉和斯卡利的交谈，偶尔还会插上一两句话。后来，在斯卡利谈到 Apple II 给他带去的一些麻烦时，乔布斯才插言道："我们现在做的就是改变人们对于苹果电脑的使用方式。"随后，他才开始滔滔不绝地向斯卡利介绍有关 Apple II 的各种改进想法。在这次会面即将结束的时候，乔布斯还对斯卡利言道："我相信苹果公司在不久的将来会成为世界上最棒的电脑公司，远比 IBM 棒得多。"

乔布斯在第一次虽然没能留下斯卡利，但是却在斯卡利的心中埋下了一颗种子，只要时机成熟，这个颗种子就会发芽并长成参天大树，到时候所有的事情自会水到渠成。比方说斯卡利在返回纽约的飞机上，还在想着自己与乔布斯会面时的情景。虽然他当时还不想离开百事可乐公司，但他却对乔布斯和苹果公司产生了浓厚的兴趣。

1983 年 1 月，乔布斯等人带着丽萨电脑在纽约举行发布会。在发布会前夕，乔布斯第二次约见了斯卡利。当斯卡利来到乔布斯下榻的酒店房间内时，他看到了苹果公司的一群年轻人都聚集在乔布斯的房间内，那些人都是为即将发布的丽萨电脑做宣传的。乔布斯在看到斯卡利到来后，非常热情地和他打招呼道："嗨，约翰，你来啦！你看我们的丽萨棒极了，几乎每个见过它的人都喜欢上了它，你若不信的话，我现在就可以演示给你看。"说完之后，乔布斯也不待斯卡利回答，就迫不及待地打开了丽萨电脑，这也使得斯卡利成了除苹果公司员工以外，最早见过丽萨电脑图形用户界面（GUI）的少数人之一，而斯卡利也为丽萨电脑那改变人机互动的"革命性"和"不可思议"而震惊了。

此时的斯卡利已经有些相信了，没有哪家电脑公司比苹果更有激情和创造力了。即便他当时仍然没有做好离开百事可乐公司的准备，但与上个月的见面相比，他的内心已经承认了苹果公司。不仅如此，他还打定主意，假如自己在百事可乐公司不顺的话，他会选择到苹果工作的。

当天晚上，斯卡利和乔布斯等人聊了许久，内容既有市场营销方面的经验，也有其关于个人电脑的未来走向的看法等。据约翰·库奇回忆道："在谈话结束后，史蒂夫在回来的路上一直念叨着：'今天晚上真是太兴奋了。'"不仅乔布斯如此，斯卡利在回到家中之后，也因兴奋而难以入眠。对此，斯卡利回忆道："跟史蒂夫打交道要比跟装瓶工沟通有趣多了，在他的刺激下，我内心那蛰伏已久的激情已经有些蠢蠢欲动了。"

第二天早晨，约翰·罗奇给斯卡利打电话道："我并不想知道你和史蒂夫到底干了些什么，我现在只想告诉你，史蒂夫对昨晚的会面非常高兴。"不过，斯卡利依旧像之前一样，平静地告诉约翰·罗奇，他现在还不想离开百事可乐公司。在随后的一段时间里，乔布斯每隔两三天就会给斯卡利打一个电话，在电话中，他也不提让斯卡利到苹果就任 CEO 的事情，只是日常寒暄，这让斯卡利有些难以适应了。

不仅如此，在打了一段时间的"骚扰"电话后，乔布斯还在 1983 年 2 月的一个周末，亲自飞到了斯卡利位于纽约的家中拜访。在看到来访的乔布斯时，斯卡利已经意识到了什么，他便开门见山地问道："史蒂夫，你怎么想到来我家找我了？我对计算机一点儿都不懂，我想在 IBM 或是惠普会有更适合你们的人选吧？"乔布斯听后，也直截了当地说道："我们的公司是一家完全不同的公司，而我们想要做的是让每一个人都能拥有一台属于自己的苹果电脑。为了实现这个梦想，我们需要找一位擅长市场营销的 CEO，而你就是最佳的人选。"

当天下午，斯卡利驾车带着乔布斯来到了百事公司的总部进行了参观，在途经 IBM 总部大楼的时候，乔布斯被眼前那幢平庸得一塌糊涂的 IBM 办公大楼给惊呆了。在此之前，乔布斯一直觉得"蓝色巨人"作为科技大佬，其办公场所肯定也是惊世骇俗的，可是，眼前这幢毫无特色的办公大楼，改变了乔布斯对 IBM 以往的看法。随后，他还异常兴奋地对斯卡利说道："我要包一架波音飞机，让 Mac 部门的所有员工都来看看现实中的 IBM，到底是什么样的一家公司。"

在参观结束后，乔布斯依旧像个孩子一般兴奋，但斯卡利却有些高兴不起来了。当时的他既想到苹果去一展才华，但又不愿意离开百事可乐。虽然这两件事情非常矛盾，但是斯卡利对百事可乐有些感情的，于是他便对乔布斯说道："我们虽然已经是很好的朋友了，但我不得不遗憾地告诉你，我暂时还不想离开百事到苹果去上班。"乔布斯听后只是淡淡回应道："没关系，不过，我希望你能多考虑一下。"

在送走了乔布斯之后，斯卡利再次陷入到了去或留的纠结之中。因为，他的内心告诉他，他已经喜欢上了苹果，可他又无法说服自己离开百事，到一个自己完全不熟悉的领域去打拼。为了彻底解决这个问题，他决定再到库比蒂诺与乔布斯见上一面。

在第二次来到苹果总部的时候，斯卡利见到了外形酷似一台小电视机的 Mac 电脑。它不但有着被乔布斯称之为"革命性"的图形界面，还有着简洁的外观设计和排布整齐的主板。当 Mac 团队的工程师们向他演示 Mac 电脑的一些程序时，斯卡利就觉得自己好像穿越到了未来一般，所有技术既让他感到新鲜，又让他感到热血沸腾，现在的他更是不知道该在百事和苹果两者间作何选择了。

当斯卡利带着纠结的心情回到纽约后，乔布斯可不打算给他喘气的机会。正所谓打铁要趁热，乔布斯既然认定了斯卡利就是苹果的 CEO，现在这么好的机会，他又怎会放过呢？三月下旬，乔布斯再次飞抵纽约，约见了斯卡利。两人刚一见面，乔布斯便问道："你考虑得怎么样了？我真的很想让你过来，那样我就能从你身上学到很多东西了。"面对着乔布斯如此赤裸裸的表白，斯卡利既高兴又无奈地说道："在我看到你们所做的一切的时候，我真的非常兴奋，因为你们真的在改变这个世界，但我现在还没有考虑好，请你再给我一点时间。"

对于斯卡利的提议，乔布斯并没有反对，只是让他和自己出去转转。当他们漫步在中央公园的小路上时，他们两人聊了很多，既有电脑设计、研发方面的问题，也有企业管理方面的经验，甚至他们还拿百事和苹果两家公司进行了比较。

在散步即将结束时，乔布斯突然话锋一转，问道："约翰，你考虑得怎么样了，我现在就需要你回答我。"对于乔布斯的"咄咄逼人"，斯卡利在做了一番思想斗争后无奈道："史蒂夫，你是我遇到的最好的人，虽然我很想为你提供一切有可能的帮助，但我却不想去苹果工作，我还是待在百事吧！"

在斯卡利说完之后，乔布斯便咬着牙，低下了头，凝视着地面，一言不发。在这短暂的平静中，周围的气氛突然变得沉闷起来，好在这段时间并没有持续多久。因为，正当斯卡利因此而感觉到不舒服时，乔布斯忽然抬起了头，直视着斯卡利，并说出了那句让他终生难忘的一句话："你是想卖一辈子的糖水，还是想和我一起改变这个世界？"

听到乔布斯的话后，斯卡利忽然有一种如梦方醒的感觉。的确，他到底想要的是什么？是选择改变世界的机会，还是继续选择平庸下去？其实，这道选择题并不难做，尤其是在乔布斯如此有诚意的邀请下，他更是无法拒绝。后来，斯卡利对此回忆道："史蒂夫有一种非凡的能力，他可以得到他想要的一切。而经过和他4个月的接触以后，那是我第一次感觉到自己无法对他说'不'。"所以，他最后答应了和乔布斯一起来到硅谷，一起致力于他们改变世界的梦想。

来自百事可乐的 CEO

"你是唯一一个能够理解我的人。"

——乔布斯

1983 年 3 月底，苹果召开董事会，商讨任命约翰·斯卡利为 CEO 的事宜。4 月初，这个来自于百事可乐的总裁，为了乔布斯当初的那句"卖糖水还是改变世界"的话，开始了他在苹果长达 10 年的 CEO 生涯。

苹果公司对他开出的条件还是非常丰厚的，年薪 100 万美元，加入苹果公司后，还有 100 万美元的奖金。此外，若是其业绩出色，还有价值 100 万美元 DE 苹果股票期权，并允许其以低息贷款购买一座价值不超过 200 万美元的房子。仅仅几天时间，他就从百事可乐公司的总裁，摇身一变成了"硅谷"年薪最高的 CEO。但是，让他没有想到的是，他的到来，并没有给苹果公司带去多久的和谐，而是加剧了苹果创始人与 CEO 之间矛盾的深化。

在马库拉向苹果全体公司员工宣布约翰·斯卡利出任苹果公司总裁后，斯卡利发表了一次就职演讲，他说道："有很多人都想知道我为什么要来苹果公司当 CEO，其实，原因很简单，即在这里我可以和史蒂夫一起工作。在我看来，他是一个真正伟大的人，现在他给了我一个帮助他的机会，这让我想想都够兴奋。"

斯卡利在离开纽约的家来到苹果公司总部时，他虽然知道苹果公司对于员工的着装并没有十分严格的要求，但他还是从纽约的家中带了几套西服过来，他暂时还很难适应苹果公司那种轻松的氛围。

不过，斯卡利还是比较幸运的。到了 6 月份时，上任仅有两个月的斯卡利，就让苹果公司的股票从之前的 36 美元一路飙升到了 63 美元，为苹果公司新造就了不少的百万富翁。在很多人都将这一成就赋予苹果的新 CEO 斯卡利时，苹果公司的员工却不这么认为。因为，他们清楚，苹果取得如此好的业绩，应主要归功于当时的个人电脑的发展呈井喷式爆发，几乎所有的电脑产品都供不应求，所以，苹果的销售业绩才会得到大幅度的提升。不过，帮助苹果公司取得如此业绩的，并非是被他们寄寓了厚望的丽萨电脑，而是经过升级改版后的 Apple II 。

对于"丽萨"电脑的销售前景，斯卡利虽然刚到苹果公司，可他一点都不乐观，甚至他还预感到了丽萨电脑的下场将会和 Apple III 一样。其中，高达近 1 万美元的售价只是其销量不好的主要原因之一。最重要的是，它的软件都是内置捆绑的，而且还非常的少，并不像仅售 3000 美元的 IBM PC 那样，可以支持多种微软发布的实用软件，丽萨根本就满足不了人们的需求。因此，假如你是消费者的话，你会选择哪个？

斯卡利的担忧很快就变成了现实，苹果公司的股票价格上扬的趋势并没有维持多久就暴跌了下来。1983 年 9 月，斯卡利向公众公布了"丽萨"电脑远未达到预期销售目标的事实，并指出这将使苹果公司在接下来的第 4 季度处于亏损状态。此消息一出，就像是瘟疫一般，迅速蔓延了整个股市，苹果公司的股票价格也从每股 63 美元一路暴跌至 21 美元每股，乔布斯则因此而损失了近 2.5 亿美元的资产。

斯卡利来到苹果公司没有多久，就和乔布斯成了无话不谈的好朋友。当时，他们每天都会聊很久。而且，乔布斯每次跟斯卡利探讨一些问题的时候，都会说"你是唯一一个能够理解我的人"。为此，他们只需将话说到一半，对方就能说出对方没讲完的话。有的时候，乔布斯还会在凌晨打电话给斯卡利，告诉对方自己突然想出来的一个主意，这让斯卡利觉得乔布斯和他很像。

不过，斯卡利在管理的风格上与斯科特还是比较相像的，很多事情他都比较谨慎。因此，他一直在努力地寻找着自己与乔布斯之间的共同点。但是，随着他们二人关系的不断发展，乔布斯很快就意识到了他们两人并非是真正的志趣相投，而他们的这种相处方式，早晚都会酿成灾难的。乔布斯对此回忆道："在约翰来到苹果的几个月之后，我就意识到了我和他的世界观、人生观以及价值观等都不相同。"

在发现这个问题后，乔布斯便不断将一些优点强加在斯卡利的身上，让他觉得跟自己很像，并试图以此来操控斯卡利的思想和行为。作为旁观者，Mac 团队的很多人都清楚乔布斯和斯卡利之间早晚都会爆发一场大战，只不过他们都没有预料到结果竟是那样的残酷。如乔安娜·霍夫曼曾对此回忆道："史蒂夫把许多优点都加在了斯卡利的身上，让斯卡利觉得自己很杰出。就这样，斯卡利被冲昏了头脑，同时也让他对史蒂夫更加着迷。不过，随着事情变得越来越明显，而斯卡利也意识到自己并没有那些优点的时候，他们之间的战争终于爆发了。"

偏执、偏私与偏狂

"我决定在丽萨团队在与 Mac 团队合并后，所有高层的职位都将由 Mac 团队中的人担任。而且，我还会裁掉你们中的一部分人，只留下一流的员工。"

——乔布斯

在加入苹果后，斯卡利最初的热情便随着时间的推移而慢慢淡了下来。此时的他才注意到，苹果的内部竟是一团混乱。虽然他有能力将苹果公司治理好，可他总想着如何兼顾到所有人，所以他对每一个人都很有礼貌。但乔布斯却不行，他只会对天才和最完美的产品感兴趣。

在相处了一段时间之后，斯卡利才注意到，乔布斯有着偏执的性格，多疑、敏感、自负、粗鲁。有的时候，他在知道自己做错的情况下，也不会低头认错，甚至还会埋怨别人。如有一天，Mac 团队的成员将一组写好的代码拿给乔布斯看，他连看都没看，就将对方写好的代码扔了回去，要他们重做。当时，斯卡利就坐在旁边，他看到乔布斯的举动后，便问他道："你怎么连看都不看，就把他的成果给否定了呢？"对此，乔布斯则回答道："我相信他能做出更好的东西，而不是眼前的这个垃圾程序。"对此，斯卡利也曾试着对他说道："史蒂夫，你得学会控制自己的情绪。"对于斯卡利善意的提醒，乔布斯表示愿意接受。

虽然乔布斯的性格有些让人难以接受，但他同时还有着超强的感染力及人格魅力，为此也有不少人被他蒙蔽了双眼，心甘情愿地接受他的指派，哪怕明知是错误的，他们也会欣然接受。没过多久，斯卡利就发现了这个问题，他觉得乔布斯这样做是在拿公司的前途做赌注。他希望乔布斯能够听从他的意见，但他却没有意识到，乔布斯根本就不会与他人分享控制权，所以，他一直都未能取得成功。

如苹果公司在 1984 年 10 月举行的那次经营战略会议上，乔布斯就在所有的公司高层面前，显露出了其对权力的渴望。在谈到下一年度各部门的预算时，他向大家提出了一个建议，即苹果内部每个单独的部门，例如 Mac 团队、Apple II 团队等，都应单独核算，独自支配自己所创造的利润，而不是将这些利润都划归为整个公司的一部分，然后再做分配。

在乔布斯提出这个建议后，大家都觉得乔布斯实在是太幼稚了。苹果各部门创造的利润肯定会有所不同，但是这种不同应当体现在奖励机制中，而非是在各部门的财务预算中。否则的话，公司内的个部门之间肯定会相互倾轧，势如水火，后果将不堪设想。可是，乔布斯根本就没有意识到其中的利害关系，甚至还在大家沉默的时候，用上了他最擅长的演讲技巧，向众人介绍起了这种方法的优点。

当时在场的所有公司高层，除了乔布斯外，所有人都不赞同这个建议。但是，他们在看到乔布斯那夸张的语言和手势面前，又没人敢站出来阻止他。后来，大家都将目光集中在了斯卡利的身上，希望这个 CEO 能够站出来，让乔布斯结束他那卑劣的表演。可是，斯卡利却让大家失望了。他虽然知道乔布斯需要约束和培养，但是碍于他和乔布斯的关系，他选择了沉默和容忍。对此，斯卡利回忆道："大家都想让我掌控局面，以便让史蒂夫闭嘴，可我没有那么做。大家都不理解我，甚至在散会之后，他们还纷纷向我抱怨'为什么不让他闭嘴'，听到大家这么问，我觉得很无奈。"

在斯卡利刚来苹果的时候，他和乔布斯的关系还算融洽。但在几个月后，他和乔布斯之间就因为给即将上市的 Mac 电脑定价而闹了一次矛盾，这也是他们之间的第一次意见不合。

斯卡利虽然和乔布斯闹过一点儿矛盾，但这并未让他做出削弱乔布斯权力的事情，甚至还给了他更多的控制权，因为他知道乔布斯想要什么。如在丽萨电脑彻底失败后，斯卡利决定将丽萨团队和 Mac 团队合并，然后再交由乔布斯管理，这个消息着实让乔布斯高兴了一阵子。但是，随着自身权力的膨胀，乔布斯却未因此而变得更加成熟一些，反而体现出了其偏私的一面。如他在面对丽萨团队的成员时，曾冷酷地说道："你们失败了，因为你们只是一个二流团队，成员的能力也只是二流的层次。因此，我决定在丽萨团队在与 Mac 团队合并后，所有高层的职位都将由 Mac 团队中的人担任。而且，我还会裁掉你们中的一部分人，只留下一流的员工。"

对于乔布斯的这一做法，很多人都表示了不满，即便是乔布斯最为倚重的比尔·阿特金森也跳了出来，指责乔布斯的不是。他觉得乔布斯这种处理方式不仅冷酷无情，而且还极不公平。在他看来，被裁掉的那些人都是杰出的工程师。但乔布斯却告诉他："如果你想要组建一个一流的团队，就得狠下心来。若是我吸收了其中的几名二流成员，他们就会为我们招来更多二流队员，到那时候，我们的团队恐怕就会变成三流团队了，这绝不是我想要的结果。"在这段话中，乔布斯已经流露出了他想要完全掌控整个苹果公司的企图，但这也预示着他在苹果公司的好日子已经不多了。

乔布斯对于权力有着近乎偏狂的追求，他很享受那种将一切控制在自己手中的感觉。如苹果公司为生产 Mac 电脑而在弗雷蒙建造的工厂落成后投入使用时，他就要求工人们将制造出来的 Mac 电脑都涂上明亮的颜色。但是，由于生产总监马特·卡特因嫌选择颜色太浪费时间了，所以他便为 Mac 电脑选用了初定的米色。可是，乔布斯在知道这件事后，立即赶到了弗雷蒙的工厂，并命人将那些已经喷好的电脑重新喷刷成了自己喜欢的颜色。马特·卡特对于乔布斯的一意孤行非常气愤，最后还因此而辞了职。

在马特·卡特离开苹果后，乔布斯便任命自己的"亲信"，即 Mac 团队的财务主管黛比·科尔曼接任卡特的职位。科尔曼虽曾对抗过乔布斯，但她却知道在何时需要迎合乔布斯的奇想。如在科尔曼上任后，苹果的艺术总监克莱门特·莫克找到科尔曼，并对她说："史蒂夫让你把工厂里的墙面都刷成白色的。"科尔曼虽然觉得白色的墙壁很容易脏，但她还是照做了。

乔布斯的美好愿望并未能实现，因为在 1984 年 7 月份的时候，Mac 电脑的销售额要比前一个月少了许多。刚开始的时候，乔布斯还不相信这个事实，他觉得这是夏天经济萎靡的一种表现。但是，到了 8 月份的时候，这种情况还在恶化，此时的他才开始紧张起来。其实，造成这一后果的原因很简单，当初在设计 Mac 电脑的时候，乔布斯完全忽略了用户的感想。他不知道大多数人在买电脑时，并不在乎它美不美观，关键在于是否实用。

由于乔布斯当时的偏执，才造成了如今的局面，为此，苹果的高层生出了不少对他的怨恨之声。虽然乔布斯和公司的其他高层也在为 Mac 电脑的行情大跌而焦虑万分，但又都无可奈何。至于斯卡利，由于乔布斯这座大山横亘在前，也就无法有效地控制住公司的局面，整个苹果公司都陷入到了一片混乱之中。

连遭败绩

"无论是现在还是将来，技术都能够让全世界的人获得更加紧密的联系。任何事物都有它的弊端，都会带来意想不到的后果。"

——乔布斯

自 1980 年开始，苹果公司似乎就将陷入到了某种困境之中。先是 Apple Ⅲ 的失败，接着便是 1983 年推出的丽萨电脑在销售市场上的败北，还有就是噱头十足的 Mac 电脑，最终也惨淡收场。若是仔细分析一下的话，人们很快就会发现，这一连串的败绩都与一个人有关，即乔布斯。我们这样说，也许对乔布斯有些不公平，但事实就是如此。

苹果公司在 1980 年 5 月，为 Apple Ⅲ 召开过发布会后，曾承诺于当年 7 月正式推出 Apple Ⅲ。可是，到了 7 月末，他们也没能解决掉生产方面的问题。直到 8 月中旬，才开始生产 Apple Ⅲ，但其推出计划只得向后推移至 11 月底。与 Apple Ⅰ 和 Apple Ⅱ 不同的是，Apple Ⅲ 是乔布斯组织人手研发的，所有的设计都是按照他的个人意愿进行的。因此，在 Apple Ⅲ 研发出来后，就有人指出，Apple Ⅲ 存在着一些隐患。对此，乔布斯根本就不加以理会，还一意孤行地在当年 11 月底正式推出了 Apple Ⅲ。

没过多久，从苹果发出去的首批 Apple Ⅲ 就出现了问题，这一次主要是 Apple Ⅲ 内置的时钟/日历功能出现了问题，为了解决这一问题，苹果公司决定去掉时钟芯片，并对 Apple Ⅲ 降价 50 美元销售。然而，事情并未就此结束。首批运往分销商处的 Apple Ⅲ，在到达目的地后，竟有五分之一都因电脑芯片从插槽中松动或掉了出来而坏掉了。即便是没有坏掉的，在用了一段时间之后，也会经常出现故障，而其中的主要原因就是因为乔布斯坚决主张 Apple Ⅲ 不使用风扇而引起的（在设计 Mac 时他也提出了同样的设计要求），他觉得只需在机箱内部装上铝质的底盘就能导热，可事实上并非如此。

出于对公司声誉的考虑，苹果并没有刻意隐瞒这个问题。马库拉还于 1981 年 4 月在《华尔街日报》刊登了一则消息，称："如果我非要说 Apple Ⅲ 是一台完美无缺的产品，那肯定是我在撒谎。"随后，苹果便制定出一套慷慨的赔付政策，即无条件现场用改进后的 Apple Ⅲ s 为客户更换坏掉的 Apple Ⅲ。但是，让人有些感到沮丧的是，很少有人能够换到新的 Apple Ⅲ s。

不仅如此，Apple Ⅲ 的售价高昂，虽然其在 1983 年的 12 月推出了改善后的升级型，并随之将其售价从 4190 美元降价到 3495 美元进行促销，但仍无法改变 Apple Ⅲ 在个人电脑市场中的劣势。而这也是 IBM 于 1981 年以低价推出 IBM PC 及其兼容机后，便迅速席卷了个人电脑市场的主要原因。到了 1983 年 12 月底，Apple Ⅲ 只销售出了 75000 台，这与 Apple Ⅱ 的 130 万台销量相比，简直是太少了。到了 1984 年 4 月，苹果突然停止了该产品线的生产，他们在为此而损失掉 6000 多万美元后，Apple Ⅲ 这款失败的产品，也悄然地从苹果公司的产品清单上消失了，退出了个人电脑的竞争行列。

接着再看丽萨电脑，无论是在设计方面还是在功能方面都要比 Apple Ⅲ 强上许多，但其结局却和 Apple Ⅲ 差不多。作为一款具有划时代意义的电脑，可以说没有丽萨电脑就没有后来的 Mac 电脑，但就是这款有着 16 位的 CPU、滑鼠、硬盘、友好的图形用户界面、多任务的操作系统以及随机捆绑的 7 个商用软件，这样的电脑最后却同样步了 Apple Ⅲ 的后尘，甚至连 Apple Ⅲ 都不如。

丽萨电脑在 1983 年 1 月以 9995 美元上市的时候，虽然也惊起了不少人的关注，但是真正订购的人却很少。过于昂贵的价格只是其失败的一个原因，缺少软件开发商的支持才是其失败的主要原因。苹果本想以此扭转其在个人电脑市场上的劣势，结果却再次失去了获取更多市场份额的机会。1983 年 9 月，在丽萨电脑上市 8 个月后，苹果 CEO 斯卡利就对外公布了"丽萨"电脑远未达到预期的销售目标，而这也使得苹果公司在接下来的第 4 季度处于亏损状态。此一消息放出之后，苹果的股票价格立刻从最初的 63 美元每股暴跌至 21 美元每股。为此，乔布斯还损失了近 2.5 亿美元的资产。到了 1986 年，苹果对外宣布停产丽萨电脑，至于他们未能销售出去的，则都被他们埋在了犹他州的垃圾堆中。

在 Apple Ⅲ 和丽萨电脑连续冲击 IBM PC 未果后，苹果公司将最后的希望寄托在了 Mac 电脑之上。但是，Mac 电脑也同样失败了，这并不是说 Mac 电脑不具有革命性和创新性，而是因为乔布斯的专断所造成的。

在 Mac 电脑的研发组中，并不缺乏头脑清醒的人。比方说从施乐挖来的科学家阿兰·凯，他通过仔细分析，很快就发现 Mac 存在着一个非常致命的问题，即电脑的内存不足。在发现这一问题后，他立刻给斯卡利留了张便条，上面写道："Mac 的设计非常好，但其内存严重不足，这就在很大程度上制约了人们在 Mac 上软件开发。此外，与 IBM PC 相比，Mac 电脑非但不与 IBM PC 机兼容，与办公相对应的软件也很少。这种情况，对于 Mac 电脑的销售前景极为不利。"

不过，斯卡利在看到那张便条之后，却没有立即找乔布斯谈话，因为他觉得，现在为 Mac 电脑解决市场和销售问题才是当务之急，至于改进 Mac 电脑的软件或硬件并没有那么重要。此外，乔布斯在 Mac 电脑还在研发期时就已经发现这个问题了，可他总是一副满不在乎的样子，根本不把这当成一回事儿，所以阿兰·凯才会做出直接告知斯卡利的举动。

　　与此同时，苹果销售部门的负责人也找到了斯卡利，向他反映 Mac 电脑在营销上存在的隐患，即 Mac 电脑与 Apple II 不同，它不支持其他扩展设备，这也就掐断了公司利润的一个主要来源。因此，有许多经销商后来在卖个人电脑的时候，都会将美观、时尚的 Mac 电脑摆在最显眼的地方，当顾客来到店中之后，他们就会向对方推销更便宜、兼容性更强的 IBM PC，而不是吸引顾客眼球的 Mac 电脑。

　　Mac 电脑在发布之初，确实引发了一阵购机热潮，但是那是当时由于市场上供小于求所致。到了 1984 年下半年，当这种情况逐渐淡去之后，Mac 电脑的销量便急速下滑。这个时候，外表美观但运行缓慢、内存不足的 Mac 电脑，即便是苹果公司再怎么宣传，也无法掩盖其缺点，扭转其销量下滑的局面。如 IBM PC 采用的界面虽然是呆板的命令行，电脑屏幕上显示的一个字符只占用半个字节，128K 的内存足够用了。但 Mac 电脑因采用了图形用户界面，且内置了优雅的字体，这就使得每个字符所占用的内存就达到了 10 到 15 个字节，因而只有 128K 内存的 Mac 电脑在运行的时候相当缓慢。也就是说，苹果本想以华丽的界面为卖点，没想到这种友好的图形界面竟成了 Mac 电脑最大的缺陷之一。

　　Mac 电脑存在另一个大问题是没有内置硬盘驱动。在 Mac 电脑还处在研发阶段的时候，乔安娜·霍夫曼就曾建议乔布什使用内置硬盘作为 Mac 电脑的存储设备，因为在 Mac 电脑上只有一个软盘驱动器，对于那些需要经常复制数据的人来说，是件很麻烦的事，因为他们需要不停地装卸软盘。不过，霍夫曼的这个建议虽好，却被乔布斯给直接否决掉了。还有就是我们在前面提到过的，在 Mac 的主机中并没有安装风扇。乔布斯总觉得在为 Mac 电脑装上风扇后，会增大电脑的噪音。结果，在没有风扇散热的情况下，Mac 电脑故障频生，为此还得了一个"米黄色烤面包机"的绰号。

　　几个月后，当人们意识到 Mac 电脑所存在种种缺陷时，其销量便开始逐渐减少。到了 1984 年底的时候，Mac 电脑的月销量已经跌至 10000 台以下了，而比它早发布一年的丽萨电脑的月销量几乎为零。在这种情况下，乔布斯又做出了一个非常不明智的决定。他在库存的丽萨电脑上面安装了 Mac 电脑的仿真程序后，就以"MacXL"命名，将其作为新产品推向了市场。对于乔布斯的行为，很多人都觉得有些反常，因为他一向都以追求完美为目标，这次怎么会做出这么草率的决定？其中，反应最激烈的是乔安娜·霍夫曼，她对乔布斯口中的这个"新产品"很是不满，她在后来回忆道："我当时非常生气，因为它根本不是什么MacXL，他那样做只是为了将库存的丽萨电脑卖出去。虽然刚开始的时候卖得很好，但我们最终不得不结束这个骗局，否则我们就会失去顾客的信任，后来我还因为这件事情而辞职了。"

在乔布斯改进丽萨电脑的时候，还有一件事情令乔布斯头疼不已。由于丽萨电脑已经停产，丽萨团队也就没有继续存在下去的必要了。于是，乔布斯就在斯卡利的支持下对丽萨团队与Mac团队进行了整合。刚开始的时候虽然也发生了一点儿小插曲，但影响不大。可是，当Mac团队的成员在与丽萨的成员混熟，并了解到他们在丽萨团队时的薪资情况时，很多人都对乔布斯失去了应有的信任，这让乔布斯备受打击。如在原丽萨团队中，一个普通的工程师每年可以拿到5万多美元的薪水，而在Mac团队里，除了赫茨菲尔德和伯勒尔外，其他人每年只能拿到1万~2万美元。因此，当Mac团队的员工在知道这件事后，迅速失去了工作积极性。再加上乔布斯还一直在他们的身后，鼓动他们不分昼夜地为他工作，这更让他们对乔布斯怨恨不已。

苹果公司的一位经理曾在一份备忘录中写道："Mac团队的员工都觉得史蒂夫在利用他们，他们为史蒂夫和Mac电脑的上市拼尽了全力，可是竟然工资比其他人都低，这让他们觉得自己受到了欺骗。这件事让史蒂夫彻底失去了人们的信任，这种信任再也没能恢复。"

无论是在新产品的销售上，还是在公司的管理上，自1980年5月至1985年1月，乔布斯似乎一直都未成功过。如在产品销售上，Apple Ⅲ、丽萨电脑、Mac电脑相继败北，再加上IBM与微软的围堵，乔布斯陷入到了进退两难的地步；而在管理上，他同样交了一份很烂的答卷，先是被丽萨团队驱逐，后又因薪资事件而失去了员工对其的信任。后来，他还被自己倍加信任的斯卡利给扫地出门，彻底赶出了苹果公司。可以说，乔布斯这一连串的失败，都是在所难免的。

有时候生活会给你当头一棒，但不要灰心。坚信自己不断前行的唯一力量就是我热爱做的一切

暴戾、敏感、彷徨

"你们要么将这些设计草案全都交给苹果公司，要么就将它们全部撕毁。"

——乔布斯

1984年10月，Mac电脑的销售业绩在连续下滑了几个月后，苹果公司一年一度的销售大会在夏威夷召开。乔布斯觉得可以借助这次大会，给公司的销售人员鼓劲加油，让他们将所有的精力全都用在产品的销售上，以便摆脱公司目前的困境。

不过，苹果的销售人员可不这么认为，他们来到夏威夷只是想尽情玩耍，为此很多人都在那里狂欢了一周。苹果的高层虽然也召开了几次会议，但却收效甚微。因此，当这次大会结束后，众人回到苹果总部库比提诺时，脸上都带着几分焦虑。

随着Mac电脑销量的不断下滑，苹果内部积压的矛盾也相继暴露了出来，甚至还有不少人都对乔布斯的粗暴和越权管理表达了不满。如在一次经理大会上，就有不少人对公司的管理现状表达了不满，纷纷发表言论道："到底是谁在管理着公司？若是斯卡利的话，那乔布斯为什么总会跳出来，对着我们指手画脚呢？"

与此同时，Mac 团队内的几个人也跑来向斯卡利抱怨道："史蒂夫在部门内乱指挥。"按照乔布斯最初的设想，Mac 团队内的总人数不会超过 100 人，可是到了 1984 年底的时候，整个 Mac 团队已经有了数百人，但效率却要比之前低了许多。而乔布斯那种朝令夕改的老毛病，在这个臃肿的团队中更是突出，这让很多人都难以接受。

斯卡利在听到这些人的抱怨后，也曾多次找过乔布斯，并对他说道："你应当将精力都集中在 Mac 电脑上，而不是什么人、什么事都管。如果你再这样下去，我们就没办法再在一起做事了。"对此，乔布斯总是对他说道："约翰，不用担心，我知道我们在做什么。你要保持镇静，请相信我，我选择的道路都是正确的。"对于乔布斯的话，斯卡利很是有些无奈。他觉得自己和乔布斯之间的意见相同的地方越来越少了，而乔布斯在做一些事情的时候，也不再和斯卡利商量了，苹果上下一片混乱。

此时的斯卡利觉得，必须得约束一下乔布斯的行为了。于是，他找来乔布斯说道："史蒂夫，我想和你谈谈。你知道没人可以像我这样崇拜你的远见和才华。为此，我甚至不惜辞去了之前那份喜爱的工作而来和你一起奋斗。在过去两年里，我们成了最好的朋友。但是现在，我们之间好像出了一些问题，我觉得再这样下去，肯定不利于公司的发展，尤其是我对你目前管理 Mac 团队的方式已经彻底失去了信心。所以，现在我有两个办法可以帮助公司渡过眼前的难关，一是你想办法做出一些改变，二是对公司的管理层作出改变。我希望你能好好考虑一下。"

对于斯卡利的话，乔布斯有些惊讶，这可是斯卡利第一次对乔布斯说这样的话。他有些不高兴地回答道："哦？难道你就不能多花一点儿时间，指点我该怎么做吗？"斯卡利在听到乔布斯的话后，也有些内疚。在最近的几个月里，他确实没有抽出多少时间对乔布斯的管理多做指导和培养。可是，这与苹果当前的现状并无多大关联。因为，他现在最先要解决的是如何制止乔布斯对公司内部管理秩序的破坏行为。

在做了一番思想斗争后，斯卡利终于咬紧牙关说道："史蒂夫，我想将这件事提交到董事会上，并建议董事会撤除你 Mac 部门经理的职位，这样也好让你专心于董事会主席的事务，多关注一下未来的新技术或是新产品。不过，在通知董事会之前，我觉得有必要先让你知道此事。"

听完斯卡利的话后，乔布斯更加吃惊了。随后，被激怒的乔布斯突然从座位上跳起来，指着斯卡利怒吼道："我真的不敢相信，曾经我是那么信任你，可你现在竟然这样对我。你知不知道，如果你真这样做了，肯定会毁掉整个公司的。因为，只有我才是最了解公司产品以及运营方式的人。而你只是懂得一点点而已，还有很多东西你都不懂。"

面对着暴跳如雷的乔布斯，斯卡利颇为平静地说道："史蒂夫，你已经在错误的道路上走了很远了，早就偏离了一个管理者所应该做的。假如我继续纵容你的行为的话，那我们就不再会有新产品发布，更不会取得任何新的成功，希望你能明白我的苦心。"乔布斯不敢相信，几个月前那个还很配合自己工作的好搭档，为什么在几个月后，竟变成了无法与自己共存的对立者了。一时之间，乔布斯陷入到了彷徨当中。

不过，乔布斯并没有彷徨多久，因为苹果公司的情况越来越糟了。正在众人都为此而担忧的时候，他却变得越来越兴奋，甚至还跟别人说，只有他才能让公司摆脱现状，就像是个救世主一样。为此，他还想出了一条"绝妙"的主意，即寻找一家大型公司合作经营，那样就能快速解决掉公司当前的困境。为了证明自己是对的，乔布斯便开始为此而奔波起来，他曾积极地与美国电话电报、通用电气等公司联系，希望取得他们的帮助，但都没能成功。

后来，在碰了许多钉子之后，乔布斯找到了通用汽车公司的 CEO 罗杰·史密斯，他不仅热情地邀请史密斯一同参观 Mac 电脑的生产部门，还建议通用汽车公司与苹果公司进行发展战略联合。对于乔布斯的这些提议，史密斯虽然有些心动，但他并未表现出来，只是淡淡地回答道："我对计算机了解得很少，不过，我可以派一名公司的董事前往贵公司，与你们商讨合作的事宜。"随后，罗斯·佩罗特被指派到苹果进行商讨合作的事宜，此人与乔布斯虽然很谈得来，但他一直未能发现他们两家公司在哪个地方可以合作。所以，他很快就离开了苹果公司，此事自然也就不了了之。

眼看在国内寻求合作无望，乔布斯便将其目光放到了海外。他最先看中的是日本的爱普生科技公司，他觉得苹果公司能够和它更好地开展合作。于是，他便带着苹果公司的几个人远赴日本，与爱普生科技公司商讨合作的事宜。不过，在去日本东京的时候，由于突发地震，很多道路都被毁坏了，这让乔布斯很是不爽。随后，他们准备转乘火车赶往东京，但是，铁路的状况并不比公路好多少。过了很久，当他们终于赶到爱普生公司总部的时候，却又被他们的工作人员给晾在了一边，这更让乔布斯很是不爽。后来，爱普生的工作人员在接待乔布斯等人的时候，虽然表现得还算和善、殷勤，但乔布斯却依然为之前的事情而生气。

在双方会谈开始后，爱普生公司的 CEO 亲自站起身来对他们的产品进行展示，可是，他刚刚开始演示，就被乔布斯那粗鲁的话语给打断了。当时，杰伊·埃利奥特就是陪同乔布斯前往爱普生总部的人员之一，据他回忆道："史蒂夫当时对着爱普生的 CEO 说道：'你们所做的产品都是垃圾，难道你们做不出比这更好的产品吗？'说完之后便扬长而去。"

在谈判失败后，坐车回去的途中，乔布斯开始发泄其内心的不满。只不过，他不是在说与爱普生合作失败的事情，而是与他新交的女友有关。对此，杰伊·埃利奥特回忆道："在回去的路上，他根本就不在乎自己在爱普生公司所做的一切。可以说，在他离开爱普生公司的一刹那，他就那件事情给忘得一干二净了。在他的心目中，他对苹果的事业始终都保持着前所未有的热忱，可他不明白自己为什么会遇到那么多的麻烦事，为什么他的热忱不能帮他解决所面临的难题？"就这样，这个年近而立的亿万富翁，在回去的路上一直都在向别人倾诉着内心的不畅。

自从日本回来后，乔布斯依旧生活在自己想象的世界里。1985 年 3 月底，他偶然去了一趟青蛙设计公司（Frog design），结果引起了轩然大波。青蛙设计公司是一家颇具欧洲品味的美国公司，曾为日本索尼公司的随身听设计过外形，并一举取得了成功。在此之前，乔布斯在第一次见到青蛙公司为索尼设计的随身听外观时，就被其超凡的设计能力给折服了，并立即说服它与苹果公司就未来电脑产品的设计方案达成了合作协议。乔布斯来到青蛙公司的时候，发现他们正在为沃兹新创办的公司云－9（Cloud-9）做设计工作。这让乔布斯勃然大怒。

他愤怒地对着青蛙公司的总经理咆哮道："你们要么将这些设计草案全都交给苹果公司，要么就将它们全部撕毁。"此时的沃兹已经离开了苹果，在苹果内部支持乔布斯的人已经很少了，所以他在当时变得极为敏感，他很害怕所有人都背叛自己，他只能借助于愤怒来发泄心中的不满。不过，乔布斯也有权力这么做，因为当初他与青蛙公司签订合同时，就曾明确规定：青蛙公司可以接受其他公司的设计项目，但却不能与乔布斯之前的合作伙伴有所接触。

后来，这件事情还被好事的记者给捅到了报纸上，很多人在看到那篇报道后，都觉得乔布斯的为人十分狭隘和卑劣，这让乔布斯的声望一下子降到了极低的地步。

人才大流失

"我希望你能回来帮我，但若你不愿意，我也不勉强，反正你在 Mac 团队中也不是那么的重要。"

——乔布斯

1985 年初，苹果公司的人事发生了一次剧烈的动荡，包括创始人沃兹在内的 Apple Ⅱ 团队和 Mac 团队中总共有几十位中、高层以及工程师辞职，给苹果公司的运作带来了不小的打击。在那段时间里，苹果公司的每个部门几乎都有空缺，这从斯卡利贴在办公室墙上的那张组织结构图上就可以看出，因为上边有许多地方都标记着"TBH"（待招聘）的字样。

在 1984 年初，Mac 电脑发布不久，安迪·赫茨菲尔德出于对乔布斯的愤怒，就准备离开苹果公司。当时，乔布斯并没有同意，而是给他放了一个长假。鉴于自己正在与当时的上司鲍勃·贝尔维尔闹矛盾，同时也不是真的想离开苹果，所以赫茨菲尔德爽快地答应了乔布斯的提议。

刚开始的时候，赫茨菲尔德的休假生活还算惬意。但有一天，当他听说乔布斯给 Mac 团队的每位工程师都发了奖金，且最高达 5 万美元时，赫茨菲尔德生气了，因为这些人中并不包括他。他在得知这一消息后，立即中止了休假，并找到乔布斯，向他讨要属于自己的那份奖金。但乔布斯却告诉他，是贝尔维尔决定不给休假的人发奖金的。结果，赫茨菲尔德在与贝尔维尔对质的时候，贝尔维尔不小心说漏了嘴，抖出了乔布斯才是幕后指使者的真相，这让赫茨菲尔德非常生气。当他再次找到乔布斯时，乔布斯还不想承认，但当赫茨菲尔德说出确切的证据时，乔布斯则对他说道："嗯，即便你说的都是真的，可是事情已经过去了，难道你还能改变些什么吗？"

在听完乔布斯的话后，赫茨菲尔德知道乔布斯是不会给自己一分钱的，此时的他已经对乔布斯彻底失望了。虽然，他从这件事中看出乔布斯之所以扣着自己的奖金不给，就是为了让他回到苹果。但是，赫茨菲尔德并没有妥协，而是选择了继续休假。

赫茨菲尔德在其休假快要结束之时，和乔布斯约好了共进晚餐。在吃饭的过程中，他对乔布斯说道："我是真的想回去，但是现在的情况真的非常糟糕。负责软件开发的人，个个都无精打采的，已经过去好几个月了，你看看他们都做出了什么？还有就是，伯勒尔前几天跟我说，他对这样的情况非常难受，也许在今年年底之前他也会离开的……"

"够了！"还没等赫茨菲尔德说完，乔布斯就对他吼道，"你知道自己在说什么吗？我们的 Mac 团队很棒，你这完全是无稽之谈。看来，你已经跟我们严重脱节了。"在听到乔布斯的话后，赫茨菲尔德闷闷不乐地回道："如果你真那么认为的话，那我肯定是不会回去了。因为，我想要回归的那个 Mac 团队，已经不复存在了。"乔布斯对此回应道："我希望你能回来帮我，但若你不愿意，我也不勉强，反正你在 Mac 团队中也不是那么的重要。"在听完乔布斯的这句话后，赫茨菲尔德更加伤心了，并坚决地离开了苹果公司。

1985 年初，伯勒尔·史密斯也准备离开苹果了。不过，他非常害怕乔布斯那强大的现实扭曲立场，只要乔布斯试图劝他留下的话，那他就极有可能不会离开。为了能够顺利地离开苹果，他找到了一年前就离开的赫茨菲尔德取经，希望赫茨菲尔德能给自己出个主意。可是，赫茨菲尔德对于乔布斯那强大的现实扭曲力场也是无能为力。正在赫茨菲尔德苦思对策的时候，伯勒尔突然喊道："我想到一个完美的方法，保证史蒂夫会辞掉我的。"当赫茨菲尔德问他是什么办法时，他说他会在乔布斯的办公桌上小便，并以此惹恼乔布斯将他开除掉。当他跟 Mac 团队内的其他人说起这件事时，很多人都打赌说伯勒尔不敢这么做。在乔布斯 30 岁的生日刚过没几天，早已鼓足勇气的伯勒尔就准备好要做这件"壮举"了。

可是，当他走进乔布斯的办公室时，他却吃惊地发现乔布斯正对着他笑得非常开心。不仅如此，他还对伯勒尔问道："你真的想那么做吗？"听到乔布斯的问话，伯勒尔已经知道自己的计划被暴露了。他在进来之前，虽然还在想着，无论如何，自己都要想办法惹怒乔布斯。可在听到乔布斯的话后，他犹豫了。于是，他对乔布斯说道："其实，我也不想那么做，但若万不得已的话，我想我会的。"结果，乔布斯听后只是冷哼了一声就批准了他的辞职申请，并给予了他不错的条件。

继伯勒尔之后，另一个离开的 Mac 的是布鲁斯·霍恩（主要负责 Mac 电脑的电源开发与改进），他在向乔布斯辞职的时候，并没有受到什么刁难。只是在双方告别的时候，乔布斯对他说道："你知道吗？Mac 电脑的所有问题都因你而造成的。"霍恩听后摊了摊手回答道："嗯，这个我不否认。不过，Mac 电脑上的许多优点也都是因为我的错才得以实现的吧！"乔布斯在承认这个事实的同时，也对霍恩做了最后的挽留，道："假如你肯留下的话，我就给你 15000 股的股票。"面对这样的诱惑，霍恩还是坚定自己的立场，拒绝了乔布斯的挽留。此时的乔布斯并没有像对待赫茨菲尔德时那样暴躁，而是抱了抱霍恩，然后就放他离开了苹果公司。

也许 1985 年的 2 月注定不是平凡的一个月份。伯勒尔和霍恩的离开并没有引起多大的轰动，但是沃兹这位苹果的创始人之一的离开则不同，关于他离开苹果的消息，铺天盖地地出现在各大主流媒体之上。当然，关于其离开苹果的猜测也是千奇百怪。

由于个性的不同，乔布斯和沃兹之间，从未爆发过激烈的冲突。即便两人在苹果的管理和战略问题上有着根本的分歧，沃兹也从未与乔布斯撕破过脸皮。尤其自那次飞机事故之后，他虽然重新回到了苹果公司，但他只想待在 Apple II 团队中做个合格的工程师，远离公司的权力斗争，只以公司的招牌人物而存在。但实际上，Apple II 的许多研发与改进工作都不需要他插手，再加上每天他都会被无数的电话、电子邮件、讲演以及大小会议等困扰着，这让他有些难以忍受。

然而，更让沃兹他难以忍受的是，乔布斯居然向董事会提出，准备砍掉 Apple II 的产品线，全力辅佐 Mac 电脑的推出，这让沃兹非常生气。在那次大会上，向来温和的沃兹对着乔布斯发怒道："作为苹果的创始人、三大股东之一，我想告诉你，我很生气，Apple II 团队的其他人也很生气。你可知道，现在苹果公司近 70% 的利润都是由 Apple II 创造的，而你却全力支持 Mac 电脑，甚至还准备砍掉 Apple II 的产品线，你知道这对苹果员工的士气是多大的打击吗？"股东大会结束后，他又找到斯卡利，痛斥他在乔布斯身上和 Mac 部门浪费了太多的精力。

可这一切有用吗？当时，乔布斯的眼中只有 Mac 电脑，他想为 Mac 电脑通往成功的道路铲除掉一切障碍。在心灰意冷下，沃兹准备离开苹果公司。当时，他觉得自己在苹果已经不那么重要了，就没有通知其他的部门，也没有告诉乔布斯和马库拉，只是将自己的想法告诉了 Apple II 团队的工程师主管乔·埃尼斯和助理劳拉（后来二人跟随沃兹一同离开了苹果公司，并创建了 Cloud-9 公司），然后便悄然离开了苹果公司，并创办了一家制造其发明的万能遥控器的公司（即 Cloud-9 公司）。直到后来的《华尔街日报》上登载了有关沃兹创建的公司介绍时，乔布斯才知道沃兹想要淡出苹果的消息。

在看到这个消息后，乔布斯非常吃惊，他知道沃兹对于苹果意味着什么，所以他不想沃兹离开，可他又找不到合适的理由。正当他为此而矛盾的时候，他和沃兹同时收到了罗纳德·里根总统的请帖，邀请他们前往华盛顿去参加一次庆典。在那次庆典之上，里根总统还将首届国家技术奖章（National Medal of Technology）授予了他们，以表彰他们对美国科学技术的发展所做出的杰出贡献。在庆典结束后，乔布斯找到沃兹，他想要留下沃兹，就提出和他谈谈，沃兹同意了。

后来，乔布斯和沃兹聊了很多，并尽量避开了所有存在分歧的问题。乔布斯虽然没能说服沃兹留下，不过，他的游说还是起了一定的作用。最终，沃兹同意以兼职的方式，代表苹果公司出席一些活动和展览，然后再慢慢淡出人们的视线，和苹果公司友好地分手。

可惜，好景不长。几周后，乔布斯发现了专门负责苹果产品外观设计的青蛙公司，竟然背着他为沃兹公司的产品设计外观，这让他很是生气。之后，他又借机毁掉了所有为沃兹的公司做的设计草图，一点儿旧友之情都不留。此事传出后，两人的关系也因此而急剧恶化，并最终导致了沃兹与苹果公司的彻底决裂。

在沃兹正式宣布离开苹果之后，一时间有关苹果的流言四起，使得苹果的股票再次下跌至了冰点。此时的苹果可以说是内忧外患齐聚，已是乱成了一团，急需董事会拿出一个可行的方案，解决眼前的混乱。

董事会的决定

"如果让我继续担当 Mac 部门的总经理的话，我可以向你保证，管理公司的事情我绝不会再插手的，希望你能给我一次证明自己的机会。"

——乔布斯

1985 年 3 月初，苹果公司在经历过 2 月份的人事大动荡后，乔布斯和苹果 CEO 斯卡利之间闹了不小的矛盾，两人之间的关系也因此而急剧恶化。其实，他们两人之间的矛盾是由多方面的原因造成的，既有管理上的，也有业务上的。

如斯卡利想让 Mac 电脑的销售价格一直维持在 2500 美元左右，以便获取到最大的利润。但乔布斯对此则嗤之以鼻，他只是想让 Mac 卖出去的价格更加便宜、合理一些，其目的并不是为了赚钱。另外，他们两人的心理也出现了一些变化。刚开始的时候，乔布斯想在斯卡利身上学到管理上的经验，而斯卡利则想方设法地想让乔布斯喜欢自己。那个时候两人还能和平相处。但是，当两人最初的激情都成了过去之后，他们才发现自己原来与对方如此不和，他们之间的矛盾也因此而逐渐多了起来。

在斯卡利看来，乔布斯对于产品的细枝末节太过关注和苛求了，那样的工作一点儿效率都没有。不仅如此，他还觉得乔布斯将自己请到苹果之后，就像是换了个人一般，对自己的并没有之前那么关心了。虽然他也曾非常努力地吸引着乔布斯的关注，但乔布斯的表现却又让他非常讨厌。

如有一天，他带着乔布斯同施乐公司的董事会副主席比尔·格拉文谈判，在会面之前，斯卡利一直要求乔布斯在双方会谈开始之后，千万不要失了礼态。但是，出乎斯卡利预料的是，双方坐下还没多久，乔布斯就有些不耐烦地说道："你们这些家伙，根本都不知道自己在做些什么。"说完之后，便起身离去，那次会面自然是不欢而散。在散会后，乔布斯就像是个孩子一样，对着斯卡利道歉道："约翰，真是对不起，可我就是控制不住自己。"鉴于此，一两次还可以原谅，但若每次都这样的话，即便是竭力讨好乔布斯的斯卡利也有些不爽了。

而在乔布斯的眼中，斯卡利在刚开始的时候，只是个卖汽水和零食的人，他根本就不知道产品的配方是什么，也没有兴趣知道，对于苹果电脑，尤其是 Mac 电脑，他同样没有表现出足够的喜爱之情，这让乔布斯有些不爽。对此，乔布斯还曾回忆道："我曾试图让他明白一些工程上的细节，但他还是不知道那些产品是怎样被创造出来的。刚开始的时候，我还有些耐心，后来就不行了。为此，我还和他吵了几次。"雅达利公司的阿尔·奥尔康曾对两人的区别做出了这样的评论："斯卡利为人谨慎，他在保证某一个人高兴的前提下，还会照顾到其他人的情绪，以免造成某种误会。而史蒂夫则不然，他对所有的人都不屑一顾，哪怕是最一流的员工也不行。"

在两人之间刚出现矛盾时候，苹果的董事会就已经对此有所警戒了。

随着矛盾的不断激化，就有越来越多的董事对他们两人指责了起来。其中，尤以亚瑟·罗克的反应最为激烈。他曾对斯卡利言道："我们请你过来，就是要你负责苹果公司的运营，而不是花更多的心思讨好乔布斯一人。"当然了，他们在指责斯卡利的时候，还不忘警告乔布斯一声，要他尽快解决掉 Mac 团队内部混乱的问题，稳定好 Mac 团队与苹果其他各部门间的关系。

到了 1985 年 3 月底，在第一季度即将结束的时候，Mac 电脑的销量再次令人大失所望，因为其销量还不足之前预测的十分之一。这一结果让乔布斯非常生气，无论是谁碰到他，都会被他大骂一通。尤其是公司内的一些中层主管，更是被他骂得体无完肤，很快就激起了"民怨"，并纷纷联合起来反抗乔布斯的"暴政"。

在这群人中，营销主管迈克·默里被推认为代表，由他找到斯卡利反映一下大家对乔布斯的看法，希望斯卡利能够帮助他们解决掉这个问题。一天，在一次会议之后，迈克·默里叫住了正欲离去的斯卡利，将大家的想法告诉了斯卡利，希望他将乔布斯从 Mac 团队的管理层中踢出，以避免其为公司带来更大的损失。对此，斯卡利则告诉他说："现在我还没有非得和他摊牌的地步，所以，你们就先忍忍吧！"可是，迈克·默里也是个有血性的人，他在回到住处之后，立刻就给乔布斯发了一封邮件，对他那带有人身攻击性质的管理方式表达了强烈的不满。

在迈克·默里给乔布斯发过邮件后的几周内，乔布斯似乎是听从了迈克·默里的批评，不再见谁都吼，与斯卡利之间的关系似乎也恢复到了正常。其实，当时的乔布斯正醉心于一种新的技术，即平板显示屏技术，这是伍德赛德设计公司（Woodside Design）内，一位名叫史蒂夫·基钦的工程师研发出来的，所以他才无暇顾及其他。除了这个之外，还有一项技术引起了乔布斯的注意，那是一家小公司研发出的触摸屏技术。在看到这两种技术后，乔布斯便萌生出了研发"Mac 书"（Macinabook）的计划，那是一种无须鼠标，只需用手指轻轻触滑就能实现控制的一种设备。为此，他还想出了一个绝妙的注意，即设立一个实验室专门研发这种设备。不仅如此，他还早早地为这个实验室起好了名字——苹果实验室（Apple Labs），在建成后他会亲自管理，带着 Mac 团队中的精英一同开发这种具有革命性的新产品。

斯卡利听说这件事后，自然十分高兴。他觉得，这件事如果办成的话，乔布斯就能回到他最擅长的领域，不会再给苹果公司的管理造成破坏，进而解决掉他们之间因管理公司而出现的大部分问题。为此，斯卡利还专门从法国为他物色了一个接班人——让·路易·加西，准备在他创建苹果实验室后，由让·路易·加西替代他接管 Mac 团队。

让·路易·加西本为苹果公司在法国分部的主管，之前，乔布斯在去法国考察的时候，就是他负责的接待工作，不仅如此，他还面对着无礼的乔布斯据理力争过。他在飞往库比蒂诺前，曾向斯卡利表明，他来到苹果总部后，只想全权管理 Mac 团队，而不是在乔布斯的手下工作。

为此，斯卡利还专门找到董事会的其他成员，想让他们劝服乔布斯，让他创建一个为研发新产品且充满激情的小团队。但此时的乔布斯已经改变了注意，他虽然很想研发那种东西，但与 Mac 团队的控制权相比，显然后者更为重要，他可不想再将自己一手创立起来的团队交给其他人处理。让·路易·加西还算明智，在乔布斯表过态后，就立刻飞回了巴黎，他可不想招惹乔布斯这个大麻烦。在让·路易·加西离开后，乔布斯则又想起了苹果实验室的筹建计划，并经常在这个计划与是否继续执掌 Mac 团队之间摇摆不定。

3 月底，对于乔布斯的反复无常，斯卡利终于忍不住了。那天，他带着人力资源部经理杰伊·埃利奥特步入了乔布斯的办公室，率先开口道："史蒂夫，你知道没人比我更欣赏你的才华，但是，光有这些是行不通的。现在我对你管理 Mac 部门的能力已经失去了信心，我希望你能放弃 Mac 部门的管理权。"

乔布斯听后，非常吃惊地看着斯卡利，他不相信斯卡利会这么对待自己。但事实摆在眼前，又由不得他不信。过了一会儿，他才对斯卡利展开反击，称其没兑现当初的承诺，将他培养成一个合格的管理者。不仅如此，他还责怪斯卡利将公司管理得一团糟，远不如自己想象中的那样。

面对着乔布斯的一连串反击，斯卡利只得默默地坐在那里听着。他明白，自己现在还不是乔布斯的对手，他需要找一个强大的伙伴与乔布斯对抗。因此，当乔布斯停下来的时候，闷坐了许久的斯卡利开言道："我会把今天的情况提交到董事会，并建议他们撤销掉你对 Mac 部门的管理职权。我今天来，只是尽了一个朋友的义务，提前告诉你一声而已。"对于斯卡利的话，乔布斯非常吃惊，只见他忽然跳了起来，并指着斯卡利威胁道："假如你真那样做了，公司肯定会毁在你手上的。"

乔布斯虽然很愤怒，但是斯卡利却显得毫无畏惧。尤其是在取得马库拉的支持后，斯卡利的胆气似乎更足了。1985 年 4 月 10 日，在苹果董事大会上，斯卡利向众董事提出了这一问题，并发言道："我正试图劝说史蒂夫放弃 Mac 部门的总经理一职。所以，我希望能够得到你们的支持，如果我成功了，那么我会对公司今后的运营负全责。如果我没有成功的话，也许在不久的将来，你们就要重新物色一个 CEO 了。"斯卡利知道，自己即便是取得马库拉的支持，也很难博得其他董事的支持，乔布斯毕竟是苹果的创始人，很多人都是站在他那一边的。因此，在提出这个建议的时候，他就已经做好了被解雇的准备。

事实上也是如此，很多董事并不想看到两人闹僵。正在大家商量对策的时候，苹果董事会成员之一的亚瑟·罗克提出了一个调解的方案，希望双方能够和解。可是，在经过了近三天的调解后，乔布斯一直坚持认为斯卡利才是问题所在，拒绝承认自己有错。结果，调解失败。

最终，董事会成员达成一致意见，全都站在了斯卡利的一边，决定免去乔布斯 Mac 部门总经理一职，改由斯卡利之前提议的让·路易·卡西接任，只保留乔布斯董事会主席的头衔，并同时授权斯卡利执行这一决议。

乔布斯对这个决定非常震惊，他很难相信这个决定是真实的，不过，更让他不明白的是，斯卡利为什么非要这样对付自己。在会议结束后的几天内，他对斯卡利痛恨极了，而且他的脾气在这几天内也变得异常暴躁。

几天之后，逐渐冷静了下来乔布斯，压制着内心的狂躁对斯卡利提出了一个和解的计划："难道你就不能保留我现在的职位？如果让我继续担当 Mac 部门的总经理的话，我可以向你保证，管理公司的事情我绝不会再插手的，希望你能给我一次证明自己的机会。"虽然乔布斯的语气极为谦卑，但是早已看透了乔布斯的斯卡利直接拒绝了乔布斯，他觉得，事情既然已经这样了，已经没有回头的可能了。

残酷的现实

"当时我就觉得自己像被人扼住了喉咙一般，闷得我无法呼吸。"

——乔布斯

现实是残酷的，乔布斯即便是苹果公司的创始人之一，但他还是被他所掌控的董事会给出卖了，成了一个没有了实权的董事长。在与斯卡利交涉未果的情况下，乔布斯虽然很生气，但却没有更过激的表现，而是回到了家中静坐。

在那段时间里，乔布斯一直将自己封闭在家中，还将窗帘全都拉了下来，不让一丝阳光射入，电话也转入了自动录音功能，无论是谁的电话他都不接。可以说，在那段时间里，除了他女友蒂娜·莱德斯以外，谁都没有见过乔布斯。在这段时间里，他除了坐在那里静静地思考外，就是一遍一遍地听着鲍勃·迪伦唱的那首《时代在变》。早在一年多前，他在向众人揭开 Mac 电脑的神秘面纱时，所朗诵的就是这首歌的一部分歌词，而他最欣赏的则是歌词的最后一句："现在的失败者，必会成为最后的赢家。"

乔布斯虽然乖张、暴躁，但他还是有朋友的，比方说已经离开了苹果的安迪·赫茨菲尔德，他在得知乔布斯被赶出 Mac 团队的消息后，立刻驾车赶到了苹果总部，这是他在离开苹果之后第一次回来，遗憾的是他没能见到乔布斯。

后来，赫茨菲尔德回忆道："我非常意外，真没想到公司的董事会居然真的赶走了史蒂夫。虽然在很多时候，他都很难被满足，可他毕竟是苹果公司的灵魂和精神依托。也许在史蒂夫离开后，那些反感他的人会觉得扬眉吐气，会有不少人抓住这个机会升迁。不过，大多数苹果员工在史蒂夫离开后，都会对未来流露出忧虑、沮丧和不确定的情感。"

赫茨菲尔德在白天的时候，没能在公司见到乔布斯。到了晚上，他就约比尔·阿特金森等几位 Mac 团队的核心成员一同来到了乔布斯的家中，准备帮他重新振作起来。不过，他们在来到乔布斯家的时候，在门口等了很长一段时间，乔布斯才为他们打开房门，并带着他们来到了家中唯——间摆有家具的房间里。

在坐下来之后，赫茨菲尔德率先开口道："史蒂夫，告诉我到底发生了什么？事情真有那么糟吗？"乔布斯摆出一副愁眉苦脸的样子道："恐怕比你想象的还要糟。斯卡利彻底地背叛了我，他一点情面都不给我留，只是保留了我董事长的头衔，而没有实权参与到公司的管理之中。现在，我真的很难想象，苹果公司在没有我的情况下，还能被管理好吗？"乔布斯越说越激动，甚至到了后来，还对斯卡利破口大骂了起来。为了缓和气氛，赫茨菲尔德赶紧将话题转向了他们之前共同度过的那段快乐的日子，开始对过去进行缅怀。

在来乔布斯家之前，赫茨菲尔德还专门带了一张鲍勃·迪伦刚出的新专辑，其中有一首名为《当夜幕降临》（When the Night Comes Falling From the Sky）的歌曲，很适合当时的情景。不过，乔布斯在听到这首歌时总觉得它很聒噪，听起来很不舒服。于是，赫茨菲尔德又播放起了这张专辑中的另一首歌曲《黑眼睛》（Dark Eyes），这是一首只有吉他和口琴伴奏的音乐，节奏也很缓慢，但是其所表达的感情却比较哀伤，他本以为现在的乔布斯会喜欢这首歌，但乔布斯和刚才一样，同样不喜欢这首歌，也不想再听这张专辑里的其他歌曲。在他看来，鲍勃·迪伦自从出了《路上的血迹》那张专辑后，一直在走下坡路，唱的歌曲也一首不如一首。

赫茨菲尔德非常理解乔布斯当时的反应，在他看来，乔布斯曾一度将斯卡利视为父亲般的存在，当然还有迈克·马库拉，以及另一位董事亚瑟·罗克。但是，正是这三个人，在那一天的董事大会上，同时抛弃了他，这让他非常伤心。多年后，乔布斯对此回忆道："当时我就觉得自己像被人扼住了喉咙一般，闷得无法呼吸。"他的好友兼律师乔治·莱利也曾对此回忆道："小时候那种被抛弃的感受再次笼罩了史蒂夫，但经历过此次事件后，他却更加清醒地认清了自己到底是谁，给自己下了一个较为准确的定义。"

其实，在这三人中，最让乔布斯伤心的是失去了亚瑟·罗克的支持，而不是斯卡利的背叛。在乔布斯的眼中，亚瑟·罗克一直都是个父亲般的存在，一直庇护着乔布斯，包容着他的任性。在生活中，亚瑟·罗克给乔布斯讲过歌剧，还曾多次在家中招待过他。我们都知道，乔布斯是个很不喜欢送礼物的人，但他却会经常送给亚瑟·罗克一些礼物。如他此前到日本谈判时，就给亚瑟·罗克买回了一部索尼牌的随身听。后来，乔布斯回忆道："我真的从来没有想过，他会选择斯卡利而不是我，这对我的打击真的很大。"

在乔布斯内心的悲伤逐渐消失之后，乔布斯又将自身的愤怒全都转移到了背叛自己的斯卡利身上，他觉得自己心爱的公司正被他眼中的笨蛋操控在手中，这让他很难接受。对此，乔布斯曾愤怒地说道："董事会应当将我和斯卡利分开处理，他们虽然觉得我没有能力管理好公司，但也不能将公司交给斯卡利管理，而应将他解雇掉。"

在乔布斯和斯卡利相互对峙的时候，他们两人共同的朋友曾想从中调解，但最终都以失败告终。如在 1985 年 7 月末的一天，鲍勃·梅特卡夫同时邀请乔布斯和斯卡利到自己的家中做客，结果却很让他失望。后来，他对此回忆道："我当时做了个错误的决定，我不该请他们两人同时来到我的家中。当时，史蒂夫和约翰分别坐在房间的两头，两人就那样瞪着对方，一句话都没有说。直到那时，我才意识到他们之间已是到了水火不容的地步。"

决心赶走斯卡利

"我想继续管理 Mac 部门，时间会证明我是对的。"

——乔布斯

在那次董事大会之后，乔布斯和斯卡利之间就已是势同水火了，无论是谁都无法让他们达成和解。乔布斯由于一直在家静修，所以并未在公众面前露面。但斯卡利不同，作为苹果的 CEO 他可没有时间静修，就算有的话，他也不愿意去。

后来，斯卡利在接受一次采访的时候宣称，乔布斯虽然还是苹果的董事长，但他与苹果已经没有多少关系了。不管是将来还是现在，公司的运营方式，他都没有资格再参与其中。当这一消息传至乔布斯耳中的时候，他们之间的关系也因此而进一步恶化了。

1985 年 4 月，Mac 电脑的销量依旧没有什么起色。到了 5 月初的时候，乔布斯找到斯卡利，并对他说："我想你现在已经有些自顾不暇了。记得我请你过来的第一年时间里，几乎所有的事情你都做得非常完美。可是，最近发生了一些不愉快的事情，以至于成了现在这个样子，而公司也没有按照我之前所想的那样发展下去，对此我非常失望。"

听到乔布斯的话后，斯卡利仍旧带着一丝耐心对他说道："史蒂夫，我想我们应该坐下来好好谈谈了。我承认，以前都是我的错，我没能花费更多的时间指导你。可是，你在管理 Mac 部门的时候，没能按时推出与Mac 电脑配套的办公软件，也从不听取市场上的反馈意见，你根本就不了解用户真正想要的是什么样的产品。还有就是，你一直都不接受生产可以兼容的电脑，对此我也深表失望。你可能都不相信，现在 IBM 公司生产的个人电脑已经占据了大半的市场份额，远远地超过了苹果，难道你还想再坚持下去吗？"

乔布斯听后则有些玩味地说道："你的分析听上去很不错。不过，你应当明白，当初我请你来当 CEO 的时候，是先让你看了公司的情况，而后你才下定的决心。倘若如你所言，我并不是一个好的管理者，那么完美的 Mac 电脑又怎么可能研发出来？倘若你是一个优秀的管理者，那你对目前的状况又当作何解释？"听完乔布斯的话后，斯卡利顿时语塞，一时之间，竟不知该如何作答。

随后，乔布斯又趁热打铁道："约翰，正如你所言，我们确实该坐下好好谈谈了。现在我只想告诉你，公司的现状是谁都不愿看到的。所以，我想继续管理 Mac 部门，时间会证明我是对的。"听完乔布斯的话后，斯卡利就已经明白了乔布斯的意图，对于乔布斯的这个要求他想都没想就直接拒绝了。乔布斯对此回应自然是恼羞成怒，甚至还对斯卡利说出了让他彻底离开苹果的狠话。兔子急了还咬人，更何况是一个有着自己个性的人呢？因此，一向温和的斯卡利便在办公室内和乔布斯吵了起来，最后两人不欢而散。

5 月中旬，Mac 团队向斯卡利和苹果其他高层汇报第二季度的报告，而乔布斯和斯卡利的矛盾也因此而达到了高潮。此时的乔布斯依然不打算放弃 Mac 部门的控制权，甚至还非常嚣张地带着 Mac 团队的几个核心人员走进了会议室，与斯卡利展开了一场激烈的对抗。

在会议上，乔布斯坚持认为，Mac 团队现阶段的主要任务就是卖掉更多的 Mac 电脑，但斯卡利却指出，Mac 团队应当以服务于公司整体为主。就此问题，两人争论了近一个小时，可即便这样，他们最后谁也没能说服对方。在争辩未果后，乔布斯又提出了 Mac 团队正在对 Mac 电脑进行改进，并称其将比之前的 Mac 电脑更加强劲。此外，乔布斯还在大会上道出了 Mac 团队正在研发的一款名为"文档服务器"（File Server）的软件，并称这款软件一旦完成，所有 Mac 电脑的用户均可以通过它在互联网上实现文件共享。对此，斯卡利则回应道："史蒂夫，我想你说的这些都未能按时完成吧？你连自己的手下都约束不了，还敢妄言研发出更为成功的软件，你这不是在混淆视听吗？"就这样，大会在他们两人的不断争吵中结束了。

当天晚上，乔布斯带着 Mac 团队的众人在一家酒店内吃饭，并邀请了当时待在苹果总部，等待接管 Mac 部门的让·路易·加西一同进餐。在晚餐的时候，鲍勃·贝尔维尔举着酒杯意有所指地说道："敬我们这些真正明白史蒂夫构想的人。"让·路易·加西听后很不好受，因为他曾说过乔布斯是一个生活在自己构想的世界中的人，贝尔维尔这话明显是冲着他来的，可他又不好发作，只得强颜欢笑。宴会结束后，只有贝尔维尔一人留了下来，他不断地鼓励乔布斯要重新燃起斗志，与斯卡利抗争到底。

贝尔维尔的话提醒了乔布斯，他也觉得再这样下去，肯定对 Mac 团队还有自己都很不利。于是，他便想设计出一套完美的计划，准备将斯卡利从公司内抹掉。不过，乔布斯虽然精于操控别人的精神，可以轻易哄骗和迷惑他人为自己做事，但他在玩心计这方面却远不如他人。正如杰伊·埃利奥特后来指出的那样，"史蒂夫天生不会玩办公室政治，也一直没有去想过，但他还是做了，结果可想而知。"

乔布斯发动"政变"

"不如我来当 CEO，你来当董事长好了。"

——乔布斯

为了重夺公司大权，乔布斯再次展现出了他那不计前嫌的个人魅力，他找到了自己的老友兼苹果市场总监迈克·默里，两人合伙草拟了一份大胆的公司改革计划书，在这份草案中，乔布斯准备将苹果划分成一个总公司和四个分公司，其中一个分公司主要负责苹果产品的零售业务，并准备让斯卡利出任该分公司的总经理。按照乔布斯的设想，只要这个计划能够成功，斯卡利就得让出公司 CEO 的职位，无法再干涉自己的事情了。

不仅如此，乔布斯还计算好了，只要斯卡利一动身前往中国（苹果公司在几个月前，获得了向中国出口电脑的许可，斯卡利决定自己去签协议），他就立即发动"政变"，夺取公司大权。为了"政变"能够成功，乔布斯做了相应的准备。

在告诉迈克·默里自己的计划之后，乔布斯又于 5 月 23 日，在 Mac 部门的管理层会议上，向众位核心人员讲述了自己的计划。随后，他又将这一消息透漏给了苹果人力资源部的总监杰伊·埃利奥特，希望能够得到他的支持，埃利奥特虽然并不相信他的这个计划会成功，但他还是和苹果的一些董事会成员进行了接触，并劝他们支持乔布斯。很显然，那些人和埃利奥特的想法较为一致，他们大多站在斯卡利的一边。除了他们，还有为数不少的苹果高级职员也都是斯卡利的支持者。当埃利奥特将这一情况告诉乔布斯，并劝他放弃这一计划的时候，却被他给拒绝了。

如果乔布斯当初只是在暗中联络众人，也许真的能够成功地发动政变。但是，乔布斯在那天却犯了一个致命的错误，他竟然将这个计划告诉了让·路易·加西。后来，乔布斯还对此回忆道："我真后悔把这个决定告诉了加西，我居然忘了他是约翰找来的帮手。"事实上也是如此，让·路易·加西在当天晚上就告诉斯卡利："假如你明天动身去中国的话，那你就会被史蒂夫所取代，因为他正在密谋除掉你。"

斯卡利听闻后先是一惊，随后便命人取消了第二天的中国之行，并于当天上午在苹果总部紧急召开了一次高层会议，想与乔布斯当面对质此事。会议开始后，姗姗来迟的乔布斯发现自己的座位被斯卡利占了之后，他便坐到了与斯卡利相对立的另一头。会议开始后，斯卡利首先向大家言明了自己之所以会取消当日的中国之行，为的就是解决他和乔布斯之间的事情。随后，他便直视着乔布斯道："我知道你正想办法把我赶出公司，可我还是想亲口问问你，这是真的吗？"

乔布斯没想到斯卡利这么快就得到消息了，不过，他却没有表现出任何的惊慌，而是盯着斯卡利道："我觉得你并不是管理苹果的最佳人选，留下你就等于为公司留下一个祸害。"紧接着，他又对斯卡利厉声道："想当初，我找你来是为了帮我，可是你有帮过我吗？更何况，都过去这么久了，你竟然连公司产品的开发流程都不懂，更不知道如何经营公司，我想你真的该离开苹果了。"

听到乔布斯的话后，斯卡利也有些发火了，当场就和乔布斯争执了起来。当两人的争吵趋于白热化的时候，之前一直保持沉默的那些董事及公司高层们开始说话了。其中，第一个发表意见的是德尔·约克姆，他先是表明了自己对乔布斯的欣赏，希望他能继续为公司的发展尽心尽力，随后他却话锋一转，对乔布斯说道："我会尊重并支持斯卡利继续管理公司。"乔布斯听后非常吃惊，可还没等他恢复过来，阿尔·艾森斯塔特和里吉斯·麦肯纳等一群高级职员也纷纷表明了对斯卡利的支持。只有一个人在此事面前犹豫了，即比尔·坎贝尔，他非常欣赏乔布斯，却不怎么欣赏斯卡利。不过，他在最后还是选择了斯卡利。

看到这一情景后，乔布斯都快崩溃了，他没有想到，大家竟然都会如此表态。接着，他在留下一句"我已经知道大家的想法了"之后，愤怒地离开会议室，回到了自己的办公室。

在回到办公室后，原本愤怒的乔布斯已经变得极为沮丧了。他在 Mac 团队的那帮心腹闻讯后纷纷赶来安慰他，而他则像个小孩儿一般，还没说上两句话，就已经泣不成声了。待其情绪稳定一点后，他对着众人说道："我想我得离开苹果一段时间了。"这时，黛比·科尔曼站了出来，她对乔布斯言道："史蒂夫，你最好先静下心来，千万不要轻举妄动，只要有我们在，你就可以重新组建团队，不是非要离开才行啊！"在众人的一致劝慰下，乔布斯的心情方才平复了下来。

另一方面，斯卡利虽然在当天取得了一场胜利，但他的心情却很低落。会议结束后，他找到阿尔·艾森斯塔特，并提出和他一起出去转转，阿尔·艾森斯塔特同意了。在路上，斯卡利神情沮丧地对他说道："我真的不知道自己是否还能再坚持下去，而且，我也觉得我并不是管理苹果的合适人选，因此，我想辞职。"阿尔·艾森斯塔特听后吃惊道："你不能那样做，你要勇敢地面对这一切，否则苹果会垮掉的。"经过一夜的考虑，斯卡利终于又重拾信心，决定继续留任苹果 CEO。

5 月 25 日，迈克·默里找到乔布斯，劝他接受公司总裁的任命，顺便启动苹果实验室的项目，远离公司总部。不过，乔布斯对于这个建议并无兴趣，他现在最想做的就是和斯卡利谈谈。于是，在迈克·默里离开后，他就给斯卡利打去了电话，并约他一起出来谈谈，看看是否能将昨天的事情给解决掉。斯卡利对于乔布斯的举动虽然有些吃惊，但还是同意了。

5 月 26 日上午，斯卡利依约和乔布斯见了面。在这次会面中，乔布斯再次提出了他之前所提的请求，想在苹果公司担任一个有着决策权的职位。不过，当日的斯卡利却表现得非常坚决，直接拒绝了乔布斯的这个请求，并不断地劝说乔布斯安心当好董事长就行了。对于斯卡利的提议，乔布斯也是没有丝毫的兴趣，他可不想当一个有名无实的领导者，否则他也不会策划这次"政变"了。在一番争执之后，乔布斯说出了一句极为幼稚，但却令斯卡利非常吃惊的话，即"不如我来当 CEO，你来当董事长好了。"过了好大一会儿才反应过来的斯卡利，平复了一下心情后对乔布斯说道："史蒂夫，你应该知道，这个提议一点儿意义都没有。"

不甘心的乔布斯接下来又向斯卡利提议道："我看不如这样，我们将公司的职能分成两大部分，你主要负责营销和商业上的一些问题，而我主要负责产品方面的问题。"此时的斯卡利已经看透了乔布斯，再加上公司董事会给他撑腰，他已经不打算再给乔布斯任何东山再起的机会了。于是，他便非常直接地拒绝道："你应该知道，董事会支持的是我而不是你，所以，公司只能由我一个人掌管。"在和谈未果后，乔布斯只得郁闷地驾车离去。在回家的路上，他顺便拐到了马库拉的家中，并邀请他在第二天晚上到自己家中做客。随后，他又邀请了他在 Mac 团队的几位心腹，希望他们能够说服马库拉放弃对斯卡利的支持。

5 月 27 日下午，鲍勃·贝尔维尔、黛比·科尔曼、苏珊·巴恩斯、迈克·默里等乔布斯的心腹，提前来到了乔布斯的家中，他们需要事先商量一下，应当如何劝服马库拉放弃斯卡利。马库拉在来到乔布斯的家中后，他已经明白了，这是场"醉翁之意不在酒"的宴席，于是表示愿意听取众人的意见。不过，这"众人"之中并没有乔布斯。为了避免众人向他发牢骚，马库拉直接将谈论的对象集中到了 Mac 团队的具体管理问题之上，如之前研发"文件服务器"软件时，为什么迟迟不能完成，还有就是 Mac 电脑的分销系统为什么没有对需求的改变做出相应的调整等。结果，在听取了众人的回答后，马库拉直接表明，他是不会支持乔布斯的。后来，马库拉对此回忆道："那些人只是在史蒂夫的怂恿下叛乱的，所以，当时我就对史蒂夫说：'我不会支持你的，一切到此为止了。'"

在同一天，斯卡利也想听听公司其他高管的意见，看看他们是否同意自己屈从于乔布斯在前一天提出的条件。结果，几乎所有听到这件事的高管都纷纷表示斯卡利肯定是疯了，在这种情况下怎么能向乔布斯服软呢？他们还纷纷跳将出来，表明自己愿意支持斯卡利，坚决不同意让乔布斯重新执掌运营大权，这些人的表现给足了斯卡利信心。当天稍晚的时候，马库拉还打电话给他，告诉了他自己与乔布斯会面的事情，更是让他坚定了将乔布斯排挤在外的决心。

5 月 28 日上午，斯卡利直接来到乔布斯的办公室，对乔布斯说道："我已经取得了董事会的支持，希望你能尽快离开公司总部。"说完之后，他也不等乔布斯回答，便驱车前往马库拉的家，向他简单说明了一下自己的重组计划。接着，他便返回办公室，与董事会的其他成员通了电话，取得了他们对苹果公司重组计划的支持，并决定于当周实施。

当天，在让·路易·加西从乔布斯手中强行接过 Mac 团队的管理权时，乔布斯就知道自己发动的"政变"失败了，一切都已成定局。接着，他便开始哭泣，并给比尔·坎贝尔、杰伊·埃利奥特、迈克·默里等人挨个打了电话，诉说着自己内心的痛苦。

5 月 29 日，在想了一天一夜之后，乔布斯给迈克·默里打电话，说自己想再发动一场抗争，但迈克·默里却冷静地告诉他，"一切都结束了，你还是放弃吧！"不仅如此，他还劝乔布斯在后天（即 5 月 31 日）到公司去，听听斯卡利的重组计划。

在那天的大会上，乔布斯确实到场了，但他却一言未发，一切都按着斯卡利的设想而进行着。即便是被剥夺了所有的权力，只剩下一个"苹果董事长"虚职和一个新任命的"全球架构师"的虚名，他也没有发表任何意见，此时的乔布斯似乎已经有些看淡了。

被剥夺和遗弃

"他们让我搬出了我的办公室，并在苹果总部的对面给我租下了一幢小楼，那里就像是苏联的西伯利亚一样冷清。"

——乔布斯

1985 年 5 月 31 日，乔布斯被正式解除了 Mac 部门总经理的职位，只任公司董事长这一虚职。到了这个时候，已经有人预测到，乔布斯除非是重新夺回执掌苹果的大权，否则他是不会在那个位置上坐多久的，他们唯一不确定的只是他会在何时离开。

不过，在斯卡利宣布这一决定的时候，并不是所有的人都支持斯卡利的。如副总裁杰伊·艾略特支持的就是乔布斯。在他看来，乔布斯是个注重产品导向的人，由他来管理公司，要比斯卡利这个只擅长销售而不懂得研发的人合适得多。因此，在当天的大会结束后，杰伊·艾略特就从马库拉开始，找到每一个董事会的成员谈话，并努力向他们证明，抛弃乔布斯将会对苹果造成多么巨大的损失。与此同时，他还旧事重提，建议将 Mac 部门分拆出去，由乔布斯统领。

结果，马库拉率先表示反对道："不行，史蒂夫太不成熟了。我们现在让他离开管理层，也是为了公司好。"至于其他董事的回复，大多和马库拉类似，这让杰伊·艾略特很是无奈。当乔布斯在听说了杰伊·艾略特为自己所做的努力后，他非常感激，还专门请杰伊·艾略特来到自己家中做客。席间，乔布斯对他说道："谢谢你帮我！我多么希望你所做的努力能够帮助那些董事们做出正确的选择啊！"当然了，这只是乔布斯的一厢情愿罢了。

6 月初，斯卡利在苹果总部召开了一次高层会议，他想让这些人都向自己效忠。但是，杰伊·艾略特还像之前一样，表示自己只愿意向苹果的员工以及苹果的创始股东效忠，非常明白地告诉斯卡利，他只支持乔布斯。为此，斯卡利在会后专门找到了杰伊·艾略特，说道："我想你得告诉我，你为什么要在大会上那样说？"杰伊·艾略特面对斯卡利的质问，非常镇静地说道："难道你没有发现，你和史蒂夫之间的矛盾很可笑吗？不管怎么说，Mac 团队都代表着公司的未来，而你现在竟然狠心将一手创建并领导着 Mac 团队的史蒂夫从这个队伍中踢了出去，你知道这意味着什么吗？"听完杰伊·艾略特的话后，斯卡利沉默了，走到这一步并非他所愿，但事已至此，他已别无选择。

在苹果内部的矛盾逐渐平息之后，外部的危机也随之而来。1985 年 6 月，为了化解公司所面临的财政危机，斯卡利忍痛解雇了 1000 多名员工，而这也成了苹果公司自创立以来最大的一次裁员事件。一时之间，所有员工对苹果公司的忠诚度都降到了最低限。此时，担任苹果董事会主席的乔布斯对此视而不见。但是，乔布斯越是表现得平静，斯卡利就越是害怕，他怕乔布斯在暗中给他使绊子。为了避免这一情况的发生，他便安排自己的秘书陪着乔布斯到欧洲转转，这样既能让乔布斯代表苹果出席一些活动，还能让乔布斯放松下心情，自此安静下来。

对于斯卡利的安排，乔布斯并没有做出什么抵抗，他也觉得自己若是到欧洲转转，说不定对改变当前的局面也有所帮助。于是，在 6 月中旬，他便动身前往法国，并出席了苹果在巴黎举办的一场活动。接着，他又飞到了意大利，对佛罗伦萨的建筑风格极为着迷。为此，他还对身边的朋友说道："我真想在这里找个可以种田养花的地方客居下来。"

6 月底，乔布斯到了瑞典，依旧在为苹果电脑做宣传。经过近一个月的磨炼，此时的乔布斯在心态上要老练得多了。当有记者问他如何看待苹果高层的这次重组时，乔布斯平静地回答道："许多事情并不一定都会向着你所想象的方向发展，正如某句歌词中唱的那样'你不可能得到你想要每一样东西，有些时候，你只要得到自己想要的就已经足够了'。我之所以那样做，并不代表我是一个天生就喜欢追逐权力的人，我在乎的只是苹果公司的未来与发展。否则，我也不会创建这样一家公司，并将我所有的精力都放在了电脑的研发上。可以这样说，只要是为了苹果公司好，哪怕是让我扫地、倒垃圾都行。"对乔布斯而言，苹果公司就像是他的孩子一样，因此，每当谈到苹果公司的时候，他总是很难抑制住自己的感情。

7 月初，为了推广刚刚踏足苏联的 Apple Ⅱ 电脑，他第一次飞到了苏联。当时，美苏正处在冷战期间，苹果公司很多必要的出口许可都没能获得美国政府的批准。当他为此而前往美国驻莫斯科大使馆拜访外交官迈克·默文时，对方则警告他道："美国法律严格反对与苏联共享技术。"对此，乔布斯非常恼火，甚至还当场质问默文道："苏联人在有了 Mac 电脑以后，就能打印他们所有的报纸了，这明显是对我们双方都有利的事情，你怎么能说我们违反了美国的法律呢？"

当乔布斯非常郁闷地离开大使馆后，便以被放逐的托洛茨基自喻道："我就是苹果的托洛茨基呀（俄国与世界历史上重要的无产阶级革命家之一）！"倔强的他甚至还曾想过，一直留在苏联算了，以便向那里的学校推销苹果电脑。不过，乔布斯在欧洲游历时所产生的那些疯狂的想法，一个都没能实现，因为他的心中还存有一丝"复辟"的幻想，他总想再搏一搏。

因此，七月中旬，当乔布斯从欧洲回来后，便立刻找到杰伊·艾略特，对他说道："我想再试一试，也许这次能够说服董事会，让他们改变当初的决定。"当杰伊·艾略特问他有没有什么计划时，乔布斯则对他说道："我准备定做一批 T 恤衫，在上面印上'我们要乔布斯回来'，你觉得这个主意怎么样？"杰伊·艾略特听后连声赞同，可他刚说过"这个主意真不错"的时候，他就后悔了，因为，乔布斯对他说："那这事就交给你办了，我已经印好了一批 T 恤衫，在中午吃饭的时候，你只需将全体员工召集在一起，然后每人发一件就成。"

当时的杰伊·艾略特还算清醒，他知道这样做意味着什么，他虽然同情乔布斯，但却并不意味着他会付诸行动。于是，他便拒绝道："史蒂夫，这恐怕不行，我是苹果高管人员，是不能亲自出面做这件事的。"乔布斯听后就像是泄了气的皮球一般，只得沮丧地对杰伊·艾略特说道："既然这样，那就算了吧。"看着失望的乔布斯，艾略特也不知道该如何安慰了，只是对他说道："不管怎么说，这都是个不错的主意。"

在"复辟"未果后，乔布斯很快就发现苹果公司已经没人再关注他了。对此，乔布斯回忆道："他们让我搬出了原来的办公室，并在苹果总部的对面给我租下了一幢小楼，那里就像是苏联的西伯利亚一样冷清。"在搬到那里以后，乔布斯很想给自己找点事情做，可他发现，那里根本就没有什么事情可做。于是，他就给苹果公司的每一个行政管理人员都打去了电话，并告诉他们，如果需要帮忙的话，尽管给他打电话好了。尽管那些人都满口应下了此事，但令乔布斯失望的是，自始至终，都没有一个人给他打过电话。

过了一段时间后，乔布斯觉得自己已经没有必要再留在苹果了，他虽然很努力地想引起每一个人的注意，但所有的人都对他视而不见。后来，乔布斯对此回忆道："我曾尝试过好好工作，可在那里真的没有一个人想起过我。我总觉待在那里，是对我精神上的一种折磨。所以，在很长的一段时间里我都待在家里，并打算再也不去那里了。"

在此后的一段日子里，乔布斯虽然仍是苹果公司名义上的董事长，但是许多公司中的事务他都已经不再参与了，只是将自己的注意力全都放在了自家房屋的装修之上。不仅如此，他还曾想向美国国家航空航天局申请，想要乘坐"挑战者"号航天飞机，到太空中看一看。结果，因其在很多方面都不符合标准，而未能成行。

不仅如此，在这段时间内，乔布斯还决定将其所持有的苹果股票抛售掉，第一次他虽然只抛售了85万股，但那也让乔布斯赚到了1100多万美元。接着，他又卖掉了自己手中剩余的600多万股股票，获得了9000多万美元。对于乔布斯抛售苹果公司股票的举动，很多人都对这件事有着不同的看法。不过，在这些想法中，却没有一人相信乔布斯会接受自己被赶出苹果公司的命运。

到了1985年9月初，人们才意识到，早被剥夺了一切权利的乔布斯，对苹果的高层已是万念俱灰。此时，经过一番慎重的思考后，他向苹果董事会递交了辞呈。几日后，董事会决议通过了乔布斯的辞职请求。至此，乔布斯已经完全被苹果给抛弃了。不过，正如乔布斯之前经常所说的那样，现在的失败者，必会成为最后的赢家。所有对乔布斯抱以期望的人，都在等着他这个王者的归来。

区分成功与不成功，一半因素就是纯粹的毅力差别

挖走苹果五高管

"他们即便是苹果的高层又怎样？反正他们是自愿辞职的，也许再过一会儿你就能够收到他们的辞职信了。"

——乔布斯

　　1985 年夏，乔布斯在被正式逐出 Mac 团队前，他就已经开始着手研发"大 Mac"（Big Mac）电脑了，这是一款采用了 Unix 操作系统和友好的 Mac 界面的电脑，与 Mac 电脑相比，它有着极为出色的性能。不过，在乔布斯被逐出 Mac 团队后，让·路易·加西刚一上台，就取消了这一项目。

　　当这一消息公布的时候，除了乔布斯外，负责这一项目的工程师里奇·佩奇、巴德·特里布尔等人都对让·路易·加西的这一决定十分不满，他们甚至还扬言要因此而离开苹果公司。一时之间，苹果公司内的气氛再次紧张了起来。后来，乔布斯在与保罗·伯格的谈话中构思出"3M 电脑"时候，他就想组建一个新的团队对其进行研发。于是，他便找到了里奇·佩奇、巴德·特里布尔等人，向他们说明了自己另办一家新公司的想法，专门生产强大的个人工作站，很快几人就被乔布斯给说动了，并

表示愿意加入乔布斯的新公司。

除了他们两人之外，为了自己的新公司，乔布斯还联系到了 Mac 部门的另外两位员工，即乔治·克罗和 Mac 部门的总监苏珊·巴恩斯，这两人在乔布斯被免去 Mac 部门经理的时候，就已经想从苹果辞职了，此时在收到乔布斯的邀请后，自然十分欣喜地答应了下来。

在争取到这四个人后，乔布斯打算组建的新公司还有一个重要的职位空缺着，即负责营销的人员。经过一番思索，乔布斯很快就将目光锁定在了丹·卢因的身上，他是乔布斯于 1980 年从索尼那里挖过来的。在加盟苹果后，丹·卢因主要负责向多家大学批量出售苹果电脑。乔布斯在找到他的时候，他正非常泄气地待在家里，一是因为乔布斯的离开；二是新上任的营销总监比尔·坎贝尔对营销部门进行了重组，并降低了对高校直销的关注度。本来他可以靠着多年的高校营销经验，让 Mac 部门峰回路转的，但残酷的现实却让他如泄了气的皮球一般，一点儿精神都没有。

8 月底的一个周末，丹·卢因本想打电话给乔布斯，问问他有什么想法没。不过，让他没有想到的是，乔布斯竟然先给他打了过来。随后，他便来到乔布斯的家中，与他一起讨论了有关新公司的事情，丹·卢因在听到乔布斯的计划后，显得十分激动，并在与比尔·坎贝尔联系之后，答应加盟乔布斯的新公司。至此，乔布斯准备筹建的新公司的核心高层已经齐聚，正所谓完事具备，只欠东风。现在只有一件事情摆在乔布斯面前，即从苹果公司辞职。

没过多久，乔布斯的机会就来了。1985 年 9 月 12 日，周四，苹果公司按例召开董事大会。在此之前，乔布斯虽然仍是苹果公司名义上的董事长，可他自失去实权以后，就再也没有参加过这样的会议。不过，那一天乔布斯却给斯卡利打了个电话，并对他说自己要参加当天的董事大会，并想在大会上发言，让斯卡利给他安排一下。

斯卡利本以为乔布斯想在大会上对公司最新的重组进行批评，但事实却非如此。在会议进行到最后的时候，此前一直没有说话的乔布斯站了起来，可能是知道自己的话将会引起多么激烈的反响的缘故，所以乔布斯略微有些紧张地说道："在此之前，我想了很多，现在应该是我做出重大选择的时候了。"在顿了顿之后，他接着说道："我现在才 30 岁，我肯定还能有所作为，我不想再这样下去了……"随后，他便按照之前准备好的演讲稿，讲述了自己将会创办一家新公司的计划，并且他还向众人承诺，他只会研发一些用于高等教育和科研的计算机，并不会与苹果公司产生竞争关系，希望苹果可以购买其公司产品的一部分经销权，亦或是授权他的这家新公司的产品可以使用 Mac 电脑上的软件。同时，他还告诉众人："在我的新公司成立后，将会有少数级别不高的苹果员工加入到其中。"

当他说到这里的时候，马库拉有些不高兴了，他质问乔布斯道："你凭什么要从苹果公司带走一部分人？"对此，乔布斯则平静地回答道："迈克，不要生气。我可以向你保证，我带走的那些人的级别都不高，而且，他们都是一些准备辞职的人。"在听到乔布斯的话后，马库拉也不知道该如何说了。

在说完新公司的事情后，乔布斯才郑重向董事会提出辞呈。即便很多人早已猜到，乔布斯肯定会离开苹果的，只是不确定他会在什么时候离开。现如今，当他真的做出这一决定的时候，众人反倒有些惊愕了。在当天的董事会上，众人并没有立即同意乔布斯请辞的决定，而是让其继续留任董事长，并准备对其新公司注资，收购 10% 的股权。

会议结束后，乔布斯邀里奇·佩奇等五人到自己的家中聚餐。当他向众人说明自己愿意接受苹果的投资时，几人的反应都很强烈，他们都觉得乔布斯这样做很不明智，纷纷劝他不要接受这一提议。最后，他们还一致同意，最好马上辞职，以免夜长梦多。于是，在第二天早上，乔布斯就正式递出了自己的辞呈，并告诉了斯卡利他将要带走的那 5 名员工都有谁。

斯卡利在听到他要带走的 5 个人名单时，阴沉着脸说道："史蒂夫，难道这就是你口中所说的那些级别不高的职员？"乔布斯对此疑问根本就没有辩驳，而是对斯卡利言道："他们即便是苹果的高层又怎样？反正他们是自愿辞职的，也许再过一会儿你就能够收到他们的辞职信了。"

在乔布斯看来，他当初并没有撒谎。他所要带走的这五个人并非是公司哪个部门的经理，也不隶属于斯卡利的高层团队。所以，他就理所当然地把他们划分为了级别不高的职员。但事实上，这些都是苹果的重要员工。比方说里奇·佩奇，他是苹果公司的资深工程师，丹·卢因在苹果对高等教育市场的开发方面有着举足轻重的地位。不过，斯卡利最终还是同意了这些人的辞职请求。

在乔布斯离开自己的办公室后，斯卡利便立即召集所有的苹果高层进行了一场临时会议，提及了乔布斯及将要辞职的众人。很多人在听完斯卡利的话后，都觉得乔布斯欺骗了他们，且对苹果极为不忠。其中，尤以比尔·坎贝尔的反应最为激烈，当时他就在临时大会上喊道："我们应该将史蒂夫的欺诈行为宣传出去，那样就不会再有人将他当作救世主给供奉起来了！"后来，比尔·坎贝尔还回忆道："我当时真的很生气，尤其是在听到他要带走丹·卢因时。"

在感受到众人的愤怒后，斯卡利只得小心翼翼地询问了一下董事会的意见。结果，董事会成员的反应和那些高层管理者差不多，尤其是亚瑟·罗克。他在此之前，曾多次帮助乔布斯，并在一周之前邀请他与女友蒂娜·莱德斯到自己家中做客，而乔布斯却连一点都不信任他，根本就没有向他提及过自己将要筹建新公司的事情。所以，他在得知这一消息时，显得非常生气，还大骂乔布斯背叛了自己、背叛了苹果。作为公司的联合创始人之一，马库拉的反应虽然没有亚瑟·罗克那样激烈，但他同样表达了自己的愤怒。后来，他在回忆这段往事的时候曾说道："史蒂夫在离开苹果之前，就偷偷地笼络了一批高管人员，并带走了他们。我当时真的很生气，他的手段真是太卑劣了！"

在之后的几天内，虽然发生了很多事，不过，苹果董事会最终还是同意了乔布斯及另外 5 个人的辞职请求。另外，苹果公司准备向乔布斯的新公司注资的事情，最后也在多种因素的阻挠下，不了了之。随后，乔布斯便迅速地组建起了自己的公司，并将其命名为 Next（后改为 NeXT），寓意他所打造的下一代电脑，将会超越目前所有的产品，并想借此证明自己才是个人电脑领域内无所不能的神。

再起轩然大波

"我们之前曾一起努力过，并取得了不小辉煌。现在，我只希望我们能够友好地分手……"

——乔布斯

当日，乔布斯在向斯卡利递交过辞呈之后，就离开了苹果公司。他觉得斯卡利肯定会很乐意自己离开苹果的，自己的事情肯定会很顺利地通过。因此，在未接到苹果董事会的通知之前，他打算一直保持沉默。

不过，就在乔布斯在家专心等待消息的时候，一件大事惊动了他。9

月15日，周日，就在乔布斯正式递交辞呈的第三天，斯卡利在苹果董事会及部分高级职员的说服下，终于忍不住要向乔布斯动手了。首先，由苹果的联合创始人马库拉发表了一份正式声明，指责乔布斯违反了其在苹果董事会上的声明，不该从苹果公司聘用高级职员为自己新建的公司所用。在这份声明的最后，马库拉还郑重地表示："对于此事，苹果董事会正在考虑该用何种方式解决。"接着，第二日的《华尔街日报》还引用了另一位不愿署名的董事的话："在苹果公司，我从来没有见到大家在同一时间内都如此的愤怒，而这一切皆因他蓄意欺骗了我们所有的人。"

在看到《华尔街日报》上的那篇报道后，乔布斯非常生气，他觉得自己应当做些什么了。于是，他便给几个一向喜欢自己的记者打去了电话，邀请他们于第二天到自己的家中做客，并向他们澄清一下事实。

随后，他又给安德烈·坎宁安打了个电话，让她过来帮自己召开一场小型的记者会。她后来回忆道："当我赶到乔布斯家的时候，史蒂夫正与里奇·佩奇等五人躺在屋内的地板上，而在乔布斯家的花园内，则坐满了记者。"乔布斯看到安德烈·坎宁安来到后，便告诉她自己准备在这个新闻发布会上对那些攻讦自己的苹果高层说些难听的话，安德烈·坎宁安听后非常吃惊，她告诉乔布斯这么做会影响他的名声，并最终说服他放弃了这个念头。后来，乔布斯只是将辞职信副本发给了记者，并说了一些无关痛痒的评论。

当天稍晚的时候，乔布斯又给马库拉写了一封信，内容大致如下：

"迈克，我看到今天报纸上的新闻，上面说苹果正在考虑撤去我的董事长职务，而不是我主动辞职。对此，我想问问你，是谁发出的这篇报道，你们觉得这样做对我公平吗？你也许还记得，我在上周四的董事会上已经表示过，我将会创办一家新公司，并在会上提出了辞去公司董事长的请求。可是，你们竟没有一个人同意，甚至还要我等一周的时间再给我答复。鉴于我对苹果的感情，以及董事会对我准备成立的新公司的友好态度，我才同意了你们推迟答复的要求。第二天，我在跟约翰说明哪些人将要离开苹果的时候，他也没有表示反对。可是，自我那天离开公司后，似乎一切都变了，整个公司都对我极为敌视，我不知道这是为什么，但现在我只想你们尽快答应我辞职的请求……"

在信的结尾，乔布斯还用了一段和他辞职信中差不多的话："我今年只有30岁而已，我希望自己仍能做出一番成就，对这个社会有所贡献。

我们之前曾一起努力过，并取得了不小的辉煌。现在，我只希望我们能够友好地分手……"

在看完乔布斯的信后，马库拉心软了，他准备放乔布斯一马。因此，在周四的董事大会上，他向董事会提议，批准了乔布斯辞职的请求，并登报声明。但让苹果高层没有想到的是，当他们宣布乔布斯辞职的消息后，苹果的股价竟然神奇地上涨了近7%。一位专门负责科技股的某杂志社编辑对此调侃道："在苹果内部，那些来自东海岸的股东们，对于经营公司的加利福尼亚人总是有点不放心。但是，现在好了，沃兹和乔布斯都离开了，他们终于可以松口气了。"当然了，有幸灾乐祸者，也有为乔布斯鸣不平者，如雅达利公司的创始人诺兰·布什内尔，就对乔布斯的离开表示非常遗憾，他在接受《时代》杂志采访时说道："在史蒂夫离开后，我真不知道苹果的灵感将从哪里来？难道说，充满着百事可乐味道的苹果公司还能再创造出一个奇迹吗？"

不过，事情并未因为乔布斯的辞职而结束。几天之后，当乔布斯正在与里奇·佩奇等人筹划新公司的产品和战略方向时，苹果突然以乔布斯利用不正当的手段从苹果挖走了一批重要的人才、创意及技术为由，将乔布斯及其新开的公司告上了法庭。为此，他们还通过媒体造势，称乔布斯早在离开苹果之前，就已开始在暗中组建这样一家公司与苹果公司展开不正当竞争了，里奇·佩奇等人就是在他的蛊惑下才离开苹果公司的……

其实，他们这样怀疑也是有理由的。自从5月底开始，乔布斯便在短短的几个月内将其所持有的价值超过1亿美元的600多万股苹果股票抛售了大部分，只给自己留下1股，保证自己有参加股东大会的权力。再加上那段时间内，乔布斯一直想到乔治·卢卡斯电影公司的电脑图形设计部转转，这就更加使人怀疑，乔布斯根本就不会接受自己就此被赶出苹果的命运。因此，当时就有人推测，乔布斯大量抛售苹果股票的举动，可能是想借此获得巨资，成立一家投资基金组织，成为一个风险投资家，亦或是重新创办一家电脑公司，以与苹果抗争。

不仅外界如此，就连新加入的乔安娜·霍夫曼也曾说过："史蒂夫对于苹果公司的起诉非常生气。按理说，当时的苹果电脑在教育市场上已经有着极强的优势了，但史蒂夫为了向苹果复仇，在公司成立之初，他就针对这一市场展开了新的研发。"不过，无论别人怎么看，乔布斯并不觉得自己哪里做错了。为此，他再次给那些崇拜自己的记者打去了电话，准备在家中再举办一次记者招待会。这一次，他没有通知安德烈·坎宁安，他可不想再听什么要冷静、要谨慎之类的话了。刚开始的时候，乔布斯的表现还算平静，他先是驳斥了苹果的指控说道："我并没有任何挑衅的意思，他们几个在苹果公司内被忽视了，因此他们早就想离开苹果了，我并没有引诱他们辞职。相反地，倒是他们先给我打的电话，劝我辞职。"

过了一会儿，他又对众人说道："你们也许还不知道，我最擅长的就是发现一批天才，然后将他们聚在一起创造出具有革命性的东西。幸运的是，我在很早以前就找到了这么一群人，并创立了苹果公司。因此，不论怎样，我对苹果都是有感情的，就像是所有男人都会记得自己的初恋一般。"紧接着，乔布斯话锋一转道："但若在你离开后，便有人公开说你是公司的贼，即便对它有着再深的感情，我也会做出回应的。尤其是苹果公司竟然真的对我发起了起诉，这真的很让我吃惊。"在访谈的最后，乔布斯还有些玩味地说道："我真的没有想到，像约翰这样掌管着一个有着4000多名员工、市值超过20亿美元的公司的人，竟然还会害怕我们几个穿着牛仔裤的人。"

其实，苹果起诉乔布斯及其新公司，也有点儿赌气的意思。不久之后，马库拉和斯卡利便同时意识到，无论这场官司谁赢，最后受到伤害的都是苹果公司。于是，他们便努力寻求一种更加明智的做法，而不是非要弄得双方反目成仇不可。

后来，由于苹果公司在1985年第四季度的销售业绩稍有起色，苹果公司便趁机撤回了对乔布斯及其公司的起诉，这件事也就不了了之了。尽管如此，苹果还是同乔布斯的公司签订了一些有失公平的协议，如在协议中规定：NeXT公司在研发出新产品后，应先向苹果公司展示，只有苹果公司确认了这款新产品没有盗用苹果的设计模式和研发流程，才能够投放市场。到此，这场轩然大波才算是尘埃落定。

10万美元的标识

"假如你能为我的新公司设计出一款与众不同的标识，我会付给你10万美元的酬劳。"

——乔布斯

在决定离开苹果以后，乔布斯就开始着手建立属于自己的公司了。他先是卖掉了手中的苹果股票，为新公司的启动提供了足够的资金。在新公司，乔布斯终于可以尽情地释放自己所有的天性了，在那里没有人可以约束他，一切都将以他的意志为准。虽然他所负责设计制造的一系列产品都在市场上遭到了重挫，但这也给了乔布斯丰富的经验，为其日后的巨大成功做好了铺垫。

在新公司成立后，乔布斯就为它起了一个有些与众不同的名字：Next，按照中文翻译可解释为"下一个"或"接下来的"意思，但是，乔布斯的本意恐怕是想借此再打造出一个属于他的传奇。

为了彰显自己新公司的与众不同，除了名字之外，乔布斯还准备花重金请人为他的新公司设计一款全新的标识，就像苹果的标识一般，让人过目不忘。因此，他通过层层关系，最终找到了 71 岁的企业标识设计大师保罗·兰德。IBM、西屋电器、联合包裹服务公司（即 UPS）、美国广播公司以及《君子》杂志等企业的标识，都是他的杰作，而这也是乔布斯为什么会找上他的原因。

不过，乔布斯在找到保罗·兰德时，遇到了一点儿麻烦。当时的保罗·兰德已与 IBM 签约，在他们的合约中明确规定着：在合约期间，乙方（即保罗·兰德）不得为其他计算机公司设计标识，以免造成冲突，对甲方（即 IBM）造成损失。在了解到这一情况后，乔布斯便立即拿起电话，给 IBM 的 CEO 约翰·埃克斯打了过去。结果，对方恰好不在。有些执拗的乔布斯便打给他们的董事长，同样没人接听，紧接着他又给他们的副董事长保罗·里佐打了过去。按照乔布斯的想法，只要他一个个地打过去，肯定能够找到一个掌有实权的人出来。结果，在打第三通电话的时候他成功了。

在接通电话后，乔布斯便直截了当地对里佐说，他想让保罗·兰德为他的新公司设计一款标识。很显然对方知道是谁给他打的电话，他本想拒绝，可是他发现，在面对乔布斯的时候，哪怕是在电话中，他也生不起丝毫反抗的意识。当天，他虽然没有同意乔布斯的要求，但在两天之后，他才发现自己若是拒绝乔布斯的话，乔布斯就一直与自己纠缠不清。在无奈之下，他只得同意保罗·兰德为乔布斯的新公司设计标识。

与 IBM 谈妥之后，乔布斯便带着保罗·兰德飞回了帕洛奥图。刚开始的时候，乔布斯并没有让他立即投入到设计之中，而是想先听听他的想法。在两人交流的过程中，乔布斯率先提出了自己的意见。在他看来，最完美的计算机应是一个立方体，那样显得既简单又大方。据此，保罗·兰德也决定将其标识设计成带有立方体效果的 Logo（标识）。不仅如此，他还准备让那个立方体成 28°角倾斜，那样看上去既活泼又美观。在谈论的最后，乔布斯还像以往那样，要求保罗·兰德多做几个备选方案供他选择。但出乎意料的是，他碰到了一个倔老头儿。他明确地向乔布斯表示道："我从来不做备选方案。还有就是，我设计出来的东西无论好坏，也不管你用不用，都得付钱给我。"

听了保罗·兰德的话后，乔布斯有些吃惊，但更多却是对他的佩服。乔布斯知道，只有最自信的人才会一往直前，不做备选方案，在这一点上，他们两人很像。于是，乔布斯很快就下定了决心，对他说道："假如你能为我的新公司设计出一款与众不同的标识，我会付给你 10 万美元的酬劳。"后来，乔布斯还对此回忆道："我们之间的关系非常清楚，保罗有着艺术家的纯粹品质，而且长于解决商业上的问题。虽然从表面上看，他就是一个倔老头儿，但是他的内心却很善良。"

保罗·兰德并没有让乔布斯久等，他只用了两周的时间就做好了那个标识。之后，他便再次飞临帕洛奥图，来到乔布斯的家中，将设计交给了乔布斯。乔布斯在看过标识的图样之后，保罗·兰德又递给他一个小册子，上面记载着他构思这个标识的整个过程。接过小册子后，乔布斯认真地翻看了起来，在最后一页，他看到了保罗·兰德对于这个标识的评价："仅从色彩与设计的搭配上来看，这个标识就是一个杰作。尤其是它那 28°的倾斜角，更显得活泼美观，给人一种随和、友善之感。至于中间的那个立方体则给人一种图章式的权威感。"另外，在那个标识上，保罗·兰德还将乔布斯的新公司的名字"Next"分成了两行，分别填写在了那个立方体的立面。不仅如此，原本的"Next"也被他改成了"NeXT"，至于那个小写的"e"则被他解释为"卓越、教育"等含义。

乔布斯最喜欢追求的是完美，但是，什么样的东西才算是最完美的，恐怕连他自己都不知道。但有一点可以确信，他在看过保罗·兰德的设计后，立刻就喜欢上了。因为，在看完那本小册子的最后一页时，乔布斯拥抱了一下保罗·兰德。他在与保罗·兰德交流的时候，虽然曾想劝对方将那个小写字母"e"的颜色由暗黄色改成黄色，但却遭到了保罗·兰德激烈的反对。最后，乔布斯妥协了，完全采用了保罗·兰德的设计。

　　标识确定下来之后，另一个问题随之而来。由于乔布斯在注册公司的时候，填写的是"Next"而不是标识上的"NeXT"，因此，乔布斯只得跑到工商管理部门，将公司的名字更正一下，才算是"名副其实"。

　　当时，有很多人都不理解乔布斯为什么那么重视公司的标识，而且还愿意花费巨资请人设计。不过，乔布斯却知道，一个标识就代表着一家公司的形象和身份，标识设计得越好，自己的起点就越高。在他看来，一家公司和一本书一样，你可以根据一本书的封面去评价它，也可以根据一家公司的标识去评价它。因此，为了能让自己公司的标识能够给人们留下深刻的印象，体会到其所蕴含的价值观，他才愿意耗费巨资设计这么一款标识。

　　在离开帕洛奥图前，保罗·兰德答应了乔布斯的一个请求，即同意为他免费设计一款个人名片。不过，对于这个免费的"赠品"，乔布斯和保罗·兰德又发生了一点儿争执，而其关键就在于一个"."的位置。乔布斯觉得，在自己名字"Steve P. Jobs"中，字母"P"后面的那个缩写符最好放在"P"的曲线下，但保罗·兰德却坚持将那个缩写符放在靠右的放置，理由则是方便印刷。结果，在一场激烈的争执过后，最终以乔布斯胜出而结束了。

再次走麦城

疯狂依然故我

> "我们研发的第一台计算机一定要在一年半内发售。"
>
> ——乔布斯

　　乔布斯在创建 NeXT 公司的过程中，对公司的总部选址及设置可是做了不少的规划。如在办公环境上，为了最大限度地激发员工的灵感和创造力，他在经过一番筛选后，才将 NeXT 的办公地点选在了帕洛奥图的一幢两层小楼，并在上下两层都铺上了红木地板。在那幢小楼上，除了乔布斯自己的办公室和会议室外，其他的办公区都是开放式的。后来随着公司员工的不断增加，乔布斯又费尽心机地将办公室搬到了红木城，那里依然被他装修得十分豪华。

　　若是有人去过 NeXT 公司这两个办公地点的话，很快就会发现，无论是在帕洛奥图的那幢两层小楼中，还是在红木城的大楼里，NeXT 的办公室都有一个设计特别的楼梯。如在帕洛奥图的办公楼里，连接上下两层的是一个漂亮的圆形扶梯，而在红木城的办公楼内，楼梯则是一个没有多余支撑物的、半透明的"悬浮"楼梯。据说，这两处办公楼中的楼梯都是华裔著名建筑设计大师贝聿铭的杰作，而且，光这两处楼梯的设计费用就高达 100 万美元。自此之后，乔布斯似乎就患上了"楼梯情结"，甚至在他回归苹果后，苹果的专卖店也受他影响，在每一家专卖店里，我们都能看到一个半透明的楼梯。

在 NeXT 公司，乔布斯与在苹果时相比，似乎并没有什么改变。据《君子》杂志的记者乔·诺切拉报道：乔布斯在 NeXT 员工大会议上表现得很随意，从未一直坐在那里安静地开过会，他总是在会议室内不断地走来走去，有时候还会坐在椅子里咬指甲，亦或是在身后的黑板上乱涂乱画，这与他在苹果时几乎没有什么两样。很显然，乔布斯并没有从之前的失败中吸取教训。对于乔布斯这样心高气傲但又缺乏经验的管理者而言，也许只有经历更多的失败，他才会更快地清醒和成熟起来。

NeXT 作为一家全新的公司，有着最为出色的和最富创新精神的员工。在这些人中，还有不少都曾是乔布斯在苹果公司的手下。不过，在来到新公司后，乔布斯对待他们的方式却仍像以前那样，苛刻无比。

在 NeXT，乔布斯也会像以前一样朝令夕改，让人无所适从。如在 1986 年的夏天，在有关 NeXT 计算机的产品定位上，乔布斯再次发生了摇摆。最初他只想研发出一款价格低廉且性能超群的教育、科研用的计算机，但他很快就发现，在性能强大和价格便宜之间，很难找到一个平衡点。经过一番权衡之后，乔布斯最终还是放弃了便宜的价格。虽然很多人都不理解乔布斯为什么会突然改变当初的研发目标，但有一点可以确定，他想证明自己预见的准确性以及对未来的创造能力，而这是低端的兼容机所无法实现的，所以他才会在众人的不解中改动了当初的这一目标。

NeXT 公司在研发新型计算机的时候，执着的乔布斯再一次表现出了强硬的一面，他不打算在这款新型计算机上使用软盘驱动器，而打算采用技术性能更加复杂的光盘驱动器，通过这种驱动器，人们可以将数据写入一种特制的光盘上。在当时的计算机技术领域内，敢于使用这种光盘驱动器，简直就是一种非常大胆而且超前的做法，但是乔布斯却不顾众人的反对，毅然选择了这种驱动器。结果，在 NeXT 公司研发的新型计算机装上这种驱动器后，虽然功能非常强大，但麻烦也不少。

乔布斯虽然在许多方面都很专断，但他在 NeXT 依然有着无人能及的精神和领袖魅力。尤其是在其组织的外出集思会上，他那强大的现实扭曲力场也再次找到了发挥的地方。如在 1985 年 12 月，乔布斯带领着 NeXT 的员工，在圆石滩举行了第一次外出集思会，在会上，他的现实扭曲力场第一次在 NeXT 的员工面前展现了出来。

当时他对 NeXT 的员工自信的言道："我们研发的第一台计算机一定要在一年半内发售。"按照当时的情况来看，NeXT 根本就不可能实现这一目标。因此，当时一位还算清醒的工程师向乔布斯建议道："我们不如将发售日期改为 1988 年，那样可能会更现实一点儿。"结果，乔布斯强烈反驳道："世界总是在运动的，如果我们把日期延后的话，那我们就无法掌握住最新的技术，而我们做出来的东西也会被人们给扔进垃圾桶。"

作为乔布斯的老部下，乔安娜·霍夫曼在苹果的时候就以敢于挑战乔布斯而出名，在 NeXT 她也同样敢这么做。当她听到乔布斯的话后，便站了起来说道："史蒂夫，我知道你那现实扭曲立场对于我们有着很强的激励意义，但我想告诉你的是，我们在那个时候发售，肯定会影响到产品的设计。所以，希望你能将日期适当延后一些。"对于她的提议，乔布斯则直接拒绝道："我觉得我们如果错过那个时间，公司的信誉就会受损，我可不想看到那样的结果。"不过，很多人都不相信乔布斯的说辞，他们中有很多人都知道，乔布斯在 NeXT 公司只投了 700 万美元，按照 NeXT 公司当时的资金消耗速度，如果在 18 个月后，他们还无法通过发售新产品而获得收入，那他们就没钱了。因此，很多人都在猜测，乔布斯之所以不想推迟 NeXT 计算机的发售时间，就是因为这个。

不仅如此，在乔布斯的带领下，他的新团队也拥有着毫无顾忌的海盗气质。如在 1986 年，苹果解除了与 Chiat/Day 广告公司（曾为苹果做过"1984"这个广告）的合作。乔布斯听说后非常高兴，为此他还买下了《华尔街日报》上一整版的版面，毫无顾忌地发表了一篇题为《恭喜 Chiat/Day 广告公司》的文章。他在文中先是对 Chiat/Day 广告公司的创意大加赞赏，接着又对他们之前对苹果所做的贡献做出了肯定。最后，他还郑重其事地总结道："在离开苹果后，你会发现这无异于一次重生。"至于斯卡利等人因此而对他的敌视，他则视而不见。

在 NeXT，乔布斯有着更大的自由度。他虽然很优秀，对其他人也充满了吸引力，但是他那追求极端完美的性格，却也让他变得更加苛刻和暴躁。当初他就是因此而被驱逐出了苹果，现在，他依然没有从中吸取教训，依旧我行我素。这对于刚起步的 NeXT 来说，是福是祸还真难说。

执着的科技先驱

　　"我们要做科技先驱，就不能畏首畏尾。而且，我相信这项技术肯定会成为将来的主流，让 NeXT 电脑成为一个划时代的产物。"

——乔布斯

　　在 NeXT 公司成立之初，乔布斯显得很乐观。不过，为了能够研发出一款可以应用于教育和科研事业的电脑，他还是将公司的大部分员工都遣到各大校园内，四处征集意见，甚至连他自己也经常与丹·卢因一起走进校园。

　　一天，他和丹·卢因从哈佛大学出来后，在学校旁的餐厅里遇见了正在就餐的莲花软件公司的董事长米切尔·卡普尔。当时，卡普尔正在往一块面包上涂黄油，乔布斯则坐在他的对面看着他，然后突然问道："你知道黄油中含有多少胆固醇吗？"卡普尔听后先是一愣，随后才回答道："我们两人做个交易如何？我不谈论你的性格，也请你不要评论我的饮食习惯，你觉得怎么样？"乔布斯听后并没有多说什么，仍是静静地坐在对面看着卡普尔吃东西。

　　在对方吃完后，乔布斯才开言道："我们的新型电脑正缺乏一些软件，比如说电子表格程序等，我想你们公司肯定愿意与我们合作。"卡普尔听后说道："我连你们那款所谓的新型电脑都没有见过，我为什么要答应你呢？""我们这款新型电脑虽然还处在研发中，不过，我相信我们这款电脑定会再次掀起一场革命，你若是同意与我们合作，将会得到莫大的好处。"乔布斯直言不讳道，他相信自己的产品肯定是最完美的。听到乔布斯的话后，卡普尔陷入到了沉默当中。约一刻钟后，卡普尔经过再三权衡，最终同意为 NeXT 电脑编写一款电子表格程序。

　　卡普尔虽然只答应为 NeXT 电脑编写一款软件，但这也让乔布斯高兴了许久，因为在当时的 NeXT 公司并没有人能够编写出这种程序。乔布斯也曾找过比尔·盖茨，希望微软为自己编写这些程序，结果却被拒绝了。在与莲花公司达成协议后，乔布斯还想在这款新型电脑中预装一些出色的程序。于是，他找来工程师迈克尔·霍利，让他想办法设计出一些其他电脑上未曾出现过的程序，他的目的是要 NeXT 电脑成为计算机界的先驱，而不是一台普通的用于教育或科研用的电脑。

按照乔布斯的要求，迈克尔·霍利经过多日的努力，终于为其开发出了一部电子词典。几天后，他听一位朋友说自己在牛津大学出版社上班，并参与了最新版的莎士比亚作品集的排版印刷工作。此时迈克尔·霍利的脑海中突然冒出一个想法，假如他能将这个排版拿到手，并将它存入 NeXT 电脑中，那人们就不用再去买印刷好的书籍了。想到这里，他便立即给乔布斯打了电话，当乔布斯听到迈克尔·霍利的构想后也很兴奋，并在第二天就带着他飞到英国，找到了牛津大学出版社的负责人。

刚一见面，乔布斯就开门见山道："我们愿意支付 2000 美元买下牛津版莎士比亚作品集的版权。另外，我们还会从每一台卖出去的 NeXT 电脑中拿出 75 美分支付给你们。"正在那位负责人考虑这件事的时候，乔布斯又开言道："这件事对你们来说并不算什么，我们只要拿到你们的排版，你们就能轻易地获得一笔不错的收入。还有就是，我们之间合作的项目，是以前从来都没有人这么做过的，所以，我们将会因此而成为这一应用的先驱者。"听完乔布斯的话后，牛津大学出版社的负责人心动了，并很快与乔布斯签订了合约。因此，在 NeXT 电脑研发成功后，除了一款电子表格程序外，里面还预装了一部字典、一部百科汇编以及一部《牛津英语词典》，在有了这三个程序之后，NeXT 电脑也一跃成了计算机界实现了可搜索式电子书概念的先驱之一。

除了电子书的概念外，乔布斯还力排众议，为 NeXT 电脑装上了光驱，这是他在到日本参观佳能公司的工厂时决定的。当时，他在佳能的工厂参观时，于无意间得知佳能制造的一张光盘就有着 256M 的空间时，他都快惊呆了。要知道，当时一台电脑的硬盘最大存储量也达不到 256M，可是现在只需一张光盘就能做到，而前提只是为那台电脑装上一个光驱，然后就能轻松实现，这如何不让他吃惊。因此，乔布斯当时就决定为 NeXT 装上一个光驱。

在乔布斯做出这一决定时，有不少人劝乔布斯道："佳能的这项技术还不成熟，若是贸然用在 NeXT 电脑上的话，一旦出现问题，很有可能会给 NeXT 电脑的销售带来沉重的打击。"可是，乔布斯却回应道："我们要做科技先驱，就不能畏首畏尾。而且，我相信这项技术肯定会成为将来的主流，让 NeXT 电脑成为一个划时代的产物。"就这样，在乔布斯的执意坚持下，NeXT 的高管只得接受了为 NeXT 电脑配置光驱的建议。

　　在研发 NeXT 电脑的时候，乔布斯下了不少的心思，而在生产的方面，他也同样费了不少的心神。为了让 NeXT 电脑在研发成功的第一时间就能投入生产，乔布斯在 1986 年就开始筹建自己的生产工厂了。到了 1987 年初，隶属于 NeXT 的一座全自动化工厂终于在加州的弗里蒙特建成了。在这座工厂里，乔布斯采用了"准时化生产模式"（即 JIT 生产模式），电脑的主要生产工作都是机器人完成的，只有少量工作由人去做，大大提高了工作的效率。据初步估计，这座工厂每年至少可以制造 15 万台 NeXT 电脑。后来，乔布斯还对此回忆道："这座工厂和它生产出的电脑一样，都很让我骄傲！"

　　说实话，乔布斯确实有着独到的战略眼光，在很多时候他就像是个神明一般，能够准确地预见到未来几年内的产业趋势。不过，可以看到未来的趋势，并不等于他有条件或是能力把握好这一切。从一开始，乔布斯就将 NeXT 电脑定位成了领先业界至少 5 年的科技产品，可他又从未考虑过当时的人们是否愿意接受这样的产品。因此，当他最后以近 7000 美元的价格推出 NeXT 电脑时，它的功能虽然强大，但其销量却没有那么乐观，甚至与其预料的结果相差甚远，而这一切都与其当初的执着有关。

NeXT电脑发布

"我们造出了世界上最好的电脑。"

——乔布斯

　　在 NeXT 公司开始研发新型电脑的时候，乔布斯就曾对外宣称，他们将于 1987 年年初推出一款全新的电脑。但他却食言了，而且还将这个时间向后推延了一年半的时间，直到 1988 年 10 月 12 日，NeXT 电脑的原型机才首次出现在媒体公众面前。

　　在发布会召开之前，就有不少人猜测，NeXT 电脑会不会像 Apple Ⅱ 一样，成为全世界追捧的对象。同时，也有不少人并不看好 NeXT 电脑，尤其是乔布斯一再推迟它的发布时间，这更令他们焦躁不安。为此，还曾有记者问乔布斯质疑道："你到底还要拖延到什么时候才发布 NeXT 电脑啊？"乔布斯对此则不屑道："拖延？你根本就不了解 NeXT 电脑，它的技术至少要领先现在的计算机 5 年！"

为了澄清这些人的质疑，同时也为了超越自己，乔布斯在发布会前的几周，几乎每天都要跑到发布会的现场精心布置每一个细节，从演讲的措辞到背景的颜色，以及演示用的幻灯片等，他都一一介入，提出了自己的修改意见，并专门请了一家视频投影公司负责这一切。至于整个发布会的筹划工作，他则请来了后现代主义戏剧制作人乔治·科茨，让他为自己设计了一个有着黑色背景、处处体现着极简主义的舞台。在乔布斯的建议下，他在舞台的中央摆上一张桌子，在发布会召开那天，完美的、黑色立方体形的 NeXT 电脑就将在这里与世人见面。不仅如此，乔布斯还亲自拟定了参加发布会的人员名单，他可不想在介绍 NeXT 电脑的时候，听到有人发出不和谐的声音。

其实，这次发布活动还是有些仓促了，因为 NeXT 电脑的硬件和操作系统等并没有真正完成。所以，在发布会之前，就有人劝乔布斯使用模拟程序进行展示。不过，却都被乔布斯给拒绝了。

发布会当天，乔布斯并没有让那些受邀前来的人们失望。在发布会开始后，他沿用了其在苹果时惯用的开场白，对着台下的观众们打招呼道："很高兴能够回来。"接着又向众人缓缓言道："每一个十年内都会出现一两件震惊世界的事情，而我们今日准备推出的电脑，将会以一个崭新的平台出现，改变所有人对计算机的认识。"随后他又讲述了 NeXT 公司自成立以来的 3 年内，为了研发 NeXT 电脑而走访了国内绝大多数的高校采集信息，并最终研发出了这款适用于高等教育的计算机。

和以前一样，乔布斯在演讲的过程中，所用的最多的词语还是"令人难以置信的""我们造出了世界上最好的电脑"等。在他的描述中，NeXT 电脑就是一个完美的化身，无论是外观，还是人们看不到的内部，都非常完美。为此，他还指着另一个闲置的长、宽、高各 1 英尺的黑色铁盒子和一块长、宽各 1 英尺的主板，对着台下的众人充满热情地说道："这是我一生中见过的最漂亮的主板，现在我就给你们一个可以看清它真面目的机会。"说完，他就拿着那块他自认为最完美的主板，向人们展示了起来。

乔布斯对于完美的追求体现在各个方面，外观设计只是其中之一，而不是全部。他在向人们展示完 NeXT 电脑的外观后，又对这款机器的录音播放功能进行了展示。他先是放了一段美国前总统肯尼迪的一段讲话（即《不要问》）和美国著名的黑人运动领袖马丁·路德·金那段《我有一个梦想》的讲话，当人们还沉浸在那激昂的回音中时，乔布斯对着NeXT的麦克风俯下了身子，录下了一段属于他的声音："嗨，大家好，我是史蒂夫，在这个极具历史性的时刻，我录下了这段声音。"说完后，他站起身来，示意台下的观众给这段录音加上"一片掌声"，台下的观众虽然不明白乔布斯的葫芦里卖的什么药，但还是照做了。没过多大会儿，他们就知道发生了什么，因为乔布斯刚才所说的话和他们的掌声，正回荡在发布现场的大厅之内。

紧接着，乔布斯又向他们介绍起了 NeXT 电脑的另一个新功能——电子书，他对众人说道："在我们的电脑里，有一批真正意义上的电子书。你在这里可以找到牛津版的莎士比亚全集和其他大部名著和工具书。可以说，自古腾堡（西方活字印刷术的发明人）以来，人类印刷书本的技术就再未进步过，但是这一切将因 NeXT 电脑的问世而改变。"

然后，他又有些自嘲般地对着下面的人们说道："我知道你们经常会用'mercurial'这个词来形容我。"很多人听到乔布斯这句话后都笑了起来，尤其是坐在前排的 NeXT 员工，他们更是深有体会。不过，乔布斯对此则毫不在意，他只是轻轻地转过身子，将这个词输入到了已经在 NeXT 电脑中打开的牛津词典中，当他敲下回车键的时候，出现了这个词的释义。乔布斯从容地读出了他的第一条释义："水星的，我想你们对我的评价并不是这个意思，而应是第三种释义'情绪善变的'才对。"乔布斯的话音刚落，下面众人的笑声就又大了几分。在罗列出"mercurial"一词的多种释义后，他又继续说道："你们刚才看到的只是一部分，假如你们继续往下看的话，你们还会看到它的反义词'saturnine'（沉默寡言的）。而且，你们只需轻点一下鼠标，就能看到这个单词的完整释义。"这一全新的功能，使得众多从事教育的人都是眼前一亮，继而相继爆发出了热烈的掌声。

除了这些之外，乔布斯还向人们展示了 NeXT 电脑所特有的收发邮件功能和光驱这个外配装置。不过，在介绍光驱的时候，他却巧妙地避开了一些问题，只是向人们描述说，通过这个装置，可以对高容量的光盘进行读写，其数据存储量要远大于软盘，至于光驱从光盘上读取速度缓慢的事实他却只字未提。

其实，从一开始的时候，乔布斯就在设局。他先是罗列出了 NeXT 电脑的一系列新功能，目的就是要将它描述成一台价格高昂的东西，以便在正式公布它的售价时，下面的观众不会产生过激的反应。在介绍完 NeXT 电脑所特有的新功能后，眼见时机成熟的乔布斯，在略一停顿后说道："大家都已看到了，NeXT 电脑可以说是一款非常棒的电脑。因此，我们打算以 6500 美元的单价出售，我想那些从事高等教育的人士肯定会对它非常感兴趣的。"然而，出乎乔布斯意料的是，在他说出 NeXT 电脑的售价时，很多人都流露出了失望的神情，整个看台上只有寥寥数人在鼓掌，而那些人又都是他的忠实粉丝。

事情还没有结束，当有人向乔布斯提问 NeXT 电脑将会在何时正式发售时，乔布斯则含糊其辞地答道："我们将会在明年初推出 NEXT SETP 0.9 版的操作系统，届时将会支持软件的开发，希望喜欢尝鲜的人能够喜欢。"其实，这个所谓的 NEXT SETP 0.9 只是一个试用版本。直到 1989 年第二季度，NeXT 公司才推出装有 NEXT SETP 1.0 这个正式版的 NeXT 电脑。

在发布会的最后，台下的观众虽然因为 NeXT 电脑的价格而产生了一丝不愉快，但整体情况还是比较乐观的。尤其是在结尾的时候，当乔布斯将其特意从旧金山请来的一位小提琴手与 NeXT 电脑一同演奏起了巴赫的《维瓦尔第 A 小调小提琴协奏曲》时，几乎所有人因 NeXT 电脑高昂的价格和推迟发布的不愉快都被一扫而空。

1989 年第二季度，NeXT 电脑终于亮相了。由于这款电脑有着极为先进的技术，所以它的正式发售很快就引起了新闻界的关注。不过，当有顾客准备购买它时才发现，它并不如乔布斯所说的那样完美。虽然它采用了页面显示软件（Display Postscript），使得显示器的屏幕非常简洁、活泼，字体也显得格外清晰，但屏幕显示的色彩却是黑白的，这让很多人都很失望。

再加上它售价非常昂贵，这让 NeXT 电脑尽管有着非常出色的 NEXT SETP 操作系统，但仍然销售惨淡，自其被推出至 1989 年底，月销量只有 400 余台，并没有像乔布斯所预想的那样，在整个计算机界掀起一场轩然大波。反观微软和 IBM 所开发的 Windows 操作系统和 OS/2 操作系统，虽然不如 NEXT SETP 那般优秀，但它们却成了操作系统这一领域内的实际霸主。可以说，在当时计算机系统的争夺战中，根本就是微软和 IBM 两家公司的事情，几乎没有 NeXT 公司什么事，以至于乔布斯和他的公司及其产品完全被人给忽略了。

又是大溃败

"世界将会因为 NeXT 电脑而改变，而迪士尼公司作为动画产业的领头羊，更应该充分利用最先进的技术，保证自己站在这场变革的最前沿。"

——乔布斯

在发布会过后没多久，人们对于 NeXT 电脑的热情似乎在瞬间降到了冰点，尤其是它还没有上市，这更是让不少人都放弃了对它的执着。乔布斯的竞争对手看到这种情况后，既有幸灾乐祸的，也有落井下石的。如 Sim 公司的首席科学家比尔·乔伊，就诙谐地称 NeXT 电脑为"世界上第一款优皮士终端"。而他的老对手比尔·盖茨则是像以前一样，毫无保留地对 NeXT 电脑进行贬低，他在接受《华尔街日报》日报的采访时说道："5 年前，乔布斯推出的 Mac 电脑是独一无二。不过，对于他现在推出的这款新电脑，我却没有发现它有任何特别之处，这真的很让我失望。"

就这样，在一片不叫好也不叫座的情况下，NeXT 电脑终于在推延了两年多后，于 1989 年第二季度末正式发售了。按照乔布斯的预想，这么棒的电脑，每月至少可以卖出去 10000 台，可实际上只有可怜的 400 余台，这对于当时的 NeXT 公司来说，简直就是入不敷出。

当 NeXT 电脑的销售状况很不好的时候，日本佳能公司的总裁找到了乔布斯，并表明了佳能公司想要入股 NeXT 的想法。此时正处在危急关头的乔布斯自然不会拒绝，但是，对于伸向自己的救命稻草，乔布斯并没有显示出任何的仁慈，他在佳能公司出资 1 亿美元的情况下，只给了它 16.6%的股份，与罗斯·佩罗所持有的股份一样多。

不过，更多资金的注入并没有改变 NeXT 电脑滞销的现实，只是有效地缓解了其资金周转的压力而已。这个时候，乔布斯有些坐不住了，他想要亲自上阵推销自己的产品。于是，在短短的几周内，几乎所有公司的 CEO 都接到过乔布斯打过去的推销电话。不仅如此，有的时候，乔布斯还会亲自上门推销。如他在将电话打给迪士尼的 CEO 迈克尔·艾斯纳时，就曾在电话中言道："关于 NeXT 电脑到底有多棒，我在电话里根本就说不清楚，不如这样，你什么时候有时间的话，我可以到迪士尼与你面谈，顺便向你展示一下 NeXT 电脑都能帮助你们做些什么。"迈克尔·艾斯纳很快就同意了乔布斯的请求，并与他约好了见面的时间。

当日，陪同乔布斯前往迪士尼的还有 NeXT 公司的几位高管和两名工程师，以及两台 NeXT 电脑。其中，一台电脑的显示器是黑白的，而另一台则是彩色的。当时，迪士尼公司前来观看乔布斯演示的除了总裁迈克尔·艾斯纳外，还有两个重量级的人物，即弗兰克·韦尔斯和杰弗里·卡曾伯格，他们都是好莱坞鼎鼎有名的人物。不过，乔布斯对于自己能够见到他们，一点儿也不激动，因为他正充满激情地对着迪士尼的一群拥有话语权的人做着演讲。后来，一位曾出席了这次演示活动的迪士尼员工对此回忆道："史蒂夫一边展示 NeXT 电脑的功能，一边用极具鼓动性的口吻说道：'世界将会因为 NeXT 电脑而改变，而迪士尼公司作为动画产业的领头羊，更应该充分利用最先进的技术，保证自己站在这场变革的最前沿。'"

还有就是乔布斯在来迪士尼公司的时候，是带着两台电脑来的，而他的目的也有两个。他首先向众人演示的是有着黑白显示器的 NeXT 电脑，按照乔布斯的说法，它对迪士尼公司的日常管理有着很大的帮助，而像这种功能强大的电脑只有 NeXT 才能制造得出。随后，他又向众人展示了带有彩色显示器的电脑，在他的口中，这台电脑则成了迪士尼"引领动画片技术变革的主要媒介"。在乔布斯声情并茂的演讲结束之后，迪士尼的一干人等虽然并不完全赞同乔布斯的观点，但还是有不少人被乔布斯给打动了。如杰弗里·卡曾伯格在乔布斯讲完后，就激动地说道："这台电脑真是太棒了，它简直就像是一件艺术品一样。如果可能的话，我们准备购买 1000 台。"

乔布斯听后非常高兴，因为这笔生意一旦谈成的话，NeXT 公司很快就会从低谷中走出来。不过，事情的发展并没有那么顺利。因为，杰弗里·卡曾伯格的话只代表他个人的观点，虽然其他人也很欣赏 NeXT 电脑，但是由于它能应用的软件实在是太少了，所以，乔布斯的这次迪士尼之行并没有任何斩获。

之后，乔布斯又将目光转回到了美国一些高校的身上，在这些目标中他首选的就是卡内基·梅隆大学。在那里，乔布斯曾挖到了阿维·特凡尼安这个操作系统的开发高手，他觉得这里是自己的福地。因此，自从在迪士尼折戟沉沙后，他就将自己的目标定在了这里，并与李开复进行了第一次的对话。

1989 年 11 月，时任卡内基·梅隆大学计算系助理教授的李开复，接到学校计算系的负责人拉吉·瑞迪的通知，史蒂夫·乔布斯要来学校的计算机实验室参观。李开复听后非常开心，并马上赶到了学校。在去学校的路上，他还以为乔布斯真的只是来学校的实验室参观，而不是为了过来推销他的 NeXT 电脑。因此，他在到了实验室后，就非常兴奋地为乔布斯演示了自己刚刚开发出的世界上第一套非特定人连续语音识别系统。结果，演示非常成功，乔布斯也对其连声称赞道："真是太神奇了！这项技术足以改变未来！"

李开复听后自是十分高兴，他甚至还曾想着若是乔布斯能够买下他的这项技术，或是投资开发这项技术的话，那就更好了。但是，乔布斯让他失望了。因为，乔布斯夸他只是在为推销 NeXT 电脑做铺垫而已。所以，正当李开复还在做着美梦的时候，就听到乔布斯问他道："你的这套语音识别系统是不是在 Sun 工作站上开发出来的？如果是的话，我想告诉你，我们的 NeXT 电脑也能做到，甚至更好。我想你也知道，NeXT 电脑上的 NEXTSTEP 操作系统，正是基于你们学校研发的 Mach 内核开发出来的，这是一套代表着未来的新技术。不仅如此，它还有着最为完美的图形用户界面和最为灵活的开发模式，假如你将你的那套系统安装在 NeXT 电脑上，效果肯定不差。"

结果，乔布斯用他那极为出色的演讲口才和营销天分，赢得了李开复的信任，并顺利地拿下了与卡内基·梅隆大学的订单。虽然他们订购的数量不多，但聊胜于无。不过，当 NeXT 电脑真正来到卡内基·梅隆大学的计算机系实验室的时候，却让李开复有些失望。虽然 NeXT 电脑确实如乔布斯所说的那样不错，但是当他尝试着将那套语音识别系统移植到 NeXT 电脑上时，其运行速度竟然要比在 Sun 工作站上慢许多，这让李开复有些不太高兴。也正因此，卡内基·梅隆大学只从 NeXT 订购了极少数的 NeXT 电脑。

在之后的一段时间内，乔布斯又辗转于其他大学。由于 NeXT 电脑与其他公司生产的硬件不兼容，而且其技术只拘囿于高等教育这个特定的市场，再加上居高不下的价格，以至于很多高校在资金方面都难以承受，因此 NeXT 电脑的销量相当有限。

NeXT 电脑在教育市场上的销售乏力，使得乔布斯不得不改变将 NeXT 电脑直接销售给学生与教育机构的销售策略。因此，在 1989 年底，乔布斯联系上了电脑零售商大卫·诺曼，并与其达成协议，由后者在全美范围内销售 NeXT 电脑。不过，这个营销策略也不成功。由于 NeXT 电脑在设计的时候根本就不是针对普通消费者开发的，所以，在大卫·诺曼的零售点内，NeXT 电脑一共只卖出去了几百台而已。

除此之外，NeXT 电脑的质量也引得消费者怨声载道，几乎所有的用户都在抱怨 NeXT 电脑的性能不如 Sun 的工作站，最典型的代表就是李开复。此外，还有不少人因早期售卖的 NeXT 只有黑白的而抱怨，也有不少因 NeXT 电脑的磁盘驱动器的配置太低而不满等。乔布斯和他的团队虽然也在不断地对其进行着改进，但却无力扭转其在销售市场上溃败的事实。

你得相信你的勇气、命运、生活和缩缘，它使我的人生大不一样

只剩一张王牌

"在系统开发方面，我们也需要微软产品的替代品，而唯一能够替代微软的就只有 NeXT 了。"

——乔布斯

也许你很难想象，一个不懂得任何软件开发的公司总裁，竟然带着一帮以开发软件产品为主的员工开辟了一方属于自己的天地。而且，他还一再声称自己的公司将会成为一家比微软还要伟大的公司，能够说出这种话的人，恐怕除了史蒂夫·乔布斯外，很难再找到第二个人了。事实上也是如此，当乔布斯和他的 NeXT 公司陷入重重危机时，他正是凭借着一款软件扭转了公司的局面，并最终重返了苹果。

NeXT 电脑自 1989 年夏上市之后，就在硬件销售市场上遭遇了滑铁卢。其惨淡的市场销量，给公司的股东们带去了极大的打击。面对这种困境，最先退缩的是罗斯·佩罗，他在 NeXT 最困难的 1991 年，辞去了公司董事会成员的职务，甚至还公开宣称道："当时我做出将钱投给那些年轻人的决定，可以说是我这一生中所犯过的最大的错误。"

当然了，NeXT 在硬件市场上的惨淡业绩，也给乔布斯的自信心带去

了极大的打击。好在他对此并不在意，而是更为努力地寻找新的出路。很快地，乔布斯很快就发现了一个新的问题。每当他们的营销人员向别人介绍 NeXT 电脑时，大多数人并不关心它的硬件和外观如何，只是就 NEXT STEP 这套操作系统提出了不少的疑问。甚至连 IBM 都很看好这款操作系统，还不惜花费重金想要加入这一行列。

正所谓，有心栽花花不成，无心插柳柳成荫。本想在硬件市场上大展身手的乔布斯，到了最后竟然要靠一款操作系统而维持下去。而且，这款软件似乎也成了 NeXT 公司能否绝地翻身的唯一王牌了。

1989 年，乔布斯凭着他那三寸不烂之舌，居然说动了 IBM 的"PC 之父"比尔·劳，让他相信了 NeXT STEP 系统将会比 Windows 系统更加适合 IBM 研发的高端电脑。然后，他又利用 IBM 对微软在操作系统上的垄断有所担心的心理，以极为强势的姿态取得了与 IBM 的合作。不仅如此，NeXT 与 IBM 的合作，也在一定程度上满足了乔布斯对比尔·盖茨的"报复"心理。

如果说当年的 NeXT 与 IBM 合作成功的话，那么 IBM 在其新推出的电脑上所预装的就应该是 NEXT STEP 系统，而非是 Windows 系统。不仅如此，乔布斯也可借此轻松地占领软件操作系统的市场，而不是当年的比尔·盖茨。

然世事难料，两家的联姻还未等结出胜利的果实，便草草地收场了。而起因则是比尔·劳在与 NeXT 达成协议不久，因受 IBM 内部的权力纷争，被排挤出了 IBM。所以，失去了比尔·劳的支持，加上继任者的冷漠态度，双方最终在一个极不愉快的氛围中结束了合作。

后来，乔布斯也不得不承认，在与 IBM 的合作失败后，使得 NeXT 失去了一次霸占整个软件操作系统市场的绝佳机会。对此他还回忆道："从客观上讲，NEXT STEP 系统就像是一颗耀眼的明珠一般。可是在比尔·劳被迫离开 IBM 后，在 IBM 的那些高层眼中，这套优秀的操作系统竟然只是一个很普通的产品。"

除了 IBM 之外，还有不少电脑产业的巨头纷纷找上了乔布斯，如戴尔、康柏等，而他们的目的也都相同，即获得 NEXT STEP 系统的使用授权。不过，他们与 IBM 不一样，他们有着自己的私心。他们愿意花比 IBM 更多的钱获得授权，而条件只有一个，即不许 NeXT 生产自己品牌的电脑硬件。他们可不希望自己的电脑在安装了 NEXT STEP 系统后，还要面临着 NeXT 电脑的威胁。

可是，他们并不了解乔布斯。乔布斯的梦想就是打造一台完整的、足能改变世界的电脑，而不是整日里与那些看不见、摸不着的软件代码打交道。在苹果的时候，他就尽量保持软件的研发和硬件的生产在相对封闭的状态下进行，因此才有了 Apple II 和 Mac 的完美设计。在 NeXT 他也有着同样的想法，所以，无论那些电脑生产商提出多么诱人的条件迫使乔布斯放弃硬件的生产，都被他给拒绝了。

经历过这段风波之后，NeXT 的销售情况并没有多大改善。据统计，自 1989 年 NeXT 电脑推出至 1993 年初，NeXT 电脑卖出的数量不足 50000 台，由此也可见其经营之惨淡，而这一切都与乔布斯坚持控制一切的性格有关。不过，乔布斯对此就像是毫无知觉一般，依旧我行我素，他的手中虽然握有一张王牌，只要他愿意打出去，就能为他赢来无尽的财富，可他就是固执地不愿放手。因为，他还想再搏一搏。

1992 年 1 月，乔布斯在旧金山举办了第一届 NeXT-WORLD Expo 展览会，在此次大会上，乔布斯向人们展示了 NeXT-station、NeXT-station Color 和 NeXT-cube 等三款全新的电脑。不过，这都不算什么，因为前来参展的人并不是来看这三款电脑的，而是冲着 NEXT STEP3.0 系统而来的。按照乔布斯所言，这款系统的改版可以在英特尔 80486 处理器上完美运行。再加上 NEXT STEP3.0 的操作简单、易于使用，很快就得到了人们的认可与追捧。乔布斯当时还曾得意地对着媒体说道："在系统开发方面，我们也需要微软产品的替代品，而唯一能够替代微软的就只有 NeXT 了。"

不过，现实是残酷的，尽管其所推出几款电脑上都装有 NEXT STEP3.0 系统，但因其价格昂贵，依旧同之前的产品一样，无人问津。此时的乔布斯才愿意正视自己在硬件市场上的失败，忍痛放弃了对硬件的生产，专心于 NeXT STEP 系统的销售和升级，并最终通过这张王牌一扫 NeXT 之前的颓势。

NeXT烟消云散

"我一直都知道，我们要么是最后一家成功的硬件公司，要么就是第一家失败的。结果很不幸，我们是第一家失败的。"

——乔布斯

NeXT 公司可以说是乔布斯的一块"心病"，它的问题一天不解决，他就寝食难安。即便他手下的另一产业——皮克斯的业绩再好，都无法让他有着一丝一毫的开心。

1991 年，在苏珊·巴恩斯、巴德·特里布尔以及罗斯·佩罗等人相继离职后，NeXT 电脑的销售一度跌到了低谷。为了改变这一现状，他四处搜寻杰出的销售人才。最后，他将目光落在了迈克·史雷德的身上，此人不仅在市场销售方面是个天才，而且还是微软的高管。因此，乔布斯在成功挖了微软的墙脚后，很是得意了一番。

迈克·史雷德的到来，确实让公司的员工大受鼓舞，更重要的是NeXT 电脑的销售量也得到了大幅度的提升，这让乔布斯很是高兴。不过，这种情况并未能持续多久，很快 NeXT 电脑的销售状况便回落至当初的颓势，NeXT 公司的业绩再次跌入低谷。除此之外，迈克·史雷德的离职也让乔布斯郁闷了很久。他不明白，像 NeXT 这样完美的电脑，怎么就没人买呢？

在 NeXT 公司的前景极为惨淡的情况下，还有一家公司给了乔布斯一丝的希望，即皮克斯公司，这是乔布斯在 1987 年从卢卡斯手中以 1000 万美元买来的公司。可以说，皮克斯自 1987 年被乔布斯收购以来，在动画制作及软件开发方面都有着不少的斩获，取得了不错的业绩。如皮克斯在 1987 年制作的第一部短片《顽皮跳跳灯》不但获得了奥斯卡最佳动画短片提名，还获得旧金山国际电影节电脑影像类影片第一评审团奖——金门奖。1989 年，皮克斯利用自主开发的程序 Render Man 制作的动画短片《锡铁小兵》一举夺下了当年的奥斯卡最佳动画短片奖、美国电影协会蓝带奖以及第三届洛杉矶国际动画节一等奖。1992 年，皮克斯自主研发的电脑辅助制作系统（CAPS），也一举夺得了当届奥斯卡的科学工程金像奖等。

按理说，乔布斯应当为皮克斯的成功而感到高兴或是欣慰，但是，笼罩在 NeXT 公司上方的阴云却怎么也让他高兴不起来。不仅如此，为了拯救 NeXT，他还想从皮克斯挖人过去，却遭到了对方的拒绝。结果，NeXT 的状况还是那样半死不活。

此后一段时间内，乔布斯依然在为 NeXT 电脑的销售而物色人才，并雇用了一个有着不错的销售管理才能的英国人，即皮特·凡·库伦伯格。他为人冷酷，可以说是不近人情。他在负责 NeXT 电脑的销售工作没多久，乔布斯就接到公司内部几位副总裁的辞职信，而理由竟然出奇的一致，即皮特·凡·库伦伯格太苛刻了，而且还总是在他们的面前指手画脚。当乔布斯找到他谈话的时候，他一点儿都不觉得自己做得过分，甚至还振振有词道：“我只是在给他们施加压力，可是你也看到了，并不是所有的人都能承受这份压力。还有就是，公司的副总裁是不是太多了点儿？”对于他的回答，乔布斯确实找不出任何毛病，只得任他在公司内调度。

事情还没有结束，皮特·凡·库伦伯格在与乔布斯谈过话后，变得更加肆无忌惮了。他甚至还在暗中与 Sun 公司的 CEO 斯科特·麦克尼联系，准备让 Sun 公司收购 NeXT，并在乔布斯离开后，由自己担任 NeXT 的 CEO。好在斯科特·麦克尼根本就不屑于这种卑劣的手段，不仅如此，他在拒绝了对方的提议后，还通知了乔布斯这件事。乔布斯知道后非常生气，很快便将其扫地出门，使 NeXT 公司免去了一场灭顶之灾。

1993 年初，NeXT 公司的发展似乎有所好转，因为在财务报告上显示，NeXT 公司在 1992 年全年的销售额是 1.4 亿美元，这使得乔布斯信心大增，他还就此鼓励 NeXT 的员工道：“我们公司已经步入了正轨，一切都在好转，我们的 NeXT 电脑在市场上的占有率已经达到了 Sun 公司的一半，而且这个比率还在增加，用不了多久，Sun 公司就会被我们给挤垮的。”事实上，这只是乔布斯的一厢情愿或是盲目乐观。1992 年，NeXT 公司只卖出去了 20000 台电脑，而 Sun 公司一个月所卖的电脑都要比这个数字大很多。

可即便这样，还是有人愿意相信乔布斯的话，而这个人就是佳能公司的社长，他对 NeXT 公司在 1992 年的业绩还算满意，并不认为自己之前投入的 1 亿美元打了水漂。不仅如此，一直做着电脑梦的佳能公司，还准备再向 NeXT 公司投资 3000 万美元，希望它能再创佳绩。

不过，佳能公司再向 NeXT 投资也是有条件的。他们觉得乔布斯应当对 NeXT 公司目前这种入不敷出的境况负主要责任，所以，他们提议，假如佳能公司再向 NeXT 投钱的话，乔布斯就得将公司的一部分大权交给佳能公司选择的主管。这一要求让乔布斯为难了，假如他答应的话，难保这个新来的主管不会像当年的斯卡利一样，实施夺权并将自己赶出 NeXT。

但若不答应的话，NeXT 公司很有可能会因资金不足而早早关门歇业。那样的话，公司的所有员工都会失业，而他自己在公众面前也将名誉扫地。一时间，他陷入到了两难的境地。最后，他还是同意了佳能公司的条件，而这似乎也是他能保住 NEXT 的唯一一机会。

一般情况下，以管理公司的角度来看，在 NeXT 公司内多出一位新主管，似乎是个不错的管理方法，可这并不一定就能得到所有人的认可。在 NeXT 公司，虽然很多人都觉得乔布斯很不好，不但脾气暴躁、行为乖张，而且还随时有可能被他炒鱿鱼。但是，他们对于乔布斯的忠诚确实是无与伦比的。现在，突然间又多出一位主管要他们效忠，一时间，很多人都接受不了，甚至还有不少人以为乔布斯放弃了他们。结果，公司的高管开始相继离职。先是市场部的副总裁丹·卢因，接着是销售部的副总裁里奇·佩奇，然后是硬件部的开发主管乔治·克劳等。除此之外，他们都还有着同一个身份——NeXT 公司的创始人。

然而，这还不是最糟的。佳能公司投入到 NeXT 的 3000 万美元很快就被消耗一空，不甘心自己投入的资金这么快就打了水漂的佳能公司，在后来又陆续为 NeXT 注资约 7000 万美元。到了 1993 年初，佳能对于 NeXT 的投资已经达到了惊人的 2 亿美元。可是，NeXT 公司依旧是入不敷出。这不仅让佳能公司不满，就连乔布斯也意识到了事情的严重性。经过再三的考虑，他才做出了那个让他异常伤心地决定：放弃 NeXT 公司的硬件部门，并解雇了所有硬件部门的员工。乔布斯在关闭硬件部门后，接受媒体采访时，非常沮丧地说道："我一直都知道，我们要么是最后一家成功的硬件公司，要么就是第一家失败的。结果很不幸，我们是第一家失败的。"

在硬件部门解体之后，NeXT 电脑公司已是名不副实了，因为他只剩下一个软件部门。很快地，乔布斯就通过工商渠道，将公司的名字改成了 NeXT 软件公司。至此，NeXT 电脑公司已随着 NeXT 硬件部门的解体而烟消云散了。

操作系统的余响

"Windows 赢了，它打败了 Mac，打败了 Unix，还打败了 NEXT STEP。如此多的优秀软件，竟然全都败在了如此低劣的一个产品手上。"

——乔布斯

自从关闭硬件部门后，NeXT 公司所面临的资金压力骤减，但也只是暂时的。不仅如此，NeXT 公司的员工纷纷离职，包括之前创业的所有"元老"，以及一大部分早期的雇员。这些人的离去给乔布斯带去了不小的打击，在这些人离去之后，在他的周围虽然又聚集起了一大批的新高管，但这一切都于事无补，因为 NeXT 软件公司自重组时就一直站悬崖边上，而现在已经到了最危急的时刻。

当时，摆在乔布斯面前的有两条路可选，一是卖掉 NeXT 软件公司，二是授权其他公司使用 NEXT STEP 操作系统。结果很显然，他在关闭硬件部门之后，是不会再卖掉 NeXT 软件公司的。因此，他就只能选择第二条路了。

当这套系统初次面市的时候，就引起了无数人的惊叹，尤其是在升级到 3.0 版本后，功能比以前的版本更强大，运行更流畅，操作也更简单了。甚至还有不少科研所对市场上的各版本的系统软件进行了测试，结果让他们瞠目结舌的是，NEXT STEP 操作系统，即便不能完胜其他所有操作系统，但与它们相比也有着绝对的优势。

1993 年 2 月，在关闭硬件部门不久，乔布斯便对外宣布，他将凭借着 NEXTSTEP 东山再起，并动员公司的员工向所有生产电脑的厂商推销 NEXT STEP 操作系统。不仅如此，乔布斯还请 CKS Partners 公司（一家专门负责设计与规划服务的公司），对美国电脑产业 500 强的企业进行了调研，并令其做了一份详细的企划书。不过，这次的调研结果让乔布斯有些不高兴。根据调研报告显示，在众多的电脑公司中，竟然没有多少人知道 NEXT STEP 系统。对此，乔布斯无所谓地说道："那些人是一群什么都不懂的傻瓜，而我们接下来的目标就是将 NEXT STEP 系统打造成 90 年代最为便捷、创新和实用的系统。"

1992 年 6 月，NeXT 软件公司成功开发出了可以在英特尔 80486 处理器以及 Sun 公司的工作站系统（SPARC）上运行的软件系统，NeXT 公司的软件系统似乎有着无穷的潜力等待着乔布斯去开发。但现实总是残酷的，无论是电脑生产商还是用户，他们中的绝大多数人，宁愿使用乔布斯口中那"蹩脚的 Windows"系统，也不愿使用 NeXT 公司开发的这套操作简单，而且还是面向所有用户设计的操作系统。如在乔布斯满怀信心地来到惠普公司、Sun 公司以及其他 IT 业巨头那里推销自己的系统软件时，都遭到了拒绝，他们甚至连让 NEXT STEP 成为 Windows 的替补的机会都不给。再加上大部分用户对这种软件的不屑一顾，使得乔布斯所面临的情况越来越糟。可即便这样，他还是不愿放弃，依旧带着 NeXT 的员工精心改进着 NEXTSTEP 系统。1993 年的 5 月及 10 月，乔布斯又分别推出了 NEXT STEP3.1 版和 NEXT STEP3.2 版，结果仍以失败告终。

当时，除了 NEXT STEP 的问题以外，他名下的皮克斯动画公司也因为迪士尼突然单方面终止了《玩具总动员》这部动画片的制作，而令整个公司陷入到了一片恐慌之中。好在皮克斯的创始人之一，约翰·拉塞特重新修改了剧本，才又得到了迪士尼的认可，继续制作下去。

在此后的一段时间内，乔布斯依然将自己工作的重心放在 NEXT STEP 系统的升级与改版上，并一再对外鼓吹这套系统软件有多么优秀。刚开始的时候，虽然也有不少公司都被乔布斯那充满蛊惑力的演讲而打动了，但是，真正购买并使用的这套系统的公司却很少，他们依然觉得 Windows 系统才是他们追求的目标。

1995 年，皮克斯推出了动画片《玩具总动员》，结果引发了轰动，使得皮克斯获得了前所未有的成功。与此同时，乔布斯还抓住机会，不顾一些金融专家的反对，将皮克斯上市。事实证明，乔布斯的这一举动是明智的。因为，在开盘当天，皮克斯的股票价格就从 22 美元涨到了 49 美元，翻了一倍多。

皮克斯在动画产业方面的成功，并没有给乔布斯带去多少快乐。因为，他的心思还放在 NeXT 的系统软件上。他不明白自己明明有着世界上最好的操作系统，可为什么就是无人问津呢？后来，他在接受《红鲱鱼》杂志的记者采访时曾这样说过："Windows 赢了，它打败了 Mac，打败了 Unix，还打败了 NEXT STEP。如此多的优秀软件，竟然全都败在了如此低劣的一个产品手上。"

乔布斯在 NeXT 公司销售软硬件一体产品方面的失败，给其一直所坚信的理念带去了巨大的冲击。当他意识到自己在 NeXT 不可能复制他在苹果时的成功时，他才决定砍掉硬件业务，将公司转型为一家软件公司。虽然 NEXT STEP 让人感到惊艳，但是真正愿意接受它的人并不多。如其在 1995 年 12 月推出的 NEXT STEP3.3 版本，虽然能在 IBM PC x86、Sun SPARC 及 HP PA-RISC 等多个平台上运行，但是使用它的人依然少之又少。在此之后，NeXT 虽然也开发出了 NEXT STEP4.0 版，但终究没有发布，以至于 NEXT STEP3.3 版成了 NeXT 在被苹果收购前所推出的最后一个正式版本，成了这一操作系统系列的绝响。

努力之后，我还是失败了，那我相信自己还会努力的

风雨飘摇的苹果

> "斯卡利总招聘些笨蛋，同时坚持错误的价值观，毁掉了苹果。"
>
> ——乔布斯

就在 NeXT 公司陷入运营困境时，苹果那边也同样风雨飘摇。在乔布斯被驱逐出苹果后，斯卡利全力推动苹果转型，取得了骄人的成绩，苹果从每年几十亿的销售收入暴增到上百亿美元。看到公司蒸蒸日上，斯卡利开始飘飘然起来，觉得自己简直就是个天才，即便没有乔布斯，他也能实现技术改变世界的梦想，故此也更加不屑乔布斯以前的所作所为。乔布斯给苹果的目标定位是"一家出色的消费品公司"，但斯卡利完全颠覆了这个理念，他认为乔布斯的计划真是愚蠢至极，他公开宣称"不论是现在还是将来，苹果都不会成为一家消费品公司，因为高科技产品不同于一般产品，它不能像普通消费品那样去设计和销售"。

乔布斯对此感到格外震惊，早在 80 年代初，他就以其独到的商业眼光预测到，未来高新科技产品必将像快消品一样流行，进入普通消费者的家中。当他还在苹果的时候，一直强调创新，强调产品的更新换代，就是希望把苹果变成真正意义上的消费品公司，而如今斯卡利竟然公然地背弃

了自己的经营理念。乔布斯愤怒、沮丧，关切着苹果的一举一动。到了90年代初，苹果的发展陷入了瓶颈，市场份额和收入持续下降，乔布斯对斯卡利的愤怒和厌恶更是与日俱增。他认为，这些年来，"斯卡利总招聘些笨蛋，同时坚持错误的价值观，毁掉了苹果"。在他看来，如今的苹果管理层早已经失去了以往的活力，只知道赚钱，却不在乎制作有特色的新产品。

其实，这话也并不准确，因为斯卡利也推出了一些新产品，可惜的是，斯卡利并不是乔布斯，他缺乏乔布斯超凡的商业眼光，也没有乔布斯与生俱来的魅惑能力，所以很难推出一款震撼世界的产品。苹果工程师史蒂夫·萨科曼曾试图研制一种只有书本大小的电脑，斯卡利从中嗅出了商机，觉得如果能把这款书本大小的电脑推向市场，定能风靡全球，掀起新一轮的苹果"风暴"。斯卡利明白，乔布斯对苹果的影响太大了，要消除其烙印，就必须开发出一款自己的产品。苹果研发中心 ATG 的创建者拉里·特斯勒负责这个项目，新产品被称之为"牛顿"。

1992 年 1 月，斯卡利在美国拉斯维加斯的美国消费电子展上，向公众隆重介绍了牛顿的产品概念，并将其称为个人数字助理（PDA）。他激动地告诉大家，这款产品技术是如何的先进，性能是如何的优越。他甚至大胆预言：在不远的将来，PDA 所开拓的市场将会达到 3.5 万亿美元的规模。这简直就是一个天文数字，尽管公众、媒体对此无比疑惑，但斯卡利却似乎成竹在胸。

1993 年 8 月，"牛顿"正式问世。开始几天，这款新产品的确受到了众人追捧，但是人们随后发现，牛顿所带给人们的使用体验，并不像之前斯卡利所吹嘘的那样完美。同很多电脑相比，"牛顿"的缺陷是显而易见的：运行速度慢，手写识别率低，而且又大又重，根本不适于随身携带。截止到 1993 年末，"牛顿"总共卖出了 12 万台，这与之前斯卡利预期的数百万台简直是天壤之别。牛顿上市后的惨淡业绩，让苹果公司雪上加霜。随着而微软、IBM 的强势崛起，苹果电脑的市场份额被大大压缩，市场占有率由原来的 20% 下降到 8%，股价更是大幅下跌，损失极其惨重。斯卡利面对这种场面，不得不大幅裁掉 2500 名员工，缩减开支，以求自保，但这些根本就是杯水车薪，无济于事。董事会开始对斯卡利不满，并于这年年底将其解雇，赶出苹果公司。

苹果董事会需要物色一位新的 CEO 了。德国人迈克尔·斯平德勒接替了斯卡利的职位，斯平德勒原本是苹果公司欧洲部总裁，因其业绩突出，被斯卡利调到了苹果公司的美国总部。当斯卡利被解职后，董事会对斯平德勒寄予了厚望，希望他能够带领苹果公司走出危机。但是，他们的选择错了。斯平德勒诚然是一个勤奋的人，但是拯救一家公司，只靠勤奋显然是不够的。斯平德勒也许懂些产品和销售，但在技术上根本就是个门外汉，而且在管理和经营上也过于笨拙，缺乏大刀阔斧进行改革的勇气。乔布斯喜欢在媒体和公众面前展示个人魅力，但是斯平德勒却畏首畏尾，遇到困难就慌促不安，好像世界末日了一样，他还非常不情愿上台演讲。

在这种情况下，苹果公司的状况进一步恶化，电脑销售量少得可怜，市场份额继续缩水。斯平德勒开始寻求其他公司的并购，诸如飞利浦、西门子、IBM、东芝、索尼、Sun 等公司都先后接到过苹果的售卖邀约。苹果联系的公司中，飞利浦和太阳计算机系统公司对此颇感兴趣，双方进行了几个回合的谈判，最终因为对方给出的价码太低，远低于斯平德勒的预期而被拒绝。

1995 年，苹果股票大幅下跌，销售业绩惨不忍睹，单单最后一个财季的亏损就达到 6900 万美元。这么糟糕的成绩意味着必须有人为此付出代价，这一年里全公司共计 45 位副总裁里就有 14 位离职，更多的高官开始为自己的前途而考虑了。到了 1996 年 1 月，残酷的现实令斯平德勒不得不再次裁员，1300 多名员工进入了裁员的黑名单，很多人都是流着泪离开的。

斯平德勒面对着苹果的危机，感到束手无策，身心俱疲，精神上的压力、身体上的病痛折磨得他苦不堪言。1 月某天，他因为心脏病住进了医院。医生对他做了健康检查，建议他辞掉 CEO 的职务好好休息。斯平德勒尚没有辞职的打算，但是董事会却表现出了不耐烦的态度。在 1996 年 1 月 23 日的股东大会上，股东们一起向斯平德勒发难，要求他立即辞职，他们似乎已经忘记了，当初是谁将他推上 CEO 的位置的。几周后，斯平德勒正式被董事会解除了职务。

那么，新一任苹果 CEO 是谁呢？公司董事会一致认为有两个最佳人选。其中一人是尤尔根·欣茨（宝洁公司的执行副总裁），但他是个德国人，经过了斯平德勒之事后，董事会似乎对德国人不太信任，最终将他从选项中剔除。另一人选是吉尔·阿梅里奥，他是一位出色的研发工程师，曾任国家半导体公司的 CEO。他堪称是一位出色的"救火队员"，很有能力。当年，国家半导体公司亏损严重，阿梅里奥受命于危难之间，扛起了拯救国家半导体公司的大旗。他上任之后，就大刀阔斧地进行了改革，重组公司行政管理部门，削减了无法赢利的产品生产线，结果很快就使公司扭亏为盈，利润空前提高，阿梅里奥也由此成了华尔街的风云人物。

当阿梅里奥接到董事会的电话，邀请他出任苹果 CEO 后，阿梅里奥惊讶极了，但他还是很愉快地答应了。对于阿梅里奥来说，做出这个决定很不容易。当时，国家半导体公司已经步入正轨，开始盈利。如果他继续留在公司担任 CEO，那么他肯定会名利双收，继续创造自己的辉煌。而一旦入主苹果公司，就需要从头开始，前途未知。是延续已有的辉煌，还是开创另一个传奇？阿梅里奥选择了后者。苹果公司声名太盛了，尽管危机重重，但要拒绝它却并不容易。

阿梅里奥上任之后，发现苹果的情况要比想象的还要糟糕得多。尽管他是一名出色的商业管理人员，但是很显然他的行事风格与苹果的 DNA格格不入。苹果的公司文化、管理模式是由乔布斯塑造的，因为这个原因，还没有哪一位 CEO 能够完全地控制整个公司，阿梅里奥也是如此。他想利用他曾在国家半导体公司使用的管理艺术来管理苹果公司，但他发现其难度远远超出了想象。比如，他发现两个项目缺乏团队意识，彼此对立，还经常互相拆台，每个人都扰乱、破坏其他人的工作。阿梅里奥决定杜绝这种不良风气，于是下令解散其中的一个项目组。几个月后，他惊讶地发现，被他下令解散的那个项目组不但仍然存在，而且从未停止过拆台、破坏、大量浪费公司资金。很明显，这群人并没有把他这位苹果公司新 CEO 的话放在心上。

如果做不到基本的令行禁止，还如何带领苹果公司走出困境？阿梅里奥认为是应该采取一点强硬措施的时候了。他请来自动数据处理公司（ADP）的财政主管弗雷德·安得森作为自己的助手。经过讨论，阿梅里奥和安得森制定了几条管理办法，比如对随意浪费公司资金的部门进行大额罚款，辞退不够勤勉、不负责任的员工等。在采取了一系列强硬的管理措施后，阿梅里奥通过裁减项目，削减开支，改善公司的财务状况。他毫不留情地将苹果公司乱七八糟的 500 多个项目砍掉了 9/10，只余下 50 多个。这虽然对于财政状况的改善有一定的帮助，但是并不能改变苹果在计算机市场上所处的劣势地位，苹果公司的销售额依旧在持续下滑。

阿梅里奥在任期的第一年里，苹果公司的股票价格从 1991 年时的 70

美元暴跌到 14 美元，亏损高达 10 亿美元，市场份额也已经从 80 年代末的高达 16% 下降到 4%。与此同时，其他的 IT 公司得益于互联网热潮的兴起，股票的价格正在高速增长。苹果若仍无改变，恐怕很难摆脱破产的命运了。

互补与期盼

"为了苹果，我愿意提供任何形式的帮助，不论是软件授权，还是转让整个公司，我都乐于接受。"

——乔布斯

阿梅里奥上任后，用尽了各种办法填补漏洞，解决危机。那时，苹果的研发团队遇到了瓶颈，他们为麦金塔开发的操作系统一直不大稳定，不但运行缓慢，而且动不动就出现死机的状况。这些问题明显会影响产品的口碑和销量，用户的抱怨声一浪高过一浪。阿梅里奥为此忧虑不已，要求 Mac OS 研发团队尽快解决这个问题。但是研发团队却发现，他们根本无力解决这个问题。Mac 操作系统仿佛已经病入膏肓，无药可救了。于是，他们决定放弃这种系统，集中人力、资源全力开发一种新的操作系统。他们把这种新的操作系统称之为 Copland。然而，开发一种新的系统谈何容易。尽管工程师已经绞尽脑汁了，却仍然是茫无头绪，毫无进展。阿梅里奥这才发现，Copland 系统不过是一个空中楼阁而已。还有几个月就是 Macworld 大会了。如果届时还没有一套优秀的操作系统，后果不堪设想，阿梅里奥觉得只能借助外购了。

那么，应该采用哪一家软件公司的操作系统呢？阿梅里奥首先想到了比尔·盖茨的微软。尽管微软多年来一直被苹果视为大敌，但双方仍然保持着磕磕碰碰、若即若离的合作关系。再加上阿梅里奥是外部空降来的，没有"麦金塔情结"，也没有苹果老员工对微软的仇视情绪，所以他没有将微软排除在名单之外。他亲自给盖茨打去了电话，询问对方能够为苹果开发一个 Macintosh 使用的操作系统。这个消息对于盖茨来说，简直是一个意外之喜，微软对于苹果的觊觎已经不是一天两天了。当年，微软"窃"自麦金塔的 Windows 操作系统经过改良，已经以绝对的优势垄断了世界市场，大大压缩了麦金塔的生存空间。盖茨相信，如果微软能够赢得这个机会，就能够利用 Windows 蚕食掉苹果最后的疆土，从而取得对苹果的完胜。当然，在盖茨的心中，还有另一个人的影子，那就是乔布斯，他希望彻底打败这个对手。

所以，盖茨几乎是不假思索就答应了阿梅里奥的要求，并且积极推动这桩交易。微软的工程师飞到了苹果总部，和苹果的员工探讨技术的种种细节。但是，他们很快就发现，这并不是一项简单的工作，麦金塔用户界面技术和微软的 Windows 系统整合起来实在是太复杂了。要实现二者的兼容，绝对不是一朝一夕的事情。时间不等人，阿梅里奥决定另寻一种适宜的操作系统。

这时，法国人让·路易·加西找到了阿梅里奥，表示愿意为麦金塔提供他们公司的 Be 操作系统。加西本是苹果公司的前高管，在乔布斯和斯卡利的争端中，正是这人向斯卡利告密，最终迫使乔布斯离开了苹果。可以说，乔布斯对此人的痛恨程度甚至超过了斯卡利。在乔布斯被赶出苹果后，加西接管了麦金塔团队。但好景不长，到了 90 年代，加西也因为种种原因被斯卡利解雇了。加西离开苹果后，创办了一家名为 Be 的公司，主营方向仍是电脑和操作系统。

相较于 Windows 系统而言，Be 操作系统显然更具有优势。一方面，苹果的老员工、粉丝对于微软心存芥蒂，而 Be 公司就不会有些问题了。另一方面，加西曾经是麦金塔项目的负责人，具有苹果的基因，其开发出来的系统能够很好地与麦金塔兼容，Be 操作系统可以直接在麦金塔电脑上运行。显然，如果选用这种系统，可以节约大量成本和时间，也不会存在 Windows 系统的种种问题。

阿梅里奥心中唯一的担忧是，Be 操作系统刚研发出来，还没有经过应用的检验，其性能如何、稳不稳定、有没有其他隐患，这些都是未知之数。阿梅里奥经过一番权衡，决定采用 Be 系统。双方很快开始进行实质性的谈判。加西很有信心，自认为胜券在握。1996 年 8 月，加西和阿梅里奥在夏威夷进行谈判。谈判的过程不大顺利。加西知道阿梅里奥很急，所以就打算狠劲宰苹果一下，他傲慢地提出，他打算以 50 人的团队交换苹果 15% 的股权。当加西把这个想法提出来的时候，阿梅里奥认为他简直是疯了，因为苹果 15% 的股权价值 5 亿，而苹果公司认为 Be 公司的价值仅为 5000 万美元，想用价值为 5000 万的东西交换价值为 5 亿的东西，除了傻子谁会同意啊？经过几轮讨价还价，加西最后表示不能接受低于2.75亿美元的报价。加西之所以敢如此强硬，是因为他吃准了阿梅里奥的软肋。其一，Macworld 大会临近，阿梅里奥必须尽快达成协议，以兑现自己的承诺。时间上的紧迫，令他的确没有过多的选择余地。其二，Be操作系统相对于 Windows 来说，有很大的优势。他甚至告诉别人，他已经拿住了苹果的要害，要捏到对方疼为止。

这话传到阿梅里奥的耳朵里，自然是不大受用，他开始琢磨起另外的人选了。他脑中灵光一闪，想到了乔布斯。对，乔布斯！乔布斯这些年不是一直在研发和销售 NEXT STEP 操作系统吗？虽然 NeXT 公司这些年来发展得不怎么样，但没有人否认 NeXT 的 NEXT STEP 操作系统是一款极其精良的操作系统。想到了乔布斯，阿梅里奥脸上掠过一丝苦笑，他们曾打过一次交道。

那是在 1994 年，当时阿梅里奥刚刚被选入苹果的董事会。乔布斯给他打了一个电话说："吉尔，咱们聊聊吧。"阿梅里奥同意了，邀请乔布斯到国家半导体公司的办公室见面。两人见面后，先是寒暄了几句，然后乔布斯直奔主题，说明来意，他希望阿梅里奥帮助他重返苹果，担任CEO。阿梅里奥大吃一惊，完全没有想到乔布斯竟然会提出这样一个要求。那个时候，皮克斯还没有一鸣惊人，NeXT 公司管理得一团糟，乔布斯几乎已经被世人遗忘，在这样的情形下，他竟然还敢提出这样的要求。但是，乔布斯似乎已经把自己当成是苹果公司的救世主了。"苹果现在一团糟，只有一个人可以将它拉出泥沼"，乔布斯言谈中充满自信，"那个人就是我！"乔布斯认为，微软虽然赢了苹果，但没有任何的创新之处，麦金塔已经是历史了，现在到了苹果要进行技术创新，扭转困境的时刻了。

阿梅里奥问他该怎么做？乔布斯却仅断断续续地说出了一下想法，而没有一个系统的规划和方案，所以阿梅里奥毫不客气地请乔布斯走人了，并且深为自己没有受到乔布斯现实扭曲力场的蛊惑而自豪。

两年后的今天，阿梅里奥贵为苹果的 CEO，而乔布斯也已经重新崛起，皮克斯大放异彩，乔布斯身家十几亿美元，成为影视圈内炙手可热的人物。和苹果恩怨交织的乔布斯愿意捐弃前嫌，和苹果合作吗？事实上，他的这些担忧完全没有必要，因为就在这个时候，NeXT 主动伸出了橄榄枝。

NeXT 公司的一位中级产品推销员加勒特·赖斯给苹果公司首席技术

官艾伦·汉考克打了一个电话，询问苹果公司会否考虑使用 NEXT STEP 作为麦金塔的操作系统。赖斯的这个电话并没有请示乔布斯，他不想错过这个难得的业务良机，又担心乔布斯反对，所以索性先斩后奏。汉考克在接到赖斯的电话后，立即将此事汇报给了阿梅里奥。阿梅里奥认为，既然 NeXT 会带来这个电话，说明乔布斯已经了解苹果的内情了。双方既然都有合作意向，又何乐而不为呢？

于是，阿梅里奥指示汉考克正面回应赖斯，商讨合作事宜，赖斯随后向正要出发前往日本的乔布斯汇报了此事。乔布斯闻讯后欣喜若狂，虽然皮克斯取得了成功，但他明白那只是拉塞特等人的成功而已，和自己没有多大的关系。NeXT 始终是他的一块心病，他早就想把它出售，但一直没有找到好的买主。如果这次 NeXT 公司能和苹果达成合作，他不但可以借机重返苹果，还能够捎带打击老对手盖茨和加西。乔布斯直接给阿梅里奥打了个电话，表示自己要去日本，一周内就会回来，在此之前，希望阿梅里奥不要作任何决定。阿梅里奥接到乔布斯的电话感到很振奋，他答应乔布斯，在他们俩见面之前，他不会跟加西、盖茨或任何人达成交易。

几天后，乔布斯从日本回来，随后百感交集地来到了苹果总部。阿梅里奥以主人的身份接待了乔布斯这个曾经的主人。乔布斯以超凡的口才滔滔不绝地向阿梅里奥和汉考克展示了 NEXT STEP 操作系统，他还以激烈的言辞批评 Be 操作系统不成熟、不稳定，并断言如果苹果采用了 Be 系统将是一个灾难。最后，他对阿梅里奥说："为了苹果，我愿意提供任何形式的帮助，不论是软件授权，还是转让整个公司，我都乐于接受。"

这个低姿态在乔布斯的一生里都极为罕见。乔布斯给人的印象从来是暴躁、冷酷、不近人情，这番表态着实出乎阿梅里奥的意料之外。苹果有合作意愿的这几个竞争者中，盖茨因为附加条件太多，再加上合作技术难度大而提前出局；Be 公司的加西虽然是一个比较合适的合作对方，但对方漫天要价，太过自以为是，实在令人厌恶；而乔布斯此种态度，不能不让阿梅里奥动心。

比萨炉前的会谈

"瞧，拉里，即使不用收购苹果，我也找到了一种回归苹果的方式。"

——乔布斯

尽管阿梅里奥内心已经倾向于选择乔布斯，但他为了保险起见，还是将公司里的专业人员都召集起来，让他们对微软、太阳、NeXT 和 Be 公司的操作系统进行测评，从而确定最后合作对象。测评小组经过分析，首先淘汰了微软和太阳的系统软件。他们开发的系统虽各有妙处，但难以和苹果技术兼容，所以只能放弃了。然后，测评小组比较了 NeXT 和 Be 公司的操作系统后发现，虽然 Be 公司的操作系统能够和麦金塔电脑兼容，但是它还是具有不少的缺点：

缺点一：每次运用这个程序时，都需要进行升级。而一旦对 Be 系统进行升级，就会产生一个新的问题——第三方的研发工作人员也需要升级他们的系统软件。这对于任何人来说都是难以接受的。

缺点二：该操作系统在技术上并不够成熟，稳定性差，而且不支持一些复杂的语言系统，比如说汉语、日语、韩语等。亚洲地区人口稠密，市场潜力巨大，苹果公司的产品要做到大众化，销往全球，就不能不考虑亚洲的状况，所以这种要求也是必需的，而这一点恰是 Be 系统不具备的。

最终，测评小组综合各种参数，对两家公司进行打分，史蒂夫·乔布斯的 NeXT 公司操作系统得到了 184 分，而加西的 Be 公司操作系统仅得到了 146 分。在这一回合中，乔布斯取得了胜利。

接下来，到了做最后决定的时刻了，由于这项交易牵涉的金额庞大，阿梅里奥也不能独自做出决定。于是，他邀请了乔布斯和加西进行一次"双雄对决"，在苹果各位主管面前阐述他们公司的产品情况。1996 年 12 月 10 日，乔布斯和加西在帕洛奥图的花园庭院酒店上演了终极对决。

乔布斯首先登上讲台，做了发言。和他同去的是 NeXT 的高级技术主管阿维·特凡尼安。特凡尼安带来了一台微型电脑，娴熟地展示着软件，向苹果公司的主管们演示 NEXT 系统如何可以在屏幕上同时播放四段视频、如何制作多媒体文件、如何连接互联网等。而乔布斯则尽情地施展着自己演讲的魅力，大力推销公司产品，阿梅里奥和其他 6 位主管为他精彩的演讲喝彩不已。

紧跟着发言的是加西。相较于乔布斯的有备而来，加西的表现算不上完美。他或许是以为自己胜券在握了，没有必要再做什么准备了，两手空空而来。他基本上没有做任何的演示和陈述，只是说苹果团队已经知道

Be 操作系统的性能了，问阿梅里奥还有没有其他的问题。随后，阿梅里奥和众主管进行投票，所有的人都把票投给了 NeXT 公司，这完全在阿梅里奥的意料之中。在他看来，乔布斯的个人能力太过突出了，加西和他相比，根本不是一个处在同一水平的竞争者。

乔布斯早就笃定自己会赢。果不其然，不一会儿，乔布斯和特凡尼安在帕洛奥图街道上遇见了刚才做评委的一名主管。他告诉他们，NeXT 赢了。乔布斯不久接到了阿梅里奥的电话，阿梅里奥在电话里告诉乔布斯，他计划向苹果董事会提请授权他谈判 NeXT 的收购事宜。他问乔布斯是否愿意参加苹果董事会会议，陈述自己的意见，乔布斯欣然答应。在步入会议室的那一刻，乔布斯看见了一张熟悉的面孔，那是迈克·马库拉。马库拉是早年对于苹果的发展起过重要作用的人，堪称是乔布斯的导师。然而，自从 1985 年马库拉站在斯卡利一边后，他们就再也没讲过话。乔布斯走过去地和他礼貌性地握手，然后自己作了 NeXT 示演，并轻而易举地征服了董事会。

随后，双方正式开始谈判。乔布斯邀请阿梅里奥去他在帕洛奥图的家里谈判，这是乔布斯一贯的技巧，他喜欢在自己的主场谈判，因为这样对谈判有利。阿梅里奥同意了，他认为在家里谈判可以有个友好的环境。这天，阿梅里奥开着自己最喜欢的 1973 年款奔驰车来到了乔布斯家，乔布斯亲自出门相迎。他们将谈判的地点选在了厨房的比萨炉前。乔布斯边给阿梅里奥泡茶，边商谈苹果收购 NeXT 的价格。乔布斯希望苹果收购 NeXT 的价格定为每股 12 美元，但阿梅里奥认为这个价格太贵了，于是还价到每股 10 元，总价 4 亿美元。

这对于乔布斯来说，实在是太棒了。NeXT 公司濒临倒闭，居然能够以如此高的价格出售，真是一个好消息。阿梅里奥当然并不笨，他之所以给出这个价格，是基于之前加西的 Be 公司 5 亿美元的要价。与 Be 公司相比，NeXT 公司有实际的产品、先进的技术，以及出色的研发团队，这些都是阿梅里奥考虑的重要方面。他相信，收购 NeXT 所带来的效益远远不止于此。

谈判的焦点，是如何支付收购费用的问题。阿梅里奥希望乔布斯能够与苹果公司共存亡，坚持以股票的方式来支付收购费用，并且要求他持股至少一年。但乔布斯不同意，他要求苹果支付现金。最后，双方都做了妥协。乔布斯拿到 3.77 亿美元的现金和价值 3700 万美元的苹果股票，并承诺持有这些股票最少 6 个月。这些并非重点，重点是乔布斯经过多年之后重新回归了苹果。

一年前的圣诞节，乔布斯和他的朋友、甲骨文 CEO 拉里·埃里森在夏威夷的康娜度假村休假时，探讨过收购苹果的事情。当时，苹果销量惨淡，正处于风雨飘摇之中。埃里森向乔布斯表示，自己可以融资 30 亿美金买下苹果，然后请乔布斯回去重掌大局，重现苹果过去的辉煌。乔布斯对此表示反对，认为自己并不是那种能做恶意收购的人，他希望苹果董事会请自己回去。

这年，乔布斯和埃里森再次前往夏威夷的康娜度假村过圣诞节。在海滩散步途中，乔布斯得意地对埃里森说："瞧，拉里，即使不用收购苹果，我也找到了一种回归苹果的方式。"乔布斯侃侃而谈，解释了自己的策略：首先促成苹果公司收购 NeXT 公司，然后进入董事会，这样距离 CEO 的位置就仅有一步之遥了。虽然乔布斯后来煞有介事地解释说他当时没有计划夺回苹果，但是埃里森认为，乔布斯干掉阿梅里奥，当上 CEO 是板上钉钉的事情。

苹果公司和 NeXT 达成收购协议后，阿梅里奥需要把这个消息传达给了加西。而在此之前，他还得硬着头皮通知比尔·盖茨。果不其然，比尔·盖茨在得知这个消息后，彻底被气坏了。这个一贯以冷静、理智著称的人一反常态，歇斯底里地在电话里向阿梅里奥咆哮了足足有三分钟："你们真是疯了，竟然相信了史蒂夫·乔布斯的话。难道你们忘记了他在十几年前把苹果搞得一团糟吗？你们竟然做出了这种决定，真是疯了……"盖茨之所以这么愤怒，是因为他意识到，这次交易注定会使乔布斯重掌大权。即便沉沦多年，乔布斯依然是盖茨最为忌惮的竞争对手。

乔布斯归来

"我希望尽快回到新老同事中间，为苹果贡献自己的力量。"

——乔布斯

乔布斯多年来一直对苹果董事会耿耿于怀。当年，他一手创立了苹果，奠定了苹果的辉煌局面，而董事会却在他和斯卡利的争端中，站在了斯卡利的一端，毫不留情地将他排挤在苹果大门之外。如今，乔布斯借助NeXT重返苹果，他更希望阿梅里奥能够将自己纳入苹果董事会，以此向外界发出一个强烈的信号，证明他已经彻底战胜了当年将他逐出苹果的董事会。但是，阿梅里奥另有考虑，他深知让乔布斯重回苹果是把双刃剑，所以婉言谢绝了乔布斯。

这令乔布斯感到十分失望。尽管手中拥有了巨额的苹果股票，入主苹果董事会合情合理，但是苹果领导层显然还没有做好接受乔布斯的准备。而且阿梅里奥对于乔布斯也并非完全信任，乔布斯的魅惑力太大了，谁也搞不清楚他真正的想法是什么。阿梅里奥还记得在收购 NeXT 时，麦金塔团队的老员工拉里·特斯勒这么告诫自己："如果你选择了 NeXT，就要做好被乔布斯取代的准备。"在这种情况下，阿梅里奥又岂会引狼入室，将乔布斯招进苹果董事会呢？

苹果完成对 NeXT 的收购后，事实上乔布斯也将成为苹果的员工。阿梅里奥得意地向外界宣称："我不但买到了 NeXT，还买到了乔布斯。"他认为乔布斯身上的名人效应是一笔无形的资产，他完全可以利用这一点给苹果带来实际的效益。为了达到操控乔布斯的目的，阿梅里奥迫切地需要和乔布斯签订一份正式的雇佣合同，以确保乔布斯能够为苹果、为自己服务一段时间。

乔布斯坚决不同意。他是一个天生的控制狂，绝不愿意屈从于任何人之下，更不愿意为别人卖命。假如他签订了这样的合同，就意味着他自甘居于阿梅里奥之下，这是乔布斯无论如何都不能接受的事情。乔布斯希望加入董事会，因为那是一个具有很大自由的职位，而且这个位子离 CEO 的位置仅有一步之遥。收购的日期已经确定了，但在乔布斯的职务问题上双方却陷入了僵局。有两次，卫星转播车都开进了苹果大院之中，但因为两人各不让步，只能取消。

乔布斯感到很矛盾。他明白，苹果这次大手笔收购 NeXT 可能是自己重返苹果唯一的机会了。但是，他又不愿意屈居人下，希望以一种体面的方式回归苹果。所以，当阿梅里奥多次要求乔布斯全职加入苹果，负责操作系统的开发的时候，他都尽量推诿，要求阿梅里奥不要做出任何的决定。

阿梅里奥也觉得相当为难。苹果收购 NeXT，乔布斯将以何种身份回归苹果，他必须慎重考虑，给董事会、广大的苹果粉丝一个交代。乔布斯是苹果的创始人，也曾开创了苹果的辉煌局面，即便一时的郁郁不得志，但没有人否认乔布斯在苹果的巨大影响力。阿梅里奥明白，如果将乔布斯这样一位"大神"闲置，不但不符合苹果利益，而且难以给千千万万的苹果粉丝一个交代。时间拖得越久，阿梅里奥越觉得被动。在拒绝了加西之后，他再也没有更好的合作对象了。

1996年12月20日，是宣布收购最后日期了，阿梅里奥把乔布斯请进了办公室，他需要乔布斯给出一个明确的答复。但是乔布斯一言不发，沉默以对。阿梅里奥很无奈，只得出去找到乔布斯的律师拉里·松西尼，问他乔布斯到底想要什么。松西尼表示他也不知道乔布斯真实的想法是怎样的。阿梅里奥只得重新回到办公室，询问乔布斯在想些什么，有什么感觉，他需要马上做出一个决定。乔布斯告诉阿梅里奥，他昨天晚上辗转反侧，整夜未眠，一直在思考相关交易的事情。他觉得自己很累，不想再被问任何问题了。阿梅里奥说那不可能，他总得对外界说点什么。

乔布斯思索了一下，对阿梅里奥说：假如你必须对外界说点什么，我可以回来当董事会主席的顾问。这就表明，乔布斯愿意以董事会主席顾问的身份协助阿梅里奥工作。阿梅里奥同意了。

这天晚上，苹果总部250名员工云集，掌声雷动，阿梅里奥正式宣布收购NeXT，并表示乔布斯也将会以顾问的身份重返苹果。随后，阿梅里奥隆重邀请乔布斯上台讲话。众人紧盯着舞台的侧面，希望见到十多年未见的乔布斯身影，然而出乎众人意料的是，乔布斯并没有从侧面登上舞台，而是从礼堂后面，缓步穿过走道走上了舞台，他想用这种方式告诉人们：我回来了，我还是我，出人意料的我。全场顿时欢声四起，掌声如潮，乔布斯本来很累，不准备说太多的话，但他显然被这排山倒海般的掌声振奋了。他激动地说："我希望尽快回到新老同事中间，为苹果贡献自己的力量。"众人掌声更响了。《金融时报》的路易丝·基欧向乔布斯提问，询问他是否想重新接管苹果。乔布斯否认，他说自己现在有了家庭，还有皮克斯，时间有限，不可能回来重掌苹果，但是他可以分享一些他的想法，和苹果共度时艰。

第二天，乔布斯驱车去了皮克斯。皮克斯此时已经在动画制作业上大放异彩，引得好莱坞人人瞩目。乔布斯也正是通过皮克斯的成功而咸鱼翻身，改变了自己的命运。因此，对于皮克斯，乔布斯存有一份特殊的感情。乔布斯想让皮克斯的团队明白，他虽然去了苹果工作，但心一直与皮克斯同在。他并没有任何厚此薄彼的意思，只不过是工作需要而已。事实证明，乔布斯确实有点自作多情了，因为没有人会因为乔布斯去苹果工作而埋怨，反而他们很高兴看到他要回苹果做兼职工作。因为，乔布斯一旦去苹果工作，无论如何都会占据他一些精力，这样，他来皮克斯指手画脚的次数就会少很多。皮克斯团队对于乔布斯在电影制作上的掣肘心有余悸，他们相信，少了乔布斯帮倒忙，他们为迪士尼制作影片的效率会高很多。

到了皮克斯后，乔布斯径直去了拉塞特的办公室。拉塞特自从制作《玩具总动员》大获成功后，已经成了皮克斯当之无愧的骨干、核心。若论在皮克斯的影响力，即便是身为皮克斯 CEO 的乔布斯也颇有不及。乔布斯告诉拉塞特，他将会以苹果顾问的身份去库比蒂诺工作，这将导致他有很多时间不能陪伴家人。皮克斯是他的另一个家，他也将没有更多的时间来皮克斯。最后，乔布斯这么说道："我之所以这么做是因为我相信，苹果公司会让世界更美好的。"

拉塞特发自内心地笑着说："我祝福你！"乔布斯能够减少对皮克斯的关注，去苹果上班工作，这对皮克斯团队来说实在是一个好消息。拉塞特相信，没有了乔布斯的皮克斯定能再取辉煌。

暗流涌动

"吉尔可能不适合 CEO 这个职位……"

——乔布斯

乔布斯的理念和信条是：要么是天才，要么是白痴，中间没有丝毫妥协空间，这种非黑即白的思维方式是其世界观的重要方面。随着对苹果的控制的进一步深化，乔布斯越来越觉得阿梅里奥正在带领着苹果走向一条毁灭之路。显然，在乔布斯二分法世界里，阿梅里奥是个不折不扣的白痴。事实上，在 1997 年 1 月初的 Macworld 大会上，乔布斯就已经笃定阿梅里奥是个笨蛋了。

当时，在万豪酒店的大宴会厅，将近 4000 位忠实的苹果粉丝在那里参加了这场关于苹果产品的展会。阿梅里奥为了突显出自己大会主角的身份，精心地设计了一出"行为秀"。他的亮相并没有多么引人注目，但他的怪异的着装确实让在场的观众目瞪口呆。他在这种重要的场合，竟然穿得非常休闲，他可能是想发扬苹果一直以来的优良传统，但是显然，他弄巧成拙了，他里面穿了件领子紧贴脖子的衬衣，外面套了一件带亮片的休闲夹克，这让他看起来滑稽而笨拙。他这一身装扮，引起了媒体的炮轰，《华尔街日报》的记者吉姆·卡尔顿如此评价阿梅里奥的这身行头："他看起来就像是来自拉斯维加斯的小丑。"而另一位与会的记者迈克尔·马隆则更加尖刻，他说："吉尔让人想到了离婚后第一次出来相亲的舅舅。"

然而，这不过是小问题，更大的麻烦是，阿梅里奥此前去度假了，又跟他的演讲稿作者发生了矛盾，大吵一架，加上拒绝彩排，这使得他在台上演讲的时候结结巴巴，并很快开始忘词，思路似乎也不大清晰，显得非常笨拙。观众们目瞪口呆，不明白他在讲些什么。乔布斯在台下看着阿梅里奥在讲台上笨拙地坐着没完没了地演讲，觉得很不耐烦。就这样过了两个小时，阿梅里奥这才结束了自己糟糕透顶的演讲，然后把乔布斯请上了台。乔布斯的光芒顿时盖过了阿梅里奥，人们纷纷起立，拼命地鼓掌，欢呼，震耳欲聋的掌声足足持续了一分钟有余。这些前来参加大会的人都是苹果的拥趸，多少年来，他们从来不曾像今天这样激动过。他们相信，随着乔帮主的回归，苹果定然会终结这些年来杂乱无章的局面，步入正轨，再创辉煌。

和笨手笨脚的阿梅里奥相比，乔布斯简直就像是见惯了世面的大明星，举手投足之间魅力四射，自信而有形。他挥手让大家安静下来，然后对十年来苹果的发展做出了犀利的点评："十年来，Mac都在原地踏步，所以让Windows系统占了上风。现在我们将研发出一个更优越的操作系统，再创辉煌！"他的讲话短促有力，很具煽动力，群众的情绪瞬间被点燃了。

即便乔布斯在台上的表现多么惊艳，但这还是阿梅里奥的舞台。所以，在乔布斯结束了简单的演讲后，阿梅里奥再次回到了台上，又喋喋不休地说了一个多小时。然后，阿里梅奥再次将乔布斯请上台，接着又出乎意料地把苹果的另一位创始人沃兹也请上了台。现场又是一阵骚动，乔布斯和沃兹是苹果的创始人，此时的身份都是"顾问"。阿梅里奥打算站在中间，一手拉着乔布斯，一手拉着沃兹，然后共同举起手来庆祝胜利，从而营造一个完美的结局。但是，乔布斯对此很反感，他既不想被阿梅里奥利用，也不想和沃兹冰释前嫌，所以他慢慢地溜下了台。

阿梅里奥这才发现，自己根本不能掌控乔布斯。然而，更大的麻烦在等着他呢。1997 年 2 月，苹果展开了股东大会。股东代表纷纷对上一个财年苹果的经济状况进行讨论。由于 1996 年度最后一个季度，苹果的销售量比上年同期暴跌了 30%，这引起了与会股东们的极大不满。他们轮番在麦克风前发泄心中的不满，质疑阿梅里奥的能力。阿梅里奥大费唇舌向他解释个中的原因，但显然并没有打消股东们的疑虑。阿梅里奥显然不知道自己把这个会议开得有多糟糕。

虽然，后来阿梅里奥对外宣称这是他做过的最好的一次演讲，但这根本就是自欺欺人的说法，在座的董事们对此并不买账。时任苹果董事会主席、杜邦公司的前 CEO 埃德·伍拉德在现场听得大惊失色。他妻子听到一半，就在他耳边小声表示，阿梅里奥的演讲简直就是一个灾难。伍拉德也有同感，认为阿梅里奥虽然穿得很酷，但是演讲却显得很愚蠢。股东们向他提出了很多问题，他根本没办法回答，就算回答别人也听不懂，他并没有鼓舞起大家的信心。

会后，伍拉德向乔布斯打了一个电话，询问他对苹果现状以及阿梅里奥的看法。乔布斯没有畅所欲言，只是谨慎地表示："吉尔可能不适合 CEO 这个职位……"这句话就够了。于是，阿梅里奥失去了董事会主席埃德·伍拉德的支持。伍拉德还询问了公司里一些其他同事的意见，结果，很多人都不约而同地表达了对阿梅里奥的不满，认为他无法带领苹果走出困境。苹果士气持续低落，销售业绩继续下降，董事们变得焦躁不安，有了解雇阿梅里奥的想法。

另外，媒体也纷纷唱衰阿梅里奥。乔布斯和《财富》杂志的记者布伦特·施伦德关系很好。有一次，布伦特询问乔布斯对于苹果的看法。乔布斯将自己对于苹果现状和阿梅里奥的真实想法和盘托出。布伦特随即写了一篇《库比蒂诺不对劲》的文章，大篇幅地描述了苹果的乱象，并把这一切都归咎于阿梅里奥在领导上的无能。这种说法其实并不客观。阿梅里奥接掌苹果公司时，苹果已经千疮百孔了。任何人想要在短短的时间里扭转苹果的困境，都绝不是一件容易的事情。而且，阿梅里奥在接管苹果后，也确实做了很多有用的事情。譬如说裁减项目、削减开支、改善苹果的财政状况，这些实实在在的事情对于苹果日后的崛起具有重要意义。

布伦特是很有影响力的记者，这篇文章一经发表，立即引发了唱衰阿梅里奥的跟风行动。《商业周刊》的封面标题是一行耸动的大字：《苹果一盘散沙?》《红鲱鱼》杂志直接刊登了一篇《吉尔·阿梅里奥，请辞职》的文章。而《连线》杂志的封面上，苹果的标志被异变成了一颗恐惧的心，带着荆条编成的王冠，被钉在十字架上，标题是《祈祷》。《波士顿环球报》的迈克·巴尼克尔则在杂志社抨击苹果的管理层拿着丰厚的薪水，却没有生产出让人望而生畏的电脑，嘲讽苹果的科技研发人员，在技术上只相当于波士顿红袜队替补队员的技术水准。

糟糕的是，阿梅里奥对于这此起彼伏的唱衰风潮似乎没有应对策略。《华尔街日报》记者吉米·卡尔顿采访阿梅里奥时，问他能否扭转外界认为苹果已陷入"死亡螺旋"的看法。阿梅里奥没有表现出作为一名 CEO 应有的自信，表示自己并不知道如何回答这个问题。

6 月份，乔布斯和阿梅里奥各自带着夫人在雷德伍德的一家素食餐厅共进晚餐。阿梅里奥从他的酒窖里带来了一瓶 1964 年的白马庄酒和一瓶蒙哈榭，每瓶价值均为 300 美元左右，可算非常昂贵。而乔布斯选择的这家素食餐厅，则较为简朴，东西很廉价，四人餐费总共才花了 72 美元。但这并没有让乔布斯的魅力扣分，阿梅里奥的妻子后来大加称赞乔布斯很有魅力。

乔布斯也愿意施展自己的魅力，因为他很明白，魅力总会给自己带来一些好处。或许正是这些独特的魅力存在，很多和乔布斯一起共事的人都希望能得到他的尊重和认可，就连斯卡利和阿梅里奥也是如此。阿梅里奥认为，乔布斯和自己是同一路的人，并且他是真的尊重自己、信任自己，因为在很多问题上，两人都能够达成一致意见。但事实证明，这不过是他一厢情愿的想法而已。

在苹果收购 NeXT 时，乔布斯曾经承诺持有手中的苹果股票至少 6 个月。乔布斯答应了，尽管答应得不情不愿。这年 6 月份，6 月期限到期了。苹果股票大跌，股民纷纷抛售手中的股票，乔布斯也果断卖掉了因出售 NeXT 而获得的全部 150 万股苹果股票，仅剩下象征性的 1 股。当阿梅里奥得知有一笔 150 万股的大宗交易发生时，心里陡然生出一种不祥的预感，连忙给乔布斯打电话，询问这件事情真伪。乔布斯撒了谎，没有承认自己出售了手中的股票。阿梅里奥信以为真，就发表了一个声明予以否认。可是，当证券交易委员会公布申报文件时，阿梅里奥者才发现乔布斯确实卖掉了他的股票。阿梅里奥简直要气疯了，打电话责备乔布斯为什么说谎。乔布斯解释说，他因为一时之间对于苹果的何去何从感到沮丧，这才卖掉了股票，不想承认是因为觉得"有点尴尬"。多年以后，乔布斯却称，不告诉阿梅里奥是觉得没有必要。

倒霉的阿梅里奥

"吉尔，你要相信我，那件事和我没有关系，完全是董事会的决定。"

——乔布斯

　　乔布斯重返苹果后，积极争夺苹果的领导权。他先是以顾问的身份穿插入手，悄然地削弱阿梅里奥在苹果的影响力。随后，借苹果销售大跌，亏损连连之际，通过朋友和媒体散播言论，指责阿梅里奥已经不适合继续领导苹果，同时又多次暗示，唯有自己才能够拯救苹果公司。但是，乔布斯有时候显然对苹果失去信心。当苹果股票持续走低时，他就将手里的股票全部卖出。

　　苹果公司的形势越来越坏。尽管阿梅里奥信心满满，认为自己一定可以扭转危局，带领苹果再次腾飞，但是董事会越来越不信任他了。公司的首席财务官弗雷德·安德森觉得自己有责任将公司岌岌可危的情况告诉伍拉德以及董事会。董事会这才明白苹果的问题是多么的严重：资金短缺，员工流失，并且有迹象表明，公司很多重要骨干都有跳槽、离职的意愿。人才是苹果立业的根本，如果重要的人才都先后离开，不正说明了苹果这艘大船很快就要搁浅了吗？安德森非常坦白地告诉董事会，如果不再做一些改变挽救公司的话，连他也会考虑离开。

　　董事会主席埃德·伍拉德本来就在为阿梅里奥在股东大会上拙劣的表现而担心，听了安德森的话，更加忧心忡忡。他请投资银行高盛公司研究出售苹果公司的可能性，但高盛公司的战略分析家说，苹果近年来股价不断下跌，市场份额已经降得太低了，已经不可能找到战略投资者了。现实如此严酷，那么还有什么方法能够拯救苹果呢？还有谁能够代替阿梅里奥拯救苹果呢？伍拉德首先想到了乔布斯。乔布斯身上的光环太大了，即便多年来与苹果分道扬镳，但没有人能否认乔布斯对苹果的影响。而且，乔布斯通过皮克斯东山再起创造辉煌，这份成就也格外令人瞩目。这年6月的董事会上，阿梅里奥因事缺席，伍拉德对公司状况做了一个简短的说明，最后如此表示：如果董事会继续让让阿梅里奥担任 CEO，可能只有 10% 的机会避免破产。如果解雇了阿梅里奥，让乔布斯接任 CEO，苹果公司就会有 60% 的机会生存下去。如果解雇了阿梅里奥，而乔布斯不来，重找一个新的 CEO，那么苹果将有 40% 的机会幸存。经过一番讨论，董事会认可伍拉德的判断，授权他去和乔布斯沟通，看他愿不愿意接任 CEO。

这一切当然都是瞒着阿梅里奥进行的，阿梅里奥仍在为如何挽救苹果筹谋对策。这一段时间，阿梅里奥承受了很大的压力，内部和外部的各种指责和质疑纷至沓来，压得他几乎难以呼吸。他希望，苹果的状况能够有所改善，以打消外界的疑虑。然而，事实是相当残酷的。1997 年夏天的时候，苹果公司的财务报告显示，第一季度苹果的销售规模下降到了 7 亿美元，相较于上一个财年下降了 1 亿美元，苹果公司已经连续亏损了五个季度了。阿梅里奥在执掌苹果期间，公司共计亏损了 16 亿美元，公司的股票价格也是一路狂跌，下降至 12 年来的最低。

1997 年 7 月初，亚洲金融风暴席卷泰国，泰铢贬值。旋即，这股金融海啸迅速波及印尼、马来西亚、菲律宾、日本、韩国等地，并逐渐向美欧蔓延。美国由于是日韩重要的经济伙伴，也受到了相当的影响。美国股市动荡，很多公司股票价格大幅下跌。苹果公司的股票更是从一开盘就不断探底，收盘竟然不足 14 美元。这个股价可谓触目惊心，创下了苹果上市以来的最低价，苹果的市值在一夜之间蒸发殆尽。在很多人看来，苹果的倒闭只是时间的早晚而已了。

面对这种局面，苹果所有的董事会成员都急得坐立不安，眼巴巴地盼着能够有奇迹发生。而就在这生死关头，作为负责公司运营的最高领导，时任苹果公司的首席执行官阿梅里奥却优哉游哉地带着妻子、孩子跑到内华达州的太浩湖度假去了，享受独立日假期和温馨的家庭生活。他们一家人在太浩湖上驾着快艇游玩，在野外享受烧烤和葡萄酒的乐趣，实在是好不惬意。

苹果公司的首席财务官弗雷德·安德森赶紧联络苹果公司的几位董事，召开了电话会议。与会的还包括身在英国伦敦观看网球的伍拉德。吊诡的是，这个时候还不是董事会成员的乔布斯被邀请参加了这个会议，而作为董事会成员的阿梅里奥却没被邀请参加。安德森事实上主导了这场会议，他向董事们介绍了苹果面临的危险状况，直截了当地告诉大家要立即拿出方案来，如果股价再跌一点点，账面上就要资不抵债了。到那个时候，苹果公司恐怕只能接受破产的结局了。

有一位董事询问，公司 CEO 阿梅里奥在么紧要的时刻哪里去了。安德森告诉了大家实情。众人都被阿梅里奥不负责任的行为气坏了，认为阿梅里奥不分轻重，实在不应该在总裁的位子继续待下去了。电话会议进行了 36 小时。大家在会议上各抒己见，纷纷为苹果的将来献言献策。有人询问乔布斯，苹果该何去何从。乔布斯在会上称阿梅里奥人实在不错，但对计算机行业所知甚少，因此建议董事会找一个更懂行的人来接替阿梅里奥。这点引起了与会董事们的共鸣，他们很快就达成了换掉苹果公司的 CEO 的共识，但让谁来接替这个烂摊子，众人仍莫衷一是。

星期天早上，当伍拉德向阿梅里奥宣布董事会解雇他的消息时，阿梅里奥正要带着家人出去野餐。在电话中，伍拉德开门见山地告诉阿梅里奥，董事会刚开了 36 个小时的电话会议，他有一个"坏消息"告诉他。阿梅里奥在第一时间意识到自己很有可能已经被董事会解雇了，果不其然，伍拉德接着说道："我们经过讨论，认为虽然你已经做了很多，但苹果的销售状况始终不见起色，我们认为也许是你该辞职的时候了。"阿梅里奥回答说现在不是讨论这个的合适时间，但伍拉德坚持表明了董事会的态度。阿梅里奥意识到与伍拉德争辩是徒劳的，但他实在不甘心就这样被董事会炒掉，就反问伍拉德，当时他明明告诉董事会需要三年时间让这家公司重新站起来，为什么现在才过了一年多就让他走人？他还告诉伍拉德，苹果公司现在的营状况要比分析家预测的好得多了，公司刚要起色就要解雇他，实在说不过去。

伍拉德没有过多解释，只是向阿梅里奥表示，市场和销售并非他的特长，董事会想找一位能在商场开拓与销售方面为苹果公司做出突出业绩的首席执行官。阿梅里奥脑海里顿时浮现出乔布斯的影子，他觉得伍拉德说的话放在乔布斯身上很合适，于是下意识地追问都有谁知道这个决定。

伍拉德犹豫了一下，实话实说：整个董事会加上乔布斯都知道。阿梅里奥觉得非常愤怒，大声质问伍拉德，乔布斯明明连董事会的成员都不是，他有什么资格参加苹果董事会讨论呢。但是，伍拉德坚持己见，并不让步。阿梅里奥明白了，就是乔布斯把他赶下了台。他知道，无论再说什么都已经无法改变这个事实了。于是，他挂上电话，继续跟家人去野餐，之后才告诉他妻子。

当天晚上，阿梅里奥惊奇地接到了乔布斯的电话。乔布斯解释说："吉尔，你要相信我，那件事和我没有关系，完全是董事会的决定。"乔布斯在电话里表达了对阿梅里奥的敬意，称赞阿梅里奥是他"所见过的最正直的人"，他甚至以一个知心朋友的身份建议阿梅里奥好好地休6个月的假，好好放松一下，享受一下。他还拿自己当年被驱逐出苹果的事情举例，说当年被踢出苹果后，立即开始了新的工作，结果后来很后悔没有好好享受那段时间。阿梅里奥对于乔布斯打来的这个电话感到非常惊讶，但心里感觉好多了，就稀里糊涂地表示了感谢，挂了电话。但事后，阿里梅奥每次想起此事，都有一种被乔布斯欺骗了的感觉。

夺回失去的王国

"就在那一刻，我意识到，自己是在乎苹果的。"

——乔布斯

阿梅里奥，曾经硅谷的英雄，一度是苹果董事会眼中的"救火队员"，在执掌苹果500多天后，就以一种尴尬的方式匆匆结束了其苹果CEO的生涯。这500天的"救火"经历并没有让苹果起死回生，很多人也因此质疑阿梅里奥的能力，认为他根本是一个本领低微且不识时务的跳梁小丑，在苹果的历史里是一个微不足道的龙套角色，这其实是不客观的。实事求是地说，阿梅里奥在执掌苹果期间，还是兢兢业业地做了自己的应该做的事。人们只要比较阿梅里奥和乔布斯成为临时CEO后所做的事就会明白，他们几乎在做同样的事情：重新制定战略计划，千方百计节省开支，砍掉冗杂的生产线，大规模裁员……有时候现实就是这样残酷，同样的事情不同的人做，会产生不同的后果。阿梅里奥的行事风格与苹果的DNA格格不入，结果导致失败。

苹果董事会在解雇了阿梅里奥之后，开始寻找下一任的CEO了。从迈克尔·斯平德勒到阿梅里奥，苹果董事会选择的这两位CEO不但没有给苹果带来转机，反而使得苹果的状况更加恶化。苹果董事会痛定思痛，决定要遴选一位真正有营销才能、能够扭转苹果局面的人才，很多人都属意乔布斯。当时，担任苹果董事会副主席的是迈克·马库拉，他是苹果公司元老级的人物。1985 年，正是他坚决站在斯卡利一边，反对乔布斯，导致了董事会做出放弃乔布斯的决定。马库拉深知，乔布斯并不是那种宽宏大量、可以既往不咎的人。所以，他希望能有其他人担当起 CEO 的重任。在会议中，他询问其中一位董事，愿不愿意接任公司 CEO 的职位。

对方礼貌地拒绝了，这时，有一位董事询问马库拉："我们是不是可以请乔布斯回来出任 CEO？"乱糟糟的会议室顿时安静了下来，人们都屏气凝神地注视着马库拉。他和乔布斯在一起工作很多年，很清楚乔布斯非常擅长拓宽市场和营销。如果让乔布斯回归苹果，很有可能会带领苹果走出困境，重现当年辉煌。但是，马库拉也很明白，乔布斯在管理方面有着很多缺陷，个性张狂，做事情随心所欲，肆意妄为，常将各团队之间的关系搞得乌烟瘴气。马库拉不敢确定，如今的乔布斯是不是还是以前的乔布斯，是不是真的适合出任苹果的 CEO？

但无论如何，苹果急需一位出色的有市场和销售才干的 CEO。苹果股价眼见跌破 13 美元，公司即将资不抵债，如果再不设法挽救，只怕公司就要关门大吉了。苹果公司风雨飘摇，此时就像一个烫手山芋，众人唯恐避之不及，而乔布斯不同，他对于苹果有深厚感情。马库拉相信，在苹果的历任 CEO 里，没有一个人会比乔布斯更热爱苹果，更希望看到苹果走出困境的了。

马库拉最终下定决心，同意乔布斯回来出任 CEO。但是，他也知道，十多年来，乔布斯对他一直耿耿于怀，如果他继续担任苹果董事会副主席的名头，乔布斯肯定是不愿意回来的，所以他表示，如果乔布斯真的愿意回来执掌苹果，他愿意主动辞去董事会副主席的职务，并且退出董事会。

于是，伍拉德亲自给乔布斯打去了电话，劝说他回来担任苹果公司的 CEO。出乎意料的是，乔布斯在电话里拒绝了。他的理由很简单：苹果已经快完蛋了，苹果现在的产品非常糟糕，而且在管理上也是一团混乱。乔布斯认为，苹果此时除了长久奠定的品牌优势外，什么也没有了。乔布斯并不是傻子，他知道苹果现在是什么状况，尽管他认为阿梅里奥在管理苹果方面毫无建树，但让他来力挽狂澜，他也不知道该怎么办，事实上，恐怕也没有一个人知道该怎么办。

伍拉德并不死心，继续劝说乔布斯。乔布斯心里充满了矛盾，苹果是他一手创建的，对他来说就好像是自己的孩子，看着自己的孩子流离失所，任谁心里都不好受。最后，他表示，自己需要好好地考虑一下。时间不等人，乔布斯需要在最短的时间内对苹果做出一个答复。那段日子，乔布斯陷入了彷徨。一边是蒸蒸日上的皮克斯、温馨美满的家庭，一边是越陷越深、急需拉上一把的苹果，无论选择哪一边，都意味着要放弃某些东西。一个周六的早晨，乔布斯给英特尔的 CEO 安迪·格鲁夫打电话，絮絮叨叨地列举了一些自己接管苹果的好处和坏处。可是，这个电话打得太早了，格鲁夫听到一半，就不耐烦地说："史蒂夫，苹果就算破产了跟我又有什么关系？"

乔布斯后来回忆说："就在那一刻，我意识到，自己是在乎苹果的。"是的，从创建苹果第一天开始，苹果就有了他的基因。即便后来因为和斯卡利的矛盾迫不得已离开了苹果，但没有人否认乔布斯才是真正的"苹果之父"。十多年来，乔布斯一直对苹果有仇恨之心，希望通过自己创建的 NeXT 公司打败苹果"复仇"，但恨其实是爱的另一种表达方式。所以，乔布斯才会赞同苹果收购 NeXT，并积极重返苹果。乔布斯意识到这点，一切都豁然开朗了。

不久，伍拉德再次给乔布斯打来电话，要求乔布斯做出一个决定。乔布斯仍然没有同意接受 CEO 的职务，但他表示愿意以"顾问"的头衔为苹果工作 90 天，直到为苹果找到合适的、新的 CEO。伍拉德没有办法，只得同意了他的条件，任命公司的首席财务官弗雷德·安德森担任代理 CEO。

对于乔布斯的回归，很多人都抱着欢迎态度，比如说乔布斯最早的合作伙伴史蒂夫·沃兹尼亚克。沃兹当时也和乔布斯一样，挂着苹果公司"非正式顾问"的名头工作。他很高兴乔布斯能够回来，他认为苹果现在危机重重，也只有乔布斯知道如何重现魔力，带领苹果走出困境。他对于乔布斯战胜阿梅里奥也不感到奇怪，因为他很明白阿梅里奥和乔布斯根本不在一个等级上。

1997 年 7 月 9 日，周一。阿梅里奥召开了苹果高级雇员大会，宣布了自己的离职。阿梅里奥表现得很平静，没有一丝情绪的波动。这个消息并没有在众人心中引起多大的震撼，显然大家对这件事并不意外。在这次大会上，代理 CEO 弗雷德·安德森也上台做了发言，他明确表示他会在乔布斯的指导下工作。就这样，乔布斯在阔别苹果 12 年后，重新登上了苹果的舞台。

　　乔布斯回归苹果后，他并没有搬进前任 CEO 阿梅里奥装修豪华的办公室，而是在董事会会议室旁边找了一间小小的办公室。看得出来，乔布斯态度仍有所保留，他为自己留了一条后路，这是乔布斯最初的想法。后来，随着他为苹果做的越来越多，他就再也无法将自己置身于苹果之外了。

　　乔布斯开始了自己奇特的"垂帘听政"生涯后，做的第一件事情就是重塑苹果的企业文化。苹果有着乔布斯的基因，很多地方都表现出与众不同的一面，所以常规的管理方法是行不通的。斯卡利、阿梅里奥都试图改变这种状况，结果遭到了失败。乔布斯离开苹果 12 年之久，苹果状况今非昔比，员工之间、团队之间、管理层之间都存在着很多的问题，乔布斯认为必须做出改变。

　　针对苹果公司官僚主义、特权主义泛滥的情况，乔布斯重新赋予苹果自由、平等的公司氛围。他规定，公司的公务人员出差必须坐飞机的经济舱，不许坐公务舱；工作时间不允许有固定的休息时间，必须时刻心在苹果，随时为苹果效劳；对公司管理人员也不再签订特殊的违约赔偿合同，与员工一视同仁。通过这些措施，苹果从高层到底层，从主管到员工每个人都处在同等的位置，绝无例外——当然，史蒂夫自己是个例外，他从来都不是一个喜欢按照规则来做事的人。

　　苹果员工纪律性差，态度散漫，常常相互推诿、钩心斗角，这让历届的苹果 CEO 都感到头疼无比。乔布斯上台后，决心要改变这种不良风气，将苹果改造成为一家有纪律的公司。一旦乔布斯决定要做某事时，需要执行的人员最好服从、配合，否则乔布斯就会干脆让他走人。

　　乔布斯制定了很多新的规条，比如说，在工作时间不准带狗，不准吸烟等；在公司外面，不得谈论一些和公司有关的事情，尤其是生意上的事情。当然，如果能从对方的口中得到一些有用的信息，则另当别论。这些新政策在全体员工的心里如同投下了一颗震撼弹，员工们都对乔布斯非常害怕，生怕一不小心，让乔布斯炒掉了鱿鱼，从此失去自己的工作。

新一届董事会

"那是我见过的最差劲的董事会，但也是个最可怕的董事会。"

——乔布斯

乔布斯代理苹果后，要做的第一件事情就是止住苹果高层员工的流失。当时，由于苹果危机重重，前途叵测，很多高级员工纷纷离职出走，另谋出路。人才流失是公司大忌，乔布斯为了制止这种情况，决定给他们的股票期权重新定价。苹果股票暴跌后，这些股票期权已经变得毫无意义。乔布斯希望通过降低股票期权价格，并赠予员工，以达到节省现金和留住优秀员工的目的。这种做法并不违法，但会被视为公司的不良行为，很容易招致外界的非议，董事会对此犹豫不决。董事会主席伍拉德也表示反对，因为在杜邦公司，他们从来没做过这样的事。

乔布斯没有让步，蛮横地表示，如何挽留人才是问题的关键，董事会必须同意自己的这个决定。董事会让步了，建议进行一项调研来做决定，只是这项调研可能会耗时两个月左右。乔布斯顿时勃然大怒："如果这个决定你们都不支持，那么从明天起我就不来上班了。这只是今后我要面对的千千万万个决定里面最小的，如果这个你们都不能支持，我肯定没有办法把苹果拉回正轨，那我现在干脆不用尝试了。"

面对乔布斯的逼宫，董事会显得无可奈何。乔布斯此时就算抽身离开，对他也没有什么坏的影响，而董事会却是没有退路的，假如乔布斯离开，社会舆论定然会闻风而起，大肆挞伐，到那时候，苹果随时会有倒闭的可能。除此之外，董事会也不想因为乔布斯的离开而背上愚蠢的骂名。所以，董事会经过磋商、讨论，最终只能向乔布斯妥协，同意了乔布斯的这个计划。

次日，伍拉德给乔布斯打去了电话，告诉他董事会的决定。他说："史蒂夫，我们经过讨论决定通过这个计划，但是，你的行为让我们觉得很不舒服，就好像我们正被劫匪拿枪指着脑袋。"乔布斯终于如愿以偿地降低了最高层员工手中的期权价格，重新定价为13.25美元，也就是阿梅里奥被解雇当天的股票价格。

乔布斯虽然逼迫董事会同意了自己的要求，但他丝毫没有因此而感谢董事会的支持，反而觉得董事会碍手碍脚，不利于自己工作的展开，于是，他毫不客气地对伍拉德说："公司已经处于破产边缘了，随时都有倒闭的可能，我没有时间来应付一个自己不敬佩的董事会，所以我要求你们全部辞职，然后我要组建一个新的董事会。如果你们接受的话我就继续干下去，否则的话，我明天就不来上班了。"乔布斯还说，只有一个人可以留下，那就是伍拉德。乔布斯后来说："那是我见过的最差劲的董事会，但也是个最可怕的董事会。"由此可见其对董事会的反感程度。

董事会的成员显然没有料到会有这个结果。乔布斯还没有当上 CEO，就已经准备将所有董事解散了。然而，当董事会做出最初的妥协后，就已经陷入了被动。此时面对乔布斯的咄咄相逼，他们唯有再度妥协。时任董事会副主席的马库拉是最了解乔布斯的，所以他第一个做出了妥协。有了第一个，从众的人就更多了。最后，他们全都辞掉了职务。对他们来说，辞掉董事的职务，未必是一件坏事。当时，苹果前景黯淡，能够从苹果中解脱出来也是一件幸事。

不过，董事会也提出了一个要求，希望除了伍拉德之外再多留一位董事，这样外界看起来至少好看一些。乔布斯同意了，伍拉德和张镇中留了下来。张镇中是美籍华人，具有丰富的管理经验，乔布斯正是看中他这点，才让他留了下来。7 月底，苹果原董事会召开了大会，全部辞掉了职务，同时投票把乔布斯选入董事会，最后授权伍拉德和乔布斯寻找新的董事会成员。

乔布斯开始重组董事会。他的好友拉里·埃里森不出意外地成了头号必选之人。当乔布斯询问埃里森是否愿意加入苹果董事会时，埃里森表示加入苹果董事会自己没有意见，但是他不喜欢参加没完没了的会议。乔布斯向他承诺道："没问题，你只需要参加一半的会议就可以了。"实际上，后来埃里森参加的会议减少到了三分之一。再后来，乔布斯索性找来一张埃里森的照片，放大到真人大小，贴在一张硬纸板上，放在埃里森的座位上，代替真人。

比尔·坎贝尔也被选入了董事会。他在 20 世纪 80 年代初曾经是苹果一员，主要负责市场部门。后来，乔布斯和斯卡利爆发冲突，他选择站在了斯卡利一边。但没过多久，他就非常讨厌斯卡利，于是毅然辞职，进了

Intuit 公司任 CEO。乔布斯对他的"幡然醒悟"很赞赏，就原谅了他，并且和他成为极好的朋友，经常在一起散步。乔布斯在帕罗奥图的家距离坎贝尔的家很近，两人见面机会很多。乔布斯重组董事会时，问坎贝尔愿不愿意加入，坎贝尔点头答应了。

杰里·约克曾经先后在克莱斯勒公司和 IBM 担任首席财务官，能力突出，是乔布斯中意的人选。伍拉德亲自出面，说服杰里·约克加入了董事会。还有一些人则被乔布斯毫不留情地拒之门外，其中包括梅格·惠特曼。惠特曼曾是孩之宝公司的部门经理，还曾担任迪士尼的战略规划师，是当时美国商界最为杰出的女性之一。乔布斯约她出去共进午餐，其实是想考察她的才能。结果，惠特曼并没有入他的法眼。乔布斯觉得惠特曼就像木头一样呆笨，不适合在苹果工作。

乔布斯后来还相继搜罗了众多他眼中的天才进入苹果的董事会，比如美国前副总统阿尔·戈尔、时任谷歌 CEO 的埃里克·施密特、时任美国基因泰克公司 CEO 的亚瑟·莱文森、素有"零售界的乔布斯"之称的 J. Crew 公司 CEO 米奇·德雷克斯勒，以及时任雅芳公司总裁和首席运营官的钟彬娴等人。这些人有的在政界呼风唤雨，有的在商界开天辟地，但无一例外的，他们都是当时美国主流社会的杰出人物。乔布斯希望他们能够对苹果绝对忠诚，能够认同他的种种主张。事实上，这些人虽然各自身居要职，但他们对于乔布斯都有一种莫名的恐惧心理，同时在乔布斯现实扭曲力场的作用下，他们又总想取悦乔布斯。

乔布斯重组董事会，并不是要让董事会发挥多大的作用，而是希望董事会能够听命于自己，受其支配，从而做到大权独揽，一手遮天。据说，乔布斯回归苹果后，曾经打算邀请美国证券交易委员会主席亚瑟·莱维特加入苹果董事会。莱维特很激动，因为他也是苹果的粉丝。自从 1984 年买了第一台麦金塔电脑后，莱维特立即为苹果产品的高性能、高质量所折服，成为苹果十多年来忠实的粉丝之一。莱维特得知乔布斯有意让自己加入苹果董事会后，他兴奋地造访库比蒂诺，跟乔布斯讨论他的角色。但是，后来乔布斯偶然看见莱维特在一场演讲中提出"董事会应该承担强势而独立的角色"的观点后，立即收回了成命。他打电话告诉莱维特，他觉得莱维特提出的那些观点，虽然对某些公司很适合，但是肯定不适合苹果的公司文化，所以要收回对莱维特的邀请。莱维特备受打击，认为苹果董事会只是傀儡，需要听从 CEO 命令行事。

经过董事会重组，乔布斯牢牢地将苹果大权握在自己手里，尽管他还没有正式接替苹果 CEO 的职位，但是他所做的事情已经俨然是一名 CEO 了。由于乔布斯的活跃，苹果公司逐渐地有了复苏的迹象。7 月末，苹果的股票价格从乔布斯接替阿梅里奥时的 13 美元上升到 20 美元。

收回版权，消灭兼容机

"把苹果完美的操作系统授权给那些垃圾一样的电脑使用，不仅是对操作系统的亵渎，还侵蚀我们的销售额，这真是世界上最愚蠢的事情。"

——乔布斯

乔布斯上任之后，通过重组董事会巩固了自己在苹果的地位，随后他立即展开了收回版权、消灭兼容机的行动。在此之前，苹果通过官方授权部分厂商生产麦金塔电脑的克隆机，获取了一定的利润，但是这么做很容易导致次货横行，商家不良竞争等种种不正当现象，毫无疑问，这对于苹果品牌形象是一个很大的打击。乔布斯早就意识到这点，所以上任之后首先拿兼容机开刀。

苹果自从诞生之日起，凭借着电脑高技术、高性能一直在市场独领风骚。也就是从那时起，针对苹果电脑的非法克隆就一天也没有停止过。随着 Apple II、麦金塔风靡全球，各种与此相关的克隆产品也呈现出"井喷"之势，多不胜数。最初，由于苹果技术精密，克隆难度很高，大多数克隆厂商只是简单地在原装机的基础上，改换外壳、增加配件，再高价售出。这其实算不上真正意义上的克隆，很容易被专业人士识破。但没过多久，一家名叫 Unitron 的巴西公司成功地破解了麦金塔的核心技术，首次非法克隆出完全兼容的麦金塔电脑。这种兼容机对苹果冲击很大，苹果为此不得不求助美国政府，通过制裁手段禁止该公司销售这种克隆机。

到了 20 世纪 80 年代，PC 机发展势头非常迅猛。IBM 虽然是生产 PC 机的始祖，但由于在技术上远远落后于苹果，所以销量一直差强人意。为了扭转劣势，IBM 公司的负责人决定利用克隆机或称兼容机展开狼群战术，攻占全市场。这一招果然有效，大量 PC 兼容机涌入市场，其低廉的价格和丰富的应用软件成了优势，苹果面对着这种新情况，市场份额被大大压缩。

1985 年，就在乔布斯被排挤出局的时候，斯卡利召集苹果公司的高层商讨此事，认真研究合法授权克隆机生产的问题。众人就此展开了唇枪舌剑，几乎每个人都有一个意见。沃兹从一开始就赞成这种做法，他认为苹果有着最优秀的操作系统，通过授权出售这种操作系统有利于帮助苹果开拓市场。他的意见得到了艾伦·凯的支持，艾伦·凯是施乐 PARC 中心的明星，自从 1984 年加入苹果后，一直致力于实现 Mac 操作系统软件的开放授权。在他看来，苹果坚持不肯开放授权，一味地让研发人员开发出优秀的软件，是愚蠢的行为，很有可能将导致苹果一败涂地。

当时，比尔·盖茨通过授权微软的操作系统给 IBM 积累了大量的财富。在乔布斯被排挤出局后，盖茨敦促苹果也实现操作系统的对外授权。盖茨敏锐地察觉到，苹果的麦金塔电脑遥遥领先 IBM 的 PC 机，如果将所有的赌注都压在 IBM 上，未必是件好事，所以他希望能够和苹果达成合作，实现利益最大化。于是，盖茨给斯卡利和卡西发了一份秘密的备忘录，试图打动两人。在这份仅有 3 页的备忘录里，盖茨提到电脑产业发展到当前阶段，已经有了新的特点，没有谁可以在不依赖合作厂商的情况下独占市场，对苹果来说，也是如此。苹果想要拓展市场、赢取利润，就应该把麦金塔技术授权给 35 家主要的制造商，以推动 Mac 兼容机的发展。

但盖茨释放的讯息，并没有得到苹果方面的回应。于是，他又写了第二份备忘录，重新提及此事，推荐了一些适合制造 Mac 兼容机的公司，并表示愿意竭尽所能地帮助苹果推进授权工作。

盖茨的建议在苹果内部引起了轩然大波。斯卡利再次召开会议，讨论此事的可行性。斯卡利持欢迎态度，但是卡西领导的麦金塔开发团队坚决抵制，他们认为麦金塔技术是当时顶级的技术，如果开放给别人将会丧失领先优势。就这样，苹果失去了和微软合作的机会。在接下来的几年里，苹果内部一直就此事争论不休，不停地开会讨论，但始终没有做出授权生产兼容机的决定。斯卡利虽然是公司的 CEO，但是他缺乏乔布斯那般力排众议的勇气，结果浪费了 10 年光阴。

直到 1995 年，苹果的市场份额下降到最低谷时，苹果 CEO 迈克尔·

斯平德勒病急乱投医，这才仓促做出决定，开始授权给两家小公司 Power Computing 和 Radius 生产麦金塔兼容机，并收取一定的授权费。1996 年吉尔·阿梅里奥接管公司后，又授权给摩托罗拉公司生产兼容机，每卖出一台兼容机，苹果收取 80 美元的授权费。但是，一切都晚了。这些兼容机并没有让苹果扩大市场，反而挤压了苹果自己的高端计算机销售市场，差点让苹果陷入万劫不复之地。

如果苹果从 1985 年起就主打低端克隆机，那么也许苹果公司就不是今天的苹果公司。说不定，它已经一飞冲天，如微软公司推出的 PC 一样，牢牢地占据了市场霸主的地位。但是苹果却在 10 年的吵吵闹闹中错过了最好的时机，而微软则在这些年里，通过和 IBM 的合作，极大地壮大了实力，成为全球首屈一指的 PC 公司。到了 1995 年左右，微软的 Windows95 系统已经占据了计算机领域九成以上的市场份额，PC 阵营毫无争议地宣告胜出。在这个时候，苹果却企图利用兼容机去打天下，不过是拾人牙慧而已，想要取得和微软一样的成功实在是痴人说梦。

当然，假如苹果当年那么做了，也就意味着苹果将放弃优雅、高端的形象，沦落为一家成功却毫无特色的普通公司。反之，如果苹果坚定地保持自己未来技术领导者的形象，不在兼容机问题上做出任何的妥协。那么，苹果品牌上的优势将得以维护，广大的"苹果粉"也会死忠到底。

然而，斯平德勒和阿梅里奥却走了最臭的一步棋：授权兼容机。苹果麦金塔电脑每部可盈利 500 美元，兼容机只能收取每部 80 美元的授权费。兼容机的授权非但没有扩大麦金塔电脑的市场份额，反而由于大量的兼容机挤压市场，让苹果公司自己的收入锐减。更为致命的是，兼容机的质量、设计参差不齐，完全达不到苹果的水准，这事实上也给苹果的品牌形象带来极大的损害。

乔布斯回归苹果后，为了重建品牌形象，维护苹果利益，果断决定终止苹果兼容机的授权。乔布斯反对兼容机项目还不仅仅是出于经济上的考虑，他打心眼儿里反感兼容机的做法，认为兼容机的生产商都是些寄生虫，他们本身没有任何的创新能力，没有任何的技术，只会一味借鉴别人的成果。乔布斯很喜欢控制产品的方方面面，他希望做到硬件和软件的完美结合。苹果正是一家这样的公司，各方面都很出色，有能力制造出出色的产品，全方面负责用户感受。

但是，苹果已经与兼容机生产商签订了协议，乔布斯如果撕毁条约，就意味着要在生意场背上背信弃义的恶名，甚至有可能会被对方一纸告上法庭。但是，乔帮主就是乔帮主，非同凡人，他很快就找到了解决的方法。他发现，苹果之前和生产商签订的合约有一条可以利用的条款，就是苹果操作系统的授权写明了是 Mac OS 第 7 版。基于这个条款，乔布斯通知各大兼容机生产商，正在进行的生产兼容机计划不变，但是苹果公司今后将不会授权新一代的操作系统。

操作系统在整个电脑系统中具有重要的作用。缺乏先进的操作系统的电脑就相当于行尸走肉，难以提起用户的兴趣。而先进的操作系统，则能让客户体验到非一般的优质享受。1997 年 7 月左右，苹果开发出了新一代的 Mac 操作系统 Mac OS 8。乔布斯正式向兼容机生产商下达通知，不允许兼容机制造商升级到新系统。8 月，乔布斯在波士顿举行 Macworld 大会。Power Computing 公司总裁斯蒂芬·"国王"·卡恩组织了几百人到现场抗议，要求乔布斯取消消灭兼容机的决定。卡恩公开警告乔布斯，如果苹果不继续授权支持兼容机，Mac OS 8 操作系统将没有出路，是死路一条，并最终影响到整个苹果公司的运转。

乔布斯对于卡恩的抗议根本不加理会，他知道自己应该做些什么。他给苹果董事会主席伍拉德打了个电话，要求董事会允许他把苹果从授权业务中解脱出来，董事会最终默许了这个决定。9 月份，乔布斯跟 Power Computing 公司谈判，并最终达成协议，付给对方 1 亿美元收回授权，Power Computing 公司则允许苹果使用其用户数据库。随后，乔布斯和摩托罗拉等其他的兼容机生产商进行谈判，收回了对其他兼容机制造商的授权。后来，乔布斯就此事说道："把苹果完美的操作系统授权给那些垃圾一样的电脑使用，不仅是对操作系统的亵渎，还侵蚀我们的销售额，这真是世界上最愚蠢的事情。"

就这样，乔布斯终于消灭了兼容机计划，重新将苹果拉回正常的轨道。不敢想象，如果苹果坚持走兼容机的道路，现在会是怎样的一番光景，但是可以预知的是，苹果肯定不会是现在苹果。如今的苹果公司已经是全球市值第一的大公司。它的产品以高端品牌、完美设计、卓越品质而闻名于世。而在苹果内部，汇聚着一大群非同凡想的"狂人"，正在为改变世界而努力。

实行"四格战略"

"如果苹果当时的处境没有那么危险，我可能会保留这个项目。"

——乔布斯

乔布斯出任苹果临时 CEO 的第一个月里，举行了一系列的会议。白天，他逐一跟每个产品小组成员谈话，审核各个项目，对产品进行评估。晚上就把自己关在办公室里，为公司前途而苦苦思量。他希望能够找到一个突破口，一个能够让苹果起死回生、重新散发活力的突破口。

乔布斯希望自己尽可能多地了解关于公司现状的信息，他要求公司各个项目的负责人必须准确、详尽地解释自己负责的产品或者正在进行的项目。阿梅里奥的原助手吉姆·奥利弗也参加了这些会议，他在会议上的任务很简单，但很重要，就是在乔布斯跟苹果的几十个产品团队开会时作记录，确保每个人的发言的重点都记录在案，不会有遗漏的地方。

起初，乔布斯在大会上很少发言，但极为专注。他默默倾听，判断哪些是有价值的东西，那些根本就是垃圾。奥利弗对于乔布斯的这种专注深有感触："在会议期间，乔布斯聚精会神地听取每一个人的报告，态度上他丝毫没有表现出以前的武断。只有当与会者看上去还未意识到情况危急时，乔布斯才会责备他们几句。他的目标很明确——只保留那些技术领先、盈利丰厚的产品。"

菲尔·席勒是乔布斯的好友，这时候也被乔布斯征来帮忙。每次开会时，席勒会按照乔布斯的指示，展示一些东西。乔布斯很反感员工们用 PowerPoint 展示产品，他希望自己的员工能够动动脑子，当场拿出方案，而不是放一堆的幻灯片。他认为，知道自己在说什么的人不需要幻灯片。

产品的评估显示出苹果的产品线十分不集中，各种型号、杂七杂八的产品充斥在各个生产线上。很显然，苹果最大的问题出在了产品上，产品太糟了，早就失去了以往苹果的魅力。乔布斯和沃兹早年在创立苹果时，目标是制造世界上最好的个人电脑，但在乔布斯被赶出苹果后，庸俗的商业思维就占据了公司主宰位置。无论是斯卡利还是斯平德勒，都缺乏乔布斯的战略头脑，他们认为苹果尝试五花八门的产品项目，推出越来越多的产品，这样就能够赚到钱了。这种观念是对乔布斯的背叛，也是对苹果公司企业文化的一种背叛，最终只能是失败。

在这种庸俗的商业思维的驱动下，苹果公司对每个产品炮制出若干版本，试图以此占领市场。就拿麦金塔来说，就在几年里推出了很多个版本。1989 年，苹果发布了 5 款麦金塔电脑，而到了 1994 年，竟然发布了 43 款麦金塔电脑。到了 1995 年，这个数字更为惊人，达到了 54 款。这些电脑之间彼此细微的差别就算是苹果内部的工程师也搞不清楚，更不用说普通用户了。

硬件方面，除了电脑外，苹果公司还推出了一些自己并不擅长的产品，比如说打印机、显示器乃至 3D 图形卡等。最令人不可思议的是苹果还涉足了游戏产业，在 1996 年的时候，苹果和日本万代公司合作生产了一款名为 PiPpin 的多媒体游戏机，结果遭到惨败，全世界范围内总共仅卖出了 4.2 万台。苹果公司损失近乎 1 亿美元，成了苹果当年的一段惨黑历史。而在软件方面，项目更是种类繁多，数不胜数，简直令人瞠目结舌。就拿李开复负责的互动多媒体部门来说，就又细分为了语音识别、语音合成、手写体识别、QuickTime、QuickTime VR、MediaAuthoring Tool、Quick-Draw 3D、Games API、QT Conferencing、Kaleida MediaPlayer 等各种项目。而在其他软件部门，这个数量就更加惊人了。

这还不算，苹果还在世界各地设立专门的研究机构，研究的内容也是五花八门。如为了给东亚的用户生产产品，苹果专门在新加坡设立了一个 ATG 研发机构，针对中文用户研发中文听写机。作为世界上的人口大国，中国也成了苹果公司关注的目标，1995 年，苹果公司以合资的方式，在中国珠海成立了"苹果南方（珠海）科技有限公司"。高投入未必意味着高产出，数量繁多的研发机构并没有为苹果公司带来多大的创新，反而浪费了很多金钱。

席勒曾经对苹果这种现状一针见血地批评说："实在太荒谬了。那么多的产品，大多数纯属垃圾。迷茫的研发团队生产了一大批不知所谓的产品。"这种混乱局面到了阿梅里奥时代得到了改善，他大刀阔斧地砍掉了两三百个可有可无的项目，但这根本不够，仍存有很多的鸡肋项目。更为关键的是，阿梅里奥虽然裁掉了很多项目，但在未来主打产品的方向上依旧迷茫。

乔布斯则更进一步，将剩下的几十个项目，又砍掉了七成，只保留了三成的精华部分。对于一些只花钱没贡献的机构，乔布斯也大幅裁撤。一些合资企业停止运转，新加坡的研究机构也彻底关门，办公家具也被售出一空。很多人不理解乔布斯裁撤 ATG 的决定，认为这样对于公司的长久发展不利，但是面临着生死存亡的乔布斯可没有时间考虑那么多，他能做的就是节省开支。

在砍掉了所有负担之后，乔布斯开始寻思苹果真正需要的产品。在一次大型的产品战略会议上，乔布斯大笔一挥，在白板上画了一横一竖两条直线，做成一个简单的两行两列的方形四格表。在行的上方分别写上"台式机"和"便携机"，在列的两侧分别写上"消费级"和"专业级"。这样两两组合就是四个产品。乔布斯告诉大家，苹果现在要做的就是做四个伟大的产品。

整个会议室里鸦雀无声，他们都被乔布斯这个大胆、充满创意的"四个战略"震撼住了。9 月，当乔布斯把这个想法告诉董事会时，现场同样鸦雀无声。董事会成员对于乔布斯的这个战略计划起初并不认同，因为苹果的竞争对手们正在不断地推出越来越多的产品，挤压苹果的市场空间，如果大幅削减项目，岂不是自废武功？这样没有把握的事情在董事会眼里简直就是冒险，他们苦口婆心劝说乔布斯，希望他能够改变主意。但是，在乔布斯的眼里，董事会根本就形同虚设，他想要做的事情，谁也阻止不了，即便是苹果董事会也不能对他说半个"不"字。

于是，所有的苹果工程师和专业人员都被集中到四个领域，即为专业人士开发的功能强大的台式机、为专业人士开发的便携机、为普通消费者开发的廉价的台式机以及为普通消费者开发的便携机。有了这个较为清晰的四个方略，苹果的工程师们从迷茫中清醒过来，他们有了奋斗的方向，知道苹果需要开发怎样的产品。公司上下一心，众志成城，为了这四种产品而奋斗。乔布斯很明确地告诉董事会和管理层，在未来的几年里，苹果的大多数资源都将投入到这四种主打产品中，凡是不符合这四格战略的软、硬件的产品或项目，都将被统统砍掉。

这就意味着苹果将要实行更为严格的"瘦身"计划，凡是与这四个领域无关的业务都将遭到无情清洗，比如说打印机、服务器等。1997 年，苹果仿照惠普的 DeskJet（墨盒）打印机，推出了自己的打印机 StyleWriter。这款打印机在各方面算得上优秀，然而因为跟不上苹果计算机的运行速度而无法打印，这样的问题也给它的销量蒙上了一层阴影。惠普通过卖墨盒赚了很多钱，而苹果却一败涂地，没有赚到一分钱。乔布斯将 Style-Writer 打印机部门的工作人员召集起来，分析了打印机业务所面临的情况："你们真是一群疯子！就算是销量达到了 100 万台又怎么样，你们连一分钱都没有赚到，销售数量就是你们唯一追求的吗？我不允许这种情况存在。"乔布斯在会议室里咆哮完后，站起身来，走出会议室，给惠普总裁打了个电话，表示苹果将会退出打印机业务。然后，他回到会议上，宣布苹果要退出打印机业务。

乔布斯还砍掉了"牛顿"项目——一种手持个人电子助理设备（即PDA）。说真的，牛顿 PDA 的确是款革命性的产品。因为在那之前，从来没有一台电脑可以小到被装进口袋里。这种掌声电脑功能较为完备，在产品设计上也有其独到之处。苹果公司为了开发这种产品，已经为此奋斗了几年了。早在斯卡利还是 CEO 的时候，苹果公司就已经将该型电脑的研发纳入苹果重点研发计划之中。斯卡利对牛顿掌上电脑寄予厚望，他甚至特意把该项目研发组从苹果公司分离了出去，让其变成一个附属于苹果公司的公司。乔布斯回归苹果后，先是把牛顿掌上电脑研发组又拉回到了苹果公司，后来又强烈建议当时的苹果 CEO 阿梅里奥砍掉这个项目。但是，阿梅里奥没有同意，因为他仔细研究过这个项目，知道这个项目前景光明，是可以赚钱的，就佯作答应解散这个部门。等到阿梅里奥被董事会解雇，乔布斯接任代理 CEO 时，发现这个项目还存在，就毫不留情地将它砍掉。乔布斯给出的解释是：这种产品不够完美，在电脑容量、计算能力、电池续航性能等方面均有瑕疵，而且在他的四个战略中，也没有 PDA 的位置。

1998 年 2 月，乔布斯正式宣布终止牛顿 PDA 产品的研发，所有的工程师、工作人员被解散，纳入苹果其他部门之中。很多 PDA 的粉丝们听到这个消息后，高举标语，手拿大喇叭喊着口号，来到苹果总部大楼外抗议，乔布斯对此充耳不闻。一些媒体声称，牛顿项目是乔布斯死对头斯卡利一手扶植起来的，所以乔布斯要砍掉这个项目，报复斯卡利。乔布斯对这种说法视而不见，坚持走自己的路。

乔布斯对待其他的项目，态度也是一样的，凡是不符合四个战略的，无论看起来多么迷人，都被否决了。阿梅里奥还是 CEO 时，曾提出了一个研发项目。该项目主要是做产品设计的，其设计风格追具极简主义。整台计算机设计为只有显示器，没有机箱，计算机的所有部件都装配在这台显示器的一个面积不大的空间里，这种描述很像乔布斯后来推出的 G5 iMac 电脑。可惜的是，这个项目生不逢时，乔布斯重新回到苹果公司后，这个项目也被他毙掉了。

多年以后，在谈到自己解散 PDA 等项目、实行"四格战略"时，乔布斯说了这么一段话："如果苹果当时的处境没有那么危险，我可能会保留这个项目。但是，我不信任这个项目的负责人。我强烈地感觉到它有真正优秀的技术，但是因为管理不善搞砸了。停掉它，我就解放了一些优秀的工程师，他们可以去开发新的移动设备。最终我们走对了路，做出了 iPhone 和 iPad。"

事实证明，乔布斯实行"四格战略"，大幅削减不相干的项目是卓有成效的。一方面，乔布斯通过大幅度裁员，裁撤项目，扭转了公司的财务状况；另一方面，乔布斯集中精力开发四种产品，使得苹果的产品线从混乱回归清晰，苹果的工程师和管理人员知道了自己的奋斗方向，研发出了很多优秀的产品。在随后几年，苹果的工程师和管理人员按照乔布斯的理念，不断推出新产品，令苹果公司面貌焕然一新。专业级台式电脑，他们开发出了 Power MacG3 专业级便携电脑，开发出了 PowerBookG35 消费级台式电脑，后来开发出了时尚尖端的一体机——iMac；消费级便携电脑，也就是 PowerBook 的低端时尚版，后来开发出了 ibook。

在此之前，苹果每一年都要推出很多种产品，但因为产品质量方面的问题，销量相当一般。乔布斯回归后，专注于开发这四种产品，每一种产品都是经过千锤百炼的，所以性能十分优异，受到了广大消费者的欢迎。苹果用户也通过这些极具特色的产品重新认识到苹果的核心价值所在。这些产品的销量也相当喜人，1997 年 11 月，苹果推出的面对高端用户的 Power MacG3 桌面电脑以及 PowerBook G3 笔记本电脑因其强劲的性能，广受欢迎，其中的 ower MacG3 仅在第一个季度就卖掉了 13.3 万台。1998 年 8 月，苹果推出的面对广大消费者的彩色电脑 iMac，凭借着色彩缤纷、无与伦比的外观设计，旋即风靡整个美国，半年内就售出 80 万台。

苹果公司在乔布斯大力整顿下，重新散发出活力，并最终渡过难关，扭转了亏损的状况，实现了赢利。1998 年 1 月，在旧金山的 Macworld 大会上，乔布斯在最后一刻向大家宣告说："我们这个季度盈利了！"观众席爆发出了热烈的掌声。在乔布斯接手之前，苹果已经连续巨亏了两年，而在他接手之后，苹果第一季度就获得了 4500 万美元利润，这简直是一个奇迹。但是，对于大神乔布斯来说，这一切又算不了什么。在饱经失意和困顿之后，他厚积薄发，所蕴含的巨大能量绝非仅此而已，他正准备在苹果这个璀璨的舞台上创造出新的乐章。历时三个月，将濒死的苹果重新拉入正常轨道，这是乔布斯创造奇迹的第一步，却绝不是最后一步！

伟大的艺术品不必追逐潮流，他本身就能引领潮流

1997年Macworld大会

"苹果产品的消费者是拥有不同思维方式的人，他们是具有创新精神的人，他们以改变世界为己任。我们要做的就是为这样的人设计工具。"

——乔布斯

乔布斯重返苹果后，通过裁员、重组董事会、降低股票的期权价格等手段宣告着自己的强势回归，这让公众对于苹果的未来多了一份期许，1997年7月份，苹果的股票价格也奇迹似的从13美元上升到了20美元。但这也仅仅是暂时而已，苹果的危机警报远未解除，随时有倒闭的可能。

当时，苹果公司的资金和市场份额大大缩水，销量下滑，一贯以新潮、时尚自居的苹果电脑在市场上节节败退，基本上乏人问津。面对残酷的现实，很多媒体纷纷预测苹果公司很快就会破产。美国著名的《连线》杂志某一期用了一张正在长出尖刺的苹果公司标识作为封面，大标题写着"祈祷"两个字。而另外一本杂志更是直接宣称："苹果已经变得可有可无了。"

难道苹果真的如外界所说已经溃烂了，注定要寿终正寝？乔布斯对此完全不认同，他认为苹果对于消费者而言，仍然是至关紧要的公司。因为

他了解消费者，也很清楚苹果在他们的生命中所占据的位置。虽然苹果目前出现了小小的麻烦，但是他回来了，所有的问题也将迎刃而解。8 月份，苹果公司将在波士顿举行 Macworld 大会，乔布斯决定借助这次大会重拾公众对于苹果以及他本人的信心。乔布斯非常明白，如果做不到这点，以后的路只怕会越来越难走。

12 年前，乔布斯还在苹果时，他是 Macworld 大会的主角，他极富魅力的演讲每一次都给公众震撼和惊喜。12 年后，他又一次以主角的身份出现在 Macworld 大会的舞台上，内心的期待、紧张可想而知。历经了 12 年的荒芜岁月，乔布斯的再度回归，让忠实的苹果迷等得太久太久了。

8 月 7 日，Macworld 大会在波士顿隆重举行，场面极其火爆，大约有 5000 多名狂热的苹果粉丝早早地涌进公园广场酒店的城堡会议厅，等待乔布斯的回归后首次主题演讲。在苹果遭遇低潮的几年里，他们无比地怀念乔布斯当年带给苹果的辉煌。如今乔布斯重新回归苹果，他们渴望亲自见证英雄的归来，也希望乔布斯能够像当年一样，带领着苹果重现当年的荣光。

乔布斯特意找来了他在 1984 年发布麦金塔电脑时的照片，并在开场的大屏幕上放映出来。1984 年是苹果辉煌的一年，乔布斯希望通过这张照片唤醒苹果迷的记忆，让他们重拾对他的信心。

当主持人还在喋喋不休地介绍着乔布斯时，全场观众热烈地呼唤着："史蒂夫！史蒂夫！史蒂夫！"排山倒海的欢呼声中，乔布斯穿着黑色背心、无领白衬衫、牛仔裤，脸上挂着淡淡的笑容，闪亮登台。现场观众疯狂地尖叫起来，火爆的场面就算同任何摇滚明星相比也毫不逊色。虽然阔别多年，但当乔布斯再次出现在广大的苹果迷面前时，他身上的魅力没有丝毫的减退。

乔布斯挥手示意大家安静，然后开口介绍自己："我是史蒂夫·乔布斯，皮克斯的主席和 CEO。"现场的大屏幕上同时播放了一段幻灯片作为介绍。乔布斯提醒观众们他的正式职务，表明他仍有顾忌，尚未完全和苹果融为一体。然后，乔布斯解释了自己在苹果公司的角色，表示自己"暂时"接手苹果的管理工作，但他会和很多人一样，努力帮助苹果渡过难关，步入正轨。

乔布斯开始了自己的演讲，他不时地在舞台上走动，并用手中的遥控器控制屏幕上幻灯片的播放。他的演讲如行云流水，条理清晰，没有丝毫的拖沓。他告诉大家，苹果的销售额之所以在最近两年里下滑了30%，并非是因为公司运转出了问题，也并非是公司缺乏优秀的人才，而是因为公司没有制定一个好的发展计划。公司上下劳心劳力地执行着错误的计划，又如何会成功呢？

观众爆出狂热的掌声和欢呼声。他们是苹果的忠实粉丝，一直不明白向来走在时尚、潮流前端的苹果产品，为什么会在短短的时间里就萎靡了、一蹶不振了。乔布斯寥寥数语剖析，解开了大家心中的疑惑。发现问题是解决问题的第一步，苹果的粉丝们在欢呼中对乔布斯的期待更大了。

乔布斯在准备这次演讲之前，曾经向100位员工问了这么一个问题：谁是世界上最大的教育公司？大家的答案并不统一，只有两个人给出了正确的回答：苹果。当时，苹果公司是教育行业内最大的产品供应商，全美教师们使用的电脑中超过六成都是苹果电脑。乔布斯经过这次调研发现了苹果的问题：苹果一味地追求新型电脑的开发，却忽略了2300万核心消费者的感受。苹果电脑最终是要放在店里销售的，迎合消费者的喜好才是王道，闭门造车必然会出现种种问题。

与比尔·盖茨讲和

"在这个世界上，苹果不是独立存在的，它处于一个生态系统中，也需要其他伙伴的帮助。所以我宣布，从今天起，苹果将有一个新的合作伙伴，它就是微软。"

——乔布斯

商场形势瞬息万变，昨日的竞争对手今天很可能成为合作伙伴，今天的合作伙伴也许明天就会成为竞争对手。苹果和微软彼此争斗多年，微软通过和IBM的合作取得了一个又一个辉煌，风头完全盖住了苹果，反观苹果这些年来由于经营不善几乎到了山穷水尽的地步。如果乔布斯还是以前那个桀骜不驯的乔布斯，他肯定不愿意和冤家、对手微软合作的，但正是经过了十多年的历练，乔布斯已经变得成熟了很多，他知道自己该做什么。

1997 年的苹果 Macworld 展会上，乔布斯在演讲即将结束的时候，略略一顿，喝了口水，然后用平缓的语气宣布一个爆炸力不亚于核弹的消息：苹果将会和微软合作，交叉授权使用彼此专利与技术。面对着台下数千名观众，乔布斯解释为什么苹果要和微软公司达成合作，他说："在这个世界上，苹果不是独立存在的，它处于一个生态系统中，也需要其他伙伴的帮助。所以我宣布，从今天起，苹果将有一个新的合作伙伴，它就是微软。"

顿时，所有的观众都惊呆了！任何了解苹果的人，都知道微软是苹果的死对头。当年乔布斯因为比尔·盖茨"剽窃"了苹果图形用户界面而将他骂得狗血淋头，并一手掀起了苹果与微软的争端。近十年来，双方在各种版权和专利问题上争斗不断。1985 年，乔布斯刚被苹果解职，约翰·斯卡利就和盖茨签订了一项合作：苹果同意微软在 Windows1.0 操作系统上使用苹果的图形用户界面技术，但同时，微软必须保证在两年内只为 Mac 研发 Excel。这对于苹果而言，其实是一个投降条约，斯卡利缺乏长远眼光被盖茨摆了一道。1988 年，和苹果解除了合作关系的微软在新推出的 Windows2.0 上继续使用了苹果的图形用户界面。这引起了苹果的不满，于是一纸状书将微软告上了法庭，认为双方 1985 年签订的合约不适用于 Windows2.0，而且微软对 Windows 所做的改进存在着抄袭等赤裸裸的侵权行为。这场官司持续了十年之久，直到 1997 年才算有了定论，苹果输掉了官司，微软赢得了这场诉讼。

但是，微软这段时期也遇到了麻烦。经过多年的发展，微软已经成为行业的龙头，垄断了美国 97% 的市场。这引起了美国政府司法部门的注意，他们正在收集材料，准备对微软发起大规模的反垄断诉讼。乔布斯了解此事后，特意邀请首席检察官乔尔·克莱因到帕洛奥图做客。乔布斯告诉对方，对于微软来说，最好的解决方法就是交一笔罚款，最坏的方法就是被拖进官司的泥潭，所以为了给苹果赢得时间，司法部门最好能拖多久就拖多久。

不久，微软向苹果摊牌，表示将不再给未来的麦金塔操作系统开发 Word 和 Excel。这倒并非是盖茨小心眼，而是因为苹果公司的状况太糟了，前景黯淡，没有人知道未来的麦金塔系统会是什么样子的。盖茨作为微软的总裁必须考虑种种可能，为微软的利益最大化精打细算。这对于苹果而言，可说是毁灭性的打击。因为在个人电脑时代，人们使用电脑很大一部分原因是因为办公软件的存在。当时，微软 Office 已经垄断办公软件市场，苹果一旦和微软决裂，人们只怕更没有理由购买苹果电脑了。微软的 IE 浏览器对苹果电脑来说，也是非常重要的。浏览器代表着网络应用的未来，如果缺少好的浏览器，苹果电脑就无法真正融入互联网。而 IE 浏览器正是目前最好的产品，苹果电脑如果要跟上时代潮流，就不能将 IE 浏览器拒之门外。

乔布斯对这些情况洞若观火，所以他决定向微软妥协，同盖茨合作。不管乔布斯内心有多么的不屑、不服，他都无法否认微软此时是苹果的救星。所以，他给盖茨打了个电话，说："比尔，拜托帮个忙吧。我们都知道，如果官司继续进行下去，不论过多长时间，苹果一定会赢得 10 亿美元的专利罚金，但是不知道苹果有没有命拖到那个时候。不如我们讲和吧，苹果继续授权微软使用图形用户界面技术，微软则继续为苹果研发软件，同时再为苹果注入一笔资金。"处于绝对劣势的乔布斯此时提起条件来就好像他完全占据了上风一样，不过比尔·盖茨自然是将乔布斯的这番表态视为投降。

既然合作对双方有利，又何乐而不为呢？盖茨随即回复乔布斯，表示愿意合作，并和他的首席财务官格雷格·马菲一起到帕洛奥图的乔布斯家里，商讨合作事宜。虽然谈判进行得非常顺利，但是直到乔布斯在波士顿的 Macworld 大会作演讲前几个小时，合同的种种细节才最终敲定。当时，乔布斯正在公园广场酒店城堡会议厅彩排，盖茨打来了电话。乔布斯走到一个角落里接了电话，以免被人听到。这通电话打了一个小时，双方最终就所有问题达成协议。

于是，在 Macworld 大会的主题演讲中，乔布斯向大家介绍起了跟微软合作的一些细节。观众们很快发出了嘘声。乔布斯不管不顾地继续宣布："苹果决定把 IE 作为麦金塔的默认浏览器。"这是精明的盖茨提出的要求。微软的 IE 浏览器那个时候已经垄断了市场，唯独苹果这一块地盘始终未能占领。盖茨一直对此耿耿于怀，希望借这次合作机会，促成 IE 攻占麦金塔。

当然，微软的 IE 浏览器并不是唯一的选择。乔布斯接着告诉大家，苹果提倡选择自由，所以也会提供其他的浏览器供大家选择，用户可以随心所欲地更改默认设置。台下的嘘声似乎小了些。当乔布斯宣布微软将向苹果投资 1.5 亿美元，换取无投票权的股份时，观众的反应开始有所改变。

然而，这种改变并没有持续多长的时间，因为乔布斯这时候犯了一个在他的舞台生涯中很少出现的错误。他向观众宣布，将会有一位的特殊客人通过卫星连线和大家见面。紧接着，比尔·盖茨的脸就出现在舞台巨幅的屏幕上。乔布斯站在屏幕的下方顿时相形见绌，就好像站在巨人身下的一个无助小孩，非常渺小。观众们全都惊得目瞪口呆，随即嘘声和喝倒彩的声音响成一片。

此时，身在西雅图的盖茨坐在办公室里通过卫星连线，开始讲话。他告诉苹果迷们，能够和乔布斯在麦金塔项目上进行合作，是他的职业生涯中最令人兴奋的一件事情。接着，他开始向观众们兜售微软为麦金塔开发的 Office 软件。现场观众们逐渐安静了下来，显然都想听听这位 IT 巨头将会说些什么。盖茨告诉大家，微软为麦金塔提供的新版软件功能非常优越，在很多方面甚至比给 Windows 平台开发的版本更先进。观众们听了这话，陆陆续续地鼓起掌来。

乔布斯对于这样的舞台设计感到很尴尬，因为那让他看上去无比渺小，而比尔·盖茨则巨大无比，就好像救世主一样。乔布斯发挥自己出众的口才，希望通过一段即兴演讲来安抚观众："如果我们想要苹果好起来，就必须抛弃成见。必须抛弃这种'如果要苹果赢，就一定要微软输'的过时想法……"乔布斯似乎已经忘了，这个所谓的"过时想法"正是他当初自己的想法。

乔布斯的妥协没有白费，微软和苹果的高调合作向外界释放了强烈地积极信号，华尔街对苹果信心倍增。当天，苹果股票飙升 6.56 美元，涨幅 33%，收盘达到 26.31 美元，这几乎是阿梅里奥离职前的两倍，苹果公司由此市值增加了 8.3 亿美元。苹果起死回生，乔帮主这步棋走对了！

几年之后，当苹果站稳脚跟、羽翼渐丰的时候，就开始反过来进攻微软了。他们自主研发了 iWork 工作软件以及 Safari 浏览器，以替换微软的 office 工作软件和 IE 浏览器。反观微软，虽然他们认购了 1.5 亿美元苹果股份，但由于过早地抛售，从而错过了此后苹果数十倍的增长空间。而到了 2010 年，苹果公司的市值已经超过微软，成为地球上规模最大的科技公司。

非同凡想，给疯狂的人

"我的声音会让人们以为那是关于我的广告，会转移人们对于产品的注意力，那可不是我想要的。"

——乔布斯

乔布斯回归苹果后，为了尽快恢复公司形象和产品声誉，决定拍摄一个像《1984》那样成功的广告。这其实是没有办法的办法，面对着苹果纷扰、混乱的局面，乔布斯对于未来也并不是那么笃定，拍广告是乔布斯手里仅有的几件法宝之一，他希望通过广告来重振外界对苹果的信心。

如果要在广告营销中一鸣惊人，就必须与大师级的广告精英合作。乔布斯比较倾向于 Chiat \ Day 公司的李·克劳，当年正是他拍出了《1984》这样震撼人心的广告，给麦金塔带来了难以估计的价值。可是，克劳所在的 Chiat \ Day 公司早已经不和苹果合作了。乔布斯离开苹果后，斯卡利就终止了和克劳的合作，而是将生意交给了斯卡利在百事时的老合作伙伴 BBDO 广告公司。尽管 BBDO 广告公司在业界也是相当的优秀，但是显然和苹果的基因不合。那段时间，他们创作的广告大都乏善可陈，内容平庸，鲜少特色，根本难以复制《1984》当年的辉煌。

人们对于过去的成功经验是很难忘掉的，乔布斯很快给克劳打去了电话，希望克劳和他的团队能够参与苹果广告方案的制作。"我们需要你的帮助，李！你能在一个星期内做出一个比《1984》更震撼人心的广告吗？而且这个广告最好有一句朗朗上口，容易让人记住的口号。"

克劳同意为苹果拍摄一个新广告，但是已经功成名就的他也提出了一个要求：不参加比稿。他告诉乔布斯，他已经十年没有参加比稿了，他和他的团队的水平毋庸置疑，如果苹果真心希望他出山帮助苹果拍摄广告的话，就不能邀请别人。乔布斯经常给别人出难题，这次克劳则丢给了一个难题给他。乔布斯可以很霸道地干掉董事会，但他却不能以同样的方式干掉其他参与比稿的广告公司。无论是 BBDO 也好，阿诺国际传播也罢，无不是广告界赫赫有名的大角色，乔布斯如果想要得到一个绝佳的、有创意的广告，就不能拒绝这些顶级广告公司的比拼。

　　另外，乔布斯深深明白这次广告的重要性，不想把宝全都压在克劳身上。虽然，克劳和他的团队制作的《1984》取得了极大的成功，但是紧接着拍摄的《旅鼠》广告却遭到了极大的非议。乔布斯不敢确定克劳是否还具有当年的创意，还能创做出像《1984》那样震撼人心的广告。

　　于是，乔布斯开始恳求克劳，说他很难拒绝其他参与比稿的广告代理，希望对方能仗义援手，帮自己一次。乔布斯一贯给人强势、霸道的印象，一旦改用温柔的手段，往往能够取得成效。这并非乔布斯第一次运用这种招数，他驾轻就熟地说服了克劳，克劳表示愿意尽力而为。

　　克劳的确是个广告天才，临危受命的他居然真的在一个星期内就完成了广告方案设计。他带着脚本和创意飞到了库比蒂诺，径直向乔布斯和苹果各部门的高管们抛出了这个精彩绝伦的创意——

　　"非同凡想"。

　　这一句话用英语来解释，只有两个单词"Think Different"，如此简单、短促，却又是如此的铿锵有力。所有听了克劳介绍的人都被震撼了，他们很快地意识到，克劳想出的这句口号，虽然连英文语法都不大正确，但将要带给观者的震撼只怕要比《1984》更强烈，更具冲击性。

　　乔布斯在看到这个无与伦比的创意后，泪水不由自主地从眼角滑落下来。这是多么棒的一个创意啊，当初，乔布斯创立苹果，目的就是为了改变世界。在他的麾下，云集了大批优秀的人才。这些人才华横溢，有着非凡的想象力、创造力，如一个个拓荒者披荆斩棘，创造了震惊世人的产品，给这个世界带来改变。"非同凡想"这句口号对顾客，对苹果的员工都有激励作用。

　　泪水，同样蕴含着对克劳的感激之情。这个已经10年没有参加过比稿的广告大师怀着对苹果无限的爱，在乔布斯最困难的时刻，纡尊降贵，给予乔布斯以最大的支持。这份情怀、这份纯粹的爱，让乔布斯感动不已。乔布斯一生中哭的次数不少，但是因为感动流泪的场面却并不多见。

　　克劳的创意可谓惊世骇俗，他们用尽了种种方法去赞扬历史上那些曾给世界带来改变的"非同凡想"的"狂人"，这些人包括爱因斯坦、鲍勃·迪伦、马丁·路德·金、约翰·列侬、爱迪生、"拳王"阿里、"圣雄"甘地、毕加索……这些人全部都是乔布斯的偶像。他们特立独行，勇于冒险，不惧失败，虽然很多时候不被世人理解，但是他们敢想敢拼，执着梦想，最终改变了这个世界。

给这个创意配上一段绝妙的广告词，也是一项艰巨的任务。乔布斯对广告词要求非常之高，曾经无数次地否决了克劳团队的方案，甚至把他们骂得狗血淋头。据说，当克劳团队飞到库比蒂诺给乔布斯看第一版的广告词时，乔布斯对着那名年轻的撰稿人咆哮："这是狗屎，这是广告公司制造出来的垃圾，我恨它！"那名年轻人也是个热血腾腾的青年俊杰，何曾遇过这种状况，站在那儿尴尬极了。自那以后，他再也没有出现在乔布斯面前。后来，乔布斯干脆自己也加入了广告词的撰写。最终，乔布斯和克劳以及他的团队共同创作出了一段朗朗上口的广告词。这段广告词就像乔布斯所有的硬件产品一样完美无瑕，极具震撼力。这段广告词是：

谨献给那些狂人们。他们特立独行，他们桀骜不驯，他们惹是生非。他们是一群格格不入的人。他们用与众不同的眼光看待这个世界。他们讨厌循规蹈矩，他们也绝不愿意安于现状。你可以支持他们，质疑他们，颂扬他们或者是诋毁他们，但你唯独不能忽视他们的存在，因为他们改变了寻常事物，他们推动人类向前迈进。或许他们在一些人的眼里是疯子，但他们在我们的眼里却是天才。因为只有那些疯狂到以为自己能够改变世界的人……才能真正改变世界。

乔布斯最开始希望《死亡诗社》的主演罗宾·威廉姆斯朗读这段旁白，但是威廉姆斯的经纪人说他不做广告，于是乔布斯直接给威廉姆斯家里打电话。接电话的是威廉姆斯的妻子。她不同意威廉姆斯去拍广告，没有让乔布斯和威廉姆斯通话，因为她知道乔布斯多么擅长说服别人。乔布斯还一度希望玛雅·安吉洛和汤姆·汉克斯来配音。据说，为了请动汉克斯，乔布斯还恳请克林顿总统打电话给汉克斯，促成此事，但是总统搁置否决了这个请求。几经周折之后，乔布斯和克劳选定了奥斯卡影帝理查德·德莱福斯来配音，他是一位忠实的苹果迷。

除了电视广告外，克劳和他的团队们还为苹果创作了一系列精彩的平面广告。每则广告都有一个标志性历史人物（如爱因斯坦、卓别林、爱迪生等人）的黑白肖像，这些肖像都没有说明文字，只是在旁边附上的苹果标志和广告语"非同凡想"。这种独特的广告方式给人耳目一新的感觉。

乔布斯为了确保偶像的肖像完美无瑕，亲自参与了照片的选择。有一次，他发现"圣雄"甘地的照片不太合适，询问克劳是怎么回事。克劳告诉他，那张由摄影师玛格丽特·伯克·怀特拍摄的甘地在纺车边的著名照片，肖像版权由时代与生活图片社所有，不能被用于商业用途。乔布斯听了这话，亲自给时代与生活图片社的主编诺曼·珀尔斯坦打电话，希望能够用上这张照片。对方不同意，乔布斯就软磨硬泡，直到对方答应为止。他还给美国前总统肯尼迪的胞妹尤妮斯·施赖弗打电话，希望得到她的允许，让他使用肯尼迪和施赖弗在阿巴拉契亚山间旅行的照片。

吉姆·汉森是美国著名的提线木偶剧演员，逝世于 90 年代初。为了拿到这位优秀演员的最合适的照片，乔布斯亲自和他的孩子们沟通，花费了很大的功夫，这才弄到照片。乔布斯还给约翰·列侬的遗孀小野洋子打了电话，希望能够得到一张她已故丈夫的照片，她给他寄了一张。但乔布斯并不满意，他特意去了趟纽约，约小野洋子在一家日本小餐馆见面。小野洋子重新给了他一张照片，正是那张她和约翰拿着花束一起在床上的经典照片。乔布斯最终使用了这张照片。

理查德·德莱福斯给广告的配音工作做得很好，很好地诠释了旁白的内涵。但克劳突然又有了一个想法：让乔布斯本人来配音。于是，乔布斯走进录音室，试录了几条。最终，乔布斯的版本做出来了，效果非常棒。克劳对乔布斯说："如果用你自己声音，效果会非常的强烈。这是表明你重新拥有苹果的最佳方式。"但是，乔布斯对这个建议犹豫不决，难以就二者作出取舍。

到了广告播放的前夜，广告必须提交给电视台了，乔布斯仍然没有做出决定。最后，他告诉克劳将两个版本全部送到电视台，这样他还能有一夜的考虑时间。第二天早上，乔布斯决定采用德莱福斯的版本。乔布斯告诉克劳："我的声音会让人们以为那是关于我的广告，会转移人们对于产品的注意力，那可不是我想要的。"作为一个控制狂，乔布斯能认识到"苹果"比"我"更重要，做出这种改变，可说是难能可贵。这微小的变化，正是乔布斯走向伟大的开始。

这则时长仅 60 秒的"非同凡想"电视广告产生了前所未有的轰动效应，评论家们对此大加褒奖，认为这是 90 年代最有创意的广告之一。很多忠实的苹果迷在看了这则广告之后激动不已，因为他们熟悉的——特立独行、桀骜不驯的乔帮主又回来了。在乔布斯离开苹果的 12 年里，苹果公司已经失去了其拓荒者的地位，而这则广告让他们看到了苹果崛起的希望。因为他们深知乔布斯的回归，就意味着苹果"创新精神"的回归，而这正是苹果引领时代潮流的根本。

"非同凡想"这则广告接连几年都是苹果的主打广告。直到 2002 年，苹果恢复生机，并重新创造了辉煌，此时苹果已经不需要这样大气磅礴的广告作品来扭转局面了，他们重新制作了充满生活与时尚气息的广告。即便如此，从这些广告里我们仍然能隐隐感觉到咄咄逼人的"乔式锋芒"。

唯我独尊 iCEO

"我回到苹果，原本想要帮助苹果找到一位 CEO，但是我们没有合适的人选，所以我最终留了下来。"

——乔布斯

乔布斯最初是以顾问的身份回到苹果工作的，在"非同凡想"广告制作接近尾声时，乔布斯决定正式接手公司的经营。1997 年 9 月，乔布斯宣布他将从弗雷德·安德森手中接过临时 CEO 的职务，这一名称也被缩写成了 iCEO（interim CEO）。他还是没有和公司签订任职合同，也不领薪水（只是象征性地收取 1 美元年薪）。这说明乔布斯仍有顾虑，不愿意承担失利的污名。

尽管如此，乔布斯在苹果的表现却完全不像是一个有所顾忌的人。他决断大事，掌控一切，唯我独尊。在那个星期，乔布斯把所有苹果的高层管理人员和员工召集到苹果的礼堂开会。开会结束后，他准备了啤酒和素食招待大家，庆祝自己的新角色。乔布斯似乎并不那么注重自己的仪态，他经常穿着短裤、赤着脚，满脸胡茬地在苹果园区走来走去，苹果员工们对此习以为常。

就任 iCEO 后，乔布斯接连几个星期都在和董事会一起寻找一位正式的 CEO。他们的心中有很多的人选，柯达的乔治·M·C·费希尔、萨姆·帕尔米萨诺、SUN 公司的埃德·赞德都是备选的目标。但是，这些人在接到苹果的邀请后，大都犹豫不决，不愿接手苹果。个中原因不言自明：一则，苹果亏损严重，朝不保夕，万一未能拯救苹果于水火之中，就需要为自己的失利承担污名。英明一世，毁于一时，岂不是大错特错？二则，大家都明白，只要"控制狂"乔布斯还待在苹果，别人就不要指望着能够正常地行使权力。因为，乔布斯绝对不会允许出现另外一个权力中心，他肯定会想方设法掣肘的。说白了，即便当上苹果 CEO，只怕也只是乔布斯的傀儡而已。SUN 公司的赞德就曾公开表示，他拒绝做苹果 CEO 候选人是因为"只要史蒂夫在，他就会窥探、质疑我的每一个决定，我可不喜欢那样"。当然，这当中也不乏一些胆气过人的自荐者，可惜他们大都才能平庸，难以入乔帮主的法眼。乔布斯有时还会捉弄他们，有一次，他和埃里森就捉弄了一位前来应聘该职位的计算机顾问。他们给他发去邮件，说他被选中了。这名顾问兴奋不已，还接受了报纸的采访。等他后来明白这只是一场乌龙时，场面真是尴尬。

由于一直都未有合适的人选，所以，乔布斯也就一直在"临时"的招牌下主持苹果的工作。到了 12 月，董事会悄悄搁置了 CEO 的遴选，因为他们发现乔布斯正在尽可能地拯救苹果，并且很多事已经初见成效，而且乔布斯似乎也正在适应自己临时 CEO 的身份，"我回到苹果，原本想要帮助苹果找到一位 CEO，但是我们没有合适的人选，所以我最终留了下来。"他如此说道。

那段时间，工作非常辛苦，巨大的压力无可阻挡地侵向乔布斯，令他难以呼吸。他必须规划好一分一秒，做到苹果、皮克斯、家庭的兼顾。他每天开着车穿梭于苹果和皮克斯之间，早上 7 点上班，晚上 9 点回家。回到家后，孩子们都已经睡了。乔布斯精疲力竭，累得连和妻子说话的力气都没有了。他唯一能做的事情就是看半个小时的电视，然后倒头就睡，等待第二天太阳的升起。长时间高负荷、高强度的工作令乔布斯的身体越来越糟。他的头发越来越稀疏，并且逐渐从黑色褪成了灰白。更糟糕的是，他得了肾结石，精神上的折磨，身体上的疼痛几乎要了他的命。每当工作的时候，身体疼痛难忍，他只好停下工作，从忙碌中脱身，匆匆忙忙地赶去医院，让医生给他打一针哌替啶，然后又驾车返回去继续工作了。

尽管这样的工作安排令乔布斯饱受折磨，但是他在苹果的工作越来越投入，越来越专注，亦越来越觉得自己无法离开苹果。他不能够容忍任何人质疑他对苹果做出的努力。1997 年 10 月的某次计算机展会上，曾经有好事的记者问戴尔计算机的创办人迈克尔·戴尔："如果你是史蒂夫·乔布斯并接管了苹果，你会怎么做？"戴尔回答说："如果是我的话，我会尽快把苹果关闭，然后把钱还给股东。"乔布斯得知这件事后气坏了，就写了一封语气刻薄的电子邮件给戴尔："身为企业的首席执行官应该有格调，我能看得出，你并未打算做一个有格调的执行官！"

树立明确的敌人是乔布斯经常使用的一种鼓舞团队的方法。十多年前，他还在苹果时，就曾经将 IBM 和微软视为竞争对手，现在对戴尔也是如此。有一次，乔布斯召集管理层开会。他把戴尔的照片制成标靶放大在屏幕上，然后告诉他的团队们："现在是找戴尔麻烦的时候了。"全场掌声雷动，一片欢呼之声。

乔布斯精通演讲艺术，他出众的口才、极具魅力的演讲，成了他带领苹果走出困境的一件法宝。在 iMac 发布会大获成功之后，乔布斯每年都会精心设计四到五次的产品发布会或者演讲。乔布斯是舞台上无与伦比的大明星，他的魅力苹果无人能及。美国知名作者卡迈恩·加洛在《乔布斯的魔力演讲》一书中写道："乔布斯的演讲往往会让听众持续处于高度亢奋状态。"

在舞台上，乔布斯尽情地施展自己的控制欲，他很重视舞台上那戏剧性的揭幕，所以苹果的保密工作十分严格。苹果公司甚至因为此事打过官司。尼古拉斯·西亚雷利是哈佛大学的一名学生，同时也是麦金塔电脑的忠实粉丝，出于对于苹果的热爱，他经常会在个人博客上发表一些关于苹果未来产品的猜测和预想，这让乔布斯很生气。他就对西亚雷利提起诉讼，直到对方同意关闭博客才算了事。2010 年的时候，苹果还起诉了一家名叫 Gizmodo 的网站，因为该网站提前披露 iPhone4 消息。

台上一分钟，台下十年功。乔布斯完美的演讲来得也是相当不易。在每次演讲前，乔布斯都会认真核对每一个细节，绝对不允许出现任何的纰漏。出于对极简主义风格的追求，乔布斯每次演讲时，都会穿着标志性的黑色套头衫和牛仔裤。他的演讲条理清晰，宛如带着魔力，听众经常深陷在乔布斯激情澎湃的演讲中不可自拔。乔布斯演讲的成功源于他事先精心的准备。在演讲前，他会亲自撰写和修改演讲内容的幻灯片和要点，并一遍遍地演示给同事和朋友看，请求他们提意见。回到家里，他会请妻子劳伦·鲍威尔当听众，看哪里还有需要修改的地方。每一页演讲内容乔布斯都做成三种不同风格的幻灯片，然后让鲍威尔从中选择较好的一个。每一页幻灯片都要改上六七次，精益求精。

发布会的展示方式并没有太多花哨的东西，但其内容精密、准确、让人过目难忘，这除了乔布斯杰出的营销才能外，还得益于苹果团队的协力合作。苹果的产品工程师迈克·埃万杰利斯特开发了 iDVD 软件，并帮助乔布斯准备这部分的演讲。在发布会前几周，埃万杰利斯特需要和他的团队花费数百个小时，为乔布斯找那些要刻录进 DVD 并要在台上展示的图片、音乐和照片。乔布斯是个完美主义者，很多地方他都不满意，要求埃万杰利斯特和他的团队改善。这让埃万杰利斯特有些抓狂，他觉得乔布斯不可理喻，但恰是不断地批评、改正才带来了更好的效果。

有一年，乔布斯让埃万杰利斯特上台演示苹果新推出的一款视频编辑软件——FinalCutPro。在彩排的过程中，乔布斯也来了，就坐在观众席中。这让埃万杰利斯特紧张万分，以至于在演讲中结结巴巴，错误不断。乔布斯明显来者不善，听了一分多钟，就不耐烦地打断了他，说："如果你继续这个样子的话，我就把你的这段演示从演讲中删掉。"好在菲尔·席勒教给了埃万杰利斯特一个让精神放松的方法，最终在正式的发布会上，他的表现非常出色。埃万杰利斯特认为，正是乔布斯苛刻的批评，才给他带来长足的进步。他回忆说："不论是自己还是别人，乔布斯都要求绝对完美，我想这是他对苹果最重要的影响之一。"

在乔布斯强有力的领导下、独断专行的整肃下，苹果逐渐摆脱了困境，并实现了盈利。1998 年 1 月 6 日，在旧金山举行的 Macworld 展会上，乔布斯像往常一样发表了冗长而激情洋溢的演讲，在演讲快要结束的时候，他仿佛突然想起了什么似的，告诉大家："这个季度我们又盈利了。"

观众席上顿时响起了雷鸣般的掌声。尽管很多人对乔布斯独断专行的管理方法不以为然，但却无法否认恰是乔布斯在这么短的时间内拯救了苹果，创造了奇迹。此后，苹果狂飙猛进，一路高奏凯歌。2000 年 1 月 15 日，乔布斯宣布去掉自己头衔中的"临时"字样，正式成为苹果公司的 CEO。

把产品做成艺术品

"乔尼（即艾维，苹果员工对艾维的昵称）在很大程度上改变了苹果公司甚至全世界。他非常聪明，同时学习能力很强，能很快地接受新事物。他在产品设计之外，还懂得商业和营销，这非常难得。此外，他更深入地理解苹果的核心理念。"

——乔布斯

乔布斯回归苹果后，发现苹果最大的问题就在于没有生产出极具魅力的酷炫产品，反而让庸俗的商业思维占据了主宰地位。虽然苹果推出了很多型号的电脑，但没有一件产品能让乔布斯满意。为了设计出真正卓越的产品，乔布斯专门找了猎头公司，让他们帮忙寻找符合自己需求的设计师。

千里马常有，伯乐不常有。很多时候，人才就在那里，不增不减，关键在于是否有一双善于发现他们的眼睛。乔布斯显然正是这样的一个人，他的眼光独到、敏锐，能够轻易分辨出这个人究竟是天才，还是白痴。正当他还在为人才而苦苦寻觅的时候，他惊喜地发现，在公司的内部，就有这样杰出的大师级设计人才，这个人就是时为设计部门主管的乔纳森·艾维。

艾维受父亲影响，在设计上追求完美，最容不得草率、粗心的态度。他的毕业设计是一套用白色塑料制成的麦克风和听筒，可以用来和听力不好的儿童沟通。通常情况下，毕业设计只要做五六个模型就可以了，但艾维为了追求完美，一口气做了上百个。

如果说真的存在一见钟情的话，艾维和苹果就是一见钟情。在大学阶段，艾维由于做设计的需要接触到了苹果产品。当他在使用麦金塔电脑做设计时，顿时为苹果酷炫的设计、精密的技术所着迷。他发觉理解了真正优秀的公司应该生产出怎样的产品。他甚至觉得，自己和苹果的那群设计天才们在冥冥之中有着某种联系。

毕业之后，艾维和纽卡斯尔理工学院的另一个设计奇才——克里夫·格瑞亚合伙在伦敦成立了一家名为蜜橘的设计公司。这家公司是小本经营，艾维虽然名曰设计师，但许多事情需要亲力亲为，比如说向客户推销产品、和其他公司进行商务谈判等。艾维并不擅长商业方面的事情，而只痴迷于钻研设计，发明新产品。所以，在橘子公司的三年里，艾维一直感到无所适从，郁郁不得志。他虽然满腹才华，却无人赏识。直到1992年，一个偶然的机会改变了他的一生。

当时，苹果公司负责人找到了橘子公司，想让他们为即将发布的苹果便携电脑做几款设计。艾维正郁郁寡欢地帮客户设计浴室用具，见到苹果的项目，顿时来了精神，当即将这个项目揽在了自己身上。几天后，艾维乘飞机到了美国加州的库比蒂诺，为苹果公司演示他设计的便携电脑。在苹果会议室里，面对着一屋子的市场经理和产品经理，艾维不禁有一些惴惴不安。他不知道自己的设计能否得到苹果的好评，因为就在不久之前，他为客户设计的马桶就被批评得一文不值。这对艾维来说是一个不小的打击，现在面对着对设计有着更严格要求的苹果，他如何能不紧张？让艾维没想到的是，演示会刚一结束，苹果所有的人都对艾维的方案赞不绝口。有一位副总裁甚至走到艾维身边，邀请他加入苹果，为苹果设计优秀的产品。

艾维愉快地答应了。他从来没有奢望过可以到苹果工作，苹果是设计师的天堂，而他是苹果忠实的粉丝。这些年来，苹果推出的 Apple II、Macintosh 等经典产品，无不让艾维为之着迷。加入苹果，并参与到设计这些伟大产品的过程之中，这是一件多么荣耀且难以拒绝的事情啊。

艾维回到伦敦后，向格瑞亚递交了辞呈，然后漂洋过海移居到加州的库比蒂诺，在苹果公司的设计部门工作。那个时候，乔布斯还没有回归苹果。艾维很快发现，苹果并不像自己先前想象的那样美好。最初几年，艾维主要负责设计牛顿 PDA 的外壳和苹果打印机的托盘。他稀奇古怪的创意并没有得到上层的赏识，这让他感到颇为失落。1996 年，恰好是乔布斯回归前的一年，艾维升任为设计部门的主管，但是他却一点也不开心。因为他发现此时的苹果公司和其他的公司并没有什么两样，一切以利润为主。阿梅里奥并不看重设计，设计只是一个配合性的工作。再加上苹果内部产品线混乱、人浮于事的情况日益严重，更让艾维心灰意冷，他一度想过辞职。就在这个时候，乔布斯回归了。这让艾维又生出一线希望，暂时留了下来。

1997 年 9 月，乔布斯重回苹果，并出任苹果的 iCEO。他将所有的高管召集起来，做了一次激情洋溢的演讲。艾维至今仍然记得，乔布斯当时在大会上宣布苹果的目标不仅仅是赚钱，而是制造出伟大的产品。基于这一理念，艾维决定留了下来，他希望乔布斯能够给苹果带来改变。

起初，乔布斯打算砍掉先前的苹果设计部门，从外部另外聘请世界级的设计大师。后来，他到苹果的设计工作室走了一圈，结果意外地看到了艾维所在的团队正忙着设计一种神秘的电脑，这种电脑有着灵巧的一体化机身，透明的外壳和可变换的色彩。看到这款设计的时候，艾维手中还只有一个泡沫塑料的模型。虽然还只是一个模型，乔布斯已经如发现了宝藏似的激动万分。经过和艾维的交流，乔布斯断定，眼前这个名不见经传的年轻人，必将在设计领域傲视群雄。

乔布斯大胆起用艾维，让他负责苹果的设计团队。艾维也不负众望，在接下来的几年里，每隔一段时间就推出一件震惊世界的"神器"，从iMac到iBook，再到后来的iPod、iPhone和iPad，几乎每一件杰作都出自大师艾维之手。乔布斯和艾维在设计上堪称天生的绝配。可以想象，如果没有乔布斯的回归，艾维或许早已离职；没有乔布斯的赏识，艾维再怎么精妙的创意也只会是一对胡乱摆放的模型，更休提如何地震惊世人了。反之，如果没有艾维的天才创意，苹果的产品就不可能如艺术品般精美绝伦，风靡世界，而乔布斯也根本不可能如神一般为世人膜拜。

这种默契，让乔布斯和艾维的关系非同一般，非常亲密。他们经常一起共进午餐，乔布斯每天下班前都会去艾维的工作室逛一圈，了解工作的进展。艾维还经常到乔布斯家中做客。鲍威尔对此深有感触，她认为在乔布斯的生活里，很多人都能够被替代，但唯独艾维不能。

乔布斯希望生产的产品是艺术品，每一件都性感、新潮、时尚、炫酷，能够体现出苹果的公司文化和价值观。在这一点上，艾维和他配合得天衣无缝。因为，将产品做成艺术品也是他一直苦苦追求的。乔布斯对于未来产品的判断更注重直觉。他会明确地指出自己喜欢的和不喜欢的模型和草图。而艾维就会根据乔布斯的思路和喜好，进一步设计和完善，生产出卓越的产品。

在大多数公司，都是工程技术决定设计，他们有着一流的工程师，但是却不重视产品的设计。所以，常常是工程师们确定产品的规格和要求之后，设计师们再设计模型和外壳。在苹果公司则刚好相反，乔布斯相信决定一件产品最终价格的是产品的设计，比如产品的外观、包装等。在他执掌苹果时，设计师主导了产品从设计到生产的整个过程。在苹果创立之初，乔布斯也是先确定了Mac电脑的外壳之后，工程师们才根据外壳制造出适合的主板和元件。1985年，乔布斯被踢出苹果后，在斯卡利的主导下，工程师们又主导了一切。他们首先制造出产品的主板和元件，然后让设计师据此设计出外壳，进行包装。这其实很大程度限制了设计师的发挥，最终很难生产出优秀的产品。等到乔布斯再次回归苹果，这一切又颠倒过来。乔布斯重用艾维，设计师再次主导工程师，从而生产出很多五颜六色的炫酷、时尚的产品。

乔布斯对于产品的要求极为严格，要求设计师做到极致。几乎每一位苹果设计师一进入公司，就要把"追求完美"挂在嘴边。很多人把完美主义当作是一个理想化的目标，可以追求但不必强求，但是乔布斯则将完美主义视为生命。他对每个环节都求全责备，眼里容不下一粒沙子。这一点早有例证。早年开发麦金塔时，他就不断地否定设计师的方案，不断改进产品，导致整个项目的进度一拖再拖。他的严格近乎偏执，他要求工程师们把用户根本看不见的主板电路做得漂亮、时尚，设计师们除了考虑机箱、键盘的颜色和外观外，甚至连键盘上的每个标点都要考虑到。

在产品的设计过程中，一般来说，苹果的设计师通常会设计 10 个左右的方案，然后仔细甄选，从中选出 3 个比较好的方案。从这 3 个比较好的候选方案里，设计师们需要花费很长的时间去考虑各种可能性，最终选择出最好的那一个。这种遴选机制有助于苹果上层做出更为准确的选择。

除此之外，乔布斯对于苹果的包装也相当痴迷。苹果创立之初，迈克·马库拉曾经对乔布斯说起包装的重要性，他告诉乔布斯，人们会根据书本封面的好坏来判断一本书的好坏。同样的，如果苹果产品的包装够精致、够漂亮，就能够吸引消费者，让他们相信这是一款好产品。乔布斯和艾维经常花费很长的时间去讨论产品的包装，并为此申请了多项专利，如 iPod、iPhone 的包装盒。

超前的卓越眼光

"已有的 Mac 电脑除了历史，什么都不能代表，真正能够代表苹果未来的是今后要推出的产品。"

——乔布斯

1984 年，当乔布斯以"麦金塔之父"的姿态隆重推出麦金塔电脑后，这款风靡了世界的电脑就成了苹果历史上的经典产品。多年来，苹果一直以此为傲，并坚持将麦金塔作为主营业务。但是，这种执着并没有给苹果带来任何的好处，随着时代的变迁，麦金塔丧失了自身优势，已经无法和微软、IBM 竞争。尽管历任的 CEO 都设法改进麦金塔，但由于他们缺乏卓越的战略眼光，所以成效并不明显。乔布斯回归苹果后，力主破旧立新，就利用苹果周年纪念的机会给全体员工发邮件说："已有的 Mac 电脑除了历史，什么都不能代表，真正能够代表苹果未来的是今后要推出的产品。"

乔布斯的回归，激活了苹果的创新基因。他们花费了四五个月的时间就研制出了一款全新的 iMac 电脑。虽说这款产品也是在麦金塔的基础之上研发出来的，但较之于以往有了很大的变化。变化首先体现在电脑的外观和颜色上。之前，人们电脑的发展基本上都是性能的角逐，各种指标数字的攀比。但随着社会的发展，电脑逐渐普及，个性、新潮的产品就成了大势所趋。不要小看电脑外观、颜色的变化，因为这种变化的背后，反映的是人们的人文理念、习惯的变化。

长期以来，电脑作为一种高性能的计算工具，机箱无非黑白两色，单调且沉闷。但 iMac 的出现则打破了人们这种传统想法。1998 年的 iMac 发布会上，与会的人几乎不敢相信自己的眼睛：电脑原来还可以被设计得这么养眼。彩色、透明、像水果糖一样炫目、诱人，活脱脱一件艺术品。

iMac 的大获成功，也让乔布斯和艾维更加坚定把外形和颜色作为苹果的核心设计因素。自那以后，苹果就开始了对完美色彩的不懈追求，苹果产品在外观和颜色上的创意层出不穷。后来发布的 iBook 沿袭了 iMac 的彩色透明设计，而 iPod 系列更是拥有金色、银色、粉红、绿色、蓝色等炫目的色彩供客户选择。再到后来的 iPhone 和 iPad，虽然只有黑白两色，但炫酷的外观、性感的设计，同样令人趋之若鹜，这亦说明苹果对于色彩元素的把握已经到了炉火纯青的地步。

有趣的是，当苹果产品开始变得五颜六色的时候，乔布斯却把苹果的商标从彩色苹果变成了白色苹果。这种改变大致有两方面的原因：一则，乔布斯希望以如此方式宣示自己的强势回归，也同以前的苹果进行切割。二则，乔布斯崇信佛教，白色是最空灵清净、包容万象、清澈明亮的颜色。苹果自身的产品越炫目迷人的时候，苹果的商标却返璞归真，越发变得内敛而庄重。

当然，乔布斯给苹果带来的改变，并不仅仅是这些方面而已。乔布斯在设计、美学上超前的卓越眼光，使得苹果的产品领先于同行好几年。而正是这种领先，让苹果保持着较快的增长。就拿 1998 年苹果推出的 iMac 来说，这款电脑就领先了同行两三年左右。乔布斯当初在开发这款电脑时，提出不能有软盘的要求。结果事实证明，他的这个观点是 110% 的正确。软盘已经落伍，不被需要了。乔布斯的超前眼光令 iMac 一上市就占据极大竞争优势。

　　这一点，还真是不服不行，乔布斯在技术领域就好像是一个神奇的魔法师，具有透视未来的能力，能够预测到几年甚至是十几年之后的技术发展趋势。从他创建苹昊，再到创建 NeXT、皮克斯公司，乔布斯的这种远见卓识贯穿始终。通常而言，乔布斯的这种远见体现在三个方面：一，他了解自己所关注每一个技术领域的来龙去脉；二，他总是相信未来有无限可能，并且大致清楚未来的演进方向；三，他总是能够顺应潮流，推陈出新，生产出适合的产品。

　　这种超前思维简直令人叹为观止。科技产品向来是以技术作为支撑的，超前的技术，即便只有两三年的领先，也足以惊艳世人，这在竞争上更会让该产品占据有利的位置。试想一下，如果苹果没有这种能力，即便苹果在 1997 年没有崩溃，恐怕也会和微软、IBM 等 IT 巨人一样，虽然运转如常，但却没有任何的激情、活力而言，更别说生产出伟大的产品，改变世界了。

　　乔布斯这种对于未来技术的追求，并非总是那么的风光如意，有些时候也会在实践中付出代价。早年，苹果开发的麦金塔电脑，虽然外形精致、小巧，运行速度快，操作系统比较先进，但是由于该款电脑的应用软件只有 6 种，而 IBM 个人电脑则有数千种软件程序可供安装，所以，麦金塔成了客户心中感兴趣但又不会购买的机器。乔布斯虽然有超前的目光，但是完全忽视了典型电脑用户的所思所想。他没有抓住用户购买电脑时最基本的考虑因素，以致受挫。后来的 NeXT 也是如此，这款电脑性能上虽然无与伦比，极具个性，但是高昂的价格却让大多数客户望而却步。当时，电脑虽然逐渐普及，但还远没有到用户追求个性、讲究品位的市场阶段。人们首先想要的是一台价格合适的普通电脑，而不是一件价格高得吓人的艺术品。

　　乔布斯对于未来技术极为痴迷，有些时候为了尽快启用新的技术，他常常不顾一切地放弃对现有技术和既有用户的支持。当年推出麦金塔时，市面上的大多数电脑采用的都是 5 寸软驱但乔布斯预见到只有 3 寸软驱才代表未来方向，所以坚持在麦金塔电脑上应用了 3 寸软驱。等到 iMac 横空出世时，乔布斯干脆连软驱也不要了，只为 iMac 配备光盘驱动器和网络接口。到了 2005 年，乔布斯又大胆决定，新款 iPod 将全面采用代表未来的 USB2.0 数据接口，而摒弃原来一直采用的"火线"技术。而到了 2008 年，借着无线网络兴起的时机，苹果又摒弃原来的有线网络接口，在新推出的 MacBook Air 笔记本电脑上只内置了无线网络。

然而，这种激情洋溢的技术更新也带来一个新问题：苹果产品互不兼容。当年的麦金塔就和 Apple II、丽萨不兼容，后来，苹果推出的麦金塔操作系统，各个版本之间不兼容的问题同样时常出现。在阿梅里奥执掌苹果时，甚至出现了自己的操作系统与自己的应用程序不兼容的问题，这可闹了不小的笑话。苹果公司内部程序之间都出现这类兼容问题，更别提和 IBM 私人机的兼容了。可以说，苹果在 90 年代输掉个人电脑大战，兼容性太差是其中一个重要原因。

所向披靡的 iMac

"我们造出来世界上最优良的电脑。从今以后，所有的电脑都会不一样。"

——乔布斯

乔布斯重新执掌苹果后，对内裁减员工、节省开支，对外取得与微软的和解，签订协议，得到对方支援。这些举动有效地缓解了苹果的危机，但是乔布斯明白，如果没有新潮、时尚的产品推出，重塑客户对苹果产品的信心，苹果仍然将继续沉沦。事实上，苹果新一代产品 iMac 的研发正在紧锣密鼓地进行中，乔布斯相信，只要这款产品推向市场，苹果定会重现当年辉煌。

对于这款产品，乔布斯寄予厚望，所以他几乎全程都参与到产品的研发中来。在产品的设计方向上，可以说完全由乔布斯主导。在 iMac 研发之初，乔布斯就对这个产品有明确的说明。他告诉大家，要回到 1984 年第一台 Mac 电脑那个设计理念。这个产品必须是一个超炫的一体化的消费电子产品，键盘、显示器和主机被组合到一个简单的装置中，从箱子里面拿出来就能用；而且设计要独特，要能体现品牌文化；价格应该价格定在 1200 美元左右，适用于普通大众。

最初的计划是开发一款"网络计算机"，但是，当乔布斯看到 SUN、IBM 公司推广网络计算机相继失败后，就改变了计划，决定生产大众的家用台式电脑，在设计上，他仍坚持 iMac 计算机的机箱要一体成型。苹果的设计部门和工程部门按照乔布斯的理念，通力合作，生产该型电脑。

　　艾维和他的第一助理丹尼·柯斯特开始制作模型，设计这款机器。乔布斯毫不客气地否定了前几十种机型，直到艾维完善了其中一个机型，乔布斯这才满意。他兴奋地拿着塑料模型，充满信心地向着他信赖的部门高管和董事会成员展示。这款机器的确与众不同，它的外壳是半透明的，可以看到机器内部。乔布斯一直以来追求极致完美主义，坚持要让芯片整齐地排列在电路板上，即使它们不会被人们看到也要这么做。但现在透过这个半透明外壳，人们可以看见这些电子元件整齐地排列着，具有艺术美感，从中人们也能感受到乔布斯的良苦用心。

　　乔布斯对于外壳的颜色极其重视，艾维和柯斯特提出要把这台机箱和显示屏一体化的电脑外壳计成海蓝色，乔布斯同意了。之后，这种颜色被命名为"邦迪蓝"，灵感取自于澳大利亚的邦迪海滩。为了让它看上去完美无瑕且与众不同，乔布斯甚至带领设计团队去了一家糖果工厂，向糖果公司的包装专家学习如何制作漂亮的软糖，如何把半透明色彩做得更好看。正是在乔布斯的不懈努力下，这款如同糖果一样漂亮的计算机最终才能在强敌如林的市场占据一席之地。

　　在 iMac 的配置设计中，乔布斯依然大胆地创新着。在他看来，计算机传送信息和数据可以通过互联网或者电子邮件，没有必要使用软盘驱动器。所以在设计 iMac 的时候，他要求设计团队放弃软盘，只在机箱里安装一个 CD 存储驱动器。难得的是，乔布斯这次并没有一意孤行，而是询问了研发组专家的意见——这可看作是乔布斯回归苹果最大的改变。很多专家也认为，软盘已经落伍了，完全没有安装的必要。乔布斯这才拍案决定：iMac 计算机不安装软盘驱动器。

　　乔布斯还要面对制造工程部门的反对。

　　有一次，艾维想出了一个点子，认为可以在 iMac 的顶部安装一个内嵌的提手，从而增加其亲和力和趣味性。乔纳森·鲁宾斯坦当时是乔布斯亲自指派的硬件部门主管，他认为艾维提出的设计概念有些异想天开，同时几乎所有的工程师都支持鲁宾斯坦的看法，认为这个创意根本无法实现，他们甚至为此提出了 38 种不能这么做的理由。

　　乔布斯却坚持道："不，这个主意很好，我们必须得完成它。"

　　工程师们说："为什么呢？给我们一个必须这么做的理由。"

　　乔布斯坚定地说："因为我是 CEO，我认为这个主意很棒，这个理由够充分吗？"工程师们显然知道乔布斯是一个不达目的誓不罢休的人，很不情愿地服从了乔布斯的命令。最终，在乔布斯的带领下，iMac 横空出世。这款新机型性感、新潮、时尚，无论从哪个角度看，它都是那么令人叹为观止。

1998 年 5 月 6 日，这是乔布斯选定的发布 iMac 电脑的日期。发布会的地点选择在库比蒂诺市迪安扎社区大学的弗林特礼堂，这也是 1984 年举行麦金塔电脑发布会的地点。乔布斯在举行发布会前，要求做到保密，整件事只有苹果几名核心人物知道。这是乔布斯一贯的把戏。

参加这次发布会的有很多苹果元老级的人物，虽然他们很多人已经离开了苹果，并且和乔布斯的关系不是那么融洽，但他们仍然出席了这次发布会，为苹果造势，他们是史蒂夫·沃兹尼亚克、迈克·马库拉以及迈克·斯科特。除了他们外，乔布斯昔年在麦金塔团队的大部分成员也到了现场，如安迪·赫茨菲尔德等人。乔布斯做了一个感性的开场白，随后开始介绍苹果的新产品 iMac，他说："我们造出来世界上最优良的电脑。从今以后，所有的电脑都会不一样。"面对着数千人的发布会，乔布斯挥洒自如。他的演讲饱含激情，极具煽动力。新的 iMac 在灯光的映照下，熠熠生辉。他轻点着鼠标，屏幕上快速闪现着介绍计算机各种奇妙用途的图片。观众们沉浸在新产品、新技术带来的震撼之中，掌声久久不息。

一切有如乔布斯所料，iMac 复制了 14 年前第一部麦金塔电脑的辉煌。1998 年 8 月，iMac 正式发售，售价 1299 美元。这款极具个性的机器很快在市场上一炮打响，成为众人追捧的计算机，上市 3 个月里就得到了 15 万台订单。在发售后的头 6 个星期里，北美、日本和欧洲市场一共销售了 27.8 万台 iMac。到 1998 年年底，短短半年，iMac 一共发售了 80 万台！这个数字也令 iMac 成为苹果公司历史上销售速度最快的计算机。更为重要的是，在这些顾客中除了半数死忠的苹果粉丝外，大约有 32% 的购买者是首次购买计算机，12% 的购买者曾经使用的是 Windows 计算机。这也就是说，iMac 不但吸引了众多的新顾客，而且从微软那里抢来了不少顾客。

沉寂已久的苹果终于重放光彩，成了当年最为热门的 IT 话题。《新闻周刊》的记者史蒂文·列维评论道："iMac 真是太棒了，它完美地融合了科学技术和奇思妙想，它不仅是一台最酷的电脑，同时更是一份宣言，它告诉人们，苹果这头睡狮终于苏醒了！"《福布斯》杂志也毫不吝惜赞美之辞："iMac 代表着一个产业的华丽转身。"1998 年 12 月，iMac 荣获

《时代》杂志"1998 年最佳计算机"称号，并名列"1998 年度全球十大工业设计"第二名。

就在 iMac 屡获殊荣之际，比尔·盖茨有点不开心了，他不无妒忌地对着一群拜访微软公司的财务分析师们说："这只是人们的一时热情而已，没有什么了不起的，苹果现在仅在颜色方面有所领先。"他还指着一台故意漆成红色的 Windows 计算机，撇撇嘴说："那没什么了不起的，我们很快就能做到。"

乔布斯听了盖茨的言论气坏了。其实，他无须生气，因为 iMac 在市场上的良好反响和口碑早就已经说明了一切。凭借着 iMac 的成功，苹果公司顺利渡过了难关，1998 年就实现了 3.09 亿美元的盈利。1999 年 1 月，乔布斯宣布去年第四季度赢利 1.52 亿美元，这个数据让所有的苹果员工都感到无比振奋，因为这是苹果近几年来的首次赢利。苹果的股价也迅速攀升，从乔布斯接手时的 13 美元迅速上升至 46.5 美元。挽救了苹果的乔帮主再度登上了《时代》周刊的封面。

随后，苹果又推出了红、黄、绿、紫 4 款水果颜色的 iMac。这几款颜色因为极其诱人而被乔布斯描述为"可以舔的电脑"。顾客们对此趋之若鹜，越来越多的人成了忠实的苹果迷。大致用了一年多一点的时间，苹果公司就销售出去了 200 万台 iMac 电脑，而且销售势头还很强劲。这个骄人的成绩超过了苹果公司以往的任何产品，很多人都在惊叹苹果瞩目的成绩时，也不由得惊呼：乔帮主创造了奇迹！他不但在一年之内拯救了岌岌可危的苹果公司，更再次将苹果推到了计算机行业的霸主地位。乔布斯带领苹果公司重现辉煌，一个新的时代开始了！

向那些疯狂、独行、想法
与众不同的家伙们致敬

苹果的库克周期

"蒂姆·库克是我迄今招来的最好的员工……"

——乔布斯

乔布斯回归苹果后，推出了"非同凡想"广告和 iMac，再一次向世人展现了他的创意和远见。但是，他是否有能力运营好一家公司，并带领苹果走出困境，包括埃德·伍拉德在内的很多人对此仍然不能肯定。因为在此之前，乔布斯并没有在这方面表现出特别杰出的能力，无论是早期的苹果，还是后来的 NeXT，乔布斯永远给人是暴君的印象，听不进去任何意见，肆意妄为，将公司置于险境。虽然皮克斯取得了成功，但明眼人都明白，那完全是约翰·拉塞特的功劳，和乔布斯没有半点关系。让乔布斯重新执掌苹果本就是一步险棋，这步棋他们走对了么？

事实证明，这是一次正确的选择。因为乔布斯已经不是当年的乔布斯了。在经过了十多年的困顿之后，乔布斯变得成熟了，亦更适应一个经理人的身份。他开始投入到一些以细节为导向的现实的工作里，并且能够听见他人的意见，这让很多曾经和他一起共事过的人感到惊讶。因为，之前的他是那么的桀骜不驯，恍若世间一切的规则对他都起不到任何的约束作用。苹果董事会主席对乔布斯的改变非常高兴，因为当初正是他力主邀请乔布斯回归苹果的。

乔布斯在管理方面最大的特点就是"专注"。"决定不做什么跟决定做什么同样重要，"他说，"对公司来说是这样，对产品来说也是这样。"苹果产品的生产线混乱，他就大刀阔斧地取消了多余的生产线，并将正在开发的操作系统中无关紧要的功能全部去掉。乔布斯还放松了对产品制造的控制，把苹果产品的制造外包给其他厂商。

在业务的管理上，乔布斯依旧霸道，不能容忍有丝毫的不足。有一次，他发现安邦快运下属的一家分公司运送零件的速度不够快，马上让苹果公司的一个经理去和对方终止合约。这位经理说，这么做很有可能会导致法律诉讼。乔布斯对此不以为然，坚持让那个经理去终止合约。那个经理在乔布斯的逼迫下，最后无奈辞职了。最后，果然如同那位经理所料，这件事情闹上了法庭，用了一年的时间才解决。

又有一次，苹果公司的供应商 VSLI 公司因为出现了一些意外，没能按时将足够的芯片送到苹果公司。这件事情让乔布斯气炸了，他在会议上勃然大怒，怒骂对方是"死太监"。别说，乔布斯这通咆哮还真是管用，VSLI 随后就将芯片准时送到了苹果公司。

对于很多人来说，要和乔布斯在一起工作需要一颗强大的心脏。苹果公司的运营主管在和乔布斯工作了 3 个月之后，因为不堪压力而辞职。乔布斯想继续找一个新的运营主管，但来面试的人没有一个让乔布斯满意。他认为这些来面试的人都是一些只知道陈词滥调的家伙，所以在之后差不多一年的时间里，乔布斯自己上任，负责公司运营工作。乔布斯希望能发现一个迈克尔·戴尔（戴尔公司的创办人，董事长兼首席执行官）那样的杰出人才，但这样的杰出人物实在太少了。直到 1998 年，乔布斯遇到了一个他心目中的天才，他就是蒂姆·库克。

蒂姆·库克自小在亚拉巴马州罗伯茨代尔的一个小镇长大，这里距离墨西哥湾大约半小时的路程。他的父亲是一家造船厂的工人。库克毕业后，进入了奥本大学学习工业工程，后来转学去了杜克大学，并取得了管理学位。大学毕业后，库克到了北卡罗来纳州的三角研究园为 IBM 工作，并负责 IBM 的 PC 部门在北美和拉美的制造和分销运作。库克在 IBM 待了 12 年，后来，他觉得自己的工作与心中的期望值相差太远，就毅然辞职，另外换了一份工作，出任批发商 Intelligent Electronics 公司电脑分销部门的首席运营官。几年后，库克又进入康柏公司工作，担任康柏计算机公司的采购和供应链经理。不久，苹果招聘运营主管，库克欣然前往应聘。

库克是一个理性的工程师，从不会因为个人的憎恶而影响理性的判断，但是，在这次面试中，乔布斯仅用五分钟就打动了库克。乔布斯散发的强大的个人魅力让他折服，库克打定主意，一定要加入苹果。他相信，在乔布斯这样一位创意天才的手下工作，人生一定会精彩很多。

同样，乔布斯见了库克也大有一种相见恨晚的感觉，他很快把蒂姆·库克从康柏公司招入苹果，担任资深副总裁，主管苹果的运营、电脑制造业务。乔布斯对蒂姆·库克评价很高："库克是我迄今为止招来的最好的员工。"乔布斯经常有很多的奇思妙想，却又很少能得到别人的认可，但蒂姆·库克却常常能够响应乔布斯，并且在很多的方面，他的观点和乔布斯出奇的一致。

库克进入苹果后，首先要面对的是苹果的库存问题。当时，苹果库存问题十分严重。由于产品卖不出去，导致库存臃肿，大量积压，库存周期一再延长，这给苹果带来了极大的损失。迈克尔·斯平德勒管理苹果时，库存累积的产品达到了20亿美元，数字相当惊人。吉尔·阿梅里奥接掌苹果后，通过有力的手段，把苹果的库存量削减到了5亿美元左右，库存周期控制在两个月左右，但这个期限仍然太长。乔布斯上台后，在这方面做过一些努力，但成效不大。直到库克加入苹果，这个问题才得以解决。

库克发现，苹果在库存管理方面存在极大的弊端，一个典型的例子是：苹果把亚洲的电脑不仅运到欧洲的工厂里进行组装、生产出笔记本，然后将其中的很大一部分又运回亚洲市场销售。这种毫无必要的循环，给苹果增加了很多的生产成本，也加大了库存管理的难度。库克上任后做的第一件事，就是对电脑制造业务进行大笔的账面减记。但仅仅账面减记是不够的，库克明白若要减少诸如"从亚洲到欧洲再回到亚洲"的此类循环，就必须改变思维，跳出旧有管理模式，为此，库克大力推动苹果的部件供应商在地理上贴近制造商的产品组装厂。这么做的好处是，使得供应商把部件保留在自己的库存里而不是苹果公司。库克减少了苹果主要供应商的数量，让厂家从原来的100多家减少到了2家，库克最伟大的地方是说服许多供应商将厂址迁到了苹果公司附近，这既减少了运输费用，也减少了库存周期。此外，库克还关闭了苹果在世界各地的工厂和仓库，把19个库房关闭了10个，只保留了9个。库克给他们下达了严令：必须在规定的时间内把库存减少75%。库克雷厉风行的作风让大家丝毫不敢怠慢，最终都战战兢兢地完成了任务。

这样，没过几个月，苹果的库存周期就从两个月缩短到一个月。到了同年9月底，库存周期更是减少到了6天，相当于7800万美元的商品价值，这比乔布斯接手时的5亿美元库存量可谓大大降低了。而到了1999年底，库存周期竟然达到了惊人的2天（有些时候，甚至是15个小时），库存商品价值约为2000万美元。苹果库存情况大大好转，公司财政也逐渐实现了正增长。

这种出色的运营天赋得到了乔布斯的赏识，也让库克在苹果的地位稳步上升。2000年的时候，乔布斯又把苹果的全球电脑销售和客户支持部门交由库克负责，库克成为苹果的炙手可热的人物。

尽管库克与乔布斯在很多方面都迥然不同，如库克性格方面比较沉稳、说话温和，而乔布斯脾气暴躁、咄咄逼人，但两人对工作都非常执着，要求苛刻，堪称是工作狂。在性格上也形成某种互补关系，两人合作天衣无缝。在苹果公司，库克成了贯彻乔布斯直觉的角色，在工作中几乎从来没有与乔布斯产生过分歧。大多数日子里，库克都在默默耕耘，他一般早上4点多就起床了，6点刚过就到了办公室。每周日的晚上，他都会安排电话会议，敬业态度令人敬佩。

库克在管理上和乔布斯如出一辙，非常严格，命令一旦下达，就必须立即执行。在任职初期的一次会议上，库克听说苹果公司在中国的一家供应商出现了问题，马上表示应该有人立即去中国处理这件事情。30分钟后，他看着坐在面前的一位部门经理询问："你怎么还没走？"那位经理二话没说，没带任何行李，就直接开车去了机场，买了机票飞往中国。后来，他成了库克的第一副手。

卓越战斗团队

"我发现，一流选手都喜欢和一流选手一起共事……我一直把罗伯特·奥本海默视为榜样，我知道他在建立原子弹项目小组时的招聘要求。我没有他那么优秀，但这是我渴望达到的目标。"

——乔布斯

盛田昭夫是日本索尼公司的创始人，被世人尊称为"经营之圣"，与被誉为"经营之神"的松下幸之助齐名。20 世纪 80 年代初，乔布斯曾经去日本拜访了这位大名鼎鼎的商界传奇人物。当时，乔布斯看到索尼的员工都穿着制服工作，觉得非常惊讶，后来就这一问题询问了对方。盛田昭夫告诉他，战后，因为人们没有衣服穿，所以公司就给每个人发了一件制服。后来，制服也就成了索尼的标志性穿着，也成了一种凝聚员工的方式。乔布斯打算也这么做，于是就邀请索尼御用设计师三宅一生设计了一件背心，然后他带着这件样品回到了美国。

回到苹果后，乔布斯将这件制服展示给大家看，并表达了希望所有员工都穿上制服工作的想法。但是，让乔布斯没有想到的是，在场所有的人都不赞成这个建议，他们更喜欢穿着自己喜欢的衣服工作。虽然，换装制服的构想没有实现，但是乔布斯将索尼凝聚员工的思想继承了下来，他一直希望在公司内部营造出一种合作的文化。为此，他经常召开会议，将员工们聚在一起。会议可谓频繁：每周一是高管会议、每周三下午要开营销战略会议，除此之外，还有无数的产品评论会。乔布斯坚持让与会者坐在一起讨论问题，认为这有利于凝聚员工。

乔布斯希望公司的各个部门都能够并行合作，因为他坚信，苹果公司的优势在于各类资源的整合，从设计、硬件、软件，各部门并行不悖，有序运转，这也是苹果得以屡创辉煌的关键。乔布斯很清楚，苹果的方针就是开发高度整合的产品，这也就意味着在生产过程中必须是协作完成的。

这种观念也贯彻到了重要职位的应聘上。他会安排应聘者直接去见各部门的主要负责人，如库克、特凡尼安、席勒、鲁宾斯坦、艾维等人。然后，乔布斯就会和他们一起讨论应聘者能不能入选。乔布斯细细筛选人才，希望自己的员工都是精英，而不是一群"二流人才"。他说："我发现，一流选手都喜欢和一流选手一起共事……我一直把罗伯特·奥本海默视为榜样，我知道他在建立原子弹项目小组时的招聘要求。我没有他那么优秀，但这是我渴望达到的目标。"

招聘的过程是严苛的。乔布斯在面试每一位应聘者的时候，通常不会有什么预备方案，一般都是现场发挥，聊些什么、问些什么问题基本都是兴之所至。很多时候，他还会邀请应聘者一起出去散步。乔布斯喜欢问应聘者一些他们并不熟悉的问题，还经常会在面试中与应聘者展开针锋相对的辩论。他只想雇佣那些对于产品有着完美的理解，与自己合拍，符合自己理念的人才。

乔布斯把人才分为"A 级""B 级""C 级"三个档次，"A 级"是那些最想雇佣的杰出的人物，也就是比"B 级"和"C 级"都出色的那种人。乔布斯只准备雇佣"A 级"的精英，因为他认为一旦雇用了一个 B 级的人，他就会带来更多 B 级，甚至是 C 级的人，整个公司档次就下降了。只要是符合"A 级"的人才，无论你的资历、文凭如何，他都会想方设法将你招进公司。

乔布斯在人才的选择上，可以说是独具慧眼。当年，乔布斯刚刚创立苹果时，就曾雇用了一位叫兰迪·威金顿的年轻人。让人吃惊的是，这个年轻人当时还是一个高中生。很多人都对乔布斯的这个决定感到不可思议。但事实证明，乔布斯的选择是正确的。威金顿加入苹果后成了苹果的第 6 号员工，后来，威金顿主持开发了著名的 MacWrite 软件，在软件界名震一时。

在研发 Mac OSX 系统的过程中，乔布斯准备设计新的苹果操作系统的图形界面，于是就公开向社会寻求人才。乔布斯每天都会收到很多的邮件，不少年轻人毛遂自荐，希望进入苹果工作，乔布斯从中邀请一些人来公司面试。其中有一个年轻人很有能力，也幸运地得到了面试的机会。可惜的是，面试进展得并不顺利，这名年轻人面对着乔布斯明显表现得太过紧张了。这天晚些的时候，乔布斯在外面碰见了他。沮丧的年轻人问乔布斯，可不可以向他展示一个作品。乔布斯有些不以为然，但最后还是同意了。年轻人打开电脑，播放了一段自己用 AdobeDirector 制作的视频。所有图标都在屏幕的下方排成一排，当年轻人把鼠标停在某一个图标上时，那个图标就突然膨胀变大，好像在放大镜的照射下一样。乔布斯感到非常震撼，当场雇了他。后来，这一技术被运用到了 Mac OSX 中，成了广受人们喜爱的一个部分。这个年轻的设计师后来还设计出了多点触控屏幕的惯性翻页功能，这同样也是一项了不起的成就。

也有些人进入苹果依靠的是自己的执着。后来成为 Palm 公司 CEO 和 Handspring 公司创始人的唐娜·杜宾斯基就是其中之一。

当时刚从哈佛大学商学院毕业的杜宾斯基是一个忠实的苹果迷，她迫切地想在苹果谋得一份工作。可是，她被拒绝了。原因是苹果要招聘的是有技术背景的人，而她却是毕业于哈佛大学商学院。杜宾斯基十分好强，干脆赖在苹果不走，每当有人走过时，就主动上前攀谈。后来，苹果的人被她的执着感动了，就批准她进入后续的面试，并得到了第一份的工作。

"求贤若饥"堪称是乔布斯对待人才的态度。1998 年，曾经在苹果担任副总裁的李开复离开苹果，回到中国为微软创立中国研究院。乔布斯了解这件事后，亲自给李开复家里打去电话，邀请李开复重返苹果。但是，由于李开复已经在微软工作了，就婉言谢绝了乔布斯的好意。

2007 年的时候，乔布斯无意中看到一则《纽约时报》的报道：一位华裔女学生从斯坦福大学毕业后，加入了谷歌公司。这本来是一件很普通的事情，但是乔布斯却亲自拨通了这位女学生的电话，询问她为什么选择了谷歌，却没有选择苹果，并且让她谈了谈自己选择雇主的想法。

从以上这些事例可以看出乔布斯对于人才的重视。在苹果公司，为了尽可能地发挥卓越人才的优势，乔布斯还专门组建了所谓的 Top100 团队，这个团队顾名思义是由 100 多位公司各部门的顶尖精英人士组成。乔布斯会不定期地举行 Top100 会议，会议地址相当的神秘，大多数的时候会选在海边的度假村举行，乔布斯还要求会议场所必须满足两个条件：有美味的素食餐馆；没有高尔夫球场。乔布斯还制订了极为严格的规定：禁止内部人员讨论参与会议的人员名单以及会议的内容，禁止参加会议的人自己驾车前去，必须坐统一安排的大巴参会。

乔布斯通常会在 Top100 会议上，向公司的 100 人核心团队揭秘公司正在研发的新产品。例如，当年 iPod 开发出来后，乔布斯也是首先在 Top100 会议上向大家展示了这件新产品的。当然，会议的内容并不会这么轻松，乔布斯每次还会在会议上评审和规划每个部门的工作。一些在工作上稍有差池、没有完成目标的人在这一天压力会很大，因为乔布斯会在大会上点他们的名，将他们批得一文不值，骂得狗血淋头，而其他的人则会度过生命中最美好的几天。

在管理上，乔布斯要求各部门职权分明，分工明确，不可有模糊、重叠的地方。比如说，负责苹果零售店销售的人员就只能负责销售这一块，无权决定生产和库存计划。这种泾渭分明的制度便于管理，哪个环节出了问题，应由哪个部门负责一目了然，不容易出现相互推诿、扯皮的现象。

但是，乔布斯性格方面的强势、霸道，有时候会给员工带来伤害。如果他觉得工作进展得太慢了，他会命令员工们加快速度，让这个项目以"非人"的速度向前推动，倘若你不这么做，那么你就得做好被解雇的心理准备。而一旦工作没有做好，乔布斯会直接质问该项目的负责人。例如，当年苹果的 MobileMe 数据同步服务发布后，用户发现有很多的质量问题，怨声载道。乔布斯对此大为发火，几乎在第一时间撤换掉了 MobileMe 团队的经理和相关责任人。

无独有偶，2005 年苹果中国也发生了类似的事情。当时，苹果中国的销售队伍里，存在着一些违规操作的问题。例如，一些销售人员滥用折扣、特价等权力，这和苹果的理念背道而驰，事实上给苹果造成了极大的伤害。乔布斯对此完全不能容忍，派遣专员进行了严查，并且做出了极为严厉的惩罚。结果，刚刚走马上任的苹果中国区总经理，中国区渠道总监，华东、华南及西南三个区域的总经理，以及一大批销售负责人被集体开除。

Mac OSX系统

"Mac OSX 操作系统是自 1984 年推出 Mac OS 操作系统之后，苹果公司推出的最为重要的一款软件。消费者将对 Mac OSX 操作系统的简洁欣喜不已，并对它的专业感到吃惊。"

——乔布斯

在乔布斯的带领下，苹果公司逐渐走出泥潭，重现昔年风光。苹果除了在计算机硬件市场隆重推出 iMac 大获成功外，在软件方面也不甘人后。乔布斯入主苹果后，在 1998 年第三季度推出了 Mac OS8.5，同年又推出了 Mac OS9。这两种软件虽然各有千秋，但面对微软的 windows98 毫无任何的优势可言。苹果公司经过短暂的沉寂后，于 2000 年隆重推出了 Mac OSX 操作系统。这款系统是苹果公司的重量级产品，它的研发可以说是经历了重重波折。

这款操作系统是依靠着 NEXT STEP 的成功而开发出来的，是 1000 多名电脑人才花费了两年多的时间才开发出来的。乔布斯在离开苹果后，创建了 NeXT 公司。为了研发出先进的电脑和软件，乔布斯招兵买马，麾下云集了一大批的人才。李开复所在的卡内基·梅隆大学是计算机科学领域的圣殿，乔布斯特意来到了这所学校挖掘到了一个名叫阿维·特凡尼安的编程天才。

特凡尼安加入 NeXT 后，研发出了新一代的 NEXT STEP 操作系统。这款系统拥有着非凡的操作性能，具有无可比拟的稳定性，可说超越了同时代很多系统。后来，NeXT 公司因为经营不善，濒临倒闭的边缘，也幸好有 NEXT STEP 这款系统被阿梅里奥看中，乔布斯这才得以重返苹果。乔布斯回到苹果后，也将 NEXT STEP 研发团队一并带了过来。等到乔布斯当上 CEO，执掌苹果时，特凡尼安已成为苹果软件研发部门的首脑人物，他与苹果设计部门的乔纳森·艾维、硬件部门的乔纳森·鲁宾斯坦堪称是帮助乔布斯力挽狂澜并再创辉煌的"三杰"。

操作系统一直以来是苹果公司的软肋。虽然，苹果在 1984 年曾推出了 Mac OS 操作系统，辉煌一时，但随着时代的发展、科技的进步，老版的 Mac OS 操作系统由于冗繁、不稳定等弊病，已经逐渐不能顺应时代发展的潮流。对于很多用户来说，老版的操作系统简直就是一场噩梦：系统不时地崩溃、死机、重启、再死机、再重启……这简直能让任何一个好脾气的人抓狂。

苹果公司为了解决这个问题，花费了好几年的时间，但始终不曾取得太大的成效。这也迫使当时苹果的 CEO 阿梅里奥采取了非常措施——向外界购买优秀的操作系统。乔布斯返回苹果后，一直希望将 NEXT STEP 转化为苹果公司的操作系统。因为它具备着苹果老版的 Mac OS 系统所不具备的优势，它速度快、稳定，而且几乎不会出现死机的情况。此外，它还拥有着模式化的结构，这样就很容易进行修改和升级，众多出色的程序工具也是其优势。

然而，由于技术上的困难，这些工作一开始进展得并不顺利。当时，苹果公司的程序员认为，应该使用 Mac OS8 的老界面，并努力将它嫁接在 NEXT STEP 代码库上。但是苹果 Mac OS 人机界面设计小组主管柯戴尔·瑞茨拉夫反对这么做，认为将丑陋、落后的旧界面装在优雅的新系统上简直就是一个耻辱，于是他很快和手下的设计师们重新做了一套新的设计方案，充分地体现 NEXT STEP 的优越性。问题是新的设计方案在很多工程师看来根本就难以完成。

数月后，苹果所有参与研发 Mac OSX（X 是罗马数字 10 的意思，因为此前已经发布了 Mac OS 9 的操作系统，所以新系统作为对上一版系统的承继，就顺理成章地称为"Mac OSX"）的人在一起召开了两天的会议。大会上，瑞茨拉夫展示了自己的新设计方案。几乎所有的工程师都对此表示了质疑，认为如此庞大的新系统根本不可能完成，这让瑞茨拉夫觉得非常沮丧。

两周后，乔布斯给瑞茨拉夫打去了电话，要求看一下这个新的设计方案。他本人因为一些原因错过了这个会议，在得知瑞茨拉夫和他的团队们有了新的创意后，他迫不及待地想要一窥究竟。乔布斯见了瑞茨拉夫和他的团队后，开口第一句话就是："是你们设计的 Mac OS 吗？你们这些笨蛋！"他毫不客气地指出老版 Mac OS 的弊端和缺陷，要求设计师们进行改进，力争完美。

瑞茨拉夫就把早已设计好的新方案拿给乔布斯看，并做了说明。乔布斯看过这个新方案后，下了命令："把这个做出来让我看看。"于是，瑞茨拉夫率领他的设计小组夜以继日地工作了三个礼拜，这才做出了软件原型。这个软件原型的优越性能带给了乔布斯极大的震撼，他兴奋地对瑞茨拉夫说："这是我目前在苹果所看到的第一例智商超过三位数的成果。"对于乔布斯而言，他的眼里只有天才与白痴两种人，他要是说你的智商超过了 100，这便是莫大的认可了。

乔布斯是一个完美主义者，他对追求产品完美细节的激情是比尔·盖茨、迈克尔·戴尔等人都无法比拟的。在 Mac OSX 的研发过程中，乔布斯将他的这种风格展现无遗。他对于正在研发中的 Mac OSX 的每个要素，包括菜单、对话框、按钮等，都要求有几种不同的方案以供选择。乔布斯还要求瑞茨拉夫团队每周向他展示最新的设计方案，要求十分严苛的乔布斯会对新方案中的每一个细节反复仔细斟酌，提出修改意见，直到完美，这样才最终决定下来。

界面滚动条一直是计算机操作系统中较为重要的部分，但却从来不是用户界面中最显眼的要素。尽管如此，乔布斯仍然坚持要求做到完美，无懈可击。瑞茨拉夫不得不带领团队反复修改了一个又一个的版本。对于工程师来说，乔布斯简直是悬在他们心头的一个噩梦。因为他会因为一个小小的细节而将工程师骂得狗血淋头，直到他们拿出更好的作品。就拿瑞茨拉夫的团队来说，他们仅仅在细化滚动条上，就花了 6 个多月的时间，才达到了令乔布斯满意的程度。

　　乔布斯在软件的开发过程中也曾提出了一些不错的建议。一次会议上，他看到新界面窗口左上角的按钮（指关闭、缩小、放大三个按钮）被设计师设计成了暗灰色，顿时觉得有些不满意。因为暗灰色很难让用户明白各个按钮的功能。有人建议当鼠标放在这些按钮上的时候，出现一个动画说明。乔布斯却给出了一个古怪的建议，要求用颜色来区别按钮，用红色代表关闭窗口，黄色代表缩小窗口，而绿色则代表放大窗口。这个建议并没有得到众人的附和，包括瑞茨拉夫在内都认为，将颜色与电脑联系起来，简直有点莫名其妙。但是，乔布斯的话就是命令，苹果团队只能按照乔布斯的意愿进行了设计。事实证明，乔布斯是对的。按钮的颜色明显起到了提醒的效果。尤其是红色，它通常意味着"危险"，用户在看到红色时会格外注意。

　　2000年1月，在旧金山的苹果世界博览大会上，Mac OSX 的神秘面纱被揭开了。乔布斯在大会上隆重发布了新的操作系统，并做了演示，在演示间隙他说："Mac OSX 操作系统是自1984年推出 Mac OS 操作系统之后，苹果公司推出的最为重要的一款软件。消费者将对 Mac OSX 操作系统的简洁欣喜不已，并对它的专业感到吃惊。"毫无疑问，Mac OSX 绝对是一款更为先进的产品，它至今仍是最为优秀的电脑用户界面，拥有着透明化、阴影和动态效果等实时图形效果。当乔布斯展示系统桌面时，鼠标滑过使用图标，图标依次变大，观众们爆发出阵阵欢呼声。

　　演讲结束的时候，乔布斯又以一贯的风格说道："哦，还有一件事……"

　　"今天我很高兴地向你们宣布，我要放弃'临时'首席执行官的头衔了。"人们欢呼起来，疯狂地喊叫着他的名字，"乔布斯！乔布斯！乔布斯！"欢呼声越来越大，整个会场都沸腾了。人们激动地起立尖叫，排山倒海般的欢呼声几乎把所有的一切都给淹没了。这样的场面，丝毫不逊于任何一位摇滚明星。这种狂热的气氛感染了乔布斯，他突然明白，苹果粉丝们对他的爱。

　　乔布斯真的被感动了。回顾乔布斯在苹果的这十几年里，他霸道傲慢、蛮横无理，就像是一个任性小孩，予取予夺，不受约束，但是苹果迷们并没有因此而排斥他，仍将他视为苹果的救世主。乔布斯抑制着内心的激动之情，脸上挂着淡淡的笑容，他能感觉到自己正被温暖和热爱所包容。

　　他扶了扶眼镜，温文尔雅地说："你们让我觉得有点不好意思了。苹果和皮克斯有世界上最聪明的人，我每天都和他们一起工作。苹果和皮克斯的每一项成果都是团队努力的结晶。我要代表苹果公司的每一个员工，接受你们的掌声。"

这一次乔布斯没有抢功，而是提到了团队。经历过十多年的困顿，经历过创业的失败，乔布斯变得成熟了。虽然有些时候乔布斯依然刚愎自用，表现得像个斗士，但更为重要的是，乔布斯已经充分地意识到苹果公司就是一支团队。

人群再一次惊呼尖叫。在会场的一边上，还坐着另外一个人，他已经好久没有出现在苹果了。他就是苹果的另一位创始人，苹果 II 电脑幕后的天才人物乔布斯·沃兹尼亚克。他曾经因为乔布斯的蛮横霸道而离开了苹果，现在他看见自己以前的合作伙伴如此文雅甚至是谦卑地接受观众们的掌声和赞美之声，不禁泪流满面。现在，他的心也随着乔布斯的改变又回来了。

获奖飞机的 CEO

"相比于那些来说，我更想要一架私人飞机。"

——乔布斯

如果将乔布斯看成是一个资本家显然不太合适，因为他自从 NeXT 公司成立后就一直不从公司里领取薪水，这种状况一直延续了很多年。在皮克斯公司，乔布斯常常只领取 50 美元，有些时候甚至一分不取。重返苹果后，乔布斯仍然坚持不领取薪酬。对于他来说，好像接受薪水是一种索然无味的事情。他的兴趣是做一名公司的领导者，带领苹果走出困境，继而改变世界。

那个时候，苹果正处于风雨飘摇之中，境况堪忧，乔布斯虽然有心重新夺回苹果，但是对于能否挽救苹果心里没底。为了避免因为经营失败而给个人名声带来的损害，乔布斯放低姿态，以临时 CEO 的身份执掌了苹果，并且不领取薪水，只是象征性地领取 1 美元作为个人酬金。对此，乔布斯开玩笑说："50 美分是出勤，另外 50 美分要看工作表现。" 当伍拉德劝他多拿一些期权时，乔布斯拒绝了，他说他不希望公司里的同事认为他是为了钱才回归苹果的。

2000 年，乔布斯回归苹果已经有两年有余，苹果也走出了困境，开始盈利，股价也从接手时的 13 美元涨到了 102 美元以上。此时，无论从哪个方面来看，苹果很明显已经东山再起了。乔布斯成了挽救苹果的大功臣，董事会主席埃德·伍拉德再次劝乔布斯正式就任苹果 CEO 的职位，并接受董事会赠予的期权。乔布斯这次没有完全拒绝，他说他需要考虑一下。乔布斯和妻子鲍威尔一起散步时讨论了这件事，鲍威尔认为，他应该得到这一荣耀。乔布斯也觉得如果去掉了"临时"一词，正式出任苹果的 CEO，他就能实现他所有的梦想。他一直希望苹果公司能够凭借着自身的优势，扩展产业，进军计算机产业以外的市场，比如说电子音乐市场等。

经过慎重考虑，乔布斯终于做出了决定：接受伍拉德好意。于是，在 2000 年举行的苹果世界博览大会上，乔布斯宣布摘掉头上"临时"的头衔，正式出任苹果 CEO。这对于全世界的苹果粉丝而言，绝对是一个好消息。因为也只有乔布斯才会给他们带来如此多的感动。苹果董事会更是欣喜不已。虽然当初他们对于乔布斯的回归尚存几分疑虑，但是事实证明，恰是乔布斯的回归，挽救了苹果，重新带领苹果走上了飞速发展的大路。这份荣耀是乔布斯应得的。他们相信，只要乔布斯还愿意留在苹果，执掌苹果，苹果公司将会继续保持这种惊人的增长势头。

若说最乐见乔布斯执掌苹果之人，则非伍拉德莫属。伍拉德堪称是乔布斯重新返回苹果的导师。当初，正是伍拉德坚持己见，乔布斯才顺利重返苹果的管理层，并带领着苹果走出了困境。伍拉德认为有必要对乔布斯进行奖励，因为在过去的几年里，他总共领取了不到 3 美元的薪酬，这和乔布斯做出的巨大贡献是不相符的。董事会也同意他的看法，认为应该对乔布斯慷慨一点。

伍拉德亲自去找乔布斯，表示董事会愿意给他巨额股份。乔布斯告诉他："相对于那些来说，我更想要一架私人飞机，因为我刚有了第三个孩子，我想带家人去度假，但是又不想坐商业航班。另外，相对于陌生人来说，我更希望为我开飞机的是一个我信赖的人。"乔布斯是一个对商业航班毫无耐心的人。航班延迟，甚至是安检等琐事都足以让他抓狂。如果有一架私人飞机那就不同了，他不用受这些约束，可以自驾飞机带着家人度过一个美好的周末。

董事会成员对乔布斯这个要求基本上没有异议。苹果董事会成员拉里·埃里森也拥有自己的私人飞机，他认为，乔布斯拯救了苹果，却不求回报，凭他所做出的巨大贡献，苹果就是奖赏他 5 架飞机都不为过，所以答应他的要求，奖给他一架飞机，堪称是苹果给他的完美的致谢礼物。

伍拉德很快给他买一架湾流 V 型喷气式飞机，此外还赠予他 1400 万份期权。伍拉德认为乔布斯会非常满意，但是，在常人意料之中的乔布斯还是乔布斯吗？乔布斯听到伍拉德的建议后，说："你说过我最多可以得到公司 5% 的期权是吗？"伍拉德茫然地点了点头说："是的。""好，那么我要 2000 万份期权。"乔布斯说道。伍拉德睁大了眼睛："可是你原来说不要的。"乔布斯面不改色地说："我从来没有坚持说不要啊！"伍拉德呆住了。

乔布斯为什么前后的态度如此大相径庭呢？有分析认为，这正体现了乔布斯一贯的作风。既然他已经接任了 CEO，接受期权也会颠覆其"不求回报"的印象，那么又为什么不要更多的 2000 万份期权呢？乔布斯可从来都没打算做一个只讲奉献不求收获的人呐！

可是，董事会只有从股东处分出 1400 万份期权的权力。为了满足乔布斯的胃口，他们最终研究出了一个复杂的解决方案，先以现价授予乔布斯 1000 万股股票，但是视同已在 1997 年授予；另外的 1000 万份期权则安排在下一年（即 2001 年）授予。这种操作手法在法律上是不允许的，后来也确实引起了美国证券管理委员会的注意，这给乔布斯和苹果公司带来不小的麻烦。

经过了这件事，伍拉德有些心灰意冷。他终于明白，乔布斯是一个可以共患难，却不能共得意的人。在苹果处于困境的时候，乔布斯尚且能多少表现出对他人的谦卑和敬重，但是在苹果辉煌之时，他却不愿意与别人共享成果，他本性中的狂妄霸道、肆无忌惮就会占据上风。身心俱疲的伍拉德再也无法忍受这种令人窒息的氛围了，他辞掉了苹果董事会主席的职位，离开了库比蒂诺。

然而，现实却和乔布斯开了一个大玩笑。让乔布斯没有想到的是，刚刚 2000 万份期权到手，整个互联网的泡沫突然破灭了，几乎所有的 IT 公司的股价全都大幅下降，好多公司随之倒闭。苹果公司根深枝茂自然是没有倒闭之虞，但是股价同样大幅下落，乔布斯手中的股票期权成了一堆废纸。

虽然没有从期权中获利，但是乔布斯对于飞机还是非常满意的。这架湾流 V 型商用喷气式飞机通常情况下能乘坐 8 位乘客，最多可以搭载 20 多名乘客。飞机的航行速度大约每小时 500 英里，不用中途加油就可以从旧金山飞到伦敦。这架飞机的所有权并不归于苹果所有，而是作为一件礼物赠送给乔布斯的。乔布斯沉迷于设计，为这架飞机的内部重新进行了设计。他花钱雇用了一个设计师，前后花了大约一年多的时间，差点逼疯了设计师，最终还是按照他的心愿完成了设计。乔布斯的好友埃里森将自己的飞机与乔布斯的飞机相比，认为乔布斯的飞机改装得更好。

乔布斯从自己以前选择的狭小的办公室搬到了豪华的总裁办公套房。讽刺的是，当初正是乔布斯猛烈抨击阿梅里奥花费巨款为自己装修办公室，可现在，他自己却毫无愧色地搬了进去。在待人接物上，乔布斯又恢复了傲慢粗鲁、目中无人，无论是媒体还是苹果员工都体会到了这一点。

顾客体验设想

"如果不能在商店里把我们的理念传达给顾客，我们就完蛋了。"

——乔布斯

乔布斯是一个天生的控制狂，他不愿意失去对任何事情的控制。在苹果公司，从产品的研发、生产到销售，他总是会参与进来，提出一些疯狂的点子，对任何的一个细节都不放过。但是，凡事有例外，乔布斯在此过程中也有控制不到的部分，那就是在商店里购买苹果产品的体验。当时，计算机行业的销售已经从本地的计算机零售店过渡到了大型连锁商店和量贩店。在这里，苹果产品和 IBM、惠普、康柏的产品摆放在一起供顾客选择，乔布斯对此并不乐意。

人们都有一种观念：自己的东西是最好的。作为苹果公司的总裁，乔布斯始终认为苹果的产品是最完美、最先进的，其他公司的产品不值一提。所以，他从来都不希望 iMac 被放在戴尔和康柏的旁边供顾客买卖，因为那样有损于苹果的身价。还有另外一件让乔布斯不能容忍的事情：店员的专业素质太差了。在大型连锁商店里，大部分的店员对苹果这种高端产品完全是一知半解，不具备苹果产品的基本知识，有的时候甚至懒得向顾客解释产品的独特性能。乔布斯曾批评这些店员，认为他们只关心自己的销售提成，根本没有意愿为顾客讲解苹果产品的独特性能。苹果由于高配置，销售价格也明显更高，其他的产品配置较低，所以价格也就低一些。如果销售员没有专业的职业素养，向顾客介绍苹果的独特功能，苹果在竞争中处境之难可想而知。乔布斯对此深有感触："如果不能在商店里把我们的理念传达给顾客，我们就完蛋了。"

到了90年代后期，随着零售店经营模式的兴起，乔布斯立即意识到这种模式和苹果有着某种契合之处，于是就有了开设苹果零售店的想法。从1999年中后期开始，乔布斯开始秘密地面试了一些在零售店方面具有独到管理经验的人才。罗恩·约翰逊是乔布斯发现的一个精英，他原本是塔吉特公司负责销售规划的副总裁，主要工作是发布有特色的新产品，比如迈克尔·格雷夫斯设计的茶壶等。他热爱设计，在销售管理方面很有一套，也很有意愿加入苹果。那天，乔布斯穿着高领衫和破旧的牛仔裤约见约翰逊，显得平易近人。见面后，没有太多的寒暄，乔布斯直截了当地告诉约翰逊，他为什么要开零售店，以及他需要什么样的人才。他说，苹果想要成功，一定是靠创新取胜。如果无法把这种创新理念传达给顾客，就不能成功。

初次的见面，双方给彼此留下了一个好印象。不久之后，约翰逊来苹果参加了第二轮的面试。乔布斯建议约翰逊一起出去走走。他们一起去了斯坦福购物中心，这里店铺林立，是库比蒂诺最有名的商业街之一。由于此时是早上8点半，街上店铺都还没有开门。乔布斯就和约翰逊在空旷的购物中心走来走去，讨论着这里的布局、扮演的角色，以及某些零售店取得成功的原因。

过了一会儿，店铺纷纷开门了，街上恢复了往日的繁华。他们去了艾迪堡，这家店铺很气派，呈狭长状，有两个入口，一个直接面对着购物中心内部，另一个连着停车场。乔布斯很显然并不喜欢这种设计，他认为苹果零售店只能有一个入口，这样就能更好地控制顾客的体验，而且艾迪堡的商铺设计过于狭长，不利于凸显设计，让顾客一进来就能了解店铺的整体布局。

约翰逊也同意这点。对于购物中心为什么没有科技类的店铺这个问题上，约翰逊和乔布斯产生了分歧。约翰逊认为，繁荣的商业街因为租金很贵，所以让很多的顾客望而却步，而在一些僻远地区，租金较低，所以顾客在买电脑这种大件的、平时不经常购买的产品时往往更愿意去偏远的地方购买。乔布斯则不同意这个看法。他认为苹果的零售店一定要开在繁华的购物中心，无论那里的租金有多贵。他希望顾客随时随地都能看到苹果的产品，而不是开车到 10 里之外。他相信，如果苹果把零售店设计得足够吸引人，就能够招揽顾客，从微软那里抢夺客源。

约翰逊还认为，店铺的面积能够体现品牌的重要性。店铺越大，越能体现这个品牌的大牌，也更能吸引顾客。他问乔布斯："苹果的品牌有 GAP（美国最为著名的一家服装公司）那么大吗？"乔布斯回答说大多了。于是约翰逊说："那么苹果的零售店也要比 GAP 的大才行，否则你就无法说明自己比 GAP 大牌。"乔布斯引用了迈克·马库拉的名言，畅谈了公司的经营理念：一家好的公司必须竭尽所能传递它的价值和重要性，从包装到营销，都应该展示其新颖、独特的一面。约翰逊很喜欢这个概念，并且认为这可运用到零售店中，而零售店的设计也将成为品牌最强有力的实体表达，只有当顾客想到苹果时，马上就能想到苹果零售店，这样才算得上成功。

结束了考察之后，两人开车回到了公司，坐在会议室里讨论零售店的未来。苹果的产品并不多，自从乔布斯砍掉一些繁赘多余的项目，苹果开发的产品一直维持在一个合适的数目上。苹果公司的产品并不足以装满一个传统意义上的商店。但乔布斯认为，这反而是一个优势。他向来追求简约的风格，这样他就可以建立一个以"少"为特色的商店，给顾客提供更多试用的位置。约翰逊认为，要改变顾客对于苹果固定的"另类"的印象，提供一个试用空间让试用者完全爱上苹果，这是十分重要的。商店的风格应该炫酷、时尚、有创意。

在这一年的董事会上，乔布斯提出了开苹果零售店的设想。但是，董事会对于乔布斯的这个决定并没有积极附和，甚至提出了反对意见，认为苹果从来没有这方面的经验，风险太大了。乔布斯则加以反驳，分析了苹果面临的问题以及这样做的好处。他还告诉董事会，他打算将苹果零售店开在地段更昂贵的购物中心里，吸引往来的顾客。不过乔布斯的分析并没有让董事会放心，他们觉得乔布斯的这个想法实在是太疯狂了。他们告诫乔布斯：捷威计算机在开了郊区的零售店之后就走向了衰落，而戴尔并没开零售店，通过直销也取得了巨大的成功。乔布斯对此不以为然，认为捷威是捷威，苹果是苹果，二者不可相提并论。苹果只有按照他的思路发展，才能继续创造辉煌。很显然，董事会的阻挠对于乔布斯来说，根本不用放在心上。他很快换掉了董事会中的大部分成员，迫使董事会同意了他的要求，开设 4 家零售店，进行试运营。

米勒德·米基·德雷克斯勒可能是董事会中唯一支持乔布斯的人。他原本是美国 GAP 的前任 CEO，是零售界的翘楚，他曾经把死气沉沉的 GAP 连锁店变成了美国休闲文化的标志。在很多方面，德雷克斯勒和乔布斯很相像，他们都在设计、形象和消费者需求方面有着独到的见解。乔布斯很喜欢控制一切，德雷克斯勒也强调极端的控制模式。在他管理 GAP 的几年里，GAP 商店只出售 GAP 品牌的产品，而且 GAP 产品从不在百货商店出售，几乎只能够在 GAP 商店里独家销售。1999 年，乔布斯产生了开设零售店的想法后，就把德雷克斯勒招进了苹果董事会。

德雷克斯勒的确是一个在零售店方面很有想法的人，他给了乔布斯一个非常棒的建议：先在公司附近建一间模拟商店，但是按照正式店面的样子进行装修，边装修边思考，直到有了完美的方案。大家就可以在这个模拟商店里一边讨论，一边进行设计，直到有完整的想法。乔布斯表示赞同，于是就和约翰逊一起在库比蒂诺租下了一间空置的库房。很快，库房就开始动工了，从最初空荡荡的房间，慢慢到初具雏形，一切改变都按照乔布斯心目中的样子进行设计。不论多忙，乔布斯都会在每周二的上午，和约翰逊、德雷克斯勒等人在那里开会，完善他们的零售理念。这个地方成了艾维的工作室之外，乔布斯的另外一个避风港。他很喜欢一个人来到这儿，随便走走看看，不断地想出新的点子。

乔布斯对美学和服务体验的每一个细节都力求完美，经常对设计师们提出这样那样的条件。他还经常把德雷克斯勒、拉里·埃里森以及其他可以信赖的伙伴拉到这里，展示自己的创意。

在模拟商店即将完工时，德雷克斯勒提出了一些批评，认为空间太琐碎了，不够干净。还有很多怪异的建筑结构和色彩容易让顾客分心。他强调必须考虑顾客的感受，要让顾客一进入这个零售区域，就有一目了然的感觉。乔布斯完全同意他的观点，认为简约、减少分心的因素，是一家商店成功的关键。于是，就对某些方面做了反复的修改，一直到符合他心目中的样子。

经过了 6 个多月的设计、改建，苹果模拟零售店即将大功告成，乔布斯等人心中都非常高兴。就在周二例会前的一个夜里，约翰逊的脑海里突然冒出了一些可怕的想法，他认为他们犯了一些基础性的错误。他们一开始就围绕着苹果的主要产品线，把商店大致分成了 PowerMac、iMac、iBook 和 PowerBook 几大板块，但这未必符合消费者的消费习惯。消费者往往看重的是功能性，而不在于这款机子是什么配置。就拿电脑来说，有人买电脑是为了看电影娱乐，有的人是为了做设计，而不同的机子在这两方面的功能强弱又各不相同。所以，约翰逊觉得必须重新设计，尽可能地虑到顾客想做什么。他举了个例子，可以设置一个"电影区"，在那里可以用几台 Mac 电脑和 PowerBook，运行 iMovie 软件，向顾客展示苹果强大的电影编辑功能。

第二天一大早，约翰逊就去了乔布斯的办公室，硬着头皮，告诉了他自己那临时闪现的想法。乔布斯顿时爆发了，怒气冲冲地道："我真是要疯了。在我们辛辛苦苦地干了 6 个月之后，你一句话就把之前的工作全部否定了，你知道这意味着什么吗？你知道这样一来我们要做多大的改变吗？"最后，他表示自己累了，想休息一下再考虑未来的事情。

约翰逊没有再说话，乔布斯也没有再让他开口。他们一起乘车去模拟商店开会，路上，乔布斯告诉约翰逊，一会儿不要同他说话，也不要跟团队的任何人说话。于是，两个人路上谁也没有开口说一句话。抵达终点时，乔布斯经过这几分钟的思索，已经意识到约翰逊是对的。所以，在会议中，乔布斯做了一个让约翰逊惊讶的开场白："罗恩认为我们不应该按照产品，而应该按照顾客的体验来划分区域，我认为他是对的。"接着，乔布斯宣布他们要重新设计布局，争取一次成功。这样展示的时间也就从原来确定的时间向后拖延了三四个月。

2001 年 1 月，苹果样板店终于完成了改装工作，乔布斯邀请董事们前往参观。他首先在董事会上，向大家介绍了他的设计理念，然后带领大家乘坐面包车前往样板店参观。董事们在听了乔布斯和约翰逊的介绍后，又看到了极具风格的样板店，大家一致同意批准该项计划继续推行。董事会分析认为，苹果零售店将会提升苹果的影响力，更能确保苹果继续巩固扩大自身的优势。

然而，尽管包括乔布斯在内的高层对苹果零售店信心满满，但是外界对此似乎并不看好。《商业周刊》发表了一篇文章，引用苹果公司的前任 CFO 约瑟夫·格拉齐亚诺看衰苹果的话，大胆预测苹果零售店将会以失败而告终。零售顾问戴维·格斯丁甚至断言："不出两年，苹果就会关门歇业，他们将会为此付出沉重的代价。"但是，真的会如此吗？答案很快就见分晓。

风格独特的样板间

"有些时候，'做到最好'是'做得很好'的敌人。"

——乔布斯

当苹果的模拟店铺得到董事会的认可后，乔布斯就开始紧锣密鼓地为苹果第一家旗舰店张罗。新店铺按照乔布斯的要求，选在弗吉尼亚州的高端购物中心泰森角，这里正是商业街的繁华地段。店里的设计严格按照乔布斯的设计方案来执行，每一个环节，大到整体布局，小到楼梯、柜台，甚至是每张海报，都苛求完美。这是苹果第一家零售店，乔布斯只许成功，不许失败。

2001 年 5 月 19 日，苹果第一家零售店正式开业了。很多顾客初次踏进店里，就被店里独特的设计震撼了：柜台是亮白色，木地板是浅色的，雅致而不失格调，色彩的选择和搭配温和适宜，不会让顾客有不适之感。店铺内还挂着一张印着"非同凡想"的巨幅海报。海报上面是约翰·列侬和小野洋子躺在床上。当顾客们看见这张经典照片时，心里不禁会淡淡勾起对列侬的回忆。还记得戴维·格斯丁的预言吗？他当初预言，苹果零售店不出两年就会关门歇业。但是，现实狠狠地打了他一记耳光。苹果开业当天人潮如流，远远超过了外界的估计。截至 2004 年，苹果零售店每周的客流量已经达到了 5400 人，而同期的捷威计算机商店每周的客流量只有 250 人左右，这种差别如果从收入上看就更明显了。相较于其他零售店年均几百、几千万美元的收入，苹果零售店高歌猛进，大举突破了 10 亿美元，创下了零售业的新纪录。2004 年，光是苹果零售店的收入就达到 12 亿美元。这个数字简直可以称得上奇迹了！

在第一家零售店面世的时候，我们可以想象乔布斯的忧虑。但是，当苹果零售店越来越受欢迎，营业额越来越大时，乔布斯就开始涉入方方面面，试图控制一切了。虽然在他麾下聚集了大批的人才，如在广告方面极具创意的李·克劳等人，在零售店方面有独到见解的罗恩·约翰逊等人，但是乔布斯希望所有的苹果零售店能够打上自己的印记。零售店刚开业时，在一次营销会议上，乔布斯对店内厕所标志的颜色不太满意，就让李·克劳和他的团队们花了半个小时的时间决定该使用哪一种灰色。这种小事乔布斯都要过问，更何况是整体设计布局等大事了。

波林·赛温斯基·杰克逊建筑事务所是世界上杰出的建筑设计机构，为苹果在全球设计了众多的零售店。尽管他们的能力毋庸置疑，但是乔布斯经常会决定整个设计方案的主要方面。乔布斯很关注楼梯的设计，他或多或少有着"楼梯情结"。以前，他曾经为 NeXT 办公楼设计了半透明的玻璃楼梯，他希望零售店的楼梯能够和 NeXT 的楼梯一样，有着特殊的设计。每次，乔布斯去查看正在兴建的店铺时，都会对零售店里楼梯的设计提出建议。乔布斯一生中总共有 313 项专利，其中就有两项与他发明的玻璃楼梯有关：一个专利是采用了透明玻璃踏板和玻璃混合金属钛的支架；一个专利是采用含有多层玻璃压制而成的整块承重玻璃系统。

苹果零售店的地板也是乔布斯关注的一个方面。最初采用的是浅灰色木板，但没过多久，乔布斯就弃之不用，决定改用石头做地面，这种改变与乔布斯多年前去意大利旅行有关。1985 年，乔布斯被驱逐出苹果后，女友克里斯蒂娜·莱德斯陪伴他去欧洲旅行。在意大利的佛罗伦萨人行道上，那些灰蓝色石头给他留下了深刻印象。多年之后，当乔布斯看见零售店的浅色木板时，不由得想起了佛罗伦萨的那些灰蓝色石头。这样的比较顿时让他觉得浅色的木地板有些平庸，于是他决定改用那种石头做地面，而且必须是佛罗伦萨的石头。这样的话，成本就会增加数倍。一些同事建议他，可以用混凝土，不但成本很低，而且也可以模仿出石头的颜色和纹路。但是乔布斯坚决不同意，坚持用真正的石头。最终，他们在佛罗伦萨外围费伦佐拉的一个家庭自营采石场找到了这些石头。这些灰蓝色的锡耶纳沙石有着清晰的纹理感，非常完美，正和乔布斯在佛罗伦萨看到的一样。乔布斯对石头的选择非常严格，颜色、纹路、纯度、完整度都有着一定的标准，这也导致采集的石头里只有 3% 能用。佛罗伦萨的设计师从这些石头里千挑万选，选择合适的石块按照一定的尺寸切割，并在每一个石块上面做好标记，以确定哪一块石头和哪一块相邻。然后，再空运过去，铺设在零售店里。

当地板按照乔布斯的心意铺上了石头以后，乔布斯还是会不时地对于地板的一些细节提出批评。这一点，零售店的员工印象深刻。加州帕萨迪纳苹果零售店有一位员工名叫伊恩·麦多克斯。他刚进这家店工作时，这家零售店正按照乔布斯的意思重新装修地板。每天等到最后一名顾客离开后，装修队就将一块块地砖掀起来，换上新的地砖。毫无疑问，新的地砖全都是清一色的深灰色花岗岩，都是从意大利佛罗伦萨空运过来的，全部都是乔布斯亲自挑选的样式。

新地板铺好之后，非常漂亮，员工们都非常高兴。几天之后的一个早晨，零售店还没有开门，麦多克斯发现零售店所有经理都神情紧张地在店里集合，一直以来甚少露面的区域经理也来了。很明显，零售店将会有一位大人物光临。不久，乔布斯带着四五个人来到了这家店里。麦多克斯有点诧异，不明白什么事情竟要让乔布斯大驾亲临。后来，他知道乔布斯是来检查新地砖的效果的。

乔布斯仔细检验着新地砖的效果，很快脸上流露出不满的神色。这些新地砖刚铺上时确实非常漂亮，但由于使用的接缝剂不够好，导致顾客一踩上去就会留下难看的污迹，而且不容易清理。污秽、脏乱的地板影响了整个零售店的美感。很明显，这样的效果完全不能让乔布斯满意。

麦多克斯早就听说过苹果的老板乔布斯脾气暴躁，经常会口不择言，痛骂手下，这次他才算是真正领教了。乔布斯大发雷霆，火冒三丈，将零售店经理骂了个狗血喷头，他命令零售店经理，地砖必须全部换掉。就这样，施工队被重新叫了回来，掀开每一块地砖，认真清洗，然后使用新的接缝剂重新铺设了整个地板。追求完美是乔布斯毕生的目标，他曾经不无自嘲地对记者说，自己追求完美可能也是一个弱点："有些时候，'做到最好'是'做得很好'的敌人。"

苹果零售店除了店面设计上极具创意外，还提供一些独特的服务。比如说，被命名为"天才吧"的技术维修部。这个创意来自于约翰逊最新的经营理念，一次，约翰逊为了聚合自己的团队，让来自不同行业的成员打破内部因为不熟悉而产生的尴尬，故意挑起一个话题："说说你们曾经体验过的最好的服务。"结果18个人里头有16个人回答说是酒店服务，他们提到了一些住在四季酒店和丽兹卡尔顿酒店的一些经历。这个答案有些出乎约翰逊的意料，也让他大受启发：为什么不能开设一家像四季酒店那样轻松随意氛围的商店呢？于是，他派出了几名零售店经理去参加丽兹卡尔顿酒店的培训项目，让他们从中学习经验。约翰逊将这个想法告诉了乔布斯，问："如果我们在吧台都配上些最聪明的 Mac 专家，你看怎么样？我们可以叫它‘天才吧’。”

乔布斯却觉得这个想法太离谱了，而且“天才吧”这个名字也不好。他说：“你不能叫他们‘天才’，他们是极客（自于美国俚语 geek 的音译，一般理解为智力超群对计算机技术极度狂热的人，但他们大都性格古怪，缺乏交际能力），他们没有那种交际能力来贯彻天才吧的宗旨。”

听到乔布斯这么说，约翰逊有些不知所措了。他知道乔布斯是一个固执的人，一旦做了某项决定是很难改变的，所以他什么话也没有说。但是第二天早上，约翰逊碰巧遇到了苹果公司的法律总顾问，对方告诉他，乔布斯让他去为“天才吧”这个名字注册商标。“天才吧”最终按照约翰逊的设想建立起来，并很快风靡一时，现在全球大约每天有 5 万消费者接受“天才吧”的服务。

2006 年，苹果位于曼哈顿第五大道上的零售店正式开业。很多光顾过这家店的顾客都会有一个明显的感受：这是一家真正的“乔布斯”店。这家新开张的店面融合了乔布斯生平很多创意元素。无论是乔布斯痴迷的立方体，还是标志性的玻璃楼梯都在这里得到体现。乔布斯追求的简约主义也在这里发挥到了极致。这家店每天 24 小时营业，全年无休，顾客日日爆满。据说，开业的第一年客流量就达到了每周 5 万人，简直是其他公司零售店的数倍之多。乔布斯很爱这家店，每次谈到这家店自豪之情溢于言表：“这家店是真正的寸土寸金，它是世界上每平方米收入最高的店铺，总收入也超过了纽约的任何一家店（包括萨克斯百货和布鲁明戴尔百货）。”

乔布斯对苹果零售店的开业典礼非常重视。这其实不难理解，一个好的开业典礼能够让顾客们印象深刻，这比发多少传单、拍摄多少广告都有用。乔布斯将每一次的开业典礼视同为产品发布会，这一招大受好评。很多想持续了解苹果最新产品的顾客，就开始奔波于各个开业典礼，并且整夜排队，希望能够成为首批进店的人，了解苹果最新情况，这也带动了苹果的购买热潮。

到了 2010 年左右，罹患癌症的乔布斯一边同死神抗争，一边仍在花时间设想未来的店铺规划。他打算将以往零售店两边各 18 块玻璃的外墙改成 4 大块巨大的玻璃。但这在当时面临的一个难题是技术上达不到，必须制造出现新一代的玻璃脱泡机才能实现这个梦想。尽管如此，乔布斯仍然信心满满，他希望将来某一天能用 4 块玻璃代替 18 块玻璃，因为这样的设计不但更加简约，而且完美地将美学和技术结合在一起了。对他而言，"少"永远意味着"多"，越简单越好。

Cube满身创意

"这是苹果有史以来最漂亮的电脑。"

——乔布斯

苹果电脑在 80 年代曾风靡世界，成为仅次于 IBM 的非凡产品。然而，自从乔布斯被驱逐出苹果以后，苹果公司就好像失去了灵魂似的每况愈下，再也不能生产出像麦金塔这样震撼人心的产品了。再加上苹果的历任 CEO 在产品、管理和市场营销上跟不上时代，更令苹果几乎走到了濒临死亡的绝境。直到 1997 年，乔布斯重回公司，进行改革，这才使得苹果公司起死回生。

乔布斯重新担任首席执行官后，进行了一系列的改革，重塑苹果文化。在他的强力改造下，苹果最激动人心、最为重要的核心价值观——创新，又回归了。这对苹果而言，是极为重要的。因为在之后，苹果正是通过不断地创新，不断地开发高新科技，才创造了一个又一个的辉煌。乔布斯重掌帅印后，重新明确和定义了苹果设计部门和生产部门的功能，要求苹果的设计师在保证质量的前提下，要生产出更为花哨、好看的产品，获取年轻顾客的青睐。

毫无疑问，乔布斯的创新意识为苹果注入了新的活力。乔布斯回归苹果不久，就推出了第一批拳头产品——iMac 台式电脑。这款新产品很快以优秀的性能，性感、时尚的外观获得顾客青睐，引发了消费者的购买狂潮，并被美国《时代》杂志评为"1998 年最佳电脑"。1999 年，苹果又顺势推出了色彩鲜艳、像玩具一样精美的笔记本电脑 iBook。这款产品在颜色、外观上更进一步，亮丽的蓝色和橘黄色使 iBook 半透明塑料外壳显示出便携电脑前所未有的时尚风格，而且在设计上，iBook 完全贯彻了乔布斯一贯要求的极简主义，方便又舒适。同 iMac 一样，iBook 刚一问世，就引起了消费者的极大反响，掀起了一股强劲的销售旋风。媒体也是好评如潮，《时代》杂志在"1999 年度世界之最"的评选中，iBook 荣获"年度最佳设计"奖。

虽然，这些在颜色、外观方面新颖的设计令苹果脱颖而出，获得了在电子科技行业生存的名气。但是，无论是 iMac 还是 iBook，虽说在短时期内风靡一时，让成千上万的顾客走进商店，可时间一久，顾客的热情就会冷却下来，渐渐淡忘这件产品。这主要是因为苹果产品虽然在外观上极为出色，但在性能方面仍然有一些弊端，而顾客往往追求的是性能更为强大的产品。

2000 年 7 月，苹果公司又推出了新一代产品 Power Mac G4 Cube。在纽约展览中心举行的苹果世界博览会上，当乔布斯把 Power Mac G4 Cube 放到桌面上时，所有麦金塔迷的热情都被点燃。乔布斯在大会上不无得意地宣称："这是苹果有史以来最漂亮的电脑。"他甚至骄傲地预言，G4 Cube 将像两年前苹果电脑推出的轰动世界的 iMac 电脑一样，对电脑设计产生革命性的影响。有人曾这么形容这款电脑："好似情人的眼波，美丽温柔而又蕴藏着无穷的力量。"

公道地讲，这款产品的确令人惊艳。很多人见过这部电脑后，更宁愿相信它是一件艺术品而不是一台功能强大的电脑。它是一台只有 8 英寸的完美立方体，外形小巧玲珑，只有普通电脑 1/4 大。该机器从外部看不到按钮；没有 CD 托盘，只有一个微小的插槽。同早期的麦金塔一样，该款产品也没有风扇，而这一切均源于乔布斯的极简主义风格，对纯粹禅意的追求。

虽然在整体上趋于极简，但其性能却空前强大，超过了同期的很多产品。它采用的 PowerPC G4 处理器，运算速度远远超过 Intel 处理器，每秒钟的运算速度达到了惊人的 30 亿次！而它卓越的绘图能力，堪称完美的扬声器，更是将这款产品推向了一个新的高度。当它接通电源后，整个 G4 Cube 晶莹闪亮，就好像一个来自于外太空的精灵，将力量与柔美、科技与艺术完美地结合在一起，将苹果的魅力展现得淋漓尽致。它的艺术美感令其最终进入纽约现代艺术博物馆。

但是，G4Cube 的市场接受程度远不如想象的那样美好。乔布斯原本想要将其推向大众市场，但在设计上走上了高端台式机的道路。事实上，Cube 在专业人士和大众消费者两个市场的表现都不好。它的价格太高了，不适合一般用户使用，普通的大众市场消费者宁可购买一款平淡无奇的台式机，也不愿花两倍的价钱去买奢侈品。而且，专业人士也不见得会追求一件艺术品。

乔布斯曾经预计，Power Mac G4 Cube 面世之后，定会掀起新一轮的购买热潮，苹果公司每季度将卖出 20 万台。但现实却是残酷的，Cube 第一季度的销售，只卖出了预计销量的一半。第二季度，销量更是低于 3 万台。而到了 2001 年 7 月，苹果电脑发表了简短的新闻稿，宣布这款电脑停止发售。乔布斯后来承认，Cube 在品质上过于追求完美而定价上又过高，这是导致 Cube 的销售业绩太差的原因。乔布斯吸取了这次教训，之后在制造 iPod、iPhone 这类设备时，他学会控制成本，让产品能够在合理的预算范围内面世。Cube 的失败很快就反映到股价上，2001 年 3 月左右，苹果的股价达到了历史性的 150 美元，但是到了 9 月份左右，就好像跳水般地跌到了 28 美元。而到了同年 12 月初，苹果股价已经触底，低至于 14.31 美元。

但这些并没有阻止乔布斯继续推出充满创意、独具特色的新产品。在 iMac 销售陷入停滞之后，乔布斯开始启动新一代 iMac 的研制计划，新一代的 iMac 被称为"iMac G4"或者"The New iMac"。艾维起初想法比较保守，打算将电脑主机和纯平显示器合二为一。但是，当新 iMac 的设计图纸送到乔布斯的手中时，乔布斯对此非常不满意，立即找来艾维重新思考新的方案。

他们置身在乔布斯家中的花园里，乔布斯的妻子劳伦·鲍威尔在花园里种了许多向日葵。他们一边在花园里散布，一边思考产品的设计问题。乔布斯慢慢理清了自己的思路，觉得艾维的设计方案缺少纯粹性。他对艾维说："每件东西都必须有它存在的理由，我们应该让每个元素都忠于它本身。既然你要把所有东西都塞到显示器后面，那干吗要有一个纯平的显示器呢？"

艾维看着花园里的向日葵，突然灵光一闪："把屏幕像向日葵那样和底座分离开来怎样？"他非常兴奋，马上拿起画笔画起了草图。乔布斯对于这个新设想非常满意，当即让艾维着手设计。两年之后，艾维领导的设计团队终于完成了 iMacG4 的设计，将梦想中的"向日葵"绽放进现实。

2002 年 1 月，乔布斯在 Macworld Keynote 主题演讲上，正式推出了 iMac G4。当这款新产品出现在舞台上时，所有的苹果迷们的热情再一次被点燃。iMac G4 在设计方面别出心裁，用乔布斯的话说，这是一款"看起来不像电脑的电脑！（What's not a computer!）"在艾维的新设计中，薄薄的 Mac 的屏幕悬浮在一个可活动的金属臂上，这让整个显示器不仅看上去像向日葵，也容易让人联想起约翰·拉塞特导演的动画短片《顽皮跳跳灯》中小台灯的俏皮个性。这个新颖设计获得了媒体很高的评价，但他们担心的是，悬浮的屏幕很可能使整个机身失去平衡，从而使 iMac G4 倾倒。其实，他们完全不用为此而担心，因为苹果的设计团队早就考虑了这个问题，他们通过增加屏幕底下的底座重量，来避免这种尴尬局面的发生。

其实，iMac G4 的底座并不仅仅是底座，而是另有乾坤。在这个直径约为 10.6 英寸的半圆底座之中，苹果的设计师们将整台计算机的驱动器、电源供应等都整合其间，以达到苹果一贯追求的极简风格。这款极具特色的个人电脑在很多方面具有开创性的意义。苹果公司为这一设计申请了许多专利，艾维占据了大多数，乔布斯则占了其中一项——"平板显示器和底座之间由一个活动组件连接"。这一年，苹果公司凭借着 iMac G4 又一次站在了市场的制高点上。

换"芯"英特尔

"展望未来，英特尔公司毫无疑问拥有着最强的处理器蓝图。苹果公司转到 PowerPC 架构已经有十年的时间了，我相信未来十年里，英特尔技术将帮助我们打造最好的个人计算机。"

——乔布斯

在乔布斯的管理下，苹果公司回归正轨，取得了骄人的成就。苹果产品在市场上所占份额的比例也越来越大，种种迹象表明，苹果公司正在以不可思议的速度向计算机霸主的地位迈进。随着公司规模的扩大，苹果公司对于芯片的需求也急剧膨胀。芯片是计算机设备的重要元件，如果把 CPU（中央处理器）比喻为整个电脑系统的心脏的话，那么主板上的芯片组就是整个身体的躯干。对于主板而言，芯片组几乎决定了这块主板的功能，进而影响到整个电脑系统性能的发挥。所以，从某种意义上说，芯片相当于一部电脑的灵魂，意义极为重大。

苹果公司自从 1994 年起，就一直使用摩托罗拉和 IBM 联合生产的

PowerPC 芯片。那个时候，摩托罗拉和 IBM 是当时首屈一指的电子科技公司。拿 IBM 来说，整个 90 年代正是其大放异彩的时候，IBM 不断地推出专利产品，更新新一代的技术。自 1993 年起，IBM 这个蓝色巨人更是连续 13 年出现在全美专利注册排行榜的榜首位置。到 2002 年，IBM 注册的专利项目达到了 22358 项，这个史无前例记录，也远远超过了美国 IT 界排名前十的公司的总和。

乔布斯是一个在技术方面有着严格要求的人，事事追求完美，他容不得自己的产品使用比较低级、落后的芯片。因此，很多时候乔布斯对摩托罗拉的芯片表现出了不屑的态度。这种态度让摩托罗拉很受伤，也从而引发了两位掌门人之间的争吵。1997 年，乔布斯回归苹果以后，立即展开了收回版权、消灭兼容机的活动，禁止其他同类电脑制造商使用麦金塔操作系统。这给摩托罗拉造成了实质性的伤害，引起了摩托罗拉的抗议。乔布斯直接打电话给摩托罗拉 CEO 克里斯·高尔文，告诉他，如果摩托罗拉能够加速研发可供苹果笔记本电脑使用的新版威力芯片，那么苹果公司可能会考虑为摩托罗拉破例，授权其 Star Max Mac 兼容机使用麦金塔操作系统。

摩托罗拉此时在新型芯片的研发上陷入停滞，乔布斯这话在高尔文听来，简直就是一种嘲讽，两人在电话里对话越来越激烈。乔布斯讥讽摩托罗拉生产的芯片烂透了，高尔文大声反驳，针锋相对地加以回击，乔布斯索性直接挂断了高尔文的电话。高尔文也是一个有脾气的人，喝令摩托罗拉停止生产 Star Max 电脑，以示对乔布斯的抗议。乔布斯则暗中开始谋划抛弃摩托罗拉生产的计算机芯片，转用其他公司生产的芯片。但是换芯片并不容易，这相当于要重新编写整个操作系统。在这种情况之下，乔布斯只能硬着头皮，继续和摩托罗拉进行合作。

好在摩托罗拉争气，在经过了两年多的不懈努力后，他们开发出了新一代芯片。这款在摩托罗拉代号为 PowerPC 7400 的处理器可以说真正改变了个人电脑的概念。它的设计速度为每秒 14 亿次，最高为 30 亿次。如此强大的运算速度让普通用户感受到"超级计算机"的威力。1999 年 9 月，苹果正式推出 PowerPC G4 处理器，获得成功。随后几年，摩托罗拉却没有及时推出可超越目前处理器的新产品，只是想在 G4 基础上继续改良以 G4⁺来应付苹果。这导致 G4 处理器落后的性能严重影响了苹果在市场上的扩展。显然，如果不解决这个问题，苹果要想吸引更多的 PC 用户绝非易事。鉴于此，乔布斯当即决定在摩托罗拉之外寻求其他选择。

当时，AMD 风头正劲，准备推出 K8 系列，这是一款拳头产品，性能非常强大。乔布斯原本有意选择 AMD K8 系列作为新一代产品的 CPU，但是考虑到同 AMD 合作很可能会让苹果产品丧失自己的特性而沦为大路货，这才作罢。就在这个时候，IBM 低调地推出了 PowerPC 970 处理器。这和摩托罗拉的 PowerPC G4 属于一个体系，只是 PowerPC 970 是 64 位 CPU，而 PowerPC G4 则是 32 位 CPU。PowerPC 970 性能极为出色，完全能够满足苹果产品的需求。更让人兴奋的是，PowerPC 970 可以完全兼容于 PowerPC G4，也就是说，如果选择 PowerPC 970 作为苹果电脑的新处理器，那么现有软件无须任何修改便可以直接运行！对苹果而言，这简直就是一件梦幻产品。乔布斯当即敲定 PowerPC 970 作为苹果的下一代 CPU。

2002 年，苹果正式同 IBM 达成协议，开始在高端台式机中采用 IBM 供应的芯片。次年，乔布斯向外界隆重推出了 PowerPC G5。在发布会上，乔布斯这样评价苹果和 IBM 的这次合作："PowerPC G5 改变了游戏规则，这台 64 位'赛车'是全球最快台式机——采用我们新款 Power Mac G5 的心脏，IBM 提供全世界最先进的处理器设计和制造专业，而这只是长期、建设性合作关系的开始。"

摩托罗拉仍然是苹果的合作伙伴之一。由于苹果公司在 PowerPC 市场一家独大，乔布斯于是向提供 PowerPC 芯片的摩托罗拉和 IBM 施加压力，告诉他们苹果将只和他们中的一家继续合作。这其实只是乔布斯的手段而已，他希望能够从两家公司的竞争中渔利，得到最好的产品和最优惠的价格。

不久，摩托罗拉在 PowerPC 芯片中的作用逐渐淡化。2004 年，摩托罗拉将包含芯片业务在内的半导体部门分立出去，成立飞思卡尔半导体公司，继续在背后默默地为苹果提供芯片。虽然英特尔公司此时的技术已经日趋成熟，但仍是苹果公司嘲讽的对象，苹果曾推出了《蜗牛》广告片。片中，蜗牛驮着英特尔处理器缓缓爬过，以表示英特尔处理器比苹果使用的 PowerPC 慢。

苹果与 IBM 的合作并不长久，仅仅三年就分道扬镳了。事实上，二者的合作几乎从一开始就存在不和谐的声音。乔布斯此前表示，希望在年底 Mac 计算机的主频就可以达到 3GHz，但 IBM 并没有帮助他实现承诺。此外，IBM 生产的 Power Mac G5 处理器一直存在供货不足的问题，而且由于散热和功耗的问题而无法用于笔记本电脑。这些当然都是拿上台面的问题。

业内人士分析，苹果和 IBM 最大的矛盾仍然是"钱"的问题。苹果要求 IBM 提供更多型号 PowerPC 芯片。而对 IBM 而言，供应芯片给苹果，就必须投入巨资研发芯片组、编译器及其他支持技术，但是由于苹果当时是小众市场，IBM 获得的市场份额仅有 5%，赚不到什么钱，这就极大地挫伤了 IBM 的积极性。再加上乔布斯在合作中的种种无理要求，更是让 IBM 疲于应付。

乔布斯决定放弃摩托罗拉和 IBM，重新寻找一家公司合作。当时，英特尔公司的技术已经相当成熟了，可以说已经超越了 IBM、摩托罗拉等传统老牌公司，而且其在全球 PC 处理器市场占据着极大的市场份额。英特尔成了硅谷的"香饽饽"，苹果要找新的合作伙伴，无疑英特尔最为合适。

但是，自从 1977 年开始，苹果就和英特尔不合。那时，乔布斯刚刚创立了苹果，还只是一个初出茅庐的毛头小子。在一次和英特尔的会谈中，乔布斯向英特尔的 CEO 安迪·格鲁夫提出，要求与英特尔的最大客户享受同样的待遇。格鲁夫对于乔布斯的提议根本不屑一顾，因为那个时候，苹果仅与英特尔合作了一年，还只是一个名不见经传的小公司。格鲁夫的做法可以说是无可厚非的，但是在乔布斯眼中，却是一种羞辱。自那以后，在乔布斯眼里，英特尔就一文不值，不管英特尔做了什么，取得了多大的成就，都不能改变乔布斯的想法。英特尔也频频成了苹果嘲讽的对象，比如那则嘲讽英特尔的处理器的速度像蜗牛的广告。

后来，乔布斯遭遇人生低潮，加上结婚生子后，性格不再偏执，和很多人化敌为友。当保罗·欧德宁代替安迪·格鲁夫成了英特尔公司 CEO 后，乔布斯就开始积极和欧德宁接触，寻求同英特尔的合作。生意场上没有永远的敌人，只有永远的利益。乔布斯很快就决定采用英特尔的芯片。

谈判进行得很顺利，乔布斯很喜欢一边散步，一边谈生意。据欧德宁说，英特尔和苹果大多数的谈判内容都是在散步时完成，有时候，他们会沿着斯坦福校园内的小径，一路漫步到山丘上。当他们散步结束时，已经在就具体数字讨价还价了。欧德宁非常看重同苹果的合作，就派出一支精干团队与苹果公司合作，仅用了 6 个月就成功完成了芯片转换。在苹果的 TOP100 会议上，乔布斯邀请欧德宁前来参加。欧德宁穿着英特尔的实验服出现在会议上，并拥抱了乔布斯。

2005 年 6 月，乔布斯正式宣布终止与 IBM 和摩托罗拉的长期合作关系，同时表示今后苹果将采用英特尔公司生产的芯片。乔布斯在大会上向公众展示了一款不可思议的 Mac 电脑，这款电脑所使用的正是英特尔制作的芯片。乔布斯表示："我们的目标是为客户提供全世界最好的个人计算机。展望未来，英特尔公司毫无疑问拥有最强的处理器蓝图。苹果公司转到 PowerPC 架构已经有十年的时间了，我相信未来十年里，英特尔技术将帮助我们打造最好的个人计算机。"

后来，乔布斯在一个软件开发者大会上公开表示，苹果公司将从 2006 年 6 月开始销售基于英特尔处理器的 Mac 计算机，到 2007 年底，所有的苹果计算机产品都将转向英特尔处理器。

不要在一件事上徘徊太久，想想
接下来该做什么

数字中枢创想与战略

"也就是在那一刻，我突然觉得也许个人计算机正化身为其他东西。"

——乔布斯

　　每一年，乔布斯都会召开 Top100 会议，集思广益，讨论公司的发展战略。这 100 个人是苹果公司精英中的精英，他们能给公司提出一些有建设性的意见。每次大会将要结束时，乔布斯都会站在一块白板前，询问大家，苹果公司下一步应该做的 10 件事。大家各抒己见，相互讨论。乔布斯会把这些建议都写下来，删去那些他认为愚蠢的想法。再经过几轮辩论，最后只保留 10 个建议。然后，乔布斯会把后边 7 条建议一一划去，告诉大家："我们只能做前三件。"

　　很难说，乔布斯有多少的创意是在 TOP100 上产生的，但 TOP100 成了苹果最重要的会议之一却是不争的事实。苹果每隔一段时间就会有一些别出心裁的产品出现，这和公司上下的创意文化是分不开的。到了 2001年，苹果公司已经走出困境，乔布斯决心带领苹果计算机开启新的辉煌。

　　然而，天有不测风云。就在乔布斯准备大干一场的时候，数字领域笼罩在了一片愁云惨雾当中，互联网泡沫破裂了，纳斯达克指数的最大跌幅超过了 50%，在这场灾难中，没有一家 IT 公司能够幸免，甚至有的企业面临了破产的威胁。这从 IT 企业广告数量的锐减上体现得最为明显。2000 年的"超级碗"大赛上，有 17 家 IT 公司投放了广告，而到 2001 年时，投放广告的 IT 公司数量锐减到了 3 家。这次灾难让人们不由自主地产生了一个疑问："过去几十年来一直在数字革命中占据核心地位的个人计算机，是不是该失权了？"在人们惊疑不定的同时，很多媒体和专家也煽风点火，唯恐天下不乱。其中美国发行量最大的《华尔街日报》就写道："个人计算机已经变成了可有可无的东西。"捷威的 CEO 杰夫·韦特泽恩同样不看好个人计算机的未来，公开宣称："我们捷威决定，以后将不再以计算机作为公司的核心产品。"

个人计算机是不是真的走到穷途末路了呢？人们迷茫着。就在此时，有人发出了不同的声音，他就是具有卓越超前眼光的乔布斯。和众人的观点相反，乔布斯认为个人计算机不但不会成为无足轻重的产品，还会成为一个整合各种数字设备的中心枢纽，也就是他口中的"数字中枢"。这就是说，个人计算机的功能将会被放大很多倍。你可以用个人计算机连接、管理你的音乐、图片、视频、信息以及其他的方方面面。这个设想不仅改变了苹果公司的定位，更影响到整个技术产业的发展方向。在之后的十多年里，苹果推出的一系列产品无一不是这一理念的体现。

事实上，乔布斯这个关于"计算机将成为数字中枢"的设想，早在 20 世纪 90 年代初就已经萌发。当时，苹果公司开发了"火线"（FireWire）技术。火线是一条高速的网络连接串口，能够快速地将视频、图片和音乐等数字文件从一台设备转移到另一台设备上。这种新颖的技术得到了日本摄像机制造商的青睐，他们专程飞到加州库比蒂诺苹果总部协商合作事宜。乔布斯回归苹果后，决定把火线用在即将上市的新版 iMac 上。他已经预见到，火线将成为苹果系统的一部分，用来把视频文件从摄像机中转移到计算机上，然后再进行编辑和发布。

要完成这个伟大的愿景，iMac 首先必须具有一款优秀的视频编辑软件。没有这方面经验的乔布斯，想到了在自己帮助下成立的 Adobe 公司。Adobe 公司自成立之后，在数字图像软件方面取得了长足的发展，它研发的 Adobe Photoshop、Adobe Premiere 等软件深受市场欢迎。如果他们能够为 iMac 研发一款 Adobe Premiere，一切问题就解决了。然而，乔布斯有点一厢情愿了。Adobe 公司尽管对乔布斯充满了感激，但是却还保持着理智，Adobe 公司管理层认为，当时苹果公司的市场份额太小，根本不值得 Adobe 公司花费巨大的心力和资源专门为其研发一款 Adobe Premiere。知道这一消息的乔布斯既生气又伤心，"我帮助过这家公司成名，他们却这样对待我。"乔布斯埋怨道。

随后，Adobe 公司又拒绝为 MacOSX 系统定制其他的流行软件，比如 Photoshop 等。这更加让乔布斯火冒三丈，他发誓他永远也不会原谅 Adobe。多年后，当苹果的两款神器——iPhone、iPad 惊艳出世后，所有人都发现了 Phone、iPad 与 Adobe Flash 的播放器不兼容。当时 Flash 已经得到成功推广，几乎全球所有主要手机厂商、PC 厂商都从 Adobe 获得授权，将其用于普通手机、智能手机和个人计算机等。Adobe 很希望乔布斯的 iPhone、iPad 也能用上 Flash 播放器，但是乔布斯坚决反对苹果产品导入 Flash，并一再贬低 Flash，这可看成是乔布斯对 Adobe 的报复。

这件事深深地刺激了乔布斯，也让他得到了一个宝贵的教训：如果你不能同时控制硬件和软件，迟早会受制于人。乔布斯告诉自己的员工："如果没有人想帮我们忙的话，我们只好自己动手来做了。"于是，在乔布斯的鞭策下，苹果公司最终开发出自己的视频处理软件 Final Cut Pro，还有为入门级用户开发的 iMovie，除此之外，为了报复 Adobe 公司，苹果还研发出了用于制作视频或音乐光碟的 iDVD，和用于照片的 iPhoto 等，后来的 iTunes 商店也是在此基础上开发出来的。

当思想的闸门被打开的那一刹那，创意就如同洪流一样源源不绝地流泻出来。当 iMovie 软件开发出来后，在乔布斯的脑海里，数字中枢的创意变得越来越清晰。他已经越来越强烈地感觉到，数字中枢将给人们的生活带来的改变。他举了个例子：如果你在电脑上使用 iMovie 软件剪辑影片，就能让你的摄像机增加 10 倍的价值。过去，在剪辑一部片子前，你可能需要首先看数百个小时的原片，而现在你只需要在自己的计算机里进行剪辑就可以了。你可以像制作人一样坐在电脑前，使用专门的影片编辑软件制作影片特效、添加字幕、添加背景音乐等。乔布斯认为数字中枢的实现能激发人们的创意。乔布斯后来回忆说："也就是在那一刻，我突然觉得也许个人计算机正化身为其他东西。"

乔布斯向来崇尚极简主义。很多数码产品虽然都附带着各种功能，如图片修剪、影片剪辑等功能，但由于屏幕太小，功能太多，反而不太好用。而一旦整合到电脑上，这些问题就不会存在了，电脑能够让这些功能得到更好的发挥，从某种程度上来说，也能够让个人电脑扩大影响面。

这个方案的绝妙之处在于，苹果公司是唯一提供这种整合服务的公司。在当时，微软的专长在软件，戴尔和康柏的专长在硬件，索尼专注于生产数字设备，Adobe 专注于开发应用程序，而苹果什么都能做，从软件、硬件到开发各种软件、程序，这是苹果独有的优势。正如乔布斯所说："我们能够对用户体验全权负责，能为别人所不能为。"

经过各部门不懈的努力，苹果公司逐渐地将"数字中枢"的创意变成现实。首先取得突破的是对视频的整合。在 Adobe 的强烈刺激下，苹果很快就靠着自己的努力开发出了视频剪辑软件，完成了数字中枢战略的第一步。在新的电脑界面下，用户可以用火线把视频传到苹果机上，然后通过 iMovie 编辑成一个作品。然后，客户还可以把作品刻录到 DVD 里，这样就可以在电视上欣赏了。在整个开发的过程中，乔布斯的极简思想得到了贯彻。乔布斯希望用户能够对电脑上的种种功能一目了然，而不是对着一大堆软件却不知如何下手。在这种思想下，苹果开发的 iMovie、iDVD、iPhoto 无不简单适用，这也是苹果后来取得巨大成功的关键。

用来扒歌的 iTunes

"和 iTunes 一起加入音乐革命吧！"

——乔布斯

2000 年，对乔布斯而言，是永远难忘的一年。当时，乔布斯已经正式执掌了苹果，但随之而来的全球 IT 业大萧条，又令苹果公司站到了悬崖边上。如何带领苹果公司再次走出困境、重振雄风，成为摆在乔布斯面前最迫切的一个问题。乔布斯一方面加大对新一代电子技术的研发力度，一方面积极寻找其他能够支撑起苹果取得突破性进展的研发项目。

最终，乔布斯将目光落在了音乐领域。进入千禧年以后，随着互联网的普及，在线音乐得到了蓬勃发展。原本的录音带和录像带也很快就被激光唱盘和 CD 所代替，随着声音和图像压缩技术的出现，这些数字化了的音乐和录像也更容易在互联网上传播。因为互联网上充斥着各种盗版音乐和电影，这些免费电影、音乐，吸引了成千上万的用户，互联网也成了音乐、电影爱好者的集结地。

如果要说到网上音乐下载，就不得不提起著名的 Napster 音乐共享软件。该软件是由圣迭哥大学的一名学生肖恩·范宁开发出来的。范宁是一个技术天才，大学阶段，他和他的室友都是音乐发烧友，但在网上很难找到喜欢的音乐。室友经常在他面前抱怨互联网上低效的 MP3 音乐链接。这一下子触动了范宁，他在朦胧之中突然有了一个绝妙的想法："既然人们的电脑硬盘里有很多的音乐资料，为什么不利用网络让喜欢音乐的人实现资源共享呢？"

于是，范宁通过自学编程语言，经过两年的努力，终于开发出了Napster 音乐共享软件。这个程序的好处在于，联网的用户能够在同一时间交换储存在硬盘上的音乐文件，所有的音乐文件地址被集中存放在一个服务器中，这样使用者能够方便地找到自己需要的 MP3 文件。网站运营后，立即受到了广大网友的欢迎。

1999 年 1 月，Napster 网站刚一开张，就吸引了成千上万的用户，范宁也没想到 Napster 的商业前景竟然如此广阔。正在这时，波士顿的风险投资商艾林·理查德找上门来，游说他将 Napster 商业化。于是，范宁在他的支持下，成立了一家小公司。

公司成立之后，Napster 网站发展非常迅猛，截止到第二年 10 月份，就已经有 3200 万用户了，而且还在以每周 100 万的速度增加。范宁开发的软件明显要比其他的商业网站好用得多了，这也是为什么广大网友选择Napster 的原因。范宁作为一个勤奋的 IT 天才也被媒体挖掘了出来，包装成数码时代的"音乐先锋"。他成了美国著名的《财富》、《商业周刊》、《福布斯》和《行业标准》等商业刊物的封面人物，也成为美国青少年创业的偶像。

音乐共享让 Napster 和范宁出了名，但是也让他们陷入了麻烦之中。由于 Napster 网站能够随便下载音乐，这毫无疑问会触及了传统音乐制作行业的利益。以前人们必须花钱购买音乐作品，而现在可以在网上免费下载，这就等于剥夺了唱片公司、音乐作品出版行业的利润来源。于是，唱片公司的老总们不干了。1999 年 12 月，包括华纳、BMG、百代、索尼、环宇五大唱片公司在内的唱片行业共同起诉 Napster，称其对违法的音乐市场有推波助澜的作用，导致音乐产业蒙受巨大的损失。很多人还危言耸听地声称，如果不采取有效的措施制止，终有一天他们的公司也会成为多余，甚至会完全消失。为了保护音乐产业，他们要求严惩 Napster 公司。

由于涉及网络服务这个新生事物，案件审理一拖再拖。直到 2001 年的 2 月 12 日，法院这才做了最后判决，认定 Napster 侵权。这场官司让 Napster 公司元气大伤，为了规避版权，网站不得不修改程序框架和服务流程，并将大量涉及版权争论的共享音乐文件删除。这样一来，Napster 就对网民失去了吸引力，用户急剧减少，自此步履艰难，后来被美国电器连锁零售商 Best Buy 收购。

乔布斯一直对数字音乐领域非常关注，Napster 事件给了他极大的触发。他分析这个现象，得出了两点结论：其一，网络共享这种便捷方式极受广大网民的欢迎，网友可以轻松随意地收听自己喜欢的歌曲；其二，网民不会因为版权问题而拒绝使用网络共享方式下载音乐。如果网络下载是获取音乐最快捷的方法，他们必然会选择这种方式，而不是花上很长的时间去唱片店淘碟。想清楚了这两点，乔布斯就敏锐地意识到线上音乐将会是未来最具商业潜力的领域之一。

但是，苹果眼下最紧缺的就是一个软件载体，一个可以让每个人都拥有音乐梦想的平台。由于受人力、物力所限，苹果公司没有足够的时间开发一款具有相当竞争力的软件产品。于是，乔布斯把目光放在了外界流行的各类音乐软件上。最终，他选择了 Casady and Greene 公司（简称 C&G 公司）的 SoundJam 软件。性能优越，极具竞争力，是乔布斯看中这款软件的原因。

杰夫·罗宾是一位优秀的程序员，开发了许多优秀的软件。他早年在 C&G 公司进行研发方面的工作，并开发出来一款名叫 ConflictCatcber 的应用软件。虽然这一软件在 C&G 公司并没有引起多大的重视，但这款软件非常适合用在苹果公司的电脑上，所以就在 Mac 用户中流行开来，而且连续 3 年获得了"最受欢迎的应用软件奖"。罗宾的才华让苹果公司高层非常佩服，于是就把他挖到了苹果公司，但是后来罗宾又离开了，因为他希望能够从事软件研发项目，但是在苹果公司，他的愿望看来很难实现。他又一次去了 C&G 公司，表达了希望开发 MP3 软件的想法。C&G 公司支持罗宾这个计划，并且组织人力、财力提供一切可能的帮助。

在罗宾的不懈努力下，最终开发出 SoundJam 音乐播放软件。这款集转换、编码和播放 MP3 音频文件于一体的软件很快就成为市场上最受欢迎的 MP3 播放软件，它后来被用在了苹果机上，其市场销售额也迅速占到了苹果公司电脑销售额的90%，而且还将会为C&G公司带来巨大的利润。C&G公司原本只是一家名不见经传的小公司，此时也因为这款软件得以翻身，规模迅速扩大，人数增加到40人，每年的利润额也达到了550万美元，其中绝大部分的利润都是来自于SoundJam软件。罗宾在C&G公司，每隔一段时间就推出SoundJam软件的升级版本。

苹果公司向来和C&G公司关系密切。在乔布斯决定购买一款音乐播放软件后，C&G公司成了首选。于是，苹果公司与C&G公司展开谈判，要求购买对方SoundJam软件的专利权。对于C&G公司来说，SoundJam软件是他们的摇钱树，如今要转手让人实在是一件痛苦的事情。然而，在巨人苹果公司面前，C&G公司弱小得就像是一只蚂蚁。苹果公司很坦率地告诉C&G公司，要么把专利权卖给他们，要么他们会开发出一种与SoundJam软件竞争的产品，然后把C&G公司挤垮。在苹果的咄咄相逼下，C&G公司也只能向苹果屈服了。

然而，苹果公司看中的并非仅仅是SoundJam软件而已，他们还看中了人——杰夫·罗宾及其他优秀的人才。苹果公司高薪聘用了杰夫·罗宾，把他变成了苹果公司软件开发小组的主要成员，主要负责苹果音乐软件产品研发工作。除了罗宾外，苹果公司还把C&G公司两名最优秀的产品质量测评人员给"挖"了过去，而且还挖来了C&G公司的产品开发负责人。对于C&G公司来说，这真是一个难以下咽的"苦果"，然而他们也唯有替自己的弱小买单了。

比尔·金凯德、杰夫·罗宾、戴夫·海勒组建成三人团队，齐心协力把SoundJam变成苹果产品。SoundJam软件由于功能太多，导致屏幕显示非常复杂。乔布斯向来追求简约风格，重视产品外形的美观大方，因此他要求罗宾等人必须把软件改得简单有趣。在之前的界面上，用户可以按照歌手、歌曲名或是专辑名进行搜索，但是乔布斯坚持把它改成了一个简单的输入框，你只要在这个输入框中输入你想查询的信息，立马就会跳转到你想查询的页面上。此外，还增加了CD刻录功能，删除了录音功能，取消了皮肤支持，软件界面改成了统一的拉丝金属风格的外框，看起来非常时尚、独特。不久，苹果终于成功开发出了自己的音乐管理软件iTunes。

2001年1月9日举行的苹果世界展示会对苹果公司的发展来说具有转折性的意义。在这次大会上，乔布斯隆重推出了"数字化中枢"的概念。之前，对于苹果来说，经营电脑是主业，乔布斯推出这个概念其实表明了苹果的一种变化，即苹果公司将会把产品从个人计算机领域扩展到其他数字领域，比如音乐领域和数码摄影领域。乔布斯在大会上发布了 iTunes。他宣布，所有苹果机用户都可以免费使用该软件。这款软件的推出，也意味苹果在乔布斯的带领下涉足音乐领域。

在大会上，乔布斯在屏幕上不断地展示着 iTunes 的优异性能，他告诉台下满怀激情的观众："我们竭尽所能地让这个软件使用起来更简单，而且以后还会继续这种改进。iTunes 的功能远超任何一台自动唱片点唱机，它简便的使用方法和强大的功能一定能够带领更多的音乐爱好者走进数字化变革的新时代中。"在演讲的最后，乔布斯用充满煽动性的话语大声呼吁："和 iTunes 一起加入音乐革命吧，它可以把你的音乐设备的价值增加十倍！"掌声如雷鸣般响起，观众们又一次为乔布斯的神奇魅力折服。

紧接着，iTunes 的广告语也推出了："扒歌，混制，刻录"（RiP，Mix，Bum）"这个广告语还引发了乔布斯与迪士尼 CEO 迈克尔·艾斯纳的冲突。艾斯纳认为，这个广告有鼓励盗版之嫌疑，但这明显属于一种误读。乔布斯就像一头雄狮，愤怒地向艾斯纳展开反击，中止了皮克斯与迪士尼的合作。

这个小插曲并不影响 iTunes 成为全球最受欢迎的音乐管理软件，它优秀的性能令很多同类产品望尘莫及。所有苹果用户在使用 iTunes 时，可以轻易地将 CD 盘上的音轨复制到自己的电脑上，然后可以根据自己的喜好随便选择播放任何一首作品。用户也可以根据需要从互联网上下载 MP3 音乐。此外，广大的音乐爱好者也可以通过 iTunes 音乐商店下载自己喜欢的音乐到 MP3 播放器里。由于 iTunes 音乐商店存放了海量歌曲，所以能够满足任何一位音乐发烧友的需求。

乔布斯终于凭借着 iTunes 在线音乐带领苹果走入了音乐变革的时代。但这只是踏入该领域的第一步，接下来，乔布斯就要发挥他的创意，推出数字音乐领域的一件神器——白色音乐魔盒 iPod。

能装 1000 首歌的小东西

"iPod 的广告创意无与伦比，当我听到有人质疑'这样的一则广告如何能够起到真正的宣传效果，卖出 iPod'时，我就决定站出来，发挥苹果 CEO 的作用，促成这个创意！"

——乔布斯

2000 年，尽管业内很多人都认为数字播放器的发展前景并不乐观，但乔布斯却看到了这场音乐领域变革的可能性。在 iTunes 引爆音乐领域之后，乔布斯就在考虑设计一个和 iTunes 配套的设备，让收听音乐变得简单。乔布斯坚信，人们一定会爱上这种便携式数字音乐播放器。

但是，苹果公司该从何处着手呢？乔布斯也没有一个清晰的思路。巧的是，有一天，一位在高科技领域做巡回咨询的咨询师来到了苹果公司，他向苹果公司展示了一款还处于研发阶段的"手拿"式播放器。这绝对是一块尚未雕琢的宝玉，可惜的是，当时很多人都没有看到他的价值，乔布斯当然不是这样的人。他一眼就看出了其存在的价值，更认识到它对苹果公司未来的重要性。

乔布斯将这个项目交给了苹果公司的硬件部门最高主管乔纳森·鲁宾斯坦，他是一位极其精明强干的负责人，是当初乔布斯从 NeXT 带过来的人才。鲁宾斯坦明白，这是一个他自己无法应付得了的产品研发项目。于是，他组建了一个 30 多人的研发团队，这当中包括托尼·法德尔、菲尔·席勒等人，都是后来声名显赫的苹果精英。乔布斯对这个项目非常热心，因为他喜欢音乐。他经常和鲁宾斯坦的团队们一起讨论新产品，他们比较了市场上充斥的音乐播放器，一致认为它们太差劲儿了，质量低劣，让用户厌烦。在研发的过程中，他们试用了 Rio 和其他音乐播放器，然后将它们丢在一边讨论这些产品究竟有多差劲。不断地比较，不断地改进，苹果新款的音乐播放器逐渐从理想变成了现实。

乔布斯既然肯定了想法，确定了目标，看见了苹果未来这款神器的光明前景，自然要全力配合。他甚至取消了苹果公司的一些与此并不相符的研发项目，大力支持新产品的研发生产。对于鲁宾斯坦等人来说，这并不是一件让大家高兴的事。虽说，乔布斯的重视能够协调各部门快速推进，争取在最短的时间里研发出产品，但是乔布斯经常性的指手画脚、各种苛刻的要求则让团队苦不堪言。为了按照乔布斯的想法设计出其心目中完美的产品，苹果的工程师们加班加点，常常熬夜到凌晨 1 点左右，每一个部件、每一个细节都必须不停地修改，直到完美得没有瑕疵。

鲁宾斯坦和法德尔在设计苹果公司的音乐播放器时，并没有孤立地自己蛮干，而是借助了外部的力量。当时，靠近圣克拉拉市有一家名叫Portal Player的公司，虽然从事商业生产不足两年，但在音乐播放器的开发上却有其独到之处，不管是产品的硬件还是软件，设计都相当超前，性能也非常优秀。除此之外，该公司还得到了风险投资专家戈登·坎贝尔的支持。鲁宾斯坦看中Portal Player公司的能力，积极游说乔布斯同意与Portal Player公司进行合作。乔布斯考虑到那个时候的Portal Player公司已经被公认为业界的"领军先锋"，就同意了。

乔布斯虽然同意与Portal Player公司合作，但他却非常重视产品的知识产权。他向Portal Player公司提出了一个近似于苛刻的条约：Portal Player公司和苹果合作以后，产权完全归苹果所有，Portal Player公司不可以自行销售自己的音乐播放器。Portal Player公司对此表示难以接受，后来经过几轮谈判，双方达成了合约。合约大致内容基本上是按照乔布斯的要求签下的。

除此之外，苹果这款音乐播放器的很多配件也是从别的生产商那里采购而来的。比如说，微型硬盘驱动器，使用的就是日本东芝公司的标准硬件产品。东芝公司开发的这种微型硬盘，内存5G大小，可以存放1000首歌曲，正好成了苹果MP3播放器的关键零件。当时，东芝公司开发出这种产品后，并未看到这种产品的价值，幸运的是乔布斯看到了。他马上从东芝手中买下这种产品的版权，并将它安装在苹果最新型的音乐播放器上，最终成就了iPod的辉煌。

一切都在有条不紊地进行着，经过几个月的努力，新型音乐播放器的各大部件都成功地开发出来了：超大的微型硬盘（可以存放1000首歌）、火线（能在10分钟之内下载1000首歌）、电池（能够连续播放1000首歌）以及那可以操控1000首歌曲的界面和滚动式转盘——摆放在乔布斯面前。乔布斯心里莫名地激动，他知道苹果的这款产品多么酷，将会给消费者带来多大的震撼。关于这款音乐播放器的命名也很快定了下来。有一个广告人建议将它命名为"Pod"，乔布斯沿袭了iMac和iTunes的命名方式，在"Pod"前面加了一个"i"把它改为iPod。

iPod的外形设计自然毫无疑问地落在了设计师乔纳森·艾维身上。他原本是苹果Mac部门的主要负责人，现在也被拉到了新产品设计的战场上。他每天都在办公室里摆弄iPod的泡沫模型，反复对比，希望能够有新的灵感。

一天早上，艾维开车在上班的路上，突然一个想法在脑海里闪现出来。他赶紧打电话给自己的同事，告诉他们 iPod 的正面要用纯白色外壳，然后与背面光滑的不锈钢壳进行无缝连接。白色，是艾维和乔布斯都非常喜爱的颜色，他们认为，白色是纯净的颜色，安静、醒目、内敛、不张扬。在他们的要求下，iPod 不光是机身，耳机、连接线，甚至是电源适配器也都一律采用白色。很多人都认为耳机应该和其他耳机一样，使用黑色的。但是，乔布斯决定用白色，因为他觉得白色的耳机线能给产品增加纯度。

当这一切都准备就绪了，就轮到李·克劳出马了。作为乔布斯最信赖的合作伙伴，他必须为苹果新产品策划一个广告。李·克劳和他的团队们一致认为，iPod 的广告不应该落入俗套——单单做介绍产品功能的广告，而是应该凸显 iPod 的独特内涵和白色外壳。在克劳的团队里，有一个名叫詹姆斯·文森特的英国人，他曾经在一个乐队里担任乐手，还做过 DJ，最近刚刚加入 TBWA＼Chiat＼Day 广告公司。他也参与到苹果新广告的设计之中，他在音乐方面很有见地，这给了克劳很大的帮助。最终，他们在艺术总监苏珊·艾琳珊甘的协助下，设计出了一系列 iPod 的广告牌和海报，然后带着广告创意到乔布斯办公室供他审阅。

克劳提供给乔布斯的广告提案有两个，一左一右分两边摆放。放在右边的是苹果常用的传统方案：白色背景中一张 iPod 的特写照片；而位于左边的则是克劳最看好的，最有设计感，也最具创意的广告设计——一个人边听 iPod 边跳舞的剪影，白色的耳机线也随之舞动。文森特觉得，这幅海报生动地表达了人与音乐之间的联系，因此他建议大家统一战线，力挺这款广告。乔布斯进来后，看了几眼，就马上走到了最右边，看得出来，他更希望用右边的这幅广告。但是，文森特、米尔纳和克劳都没有附和他，乔布斯这才注意到左边那张。但他显然对左边那张符号化的图片没有好感，因为他觉得这张图片里面没有展示产品。文森特坚持使用这张图片，并附上一句广告词："把 1000 首歌装进口袋。"这样就会不言自明了。乔布斯又考虑了一会儿，最终同意了他们的想法。只不过，很快，乔布斯就将这个广告创意据为己有了。他声称自己要推出更多符号化的广告，所以才有此创意。后来，乔布斯回忆此事时，说道："iPod 的广告创意无与伦比，当我听到有人质疑'这样的一则广告如何能够起到真正的宣传效果，卖出 iPod'时，我就决定站出来，发挥苹果 CEO 的作用，促成这个创意！"

选定好舞者的剪影后，克劳等人需要为背景音乐而费心劳神了。每一周苹果的营销会议，他们都会播放一些很前卫的歌曲，供乔布斯选择。乔布斯一如既往地挑剔，对很多精选歌曲都不满意。文森特会尽量去说服他。乔布斯有时候会坚持己见，有时候也会妥协，听从文森特的建议。乔布斯对于 iPod 广告的投入可以说是惊人的，是其他公司的广告投入的数百倍之多。这是因为他认识到，iPod 还有一个优势，就是苹果品牌是一个可以把计算机、软件和设备整合起来的系统。这就意味着能够通过宣传 iPod 来销售更多的苹果计算机，让一个广告获得双倍的成效。

无可挑剔的完美艺术品

"这是一件非常美妙的事情。我们正是以自己这种微小的方式努力让世界变得更加美好。"

——乔布斯

正所谓"天有不测风云"，就在离 iPod 播放器的发布会仅有一个月的时候，美国发生了震惊世界的"9·11"事件。美国的一些电视台上反复播放着世界贸易中心双子大厦被摧毁的恐怖镜头。世界贸易中心是 20 世纪 70 年代初建起来的摩天大楼，是世界商业力量的会聚之地，来自世界各地的企业共计 1200 家之多。由于受到该事件的影响，全球许多股票市场随之出现动荡。道琼斯工业平均指数开盘第一天下跌 14.26%，旅游、保险、航空等股跌幅非常严重。美国经济本已放缓，如今更是几乎濒临瘫痪状态，这对一些产业造成了直接经济损失和影响。

美国经济萎靡，民众仍旧处于浑浑噩噩的状态之中，他们还没有从恐怖分子对他们本土袭击的惊恐状态中清醒过来。在这种情况下，苹果发布 iPod 能吸引多少人的目光值得怀疑。

到了 10 月份，距离 iPod 播放器的发布会越来越近的时候，在美国每天的商业新闻播报中，又播发了一则不好的消息：位于美国圣克拉拉市邻近苹果公司的芯片生产巨头英特尔公司最近宣布，它将关闭消费电子产品生产部门。英特尔公司拥有大量优秀的电子工程师和市场开发人员，但该公司负责人却认为，他们始终不能确定生产消费电子产品能给公司带来多大的利益，所以他们决定关闭消费电子产品生产部门，以节省开支。这个消息让苹果公司里很多参与这一项目研发的人更为郁闷。要知道，英特尔这个生产部门所研发的产品之一就是便携式 MP3 播放器。英特尔在业界享有盛誉，他们的放弃是不是意味着这一产业根本就是鸡肋，无关紧要？

乔布斯可不管这些，他只相信自己的直觉。他看好 MP3 播放器给音乐领域带来的巨大变革，更看好 iPod 的市场前景。所以，在这种极为不利的背景下，乔布斯依然决定按时举行 iPod 播放器的发布会。2001 年 10 月 23 日，乔布斯正式召开新闻发布会，隆重推出了 iPod。为了给 iPod 造势，乔布斯还邀请了众多硅谷大佬参加发布会。在给他们的邀请函上，乔布斯开玩笑般地写着："注意：这不是一台 Mac。"这场发布会像以往一样，吸引了众多消费者的关注，他们都想看看，在 iMac 之后，乔布斯又会推出什么令人惊艳的产品。乔布斯在大会上自豪地说："我们推出的这款数字化音乐播放器，将让你可以把 1000 首歌都装进口袋，随时欣赏。"

人们对于这款产品的胃口被乔布斯吊得足足的，他们迫切地想要看看到底是怎样的一款机器可以伟大到这个地步。终于到了揭晓产品的时刻，可是乔布斯没有像往常那样走向摆设产品的桌子，而是顽皮地笑说："哦，我口袋里刚好有一个。"于是，他从牛仔裤口袋中拿出了那个震惊世界的白色魔盒。"这就是苹果将要隆重推出的 iPod，不要觉得不可思议，这个里面装着 1000 首歌曲，但是它小巧到可以放进我的口袋。"说完，他又把 iPod 放回口袋了，欢呼声，鼓掌声不绝于耳。

随后，乔布斯大谈 iPod 的优点：它体积很小，但是有强大的内存，它的硬盘可以存储 1000 首歌曲。所以，客户可以将它放在口袋里去骑自行车、爬山、跑步……而且音乐的获取也是非常迅速。乔布斯举了一个例子：如果采用其他的播放器，要把整张 CD 的歌曲放进去，至少需要 5 分钟，而用 iPod 仅需要 10 秒钟。乔布斯还告诉大家，人们可以用 iPod 连续听 10 个小时的歌曲。

当有人问起 iPod 和 iTunes 之间的兼容性时，乔布斯说："它们是你中有我，我中有你的关系。"客户在使用 iPod 时会感到非常方便，因为它的软件和硬件的兼容度非常好，用户只要把 iPod 播放器和电脑连接就可以自动地从电脑上下载音乐文件，而音乐库也会自动加以更新。iPod 操作的便捷性是乔布斯向大家介绍的重点之一。在 iPod 诞生之前，市场上也存在几款 MP3 音乐播放器，但操作起来极为繁琐，这使得顾客在购买了播放器后，需要花很长的时间来阅读厚厚的产品使用说明书。而苹果的 iPod 没有这些问题，操作简单，一学就会。

正如乔布斯在演讲结束时说的那样："谁能说使用这样的播放器欣赏音乐不酷呢？"虽然 iPod 的神秘面纱刚刚被揭开，但这个带有精密转轮的白色魔盒立即凭借自身完美的设计、灵活的操作赢得了消费者的喜爱。对于广大消费者而言，iPod 无论是从其外观上还是功能上都是一款令人惊艳的神器。所有的竞争者在它的面前，都将黯然失色，不值一提。

就拿它的外观来说，机身是纯白色的，但又不是那种普通的白色，整个机身是那种光亮的、鲜明的、让人炫目的、能够吸引人眼球的白色。在白色的外壳上，还增加了一层透明的塑料。这种设计，为产品带来了纵深感，极具艺术气息。这些细节上的优势是 iPod 最终大获成功的原因。

在硬件设计上，iPod 在很多方面都贯彻着极简原则。譬如说，通常大多数的电子产品上都会有螺丝孔，但 iPod 没有，甚至连能够看见的螺丝也没有。再比如，大多数的科技产品在塑料或金属接口处有很大的缝隙，但 iPod 则完全没有缝隙，它的分界线是真正的线条而非缝隙。

除了设计方面的完美外，iPod 的功能也非常强大，堪称完美。它的播放器有 32MB 的内存，这要比掌上电脑 PDA 系列产品的存储量大得多。iPod 播放器内置了一个容量达 5GB 的硬盘，替代了其他产品广泛使用的闪存，强大的硬盘足以让 iPod 储存 1000 首歌曲。

乔布斯给 iPod 的定价为 399 美元，这个价格要比其他富有竞争性的同类产品的价格高出很多。一些业界的评论人士因此质疑 iPod 的销售前景，嘲讽 iPod 是短语 "Idiots Price Our Devices"（傻瓜定的产品价格）的缩写。乔布斯对此不加理会，坚持己见。刚开始时，iPod 播放器的销售量还是鼓舞人心的，但并没有取得很大的突破。这和乔布斯的预期是有一定的差距，于是和其他研发人员加紧研发新版本的 iPod 播放器，2002 年 3 月，苹果研发出了可以储存 2000 首歌曲的 iPod。紧接着，改变以往苹果产品与 Windows 不兼容的特性，研发出"大众"版本的 iPod 播放器，让 PC 用户也可以直接使用 iPod。iPod 终于成功打入了大众市场。

在这之后，苹果 iPod 播放器的销售量急剧增长。光是 2002 年的秋季，就销售出去 14 万台，在圣诞节期间又销售出去 20 万台。在随后的两年里，iPod 风靡全球，销量超过了 1000 万台。在 iPod 播放器的销售额远远超过了苹果公司主打产品麦金塔的销售量后，乔布斯对苹果公司的部门做一些适当的调整，将公司的重心转移到 iPod 播放器和其他音乐产品的研发和生产上。这个转变后来被证明是极为正确的。乔布斯或许也不会想到，他会在音乐产业领域闯出一片天。

其实，无论是早期的 Mac 也好，如今的 iPod 也好，乔布斯始终在坚持用技术实现改变世界的梦想。正如他所说："我们是非常幸运的一代人。因为在我们成长的年代，音乐是我们那一代人生活的一个重要部分。在当时这个电子时代的背景下，音乐真的得到了新生，技术将音乐重新带回到我们的生活之中。这是一件非常美妙的事情。我们正是以自己这种微小的方式努力让世界变得更加美好。"iPod 的横空出世，就如一道阳光，引导着乔布斯将梦想照进现实。

库比蒂诺会议

"如果没有了对知识产权的保护，那么很多创意公司就会消失，或者根本不会出现。其实说到底，道理很简单：偷窃是不道德的。这样做会伤害其他人，也有损自己的名誉。"

——乔布斯

苹果公司开发出的 iPod，很快成为一种潮流、时尚，越来越多的人选择使用 iPod 播放器收听音乐，而不是传统的录像带或者 CD 点唱机。这种火爆局面也让苹果从持续的低迷中走了出来，成为音乐行业的"领头羊"。但是，没过多长时间，苹果公司就遭遇了一个挑战。尽管 iPod、iTunes 软件和计算机之间的无缝连接能够让客户自由地管理音乐，可是更新 iPod 的音乐仍然是一个难题。客户在向 iPod 放入歌曲时，需要去外面购买 CD，或者从网上下载歌曲。而如果从网上下载歌曲，就意味着用户很可能要涉足文件分享和盗版服务的灰色地带。

盗版，是一种不道德的行为。因为任何一名创作者想要创造出一首作品就必须要付出心血、汗水甚至是眼泪。这种付出值得每个人尊敬，而盗版者却轻轻地用鼠标一点，就将他们的成果据为己有了。没有人愿意背负骂名，做一名"盗取者"，但是网络下载便捷且不需花费任何费用，让很多人抵挡不住诱惑，最终放弃传统方式，而选择采用盗版这种方式获取好听的音乐。乔布斯很重视版权，对于盗版不能容忍，所以他希望给客户提供一种简单合法的获取音乐途径。

音乐产业正因为盗版泛滥而深受其害。自从 Napster 软件爆红网络后，成千上万的网民利用该软件在互联网上分享、下载音乐，这给唱片产业造成了极大的伤害。虽然，唱片公司联手将 Napster 告上法庭并打赢了官司，但是网络盗版之风却并没有就此刹住，反而有愈演愈烈之势。随后，Grokster、Gnutella、Kazza 等软件大行其道，人们又可以从这些新渠道下载免费歌曲，这给唱片业带来极大的冲击。在这种情况之下，2002 年，正版 CD 的销量下降了 9%。

音乐公司的高层对这种现象极为忧心，认为如果不立即采取行动，打击盗版，制定保护数字音乐版权的通用标准，唱片业将会遭受毁灭性的打击。如同 1999 年对付 Napster 一样，华纳、索尼等几大唱片联合起来，协同制定规则，希望以此保护唱片公司利益。华纳音乐的保罗·维迪奇和同属 AOL 时代华纳集团的比尔·拉杜切尔，以及索尼音乐公司的安迪·拉克经过讨论，决定也把苹果公司拉进来。原因是苹果推出的 iPod 改变了人们收听音乐的方式，间接鼓励了网络盗版。事实上，很多人在买了 iPod 后，的确是选择了网络下载的方式来获取歌曲。

于是，一行人在 2002 年 1 月飞到库比蒂诺去见乔布斯。会议进行得并不顺利，这其实是可以预知的事情。当时，苹果的 iPod 卖得正热，苹果公司也因此而攀上又一高峰，如果制定更为严格的版权保护准则，客户不能够像以前那样轻易地从网上下载音乐，他们是否会继续购买 iPod，其实是一件存疑的事情。好在乔布斯非常自信，他相信苹果的产品是最好的，就算少了从网上下载音乐的渠道，iPod 的客户也会按照正常的渠道下载音乐，以体验 iPod 带来的非同一般的感受。放任盗版、免费音乐诚然能够卖掉更多的 iPod，但是版权显然更为重要。

会议在沉闷的氛围中进行。会议当天，保罗·维迪奇恰好感冒了，所以他就让自己的助理凯文·凯奇代替自己发言。凯奇利用幻灯片向乔布斯讲述了市场上盗版之风的猖獗，以及对唱片公司造成的危害。乔布斯心不在焉地听着凯奇的讲解，时不时地会在座位上扭动几下，显得极为不耐烦。果然，凯奇刚讲了 4 页幻灯片，乔布斯就打断他说："这是你们自己的问题，应该自己解决！"

会议室里一片安静，所有的目光都注视在维迪奇身上。他是唱片公司的首脑人物，也是这次会议的代表，众人都想知道他怎么说。"你说的没错。"维迪奇努力地清了清嗓子，停顿良久，他才接着说，"我们是应该自己解决问题，我们也想这样，但是我们需要你的指导，我们需要你告诉我们前进的方向。"

维迪奇的坦诚让乔布斯有点吃惊，他同意与华纳及索尼合作。但是，没过多久，索尼公司就退出了该计划，不再与苹果合作。作为唱片行业的佼佼者，索尼向来自恃甚高，对于乔布斯在合约中提出的咄咄逼人的条件，感到很不满意，决定靠自己的力量来解决版权的问题。

索尼公司的 CEO 出井伸之在接受《红绯鱼》杂志的编辑安东尼·帕金斯采访时说："你知道的，乔布斯做什么事情都有自己的打算。虽然他是一个天才，但是他不愿意和别人分享一切。大公司和他合作，简直就像是一场噩梦！"索尼公司北美区总裁霍华德·斯金格对乔布斯的评价更为糟糕，他认为乔布斯根本是一个无法合作的人，和乔布斯寻求合作简直就是在浪费时间。

后来，索尼和环球音乐集团合作，建立了一个叫作 Pressplay 的音乐商店。同时，美国在线时代华纳、贝塔斯曼及百代唱片（EMI）和里尔网络（RealNetworks）联手打造了 MusicNet 网站，一样提供在线音乐服务。但是，这两家音乐商店都失败了，上线一年多的时间用户总数仅为 22 万人。其失利的原因并非是消费者不愿意在网络上购买正版音乐，而是因为这两个平台都不把自己的歌曲授权给对方，仅仅提供订阅服务，不提供下载，一旦订阅期限过了，就无法再访问，除非你继续付费。这样做或许可以保护 CD 的销售量，但却伤害了消费者的利益，他们可没有意愿每月都付上一笔钱去订阅一首随时可能消失的音乐。此外，其笨拙的界面也让人完全提不起兴趣。在这一年，美国著名的《计算机世界》杂志评选出来的"历史上最差的 25 款科技产品"中，这两款产品"光荣"入榜，并列第九名。杂志上还写了这么一段评语："这些产品惊人的愚蠢功能说明唱片公司仍然没有理解用户需求。"

乔布斯对于索尼的这种举动，感到气愤不已。虽然放任盗版意味着能够卖出更多的 iPod，但乔布斯一贯反对盗版行为，反对这种把别人的创意据为己有的想法。后来，他回忆此事时说："从苹果公司创立之初，我就意识到，苹果的成功来自知识产权。如果人们可以任意盗用软件，我们早就破产了。如果知识产权不受到保护，我们也没有动力再去制作新软件或设计新产品了。如果没有对知识产权的保护，那么很多创意公司就会消失，或者根本不会出现。其实说到底，道理很简单：偷窃是不道德的。这样做会伤害其他人，也有损自己的名誉。"

于是，乔布斯决定自己创立"iTunes 音乐商店"，提供一个比索尼、华纳更好的选择。2003 年 4 月，苹果 iTunes 音乐商店正式上线。所有的 iTunes 用户可以直接在网上商店购买歌曲。每首歌曲价格是 99 美分。客户只需要支付 99 美分，就能够完全拥有这首歌曲，把它放进自己心爱的 iPod 里。苹果的音乐商店大获成功，不到三年，iTunes 音乐商店就有了 200 多万首正版音乐，而下载量更是惊人，不断地刷新纪录，截止到 2010 年 2 月，iTunes 音乐的下载量就达到了惊人的 100 亿次。iTunes 音乐商店的问世，不但直接带动了苹果 iPod 的销量，也为唱片公司开辟了全新的销售渠道。欧美主流的唱片公司都把 iTunes 音乐商店作为新专辑发布的第一选择，从中获取版权受益，而传统的 CD 唱片则渐渐淡出人们的视线。

iTunes双赢模式

我们设计 iPod 是为了自己和家人，而他们则不是。热爱这件事，让我们乐于比别人多走一步，从而研发出更棒的产品。"

——乔布斯

苹果的 iTunes 音乐商店推出后，大受好评，音乐库的歌曲销售量也节节攀升，创造了业界销售的奇迹。但是，iTunes 音乐商店并不赚钱。用户在 iTunes 音乐商店每下载一首歌曲，苹果只赚 1 美分，苹果公司的副总裁席勒曾经说："iPod 赚钱，而 iTunes 音乐商店不赚钱。"乔布斯开设 iTunes 音乐商店，原本也没打算以此获利，真实的动机其实是为了销售更多的 iPod。事实上，音乐商店的确带动了 iPod 的销售增长。2001 年，iPod 的销量仅为 10 万台，而到了 2002 年，iPod 的销量就飙升到 160 万台，增长率超过了 100%，此后 iPod 播放器开始席卷全球。

iTunes 音乐商店作为苹果销售 iPod 的管道，自发布伊始，就吸引了各方面的注意。微软公司向来把苹果视为最大的对手。微软公司负责 Windows 系统开发的主管吉姆·阿尔钦在看完苹果 iTunes 音乐商店的发布会后，给公司的 4 个同事发了一封简短的邮件。他在邮件里直言不讳地写道："我们被苹果打败了。我不知道他们是怎么把音乐公司给拉进来的？"

当天晚上，微软在线业务的负责人戴维·科尔给阿尔钦回复了一封邮件，内容是："我担心一切才刚刚开始，如果他们把 iTunes 引入 Windows 操作系统，那我们就真的玩完了。可是，聪明的乔布斯，怎么可能不进军 Windows 操作系统呢？"他认为，Windows 现在就必须开始仔细地思考这个问题，为微软在市场上反击苹果做出准备。他还分析了苹果提供的在线服务，补充说："从端到端的服务是我们一直在关注但是还没有做到的，苹果却已经做到了，它走在了我们前面。"

比尔·盖茨也在当天晚上 10 点左右发表了题目为《还是苹果的乔布斯》的评论。在评论中，盖茨的沮丧情绪表露无遗，他说："尽管不想说，但我不得不承认，乔布斯有种非同凡响的能力，他总能一眼看到最有价值的东西，比如图形用户界面技术以及苹果零售店策略等。"对于乔布斯能够说服索尼、华纳等唱片公司加入他的音乐商店，盖茨也觉得奇怪，他不明白为什么这些音乐公司会和乔布斯签订合同，达成合作。

iTunes 音乐商店推出的歌曲购买服务，也让盖茨颇为感慨：他不明白为什么其他公司能够想到的都是阅读订阅的方式，而苹果则别出心裁地想出了购买服务？唯一的解释，就是乔布斯太厉害了，他的前瞻性眼光是旁人远远无法企及的。苹果的进步，不断地缩短着与微软的距离，这让盖茨感到忧心忡忡。他私下里向身边的人吐露了自己的肺腑之言："既然乔布斯已经走出了一条通往成功的道路，那么我们就应该循着他的脚步，赶紧做出一些好东西来。我们需要立刻制订一些计划、措施证明自己。这样的话，即使我们这次被打得措手不及，至少下一次可以快速行动起来，积极应对。"多么沉重的打击，才会让与乔布斯并称为"电脑双雄"的盖茨发出这样无奈的感叹啊，这无异于承认微软被苹果打败了，微软将再次走上"抄袭"苹果之路。

在苹果内部，围绕着是否把 iTunes 软件和商店引入到 Windows 系统，乔布斯和苹果的高管们——鲁宾斯坦、法德尔、杰夫·罗宾等人展开了激烈的争论。鲁宾斯坦、法德尔等人强烈要求让 iPod 和 Windows 计算机兼容，这样能够将 iPod 打入微软市场，从而使 iPod 成为真正的大众产品。

但乔布斯坚决表示反对，甚至放出这样的狠话："只有我死了，Windows用户才能用 iPod。"尽管如此，苹果的高管们依旧没有放弃，继续劝说乔布斯。

这场拉锯战持续了几个月，最后乔布斯做了妥协。他同意让 iPod 和 Windows 计算机兼容，但前提是让他看到这当中的商业价值。这其实是很容易证明的。鲁宾斯坦等人请来了专家，分析了多种销售的情况，结果每一种都证明了苹果将会盈利。最终，乔布斯改变了心意，做了他此生最大，也最伟大的一次妥协。在一次会议上，他咆哮道："去他的！我真是受够了你们在我耳边啰啰唆唆个不停，你们随便吧！"没有比这更让人激动的了，鲁宾斯坦、法德尔等人个个笑逐颜开。

苹果 iPod 之所以畅销，关键在于苹果做到了 iPod 和 iTunes 的完美结合。用户在使用 iPod 时，也可以体验 iPod 和计算机上的 iTunes 软件的完全同步所带来的快感。如果苹果允许 iPod 和 Windows 计算机兼容，那么苹果是否也要为 Windows 用户开发一个新版本的 iTunes 音乐管理软件呢？乔布斯认为，硬件和软件应该一体化，苹果当然应该为对方开发出与之匹配的 iTunes 软件。但是，席勒表示反对。他觉得这样做太荒谬了，苹果公司又不是做 Windows 软件，为什么要专门为 Windows 制作软件？不过乔布斯坚持认为，既然苹果同意 iPod 和 Windows 计算机兼容，就应该做到完美。起初，席勒的意见占了上风。于是，苹果和一家制作播放器软件的公司合作，让他们开发出一款软件来实现 iPod 和 Windows 系统兼容。但是，这个软件做得实在太差了。乔布斯忍无可忍，决定由苹果来做。6 个月后，苹果终于写出了 Windows 版的 iTunes 软件。

乔布斯在开发出 Windows 版的 iTunes 软件后，和所有的音乐公司重新谈判。因为此前双方合约中明确规定，iTunes 软件仅仅是为苹果麦金塔用户服务。如今苹果进军微软，当然需要重新签约。索尼公司反对重新签订合约，但其他公司却对苹果这个改变非常欢迎，索尼最终也唯有屈服。

2003 年 10 月，乔布斯正式发布了 Windows 版本的 iTunes。在大会上，乔布斯对着欢呼雀跃的人群，还不忘贬低微软，他说："苹果为 Windows 研发的 iTunes 很可能是 Windows 配置的所有程序中最棒的！"他的这个说法，比尔·盖茨可能会抗议。但是，乔布斯从来就不是谦虚保守的人，他自视甚高，经常对其他公司的产品不屑一顾。一些明星也助阵了这次发布会。滚石主唱米克·贾格尔、饶舌歌手德瑞博士和 U2 乐队的主唱波诺分别通过视频连线表达了对苹果产品的祝福，他们都是苹果忠实的粉丝。波诺说："苹果的 iPod 和 iTunes，对于音乐人和音乐来说都是个很新潮的玩意儿。所以，我才会出现在这里拍苹果的马屁，要知道我可不是到处拍马屁的人。"

微软对苹果的做法多少不乐意了。iPod 和 iTunes 侵入微软的私人领地，这还是以前从来没有的事情。此前盖茨预测按照乔布斯一贯的作风，他是绝对不会让 iPod 和 Windows 兼容的，哪料到，乔布斯后来态度居然来了个 180 度大转弯，不但允许 iPod 和 Windows 兼容，甚至还专门开发出 Windows 版的 iTunes，进一步蚕食 Windows 市场。比尔·盖茨在接受《商业周刊》采访时醋意十足地说："苹果总是这样，他们妄图控制从硬件到软件的全部设备，当时在进军电脑市场时是这样，现在进军音乐界还是这样。他们总想完全控制客户体验，但我们微软不同，我们会为用户提供更多的选择。"

2006 年 10 月，微软终于正式向苹果宣战，推出了和苹果 iPod 外观类似的 Zune 播放器，试图以这款播放器抗衡苹果的 iPod。但是，iPod 早就已经巩固了数字音乐领域的王者地位。Zune 根本难以与 iPod 抗衡，销售惨淡，其年销售量还不如 iPod 的月销售量多，后来微软索性关闭了 Zune 生产线。多年后，在谈到微软 Zune 为什么会败给 iPod 时，乔布斯给出了如下的答案："随着生活阅历的增长，我越来越意识到了'动机'的重要性。Zune 之所以失败，是因为它只是微软报复苹果的工具，设计这款产品的人并不是真的热爱音乐和艺术。"我们设计 iPod 是为了自己和家人，而他们则不是。"

微软阻击 iPod

"他们没有任何创新，也没有赋予产品以文化。"

——乔布斯

iPod 风靡全球，带动了苹果电脑销售量的增长，很多业内人士也据此评价说："iPod 挽救了苹果。"这句话其实是有一定的道理的。2003 年 10 月，当乔布斯发布了 Windows 版本的 iTunes 之后，iPod 更为火爆，并迅速地切入了微软的 Windows 领地。很多微软用户在使用了 iPod 后，也逐渐迷上了苹果产品。微软公司原本对此并不理会，认为乔布斯在小众市场可以呼风唤雨，但是在大众市场里，仍然是由微软掌握着游戏规则。但是，事实显然并非如此。iPod 就好像带着某种魔力似的越来越受到欢迎，成为大众市场的潮流品，并且增长势头仍然迅猛。

苹果向来被视为微软最主要的竞争对手。iPod 的持续火爆，给微软带来了极大的冲击，很多微软用户先后倒向了苹果阵营。比尔·盖茨这下子可急了，希望能有其他的数码音乐播放器厂商崛起，从而可以遏制苹果 iPod 疯狂蔓延的势头。其实，在苹果成功推出 iPod 后，在音乐市场，挑战苹果的对手可谓前赴后继，一浪高过一浪。三星、戴尔、索尼、爱可视都先后向苹果 iPod 发动过轮番攻势，他们都希望能够在音乐市场分一杯羹，而不让苹果公司吃独食。

2003 年 10 月，三星公司与重出江湖的 Naspter 公司合作，联手发布了一款 MP3 播放器——Samsung Napster YP-910GS，以此来冲击完全由苹果 iPod 系列主宰的音乐市场。这款产品价格高达 400 美元，与 iPod 相仿，但是其样式呆板，操作繁琐，所以很快就被 iPod 斩落马下。

11 月，戴尔公司决定生产、销售自己的数码音乐随身听 Dell DJ。美国《财富》杂志对此并不看好，还不客气地评价说："Dell DJ 缺少苹果的创作理念与形象美感。"但是，戴尔的 CEO 迈克尔·戴尔却对这款产品很有信心。因为 Dell DJ 的容量和 iPod 相同，但价格比 iPod 低，电池寿命比 iPod 长，而且可以和 Windows 系统兼容。当年，戴尔正是通过这种低价促销的手段在个人计算机领域取得了极大的成功，他希望在音乐领域也能够击败 iPod 取得成功。戴尔公司的发言人意有所指地说："我们认为，广大的消费者定然会放弃华而不实的外表，而选择经久耐用的内在品质。一种产品的风格固然重要，但消费者更在意的是产品的功能和价值。"

与此同时，戴尔公司还推出了一项专门针对 iPod 用户的返还活动。任何 iPod 的用户只要将手中的 iPod 卖给戴尔公司，就能够额外获得 100 美元的抵用券（该抵用券只能在购买 Dell DJ 时使用）。

尽管如此，Dell DJ 的销售成绩却不能让戴尔满意。和 iPod 的风靡程度相比，戴尔的销售量根本不值一提。2006 年 8 月，戴尔公司悄然将 Dell DJ 的后续产品 DJ Ditty 音乐播放器撤下货架，宣布未来将停止 DJ Ditty 音乐播放器的销售活动。戴尔公司的发言人表示，戴尔公司未来将集中关注包括 PC、打印机以及平板电视在内的核心业务。苹果又赢得了这一回合的胜利。

到了 2004 年，索尼公司发布自己的数码播放器产品 SonyConnect。只可惜这件产品在苹果的升级版产品 iPod mini 面前毫无出彩之处，反响平平，没过多久索尼就关闭了这项服务。紧接着，爱可视、创新工场、Reigncom 等公司也持续向乔布斯的 iPod 发起挑战，但几乎都铩羽而归。

在这种情况下，一直退居幕后的微软也不得不跳到前台来，扛起阻击苹果 iPod 疯狂蔓延的盟主大旗。微软公司开始备战，高层人物公开宣称，微软是一家开放的公司，随时欢迎其他公司加入合作，而苹果则是一家完全封闭的公司，不接受任何的伙伴。比尔·盖茨也暗示乔布斯："我们要反击了，不要看不起我们。"这一系列的动作，被业内人士视为是微软给苹果下达的挑战书。

乔布斯留意着微软的一举一动，在得知微软将在 2006 年 9 月 15 日首次正式公布可携式媒体播放器细节后，决心打乱对手的节奏。于是，2006年 9 月 12 日，售价仅为 249 美元的 5.5 代 iPod Video 发布，事情的发展果然如乔布斯所料，三天后的发布会上，微软丝毫也没有提及可携式媒体播放器。

到了 11 月份，微软才终于推出了自己的可携式媒体播放器 Zune。盖茨亲自走上西雅图街头，向公众展示这款产品。与其他想要挑战 iPod 的公司一样，微软在硬件开发中也投入了巨大的精力，打算通过最先进的硬件设备打败 iPod。确实，Zune 在硬件设备上可以说胜过了 iPod。它采用了480×272 分辨率，宽高比为16：9的 OLED 功能，在续航方面 Zune 可以提供连续 8.5 小时的视频播放。支持微软的人为此欢欣鼓舞，他们相信 Zune 一定能够打败 iPod。

Zune 体系很像苹果的 iPod 加 iTunes 模式，这让很多人想到了 20 多年前微软 Windows 操作系统抄袭苹果麦金塔图形界面一事。美国《经济学人》杂志给出辛辣的点评，称其为"无耻的抄袭"。乔布斯也对微软的新产品不屑一顾："他们没有任何创新，也没有赋予产品以文化。"

但是，微软似乎铁定了心要和苹果一决高低。微软高层声称，"我们已经做好了充分的准备，甚至到不得已之时，我们不介意用钱打市场"。微软设备部门的总裁罗比·巴赫也认为，Zune 在短期内不可能收回成本，要取得成功可能需要 3 ~ 4 年，甚至更长的时间。微软 CEO 乔布斯·鲍尔默更是表现出和苹果产品势不两立的态度，他曾告诫过自己的孩子，不要使用谷歌搜索，不要使用苹果的 iPod 和 iPhone 等产品。2007 年 5 月，还设置过"iPod 垃圾桶"，号召员工抛弃 iPod 使用 Zune。

尽管微软倾尽全力推行新产品，意图挑战苹果的 iPod，但现实仍然极为残酷。在 Zune 发布最初的几个月内，Zune 的销量惨不忍睹。虽然一些忠实的微软用户都很捧场，但其销量根本不足以和苹果相提并论。截止到 2007 年 5 月，Zune 的总销量仅有 100 多万部。而苹果 iPod 系列却累计卖出了超过 1 亿部。微软娱乐和设备事业部总裁罗比·巴赫表示，Zune 的表现相当不错，尽管没有一鸣惊人，但在苹果的打压下，也没有抬不起头来，是一个良好的开端。

苹果面对着微软的紧逼，果断地采取了反击措施。他们不断推出 iPod 的升级产品，巩固市场，同时还陆续推出了一系列名为"购买苹果产品"的电视广告。其中一个广告很有意思，画面上是 Mac 和 PC 两人的对话场景。代表的 Mac 的形象光鲜亮丽、帅气、时尚，而代表 PC 的形象则扮相老气、穿着老土。广告虽然没有明言，但聪明的消费者每每看到这个广告时，内心不言自明。

也就是这一年，乔布斯和盖茨共同出席了一个公共论坛。虽然在生意场上斗得死去活来，但是在公开场合，两人一反往日对对方公司的抨击，尽量保持低调。

盖茨首先对苹果表示了恭维，声称苹果是一个值得尊敬的强大对手，它开辟了数字音乐市场，微软打算进入这个领域。

盖茨还开玩笑似的说："Zune 的研发人员喜欢苹果产品，因为它开辟了一个广阔的市场；苹果喜欢 Zune 的研发人员，因为他们购买了 iPod。"面对着盖茨释放的善意，乔布斯也刻意压低了炮口，不再继续炮轰或者挖苦微软了。当有人问到不久之前苹果拍摄的广告时，乔布斯回答说："'购买苹果产品'广告并没有想贬低任何人的意思，它是为那些彼此喜欢的人拍摄的。"

但下了台，双方仍然炮声隆隆，彼此攻击、嘲讽不断。2008 年初，罗比·巴赫在为新版本的 Zune 打气时宣称，新版 Zune 播放器功能超级强大，绝对可以代替 iPod，希望用户仔细考虑过后再选择。乔布斯一贯瞧不起微软的产品，认为苹果的产品是最完美的产品。听了巴赫这话，立即针锋相对地予以回应："请帮我确认一下，巴赫在说这些话的时候喝了多少酒？他见过自己周围的朋友使用 Zune 播放器吗?"

乔布斯这话虽然略显夸大，但也充分地说明了一个事实：微软的 Zune 远远没有苹果的 iPod 卖得好。事实上，也的确如此。2008 年 5 月，微软方面表示，Zune 的销量突破 200 万部，而苹果早已经在全球卖出了超过了 1 亿部。根据《华尔街日报》的报道，2008 年圣诞购物季期间，Zune 播放器的销售收入为 8500 万美元（2007 年同期则为 1.85 亿美元），而苹果 iPod 系列在 2008 年第四季度的销售收入则高达 33.7 亿美元，苹果 iPod 的销量是 Zune 的几十倍。

后来，微软又推出了几款 Zune 的升级版本，但销量都不太理想，与 iPod 的差距也是越来越大。在这种情况下，微软决定中止对 Zune 数据音乐播放器的开发。2011 年 3 月 15 日，微软正式宣布不再推出 Zune 的新版本，因为它不再流行。微软中止了开发 Zune 播放器，代表微软向苹果 iPod 发起的挑战失败。在这场为期四年的 iPod 阻击战中，微软最终以失败告终。

人之将死，是避免个人患得患失的最好方式

死神造访乔布斯

"我相信，8 月份的时候我就会跟你们中的一些人经常联系，9 月份的时候，就可以见到大家了。"

——乔布斯

乔布斯是一个以自我为中心的人，很少有人能够走进他的内心，但是日本禅师乙川弘文例外。

乔布斯自 1973 年从印度朝圣回来后，就开始在乙川弘文主持的位于洛斯阿尔托斯的禅宗中心修习，他从乙川弘文那里寻找着内心的平静。他们这种亦师亦友的关系一直维持了很多年。在被赶出苹果，创立 NeXT 公司的时候，乔布斯邀请乙川弘文担任公司的精神导师，1991 年结婚时，乔布斯让乙川弘文担任了主婚人。1997 年，犹豫着要不要重回苹果的乔布斯，也是在乙川弘文的鼓励和陪伴下度过了艰难的抉择期。

然而，就在苹果凭借 iMac 电脑和零售店模式横扫世界的时候，噩耗传来，2002 年 7 月 26 日，乙川弘文禅师在瑞士湖滨度假时，为救不慎落水的女儿溺水身亡。消息传来，乔布斯伤心欲绝。他在自己精神导师的葬礼上一遍遍地回忆着相处中的点点滴滴，泪如雨下。

在此后的一段时间里，乔布斯情绪一直都很消沉。然而，老天似乎一

点也不怜惜这个失去了精神导师的孩子，更大的打击接踵而来。

2003年10月的一天，忙里偷闲的乔布斯终于应自己泌尿科医生的要求来到了医院，进行肾脏和输尿管的CAT扫描。他上一次做这样的检查是在5年前，当时刚回归苹果的他，由于在苹果和皮克斯之间来回奔波，患上了肾结石和其他疾病。做完检查后，乔布斯放松下来，他向医生抱怨这样的检查是多么无聊而浪费时间："这个检查真是糟糕透顶！这简直就是在浪费我的时间，我本可以用这些时间做点更有意义的事的，你知道，我最近正和乔尼商讨着下一代的iPod应该是什么样子的……"如果是一般的医生可能早就把这样的病人赶出去了，但是这位医生没有。她早在5年前就见识了乔布斯是多么热爱自己的工作，他宁愿在疼得受不了的时候打一针哌替啶，也不愿意住院治疗。同时，她也很佩服乔布斯改变世界的勇气，所以她一边耐心地听乔布斯的唠叨，一边研究着扫描结果，她发现乔布斯的肾脏没有问题，但是胰脏上面却蒙着一层阴影。她打断乔布斯的话说："乔布斯，我认为你有必要做一个胰脏方面的检查。"被打断了畅想的乔布斯愣了一下："你说什么，医生？为什么我要做胰脏方面的检查，那又该浪费我宝贵的时间了。你知道我的时间是有限的，我不能都浪费在做这些无聊的检查上。""是的，乔布斯，我知道你很忙，但是我坚持认为有这个必要。"医生坚持着。察觉到医生急切的口吻，乔布斯脸色暗了一下，说："好吧，既然你坚持，那我就同意了。"

几天后，乔布斯一大早就来到了医院进行胰脏方面的检查。和几天前的轻松心情比起来，乔布斯明显有点阴郁，他隐隐地觉得不妙。做完检查后，他沉默地坐在医院一间办公室里，等待结果。隔壁不时传来医生们的讨论声，乔布斯觉得很烦躁。经过漫长的等待，医生们鱼贯进入了乔布斯所在的办公室，他们带来了一个坏消息：乔布斯的胰脏上有个肿瘤。甚至有位医生建议乔布斯尽快回家安排后事去，这让乔布斯愣在了原地：这怎么可能呢？我还有很多想法没有付诸实施，还有很多产品尚待完善，改变世界的梦想才刚刚起步，命运怎么能这么对待我呢？缓过神来的乔布斯听到了另外一个医生的建议：进行活组织切片检查，看肿瘤是良性的还是恶性的。乔布斯同意了。当晚，医生就利用内窥镜从乔布斯的胰脏上获取了一些肿瘤细胞，进行研究。结果出来后，医生们激动地哭了，因为乔布斯胰脏上的肿瘤细胞是很少见的品种，它生长速度比较慢，再加上发现得比较早，没有扩散，很容易成功治愈。医生们对于成功治愈乔布斯充满了信心。

但是，乔布斯接下来的举动却让人们大跌眼镜，他拒绝接受医生们的建议进行手术治疗，而那是当时最好的治疗方法。

没有了乙川弘文做自己的精神导师，乔布斯在面对这样的变故时，显得有点不知所措。他给自己在印度朝圣时结识的好朋友、流行病学家——拉里·布里连特打电话，希望他可以帮助自己疏导内心的苦闷。面对死亡威胁的乔布斯，再次考虑起了自13岁之后就再也没有想过的关于上帝的问题，他问："拉里，你还相信上帝吗？"布里连特觉得乔布斯怪怪的，不过他怪也不是一天两天了，所以仍然回答道："当然相信了！"然后，他们就讨论起了印度大师尼姆·卡罗里·巴巴阐述的通向上帝的几个方法，乔布斯对于这个话题显得兴致勃勃，这让布里连特再次产生了疑问，他问道："乔布斯，你还好吧？是不是发生了什么事？"乔布斯看了看布里连特，平静地说："拉里，我得了癌症。"

除了从布里连特那里寻找精神支柱外，乔布斯还将自己罹患癌症的消息告知了另外两个人，一个是基因泰克公司的首席执行官亚瑟·莱文森，另一个是英特尔公司的董事长安迪·格鲁夫。乔布斯挑选这两个人不是没有原因的。前者的公司正在研发对抗癌症的药物，后者则亲身成功对抗了前列腺癌。

莱文森后来曾这样回忆乔布斯打来电话的情形："当时，我既是基因泰克公司的首席执行官，又是苹果公司的董事会成员。电话响起的时候，我正在参加基因泰克公司的董事会议。我看了一眼来电显示，是乔布斯，心想，这家伙不会又有什么新点子了吧？于是，挂断了电话，一直等到会议休息的时间，才给他回了电话。我问道：'乔布斯怎么了？你又有什么奇思妙想了？'乔布斯在电话那端沉默了一会儿说：'亚瑟，我得癌症了。'我当时听后，第一反应是，算了吧，乔布斯怎么可能会得癌症呢？他每次吵人的时候都那么生机勃勃、精力充沛，大嗓门甚至整层楼都听得到，他怎么可能会得癌症呢？直到他再三保证这是事实的时候，我才意识到，这不是开玩笑，于是立刻驱车去了他们家，并在后来的一段时间里给他各种治疗上的建议。但是，其实，他并不是一个听话的病人。"

格鲁夫在接到乔布斯的电话后，也迅速赶到了他家，以自己的亲身经历和乔布斯进行了促膝长谈。

然而，正如莱文森所说，乔布斯真的不是一个听话的病人。家人和朋友都希望他接受手术治疗，而他则坚决反对。就像致力于掌控电脑从硬件到软件的各个方面那样，就像致力于打造从端到端的产业王国一样，乔布斯不能容忍别人把他完整的身体切开。他后来在回忆起自己的举动时，语气中不无遗憾，但是，这样的举动不是不可以理解的，毕竟那是一种充满了风险的尝试，更何况，乔布斯一直都活在自己构筑的现实扭曲力场之中。他认为，如果自己的意志力足够坚定，这些他不愿意面对的事情就会像从来没有发生过一样消失。为了让癌症凭空消失，乔布斯尝试了各种各样稀奇古怪的治疗方法。就像他认为坚持吃素食就不会有体味一样，他这次又认为只摄取新鲜的胡萝卜汁和果汁就可以赶走癌症。他还尝试了针刺疗法、草药疗法，以及从网上搜寻到的其他偏方，甚至最后连灵媒都用上了。当然，这些都没有让癌症消失。

在乔布斯固执己见的同时，家人和朋友们仍在竭力地说服他接受手术治疗。格鲁夫后来回忆说："乔布斯曾经妄图通过吃些乱七八糟的草药就治好癌症，我跟他说'乔布斯，你简直是疯了，我以一个过来人的身份告诉你，这些草药没用，一点用处都没有，你还是接受手术治疗吧'，但是他不为所动。"同样感到挫败的还有莱文森，关于该怎么治疗癌症的争论，甚至差点让这对老朋友闹崩。即使是四处宣扬替代疗法和营养疗法的饮食医生迪恩·奥尼什，有时也会加入到劝说乔布斯接受手术治疗的队伍中。最终，鲍威尔还发动了乔布斯的妹妹莫娜·辛普森来劝说乔布斯接受手术治疗。

这样的情形一直持续到了 9 个月后的 2004 年 7 月，这时，CAT 扫描结果显示肿瘤已经扩大并可能扩散，再也不能拖延下去了。无奈之下，乔布斯同意做手术。手术安排在了当月的最后一天，地点是美国斯坦福大学医学中心，这次手术切除了乔布斯的部分胰脏。

乔布斯对于苹果公司有多热爱从他术后的表现就可见一斑。他在刚做完手术后的第二天，就利用病房里的 Power Book 笔记本电脑给公司员工们发了一封安慰信，在信中，他告诉员工们，自己患的确实是胰腺癌，但是那种在胰腺癌中只占 1% 的可以治愈的类型，现在，自己的病已经通过手术治愈了，甚至连放疗和化疗都不需要，很快就会回到公司去。他在信中自信地写道："我相信，8 月份的时候我就会跟你们中的一些人经常联系，9 月份的时候，就可以见到大家了。"

尽管手术很成功，乔布斯自己也很乐观，但是，康复过程仍然是痛苦而漫长的。乔布斯后来这样回忆当初的情形："两周后，刚从医院回来时，我根本就没有力气走路，一直到一个星期之后，才能走到街上，然后我就开始强迫自己逐渐地走到更远的地方去。一直用了差不多 6 个月的时间，我的精力才完全恢复。"

乔布斯在康复过程中面临的最大问题来自饮食。鉴于切除部分胰脏影响了蛋白质的吸收，医生建议乔布斯多餐少食，多吃鱼类蛋白质以及全脂牛奶。然而，乔布斯却对这些建议置若罔闻，仍然坚持原来的饮食习惯。这让乔布斯的家人和朋友再次眉头紧皱，他们只得变着花样的做出各种可以激起乔布斯食欲的食物，以求他吃上两口。

尽管饮食确实是个问题，但和另一个问题比起来，简直是小巫见大巫，那就是癌细胞扩散了。这个问题早在医生们为乔布斯做手术的时候，就已经发现了。这让乔布斯在积极康复之余，却也始终笼罩在复发的阴影中。

就在这样的氛围中，2005 年 2 月 24 日，乔布斯迎来了自己的 50 岁生日。尽管才 50 岁，但乔布斯却经历了跌宕起伏的人生，他曾经一无所有，曾经名利双收，曾经是世界上最年轻的百万富翁，曾经处在破产边缘，曾经被背叛，也曾经那么接近死亡，这些经历，让乔布斯对于生命有了新的体悟，这体现在了他的 50 岁生日派对上。

和 30 岁及 40 岁生日派对邀请各界名流不同，这次的生日派对只邀请了乔布斯的至交好友和同事，比如拉塞特、库克、席勒、鲁宾斯坦等。鉴于乔布斯挑剔的饮食习惯，他们让著名大厨爱丽丝·沃特斯负责了当晚的饮食。那对于乔布斯来说是一个难忘的派对，朋友们温馨地围坐在一起，欢声笑语充溢着房子的每个角落。

到斯坦福大学演讲

"后来的事实证明，被苹果驱逐是我这一生经历的最有意义的一件事。"

——乔布斯

在 50 岁生日前夕，乔布斯收到了一份特别的生日礼物——来自世界杰出大学斯坦福的演讲邀请。斯坦福大学希望这位科技界的传奇人物，可以以自己的亲身经历为即将走出校门步入社会的学生们上一课，上课的时间定在了 2005 年 6 月 14 日的毕业典礼上。

乔布斯刚收到这份邀请的时候，惊愕不已，暗想："我？一个大学都没有毕业的人去给斯坦福大学的高才生做演讲？没有搞错吧？"然而，在惊愕过后，乔布斯很快决定接受这项象征着荣誉的邀请。其实，除了这是一项荣誉外，乔布斯接受这份邀请还有另外一个方面的考虑。刚刚经历过生死考验的他，清醒地意识到了生命是多么的脆弱，这让他有种强烈的欲望想要将自己从跌宕起伏的人生经历中悟出的"禅机"告诉给其他人，而斯坦福那些即将展开人生新篇章的学生无疑是最好的听众。

在还只有三台苹果二代的时候，乔布斯就敢站在首届西海岸电脑展览会的舞台上向人们鼓吹苹果公司将怎样改变世界；即使在被赶出苹果，新创立的 NeXT 和皮克斯都在赔钱的时候，他仍然可以镇定自若地告诉人们："我们领先了时代 5 年！"可以说，乔布斯早就通过一次次的产品发布会练就了独特的台风，甚至有很多人参加苹果的产品发布会就是为了聆听乔布斯充满了神奇魔力的演讲，然而，这样一位身经百战在演讲界首屈一指的人物，面对着斯坦福大学的演讲却紧张了起来。

他害怕自己写的演讲稿不好，所以就联系上了电影《好人寥寥》和《白宫风云》的编剧艾伦·索金，希望他可以代笔。索金爽快地答应了，乔布斯就将自己的一些想法整理了一下通过 e-Mail 发了过去。当时才刚 2 月，乔布斯认为时间还早，于是就安心地等待着索金的好消息。然而，两个月过去了，索金没有任何消息，这让乔布斯有点着急了，而且他又有了些新想法，于是他再次给索金发了封邮件，这次索金有了反应，他回复道："嗯，好的，我明白你的意思了。"为了确认索金是否真正明白了自己的意思，乔布斯专门打了电话过去，进行沟通，索金一再表示自己明白了之后，乔布斯才挂断电话。然后又是漫长的等待。他知道艺术家的创作需要时间，所以尽管焦急，但他没有催促索金。这样的等待一直持续到了 6 月初，索金仍然没有任何东西传来，这让乔布斯坐不住了。

求人不如求己，乔布斯决定亲自操刀撰写这次演讲稿，其实苹果公司之前的很多展示脚本都是他写的，他在这方面可谓经验丰富，只是这次过于紧张和重视了，所以才会有请别人代笔的想法。索金没有替乔布斯撰写演讲稿，对于乔布斯来说可能是一次遗憾，然而对于我们和斯坦福大学的学生来说，则是一种幸运，因为我们可以通过这则著名的演讲，更深入地了解乔布斯其人其志。

关于演讲，乔布斯曾经听到过这样一句话："演讲最好的开头是：我给你讲个故事吧！"乔布斯决定运用这样的开头。一天晚上，采用冥想姿势在地毯上坐了很久的乔布斯，拿起放在一边的纸和笔，就着右腿写下了这样的开头："斯坦福大学是世界上最好的大学之一，能够在这里参加你们的毕业典礼并演讲，我感到万分荣幸。你们都知道我是个大学肄业生，所以这可能是我毕生最接近大学的时刻。在这里，我无意向大家传授什么，而只是想跟大家分享三个我亲身经历的故事。"

没有华丽的辞藻，没有慷慨激昂的激情，有的只是一份推心置腹的真诚与激情岁月的积淀。在初稿完成后，乔布斯多次征求妻子的意见，字斟句酌，大有不达到多一字则繁、删一字则残的程度誓不罢休的架势，事实上他也确实做到了，一直到今天，他的这篇演讲仍然被誉为经典，供人们阅读膜拜。

终于，2005 年 6 月 14 日，这一天来临了。乔布斯拿着自己千锤百炼的演讲稿走上了演讲台。讲台下面黑压压的人群和一双双充满着好奇与敬佩的眼睛让他忽然想到自己和妻子也是这样认识的，不禁莞尔一笑。学生们对于乔布斯的上台报以雷鸣般的掌声，在这样的掌声中，乔布斯稍稍地平复了一下自己的心情，然后开始了这场注定为世人所铭记的演讲。

在演讲中，乔布斯讲到的第一个故事是关于自己退学的，他说："我曾经就读于里德学院，但是仅仅 6 个月后我就决定退学……退学让我得以选修自己喜欢的课程，跟着感觉走，跟着兴趣走，这让我获益匪浅。比如，我当时选修的美术字课程，就让苹果电脑上配置了漂亮的印刷字体……"

在演讲的过程中，紧张的乔布斯仍然会时不时地低头看一下讲稿，这更拉近了他与学生们的距离，原来，这样伟大的人物也只是个会紧张的普通人而已。

接着，乔布斯讲起了第二个故事，关于爱与失去。他谈到了自己被苹果抛弃的经历，说："30 岁的我，在众目睽睽之下被赶出了自己一手创办的苹果公司，这对我而言打击是毁灭性的。刚开始的时候，我确实非常茫然，不知道未来的路该怎么走……后来有一天，我想通了，我仍然热爱那些自己曾经为之奋斗的东西，于是，我决定重新开始。后来的事实证明，被苹果驱逐是我这一生最有意义的一件事。因为，在这之前，我总背负着成功的压力，而这之后，这些压力完全消失了，取而代之的是重新创业的轻松……"乔布斯淡淡地讲述着这段曾经让他痛苦和难堪的经历，好像在讲述别人的故事，在经历过风雨的洗礼之后，乔布斯终于放开了过去。

乔布斯的第三个故事是关于死亡的。在这群年轻的学生面前，乔布斯想起了自己的青年时期，想起了好朋友沃兹，想起了那段荒唐而不羁的岁月，他说："17岁的时候，我曾经读到过一句话：'把每一天都当作生命中的最后一天，总有一天你会发现自己是对的。'这句话成了我的座右铭，我每天早上起床后都会对着镜子中的自己问这句话，然后就知道自己应该怎么做，做什么了。"他还谈到了自己的病况："一年前，我被诊断出患了癌症……知道这个消息的当天我是抱着诊断书度过的……那是我离死亡最近的一次……记住自己很快就要死了，会让我忘记外界的期望，个人的骄傲，失败的困窘和恐惧，因为它们在死亡面前不值一提。记住自己即将死去，会让人留下真正重要的东西，避免担心会失去什么。已经一无所有，也就没有理由不追随内心了……记住，你的时间是非常有限的，所以不要浪费在重复他人的生活上，不要被教条束缚，不要失去思考的自由，不要被他人的喧嚣遮蔽了自己内心的声音，要勇敢地面对自己的直觉和思想，因为它最清楚你想成为什么样的人。"

在乔布斯演讲的过程中，尽管有架飞机，悬挂着"回收所有电子废物"的条幅不停地盘旋，但是学生们仍然为乔布斯的演讲所深深地吸引。乔布斯再次以大师级的风范征服了现场所有人。

最后，乔布斯以自己最喜欢的《全球概览》杂志的停刊语"求知若渴，虚怀若谷"结束了演讲。

对于许多人来说，历史上可能会有意义更加重大的演讲，但是再也没有哪个演讲可以比乔布斯的更有魅力了。

再造核心团队

"我认为蒂姆不适合搞产品。"

——乔布斯

乔布斯对于苹果有着深沉的爱，他在知道自己患有癌症后，宁愿尝试各种稀奇古怪的方法，也不愿意接受手术治疗，原因之一是因为他不想离开苹果，哪怕是一天，一星期。在被逼无奈接受手术的时候他仍然记挂着苹果，术后恢复是需要时间的，在自己不在的这段时间，苹果公司怎么办呢？于是，他开始在脑海中飞快地搜索着可以暂时代替自己行使公司管理权的人。

第一个进入乔布斯脑海的是他回归苹果后发现的天才设计师——乔纳森·艾维。他负责了苹果大部分产品的外观设计，也比任何人都理解苹果公司的核心理念，可是他似乎只对产品的设计感兴趣，而且也只擅长这个。他对于运营整个公司来说，能力稍显不足。

乔布斯想到的第二个人选是乔纳森·鲁宾斯坦。他曾是自己在 NeXT 时的老部下，可以说是自己的嫡系部队。他在苹果研发 iPod 的过程中立下了汗马功劳，而且也有运营公司的野心，可是乔布斯很快就否决了他。因为正如蒂姆·库克后来分析的那样："乔布斯喜欢强势的人，但他从未真正希望有人代替他的工作，分享他的舞台。"

接下来，阿维·特凡尼安等人也都被乔布斯一一否决。这时一个一直非常低调而优秀的人才进入了乔布斯的脑海中，他就是蒂姆·库克。库克无疑是低调的，尽管他曾经让苹果的库存期从漫长的 2 个月缩短到了 2 天，最短的时候甚至只有 15 个小时，但是他乐于做一位幕后的功臣，很少进入公众的视野，甚至刻意地收敛了自己的光芒，同时他又是一个优秀的管理运营人才，这些都符合了乔布斯的要求，于是一切顺理成章。

乔布斯在手术后第二天给员工的信中表示，在自己离开苹果的这段时间，将由库克负责公司的日常运营。

乔布斯的这一决定无疑是明智的。在乔布斯养病期间，库克将公司打理得非常好。尽管没有乔布斯那样强烈的个性，但是他冷静而果断，有效地整合公司内那些个性十足的员工，这让人们刮目相看。他从来都不在乎名利，他说："有些人不喜欢乔布斯占尽所有的风头，但是我对那些一点也不在乎，我巴不得自己的名字永远不出现在报纸上。"但是，事与愿违，现在他的名字却经常出现在报纸上，因为乔布斯辞世后，将接力棒交给了他。

乔布斯病假结束后，库克安静地重返了自己以前的工作岗位，依旧那么低调，也依旧那么冷静。作为乔布斯的同伴，他这样评价乔布斯那令人生畏的脾气："我也经常遭受乔布斯的炮轰，但是我认为那是他独特的表达激情的方式而已。我从来不觉得他是在针对我。"正是这份理解，维持他们之间长久的稳定关系。而乔布斯这样评价库克："如果有人说我是个谈判高手，那我希望他可以去看看蒂姆的谈判，因为他更大胆而冷静。"但是乔布斯接着说："但我认为蒂姆不适合搞产品。"

乔布斯做事从来都是没有轨迹可循的。就在他从斯坦福大学演讲完回来后的那个秋天，一天，正准备和库克飞往日本洽谈业务的他，突然扭头对库克说："我决定让你担任首席运营官。"库克看了看一脸平静的乔布斯，用他极富特色的镇静口音说："好的，我知道了。"

尽管两位当事人都异常平静，但是却在苹果公司引起了轩然大波，它间接地导致了苹果公司硬件部门负责人乔纳森·鲁宾斯坦的离去。

鲁宾斯坦自应乔布斯之邀进入苹果公司之后，在其复苏过程中发挥了重要作用，是拉动苹果前进的三驾马车之一，主要负责着硬件和工程部门。作为一名硬件工程师，他不允许产品的观赏性超越于功能性之上，而在苹果公司，与之相对的另外一种观念却广受欢迎，那就是追求产品的绝对完美，这种观念的代表人物就是拉动苹果前进的另外两驾马车之一——乔纳森·艾维。

鲁宾斯坦和艾维的矛盾由来已久。乔布斯刚回归苹果的时候，鲁宾斯坦负责整个硬件部门，当时艾维是鲁宾斯坦手下的一名员工。后来乔布斯慧眼识珠，认定艾维是世界级的设计大师后，开始让艾维越过鲁宾斯坦直接和自己联系，这让鲁宾斯坦心里有了小小的疙瘩。后来，两人一个负责设计外观，一个负责设计硬件，共同完成了风靡世界的 iPod 的研发，但是人们却将"iPod 之父"的美誉给了艾维，这让鲁宾斯坦心里窝火。

他们的争论几乎随处可见。有一次，苹果的 Power Mac G4 电脑上需要一个螺丝来固定提手。艾维从美学的角度出发，希望可以为螺丝进行抛光和塑性，但鲁宾斯坦认为，这样的费用太高了，而且会延误工期，于是否定了这个想法。艾维认为鲁宾斯坦的这种做法纯粹是消极怠工，于是越过他直接找到了乔布斯，寻求支持。毫无疑问，同样是完美主义者的乔布斯选择了支持艾维。面对这样的选择，乔布斯很多次都选择了支持艾维，这让鲁宾斯坦伤透了心。乔布斯选择库克担任公司的首席运营官，无疑斩断了鲁宾斯坦对于苹果的最后一丝留恋，他决定离开苹果公司。

至此，鲁宾斯坦已经跟着乔布斯打拼了 9 年，这是极度消耗体力和脑力的 9 年，鲁宾斯坦决定给自己放个长假，休息一下。他和妻子在墨西哥购买了一处房产，在那里度过了一段闲适的时光。后来，他加入奔迈公司，想要生产与 iPhone 竞争的产品，但以失败而告终。乔布斯对于鲁宾斯坦的这种做法非常不满，四处向人们抱怨，一直到奔迈公司的产品失败后，他才稍微平衡了一点。

在库克的任命发布之后离去的另外一位重要员工是阿维·特凡尼安。这位研发出 NEXT STEP 操作系统的伟大工程师，随着乔布斯来到苹果后，主要负责软件部门，和鲁宾斯坦组成了乔布斯的左膀右臂。鲁宾斯坦的离开，尽管让乔布斯很不舍，但还不至于难受，而特凡尼安的离开就让乔布斯很难过了。他这样评价特凡尼安："（特凡尼安）真的是个人才，他人很好，又很踏实。他的离开是苹果公司的一大损失。"和鲁宾斯坦不同的是，特凡尼安的离开和库克的任命没有任何关系，他只是觉得自己已经赚到足够多的钱了，要退休颐养天年去了。

两员大将的离开让乔布斯一下子有了手中无良将的感觉。于是，他开始重新打造管理团队，他让斯科特·福斯托负责 iPhone 软件的运营；让菲尔·席勒负责市场营销；让鲍勃·曼斯菲尔德负责 Mac 硬件的制作；让埃迪·库埃负责处理网络服务；让彼得·奥本海默担任首席财务官，再加上首席运营官蒂姆·库克和首席设计师乔纳森·艾维，乔布斯重新组建了一个以自己为核心的管理团队。

这个团队里充满争论，也充满了合作。每周一的上午，这个团队就会召开管理团队会议。通常，会议的第一项议程是库克做 10 分钟的图表展示，向大家介绍公司的运营状况。然后大家开始各抒己见，讨论各款产品的研发进程，市场反应和未来规划。乔布斯很喜欢团队成员之间的这种争论，也喜欢听到不同的意见，当然了，能不能接受就是另外一回事了。库克早早地就意识到了这一点，他说："你必须说出自己的意见，否则的话就会被乔布斯赶走。他经常会通过反对激发更多的讨论，从而得出更好的结果。如果你没有胆量反对他，那么就无法长时间地待在苹果公司。"

乔布斯以这个会议为载体，经常向人们灌输使命意识，他最经常的一句话就是："我们要改变世界。"正是这种强烈的使命感，让苹果公司的管理层和员工紧紧地团结在一起，避免了很多公司会出现的部门争斗，为苹果的长远健康发展奠定了基础。

坏脾气有所改观

"我就是这个样子，你不能要求我成为别人。"

——乔布斯

　　据说经常伴随着丈夫鼾声入眠的妻子，一旦没有了鼾声反倒会失眠。而苹果的员工们就像那个妻子一样，在没有乔布斯的日子里，觉得公司特别安静，甚至冷清。暂代乔布斯执掌公司帅印的库克确实做得很好，公司所有事情也都在按部就班地进行，但是人们总觉得少了些许激情和动力。每个想念乔布斯吼叫声的员工，都会在心里暗骂自己真是有受虐症倾向，但是仍然不可抑制地思念那个咆哮声响彻全楼的暴君乔布斯。

　　经过艰难的术后恢复，正如乔布斯在给员工的邮件中说的那样，8月份的时候他就开始和公司的某些人员联系了，而9月的时候就开始全面地参与到了苹果的运营中。在乔布斯休养期间，苹果公司的员工们普遍都在猜测，癌症的生死考验会不会磨去乔布斯性格中粗暴无礼的成分，让他变得谦逊有礼？然而，事实再次证明了一句话："江山易改，本性难移。"

　　乔布斯刚一回到苹果，就因一个小细节对着员工们大大地发了一通脾气，这让人们在他的训斥声中，轻轻地松了一口气："乔布斯还是乔布斯！"库克这样评价经历了生死大关脾气仍然那么火爆的乔布斯："他的归来是带有一个使命的。他在掌管一家大企业，很多人此时会故步自封，但是乔布斯没有，他仍会采取一些看似大胆的举动，我想乔布斯是唯一一个敢这样做的人。"

　　特凡尼安则认为病魔尽管没有让乔布斯完全改掉暴躁的脾气，但还是有了一点点的改变，他说："术后归来的乔布斯仍然一点耐心也没有。他在对别人不满的时候，仍然会大喊大叫，或者直接咒骂对方，但是他很少会直接彻底摧毁对方，而只是会刺激对方做得更好。当然，如果觉得某人确实非常差劲，乔布斯仍会毫不犹豫地彻底否定他，让他走人。这种戏码每过一段时间都会上演一次。"

　　乔布斯的归来对于苹果公司的人来说，除了风险，更多的是安心与动力，然而，对于其他公司的人来说就未必如此了。

有一次，艾维和乔布斯一起去一家全食超市吃沙冰。做沙冰的是一位年纪稍大的女人，速度比较慢，乔布斯就开始抱怨，这让那个女人一直都没有给他们好脸色。让人迷惑的是，前一分钟还在抱怨的乔布斯，后一分钟，又开始同情她，说："她可真可怜，这么大年纪了，还要做这么辛苦的工作。"他怜悯的语气好像从来没有说过前面那一段抱怨的话，这让艾维愕然不已。

乔布斯的挑剔让和他一起出差成了一件苦差事。艾维作为苹果的首席设计师，曾多次遭遇这样的苦差事。他曾回忆过这样一件事，有一次，和乔布斯一起出差去伦敦时，为了迎合其喜好，艾维特意挑选了一家环境优美、安谧的五星级精品酒店作为住所。结果，乔布斯刚进入房间一分钟，艾维的电话就响了，毫无疑问是乔布斯。"这哪里是什么房间啊，简直就是一坨狗屎！我讨厌它，我不要住在这里，我们走。"乔布斯的咆哮声从话筒那端像连珠炮似的传来。艾维早就习惯了这样的情况，于是，拿起行李就来到了前台。他听到乔布斯正在用自己的"狗屎或完美论"对服务员抱怨房间有多么糟糕，这让艾维有些不好意思。大多数情况下，当人们对某些东西不满的时候，只会暗暗地抱怨几句，不会直接说出来以免对方尴尬。而乔布斯则刚好相反，他会直截了当地当面表达出自己的看法，而毫不顾忌对方的感受。

艾维对于乔布斯这样的性格很矛盾，一方面，他认为这充分说明乔布斯是一个诚实的人，不屑于掩饰太平；另一方面，又认为这种性格会伤害别人，是不可取的。他说："他（乔布斯）本身是个敏感的人，但是他又会去伤害别人，这让我觉得迷惑不解。他在沮丧的时候会利用伤害别人的方法来缓解，尽管不经常这样，但却是让我不能接受。"

为了避免乔布斯的这种性格产生太大的副作用，苹果公司的管理层商定，每当乔布斯的这种负面情绪出现时，就让一个聪明的同事转移他的注意力。而苹果长期的合作伙伴李·克劳无疑是个高手，当乔布斯出现公开贬损别人的情况时，他会适时地站出来说："乔布斯，能和你单独谈谈吗？"此时，他们大多会到乔布斯的办公室里，或者是走出办公室沿着办公楼溜达一圈，在乔布斯的情绪平静后，再重新刚才的谈论。有时，对于朋友们的规劝，乔布斯也会诚挚地说："对不起，我错了，我知道了。"但是很快，他就又会故态复萌："我就是这个样子，你不能要求我成为别人。"是的，这就是真实的乔布斯，是不为谁改变的乔布斯。

尽管暴躁的脾气没有什么改观，但是在对待科技界另一位奇才比尔·盖茨的态度上，乔布斯确实成熟了。

2007 年，苹果公司发布了一个名为"Mac 对决 PC"的系列广告，该广告再次将 PC 的用户塑造成了呆板、无趣的人，而将苹果产品的用户塑造成了时尚、有思想、有创意的弄潮儿，这让苹果公司和微软的关系趋于紧张。10 年前，这对宿敌一度关系缓和，微软曾同意为麦金塔电脑开发优秀的软件，还注资苹果，将它拉出了破产的阴影，而苹果也同意了微软使用自己的图形用户界面技术。但后来微软曾试图复制苹果公司的数字中枢战略，而苹果也曾试图开发自己的浏览器，这让双方关系再次趋于紧张，但双方的尝试都以市场反应的平淡而告终，这让双方关系再次趋于缓和。

然而，这个系列的广告让双方关系再次趋于紧张。恰在此时，由《华尔街日报》举办的一年一度的科技界盛事数字大会（All Things Digital）开幕了。该报的专栏作家沃尔特·莫斯伯格和卡拉·斯威舍想以此为契机，对乔布斯和盖茨这对老对手和老朋友进行一次联合采访。莫斯伯格首先跟乔布斯沟通了想法，乔布斯表示，只要盖茨愿意他就没意见。莫斯伯格听闻后立刻开始跟盖茨联系，盖茨最终也同意了接受采访。然而，就在莫斯伯格以为万事大吉的时候，《新闻周刊》的一次采访却让他放下的心再次揪了起来。

在采访中，该周刊的记者斯蒂芬·列维问到了当时正播的火热的广告《Mac 对决 PC》，这让盖茨当场就大发雷霆，他说："我不明白为什么他们要通过贬低别人抬高自己呢？难道真实不是广告应该秉承的原则吗？就算他们真的很酷，那就可以不顾事实地任意撒谎吗？"在这样的情况下，列维又提了一个更为尖锐的问题："微软在今年年初的时候发布了历史上间隔时间最久的操作系统 Windows Vista，它是否抄袭了 Mac 的特性呢？"相较于刚才的激动，此时的盖茨已经逐渐平静了下来，对于这个尖锐的问题，他干脆连辩白都懒得说，而只是淡淡地道："如果你真的关注事实，可以自己去调查看看，到底是谁最早展示了这些东西。"他接着说："如果你非得说是史蒂夫·乔布斯创造了这个世界，我们都只是跟在他屁股后面模仿，那我也无话可说。"

乔布斯在看到这篇采访后，立刻打电话给莫斯伯格说，盖茨在《新闻周刊》上的谈话已经让联合采访没有任何意义了。莫斯伯格再三向乔布斯表示，自己策划的这次采访是一个亲切而友好的讨论，而非辩论会，乔布斯才勉强同意继续这次采访。但是，乔布斯从来都不是一个大度的人，在接受联合采访前，乔布斯曾单独接受了莫斯伯格的采访，他在采访中激烈地抨击了微软。当莫斯伯格提到苹果为 Windows 电脑研发的 iTunes 软件非常受欢迎时，乔布斯毫不客气地戏谑道："那是 Windows 电脑配置的所有软件中最好的。它就像是给身处地狱的人提供了一杯冰水。"这让莫斯伯格有些担心现场会失控。

在联合采访前几分钟，盖茨和乔布斯先后来到了嘉宾休息室。盖茨在到达休息室时，脸色有些难看，因为他已经从自己的助手那里听到了乔布斯的评论。乔布斯走进休息室后，看了看臭着一张脸的盖茨，什么话也没说，只是从冰桶里拿了一瓶水，然后坐了下来。沉默在两个人中间蔓延开来。最终盖茨横了一眼乔布斯，打破了这份压抑的沉默："我猜我就是那个身处地狱的人。"乔布斯愣了一下，露出小孩子奸计得逞时的顽皮笑容，同时把手中的冰水递向了盖茨。盖茨接过水，拧开喝了几口，脸色渐趋缓和。

采访开始后，也时常会有针锋相对的情况出现，但似乎那一瓶冰水真的将两人的矛盾冰冻了，他们都保持了相对的冷静，这让这次联合采访成了两人一生中为数不多的几次和平交锋，处处闪现着智慧的光芒。在采访中，一位名叫丽丝·拜尔的技术战略家问道："你们两人从对方身上学到了什么？"两人对视一眼，都给出了诚实的答案。盖茨说："好吧，我承认，我愿意用很多东西来交换乔布斯的品位。"现场发出了一片笑声，因为十年前，乔布斯曾经嘲讽盖茨没有品位。人们以为这会是新一轮交锋的开始，然而，盖茨接下来的解释，让人们逐渐意识到了他是认真的，而不是为了和乔布斯较劲，他说："不论是对于人还是产品，乔布斯天生就有一种直觉和品位，这是我不能理解，也不具备的。你们知道，他通常根据对人和产品的感觉做出决定，而这些决定通常都是对的，这让我很难理解。他有着奇特的做事方式，这很神奇，对于这些，我只能感叹一句'哇'。"

盖茨这样真诚的态度显然出乎乔布斯的意料，他盯着地板发了会儿呆，似乎在思索苹果与微软的恩恩怨怨，也似乎在思索盖茨刚才的溢美之词。接着，他说出了心里想对微软说的话，他首先指出了苹果和微软拥有两种不同的发展理念，苹果致力于打造从端到端的一体化产品，而微软则坚持开放化的道路，将自己研发的软件授权给其他硬件厂商使用。他认为，苹果用 iTunes 音乐商店和 iPod 的绑定表明，在音乐界从端到端的理念更好；而微软在个人市场的占有率则表明开放化的道路也很不错。至于在手机领域哪种方法更好，还有待验证。在最后，乔布斯还难得谦逊地指出，苹果公司在与其他公司的合作方面确实存在缺陷，这是因为自公司创立之初，不论是硬件还是软件，苹果都是在自给自足，他说："我认为，如果苹果再增加一点合作精神会更好。"

采访最终在一种和平而友好的氛围中结束，乔布斯和盖茨都没有料到，这成了两人生命中倒数第二次谈话，而最后一次的谈话时，两人的心境和身份都已经发生了彻底的改变。

做一个质量的标杆

辉煌之巅的忧虑

"我受够了跟摩托罗拉那样笨的公司合作，我们自己来。"

——乔布斯

古人云："生于忧患，死于安乐。"乔布斯始终保持着高度的忧患意识。iPod 自发布以来，在世界上迅速刮起了一股音乐旋风，街上随处都可以看到戴着白色耳机沉浸在音乐世界中的人，可以说 iPod 独占了音乐世界的半壁江山。

然而，即使已经拥有了这样畅销的产品，乔布斯却仍然不能安睡，他总隐隐地觉得自己遗漏了什么重要的信息，而这个信息是足以致命的。被乔布斯拉入苹果董事会的亚瑟·莱文森回忆当时的情形说："他总觉得有什么东西会让我们陷入困境。"

这时，好友埃德·赞德的一句话点醒了他。

赞德在 2004 年的时候，获得了一个新身份，摩托罗拉公司 CEO。然而，这个新官不是那么好当的，当时刚从互联网和电信业泡沫破裂中走出来的摩托罗拉，处境困难，股价暴跌，而此时同类其他公司的股票却暴涨，这让赞德眼红不已，因此，他急于研发出一款受市场欢迎的手机稳定军心，可是一直没有灵感。这时，得知好友履新的乔布斯打来了恭喜电话，并客套地说了一些以后双方要加强合作之类的话。说者无心，听者有意，赞德眼前一亮，是啊，乔布斯不正是一座取之不尽的灵感宝库吗，他推出的每款产品都那么受市场欢迎，如果能够和他合作一起生产手机，一定会大获成功。可是，赞德深知乔布斯个性固执，如果想要打动他，必须像他说服斯卡利的那句"你想卖一辈子糖水还是想改变世界"那样，直指人心，于是，他说道："当人们出门的时候，他会确认自己有没有带钥匙、钱包和手机，而不会确认自己有没有带 iPod。所以，乔布斯，我们一起制作一部手机吧。"

赞德的这句话如醍醐灌顶，一下子揭开了蒙在乔布斯眼前的细纱，他终于明白自己一直以来隐隐担忧的是什么了，那就是手机，尤其是具备音乐播放功能的手机，它会给 iPod 带来极大的冲击。尽管现在 iPod 仍然销售火爆，但以后情况堪忧。于是，乔布斯告诉赞德说："我考虑考虑吧。"

乔布斯让人做了一组市场调查，结果发现，2004 年全球手机销售量至少将在 2003 年 5.2 亿部的基础上增长 19%，达到 6.2 亿部，而且消费人群涵盖了从小学生到老年人的几乎所有年龄阶段，这个市场可比音乐市场大多了。

于是，他给赞德打电话说："让我们试试吧。"也许有人会问，乔布斯为什么不自己研发手机，而要和别人合作呢？他不是一直都标榜要坚持从端到端的一体化操作吗？其实，乔布斯不是不想，而是不能。所谓隔行如隔山，苹果公司从未涉及过手机领域，如果自己干的话，难免会遇到各种难题，还不如和真正的手机生产商合作研发，既积累经验，又省时省力。

2004 年 6 月初，双方达成初步协议：将苹果的畅销商品 iPod 整合到摩托罗拉手机中，摩托罗拉负责制造硬件，苹果负责研发音乐软件。7 月 26 日，双方联合召开新闻发布会，向外界宣布了这一消息，并宣称，这将让音乐爱好者可以将他们从 iTunes 上下载的歌曲，利用 USB 或者蓝牙传送到摩托罗拉下一代的"Always with you"系列手机上，苹果将为这款手机研发专门的 iTunes 播放软件，而摩托罗拉则会把这一软件作为手机的标准播放器。消息发布后，苹果的股价立刻上升，这更坚定了乔布斯进军手机界的信念。

然而，很多事情都是这样，以美好的宏愿开始，却以凄惨的结果结束。

在双方召开过新闻发布后没多久，摩托罗拉公司发布了 Razr 型号的手机，在市场上大获成功，这让赞德非常得意，因为是他发现了这款手机的价值，并力排众议将它推向了市场。乔布斯听到这个消息后也很高兴，因为他觉得如果双方的合作能够以这款手机为载体一定会取得不错的销售。可是，乔布斯的计划很快破产。赞德决定以另外一款型号为 E398 的手机为载体和苹果公司的 iPod 合作，这让乔布斯很不高兴。他觉得搭配那样的手机简直就是对 iPod 的侮辱，但是，人在屋檐下，不能不低头，乔布斯默默地接受了。除此之外，双方在合作方式上，也出现了激烈的争执。摩托罗拉希望苹果公司先研发出一个 iTunes 播放软件，然后他们再决定把它放在什么地方。而苹果公司则希望摩托罗拉可以提供完整的产品规划，从而决定研发什么样的 iTunes 播放器。这个争端一度让双方的合作陷入了僵局，此时，乔布斯又做出了让步，同意按照摩托罗拉的计划走。但是，为了避免这款音乐手机对 iPod 产生过多的冲击，苹果公司限制了 iTunes 的功能。

有人很迷惑，乔布斯此时怎么会像温顺的小绵羊一样，任人摆布呢？其实，想想乔布斯和摩托罗拉合作的初衷就会发现，这次合作的目的，乔布斯与其说是为了研发出一款功能强大的手机，不如说是为了积累手机生产的经验，为今后单独进军手机市场做准备，这样一来，乔布斯的这种妥协举动就不难理解了。

经过一年的磨合，2005 年 9 月 7 日，苹果和摩托罗拉联合推出的 Rokr E1 手机终于面世。在新闻发布会上，赞德毫不吝惜溢美之词，他说："这款手机是通信与音乐的最完美融合，我们彻底改变了手机的发展方向。"乔布斯也说道："为了让消费者享受到顶级的音乐，我们和摩托罗拉进行了紧密的合作，一起打造了这部领先潮流的手机，我们感到很兴奋。"为了增加这款手机的人气，他们甚至让巨星麦当娜通过视频电话出现在了发布会上。

但是，显而易见，乔布斯对于这款手机不是那么喜欢。就在这款手机发布 20 分钟后，苹果就发布了最新款的播放器——iPod nano，一时之间，iPod nano 的风头远远地盖住了 Rokr E1 手机。这让赞德非常生气，他在接受采访时毫不避讳地说："去他的 iPod nano！人们根本就不需要那么大的内存，谁会真的听 1000 首歌呢？人们需要的只是一个音乐播放器罢了。"

Rokr E1 失败的命运是注定的，它既没有摩托罗拉 Rokr 系列手机便携的超薄造型，也没有优美的外观，同时下载困难，还只能容纳约百首歌曲。所有这些让它在 2008 年福布斯网站举办的评选苹果十大失败产品中榜上有名。就在它发布的当年，就"荣登"了 11 月份的《连线》杂志封面，并"赢"得了这样一句充满嘲讽的话："你们说这玩意儿就是未来的手机?"

乔布斯尽管对这款手机没有抱什么希望，但是看到报道仍然很生气。他走到研发团队中间，将杂志狠狠地摔在桌面上说："我受够了跟摩托罗拉那样笨的公司合作，我们自己来。"

乔布斯这样说是有底气的。在此之前，乔布斯不敢涉足手机行业最大的原因是因为他不认识电信运营商，而此时，经过和摩托罗拉的合作，苹果公司已经和美国第二大无线运营商 Cingular 建立了紧密联系。

事情是这样的：在与摩托罗拉合作的过程中，苹果希望电信运营商参与到项目的测试中，于是，摩托罗拉就让美国第二大无线运营商 Cingular 参与了合作。刚开始的时候，苹果还通过摩托罗拉和 Cingular 公司联系，但渐渐地苹果开始越过摩托罗拉直接和 Cingular 公司接洽，而摩托罗拉则没有任何戒心。乔布斯当时就跟 Cingular 表示，苹果公司正在研发一种触控屏幕技术，如果应用在手机上的话，可以制造出世界上最先进的手机，Cingular 当时就表现得很有兴趣。当时，所有电信运营商都加入了激烈的语音通信价格战，Cingular 也不例外，它急于在语音服务之外找到更多的赢利点，如果能够用手机上网、下载音乐或影片，那赢利就轻而易举了，而乔布斯所说的触控屏幕技术无疑为这些提供了可能。于是，双方关系越来越紧密。

另外，乔布斯想要进入手机市场还有两个原因。据调查发现，2005年，全球手机销量超过 8.25 亿部，比 2004 年增长了 33%，比 2003 年增长了 58%，这充分说明了手机市场有巨大的潜力可挖。此外，乔布斯还发现，尽管人们普遍都离不开手机，但大家都对自己的手机有各种各样的不满，或者是操作太复杂，或者是设计太难看，这让乔布斯看到了商机。

苹果公司当时的律师乔治·莱利回忆说，有一天，他正在会议室里审核文件，乔布斯和他的研发团队走进来坐在一起讨论他们有多讨厌自己的手机。他们甚至拿起莱利的手机，边摆弄边说缺陷，最后得出的结论是"简直就是一坨狗屎"，这让莱利简直都有点不好意思拿回那坨狗屎了。莱利说："他们在讨论这个问题的时候，非常兴奋，眼睛里一个个地都放着光。他们讨论着自己想要什么样的手机，而这些后来都在 iPhone 上得到了实现。"正如乔布斯所说："为自己和亲人设计手机，这才是最好的动力。"

刚开始的时候，乔布斯将研发手机的重任交给了 Air Port 无线基站团队，因为他认为这是一款无线电产品。但是，很快他就改变想法，将这项重任交给了 iPod 的设计团队，因为他意识到，手机说到底还是一款消费类电子产品。

于是，一项新的传奇开始书写……

滚轮+多点触控

"这就是我们想要做的东西，让我们实现它吧。"

——乔布斯

在与 Cingular 交流的过程中，乔布斯曾声称，自己拥有一项触控屏幕技术，可以开创手机业的未来，而这项技术的诞生充满了戏剧色彩。

当时，乔布斯夫妇正在参加一位朋友丈夫的生日宴会。寿星公是微软的工程师，他在自己的 50 岁生日宴会上既邀请了乔布斯夫妇，也邀请了盖茨夫妇。乔布斯本来不愿去的，但是在妻子鲍威尔的说服下才不情愿地去了。

在宴会上，喝了不少酒的寿星公不停地向乔布斯炫耀说，微软正在研发一种平板电脑，还时不时地会涉及细节。这既惹恼了乔布斯，也惹恼了比尔·盖茨。盖茨后来回忆说："他掌握着我们公司的知识产权，这很危险。"而乔布斯则实在是受够了他那种自播自吹的行为，他后来回忆说："他（寿星公）不停地跟我说，微软将制造出多么了不起的平板电脑，将怎么改变世界，引领未来潮流，苹果应该采用他开发的微软系统。这让我不胜其烦。"就像盖茨后来在回忆当时情形时说的那样："那晚乔布斯对我还算友好，但对寿星却不怎么友好。"

受到刺激的乔布斯，第二天一到公司就告诉团队们说："伙计们，昨天晚上微软的一个家伙说他们正在研发一款带有手写笔的平板电脑，那可真够恶心的。现在让我们来告诉他们真正的平板电脑应该是什么样子吧。"

乔布斯设想的平板电脑应该是这样的：没有键盘，没有手写笔，只有一个光滑的屏幕，在这个屏幕上通过手指你可以同时进行多个输入，乔布斯还为这项技术起了一个名字："多点触控技术。"

任务下达后，苹果公司的研发团队开始了紧张的研发工作。6 个月后，一个粗糙的样机诞生了。乔布斯把样机交给了一位负责用户界面的设计师，让他进行美化，这位设计师开创性地增加了卷页功能，这让用户可以像翻书那样，通过轻扫屏幕，达到翻页的效果。乔布斯见到这项技术时，激动地说："我喜欢它。"

技术问题解决了，下面摆在乔布斯面前的就是生产出一种支持多点触动技术的触控板。这时候特拉华州一家小企业闯入了乔布斯的视野。这是一家名为 Finger Works 的小公司，公司创始人是美国特拉华大学的学者约翰·埃利亚斯和韦恩·韦斯特曼。当乔布斯将眼光投向这家公司的时候，它已经研发出了具有多点触控功能的平板电脑，并为这项将手指动作转化为有用功能的技术申请了专利。乔布斯发现这家企业后，很快就通过收购获得了该公司及其全部专利，这其中就包括触控缩放和滑动浏览两项专利，两位创始人也转为苹果公司员工，开始为苹果公司的发展出谋划策。

一切都准备好了，平板电脑似乎呼之欲出了，然而，苹果与摩托罗拉合作研发的 Rokr E1 的失败，让乔布斯将视线从平板电脑转向了手机，于是，手机成了苹果公司第一款采用多点触控技术的产品。正如乔布斯后来总结的那样："如果我们能把这项技术应用在手机上，那么也就可以应用在平板电脑上。"

有了想法之后，乔布斯将自己的团队召集到会议室，展示了一下多点触控技术，想看看大家的反应。iPod 的设计师法德尔在看过演示之后，不禁尖叫起来："哇，我想每个人都会喜欢这项技术的。"法德尔的反应让乔布斯坚定了制作一款采用多点触控技术的手机的想法。但是毕竟这是一项全新的技术，能否在手机设备上使用还是一个未知数，而且公司员工们很希望可以制造出一款使用转轮技术的手机，于是，乔布斯决定兵分两路，一组研发采用转轮技术的手机，另一组研发采用多点触控技术的手机。为了便于区分，这两组分别以 P1 和 P2 为代号，并决定在 6 个月后根据两组的进展情况确定去留。

6 个月后，P1 和 P2 的研发人员重新聚集在了会议室内，等待着乔布斯做出最后的决定。乔布斯首先询问了双方的进展情况。负责 P1 的法德尔表示，尽管他们一直都在研究转轮技术，但是仍然没有找到简单的拨号方法。他后来回忆说："使用转轮技术会让浏览通讯簿非常方便，但是想输入东西就会很麻烦。我试图说服自己人们只会给已经存储在通讯簿里的人联系，但是那是行不通的。"相比之下，P2 尽管也充满了风险，但是更充满着机遇。于是，乔布斯有了决定，他指着触摸屏说："这就是我们想要做的东西，让我们实现它吧。"这与其说是一次抉择，不如说是一次赌博，高风险却也高回报。

当然了，乔布斯最终决定研发的这款手机不仅采用了触摸屏，还融合了转轮技术，可以说是 P1 与 P2 的完美融合。苹果公司对于这款手机的研发可以说是投入了大量的人力物力，自 2005 年秋天开始，先后有 200 多名工程师效力于这个项目，项目的经费达到了惊人的 1.5 亿美元。同时这个项目的保密工作也达到了一定的程度，即使是这一项目不同部门之间也不能任意沟通，部分研究室还安装了摄像头进行监控。当时是苹果公司员工的伯特兰·居赫纳福说："苹果公司对于 iPhone 的保密简直到了最高级。人们都在不同的厂区工作，并且都和外界隔绝，只有被授予特权的人才有资格进入。"

在研发过程中，几位设计师借鉴当时最为流行的黑莓手机，想给手机配上键盘，这遭到了乔布斯的坚决反对，他说："键盘确实可以解决一部分问题，但是它会阻止我们创新的脚步。让我们试试吧，一定可以找到不用键盘的方法的。"正是这种对于传统解决问题方法的摒弃，让苹果公司研发出了 iPhone。在这部手机上，如果你想拨号，屏幕上就会显示数字键盘；如果你想写东西，就会出现打字键盘；当你想看视频的时候，这些键盘都会隐藏不见，总之，它的人性化设计可以满足你的各种需求。

为了让自己研发的第一款手机达到完美，乔布斯和他的团队对于手机的细节展开了全面的完善。乔布斯觉得开关按钮不够优雅，于是有了滑动开锁，人们可以通过屏幕上简单有趣的滑块，打开处于休眠中的机器；乔布斯担心人们在接打电话时，耳朵不小心的碰触会启动某些操作，于是研发了手机传感器；乔布斯担心设计不够美观，于是亲自监督所有图标都采用了圆角矩形……

为了方便用户使用，研发人员在 iPhone 上进行了多项创新。他们在手机屏幕上添加了一个大指示条，用户可以选择保持通话或者进行电话会议；研发出了一种可以简便地浏览电子邮件的方法；研发出了一种能够横向移动的图标，让用户可以根据需要启动不同的应用程序……

在积极研发多点触控技术的同时，乔布斯也积极与美国第二大运营商 Cingular 沟通合作事宜。

尽管早在苹果公司还在与摩托罗拉合作时，乔布斯已经向 Cingular 炫耀自己有触摸屏技术，而 Cingular 也表示很有兴趣，但毕竟没有见到真品。直到 2006 年，当外界都在猜测苹果正在研发自己的智能手机时，苹果公司才开始加紧与 Cingular 公司的沟通。

在与 Cingular 公司谈判的过程中，乔布斯再次利用自己的现实扭曲力场，为苹果争取到了很多权益。Cingular 公司作为美国第二大电信运营商，有自己的营销手段，也形成了自己的传统：每月都收取低廉的手机费，从而拴住客户。然而，在与苹果公司的合作过程中，乔布斯坚持推翻 Cingular 公司原来的运作模式，要求每月从 Cingular 公司手机用户账单中划走 10 美元归苹果公司所有，这是史无前例的。当然，作为交换，苹果开出了让 Cingular 公司独家运营 iPhone5 年的优厚条件。乔布斯一次次地给 Cingular 公司描绘恢宏的蓝图，让 Cingular 同意一些苛刻的条款，引导 Cingular 公司逐渐地将其品牌以及网络变成了单纯提供内容的渠道。后来《时代》周刊这样总结道："很多手机之所以会存在这样或那样的缺陷，很重要的一个原因就是电信运营商会给手机研发商提各种各样的苛刻条件，限制他们的行为，然而到了苹果公司这里，却变成了苹果公司给 Cingular 公司提各种苛刻的条件，最后苹果公司几乎达到了为所欲为的地步，想干什么就可以干什么。这让其他生产商羡慕不已，也纷纷提出这样的要求，然而却均未得逞。"

在谈判的过程中，Cingular 也多次询问自己是否做出了太多的让步，然而苹果许给他的未来太美好了，这让他们宁愿为了未来而舍弃现在。当然了，苹果要获得这些权益也不是那么容易的，在谈判的最后一段时间里，乔布斯压力非常大，很多苹果公司的员工都看到他在走廊里大声地背演讲稿。

经过一轮又一轮讨价还价，苹果和 Cingular 在 2006 年 7 月正式签订了合作协议。

对于这份协议，媒体这样评价："Cingular 公司简直就是把自己昂贵的网络变成了下水道。"由此看见，这桩买卖对于 Cingular 是多么不利，而对于苹果公司是多么有利。

在合约签订过程中，苹果公司再次展示出了在这场合作中的主动权。Cingular 公司的董事会希望乔布斯在签约的时候可以穿上西装以示尊重，然而签约现场，乔布斯仍然是黑色套头衫、蓝色牛仔裤，以及一双穿旧了的运动鞋，他说："我们苹果公司从来都不穿西装，甚至从来都没有西装。"这让 Cingular 的人员惊愕不已。

完美的材质与外观

"我知道大家在过去 9 个月为了这款设计可谓呕心沥血，殚精竭虑，有时甚至恨不得杀了自己。但是，我们必须改掉它。"

——乔布斯

乔布斯曾说："领导者和追随者的区别在于创新。"乔布斯身上强烈的创新精神，让他在研发产品的过程中总想着尝试新材料。

细心的人会发现，掀起颜色革命的 iMac 外壳是用塑料做成的；在行业中具有领先优势的 Power Book G3 便携式电脑弃用塑料外壳，尝试了光滑的钛板，两年后，又用铝制材料代替钛板；iPod nano 采用了阳极电镀铝……可以说，苹果每前进一步都伴随着对于不同材料的尝试。

乔布斯对于新材料的尝试是疯狂的。曾经，为了制作出符合要求的阳极电镀铝，他专门在中国兴建了一家工厂。当时是 2003 年，中国正值非典肆虐之时，很多人都选择了闭门不出，然而为了保证产品质量，乔布斯的得力助手艾维仍然亲自来到中国监督流程。艾维后来回忆说："在那样的环境下，我在工厂的宿舍里住了 3 个月，帮助他们改进流程。鲁宾斯坦和其他人都觉得我们疯了，但是我和乔布斯认为阳极电镀铝可以让产品变得完美，所以我们豁出去了。结果功夫不负有心人，成功了。"

阳极电镀铝的成功使用让乔布斯对于新材料的尝试更加狂热，现在苹果即将进军手机市场，作为第一部投放市场的手机，使用什么材质才能显得与众不同呢？乔布斯在办公室里苦苦思索着。一缕夕阳透过办公室巨大的玻璃窗暖暖地照在了办公桌上，乔布斯不禁抬头望向了那似血的残阳，忽然，一个念头蹦了出来：对，玻璃。我们可以用玻璃做巨大的玻璃窗，做美观的楼梯，为什么不能用它来做手机屏幕呢？玻璃可比塑料看上去优雅多了，也更有质感了。

只有想不到，没有做不到。乔布斯立刻就把自己的想法告诉了团队，并让他们开始寻找符合要求的玻璃。也许有人会说，一块玻璃而已，随便一个玻璃店里都有很多种，这有什么难找的啊？其实，乔布斯要找的不是一块普通的玻璃，而是一种既结实又耐划的玻璃。因为别忘了，这款手机要采用多点触控技术，手指和屏幕必然会经常接触，如果不耐划，屏幕很快就会变成大花脸，这是乔布斯绝对不能忍受的。

自2001年开始，苹果为了建造零售店，曾多次从亚洲的一家工厂里定制玻璃，于是，这次一提到玻璃，人们首先想到了这家工厂，并打算尽快赶到那里进行沟通。这时，乔布斯的朋友约翰·西利·布朗听说了苹果公司寻找特殊玻璃的事情，他给乔布斯建议道："我是康宁公司的董事会成员之一，我知道他们曾经生产过一种玻璃，可能符合你的要求。你可以和他们联系看看。"乔布斯按照布朗的建议给康宁公司打了个电话。电话打到了康宁公司的总机那里，乔布斯以自己惯有的态度说："我是史蒂夫·乔布斯，我要同温德尔·威克斯通话。"总机接线员觉得这位先生奇怪极了，怎么会打来总机找公司CEO呢，但还是把电话转给了威克斯的助理，助理告诉乔布斯，自己会把电话内容转告给威克斯的，乔布斯说："不，我不要你转达，你告诉他我是史蒂夫·乔布斯，让他接电话。"助理觉得这人脑子真是有问题，CEO怎么会随便地接你的电话呢，于是拒绝了他，并挂断了电话。这让乔布斯异常生气，他立刻打电话给布朗说，自己遇到了典型的东海岸那一套。

事情后面的发展非常具有戏剧性。得知此事的威克斯也打电话到了苹果公司的总机，要求与乔布斯通话，结果，总机连转接都没有，直接让他把自己的要求传真过来。尽管总机接线员是无心之举，但却不经意间为乔布斯出了气。

经过这番波折，乔布斯和威克斯终于取得联系，并相约在库比蒂诺商谈相关事宜。乔布斯向威克斯描述了自己对于玻璃的要求，威克斯说，康宁公司在20世纪60年代时生产过一种被称为"金刚玻璃"的产品，可能符合乔布斯的要求，但是因为没有市场，这种产品早就停产了。乔布斯对于这种玻璃是否符合自己的要求充满疑虑，于是开始解释玻璃的制作过程。这简直就是在关公面前耍大刀，于是，威克斯毫不客气地打断他说：

"你闭嘴，听我讲。"于是，威克斯开始讲解金刚玻璃的化学原理。这打消了乔布斯的疑虑，他希望康宁公司在 6 个月内生产出尽可能多的金刚玻璃。

这让威克斯大吃一惊，这样生意就算谈成了吗？就两个公司的 CEO 见见面，探讨一下玻璃的制作方法，生意就谈成了，这样太快了吧？不过，他很快镇定下来，告诉乔布斯说："尽管很高兴和苹果公司合作，但是我们已经很久不生产这种玻璃了，暂时恐怕没有这种能力。"乔布斯说："别担心，伙计，我相信你们一定可以的。"初次见识乔布斯现实扭曲力场的威克斯仍试图解释这一目标是不可能实现的，但是乔布斯仍坚持说："我相信你们一定可以的，动动脑子，一定行的。"在乔布斯现实扭曲力场的作用下，威克斯最后竟然真的相信自己可以制作出金刚玻璃了。尽管最后确实成功了，但他仍然不敢置信："乔布斯一再鼓励我'你一定可以'，我最后竟然真的做到了，太神奇了。"

为了履行与乔布斯的合约，威克斯将公司位于肯塔基州哈里斯堡一家原来生产液晶显示器的工厂全部用来生产金刚玻璃，并将公司最优秀的科学家和工程师都投入到了金刚玻璃的研发上，威克斯此后经常会感叹乔布斯神奇的魔力："他能让你做到平时做不到的事情。"

如果你现在有机会走进威克斯的办公室，会发现他的办公室里只放着一个纪念品，那是 iPhone 推出后，乔布斯发来的短信："如果没有你，我们做不到。"可能这对于威克斯来说，就是最大的赞美了吧。

与苹果的合作，让威克斯和乔纳森·艾维成了好朋友。威克斯这样评价艾维和乔布斯的不同："乔尼（乔纳森昵称）对于相似的玻璃有很高的辨识度，他仅凭感觉就能区分出不同的玻璃，这在我们公司也只有研究负责人才能做到。他会摆弄这些材料，认真地思考它的用途。而乔布斯更多的时候，只会表示出喜欢或讨厌。"艾维有时甚至会带领自己的团队来康宁公司一起制作玻璃。

威克斯说："乔布斯和苹果促使我们更优秀。"确实如此，如果没有苹果公司，或许康宁公司现在仍在生产着普通玻璃和液晶显示器，而不会成为特殊玻璃和陶瓷材料的全球领导厂商。

在苹果，员工们最怕听到的一个词是"重启"。它在苹果有着特殊的含义，指的是在某项产品的设计接近尾声时，突然需要重新开始。人们逐渐地忘记了是谁最早使用这个词，但是所有的人都记得谁创造了这个词，他就是乔布斯。

乔布斯有着苛刻的完美主义精神。在产品研发的过程中，只要出现一点儿的不足，他就会让团队重新来过，这样的情况曾发生在苹果零售店的布局中，也曾发生在《玩具总动员》的制作过程中，这次发生在了iPhone的研发过程中。

在iPhone的手机外壳方面，设计团队曾做出了数百个不同的模型，有的采用不同的材质，有的采用不同的搭配，有的方案之间差别很大，有的则差别很小。乔布斯从众多的模型中挑选了一个比较满意的，让团队开始改进。整个设计团队松了一口气，以为这一关终于过去了。然而，突然有一天，乔布斯一到公司就冲到艾维的办公室说："我昨天半夜惊醒，发现自己还是不喜欢这个外壳。这是自iMac后苹果推出的最重要的产品，我们不能搞砸。"艾维后来回忆起当时的感觉说："我觉得很尴尬，作为设计师，竟然需要乔布斯来发现这个问题。"

乔布斯和艾维开始审视这款设计存在的问题，金属外壳和屏幕并重，让它过于男性化了，不够柔美，同时太注重功能性了，不够性感。于是，乔布斯来到设计团队，看着忙碌的员工说："伙计们，我知道大家在过去9个月为了这款设计可谓呕心沥血，殚精竭虑，有时甚至恨不得杀了自己。但是，我们必须改掉它，这意味着你们在今后相当长一段时间里必须没日没夜没周末地工作。如果你们想的话，我现在就给你们几把枪毙了我们。"员工们没有毙掉乔布斯，而是选择了立刻投入到紧张的修改工作中，乔布斯后来回忆说："那是我一生中自认最值得骄傲的时刻之一。你知道，不是所有的员工都能像他们那样的。"

为了让手机更简洁，乔布斯坚持上面只能有一个按键。设计师们为此绞尽脑汁，多次冲到乔布斯的办公室说："乔布斯，仅有一个按钮是没有办法实现所有功能的。"但是，乔布斯充耳不闻："我相信你，一定可以的，去设计吧。"事实证明，乔布斯最擅长的事情就是让不可能变成可能，我们现在见到的iPhone上都只有一个按钮。不仅如此，后来的iPad上也只有一个按钮，这都要归功于乔布斯"以简为美"的理念。

经过紧张的修改，iPhone重新呈现在了众人面前：正面是整块的金刚玻璃，侧面是薄薄的不锈钢，两者紧密地结合在一起，所有的部件都为屏幕服务。这款设计亲切而优雅，功能性与艺术性并存，受到了乔布斯的肯定。外观的改动，就意味着内部电路板、电线和处理器的需要重新设计，不过，乔布斯毫不犹豫地决定了："我们就用这个设计。"参与整个设计过程的法德尔说："如果在其他公司，估计这款产品早就上市了，但是我们决定重新开始。这就是苹果与其他公司不一样的地方，我们不能容忍任何的不完美。"

一款产品真正的完美，在于贴心。有人会问苹果的粉丝："你为什么喜欢苹果的产品？"苹果的粉丝会告诉你："好用。"是的，苹果的产品好用，但这个好用是由无数的细节堆积起来的。据说，iPhone 的试用人员为了检验玻璃与不锈钢处的接缝是否会挂头发，曾一次次地拿着 iPhone 的样机在脸部摩擦。

有些爱好鼓捣东西的朋友，面对苹果的机器有时会忍不住地在心里咒骂："你为什么要把产品做的这么封闭呢？"是的，乔布斯从来都不想让除苹果维修人员之外的人打开产品，看到产品的内部，这并不是因为其产品的内部太杂乱，而是因为乔布斯认为自己的产品都是艺术品，是不容亵渎的。这种心理在 iPhone 上体现得最为明显。最初 iPhone 上使用的是普通的小螺丝，其他的修理人员也可以打开，这让乔布斯不爽。于是自iPhone4 开始，苹果产品上使用的螺丝都是特制的五角形防撬螺丝，除非利用苹果特制的工具，否则根本没法打开。

可能有人会问了："没有办法打开，那怎么更换电池呢？"答案是，iPhone 根本就不用更换电池。它优质的电池，让消费者可以持续 3G 通话 8 个小时，2G 通话 14 个小时，最高 40 个小时音乐播放，10 个小时影片播放。不用更换电池，也让 iPhone 比同类产品更薄，这也是苹果产品的特征之一——"薄，更薄。"正如当时蒂姆·库克所说："他（乔布斯）始终以薄为美，所以我们有最薄的笔记本电脑 Mac Book Air，最薄的智能手机 iPhone，最薄的平板电脑 iPad。我们以后还会更薄。"

iPhone发布

"我们重新发明了手机。"

——乔布斯

iPhone 对外公布的时间推迟到 2007 年 1 月。然而，就在 2006 年夏天，苹果却遭遇了一场信任危机。

当时"绿色和平"环保组织通过调查发布了一份 IT 公司"环保责任心排行榜"，苹果公司多项均排在了榜尾。为了证明榜单的权威性，该组织还在官网上发布了一封致苹果公司的公开信，信中写道："我们喜欢苹果公司，因为它制造了与众不同的电脑。但是，不容我们忽视的一个问题是，苹果公司所有的产品，如 Mac、iPod、iBook 等，都包含了化学原料，例如钛酸盐、铅、水银等。其他很多公司都在逐渐放弃使用这些原料，为什么呢？因为这些东西有毒，这些电子产品废弃后，就会被运到其他国家，那里的垃圾工人在拆卸、重装的过程中，就会中毒。为什么其他公司可以用环保型的材料代替有毒材料，而苹果公司却不能呢？苹果有毒……"

同时一封给乔布斯的请愿信也被放在了网上，这在消费者中间造成了极其恶劣的影响。苹果公司立刻采取行动，先在网站上为自己正名，又更换材料，消除不良影响，这件事才平息下去。

除此之外，iPhone 的研发也困难重重。尽管外观和技术支持问题已经解决，但是 iPhone 在测试过程中问题仍然层出不穷。2006 年秋天，乔布斯主持召开了一次由 12 位 iPhone 项目的核心高管参与的会议。在会议上，乔布斯拿着手中的 iPhone 测试机说："这个东西简直就不能被称为产品。它在通话过程中会突然中断，电池还没有充满会自动停止充电，有些程序遇到故障后就无法正常使用……"乔布斯花费了约半个小时的时间历数了这款机器目前还存在的问题。这次他没有大吼大叫，声音很低沉，这有点像暴风雨前的宁静，让与会的高管们心里七上八下的。后来有位与会人员说："我在苹果待了那么多年，第一次有了阴风阵阵的感觉。"最后，乔布斯再次督促大家必须立刻行动起来，尽快解决这些问题。

又是几个月的不眠不休，终于，2006 年 12 月中旬，解决了所有问题的 iPhone 被交到了乔布斯手中。他在尝试着进行了几项操作后，露出了笑脸。他带着这款手机来到了拉斯维加斯，向合作伙伴 Cingular 电信公司的总裁斯坦·西格曼进行了展示。西格曼看后，不禁感叹道："哇，它是我见过的最完美的手机。"西格曼的感叹让乔布斯吃了定心丸。

2007 年 1 月 7 日，星期二，乔布斯终于迎来了他生命中最重要的时刻之一——iPhone 的发布会。

在会议现场，人们见到了已经从苹果消失了很久的安迪·赫茨菲尔德、比尔·阿特金森、乔布斯·沃兹尼亚克，以及 1984 年打造麦金塔电脑的部分海盗成员，无疑这是乔布斯的刻意安排，他想要让这些朋友们再次见证苹果的辉煌。

发布会在乔布斯的主持下正式开始。当身着黑色高领套头衫、蓝色牛仔裤、白色运动鞋的他走上舞台时，来宾们报以热烈的掌声，乔布斯的声音略显激动，他说："这一天，我足足等了两年半，这一天终于来了。每隔一段时间，世界就会因为某些东西的诞生而发生改变。比如，1984 年苹果发布的麦金塔电脑改变了计算机产业；2001 年苹果发布的 iPod 改变了整个音乐产业；今天我们将同时发布三件这一份量的产品，第一件是触摸式宽屏的 iPod，第二件是一款具有革命意义的手机，第三件是一款史无前例的互联网通信工具，但是，我要告诉大家的是，这不是三件产品，而是一件产品，我们称它为'iPhone'。今天，苹果重新发明了手机。"

台下的人们完全沉浸在乔布斯的演讲中，他的每一个动作、每一个眼神、每一句话都吸引着人们细细的品位。这对于苹果爱好者来说已经不仅仅是一场新闻发布会，而是一场乔布斯的个人秀，他独特的魅力，让每个人都深陷其中不能自拔。

有人曾这样总结乔布斯独特的演讲技巧：一，注重目光的交流，乔布斯通常都做非常充分的演讲准备，这样，在演讲的时候就可以脱稿进行，同时加强与台下观众的目光交流，及时得到反馈信息；二，开放的姿势，乔布斯在演讲的时候，通常会避免双臂抱在胸前或把手背在后面，而是会采用一种开放式姿势；三，用手势进行强调，乔布斯在演讲的时候经常是手舞足蹈的，但这些手势绝不是杂乱无章的，而是清晰而明确的，他会通过手势加强自己语言的感染力。此外，语音、语调、语速等乔布斯都会做精心的设计和安排，如此，也难怪他的演讲就像一场明星表演了。

如果说产品发布会是一场乔布斯的个人秀，那么这个秀的压轴好戏一定是对于产品的展示。在 iPhone 的发布会上，这样的展示开始于上午的 9 点 40 分，也就是发布会开始后的第 40 分钟。细心的人会发现，苹果公司的很多新产品都发布于发布会开始后的约第 40 分钟，这无疑也是乔布斯刻意的安排，他认为此时人们的胃口被调得最高，对于产品的期待度最高，因此最易成功。

乔布斯拿出 iPhone 开始演示。他熟练地用手指点开音乐图标，通过滑动浏览起了目录，然后他选择了披头士的歌曲，音乐声开始在发布会上飘荡。乔布斯像个爱耍宝的小孩子一样，将手机稍微倾斜了一下，神奇的事情发生了，手机上的图片自动从竖版变成了横版，这让现场人们惊奇不已。这是 iPhone 的另外一项创举——重力感应技术。乔布斯利用手指的收拢和扩开展示了如何缩小或扩大图片，还展示了任意收听留言功能，这让人们可以根据需要自主选择先收听谁的留言……人们发现，苹果展示的创新都是很细小的，但是却很贴心，让人难以抵抗。正如一位在现场的人员说的那样："这些细节看似理所当然，却很少有人想到。"

　　和精心设计发布会的每个场景一样，乔布斯也精心地安排着媒体的采访。他对于每家媒体都精挑细选，他不打算让《时代》杂志参与这次报道，于是给时代集团总编约翰·休伊打电话说："这是我们做过的最好的产品，我可不想搞砸了。但是你们的记者似乎都不够聪明，不配写这个稿子，所以我打算别人。"休伊说："乔布斯，别这样，我这次一定给你找个聪明人，保证写出的稿子让你满意。"乔布斯这才同意《时代》参与报道。休伊口中的这个聪明人是列夫·格罗斯曼，他是一位悟性极高而精通文字的作家。最后，他的报道是这样的："苹果发布的这款名为'iPhone'的手机没有发明很多新东西，而只是让手机的很多功能更好用了。但是，这很重要，当一件工具使用起来不方便时，人们往往会怀疑是不是自己太笨了，而当一件工具好用时，人们会觉得自己也变得完美了。"

　　参与那次发布会的《商业》杂志编辑这样写道："昨晚，我一夜未眠。这真是个诡异的星期二，我好像身处一种甘愿被催眠的幻觉之中……"

　　2007 年 6 月，人们期待已久的 iPhone 终于开始上市销售。人们早早地就开始在苹果零售店前排队，以期早点见识这款被重新发明的手机。乔布斯和妻子在当天来到了位于帕洛奥图的苹果零售店，查看销售情况。当看到门口排起的长龙时，乔布斯彻底地放下心来。排队的人们见到乔布斯，兴奋地跟他打招呼，要知道很多人就是猜测乔布斯会来现场才早早地来排队的。在长长的队伍中，乔布斯见到了两个老朋友——赫茨菲尔德和阿特金森，这让他有些错愕："他们不是已经一人获赠一部了吗，怎么还会在这里排队？"赫茨菲尔德的话解了乔布斯的疑问："我已经有 1 部了，但是我想要 6 部。比尔也是这样，我们从昨晚就开始在这里排队了。"

　　iPhone 的热销引起了竞争对手的注意，他们认为，一款手机 500 美元太贵了，等人们的这股热情过去，销量就会下降。微软公司的乔布斯·鲍尔默就这样认为，他在接受美国全国广播公司（CNBC）财经频道的采访时说："它可能是世界上最贵的手机，但它对商务人士真的没有吸引力，因为没有键盘。"然而事实却是，截止到 2010 年底，苹果已经售出了 9000 万部 iPhone，利润占到了全球手机市场利润的一半以上。

当 2011 年 4 月底，iPhone4 在中国发售时，更是引起了有史以来最严重的黄牛问题。苹果公司不得不将总部负责零售业务的高管派到北京专程处理此事。三里屯零售店也派了大量保安维持秩序，结果仍因购机而发生多起斗殴事件，由此可见这款手机让人们多么疯狂。正如施乐研究中心的预言家艾伦·凯说的那样："乔布斯了解人的欲望。"

2007 年 11 月，美国《时代》周刊评选出了当年的最佳发明，仅上市 5 个月的 iPhone 跻身其中，《时代》给出的获选理由是："它从外观、手感和功能等多个方面，改变了我们对于移动媒体的看法。苹果没有发明触摸屏，但是它却用这种技术改变了过去的图形用户界面，创造了一个全新的界面。"

赤裸地面对死亡，坦然追随自己的心

癌细胞在扩散

"每个人都会很快死去。所有外部的期望、骄傲，以及对尴尬或失败的恐惧，都会在死亡之后消失殆尽，只留下真正重要的东西。"

——乔布斯

2006 年 8 月，当人们出席 WWDC（苹果电脑全球研发者大会）时，在场的观众都很吃惊地发现，乔布斯突然消瘦了许多。一年前那个体格健硕、精神奕奕的乔布斯不见了，现在站在他们眼前的只是一个形体消瘦、面容憔悴的乔布斯，这种形象上的反差，很快就引起了人们的热议。很多人都猜测乔布斯是因为得了病才这样的，至于什么病，就没人能够猜得出了。他们根本就不知道乔布斯是不是胰腺癌复发了，或是其他病症。

在接下来的两年时间里，乔布斯的身体虽然存在着健康问题，可他却还坚持出席公司产品的发布会和一些公开活动。不过，每当媒体将聚光灯照在乔布斯那消瘦的身体上时，人们都会忍不住浮想联翩。在这段时间内，苹果公司的股票也随着人们对于乔布斯身体状况的猜测而起伏不定。

到了 2008 年初，乔布斯再次接到了死神的邀请，在 9 个月前被确诊为胰腺癌复发后，由于乔布斯的坚持而耽误了最佳的治疗时间，以至癌细胞扩散。其实，早在 2004 年做切除胰脏的手术时，乔布斯曾建议肿瘤专家对其体内的癌症基因进行部分的排序，以便于他们迅速发现致癌位置，并及时采取最为有效的治疗措施。但不幸的是，乔布斯体内的癌细胞还是在治疗过后，有一部分苟延残喘了下来，并直接导致了其病情的反复。

在最初被检查出是胰腺癌复发的时候，乔布斯并不想接受医院的治疗。因此，他为了在病发时给自己止痛，便服用了大量含有吗啡成分的镇痛药。说实话，没有这方面经历的人，根本就无法想象乔布斯当时的痛楚。据鲍威尔的好友凯瑟琳·史密斯回忆道："当我到乔布斯家做客时，他曾告诉我说他浑身疼得难受。可即便那样，他仍在坚持与疼痛做斗争。"

除了癌症之外，在乔布斯身上还有一个很重要的健康问题需要解决，即饮食问题。乔布斯在癌症复发之初，他在饮食上的问题一直都未有人的注意，但是随着他的体重迅速下降，才引起鲍威尔等人的注意。

胰脏是人体内重要的消化器官，可以分泌淀粉酶、蛋白酶和肽酶等，消化人体摄入的蛋白质和其他营养素。可是，乔布斯由于胰腺癌的关系，被切除了大部分的胰脏，这就直接导致其消化功能骤降，造成其食欲不振。不仅如此，他用来止痛的含有吗啡的镇痛剂也让他食欲大减。再加上乔布斯一直以来的节食和禁食的习惯，其所摄入的营养物质就更少了。

鲍威尔在与乔布斯结婚的时候，还是一个严格的素食主义者，但是在乔布斯于2004年接受过胰腺切除手术后，她就开始改变原先的饮食习惯，在家里的餐桌上增加了鱼和其他富含蛋白质的食物，并一直坚持到现在。还有就是他们的儿子里德，在此之前也是一个不折不扣的素食主义者，但是经过一段时间的适应之后，也成了一个杂食主义者。其实，他们这样做，只是想让乔布斯改变一下饮食习惯，哪怕是一点点，他也能从这些食物中摄取到不少的蛋白质及其他营养物质。

但乔布斯对此则无动于衷，很少对这类饭菜动筷。有的时候，他会在开饭后一直盯着地板或是某处，好像满桌的美食都不存在一般。有时他还会在家人刚吃到一半的时候，突然站起来，一声不吭地离开餐桌。他的这种举动，让他的家人很是担心，可她们却毫无办法，只能眼睁睁地看着他在短短的两个月内"减掉"18公斤的体重。

在此期间，为了迎合乔布斯，鲍威尔又专门从潘尼斯餐厅请来了一位家庭厨师，即布里亚·布朗。每天下午的时候，他都会来到乔布斯的家中，用鲍威尔种植在花园里的香草和蔬菜做上一桌丰盛素食晚餐。即便是乔布斯哪天突发奇想，想吃胡萝卜沙拉，或是意大利面等，布里亚·布朗都能按照他的想法做出来。可即便如此，乔布斯的食欲依旧没有多大改善。不仅如此，他对食物也越来越挑剔了，无论是素食还是肉食，甚至连他一向钟爱的水果餐，有时他也觉得难以下咽。

癌细胞的不断扩散，不仅严重影响到了乔布斯的健康，对其工作也造成了不小的影响。鉴于此，在苹果董事会的强烈建议下，乔布斯只得暂时离开自己心爱的工作岗位，安心接受治疗，并于 2009 年 1 月，在给苹果员工的一封公开信中宣布了这个消息。

在这封公开信中，他将自己的这个决定归咎于媒体的爆料。如他在信中所言："媒体的持续报道，可能是出于对我个人健康的好奇，但很不幸的是，他们的关注干扰到了我和我的家人，同时也影响到了苹果的每一位员工。"不过，他在这封信中，还是对自己的病情透露了一点，称其身体的治疗状况并没有那么简单，而病症也比他之前想象的要更加复杂一些。随后，他又对外公布，自己仍然担任公司 CEO 一职，但只参与重大决策，至于日常的运营工作则由蒂姆·库克全权负责，并称到了 6 月份他就会回来上班，让大家少安毋躁。

健康问题冲击波

"关于我死亡的报道被严重夸大了。"

——乔布斯

2008 年 3 月，美国《财富》杂志刊登了一篇题为《史蒂夫·乔布斯的麻烦》的文章，在这篇文章中，作者透露乔布斯已经尝试着通过饮食治疗的方法，与复发的癌症进行了长达 9 个月的抗争了。在这篇文章发布后，乔布斯的病情再次成了人们眼中关注的焦点。

其实，早在这篇文章未发布之前，乔布斯就已经获知了这件事情。当时，他就将《财富》杂志的总编安迪·瑟沃请到了苹果公司的总部，希望他能压下这篇文章。不仅如此，他还给他们的老板约翰·休伊打去了电话，并向他施压，让他命令安迪·瑟沃撤掉那篇文章。结果，《财富》还是在当期刊登了这篇有关乔布斯健康问题的文章。

2008 年 6 月，当乔布斯现身于 iPhone3G 的发布现场时，他的消瘦竟然掩盖掉了 iPhone3G 的风头，抢占了更多媒体的镜头。对于媒体铺天盖地的报道，乔布斯只得利用手中的职权，通过苹果公司对外发表声明称，他的体重之所以减轻，是因为偶感风寒所致。很显然，像这种蹩脚的谎言根本就没人相信，外界媒体的质疑声依然不断。无奈之下，乔布斯只得通过公司对外声明道，他的健康只是"私事"，不应成为大家关注的焦点。

对于这份声明，许多媒体再次对乔布斯展开了攻势。如《纽约时报》的记者乔·诺切拉还曾开设了专栏，对乔布斯此举做了多次评价。他先是从乔布斯在处理自身健康的问题出发，称苹果公司根本就不值得信赖。同年 7 月，他又在自己的专栏内写道："苹果公司在乔布斯的领导下，开创了一套严整的保密制度，这种制度在很多方面都取得了不错的效果，比方说我们在每年 Macworld 大会开始前，都会猜测苹果将会推出什么样的产品，而这似乎也成了苹果公司的一种营销手段之一。不过，也正是有了这种制度，才破坏了苹果公司原本正常的管理秩序。"苹果公司的新闻发言人看到这篇报道后，只以这是"私事"为由，表达了对他的不满。不过，让他没有想到的是，乔布斯竟然还因此而给他打了个电话。

电话接通后，乔布斯便开门见山地说道："我是史蒂夫·乔布斯，你知不知道你就是个把大部分事实都搞错了的混蛋。"在发泄完后，乔布斯又立刻转变了自己的语气，称其可以提供一些有关他健康的信息，但前提条件是乔·诺切拉不能将这个消息公布出去。乔·诺切拉当然愿意接受这个条件，不过，他还是在随后的报道中称："乔布斯的癌症并没有复发，虽然病情较重，但还不至于危及生命。"

他的这篇报道被刊载之后，依然没有消除众人心中的忧虑。当时 iPhone3G 的销售状况虽然很好，但是，由于乔布斯病况不明，苹果的股票还从 2008 年 6 月初的 188 美元每股，下降到了 7 月底的 156 美元每股。

2008 年 8 月底，彭博社居然将其提前准备好的乔布斯的讣告给误发了出去，结果又引起了众人的一阵恐慌。几天后，乔布斯在发布新的 iPod 产品时，对之前的那次"乌龙"事件调侃道："关于我死亡的报道被严重夸大了。"不过，乔布斯当时那消瘦的外形，确实无法让人安心。以至于到了 10 月初的时候，苹果的股价再次下滑并跌至了 97 美元每股，在短短的 4 个月内，苹果的股价就缩水了一半，而这一切都是由乔布斯的健康问题引起的。

同年 12 月，《财富》杂志的一位资深科技记者布伦特·施伦德就要退休了。但在退休前，他想请来乔布斯、比尔·盖茨、迈克尔·戴尔和安迪·格鲁夫等四位 IT 界的巨头同时接受他的采访。虽说组织一次这样的采访很难，但他还是成功了。不过，他并没有高兴多久，乔布斯就告诉他自己将会退出这次访谈。不仅如此，他还对布伦特·施伦德言道："假如他们问我为什么不参加的话，你就告诉他们我是个混蛋好了。"比尔·盖茨在知道这个消息时很不高兴，他以为乔布斯是因之前的事情而记恨自己才不肯参加的，但当他得知乔布斯的健康状况后，他才原谅了乔布斯这一无理的举动。

同一月，苹果公司还对外宣布了乔布斯将会缺席 2009 年 1 月份 Macworld 大会的决定，这一消息再次引起了人们对于乔布斯健康状况的猜测。在很多网站上都充斥着对此事的猜测，并有不少猜测都很接近事实。乔布斯是固执的，别人越是希望知道自己的健康状况，他就越加以否认，同时他还亲自辟谣称，自己之所以不参加 Macworld 大会，只是想抽出更多时间陪陪家人。不仅如此，他还误导众人道："我的体重之所以会在今年下降许多，是因为荷尔蒙失调引起的蛋白质流失所致，根本就不是什么重病，我很快就会痊愈的。"

乔布斯此言只有一部分是正确的，他确实有着荷尔蒙失调的症状，但那却是由于他体内的癌细胞扩散到肝脏所造成的，他这样说既说明了他不想承认这一事实，也表明了他不想让公众知道他自身健康的真实情况。

2008 年底，乔布斯又遇到了一件麻烦事，而且还是与他的健康问题有关的事情。比尔·坎贝尔和亚瑟·莱文森二人，他们既是苹果公司的联合独立董事，同时也是乔布斯的个人健康顾问。无论是在乔布斯接受治疗前，还是在接受治疗后，他们所知道的有关乔布斯健康的信息都要比其他人多很多，包括苹果的其他董事在内，至于外界公众所知道的就更少了。不过，也正因此，才牵扯出了一些法律问题，如证券交易委员会就以苹果公司涉嫌向股东隐瞒了"重大信息"为由，对苹果公司进行立案调查。假如情况属实的话，那么苹果公司将会构成证券欺诈，那可是一项重罪。

但是，这个所谓的"重大信息"却让乔布斯很生气，因为这个"重大信息"指的就是乔布斯的健康问题。其实，证券交易委员会的调查人员这样认为是有原因的，他们觉得苹果公司的再度崛起与乔布斯有着紧密的关系，因此，当他故意隐瞒自己的健康问题时，好像就有些符合向股东隐瞒"重大信息"的情况了。

在这个时候，与乔布斯的私交很深的比尔·坎贝尔站了出来。早在1997年乔布斯回归苹果的时候，坎贝尔作为苹果董事会的成员，为乔布斯的回归做了不少的努力。后来，在乔布斯生病的这段时间，又是他在对外解释乔布斯的身体状况。现在，为了保护乔布斯的个人隐私，他甚至决定退出苹果董事会。对此，他回忆道："保护乔布斯的隐私对我而言非常重要，因为他是我的老朋友。"最后，经研究决定，坎贝尔继续留在董事会，只是不能再担任总经理一职，至于证券交易委员会的调查也因此而无果而终。不仅如此，在此事过后，苹果董事会成员大多联合了起来，保护乔布斯的隐私不再受到侵犯。

如苹果董事、美国前副总统阿尔·戈尔曾对此回忆道："许多媒体都希望我们能够多透露一些有关乔布斯的事情，但我们觉得，这应该由乔布斯自己决定，他既然不想让自己的隐私受到侵犯，我们就应当对他这一决定表示尊重。"不过，并不是所有人都愿意替乔布斯保守这个秘密，如苹果的另一位董事会成员杰里·约克，他虽然没有对乔布斯的健康信息公开发表评论，但却在私下里接受《华尔街日报》的记者采访时吐露道："当我得知公司董事会成员在2008年底集体隐瞒了乔布斯的健康信息时，我总觉得很'恶心'。当时，我还差点儿因此而辞职。"这条消息直到2010年约克去世时，《华尔街日报》才将此评论发表出来。除此之外，杰里·约克还向《财富》杂志提供了一些有关乔布斯健康的非公开信息，并在2011年于乔布斯第三次因病休假时刊登了出来。

对于杰里·约克的话，有很多人都不相信是他说的，尤其是苹果的一些员工，他们都没有在苹果公司听到过他对此事的评价。但是，比尔·坎贝尔却知道那些报道都是真的。因为，杰里·约克曾就此事向他抱怨过。不过，他对此事的解释则是"那是约克在醉酒后对那些记者说出来的"。

经历过这场风波后，苹果董事会大致上都知道了乔布斯的状况，便纷纷劝他赶快接受治疗，顺便再休息一段时间。迫于董事会的压力，乔布斯只得于2009年初将公司的日常管理工作交给副总裁蒂姆·库克处理，暂时离开了自己心爱的工作岗位，转入到了与病魔的大战中去了。

接受手术治疗

"我可不希望自己被开膛破肚，更不愿意遭受那份罪。"

——乔布斯

为了让乔布斯接受手术治疗，乔布斯的亲友可谓是下了不少的工夫。刚开始的时候，他的妻子鲍威尔每次劝他进行手术治疗的时候，他都会直接拒绝道："我可不希望自己被开膛破肚，更不愿意遭受那份罪。"后来，乔布斯的其他亲友也都纷纷上阵，劝说他接受手术治疗，再加上公司董事会的坚持，他最终在病情被诊断出 9 个月后同意了手术治疗。

对此，颇有感触的美国传记作家艾萨克森回忆道："乔布斯的处事作风很独特，只要是他不喜欢的，或是不希望某些东西出现的话，他总能想出一些神奇的想法解决掉它们，他在过去一直都是这样做的。但是，在接受手术治疗这一方面，他的坚持却为他的健康造成了极大的威胁。"

2009 年 1 月，乔布斯暂时离开苹果公司，接受了一系列的化疗。此时的乔布斯虽然答应接受了治疗，但他对于手术治疗仍存在着一些抵触，他想通过一些偏方来治疗自己的疾病，尽量避免被开膛破肚。所以，他在接受治疗之初，先是接受了化疗，但效果不是很明显，而且对乔布斯本身的影响也不小。据知情者透露，化疗时的副作用很大，乔布斯体表的皮肤出现多处干裂。除了化疗之外，乔布斯又飞到瑞士，将希望寄予一种正处在试验阶段的放射线疗法。在未取得明显效果的情况下，他又前往荷兰的鹿特丹，接受一种也是处在试验阶段的疗法，即肽感受器放射性核素疗法，但这种疗法的效果依然不明显。

在寻求偏方未果的情况下，乔布斯只得返回美国接受治疗。当时，负责乔布斯肿瘤治疗的是胃肠癌和结直肠癌领域的知名专家乔治·费希尔，他在乔布斯动身前往欧洲前，就曾告诫他，由于癌细胞的扩散，他的肝脏也受到了部分的感染，如有可能的话，他必须得考虑下肝脏移植手术，乔布斯当时就拒绝了这一建议，并直接飞到了欧洲寻求治疗方法。不过，乔治·费希尔并没有因此而放弃，而是多次警告乔布斯必须这样做，才有可能痊愈。结果，在家人及朋友的劝告下，乔布斯终于被说服了，同意接受肝脏移植手术。

不过，乔布斯在接受了乔治·费希尔的建议后，新的问题又来了。他在加利福尼亚登记等待肝移植的时候，被告知没有合适的肝脏来源，即便是有也要等上很长一段时间。美国西海岸是美国人口最稠密的地区之一，仅加州人口就超过了 4000 万，约占美国总人口的八分之一。而这一现实，也变相地突出了需要移植器官的病人为数甚众。仅以加州大学旧金山分校的医学中心为例，在乔布斯登记等待肝移植之时，排在乔布斯之前的病人就有 500 多个，若是乔布斯真想在这里做肝脏移植手术的手术的话，恐怕要到几年后才能实现。可是，乔布斯等得了那么久吗？

好在美国政府器官移植政策的机构——器官共享联合网络（United Network for Organ Sharing，简称 UNOS）采用了一套较为合理的机制，即根据器官接受者的终末期肝病模型评分结果排位。这个评分主要是根据检测患者的荷尔蒙水平决定移植需求的迫切性，以及病人已经等待的时间长短做出的。只要是登记过的患者，都能在其公开的网站上查到自己的排位情况。而且，评分越高就说明病情越重，排名就越靠前。

在乔布斯等待合适肝源的时候，鲍威尔每天晚上都会上网查看乔布斯 MELD 分数是多少。在关注了一段时间后，鲍威尔发现，乔布斯最快要到 6 月以后才能排到。可是，医生却在此之前就警告过乔布斯，他的肝脏可能在 4 月的时候就会出现问题。鲍威尔得知这一消息后非常焦急，后听人说可以在两个州同时排位等待。

事有凑巧，当时担任苹果公司外部法律顾问的乔治·莱利，他跟乔布斯的关系很好。他在听说了 UNOS 机构的那套机制后，就建议鲍威尔带着乔布斯到人口稀少的田纳西州孟菲斯市登记排队。随后，他又安排自己的好友詹姆斯·伊森（James Eason，运营着一家器官移植机构）飞到帕洛奥图，对乔布斯进行所需的检查评估，接着就是在孟菲斯市登记排位的事情。

很显然，乔布斯在田纳西州的排位要比在加州的排位高了许多。他们在 2009 年 2 月下旬开始排队的时候，排名就十分靠前。到了 3 月中旬的时候，乔布斯的排名就已经升到了第三位。可是，乔布斯的身体状况却在急速地恶化，每天他都是在痛苦的折磨中度过的。鲍威尔后来回忆道："当时我们都觉得来不及了。"几天后，乔布斯终于排到了第一名，不仅如此，他们很快就得到了一个合适的肝源。2009 年 3 月 21 日，一位 20 多岁的年轻人在一场车祸中丧生后，他的家人同意将其器官移植，经检测他的血型正好与乔布斯匹配。鲍威尔在得到消息后，就立即陪乔布斯飞到了孟菲斯市的卫理公会大学医院。在达到地方后，双方便快速签完了一系列的许可文件，并立即着手为乔布斯进行手术。

移植手术非常成功，但是医生们对于乔布斯的术后结果却很不乐观。因为，他们在取出乔布斯的肝脏时，发现其体内包在肝脏周围的腹膜上有不少小的斑点。不仅如此，他的肝脏内外也全都是大小不等的肿瘤块。专家们据此分析，癌细胞很有可能已经扩散到了体内的其他部位上。这种情况是这些医生所没有预料到的，他们没有想到乔布斯体内的癌细胞的变异和生长的速度如此之快。随后，他们又从乔布斯的肝脏上取了切片样本进行基因定位，以便更好地监测乔布斯的病情。

几天之后，该医院在为乔布斯检查的时候，需要乔布斯将胃部排空，但他却拒绝合作。在没有办法的情况下，医生们只得使用镇静剂让他冷静下来。但是，倔强的乔布斯却在挣扎的过程中，误将一些镇静剂给吸到了肺里，并引发了肺炎，他还差点儿因此而回到上帝的怀抱中。

后来，乔布斯还对此回忆道："在那个例行的检查中他们搞得一塌糊涂，当时差点儿就把我给害死了。那天晚上，鲍威尔因为我的事情而非常担心，她以为我挺不过去了，就把孩子们都接了过来，但我却挺了过来。"

艰难的术后恢复

"这个氧气罩的设计太难看了，我是不会戴它的。"

——乔布斯

在手术之后，鲍威尔就一直守在乔布斯的病床前，细心地照料着他，不让他受到一点儿伤害。乔纳森·艾维是在乔布斯刚能见客时第一个来访的，据他回忆道："劳伦整天都待在乔布斯病房里，仔细地盯着每一台仪器的变化，小心地保护着他。"

再后来，鲍威尔的妈妈和她的几个兄弟也时常来陪他，乔布斯的妹妹莫娜·辛普森也经常待在病房里照看他。而且，据乔纳森·艾维所言，当时鲍威尔只允许莫娜·辛普森和乔治·莱利两人替换自己看护乔布斯。后来，乔布斯也对此回忆道："当时我很虚弱，还经常不配合治疗，鲍威尔为了全身心地照顾我，就将孩子们都交给她的妈妈和兄弟们了，我们的孩子被他们照顾得很好。"

正如之前所说的那样，乔布斯在术后的状况并不是很好，为了能让乔布斯早日恢复健康，鲍威尔就负责起了对乔布斯全部治疗活动的监控。每天早上7点钟左右，她都会将与乔布斯有关的各项监测数据收集起来，整理到一个电子表格中。等到詹姆斯·伊森和他的医生团队来为乔布斯做检查时，她会先跟他们开个小会，提供一些有助于乔布斯恢复治疗的建议。每天晚上9点左右，她还会再做一份报告，上面记录着乔布斯身体各部功能的指标及当时的监测结果。

詹姆斯·伊森作为这家机构的经营者，他对乔布斯所做的一切可以说是史无前例的。在对乔布斯进行恢复治疗的过程中，他几乎做了所有能做的事情。尤其是在乔布斯不配合治疗的时候，除了鲍威尔外，就只有他才能让乔布斯乖乖地接受治疗了。对此，苹果公司的现任CEO对此回忆道："若想管住乔布斯，首先你得有坚持下去的毅力。伊森在这方面就做得很好，他不但能管住乔布斯，还能强迫他做些别人无法让他做的事情，虽然有时会让乔布斯不高兴，但他却知道那样做是为了他好。"

不过，在大家的细心呵护下，乔布斯却没有安心享受，他时常会对自己不能控制眼前的局面而大发雷霆。有一次，一位医生刚帮乔布斯戴上氧气罩，结果就被他给撤掉了，而且嘴里还抱怨道："这个氧气罩的设计太难看了，我是不会戴它的。"随后，那名医生又去取来五副不同形状的氧气罩，让他从中选一个自己喜欢的，可他竟然连看都不看。无奈之下，那名医生只得向鲍威尔求助，最终在她的协助下，医生才为乔布斯戴上了一个难看的氧气罩。除了对氧气罩的设计不满外，夹在他手指上的氧含量检测仪的造型在他眼中也很难看，一点也不美观。为此，他还提出了自己的建议，称自己可以将其设计得非常简洁等。鲍威尔对此回忆道："他对周围的环境和事物都很关注，哪怕是一个细节，他都不会放过，而这也让他精疲力竭。"

即便是在半清醒的状态下，乔布斯依然觉得自己公司的产品才是世界上最棒的。有一天，鲍威尔的好友凯瑟琳·史密斯来探望他。虽然她和乔布斯的关系并不是很融洽，但她还是坐到了乔布斯的床边安慰了他几句。结果，乔布斯却示意她靠近一些，然后采用虚弱的语气说道："把我的

iPhone 拿过来。"当凯瑟琳·史密斯将他的 iPhone 拿过来时，乔布斯则开始教她如何滑动解锁，以及 iPhone 所具有的强大功能等，把她搞得有些哭笑不得。

乔布斯此次住院之前，他与女儿丽萨的关系因为之前的一些事情而变得紧张了起来。自 2000 年从哈佛毕业后，丽萨成了一名自由作家，自从搬到纽约后，她就很少再与乔布斯联系了。但在乔布斯住院后，她却几次放下手头的工作飞到孟菲斯市看望乔布斯。对此，乔布斯非常感动，并在出院后回忆道："对我来说，丽萨所做的一切意味着很多。"丽萨与乔布斯差不多，都喜欢以领导者的姿态命令别人该怎么做，但却没人排斥她。不仅如此，鲍威尔还非常欢迎她，并尽量让她多照顾乔布斯，以便她和乔布斯恢复到之前的和睦关系。

乔布斯在手术之后虽然不怎么配合治疗，但他在鲍威尔及众人的照料下，身体还是慢慢地恢复了。与此同时，他那易怒、善变的性格也随着身体的恢复而回来了。凯瑟琳·史密斯对此回忆道："在乔布斯的病情稳定下来后，我们曾猜想，他与死神再次擦肩而过后，对待我们的态度会不会变得好一些，结果很令我们失望。因为，在他的身体刚有所好转时，他就从感激众人对他的照顾状态直接返回到了之前的暴躁和控制狂的状态。"

如在饮食方面，他还是那么挑剔，甚至还有些变本加厉。他在恢复期间，虽然需要多进食一些高营养的食物，但他却只吃水果沙拉，而且还要求护理人员提供多种不同口味供他挑选。若是没有令他满意的口味，他就不会再尝第二口。在这种情况下，詹姆斯·伊森最先忍不住了，他非常生气地对乔布斯说道："这根本就不是口味的问题，而是你的心理问题，以后你只需把它们当成难吃的药物而不是食物给吃掉就成了。"

不过，乔布斯最放心不下的还是苹果公司，他这么努力地活下来，似乎就是为了能够重返公司。因此，在他住院期间，每当有苹果的员工过来探望他时，乔布斯就显得异常亢奋。蒂姆·库克作为苹果的代理 CEO 更是频繁来到医院，向他汇报新产品的进展。对于乔布斯的表现，他深有体会道："我去医院看他的时候，每当我说到与苹果有关的话题时，我都能看到他的眼睛像在瞬间被点亮的灯笼一般，闪烁着异样的神采。"比方说，当蒂姆·库克向他描述新一代的 iPhone 时，乔布斯就花了一个多小时的时间和他讨论它的名字，并最终将其命名为"iPhone3GS"。不仅如此，他还为"GS"这两个字母的字号和字体、大小写等问题和蒂姆·库克探讨了很长时间。在他的眼中，苹果的所有产品都应该是最完美的，包括软件、硬件、外观设计以及名字，等等。

总之，本该安心养病的乔布斯，却因其种种"癖好"（挑食、不配合治疗、暴躁、控制狂等），而大大影响了其身体的恢复速度。

强势归来

"现在我又重新站了起来，回到了苹果，我将会珍惜在这里的每一天，因为我爱苹果。"

——乔布斯

2009 年 5 月底，在住了两个多月的院后，乔布斯终于可以出院了。在出了医院之后，他就迫不及待地带着妻子鲍威尔和妹妹莫娜·辛普森乘坐其私人飞机飞回了库比蒂诺。蒂姆·库克和乔纳森·艾维等人也在收到消息后，早早赶到机场迎接乔布斯的回归。据蒂姆·库克回忆道："当时飞机刚停下，乔布斯就从机舱内走了出来。我从他的眼中看到了归来的兴奋，在病愈之后，他还是那个充满了斗志的科技先锋。"

出了机场后，乔纳森·艾维看上去虽然很憔悴，但他还是自告奋勇驾车送乔布斯回家。在回去的路上，他对乔布斯抱怨道："你不在公司的时候，我们想让一切正常运转下去真的是太难了。而且，你也看到了，在你住院的时候，那些媒体纷纷发表文章称你如果不回归公司的话，那么公司就不会再有创新。看到这些报道我很伤心，自信心更是备受打击。"对此，乔布斯只是一笑了之。

乔布斯虽然出院了，但他的身体还很虚弱，并不能适应高强度的工作，还得先在家中休养一段时间才行。不过，在家中休养的时候，乔布斯突然意识到一个很重要的问题，即苹果公司并非是没有他不行。其中，最明显的例子就是他在 2009 年 1 月开始接受治疗的时候，苹果的每股股票只有 82 美元，而到了 5 月底他出院的时候，竟然涨到了 140 多美元，这如何不让他担忧？

此外，还有一件事让乔布斯有些不自在。他在病休后不久，参加了一次电话会议，在那次大会上，蒂姆·库克一改之前的淡定，在大会上发表了一篇极具煽动性的演讲。更重要的是，他在演讲中还提到了即使乔布斯不在，苹果公司也会继续高歌猛进。在他的口中，苹果公司内的每一个团队，都在对完美进行着不懈的追求，而这种观念也早已深深地扎根于苹果公司。

这些话如果是乔布斯说的，肯定会没人感到新奇，但这话却是出自蒂姆·库克之口，这就让他有些不自在了。尤其是媒体更是对此事夸大报道，称其为"库克教义"。他虽然觉得蒂姆·库克说的都是事实，但他却不知道是该为这种言论感到骄傲还是伤心。不过，自有传言称其可能因病不再担任苹果的 CEO 的事情出来后，他就有些待不住了，并坚持离开了休养的病床，忍着病痛，开始了艰难的恢复体力活动。

在从孟菲斯回来 3 天后，恰逢苹果召开董事会。在大会开始前，众人还和乔布斯在住院时一样，都不认为乔布斯会出现在会场上。不过，这一次他们都失算了。在会议即将开始的时候，乔布斯却出人意料地走进了会议室。6 月初的时候，他则主持了苹果的几次例会。随着他的不断努力，他的身体的状况也逐渐好转，到了 6 月底的时候，他已能回到苹果公司正常工作了。

乔布斯在病休期间，许多员工都在猜测他在与死神来了个亲密接触后，会变得更加成熟和稳重吗？结果，在乔布斯回到公司上班的第一天，这些人都找到了答案。他还是他，一点都没有改变。因为，他在回去上班的第一天就对着公司的一些高管大发脾气，批评他们的工作质量和效率低下，并撕毁了一些苹果产品的营销方案。然而更让人心碎的是，他在发完脾气后，竟然又对着身边的人说："今天我很开心，我从未有过如此棒的感觉！"对于乔布斯所做的一切，蒂姆·库克发表评论道："我从来没有见过乔布斯能够很好地控制住自己观点或情感，但这未尝不是件好事。"

乔布斯在与死神擦肩而过后，虽然将其易怒的特点保留了下来，但是他的朋友却发现，在经历过这件事后，他的性格还是发生了一些改变。如安迪·赫茨菲尔德就曾注意观察过，乔布斯在回来后虽然还是那么粗鲁，但他待人待事却变得更加真诚了。安迪还曾就此回忆道："在此之前，如果有人找乔布斯帮忙，在叛逆本性的带动下，他可能会直接拒绝，甚至还会帮倒忙。但是现在，他虽然不会直接答应，但却尽量去帮对方。"

自 2009 年 6 月初开始，乔布斯回到了苹果工作的信息一直都没有对外界公开，因为他需要一个强势回归的契机。直到 2009 年 9 月，他终于等到了这样一个机会。9 月 10 日，在苹果公司一年一度的秋季音乐会上，乔布斯登上了中央舞台，而迎接他的则是近 1 分钟的掌声。在掌声渐渐平息之后，他没有像之前那般以新产品的强大功能为开场，而是公开说明了其接受肝脏移植的事情。当时他就说道："若是没有当初那个年轻人的慷慨捐赠，我可能就无法再出现在这里了。现在我又重新站了起来，回到了苹果，我将会珍惜在这里的每一天，因为我爱苹果。"随后，他才向与会者隆重推出了新的产品，即第五代 iPod——Nano，这是一款支持摄像和收音机功能的 iPod 产品，与此同时，他还推出了 iTunes 9，以及 Snow Leopard 系统，并对 iPod 的其他产品（iTouch、Classic 和 Nano）进行了在线更新。在这场大会过后，几乎所有的人都将目光转回到了乔布斯的身上，因为他们印象中的那个无所不能的乔布斯又回来了。

在这次大会之后，除了他带给人们的那些意想不到的产品外，他的健康问题也成了人们关注的焦点。因为没人知道，上帝将会如何对待乔布斯这位还没有归位的真神。所以，自从 2009 年 9 月起，乔布斯的每一次露面，都会牵动全世界数亿万计粉丝的关注。尤其是随着他的日渐清瘦和憔悴，人们对他的崇拜也变得愈加疯狂了。

经过这次与死神的搏斗之后，乔布斯似乎看到了什么。在接下来的日子里，他已经准备好再次为改变这个世界而出击了。到了 2010 年初，基本上已经恢复了昔日活力的乔布斯，将大部分精力投入到了工作中。在这一年中，可以说是苹果公司最多产的一年。其中，iPad 更是热卖，在短期内的销量便一举打破了苹果之前所有产品的销售记录，一跃成了有史以来最为成功的消费电子产品，为乔布斯病愈后的强势归来奏响了最强音。

有些人还不习惯面对一个卓越的环境

iPad创意的酝酿

"微软的平板电脑最终将会以失败而结束。"

——乔布斯

早在 20 世纪的 80 年代，苹果还在以 Apple Ⅱ 为主要产品进行销售的时候，他们就曾尝试过触摸板技术，并尝试着制造过有简单的办公功能集成的电话机，那可以说是苹果最早研发出来的一款电话。不仅如此，他们还在那个时候设计过平板电脑原型。

到了 20 世纪 90 年代初，斯卡利还未离开苹果之前，就曾命人成功研发出了 Newton PDA 这款手持移动设备。他在这个项目上倾注了大量的心血，同时也成为后来的 iPhone 和 iPad 的先驱者。不过，Newton PDA 虽然是一款集手写识别、个人组织功能、通信功能以及全新的操作系统的手持移动设备，但却由于当时的电脑技术和移动通信终端未能很好地整合在一起，所以，Newton PDA 自问世开始，就注定了其悲剧的命运。到了后来，它甚至连后来推出的 Palm PDA 和黑莓手机都不如。

1997 年，乔布斯在回归苹果后虽然立刻终止了 Newton PDA 的研发工作，但是创造一款袖珍型的电脑或是一部智能手机的想法却在他大脑中扎了根。2001 年时候，微软公司开始对外宣传平板电脑（Tablet PC），并极力吹嘘道："你只要拿起手写笔，就能在屏幕上输入信息。"一时间，参与到这一研发项目中的 PC 厂商数不胜数。对此，乔布斯则预言道："微软的平板电脑最终将会以失败而结束。"结果，正如乔布斯所料，在接下来的几年时间里，有不少带键盘和不带键盘的平板电脑相继问世，但却没有一款具有革命性的产品可以在市场上站稳脚跟。

乔布斯在说这些话的时候，Mac 硬件团队就已经开始对平板电脑进行构思了。不仅如此，在之后的几年中，苹果公司每次召开 top100 集思会时，平板电脑的研发项目都会被乔布斯纳入未来预定的项目之一。不过，他在 2003 年 5 月接受记者采访时却对外宣称，他们并没有研发平板电脑的计划。其实，乔布斯在当初没有立即决定研发平板电脑的做法相当正确的，因为，当时的平板电脑在功能和速度上要比带键盘的电脑差很多，真正对平板电脑感兴趣的人并不多，这就直接导致了众多生产平板电脑的厂商纷纷败北。

2004 年，当苹果的工程师们成功研发出多点触摸技术后，乔布斯决定行动了，准备开始研发他在很久之前就开始构思的不用手写笔就能进行输入的手持移动设备。不过，乔布斯当时还不想进行平板电脑的研发，他觉得时机并不成熟。因此，他便将此技术率先应用在了手机上，也正因此才有了后来的 iPhone。

三年后，乔布斯准备着手研发成本较低的上网本，但在一次头脑风暴会议上，乔纳森·艾维却提议道："我们为什么非要生产那种带键盘的电脑呢？它们不仅贵而且还很笨重。假如我们利用多点触摸技术去研发平板电脑的话，那样岂不更好？"结果，乔布斯对这一提议十分赞同。之前，他虽然一直在想着这个计划，但却一直找不到合适的机会，现在好了，乔纳森·艾维刚一提出来，他就立即同意了，并立即着手展开平板电脑的研发工作。

在平板电脑的研发项目展开伊始，乔布斯最先做的还是这款产品的外观设计，尤其显示屏更是其中的重点。在设计的时候，乔布斯依然主张简洁设计。在他看来，这款新产品的所有功能和设计都应以显示屏的尺寸为基础。为了研究出哪种尺寸最合适，乔布斯还专门命令负责该项目的设计团队，设计了 20 多个大小和长宽比皆不相同的模型供他选择。

很显然，这些模型都被挑剔的乔布斯给毙掉了，而其理由则是这些设计没有一个表现得足够自然和友好，假如真做出来的话，也很难让人随意地将它给拿起来。当时，一直跟乔布斯奋战在这一项目上的乔纳森·艾维听了乔布斯的抱怨后，他突然灵机一动道："若想让这款产品的形状让人有种想拿的冲动，还要保证它们可以被随意地拿起来，只需将其边缘的底部设计的再圆润一点儿就行，那样不仅在拿的时候会方便许多，而且拿在手中的感觉也会非常舒服。"乔布斯听到他的建议后十分兴奋，在敲定了这款平板电脑的屏幕尺寸后，立即带着他跑到了专利局，对这一外观设计申请了专利，并为其命名为 iPad。

在解决了外观设计之后，接下来需要解决的就是 iPad 的芯片。当时，Mac 电脑上已经开始采用英特尔研发的芯片了。因此，乔布斯还准备选用他们生产的芯片，并准备采用其在当时正在研发的一款低电压芯片——凌动芯片（Atom）。对此，英特尔的 CEO 保罗·欧德宁也为促成两家的合作而做了不少的努力，而乔布斯也有意与他合作。

不过，苹果工程师托尼·法德尔的建议却让乔布斯改变了主意。根据他所言，英特尔的处理器虽然速度很快，但是他们的芯片大多适用于由外接电源供电的电脑，而从不考虑便携式电脑电池的续航能力。在摆出来这个理由后，他又力劝乔布斯采用基于 ARM 架构开发出来的芯片，这种芯片不仅能耗低，而且还整合了除了处理器之外的其他功能，与英特尔只生产含有 CPU 的芯片大有不同，如 iPhone 产品使用的就是在该架构下开发出来的芯片。虽然这种技术很不错，但乔布斯还是有些倾向于英特尔。可是，就在乔布斯犹豫的时候，托尼·法德尔又给乔布斯来了剂猛药，并出言威胁道："假如你不同意我的提议，我就马上辞职。"经过一番比较后，乔布斯最终同意道："好吧，这次我听你的，我相信我最优秀的员工。"

在此之前，苹果公司就与 ARM 公司合作过。因此，苹果公司很快就获得了 ARM 构架授权。之后，苹果又出资收购了一家微处理器研发公司——P. A. Semi，并要求他们以最快的速度研发出一款基于 ARM 架构的系统单芯片（System-on-a-Chip），即后来的 A4 芯片。

在 A4 芯片开发出来后，乔布斯便对它赞不绝口。后来，他还对此回忆道："英特尔的芯片虽然速度很快、性能也很好，但却从不考虑功耗和成本。而且，他们的芯片上只有处理器，不像我们的 A4 芯片，不仅速度快，还集处理器、显卡、移动操作系统以及内存控制等于一身。"不仅如此，一向"口无遮拦"的乔布斯还爆料道："我们之所以没和英特尔继续合作下去，主要有两方面的原因：一方面是因为他们的芯片真的很慢，而且十分笨拙，根本就跟不上我们的快节奏；另一方面，我们也不想将所有的技术都透漏给他们，以免他们倒向我们的竞争对手。"

对于乔布斯的这番言论，英特尔的 CEO 保罗·欧德宁则对外宣称："iPad 本来可以采用英特尔芯片的，但是苹果公司却在价格方面斤斤计较，双方最终才不欢而散的。"不仅如此，他还一再宣称这是乔布斯控制欲的表现，因为他想要控制住每一件产品的每一个环节，其中也包括芯片和材料。

当然了，在 iPad 上市的时候，最过震撼的就要数比尔·盖茨了。早在 20 多年前，苹果本想借 Mac 电脑炒作图形用户界面，一举获得图形用户界面的统治地位，结果却让微软得逞。但在 20 多年后，微软只能眼睁睁地看着自己在十几年前就开始炒作的平板概念，就在人们逐渐淡忘的时候，却被乔布斯拿来，使得苹果的 iPad 大放异彩。

其实，这并不能算是乔布斯对比尔·盖茨的一场翻身仗。早在十多年前，乔布斯也看到了平板电脑的未来。他之所以忍住内心的冲动，没有立即着手实施这一计划，就是因为他知道把握住最佳的时机要比有眼光更加重要。所以，在平板电脑这一领域内，只有他才是最成功的。

乔布斯受伤了

"上网本与我们的这款产品相比，无论从哪个角度来看都是乏善可陈的！因为，我们的这个东西叫作 iPad，它是一款极具革命性的平板电脑。"

——乔布斯

2010 年 1 月底，乔布斯在旧金山为 iPad 举行了一场隆重的发布会，在这场发布会后，不仅激起了无数"果粉"们的狂热追捧，各大媒体对此也是争相报道。如《经济学人》杂志在当期的期刊上，所用的封面就是乔布斯。不仅如此，他们还将乔布斯塑造成了一个头顶光环笼罩、身着灰色长袍、手持 iPad 的形象。乍看之下，就像是耶稣临世一般。与此同时，他们还在杂志中对其赞美道："人类上一次对一个平板如此狂热是因为上面记载着十诫（《圣经》中有关上帝借由以色列的先知摩西向以色列民族颁布的十条规定）。"

在发布会的当天，乔布斯邀请了很多人，其中就有詹姆斯·伊森和杰弗里·诺顿，这两人都曾为挽救乔布斯的生命而做出过贡献，一个为他做了胰腺切除手术，一个帮他做了肝脏移植手术。此外，乔布斯的许多老友，还有他的妻子、儿女以及妹妹等人，都被他带到了会场，他想让他们陪着自己一起见证这个奇迹的时刻。

大会开始后，乔布斯和以往一样，开始用他那独特的风格为 iPad 的登场做铺垫。去过现场的人可能还记得，乔布斯在说完开场白后，他身后的大屏幕上就出现了一部 iPhone 和一台苹果笔记本，而在它们的中间则是一个大大的问号。接着，众人便听到乔布斯问道："你们觉得它们中间还会有别的东西存在吗？"当时很多人都猜测乔布斯要推出的很有可能是集浏览网页、发送电子邮件、影音游戏和电子书于一体的上网本。但是，乔布斯接下来的话却告知了他们真相。他说："你们也许觉得我们将要推出的是款上网本，但我要告诉你们的是，上网本与我们的这款产品相比，无论从哪个角度来看都是乏善可陈！因为，我们的这个东西叫作 iPad，它是一款极具革命性的平板电脑。"

说完后，为了展示 iPad 的亲和性，他从容地走到一张边桌前，很随意地拿起了桌子上的 iPad。接着，他便热情洋溢地向大家介绍道："你们瞧，它要比你们所用过的笔记本亲和得多。"随后，他又向观众们展示了 iPad 浏览网页、电子邮件、影音、图片、游戏等功能。如在展示其电子邮件功能时，他还特意给苹果副总裁斯科特·福斯托和菲尔·席勒每人发去了一封邮件。紧接着，他又在上面展示了 iPad 的地图、日历、翻阅相册、影音播放、iBook 书架等功能。在演示的最后，当乔布斯将鲍勃·迪伦的《像一块滚石》（Like a Rolling Stone）通过 iPad 播放出来的时候，他紧盯着下面的众人，问了一句他在 iPhone 发布时曾问过的一句话："难道你们还没有发觉它真的很棒吗？"

在发布会的最后，乔布斯再次强调了 iPad 所体现的"科技"与"人文"两条理念，这种理念在苹果的其他产品也都有所体现。对此，他总结道："我们之所以能够创造出 iPad 这种具有革命性的产品，就是因为我们一直致力于科技和人文艺术的完美融合。"

iPad 的发布会异常成功，"果粉"们在发布会后也都显得异常狂热。不过，这种热情并没有持续多久。因为，iPad 自发布之日起至同年 4 月上市的这段时间，除了刚开始的时候收到一些赞美之词，但很快地，iPad 就遭到了人们质疑。很多人都表示，他们根本无法通过乔布斯的演示而彻底了解它到底是款什么样的产品，甚至还有不少人将其视为加强型的 iPhone。

对此，《新闻周刊》的记者丹尼尔·莱昂斯曾在自己博客中公开写道："自从 Snooki 和 The Situation（他们是美国一档真人秀节目中两个演员的外号）好上之后，我还没有这样失望过。"还有一些网站也发表了同样的言论，如 Gizmodo 网站就发表了一篇题为《iPad 的八大缺点》的文章，并在文中列举出了其不支持多任务模式、不带摄像头，也不支持 Flash 等缺点。更有甚者，还拿 iPad 的名字进行恶搞，将其比喻成了女性卫生用品，以至于当时以 "#iTampon（pad 有女性卫生护垫的意思，而 Tampon 指的则是女性月经棉球）" 为开头的话题，一路飙升到了各类话题榜的第三名。

在这种时候，乔布斯的老对手比尔·盖茨自然不会放过这个大好的机会，在接受《财富》杂志的记者布伦特·施伦德采访时说道："无论到什么时候，我都觉得拥有手写笔和真正的键盘的上网本，才会是这一领域内的主流。"接着，他又说道："当初，苹果公司在发布 iPhone 的时候，我非常惊叹，但是 iPad 在发布的时候，我却没有这种感觉。在我看来，iPad 只是一款不错的阅读器，并没有什么可以吸引我眼球的地方。"在采访的最后，他还坚持认为微软的手写笔方案会成为这一行业的标准，并对此言道："早在十多年前，我就曾说过，以后肯定会是配有手写笔的平板电脑的天下。现在看来，我可能是对的。"

社会上的种种质疑之声，让乔布斯变得非常恼火和沮丧。他不明白 iPad 明明是一款非常棒的产品，人们为什么就是不相信呢？不仅如此，在短短的几天内，他还收到了几百封的电邮。其中，绝大多数都是在向他抱怨，iPad 的功能不够健全，它所缺失的东西太多了；还有人说 iPad 这个名字很难听，甚至还有人在给他的邮件中公然写道："Fuck，你怎么能这样设计 iPad 呢？"看到这些邮件后，乔布斯更加郁闷了。尤其是一些铁杆"果粉"也对 iPad 表示了质疑，这真的让他很受伤！

不过，乔布斯还是收到了一些令他高兴的邮件。比方说，总统办公厅主任拉姆·伊曼纽尔就对乔布斯发来了贺电，称 iPad 定能改变人们对于平板电脑的认识，成为这一行业的全新领跑者。

1个月售出 100万

"看看其他那些消费类产品的设计吧，它们真的是纷繁复杂，而我们在做的是尽量让产品看上去更加简单。"

——乔布斯

2010 年 4 月初，iPad 终于在万千人的翘首企盼中上市了。当人们真正将 iPad 拿到手中的时候，他们之前对它的挑剔情绪就逐渐消失了，取而代之的则是狂热。

在 iPad 正式上市的当天，乔布斯出现在了帕洛奥图的苹果零售店内。此次应邀前来的还有丹尼尔·科特基，他们曾是很好的朋友，只因当年苹果公司上市的时候，乔布斯没有分给他发起人的期权愤而离开了苹果公司。现在，他早已对此事释怀。正如他后来回忆的那样："我们当时已经有 15 年没见过面了，我来这里只是想再见见他。当我告诉他我想用 iPad 写歌词的时候，他很高兴。可以说，那次是我们认识这么多年以来，唯一一次较为愉快的聊天了。"

丹尼尔·科特基是幸运的，他被乔布斯邀请到了店内畅谈，不用在外边排长队等候。不过，沃兹就没有那么好运了。这位苹果的缔造者之一，他虽然离开了苹果，但每当有苹果产品上市的时候，他都会到当地的零售店去排队购买。在 iPad 上市当天，他也和之前一样，和其他"果粉"们一起排起了长队。当有记者在人群中发现他，并问他为什么不直接到店内时，他告诉记者道："乔布斯不想看到我，而我也不想惹他生气，所以我觉得还是在这里排队比较合适。"

在消费者为 iPad 而疯狂的时候，各大主流媒体也没有闲着。如《时代》杂志就将其设计为封面，并对其进行了报道，称："我们在撰写有关苹果公司产品的文章时有两大难题，一是他们的产品在面市时经常伴随着雾里看花般的宣传，第二则是他们的炒作在很多时候都是真的。"当然，除了这些赞美之词外，《时代》杂志的记者也提出了自己的意见，iPad 不同于 Mac 电脑，它们缺乏了一点儿创造能力，人们在拿到 iPad 后，只能吸收和使用别人的东西，成为被动的消费者，而不能成为创造者。乔布斯在看到这篇文章后，便将此记在了心上，并准备在下一代 iPad 中解决这方面的问题。

除了《时代》杂志外，《新闻周刊》也对 iPad 进行了详细的报道，而文章的撰写者就是此前对 iPad 提出刻薄评论的丹尼尔·莱昂斯，此时的他已经改变了自己的观点，并以《iPad 好在哪儿？哪儿都好》为标题，对 iPad 大唱赞歌。他在文章中这样写道："当初我在观看乔布斯在台上演示的时候，我只是觉得它只是一台大点的 iPod Touch 而已，并没有什么大不了的。但是当我有机会体验了一下 iPad 后，我却一下子就爱上了它，并立即决定买下一台。"和莱昂斯有着同样想法的人也有很多，当他们意识到这是乔布斯的一款得意之作后，他们对 iPad 全都表现出了前所未有的狂热。

在 iPad 推出之前，很多年轻人在见面的时候，都会询问对方道："你的 iPod 里面都存了些什么？"而现在则都变成了"你的 iPad 里面都存了些什么？"当然了，对于 iPad 的狂热并不局限于一些年轻人，还有不少政府官员也都对 iPad 表现出了极度的喜爱之情。如奥巴马总统的经济顾问拉里·萨默斯用的就是 iPad，他觉得通过下载彭博财经资讯的应用，可以让他非常方便了解实时的财经动态。此外，还有白宫沟通顾问比尔·伯顿、政治顾问戴维·阿克塞尔罗德、白宫办公厅主任拉姆·伊曼纽尔等，用的都是 iPad，而且还都下载了大量自己喜爱的应用。

还有一件事情，可以很好地反映出 iPad 为什么会这么受欢迎。有一天，正在波哥大（哥伦比亚首都）北部的一个奶牛场附近度假的福布斯总编迈克尔·内尔，在无聊的时候他便拿出了自己 iPad 看新闻。此时，一个约 6 岁的小男孩走到了他的跟前，并非常好奇地看着他手中的 iPad。于是，迈克尔·内尔就把自己的 iPad 递给了他。接下来的事情，让迈克尔·内尔有些吃惊了。那个在此之前从未用过电脑，也没见过 iPad 的小男孩，竟然在没有人指导的情况下，仅凭着自己的直觉开始用手指在屏幕上滑动，然后启动了应用程序，并在一旁开心地玩起了弹球游戏。这件事对迈克尔·内尔的触动很大，随即他便写了一篇文章发表到了福布斯的网站上，并在文中对乔布斯和 iPad 充满了溢美之词。如他在其中一段如此写道："乔布斯设计出了一款既强大又简单的电脑，即便是一个从未见过电脑的小男孩也能在没有任何指导的情况下使用它。如果这都不算神奇的话，我真不知道还有什么东西可以称得上神奇了。"

此外，中国著名钢琴家郎朗于 2010 年 4 月在旧金山举行的一次音乐演出中，也为 iPad 做足了广告。在其演出进行到高潮部分的时候，他出人意料地拿出了刚上市没几天的 iPad，并在一款软件的辅助下，在触摸屏上弹起了里姆斯基·科萨科夫的《大黄蜂的飞行》（速度最快的钢琴曲之一），立刻在会场内引起一片欢笑声和惊呼声。

总之，在多种形式的宣传下，以及最为真实的客户体验反馈指导下，这一切都证明了 iPad 有着无比强大的功能。因此，iPad 在上市不到一个月的时间内，就售出了 100 万台。想当初，iPhone 可是花了两个多月才达到这一目标的。正因如此，iPad 一跃成了苹果公司有史以来最为成功的消费电子产品。

除了在国内市场上连战告捷外，iPad 在海外市场上也同样大获全胜，几乎每家苹果零售店前都有不少人排队购买 iPad。其实，无论是 iPhone 还是 iPad，人们一旦为了得到它们而到了如此疯狂的地步，那么它们就已经不再是单纯意义上的手机或电脑了，而是一种引导人们消费的符号，是现代人必备的时尚用品。

据不完全统计，截至 2011 年 6 月，在 iPad 发布 14 个月后，其销量就已经达到了惊人的 2500 万台，与 iPhone 和 iPod touch 一起构成了苹果公司的主要盈利产品。不仅如此，苹果公司还凭借着 iPhone 和 iPad 的强势表现，使得苹果公司的市值在 2011 年就超过了 3000 亿美元，稳稳地坐在了世界第一大科技公司的宝座之上。

iPad冲击波

　　"他们生产的平板电脑在推出的时候就已经被淘汰了。更重要的是，他们的屏幕太小了，与 iPad 相比，一点儿竞争力都没有。"

——乔布斯

　　iPad 上市后，很快就刮起了一场席卷全球的购机热潮，而在这一领域率先受到冲击的就是微软。其实，早在 iPad 问世之前，微软就已经开始着手研发并推出了一些产品，但在 iPad 发布时，微软感到了威胁。因此，比尔·盖茨才会在 iPad 上市前后，不止一次对外宣称："iPad 只不过是一款漂亮点的阅读器，用户根本就不能通过它输入文字、做笔记或是编辑文档，而带有一支触控笔和键盘的 Tablet PC（微软此前推出的一款平板电脑），才是一款真正具有革命性的产品。"

比尔·盖茨此言，和乔布斯在微软刚推出 Windows1.0 时的语气极为相像。若是真的追溯起来，在微软成立之初，比尔·盖茨就曾想过要制作出一台便携的平板电脑，为此，他还专门从施乐的帕洛奥图研究中心挖角。只是由于技术的限制，他的这个愿望才一直没能实现。直到 1999 年，认为时机已经成熟的比尔·盖茨就曾在公司内部表示："属于 Tablet PC 时代已经来临了……"不久之后，Tablet PC 就正式上市了，并为此而做了大量的宣传，结果却令比尔·盖茨非常不满。Tablet PC 在上市的时候，虽然也受到了多方面的关注，但其销量却让人不敢恭维。反观苹果公司一推出 iPad，便引起了人们的购机热，比尔·盖茨怎能不为此懊恼呢？

2007 年，乔布斯仍然像之前一样，对微软推出的平板电脑很不看好，结果却因此而与比尔·盖茨打了一次口水仗。以至于在苹果推出 iPad 时，就立刻遭到了比尔·盖茨的口水攻击。按照客观、公平的原则来说，比尔·盖茨就像是个探路者，为 iPad 的发布清除了道路上的荆棘。也是在这一年，乔布斯开始准备研发 iPad 了。

2010 年 1 月 27 日，在乔布斯揭开 iPad 的神秘面纱后，虽然众说纷纭，但是所有人很快就意识到了，iPad 就是一款革命性的产品。正如 iPad 的设计师乔纳森·艾维所说的那样，"iPad 不仅是一款可以获取媒体内容的酷炫工具，同时它还是人们在一个全新的计算机领域内探索的结晶。"

我们此前就曾说过，乔布斯对于 iPad 十分看重。2009 年 6 月他在刚刚病愈后，就带着还有些虚弱的身体返回了苹果，并亲自主管与 iPad 有关的，包括营销策划在内的所有项目。Chiat/Day 创意总监肯·舍加尔对此深有感触道："他除了对 iPad 的外观及软硬件感兴趣外，就连广告中的每一个词和或句子，他都会仔细斟酌，然后才让我们公开发表。"Enderle Group 公司总裁罗波·安德鲁也对此表示道："苹果的产品在最初开始设计的时候，就在想着销售的问题。因此，他们才能设计出让消费者心甘情愿排起长队购买的产品，至于其他公司根本就做不到这一点。"

像这类的评价还有很多，当然也有不少坏的。如日本著名的动漫导演宫崎骏就曾抱怨过，称 iPad 根本就不能让他获得真正想要的东西。不仅如此，他还曾公开说道："每当我坐上新干线的时候，我都能发现那些轻轻地触摸着 iPad、恍如自慰的人们正在逐渐增多。"另外还有不少媒体也发布了一些类似的文章，称 iPad 毫无创意，甚至还有人为 iPad 列出了十大缺陷，如无 USB 接口、不支持 Flash 等。也许是多家媒体的负面评价造成的影响，iPad 在发布后，苹果公司的股价就受到了极大波动。但是，来自消费者的反应则与此正好相反，他们为了尽早买到 iPad，不惜彻夜排队等候。

在 iPad 推出之后不久，许多电脑制造厂商本来也想开发平板电脑，但是由于之前微软在这方面给他们带去过痛苦的回忆。所以，他们全都放弃了这一念头，改而采取了观望或是坐等苹果惨败的态势。如麦克·马哈普罗（时任联想全球高级产品营销经理）就曾说过："用户对于平板电脑的反馈很不好，所以我们（即联想）在短时间内不会推出平板电脑产品。毕竟大多数的用户都很需要物理键盘。"但是，没过多久，这些厂商全都为自己没能及时跟进这一领域而后悔了。

苹果在推出 iPad 之后没多久，这些厂商的计划表就全都被打乱了，他们没有想到 iPad 竟能势如破竹般击败一个又一个的竞争对手，给他们在计算机界的产业带去了如此大的冲击。在这一领域内，iPad 简直就是无敌的存在。

早在两千多年前，阿基米德曾说过："给我一个支点，我可以撬起整个地球。"2010 年乔布斯就找到了一个足以撬动整个 IT 界的支点，那就是 iPad。结果，随着这个支点的出现，多家 IT 界的巨头都被撬了起来，并被苹果狠狠地甩在了身后。在这些巨头中，最先醒悟并发力回追的是以手机制造为主的黑莓公司（RIM），他们对外宣布，将在 9 月份的时候，推出他们自己的 Play Book 平板电脑。随后，三星也加入到了这个队伍之中。对于这些公司的举动，乔布斯又直言道："他们生产的平板电脑在推出的时候就已经被淘汰了。更重要的是，他们的屏幕太小了，与 iPad 相比，一点儿竞争力都没有。"

似乎是为了验证乔布斯的话，继黑莓和三星之后，IT 界的另一巨头惠普公司，于同年 10 月推出了一款平板电脑，即 Slate 500，它的功能虽然很强大，但在与 iPad 的比拼中，却全面落入下风。11 月，优派也在美国市场推出了其最新力作 View Pad 系列的平板电脑，并想借此推翻乔布斯之前说过的小屏幕的平板电脑没有市场的说法。但事实证明，它们同样不是 iPad 的对手。

2010 年 12 月，宏基公司也加入到了阻击 iPad 的行列，并赶在感恩节前夕，同时发布了三款平板电脑。在发布会上，宏基公司当时的 CEO 蒋凡可·兰奇就对外宣称道："平板电脑才刚刚起步，我们现在加入还不算晚，而且，我们也有信心改变苹果一家独大的局面。"很显然，宏基高估了自己，他们的这三款产品，同样未能对 iPad 的市场地位构成任何的威胁。

直到 2011 年 1 月，摩托罗拉在与谷歌、Verizon 电信进行深度合作的情况下，推出了一款名为 XOOM 的平板电脑。作为世界上首款搭载了 Android 3.0 操作系统的平板电脑，它有着强大硬件设施和软件系统，它在与 iPad 的比拼中，虽然对 iPad 的霸主地位造成了一定的冲击，但总的来说它还是没能成功阻击掉 iPad。

2011 年 2 月，联想集团在发布乐 Pad 对 iPad 发起冲击未果后，柳传志在接受采访时表示："失败总是难免的。在平板电脑这一领域，苹果公司带领我们走出了一条路。刚开始的时候，我们在这条路上也许会慢上半拍，但这并不代表我们没有机会赶上甚至超越苹果。"

2011 年 3 月，苹果再次强势出击，推出了更为强大的下一代平板电脑，即 iPad2。在发布会结束后，当记者采访乔布斯，问他："您觉得苹果公司在 2011 年会有什么样的收获？"对此，乔布斯则非常直接地回答道："2011 年将是属于 iPad2 的一年。"

在此次采访中，乔布斯还就个人 PC 和 iPad2 的前景做了形象的比喻道："在有了 iPad 之后，PC 将会变得同卡车一样。它们虽然还有着自己的价值，且随处可见。但是，开卡车的人毕竟只有少数。"随后，各大媒体上就出现了内容大致相似的报道，称"iPad2 正在展开'血腥收割'，平板电脑将会在不久的将来取代家用电脑。"

事实也正如这些报道中所说的那般，大多数的平板电脑都没办法与 iPad2 相比较。至于那些科技巨头，他们的产品虽然不错，但若面对 iPad2 的话，依然没有任何胜算可言。在这种情况下，微软公司最先于 2011 年 5 月放弃了对苹果的围堵，并随之解散了研发平板电脑的 Pioneer Studios 部门，专心做起了平板电脑的系统开发工作。除了微软外，其他公司也有退出这块市场的。至此，在平板电脑这一领域内，苹果公司在乔布斯的带领下，已经成了无可匹敌的霸主了。

广告风波

"你设计的广告真是烂透了，iPad 正在改变世界，可你看看你做的都是什么东西，一点冲击力都没有！"

——乔布斯

在 iPad 正式上市之前，还发生了一段小插曲，起因则是广告的创意与设计。关于 iPad 的广告，早在 iPad 的研发工作未完之时，乔布斯就已经命人着手准备广告的事宜了。不过，在第一个广告出来的时候，他很不满意，便决定亲自操刀，主持广告的设计工作。

在之后的一段日子内，他和詹姆斯·文森特以及邓肯·米尔纳一起合作，先是将其广告公司更名为 TBWA/Media Arts Lab，然后便投身于 iPad 的广告设计上，在此期间，已经处于半退休状态的李·克劳，也给乔布斯提了不少的建议。

很快，他们就出了第一个广告样板。在这则广告中，从一开始就只有一名男子，他穿着运动衫和褪了色的牛仔裤，斜靠在椅子上，正在用 iPad 收发邮件、浏览相册、阅读电子报纸、观看视频等。在这则广告完成后，乔布斯很快就同意了这个方案，但没过多久，他就开始讨厌这个创意了，并抱怨道："这部广告片简直就像在为一家家居店做广告一样，你们都不知道自己在做什么。"结果，乔布斯很快就将这个广告给毙了。

随后，他们又尝试过多种广告创意，但没有一种能让乔布斯满意的。在乔布斯看来，若想解释 iPod 的话很简单，只需告诉人们能将 1000 首歌曲装进自己口袋的那个东西就是 iPod。但若有人让他说说 iPad 是个什么东西时，他可就犯难了。他可不想将 iPad 当成一台普通的电脑那般进行演示，但又不想将它弱化成一台便携式的电视机，否则的话，将很难吸引到消费者的眼球。

因此，在为 iPad 设计这则广告的时候，詹姆斯·文森特在那的几个月里一直都在夜以继日地工作，从都没有好好休息过。好在他们终于赶在 iPad 上市之前完成了，并在 iPad 发布的当天，在各大主流媒体中进行了同步播出。刚开始的时候，詹姆斯·文森特也知道乔布斯对这个广告有些不满，但是现在广告已经做出来了，且随着 iPad 的发售也在同时播出了。于是，他便安心地带着妻子儿女们一同驾车前往棕榈泉，观赏他所喜欢的明星在柯契拉音乐节上的演出。结果，他刚到地方，就接到了乔布斯的电话。在电话里，乔布斯朝他怒吼道："你设计的广告真是烂透了，iPad 正在改变世界，可你看看你做的都是什么东西，一点冲击力都没有！"

詹姆斯·文森特听后便反问道："好吧，那你告诉我你想要什么样的广告。要知道，我在为 iPad 设计广告之前，你可一直都没有告诉过我你想要什么样的广告。"他刚说完，就听到乔布斯在电话那头回道："我也不知道我想要什么。不过，你得想办法给我整出点新东西才成，你现在做好的这个广告真是烂透了。"很快地，两人就因此而争吵了起来。

在争吵的过程中，当詹姆斯·文森特再次强调乔布斯得给他点儿提示的时候，乔布斯也没有那么生气了，他只是对詹姆斯·文森特说道："你再给我展示一些东西，说不定等我看到的时候，我就能知道我想要什么东西了。"乔布斯刚说完，詹姆斯·文森特有些激动又略带讽刺地对乔布斯说道："我明白了，我会把你刚才说过的话告诉我手下的创意人员，告诉他们：'你们只管负责设计，当我看到我想要的东西时，我就知道我想要什么了。'"说完之后，詹姆斯·文森特就将电话给挂断了，之前的好心情也随之烟消云散。

在回到库比蒂诺后，文森特就带着他的设计团队对 iPad 的广告重新进行了构思，并在两周内就构思出了好几套方案供乔布斯选择。随后，他便带着这几套方案来到乔布斯的家中，他希望能在这种较为宽松的环境中演示，而不是在气氛严谨的办公室内。在这些方案中，既有采用幽默手法的，也有采用鼓舞人心手法的，还有以名人做代言的策略，也有直接对产品进行演示的方案等。结果，在看完这些方案后，乔布斯知道自己想要什么了。于是，他再一次对詹姆斯·文森特说道："这里没有我想要的东西。"还未等对方表达自己的伤心，乔布斯就又对他说道："iPad 既不需要名人做代言，也不要向别人过多演示它的功能。我们需要的是一份声明，准确地说应当是一个宣言，一个告诉所有人 iPad 很了不起的宣言。"

在 iPad 发布的时候，他就曾宣称 iPad 将会改变世界，现在，他还希望通过 iPad 的广告再次强化自己当初的宣言，让所有的人都能记住，只有 iPad 才是真正的平板电脑，向所有的人宣告他们的成就。在说完自己的观点后，乔布斯便离开了自己的座位，略显虚弱地说道："好了，你们都去干活吧，我要去做按摩了。"

在离开乔布斯的家后，詹姆斯·文森特便召集来邓肯·米尔纳和文案埃里克·格伦鲍姆，准备按照乔布斯的要求而做，并很快就做出了样片。詹姆斯·文森特将这部广告片命名为"宣言"（The Manifesto），在这则短片中，他以女歌星凯伦·欧的《金狮》（Gold Lion）为背景音乐，显得这个广告片的节奏很快，很有冲击力。不仅如此，伴随着音乐声，短片中还缓缓传出了一段旁白："iPad 很薄、很完美……它的功能非常强大，甚至可以用神奇来形容它……你可以通过它看视频、浏览照片，它还能装下你一辈子都读不完的书籍。可以说，iPad 就是一场革命，而这一切才刚刚开始而已。"

在完成"宣言"这个广告片后，詹姆斯·文森特又带着他的团队设计了一个方案，并由年轻导演杰西卡·桑德斯拍摄了一段生活纪录片。在这两个广告都做好的时候，乔布斯都挺喜欢。但没过多长时间，他又开始挑刺儿，称这两则广告依然没有任何新意，并指它们就和维萨卡（Visa，信用卡品牌）的广告一样，一看就知道是广告公司的作品。

他很想让詹姆斯·文森特为他做出一个新颖的广告，他想在新颖的广告中听到那种简单、干净，且带有宣告式的声音。对此，李·克劳回忆道："当初我们在探讨一些较为生活化的广告方案时，乔布斯好像很感兴趣。但不知什么时候，他突然变得很讨厌这种方案了，称它没有苹果的感觉。然后，他就告诉我们，苹果的声音非常简单、诚实，并要我们将此加入到新的广告之中。"最后，詹姆斯·文森特等人不得不重新设计这个方案，才有了我们最终看到的那个，在干净的白色背景下，一系列特写镜头快速闪过，同时还伴有"iPad 是……"的短语介绍着你可以用它做什么，向人们一一展示了其所具有的强大功能。

应用程序商店

"苹果公司可以授权外人为 iPhone 编写应用程序，但前提是，他们必须按照一定的标准进行开发，并在编写完成后接受苹果公司的测试与批准，而且只能通过苹果公司的 iTunes 商店出售自己的应用。"

——乔布斯

iPad 的成功是多方面的，除了外观和硬件外，应用软件也是其成功的一个关键。人们可以在 iTunes 商店（App Store）下载数千种应用程序，并利用下载的程序轻松地掌控股票的实时信息、浏览新闻、看电影、阅读杂志或是电子书、玩游戏等。在这么多的应用程序中，你几乎可以找到任何你想要的东西。不过，在最初的时候，苹果只推出了几百种可下载的应用程序，直到苹果授权外部开发者后，这个数字才激增到了成千上万种。

其实，iPad 应用程序的开发与应用热潮始于 iPhone。早在 2007 年，苹果刚刚推出 iPhone 时，能够在 iPhone 上运行的游戏都是由苹果的工程师发明的。至于后来这一数字的激增，主要是与乔布斯同意了向外部开发人员开放授权的界定有关。

在最初的时候，乔布斯非常抵触也拒绝对外开放应用程序的开发权。在他看来，若是允许外人为 iPhone 开发应用程序的话，那样就有可能会将 iPhone 搞得面目全非，亦或是让 iPhone 被病毒侵入，破坏其对完美的追求，而这些都是乔布斯所不能容忍的事情。

除了乔布斯外，苹果公司内则有很多人建议对外开放这些应用程序的开发权。如苹果的董事会成员亚瑟·莱文森，他就曾因此而劝过乔布斯，后来他还对此回忆道："当时我给他打了很多个电话，希望他能同意开放应用程序。要知道，苹果若是不允许开发者制作应用程序，而其他公司允许的话，我们就会将原有的竞争优势拱手让给对方。"苹果公司的营销总监菲尔·席勒也曾劝过乔布斯，他的观点和亚瑟·莱文森的大同小异。对此，他回忆道："我们既然创造出了 iPhone 如此强大的产品，就应当授权开发者制作应用程序，因为消费者喜欢。"

在开始的时候，乔布斯一直回避对此问题的讨论。除了上述的原因外，他还觉得自己的团队应当专注于工作，一旦授权第三方，应用程序开发者出现了一些问题，那么他们就得分出一部分精力去解决，而这也是他所不愿看到的。不过，在 iPhone 推出不久后，他就改变了主意，并愿意听听大家关于此问题的看法。亚瑟·莱文森对此回忆道："我们每说一项开放的好处时，乔布斯好像都会改变一点儿。"

在接下来的一段时间内，他们又召开了三次董事会，而每次讨论的重点都一样，即授权开发者为 iPhone 制作应用程序。经过四次会议讨论之后，乔布斯终于被说动了。不仅如此，他还想到了一个两全其美的办法，即"苹果公司可以授权外人为 iPhone 编写应用程序，但前提是，他们必须按照一定的标准进行开发，并在编写完成后接受苹果公司的测试与批准，而且只能通过苹果公司的 iTunes 商店出售自己的应用"。

乔布斯想出来的这个办法，不仅可以有效地控制众多获得授权的软件开发者，还能充分利用这些人为 iPhone 带来的优势。这一方法很快就得到了苹果董事会的认可，尤其是亚瑟·莱文森更是对此赞不绝口道："乔布斯找到了一个绝佳的平衡点，这不仅能给我们带来莫大的好处，还保留下了对端到端的绝对控制。"

2008 年 7 月，针对 iPhone 手机开发的应用程序商店——iTunes 商店正式发布。在这个虚拟的商店内，很多应用程序的价格都较为低廉，极少有超过 1 欧元的，再加上用户可以直接通过 iPhone 直接下载，以至于在 iTunes 商店投放市场的 1 个月内，其下载量就达到了惊人的 6000 万次。9 个月后，其应用程序的下载量更是达到了惊人的 10 亿次，着实让苹果公司狠狠地赚了一笔。

到了 2010 年 4 月 iPad 上市销售时，开始只有几百款应用程序的 iTunes 商店内，已有近 20 万个应用程序。而且，其中还有不少应用程序也可以在 iPad 上使用。不仅如此，在 5 个月后，iTunes 商店内就多出了 2 万多个专门为 iPad 量身编写的应用程序。

iTunes 商店的发布，可以说是完全颠覆了传统的软件销售模式。开发者在为 iPhone 和 iPad 开发的软件的同时，还可以实现额外的盈利。即用户每下载安装一款软件所支付的款项，都会由苹果公司和开发者分账，这种利润分配方式不但大幅提高了中小开发者的积极性，同时也促进了 iPhone 和 iPad 的销售业务。据统计，截止到 2011 年 6 月，iTunes 商店中有关 iPhone 和 iPad 应用程序突破了 40 万大关，下载次数更是高达 140 多亿次，而苹果公司向应用程序开发者支付的资金也有 25 亿美元之巨。

正如美国风险投资家约翰·杜尔之前所说的那样："苹果假如开放应用程序平台的话，极有可能会催生出一批新型的创业者，并能创造出一种全新的服务。"结果，他的话应验了。苹果的 iTunes 商店可以说是在它投放运营的那一刻起，就创造出了一个全新的产业模式，造就了一大批以应用程序开发为主的创业者。为此，约翰·多尔在苹果的 iTunes 商店投放运营后，便拿出 2 亿美元的资金，成立了 iFund 基金会，专门为那些好的创意进行股权融资，而这也让他赚了不少。

另一方面，苹果还不断地将 iTunes 商店的成功运营模式扩展到其他领域。尤其是随着 iPhone 系列和 iPad 的相继推出，苹果 iTunes 商店也开始了电子图书的销售。为此，还有不少出版商专门为 iPad 创造出了一批新的杂志、书刊和学习材料等。比方说，卡拉威（Callaway）出版社在行业前景不是很景气的情况下，竟然完全放弃了印刷业，准备破釜沉舟，将全部的精力都转移到了利用交互式应用程序进行书籍出版，结果他们成功了。在他们转型的两年内，他们在苹果 iTunes 商店卖出去的图书有 2000 多万册。要知道，截止到 2011 年 6 月时，iTunes 商店内的图书累计销量也才只有 1.3 亿册！

2010 年，苹果公司又将 iTunes 商店成功扩展到了台式机和笔记本领域。也就是说，使用 Mac OS X 系统的用户也可以通过互联网，自由、方便地购买 iTunes 商店内的软件。2011 年，苹果又大张旗鼓地推出了名为 iCloud 的"苹果云计算"服务。此一举动，更是大大地方便了苹果用户在桌面电脑、iPhone 以及 iPad 之间的数据与应用程序的同步更新。可以毫不夸张地说，iPhone、iPad 以及它们所代表的商业模式，已经成了这个世界的流行趋势。

iPad2：人文科技交点

"平板电脑不能只靠技术，还要把科技与艺术和人文结合起来，而我们现在正站在这个交叉点上，也只有我们所走的路才是正确的。"

——乔布斯

iPad2 作为苹果的第二代平板电脑，其实早在 iPad 开始销售之前，乔布斯就已经在酝酿了。而且，他也广泛听取了各方的意见，并采纳了其中不少好的提议。比方说，为 iPad2 安装上摄像头，让它变得比 iPad 更加轻薄等。

和之前苹果的所有产品一样，乔布斯在酝酿 iPad2 的时候，他最先考虑到的便是其外观设计。iPad2 除了要比 iPad 更轻、更薄外，最重要的一点就是 iPad 将会多出一个外设装置，这可能是大多数人没有想到的。苹果公司在设计 iPad 的时候，为了保护它而为它量身定制了一个保护套，然而就是这个保护套遮盖住了线条美丽的 iPad。不仅如此，为了更好地保护屏幕，他们不得不降低屏幕的灵敏度，把本应该更轻薄的东西做得太厚了，这可不是喜欢追求完美的乔布斯所想要的。

正当乔布斯为 iPad2 的屏幕保护设施而发愁的时候，他看到一篇有关磁铁的报道。这篇文章指出，磁铁的吸引力可以被精确地聚焦在一个锥形区域里，在离开这个区域后，它的作用力就会减弱或是消失。看到这里后，乔布斯非常兴奋，他好像看到了什么。于是，他便将那段文章给剪了下来，并交给了乔纳森·艾维，让他根据磁铁的这个原理为 iPad2 设计一款可分离的保护盖。那样一来，只需将 iPad 的正面给遮挡起来，就能有效地保护 iPad2 的屏幕了。

没过多久，就有人按照乔布斯的研究出了一个较为可行的外界设备，即用带有磁性的合页做了一个可被分离的保护盖。也就是说，当你打开 iPad2 的时候，其屏幕就会被唤醒。不仅如此，这个保护盖还可以折叠起来，在用 iPad2 的时候，你可以将其折叠成一个支架，支撑起 iPad。这只是一项纯粹的机械应用，而不是什么高科技，但是这项设计却非常的棒。这项改进虽然只是 iPad2 众多改进项目中无足轻重的一个，但正是这么一个微不足道的细节上的创新，为 iPad2 赢得了更多的赞许与掌声。

2011 年初，iPad2 的研发工作也接近了尾声。同年 3 月，苹果准备在旧金山为其召开发布会。此前，乔布斯由于胰腺癌复发而第三次病休。因此，很多人都以为乔布斯不会出场了，但结果并非如此。在发布会当天，苹果的高管除了乔布斯外，全都早早赶到了会场。正在众人猜测乔布斯会不会放自己的鸽子时，乔布斯那纤瘦的身影终于出现了，而此时距离发布会开始仅剩下一分钟了。

乔布斯出现后，他一边缓缓地走上舞台，一边面带着欢快的笑容对着台下的众人说道："这个产品我们做了那么久，我又怎么舍得错过呢！"在听到乔布斯的声音后，台下所有人竟然全都站了起来，为他的出现而欢呼、鼓掌。

乔布斯在向人们展示 iPad2 的时候，是从那款新的保护盖开始的。接下来，他对众人说道："之前的 iPad 较为擅长消费内容而不是创造内容，但是，iPad2 将会变得与众不同，你可以通过软件（Gamge Band 和 iMovie，）在 iPad2 上轻松地作曲和编曲，或者是给你的家人的录像添加一些背景音乐以及特效等。"很明显，iPad2 在这方面的改进，是他在听取了人们对 iPad 的评价后而总结出来的。

在这次发布会的最后，乔布斯再次强调了 iPad2 所体现的"人文"与"科技"的两大理念，并总结道："真正完美的创意，主要来自于产品的一体化，如硬件、软件、内容、保护盖等，只要能够将它们紧密地契合在一起，就是一款真正伟大的产品。而不像其他电脑生产厂商那样各自为政，最后连一点儿竞争力都没有。"

乔布斯为苹果注入了其特有的基因，这使得苹果的产品不仅只有技术，还有对人文的考虑。对此，乔布斯也说过："只有科技与人文的联姻，才能让我们的产品更加感人至深。"尤其是在后 PC 时代，很多电脑厂商纷纷涌入平板电脑这一市场，并将其视为下一代个人 PC。他们虽然都很注重科技的发展，但却有很多人都忽略了对人文的考虑。比方说，他们会将自己产品的硬件和软件分别交给不同的公司制作，仅此一点，就已经大大影响到了其对产品的控制权，更不说其他方面了。也就是说，他们若是想像苹果那样制造出一款又一款的完美产品，根本就是不可能的。

在发布会结束后，乔布斯看上去虽然非常虚弱，但他的精神却很好，并接受了一些记者简短的提问。其中，有位记者向乔布斯问道："您觉得苹果公司在 2011 年会有什么样的收获？"对此，乔布斯非常直接地回答道："2011 年将是属于 iPad2 的一年。"当记者提及平板电脑市场的未来时，乔布斯则诙谐地说道："请允许我提醒一下我们的竞争对手，他们觉得平板电脑将会是下一个 PC 市场，这种想法是不正确的。因为，平板电脑是属于后 PC 时代的产物，它们要比 PC 更容易使用，用户体验的感觉也将变得更加重要。"随后，他又进一步表示，"平板电脑不能只靠技术，还要把科技与艺术和人文结合起来，而我们现在正站在这个交叉点上，也只有我们所走的路才是正确的。"

之后，他又带着自己的妻子鲍威尔、儿子里德与沃尔特·艾萨克森一同吃了顿午餐。好的心情似乎也令乔布斯胃口大开，那次他吃了一份多的蟹肉沙拉，一份冰激凌，还喝了一大杯果汁，这可以说是乔布斯自再次生病以来，吃得最多的一次了。

到了第二天的时候，仍旧沉浸在兴奋之中的乔布斯决定在第三天到夏威夷的康娜度假村度假，并早早地收拾好了行李。在他的行李中，除了两件换洗的衣服外只有一部 iPad2，而里面他只下载了三部电影和一本他每年都会读上一遍的《一个瑜伽行者的自传》。

　　iPad 2 可以说再一次改变了平板电脑市场的格局，它不仅拥有更薄、更精湛的工艺设计，同时其硬件性能也有了长足的提升。一周后，当 iPad2 正式发售的日子来临的时候，苹果的零售店前，依旧像之前几款产品发布时的情况一样，排起了长长的队伍。

不要让周围聒噪的言论蒙蔽你内心的声音

iBook代理商模式

"亚马逊把电子图书市场给搞砸了。"

——乔布斯

iPod 的问世改变了整个音乐产业，而 iPad 及 iTunes 商店的出现，则改变了所有形式的媒介产业。不过，乔布斯并没有就此满足，因为他想改变的是整个科技世界，而不是一城一池之地。尤其是 iTunes 商店的成功，更是坚定了乔布斯的信心，比方说，苹果进军电子书产业，就是出于这一目的。

刚开始的时候，最先对电子书市场产生兴趣的是亚马逊，他们率先推出了 Kindle 阅读器，并扬言道："Kindle 将会改变人们的阅读方式，就像苹果的 iPod 改变了人们听音乐的方式一样。"

在亚马逊推出 Kindle 后没有多久，苹果公司便着手创建了一个专门出售电子图书的虚拟网络商店——iBook 商店，它和苹果之前推出的 iTunes 商店差不多，只不过是以出售电子图书为主。但若仔细比较一下，两者之间的运营模式还是有所不同的。

如在 iTunes 商店，在乔布斯的坚持下，所有歌曲的售价都不得过高，一般都在 99 美分以下。亚马逊的创始人杰夫·贝佐斯在推出 Kindle 后，也曾想以 iTunes 商店的经营模式进行代理销售。不同的是，在 iTunes 商店内一首歌是 0.99 美元，而在 Kindle 中，一本书的售价则是 9.99 美元，而且还取得了不错的业绩。不过，这种情况在苹果进军这一领域后，又有了新的变化。

苹果在进入电子图书领域后，乔布斯并没有按照 iTunes 商店的运营模式向出版商提出相同的条件，而是对他们提出了更为优厚的条件，即允许他们在 iBook 商店中任意设置其出售图书的价格，而苹果只从销售额中提取 30% 的作为代理费。不过，在乔布斯提出这一条件后，很多人都觉得假如苹果真能与那些出版商达成合作的话，那么 iBook 商店里的电子图书将会比亚马逊的贵出许多。真到那个时候，还会有人花更多钱在苹果的 iBook 商店买书吗？对此，乔布斯则回答道："这根本就不是问题，因为价格是不会变的。"

在 iPad 发布之后，乔布斯似乎加快了这一步伐，而且他还不止一次抱怨道："亚马逊把电子图书市场给搞砸了。"他这样说是有根据的，亚马逊在出售这些电子书籍时，都是以批发价从出版商那里购得，然后又以低于成本价的 9.99 美元销售，这让很多出版商都很不满。因为，他们这样做的后果就是直接影响到了那些出版商们纸质图书的销售。所以，在苹果宣布将要进入电子图书市场的时候，就有不少出版商终止了继续向亚马逊供书的合同，转而开始与苹果合作。

此时，乔布斯便向他们开出了之前他所提出的条件，即由出版商自己定价，苹果公司只从中抽取三成的利润。后来，乔布斯在回忆这件事的时候说道："我知道当时那样做会让消费者多花一些钱，但那却是出版商们想要的结果。"当然了，乔布斯在向他们开出优厚条件的同时，对他们也有别的要求。比方说，假如有地方所卖的图书比 iBook 商店里的更便宜，那么苹果有权调整该图书的价格，以更低的价格出售。很快，苹果公司就与不少出版商签订了合约。没过多久，就连一些正在与亚马逊合作的出版商们也都坐不住了，纷纷要求亚马逊与他们签订代理合同，否则的话，他们就会转投其他公司，比方说苹果公司。

在苹果的 iBook 商店及其运营模式推出后，很多出版商都找到乔布斯，希望能与苹果达成合作。除了他们，还有不少音乐公司也纷纷要求乔布斯为他们开通这种自主定价的服务，结果却遭到了乔布斯的严拒。但是，这些音乐公司却不像是之前那些要求亚马逊提高价码的出版商一样，对于乔布斯的拒绝，他们只能接受，因为他们的反抗完全没有任何意义。

其实，乔布斯出这一招也是迫于无奈。苹果展开电子图书这一业务的时间要比亚马逊晚很多，为了能够快速抢占市场，他才使出了这个借力打力的手段，与出版商建立起了代理销售的模式。结果证明，他提出的这种代理模式是成功的。因为，自 iBook 商店开始运营至 2011 年 6 月，在短短的三年时间内，iBook 商店内累计售出的电子书就达到了惊人的 1.3 亿本，稳稳地成了这块市场上的一方霸主。

颠覆传统传媒

"我要让他们明白，如何对数字版的杂志进行收费，将会对这个产业有着多么大的影响。"

——乔布斯

苹果公司的理念之一就是创新，打破人们对于旧传统的认识。从 Apple I 开始到目前的全新 iPad（即 iPad3），他的每一款产品都是在创新，都是在颠覆传统。如 iPod 的问世，颠覆了传统的音乐产业模式，而 iPhone 则改变了人们的生活方式，至于 iPad 则改变了传统的传媒产业模式。

2010 年 2 月，乔布斯在主持完 iPad 的发布活动后不久，便飞往纽约，与新闻界的一些巨头们进行了会面。他来这里的目的很简单，即与他们合作创办新的传媒模式。在乔布斯看来，他的手上有着强大的载体（iPad），而这些新闻界的巨头们则掌握着巨大的媒体资源，他们一旦合作的话，极有可能会颠覆传统的传媒产业。

在到达纽约后，乔布斯率先会见了世界报业大亨、新闻集团的董事长兼 CEO 鲁伯特·默多克、詹姆斯·默多克（鲁伯特·默多克的儿子），以及新闻集团旗下的《华尔街日报》的高管，紧接着他又与《时代》杂志、《财富》杂志、《纽约时报》等传媒企业的高管进行了接触。他后来对此回忆道："现在的人们大多通过博客发布新闻，这样一来就使得新闻的报道缺少了必要的编辑和监督。我找到他们，就是想帮助他们创作出更有质量的数字版传媒产品，减少或杜绝这一现象，并保证让他们赚到钱。"

在此之前，由于 iTunes 商店的成功运营，让乔布斯觉得将这种模式投放在新闻界也同样适用。但是，这些巨头们对于他所递出的橄榄枝却带着极强的戒备之意。在他们看来，自己若和苹果合作的话，那就意味着自己将要损失三成的收入。除此之外，他们还非常担心，一旦与苹果合作的话，他们将无法再与订阅他们报刊的用户取得直接的联系，更无法直接向他们收钱和推销新的产品，一切只能看苹果公司的运作。反观苹果，则能利用 iPad 与他们的用户直接联系，能轻松地获取他们的信息。除非用户同意，他们才有可能从苹果那里看到他们的信息。

其实，在这次纽约之行中，乔布斯最想签约的是《纽约时报》，在他眼中，《纽约时报》是一份非常不错的报纸。最近几年，因其免费提供数字版的报刊而让他们流失了大量的订阅客户，而其收入也随之日趋减少，并逐渐陷入到了资金运转困难的境地。在来纽约之前，乔布斯就曾对沃尔特·艾萨克森说道："我已经决定了，不管《纽约时报》的高管同不同意，我都要帮助他们渡过眼前的难关。我要让他们明白，如何对数字版的杂志进行收费，将会对这个产业有着多么大的影响。"

因此，在与默多克父子见过面之后，乔布斯便在一家餐厅内宴请了50 多位时报集团旗下杂志的高管，其中自然也包括《纽约时报》的一群高管。在包间内，乔布斯先是向众人展示了 iPad，然后向他们讲解将数字新闻以多少的价格出售而不会让消费者反感。紧接着，他又以《纽约时报》为例，并列出了翔实的数据说道："你们在网站上免费发布的电子版新闻，至今约有 2000 万定期访问者，而印刷版的订阅者约有 100 万，他们每年都要为此付出 300 美元的费用。假如你们肯从中找到一个平衡点，比方说以极低的价格提供数字版的新闻，也许你们的付费订阅者很快就能超过 1000 万。"

乔布斯的话音刚落，《纽约时报》的一位高管便站了起来称："假如与苹果合作的话，我们需要拿到所有订阅者的电子邮箱和信用卡信息。"对于他的要求，乔布斯想都没想便拒绝了。当时那位高管也被乔布斯的态度激怒了，并出言威胁道："假如我们拿不到这些信息，我们是不会与你合作的。"乔布斯则耸耸肩道："这些信息你们尽可以找订阅用户去要，但前提是他们愿意将那些信息提供给你们。还有就是，让你们陷入这种困境的又不是我们公司，而是你们在过去的几年中因免费发行电子版本的新闻而造成的，你们若是不想和我们合作也没关系，我无所谓。"

在这次宴会过后，乔布斯又在私下里见了《纽约时报》的高管小亚瑟·苏兹伯格，并和他聊了很多，结果还是一样。直到一年后，《纽约时报》才开始与苹果合作，在 iTunes 商店发布了收费版的数字报纸。不过，他们所定的售价却不是乔布斯建议的 5 美元/月，而是 20 美元/月。可即便如此，他们的订阅量也要比之前多了不少。

除了《纽约时报》外，时代集团也提出了同样问题，他们不希望苹果掌握其订阅用户的所有信息，并想直接向用户收费。为此，时代集团向乔布斯建议，希望苹果的 iTunes 商店能够开发出让读者直接跳转到自己的网站上完成订阅的功能。很显然，希望将一切都掌控在自己手中的乔布斯，是不会同意这种要求的。不甘心的《时代》杂志高管又联合其他杂志一同向乔布斯施压，但同样被他给拒绝了。

后来，乔布斯又找到时代华纳的 CEO 杰夫·比克斯，提出时代集团旗下的杂志与 iPad 合作的事宜。其实，早在此之前，两人就曾因 iPod Touch 的视频授权问题而打过交道，在乔布斯的记忆中，杰夫·比克斯是个精明的实用主义者。因此，他在见到杰夫·比克斯的时候便先对他说道："你们的情况真是糟糕透了，你仔细看看吧，还有多少人愿意购买你们的杂志？"接着，乔布斯又向他抱怨道："为了改变你们的这种状况，我们给你们提供了一个绝佳的电子平台，可你们却拒绝了，真不知道你们是怎么想的！"

杰夫·比克斯虽然不赞同乔布斯的话，但他还是表示，自己愿意与苹果合作，并同意乔布斯有关利益分成的条件。不过，当谈及订阅客户的信息时，双方又发生了分歧。杰夫·比克斯要求乔布斯向其公开订阅用户的信息，鉴于时代集团旗下的其他杂志曾多次就此事而与自己纠缠，乔布斯已经失去了他那仅有的耐性，回答道："苹果公司有保护用户隐私的权利，因此，除非用户同意，否则我们不会提供给你任何与订阅者相关的信息。"最后，双方就此事而争执不下，合作也就不了了之。

乔布斯本以为凭借着强大的 iPad 颠覆传统的传媒产业，所以才会兴冲冲地来到纽约这个传媒的"国度"。但是，当他来到纽约时，却一再碰壁，这让他的自信产生了动摇。在这种情况下，他是会继续努力下去，还是就此放弃呢？

与默克多的合作

"我们的合作很难走上正轨，因为真正懂得技术的人员都在硅谷。"

——乔布斯

在与时代集团谈判未果后，乔布斯并没有气馁。不仅如此，他对此好像早就习惯了。因为，苹果在此之前的每一项创新，几乎都会受到人们的质疑，所以乔布斯并没有感到意外和不妥，反而以更饱满的精神与其他杂志商进行商谈。比方说，他与另一个大目标——新闻集团的合作，就要顺利得多了。

鲁伯特·默多克掌管的新闻集团，作为一家综合性传媒公司，旗下拥有多家报刊杂志，如《华尔街日报》、《纽约邮报》、《泰晤士报》等遍布全球的报纸，还掌握着20世纪福克斯电影公司及福克斯网和35家电视台等传统媒体资源。

乔布斯在和鲁伯特·默多克谈判的时候，对方也向乔布斯提出了和杰夫·比克斯同样的要求，结果同样在乔布斯那里吃到了闭门羹。鲁伯特·默多克作为一个传媒帝国的缔造者，他并非那么容易被说服，但他在乔布斯那里碰了钉子之后，他就知道乔布斯是个很难搞定的人物，再加上自己在这方面确实并无多少筹码，于是，他便说服自己，同意了乔布斯的条件，与苹果展开了合作。后来，他还对此回忆道："当初我也希望能够获得这些订阅用户的信息，而且也向苹果公司奋力争取了。但乔布斯就是不肯放宽条件，而且，我们再耗下去也没有什么意义，所以我只有让步，按他说的办了。"

在与苹果展开合作后，鲁伯特·默多克还专门为iPad开创了一份新的报纸——《日报》，而且，这份报纸只有电子版的，在iTunes商店内仅以99美分/周的价格出售。不过，当他带着自己的团队向乔布斯展示这个应用程序的时候，乔布斯却告诉他："这个程序很烂，你不介意让我们的工程师帮忙做吧？"鲁伯特·默多克还是了解一些乔布斯的，所以，他并没有多说什么就同意了乔布斯的提议。不仅如此，他还下令让自己的团队对这一应用重新设计。十天之后，当苹果的工程师们设计出的方案和鲁伯特·默多克的团队设计出的新方案进行比较时，乔布斯竟然选中了后者，这着实让鲁伯特·默多克大吃一惊。为此，他还与乔布斯和建立起了亲密的伙伴关系。

比方说 2010 年 6 月，鲁伯特·默多克准备召集新闻集团的高管们举行一次集思会，并向乔布斯发出了邀请。一般来说，乔布斯是不会参加这种活动的，但那次却出现了例外，乔布斯不但参加了那次集思会，还在会上做了时间不短的演讲。

在集思会后，乔布斯还接受了詹姆斯·默多克的采访，在采访的过程中，他对新闻集团在报纸行业的技术应用进行批评道："我们的合作很难走上正轨，因为真正懂得技术的人员都在硅谷。"当时，《华尔街日报》数字网络部门总裁的戈登·麦克劳德也在现场，他在听了乔布斯的话后，觉得他是在危言耸听，并自嘲道："照你这么说，我的工作很有可能要保不住了。"不过，令戈登·麦克劳德没有想到的是，自己当初的一句戏言竟一语成真，3 个月后，他果然因此而离职了。

在晚宴上，鲁伯特·默多克想听听乔布斯对于福克斯新闻网的看法。对此，乔布斯直言不讳道："现在的新闻焦点已经不再是自由派和保守派的斗争了，而是谁更具有破坏性或建设性。很遗憾的是，你们现在正与一群极具破坏性的人为伍。这群人借助于福克斯新闻网的平台，已经形成了一股极具破坏性的力量。你们本来可以做得更好的，但是由于他们的介入，这一切都发生了改变。如果你再不注意的话，不仅福克斯新闻会因此而完蛋，就连你也会遗臭万年。"后来，鲁伯特·默多克对此表示道："我已经习惯了乔布斯的这种抱怨，更何况他在这个问题上还有点儿左翼的倾向，这就更值得理解了。"

总的来说，乔布斯与鲁伯特·默多克相处得还算融洽。而且，鲁伯特·默多克还曾多次到乔布斯的家中做客。对于这位常客，乔布斯也曾对他开玩笑道："每次你来的时候，最好先给我发个短信，我得先把餐刀藏起来，以免我妻子会因为福克斯新闻网的报道而将你开膛破肚。"

2011 年 2 月 24 日，鲁伯特·默多克在经过帕洛奥图时，他想到了自己的老朋友乔布斯，便给他发了条短信，告诉他自己想来家中坐坐。细心的人可能发现了，这天正好是乔布斯 56 岁的生日，可是鲁伯特·默多克并不知道。乔布斯看到短信后，也没有告诉他这件事，只是邀请他到家中共进晚餐。

在到了乔布斯的家后，这位新闻大亨才知道当天是乔布斯的生日。好在他进门的时候还带了一点儿小礼物，就当作生日礼物送给乔布斯了。在晚餐开始前，乔布斯向他展示了自己新设计的游艇。鲁伯特·默多克虽然也是个喜欢追求完美的人，但他追求的是事业上的完美而非设计上的。因此，当乔布斯问他自己的设计如何时，他只是做了句很简单的点评："内部很漂亮，外部设计也很简约风格，很完美的作品。"

晚餐开始后，他们的话题也由之前的游艇设计转入到了企业的文化与创新精神，接着他们又转入到了教育方面，并都相信数字学习材料最终将会完全替代纸质教科书，而这也是乔布斯的下一个变革目标。一直以来，乔布斯都很关注教育问题，尤其是在 iPad 研发成功后，他就曾想聘请一些优秀的教科书编写者来制作电子版教科书，让广大的学生扔掉沉重的书包。

不过，直到 2012 年 3 月，在全新 iPad（即 iPad3）以及电子教科书应用 iBook 2 发布后，乔布斯的这一愿望才得以初步实现。但可惜的是，他并没有等到这一天就已经回到神的国度了。

与谷歌的冲突和争端

"如果有必要的话，即便是花完苹果账户上的 400 多亿美元，拼到最后一口气，我也要毁掉 Android，毁掉这个偷来的产品，即便是发动核战争，我也在所不惜。"

——乔布斯

苹果的产品，无论是硬件还是软件技术，一直以来采用的都是封闭策略，从不对外公开。一旦有人剽窃了它的技术，或是有人进行了模仿，都会惹恼乔布斯。如在计算机产业，当年的微软在发布 Windows1.0 时，就遭到了乔布斯的炮轰。几十年后，乔布斯又遭到了另一家公司的挑衅，即谷歌公司。与多年前不同，苹果公司这一次遭剽窃的技术是关于手机的而非计算机。

最初，谷歌和苹果有着共同的敌人——微软，这也促使他们走到了一起，并随之展开了亲密的合作。如双方在合作之初所发布的一款面向

Windows 操作系统的 Safari 浏览器，就是一款很不错的作品。不仅如此，谷歌的 CEO 埃里克·施密特还在 2006 年成功当选了苹果公司董事会的董事，并有机会协助乔布斯发布 iPhone 这款具有划时代意义的产品。

同时，埃里克·施密特和乔布斯还在发布会上同时对外宣布，谷歌将与苹果展开深度合作。对此，埃里克·施密特还打趣道："我和乔布斯的合作是如此的紧密，若是我想把两家公司合并起来，恐怕也不是什么难事。"事实证明，这也只能是一句玩笑话而已，因为两家公司的营销模式不同。

谷歌走的是开放路线，它的程序、软件、网络推广等都是如此。这种模式虽然能让他们从中获取不小的利益，但却对外部资源的依赖性越来越大。反观苹果虽然一直在努力地打造一个专属的封闭环境，将软件的开发和售卖严格地控制在自己的手中。这在让他们获得不少的利润的同时，还能降低对外界资源的需求和依赖性，从而形成一个自给自足的苹果王国。

2010 年 1 月，在 iPad 发布之后没多久，乔布斯就在苹果总部召开了一次员工大会。在这次大会上，他不是在为 iPad 开庆功宴，而是向全体员工抱怨谷歌的"剽窃"行为。因为，谷歌开发出了安卓（Android）操作系统（一款手机操作系统），这表明谷歌将要进军手机产业了。气急败坏的乔布斯在大会开始后，就在那儿语无伦次地痛斥道："我们没有打算涉足搜索领域，可是他们却进入到了手机业务，他们想干什么？难道他们想要终结 iPhone？若是那样的话，我绝不会让他们得逞。"

在这件事情上，乔布斯觉得谷歌公司的 CEO 埃里克·施密特背叛了自己。因为，苹果公司在研发 iPhone 和 iPad 的时候，埃里克·施密特正是苹果董事会的一员，而谷歌公司的两位创始人谢尔盖·布林和拉里·佩奇则和埃里克·施密特有着极好的关系。因此，当谷歌推出 Android 系统，并采用了一系列苹果首创的多点触摸、滑动操作、应用程序图标网格等功能时，乔布斯真是有些出奇愤怒了。

双方关系的破裂始自 2007 年 11 月，当时谷歌正式推出了 Android 手机操作系统，并准备全面进军智能手机领域。结果，乔布斯在得知这一消息后顿时大怒，嘴里还一直不停地斥责谷歌的"剽窃"行为。2008 年初的时候，他还因此事而专门来到谷歌总部，与拉里·佩奇、谢尔盖·布林以及 Android 研发团队的负责人安迪·鲁宾等人大吵了一架。当时，埃里克·施密特还是苹果董事会的成员，面对这种事情他只能选择回避，两不相帮。在离开谷歌总部前，乔布斯还出言威胁道："假如你们停止研发Android 系统，我们之间的关系还会像以前那样好，我也会向你们保证在iPhone 的主屏幕上为谷歌放置一两个图标。假如你们一意孤行的话，那咱们就法庭上见。"

刚开始的时候，谷歌确实在努力地规避某些与苹果的 iOS 系统相同或相似的功能。但是，双方的关系还是在急剧恶化。2009 年 8 月，由于苹果和谷歌之间的冲突涉及苹果的核心业务，兼有苹果公司的董事及谷歌CEO 的埃里克·施密特只得辞去苹果公司董事的职务，以回避苹果公司高层商谈与双方冲突有关的问题。对此，乔布斯表示道："埃里克作为苹果公司最杰出的董事之一，为苹果发展作了不小的贡献。但是现在他已经不适合这个位置了，所以他不得不辞去苹果董事的职务。"

2010 年 1 月，苹果和谷歌的斗争升级，而事件的起因是一款名为"Nexus One"的手机。这是谷歌开发，由宏达电子（HTC）代工生产的一款安装了 Android 系统的 3G 智能手机。不仅如此，谷歌还大张旗鼓地宣扬这款手机所拥有的多点触控及其他功能的体验上均与 iPhone 相差无几，这一下可真正惹怒了乔布斯。

很快地，乔布斯就将谷歌告到了法庭上，并称谷歌的 Android 系统侵犯了苹果的近 20 项专利，另将 HTC 视为连带侵权对象一并起诉。在刚发起诉讼的时候，乔布斯的情绪非常激动。据沃尔特·艾萨克森回忆道："乔布斯当时非常生气，他曾对我说：'谷歌无耻地抄袭了 iPhone，而且是一点儿不留。如果有必要的话，即便是花完苹果账户上的 400 多亿美元，拼到最后一口气，我也要毁掉 Android，毁掉这个偷来的产品，即便是发动核战争，我也在所不惜。'他不但对谷歌的 Android 系统非常不满，就连谷歌的其他产品，如其搜索引擎、Google Docs 等产品，也都让乔布斯很不爽。"

几天之后，乔布斯接到了埃里克·施密特的电话。这位苹果董事会的前董事为了苹果起诉谷歌一事而打电话给乔布斯，想和他好好地聊聊有关和解的事情。结果，在见面之后，乔布斯就一直陈述着谷歌的"偷窃"行为，说埃里克·施密特等人利用自己的信任而欺骗了他。到了最后，他还强调道："你回去告诉拉里·佩奇和谢尔盖·布林，我对和解不感兴趣，也不想要你们赔钱，我只要你们立即停止在 Android 系统中使用我们的创意和技术。"很显然，埃里克·施密特并不打算放弃 Android 系统。

最后，两人只得在争执中不欢而散。

同年 5 月，谷歌工程部的副总裁在 I/O 大会上公开宣称道："如果谷歌不行动起来，那在不久的将来，我们都只能选择一家公司的设备，这可不是我们愿意看到的结果！"到了 7 月份，推出没多久的 Nexus One 手机就获得了不小的成功，这让埃里克·施密特十分高兴。不过，他随后便决定主动退出手机的生产销售，如他在接受记者采访时就曾表示道："我们只是想借助 Nexus One 手机表明我们有能力开发出优秀的手机硬件，很显然它没有辜负我们的期望。我觉得，我们接下来就没有必要再做第二款了，关于此事我会向董事会提出来的。"

对于谷歌主动退出手机生产这一举动，乔布斯并不买账。因为，在他看来，谷歌开发的 Android 系统就像是被打开了的潘多拉的盒子一般，很多人都在利用这套系统，而且其功能也在不断地完善，甚至还有不少手机厂商都借此而起死回生了。如日显颓势的摩托罗拉就是靠着 Android 系统，才在手机市场上打了个漂亮的翻身仗，并屡屡向 iPhone 发起挑战。

对于这种结果，乔布斯将所有的账都记在了始作俑者——谷歌的头上。对于苹果和谷歌的竞争，哈佛商学院教授大卫·约菲这样评价道："正所谓一山不容二虎，谷歌和苹果的厮杀注定是惨烈的。"硅谷的另一位知名投资者也对此说道："我对他们两家公司的仇视程度感到震惊，他们之间的'战争'简直就是发生在科技领域内的'第二次世界大战'。"

随着双方的战斗进入白热化，他们竞争的对象也从原来的智能手机领域扩展到了平板电脑和数字电视领域，而这也代表着苹果与谷歌全面开战了。如在 2010 年 1 月，乔布斯在召开完 iPad 平板电脑的发布会后，埃里克·施密特就在接受《卫报》采访时对此回应道："你能告诉我外形大一些的智能手机和平板电脑之间有什么关系吗？"

同年 6 月，乔布斯在苹果 iPhone 4 发布会上介绍 iPad 业绩时，乔布斯趁机公布了一款游戏开发者写给自己的感谢信，其中有一段是这样写的："这款游戏在 iPad 上市的头一天，其下载量就超过了过去 5 年我们在谷歌网上发布的广告流量！"像这种赤裸裸的挑战，还有很多。如在 2010 年 9 月，在埃里克·施密特公开表示谷歌每月激活 20 万部设备没多久，乔布斯就在一场演示会上称，苹果每天激活 23 万部设备，而且此数量还在增长。不仅如此，他还公开宣称道："我们认为某些公司在统计激活设备的数字时，好像把升级的设备也计算在内了。"在他看来，谷歌提供的数字存在着不小的水分。

后来在谈到平板电脑时，乔布斯更是毫不谦虚地说道："在平板电脑市场上，苹果占有90%以上的份额，别的竞争对手遇上我们，就只有落荒而逃的份儿。"2011年3月，在推出iPad 2时，他依旧嚣张地说道："当某些公司还在效仿我们的第一代iPad时，我们的iPad 2就已经问世了，我们不仅在技术上遥遥领先于某些对手，而且还极有可能会令他们重新来过。"

在数字电视领域，他们的竞争也同样激烈。如苹果在发布Apple TV2时，乔布斯也忍不住影射了一下谷歌电视（Google TV）。在他看来，用户最想看的是好莱坞大片和高端的电视节目，而这正是Google TV所不能提供的。在他眼中，Google TV只能提供一些业余爱好者的作品，而无法让人体验到真正的视觉享受。

除了谷歌之外，还有一些与谷歌合作的公司也都受到了波及，如三星、惠普、摩托罗拉等，都因为使用谷歌的Android系统而遭到了乔布斯的攻击。而且，在大多数时候，局面对于苹果都非常有利。

其实，大家仔细想想就能明白其中的关节了。Android系统并不是谷歌的主要业务，这也就意味着谷歌对于Android系统的升级和改进并不会像苹果对待自己的产品那样用心。更何况，这是事关苹果生死的大事，乔布斯自然不敢懈怠。对此，Market Watch的专栏作家做了一个很形象的比喻："关于谷歌和苹果的冲突，大家只需想想火腿煎蛋就会知道了，鸡只是涉足，而猪却把自己全都交出去了。"鉴于此，苹果与谷歌除非有一方主动退出，否则，双方冲突就会持续下去。

与Adobe的战斗

"Adobe公司开发的Flash，完全就是一款残缺的产品，不但漏洞多、能耗高，性能也很差劲。"

——乔布斯

苹果从成立之初就像是个不屈的战士一样，从未停止过战斗。从最初的个人电脑、用户界面，到后来的数字音乐、智能手机、平板电脑等，他们一直都冲锋在科技与时代的最前沿。当然了，他们在攻城拔寨的同时，也会分出不少精力守护自己已得的"领土"。所以，才有了苹果与谷歌的"战争"，而且那也只是他们众多战争中的一场。

比方说苹果与 Adobe 之间的矛盾可谓是由来已久，但在这十余年间，他们并没有真正的撕破过脸皮。不过，就在苹果向谷歌全面开战的时候，乔布斯却在突然间向 Adobe 发难，将矛头指向了 Adobe，并对外宣称道："Adobe 公司开发的 Flash，完全就是一款残缺的产品，不但漏洞多、能耗高，性能也很差劲。在很多时候，Mac 电脑的崩溃都是因为 Flash 造成的。因此，我永远都不会在 iPod 和 iPhone 上安装并运行 Flash。"

不仅如此，乔布斯还封杀掉了由 Adobe 官方提供的可以适用于苹果 iOS 系统的 Flash 代码编译软件，禁止这种软件出现在 App Store 商店中。这种编译软件确实如乔布斯评价的那样，这是一款专为"懒人"开发的软件。因为，凡是下载应用这款软件的用户，只需通过这个编译器，就能将 Flash 的代码成功移植到其他操作系统中去，而无须另外再去开发新的 Flash 软件。在乔布斯看来，一款可以兼容所有平台的软件，将不会有任何特色，而开发者也得不到什么好处。所以，他拒绝在苹果的产品上使用这种大众化的软件，更不想让苹果的产品变成和惠普、戴尔那样的平庸之作。

对于乔布斯的"炮轰"，Adobe 公司很快就做出了反击，称没有 Flash 的 iPad 将会令用户的上网体验大打折扣。与此同时，他们还表示自己已经开发出了可用于 iPad 的 Flash，只要苹果同意，他们随时都能将该版本的 Flash 安装到 iPad 上使用。结果，他们的示好却遭到了苹果无情的拒绝，因为苹果已经准备支持 HTML5 标准了。

此外，乔布斯不想在 iPhone 和 iPad 上安装 Flash，还有一些个人的原因。早在 1985 年的时候，苹果公司曾对资金周转困难的 Adobe 公司进行投资，并共同发起了桌面出版的革命。随后，两家公司便进行了长期的合作。

但好景不长，随着 Windows 系统的推出，更倾向于开放的 Adobe 公司，对苹果的态度逐渐变得冷淡起来，并将大部分研发精力放在了 Windows 平台上。到了 1996 年，Adobe 眼见苹果即将彻底失败的时候，它不但没有给予苹果任何帮助，还立即倒戈，决定全面转向 Windows 平台。1997 年，乔布斯在回归苹果后，曾让 Adobe 公司为 iMac 及其新的操作系统制作一套视频编辑软件，结果却遭到了拒绝，这让乔布斯很生气。后来，他还对此回忆道："当时，我请他们为苹果电脑开发程序，但他们却以为我们开发软件是对自身资源的一种严重浪费为由拒绝了我。他们难道就没有想过，假如当时没有我的帮助，他们能有今天的成就吗？"

也许有人觉得 Adobe 有些势利，但是在苹果重新站起来后，Adobe 公司对待苹果的态度依然冷淡。如在 2001 年时，Adobe 公司针对 Windows 系统推出了全功能的视频编辑软件套装，但却没有推出 Mac 版的；2002 年时，其所推出的 Acrobat 4. x 和 5. 0、After Effects 5. 0 等一系列产品中，依然只有 Windows 版本而没有 Mac OS X 版本的。当乔布斯对 Adobe 仅存的那一点希望消失殆尽后，Adobe 公司留给乔布斯的恐怕只有恨了。所以，他一直都在伺机报复 Adobe 公司，而这个机会很快就来了。

2006 年，苹果公司强势复苏。此时的 Adobe 虽然仍在坚持将开发 Windows 平台的产品放在首位，但也开始涉足 Mac 平台的研发工作。不过，乔布斯对此则无动于衷。2007 年 6 月，iPhone 正式发布。不过，大家很快就发现，iPhone 与 Adobe Flash 播放器不兼容。

当时 Flash 已经在全球得到了推广，几乎所有品牌的手机厂商都从 Adobe 那里获得了授权，将其用于普通手机、智能手机和其他手持设备上。但是，iPhone 却不支持，尤其是在 iPhone 掀起了一轮新的购机热潮后，Adobe 公司真的有些急了。他们曾多次找到乔布斯，希望 iPhone 能够放开对 Flash 播放器的限制，可乔布斯却迟迟不肯表态。对此，Adobe 公司的一位高管曾说道："除了乔布斯以外，没有人知道 iPhone 会在什么时候兼容 Flash 播放器。"双方就这样坚持了近 9 个月，直到 2008 年 3 月，乔布斯才公开表态道："我觉得 Adobe 公司开发的 Flash 播放器不太适合 iPhone。"

此后两年间，随着 iPhone 的影响力日渐扩大，乔布斯对抗 Adobe 时的底气也越来越足。Adobe 虽然也看到了 iPhone 的潜力，很想早点进入这个日渐扩大的市场，但是他们却一直都未能得到苹果的许可，这让他们一点儿办法都没有。

2010 年 1 月初，万般无奈的情况下，Adobe 公司打算主动出击，并对外宣称，不管苹果是否愿意，他们都将组织一批研发人员投入到对 iPhone 平台的开发工作中。对于 Adobe 这种一厢情愿的做法，乔布斯并未加以理会。不仅如此，他还在当月底对外发布了 iPad，并明确表示："iPad 将不支持 Flash。"

不仅如此，在 iPad 发布会后，乔布斯还高调发表了一封公开信，并在该公开信中列举了 Flash 技术的多项缺陷。此外，乔布斯还指出："Adobe 公司真的很懒，他们虽然有潜力去做一些很有意义的事情，但是他们却拒绝那样做（指升级 Flash 软件），他们的行事方法跟我们完全不同。所以，iPhone 和 iPad 才不会支持 Flash 技术。"

后来，Adobe 公司还是推出了一款能够应用在苹果 iOS 系统上的 Flash 软件。但是，苹果公司却又提高了对跨平台编译器的一些限制，再度拒绝了 Adobe 公司递来的橄榄枝。在这次遭拒后，连连受挫的 Adobe 公司准备主动出击一次，而其所用的武器则是媒体。

2010 年 5 月，Adobe 公司在经过一番酝酿后，一篇署名为 Adobe 的两名联合创始人的文章，出现在了《华尔街日报》《纽约时报》等 20 多家报纸和网站上。在这篇文章中，他们对苹果公司指责道："我们觉得现在的问题在于是谁控制着互联网？答案也许是没有人，也有可能是所有人，但绝不会是某一家公司。"随后，他们还做了一个小广告，其内容则是"爱苹果，更爱自由"，公然对苹果发起了挑战。

对此，乔布斯在接受记者采访时称："我们并不想和 Adobe 开战，因为没有必要如此。再者，我并不觉得 Flash 有多好，所以在设计 iPhone 和 iPad 的时候，我们才没有选择它，而是选择了那些优势技术。结果，我们成功了。否则，人们也不会争相购买我们的产品了。"2011 年 11 月初，就在乔布斯回归众神怀抱的两个多月后，已经与苹果公司周旋了多年的 Adobe 公司，无奈地对外宣布，他们在与苹果的交锋中已经完全落败了。

审查控制是把双刃剑

"从道德的角度去讲，我们的应用商店内绝对不会上线成人内容……我们只是在努力地为用户做出最正确的选择。"

——乔布斯

当苹果在手机与平板电脑上和谷歌展开大战的时候，还不忘控制那些应用程序可以下载到 iPhone 或是 iPad 上。刚开始的时候，苹果只是出于程序应用的安全，以及是否愿意与其合作等方面考虑，对一些应用做了开放或限制。如一些含有病毒或是存在侵犯用户隐私威胁的应用程序，都会被其屏蔽掉；另外还有一些要求跳转至其他网站进行订阅的程序，也在其禁止下载的行列。后来，在乔布斯的运作下，他们又将一切带有诋毁他人内容的，带有政治争议性言论的，或是含有淫秽内容的应用程序，全都列入到了下载的黑名单中。

不过，乔布斯在当时可能并没有意识到，对于一些应用程序的审查控制可以说是一把双刃剑，有人为此叫好，也有人认为不好。在刚开始的时候，苹果对于一些应用的限制，并没有多少用户对此产生过激的抵触情绪。但是，随着苹果公司对于审查内容的不断扩充，对苹果这种做法不满的人也就逐渐多了起来。而且，这些人对于乔布斯的积怨也越来越深。正所谓，不在沉默中爆发，就在沉默中消亡。很显然，现代人都具有很强的战斗精神。因此，当人们的怨念积累到一定程度的时候，他们就会爆发。

最初，引起这场审查控制与反控制大战的是一款以马克·菲奥里创作的政治漫画为蓝本的应用程序。由于该应用对布什政府的虐囚政策有所影射，被苹果认定为违反了其不许诋毁他人的禁令，所以不允许这款应用上线。为此，很多人都给乔布斯发去了邮件，对他这种极端的控制欲表达了不满。其中有一位在邮件中这样写道："苹果公司对于消费者能够接触到的东西已经管得越来越多了。刚开始的时候，还只是限制一些含有成人内容的应用程序上线，现在竟然连马克·菲奥里的漫画应用也被限制了。我不相信一个获得了普利策社论漫画奖的画家的作品中含有什么不良信息，难道就因为他影射了布什政府的虐囚政策？还是因为他违反了苹果不许诋毁他人的规定？"

对此，苹果很快就对其做出了回复道："我们对自己的错误感到愧疚，我们曾以为这条规定是有道理的，所以就想尽可能地做到最好。不过，请你放心，马克·菲奥里的这款应用很快就会在应用商店上线。"

除了上述的麻烦外，苹果有关色情作品方面的禁令也给其带来了麻烦。如有一位 iPad 用户在给乔布斯的邮件中这样写道："苹果对于含有成人内容的限制虽然是好事，但有的时候我还是希望能够接触一点。因此，我觉得这类应用应该上线。更何况，苹果又不是卫道士，你们只要设计出最酷的产品并把它带到消费者面前就行了。"乔布斯对此则坚决回应道："从道德的角度去讲，我们的应用商店内绝对不会上线成人内容。如果你真的想要的话，你可以去买一部 Android 系统的手机。"

让乔布斯没有想到的是，那位消费者竟然将其邮件给公布了出来，很快就有不少人对这个问题发表了自己的看法。其中，科技八卦网站硅谷闲话（Valleywag）的编辑瑞安·泰特成了这些人中有幸与乔布斯直接"对话"的一人。一天晚上，瑞安·泰特看到那个人发布的邮件后，他便给乔布斯发了一封电子邮件，先是对苹果公司严格控制用户所能下载的应用程序进行了谴责，然后又话锋一转道："如果鲍勃·迪伦现在只有 20 岁的话，他会怎么评价你的公司？他会觉得 iPad 和'革命'有关系吗？你知道革命的核心是什么吗？是自由，不是处处受限！"

瑞安·泰特在发完邮件后，本以为乔布斯不会回他的信息，可是他错了。当天稍晚的时候，乔布斯便对他的邮件进行回复道："你说的没错，我们并没有处处限制，我们只是限制了那些窃取用户私人数据的程序的自由，限制了那些无限榨取手机电池电量的程序的自由，限制了那些传播色情的程序的自由。你要明白，时代在改变，也许你会觉得 iPad 与一些传统的个人电脑大相径庭，觉得这与你之前对这个世界的认识有所不同，请不要对此怀疑，因为这是这个时代发展的需求。"

在看到乔布斯的回信后，瑞安·泰特又拿苹果的审查问题质问道："你知道吗？带有色情内容的程序有什么不好的？我想要那种程序，而且，我觉得我妻子也想要。"乔布斯对此则回复道："也许等你有了孩子之后，你就会关心这方面的问题了，我们只是在努力地为用户做出最正确的选择。"在回信的最后，乔布斯还对其反问道："你都干过什么了不起的事情？创造过什么东西？或者说你只会对他人的成果提出批评，又或是妄自揣测他人的动机？"

乔布斯的回信给瑞安·泰特留下了深刻的印象，他觉得很少有人会像乔布斯那样，愿意与一名用户一对一的交流。后来，他还对此回忆道："乔布斯应当受到更多的赞誉，他按照自己的意志创建并重建了自己的公司，做出了一个又一个卓越的产品。一旦有人对其观点提出质疑，他还会大力且直言不讳地为自己辩护，直到别人心服口服。"

瑞安·泰特虽然在后来倒向了支持乔布斯的阵营，但是对于苹果公司禁止用户下载那些具有色情内容的应用，还是让不少人感到不满。如 eS-arcasm 网站就曾因此而发起过一项名为"乔布斯，我们想要色情作品"的网络运动。而且，他们公然在网站上宣称："我们是一群肮脏的、沉迷于色情的混蛋，我们一刻也离不开那些淫秽内容。请你还给我们一个没有审查的开放平台，不要私自决定我们只能看到什么！"

类似于这样的行为还有很多，而这也让乔布斯意识到，苹果对于一些应用程序的审查需要重新划定标准了。后来，他找到《纽约时报》的专栏作家汤姆·弗里德曼，希望他能给自己出个两全其美的主意，既能很好地划定界线却又不会落下审查者的臭名。但是，汤姆·弗里德曼却以这样做会与他人发生利益上的冲突为由，拒绝了乔布斯的请求。最后，这件事也就不了了之，苹果对于 App Store 商店内的应用程序依然保持着严格的审查与控制。

"天线门"事件

"在这个世界上并没有哪个人是完美的，也没有绝对完美的产品，即便是我们的产品也不例外，但我们却尽力让每一位用户高兴。"

——乔布斯

在对细节的苛求上，iPhone 4 差不多到了登峰造极的地步，机身的每一条曲线、每一个凹槽，甚至是每一个边角，都有着 iPhone 设计团队对美感的不懈追求。

1997 年，乔布斯和设计总监乔纳森·艾维一同为苹果的产品进行设计。每当有工程师觉得他们的创意无法实现时，他们就会逼迫对方努力尝试，最后才有了 iMac 和 iPod 的成功。在他们获得成功的同时，也使他们更加坚定了自己的信念，只要他们有着了不起的设计，工程师们就能做出让人意想不到的产品。

不过，他的这一信念却在设计 iPhone4 的时候有些行不通了。在设计 iPhone4 的时候，有人提出在 iPhone 的底部使用塑料壳，但乔纳森·艾维却认为那样做会破坏设计的完整性，于是他便以钢圈作为机身的支撑结构，那样不仅看上去比较圆滑，而且部分钢圈还能充当手机的天线。这一设计可谓完美，但他却忽略了一个物理学上的基本法则，即设置在天线附近的金属圈，会在很大程度上影响到手机的信号。

苹果的工程师曾就此问题向乔布斯报告过，希望他能让乔纳森·艾维改变主意，但乔布斯却告诉他们照着乔纳森·艾维说的做就行了。结果，他们还真找到了解决的方案，即在钢圈外留下一个微小的缝隙，这样就能让手机正常接收信号了。但是，这个方案并不太完美，因为当用户用手指或手掌遮住这个缝隙的时候，就会造成手机信号减弱或消失。为此，就有工程师建议在钢圈的外部喷上涂层，以免出现这种问题，但是乔纳森·艾维却再一次固执地认为，完全没有必要那样做，否则就会影响到拉丝金属的外观。结果，他再次胜出。

在 2010 年 6 月 24 日，iPhone4 在发布时看起来真的很完美。无数果粉彻夜排队、疯狂的抢购，使得苹果的存货顷刻告罄。据统计，截止到 26 日，在短短的三天内，iPhone4 的销量就超过了 170 万台。在 iPhone4 发布一周后，苹果也正式对外宣布其首周销量突破了 200 万。对此，乔布斯非常骄傲地说道："iPhone4 是苹果历史上发售最成功的产品。"

不过，随着 iPhone4 销量的剧增，其质量问题也随之浮出了水面。其实，最先发现这一问题的是一位网友。2010 年 6 月 24 日，也就是在 iPhone4 开始发售的几个小时后，他就在论坛上发帖称："当我用左手紧握 iPhone4 的边缘时，手机上的移动网络信号就会逐渐变弱，直至消失。"在其之后，又有不少人遇到了同样的问题。

假如说一款普通牌子的手机出现了信号丢失的问题，根本就没有多少人去关注，更不会成为新闻的焦点，但 iPhone4 不同。因为，它是一款受人追捧的完美产品，所以，当有关 iPhone4 的信号问题一出现，就有网友将此调侃为"天线门"事件，并随着展开了网络调查。之后，还有几家媒体对此报道称："鉴于 iPhone4 的天线问题，大家最好先考虑清楚再买。"此举无异于火上浇油，使得"天线门"事件愈演愈烈。

在"天线门"事件初发的时候，乔布斯正带着家人在夏威夷度假。当亚瑟·莱文森第一次告诉他这件事的时候，他不相信 iPhone4 存在这方面的问题，并将此看作是谷歌和摩托罗拉的故意诋毁。但是当亚瑟·莱文森接二连三地给他打电话报告此事，以及 AT&T 收集到的信号丢失的统计数据，他终于意识到了 iPhone4 确实存在问题，不过却没有个别媒体所说的那般夸张。

在愈演愈烈的媒体报道面前，他也只得承认，在用手紧握住 iPhone4 手机的底部时，手机的网络信号确实会减弱。不过，他通过电邮回复一位网友对此的疑问时却这样写道："你只要别那样拿手机不就行了？"当这封邮件被曝光后，立刻引起了一场轩然大波，尤其是对乔布斯那种傲慢态度的指责声更是铺天盖地而来。

之后的几天内，美国地方法院也收到了多起用户针对苹果以及 iPhone 无线运营商 AT&T 的起诉，而起诉的内容都是有关 iPhone4 的信号丢失问题。截止到 2010 年 7 月 2 日，各地法院受理的针对这一问题的投诉已多达数千起，其中还不包括多起集体诉讼。

眼见"天线门"事件愈演愈烈，苹果公司只得再次对外做出回应，称 iPhone4 只是在信号强度的显示上有误，并非是接收信号的问题，只需对部分软件进行升级就能改善这一情况。但是，没人相信这是软件的问题，事件仍在继续扩大。

很快地，乔布斯就决定提前结束度假，赶回苹果总部解决这个问题。但他在动身回程之前，还是率先通知了几个老伙计为他压阵。如里吉斯·麦肯纳、李·克劳以及詹姆斯·文森特等人。此外，乔布斯还特意带上了自己的儿子里德·乔布斯，并在回去的路上告诉他："在接下来的两天内，我们可能会整天待在会议室内开会，我希望你能参加。因为在这两天内，你将会和世界上最优秀的人才待在一起，而你所学到的东西，也要比你在商学院内待两年学到的还多。"

在回到库比蒂诺后，乔布斯便立即找来苹果公司的另外几名高管就此事召开了一次紧急会议。会议一开始，他就拿出了自己收集到的数据，并对众人说道："事实都摆在这儿，大家都说说该怎么办吧！"里吉斯·麦肯纳率先开口道："我们只需要摆出事实和数据，表现得坚定和自信一些，不要流露出过多的傲慢和狂妄就行。"其他人则都劝乔布斯应当表现得谦卑一些，那样更容易让人感觉到你的歉意。但里吉斯·麦肯纳却对此反驳道："我们大可不必这样，你可以直接跟他们说：'我们都是凡人，我们制造的手机并不是完美的，可是我们在尽最大的努力做好此事，而事实就摆在这里。'"乔布斯也觉得表现得谦卑一些并不一定能够解决问题，因此，在经过一个下午的讨论后，他最终采用了里吉斯·麦肯纳的提议。

2010 年 7 月 16 日，苹果公司为澄清有关 iPhone4 的信号问题而举行了一场新闻发布会。当天，乔布斯亲自出席，并在出场时说道："在这个世界上并没有哪个人是完美的，也没有绝对完美的产品，即便是我们的产品也不例外，但我们却尽力让每一位用户高兴。"随后，他又说道："在过去的 22 天内，我们一直都在研究这个问题。事实正如你们看到的那样，当你以某种方式紧握 iPhone 4 时，就会发现手机的信号正在变弱，我也知道你们对此不满。但是，我想告诉你们的是，这个问题并非是 iPhone4 所特有的问题。"

紧接着，乔布斯便以黑莓 9700 和 HTC Droid Eris 两款手机为例，在握紧手机的某个部位时，这些的手机的信号也有减弱的现象。在演示结束后，乔布斯再次强调道："世界上没有一部手机是完美无缺的，这是整个手机行业都存在的问题。"此言一出，就连三星、诺基亚、摩托罗拉等品牌的智能手机也都被其影射在内，有效地转移了一部分人对 iPhone4 信号问题的关注，在一定程度上减少了"天线门"事件给苹果公司带来的负面影响。可即便如此，苹果的股票还是下跌了 4.2%。

在新闻发布会的最后，乔布斯郑重地对 iPhone4 用户做出承诺："若是有人对于 iPhone4 不满意，我们可以为 iPhone4 用户免费提供一个手机保护套，而之前出钱购买了这种保护套的用户还可以得到全额退款。若是购买者仍不满意的话，只要是在购买后的 30 天内且手机没有人为损伤的痕迹，都可以获得全额退款。"

在整个新闻发布会上，乔布斯都表现得非常自信，他既没表现出卑躬屈膝的一面，也没有责令召回全部产品。对此，很多人都感到吃惊，甚至还有不少人都觉得乔布斯才是对的。结果，令人想不到的一幕出现了。在新闻发布会后的三个月内，iPhone4 的退货率居然只有 1.7%，连 iPhone3GS 的 1/3 都不到，而投诉 iPhone4 有信号问题的用户，也不足 0.55%，"天线门"事件似乎从来都没有出现过一般，这可让三星、摩托罗拉、诺基亚等手机厂商们跌碎了眼镜。

其实，这与苹果公司实施的一系列策略有关。在举行过新闻发布会后，苹果公司就再也没人提及过任何有关"天线"的字眼。不仅如此，乔布斯还在不久后就推出了苹果公司的新产品——新款 iPod 和苹果电视，以转移大家对 iPhone 4 信号问题的注意力。最终，苹果公司才得以平安化解这次危机。

求知若饥，虚心若愚

"云端"战略

"谁能告诉我 Mobile Me 是用来做什么的？"

——乔布斯

早在 2001 年的时候，乔布斯就曾预见到，个人电脑将会成为音乐播放器、移动电话、摄像机等电子产品的"数字中枢"。所以，在之后的几年内，他都在努力地打造以个人电脑为终端的电子产品。结果，他成功了，并使苹果快速成长为全球最有价值的科技公司之一。

2008 年之后，乔布斯再次清晰地意识到，以个人电脑为数字中枢的时代将会被"云端"技术所取代，进而造就一个新的数字时代。所谓"云端"指的就是集合了软件搜索、下载、使用、管理、备份等多种功能为一体的平台。也就是说，你可以将自己的信息存储在你所信任的那家公司的远程服务器上，这样就能保证用户无论是在何时何地，使用何种设备，都能利用这些信息。对于这一计划，乔布斯用了三年时间，才初步实现了这一梦想。

不过，在刚开始的时候，他却下了一招不是很好的棋，甚至可以称之为臭棋。

2008 年夏，苹果公司发布了一款叫作 Mobile Me 的产品。苹果用户只需交付一定的使用费（每年 99 美元），就能将自己的图片、视频、邮件、通讯录及其他文件存储在"云端"，而后你就能在任何一款苹果的设备上同步这些信息。

刚开始的时候，这一平台确实备受追捧，但是随着用户的增多，其中所隐藏的一些问题很快就暴露了出来。客观地说，这项服务真的很烂，不仅使用起来复杂，而且用户在同步时还经常出错。更让人恼火的是，客户存储在"云端"中的文件等信息还经常出现丢失的现象，这下可犯了众怒。如《华尔街日报》的记者沃尔特·莫斯伯格就曾公开评论道："苹果的 Mobile Me 漏洞百出，实在是难以令人信赖。"

乔布斯在看到这篇报道以及公众的评论后非常生气，并立即将 Mobile Me 的研发团队召集了起来。当天，乔布斯对着一干人咆哮道："谁能告诉我 Mobile Me 是用来做什么的？"有一位职员小声地说出了它的功能。结果，乔布斯听后更加生气地吼道："既然你们都知道它是干什么的，可它为什么实现不了这些功能呢？你们知不知道，苹果的声誉都因为你们设计的这款产品而被玷污了……"在对这些人斥责了近半个小时后，乔布斯又将 Mobile Me 团队的负责人给炒了，任命埃迪·库埃担任这一项目的新负责人，同时还要求他尽快拿出一个可行的方案。

2010 年，谷歌、微软、亚马逊等公司也都在此方面展开血拼，他们都希望自己能够成为这一领域内的霸主，至于乔布斯和他的苹果，似乎被人遗忘了一般。但事实却非如此，自从 2008 年的 Mobile Me 事件出来后，苹果就一直在"闭关修炼"，潜心于"云端"的研究。尤其是乔布斯，他一直都在设想着能有这么一个平台：用户可以从"云端"中流畅地播放自己存储的音乐、视频，欣赏或同步设备中的图片及其他数据和信息。为了实现这一目的，他还专门让自己的软件开发组开发出了 iPhoto、iMovie、iTunes 等应用，并将它们完美地整合到每一台苹果的设备中，让他们可以在苹果的任何一款移动产品中，都能轻松地访问到"云端"中的内容，如 iPod、iPhone、iPad 等，都能轻松地实现这一操作。

后来，在与沃尔特·艾萨克森聊天的时候，乔布斯也说到了这个计划。不仅如此，他还告诉对方："我们正在北卡罗来纳州建造一个服务器群，在那里我们可以为个人提供其所需要的一切同步服务。此外，Mobile Me 将会免费发布，让所有用户将自己设备上的内容同步到'云端'上变得更加简单。"

为了实现这一设想，乔布斯几乎在每周的集体例会上都会对此进行讨论。在刚开始的时候，并不是所有的董事会成员都赞成他让 Mobile Me 免费的想法。不过，在经过几次讨论之后，他们还是同意了乔布斯的提议。后来，乔布斯对此回忆道："当时，我们对此做了很多次讨论。虽然也有人不赞同，但当我告诉他们这不仅仅是一项工作，而且还是一项有关我们公司存亡的大工程时，所有人都同意了。"

发布 iCloud

"这个我们称之为'iCloud'的东西，将要比之前的 Mobile Me 好上不知多少倍，它将成为最棒的'云端'。"

——乔布斯

2011 年，苹果在云计算这方面终于取得了突破，而新的"云端"服务也不再叫"Mobile Me"，而是更名为"iCloud"。同年 6 月，乔布斯不顾病痛的折磨，毅然登上了苹果全球开发者大会（Apple Worldwide Developer Conference，简称 WWDC）的舞台，发布了 iCloud 这一应用平台。

在发布会之前，乔布斯一直都处在病休状态。在 5 月份的时候，他还因为感染而住进过医院，在病痛的不断折磨下，他也变得异常消瘦。但是，当他听说 iCloud 的研发工作已经接近了尾声，并将再次引起数字时代的一次革命时，他浑身都充满了力量，并不顾家人和朋友的劝阻，拖着瘦弱的身体出现在了发布大会上。

在发布会当天，乔布斯虽然在极力掩饰自己的虚弱，但是台下的观众还是一眼就看了出来，因为他太消瘦了。不仅如此，在他登台之后，台下的观众也都全部起立，将最热烈而持久的掌声送给了他，这让乔布斯激动不已。在说完开场白之后，他就将舞台交给了菲尔·席勒和斯科特·福斯托，并在他们演示完 Mac 和移动设备的新操作系统后，才再次登台向人们展示 iCloud。

和之前一样，他还是先缓缓地向众人说道："约在十年前，我们就曾预见，个人 PC 将会成为你们数字生活的中枢，无论是你们的照片、视频，还是音乐等，你都可以将它们存储到 PC 上面。但是，在这几年里，这个预见已经破灭了。"随后，他便举例称，假如有人用 iPhone 拍了一张照片，你只有用 USB 线连接在 iPad 或是 PC 上插来拔去多次才能全部实现共享，操作极其繁琐。对此，他笑称道："我不知道你们有什么感觉，但我却觉得为了实现这些设备的同步而进行的操作都快把我给逼疯了。"他的话音刚落，下面就响起了一片笑声。接着他话锋一转道："不过，我们针对这个问题找到一个不错的解决方案，而且它也将是我们的下一个预见，我们要将数字中枢转移到'云端'，将 Mac 和个人 PC 还原成设备。"

随后，他又拿几年前的那次尝试开玩笑道："你们中的大多数人此时可能在想，为什么要相信我？因为我上次给了你们一个 Mobile Me。但是，现在我要告诉你们，这个我们称之为'iCloud'的东西，将要比之前的 Mobile Me 好上不知多少倍，它将成为最棒的'云端'。"然后，他就在全体观众猜疑的目光下演示了 iCloud。很快人们就发现，无论是邮件、联系人还是照片、音乐、视频、应用等，几乎都是在瞬间完成同步的。不仅如此，乔布斯还当场公布了一个好消息，即苹果与多家音乐公司达成了协议，使得苹果的云端服务器的歌曲存储量达到了 1800 万首。只要你的任何一款电子设备中有这些歌曲中的一首，你都可以在你所有的电子设备共享这些歌曲，而无需另外付费，也不需要费时费力地将它上传到"云端"。在演示的最后，乔布斯习惯性地总结道："'云端'让这一切都变得这么简单。"

按照乔布斯的说法，人们在使用了 iCloud 服务之后，所有电子设备都将实现无缝连接。当然，这一切都需要使用苹果的产品，并待在苹果的封闭空间里才能实现。也许你在真正开始使用 iCloud 之后，你就不会再用 Kindle 或 Android 设备了，因为那些设备之间的照片、音乐、视频等，根本就无法通过云端同步到其他设备上，但苹果却可以。

早在 2010 年的时候，微软就曾推出过一项云计算服务，即 "Cloud Power"，并大肆宣传了一年多。可是，微软的云计算从未实现过真正的同步。亚马逊和谷歌也都在 2011 年推出了云服务，结果，他们同微软一样，均无法与苹果的 iCloud 相抗衡。后来，乔布斯还对此调侃道："我在想要不要为 Android 做一个音乐应用，或是将我们的 iTunes 装到 Windows 上，那样我们就能卖掉更多的 iPod。可我仔细想了想，我若是将我们音乐应用安装到 Android 设备上，除了让 Android 的用户高兴之外，对我们一点好处都没有，而我恰恰不想看到 Android 用户高兴的样子。"

你的时间有限，不要为别人而活

病魔再次袭来

"不，我知道，它（癌症）很快就会来了。"

——乔布斯

中国有句古语"久病成良医"，自 2003 年发现癌症到 2011 年，乔布斯已经与癌症抗争了 7 个年头。在这 7 年中，癌症就像一柄悬在头顶的剑，时刻督促着乔布斯前进。在它的督促下，乔布斯创造了人生中最辉煌的战绩，iTunes 商店、iPod mini、iPod shuffle、iPod nano、iPhone、iPad 等苹果公司最畅销的商品，几乎都是在此期间诞生并上市的。

在与癌症抗争的过程中，乔布斯已经逐渐地摸到了规律。他发现在癌症复发之前，总会有一些信号，比如自己会失去食欲，并全身疼痛。

2010 年 11 月初，乔布斯再次收到了来自癌症的信号。他浑身疼痛且吃不下东西，医生给他做了一个检查，结果没有发现新的肿瘤，就认为是一次周期性的对抗感染和消化不良的反应，并安慰他说，没事，一切正常。然而，乔布斯说道："不，我知道，它（癌症）很快就会来了。"

吃不下东西的乔布斯只能依靠静脉注射补充营养。鲍威尔记得乔布斯喜欢康娜度假村的食物，于是决定感恩节在那里度过。然而，那里的美食也没能引起乔布斯的兴趣。他吃饭时表现得坐立不安，不停地抱怨厨师水平太差，对于面前的食物连动都没动一下。那里所有的客人都在同一个房间里进餐，他们见到狂躁的乔布斯时，都尽量表现得若无其事，以期给他一个宽松的环境。更值得一提的是，乔布斯在这家餐厅里发脾气的情形最后竟然没有一个客人泄露给媒体，这可比苹果公司的某些董事会成员强多了。

自康娜度假村回家后，乔布斯变得更加情绪化和难以相处。和前两次信心百倍地应战癌症相比，这次乔布斯明显悲观了，他已经被癌症折磨得筋疲力尽。他经常会告诉孩子们，他觉得自己快死了，一想到以后他不能再给孩子们过生日了，他就会伤心得落泪，这让孩子们也很难过。

由于不能正常进食，乔布斯的体重下降得非常快。仅仅两个多月的时间，乔布斯的体重就降到了 115 磅（52.16 千克），这让他看上去更虚弱了。

圣诞节时，莫娜·辛普森来帕洛奥图度假，同行的有她的前夫、美国电视喜剧作家理查德·阿佩尔和他们的孩子。他们一起来到家中看望乔布斯，这让乔布斯的精神稍微好了些。他和他们一起玩了一个被称为"Novel"的游戏，这个游戏要求人们编制出一本书中最让人信服的一句话，以相互愚弄。乔布斯玩得兴致勃勃，身体情况也似乎有了好转。圣诞节后，他甚至还跟鲍威尔一起出去吃了晚饭。在新年假期期间，他让孩子们去滑雪度假，而仅留下了鲍威尔和莫娜·辛普森轮流照顾自己。

一切似乎都在向好的方向发展，殊不知，癌症已经扼住了乔布斯的咽喉……

医生与死神角力

"在面对癌症或者困境时，如果你有了某种感受，却试图掩饰，那么就是在虚伪地过日子。"

——乔布斯

事实证明，乔布斯在 2010 年年底的身体好转，完全就是回光返照，当到 2011 年初的时候，他的身体状况再次变坏。这次不仅仅是乔布斯的预感，因为医生们也在乔布斯体内发现了新的肿瘤。

尽管不愿，但无奈之下，乔布斯还是于当年的1月份给公司的董事会成员打电话，表示希望可以病休。乔布斯身体的状况，早已让董事会成员们有了心理准备。在董事会议上，只用了3分钟，所有问题都解决了，因为在此之前，乔布斯早已和董事会讨论过，如果自己出了不测，应该怎么办。蒂姆·库克再次接管了苹果的日常管理工作。

接着，当月17日，乔布斯再次给员工们发信，表明自己因病需要离职治疗。同样是给员工的邮件，这封邮件与前两封的区别之处在于，在这封邮件中，乔布斯没有说明自己归来的日期，而在前两封邮件中，乔布斯都明确地表明了自己的回归日期。这一细节，让员工们的心里隐隐觉得不妙。

乔布斯离职治疗的消息传来，苹果股价一开盘就跌了4.95%，还从来没有哪个领导人的身体状况可以如此深刻地影响到公司的股票价格，这充分说明了乔布斯对于苹果的重要性。创新工场董事长兼首席执行官李开复在听闻乔布斯离职治疗的消息后，在微博上感叹道："乔布斯太爱苹果公司了，一直等到季度财报公布后才宣布自己病休的消息，让正负面消息互抵。这么做虽然阻止了巨大的跌幅，但还是身体重要啊！"

病休后的乔布斯重新回到了与癌症抗争的大战中。

在病休的第一个周六，也就是1月22日当天，乔布斯让妻子召集了自己所有的医生开会。他发现，因为自己目前疾病比较多，比如肿瘤、肝脏、疼痛等，所以出现了"头疼医头脚疼医脚"的现象，每个医生只负责某一方面的问题，却没有一个完整的方案，这让乔布斯很不满。鲍威尔也发现了这个问题，她说："乔布斯的事情让我明白，医疗行业，尤其是斯坦福癌症中心的主要问题之一就是没有个案服务专员或协调员。但他们应该是非常重要的，就像是橄榄球队里的四分卫一样。"

意识到这种情况后，鲍威尔很快就担任起了协调员的职务，她会把斯坦福的各种专家请到家里开会，有时也会请来一些治疗理念非常前卫或全面的其他医院的医生，共同讨论对付疼痛及各种疾病的治疗方案，南加州大学的戴维·阿古斯就曾经受邀参加此类讨论。

乔布斯有强烈的掌控欲，病休的他虽然不能掌控苹果了，但却可以掌控对于自己疾病的治疗。因此，虽然鲍威尔负责协调各种治疗方案，但乔布斯才是最终拍板的人。2011年5月发生的一件事充分地说明了这一点。当时，鲍威尔因事不在，乔布斯就跟乔治·费希尔和其他斯坦福的医生、博德研究所的基因排序分析师，以及他的外部顾问戴维·阿古斯商讨起了治疗方案。在研讨的 3 个小时中，乔布斯的情绪非常不稳定，他因为博德研究所那位分析师使用了 PowerPoint 幻灯片而没有使用苹果公司的 Key-note 大发雷霆，甚至还现场教导起那位分析师 Keynote 该怎么使用。尽管研讨的过程中出现了这个小插曲，但在结束时，乔布斯和他的团队已经基本了解了所有的分子数据，明白了每种潜在治疗方案的原理，还列出了要确定每种治疗方案优先级需要做的测试。

其实，此时虚弱的乔布斯让医生们觉得很棘手，因为医生们在用药的时候不得不费心神确定他身体的承受能力。

癌症让乔布斯形成了一个恶性循环。癌症引起疼痛，疼痛让乔布斯不得不服用止痛药，止痛药让乔布斯没有食欲，吃不下东西让乔布斯更加瘦弱，身体瘦弱用药量就必须减少，这又减慢了身体康复的速度。同时身体瘦弱让疼痛感觉神经周围的油脂层变薄，疼痛感更加强烈，从而让食欲减退。有时候，乔布斯会疼得直不起腰来，他会用手捂着疼痛的部位，呻吟着告诉身边的人，自己就好像浑身上下都挨了打一样。

乔布斯每次发病的时候，医生都会告诉他要多吃不同种类的食物，然而乔布斯从未听从。饮食问题成了乔布斯在与病魔抗争的过程中一道逾越不过的障碍。

即使已经切除了部分胰脏，消化功能已经被削弱，乔布斯仍然不愿意改变自己长久以来的饮食习惯，坚持只吃素食，有时甚至会禁食。这会让好脾气的鲍威尔异常愤怒，她最怕见到的情形就是乔布斯坐在饭桌前对着一桌子的饭菜发呆。她说："乔布斯坐在餐桌旁边，却一点也不吃，这让孩子们和厨师都非常紧张，于是我就让他逼迫自己吃东西。"

他们的厨师布里亚·布朗肩负着为乔布斯准备食物的重任，他每天下午都会来家里为乔布斯准备一桌子的健康美食。每当乔布斯连尝也不尝，或者仅用舌尖尝一两种就否定一桌子的菜时，他总会无奈地耸耸肩，然后第二天下午继续。他总会想尽办法满足乔布斯的奇思妙想，有一天，乔布斯突然想吃南瓜派，他竟然真的在一个小时内做了漂亮的南瓜派出来，虽然乔布斯仅吃了一小口，就不再吃了，布朗仍然为此兴奋不已。

为了解决乔布斯的饮食问题，鲍威尔向很多研究进食失调问题的专家和精神病专家进行了咨询，但乔布斯却拒绝接受任何建议或治疗。

乔布斯曾说："在面对癌症或者困境时，如果你有了某种感受，却试图掩饰，那么就是在虚伪地过日子。"也是这么说的，也是这么做的。在第三次面对癌症的时候，他变得更加敏感、爱哭而喜怒无常，他会向周围的人一遍遍地哀叹自己快死了……

在乔布斯哀叹着自己快死了的同时，医生们正在和癌症进行着生死赛跑。尖端科技的发展，让乔布斯始终比癌症快了一步。当时世界上治疗癌症最先进的技术是分子靶向治疗法，它由斯坦福、约翰·霍普金斯和哈佛-麻省理工博德研究所联合研发。治疗原理是通过了解病人体内的肿瘤特殊基因和分子特征，挑选特定的药品，直接针对癌细胞异常生长和有缺陷的分子位点进行治疗。它针对性强，比传统的治疗方法更为有效。因为传统的化疗不仅会破坏肿瘤细胞的分裂过程，也会破坏健康细胞的正常分裂，有点类似于"杀敌一千，自伤七百"的战术。尽管这种治疗方法并非立竿见影，但却通常效果显著，乔布斯就是最早接受这种治疗的 20 个人之一，耗费达到了 10 万美元。

为了鼓励乔布斯，曾有位医生告诉他说："你要相信，不久的将来，你患的这类癌症和其他类似的癌症都会被归为可有效控制的慢性疾病，可以通过药物控制病情的发展，直到病人死于其他原因。"乔布斯听后说："所以，我要么是第一个通过这种疗法跑赢癌症的，要么是最后一个死于这种癌症的。不是最先上岸的，就是最后被淹死的。"

在乔布斯宣布病休的日子里，他仍然是媒体关注的焦点。2011 年 2 月 17 日，美国八卦报纸《国家询问者》发表了一张偷拍于当月 8 号的乔布斯照片，并危言耸听说，乔布斯的生命可能只剩 6 周了。这在社会上引起了极大关注。照片上，乔布斯依然是黑色上衣，蓝色牛仔裤，白色运动鞋，只是他显得瘦弱极了，原本合身的衣服显得异常宽大。报纸还根据他稀疏的头发推断，他目前正在接受化疗。

这篇报道尽管有危言耸听的成分，却也道出了部分实情。当时，乔布斯确实正准备和妻子共进早餐后，到斯坦福癌症中心进行治疗。

尽管苹果公司明确表示，这份报纸内容纯属胡编乱造，但仍未能阻止人们进行各种各样的猜测。然而，乔布斯始终都没有站出来对这些猜测进行反驳，只是在众人惊疑的目光中接受了美国总统奥巴马的宴请。

当然，也并不是所有人都紧抓着乔布斯的隐私不放。《福布斯》杂志资深编辑丹尼尔·莱恩就是众多反对人们打探乔布斯隐私的人之一，他开通了一个名为"乔布斯的秘密日记"的博客，并以乔布斯的身份撰写文章，文风诙谐、幽默，吸引了众多读者，这些博文最终还以书籍的形式进行了出版，据说乔布斯和盖茨都曾看过。2011 年，在乔布斯休病假的第二天，莱恩就在博客中发文训斥那些试图打探乔布斯隐私的人。他说："我在网上扮演着乔布斯，自 2008 年乔布斯健康情况明显恶化之后，我就停止了博客的更新。今天早上，当传来乔布斯再次病休的消息时，我以假乔布斯的名义更新这最后一篇文章，然后就会注销。"

他还在博文中写道："如果你真想了解癌症和肝脏移植，可以去图书馆查资料；如果你是一个握有苹果股票的投资者，正因乔布斯身体的状况而坐立不安，那么干脆卖掉，并感谢乔布斯让你赚了那么多钱。如果你打算留着股票，那么请不要以手中的股票为由，八卦某个病人的私生活。"

在外界的纷扰与身体的病痛中，乔布斯挣扎着……

最后几位访客

"我会竭尽所能地帮助下一代企业家记住伟大企业的血统，并让他们把这些传统发扬光大。"

——乔布斯

没有回归日期的病休邮件，让人们意识到了问题的严重性，于是纷纷前来看望乔布斯。

这些访客中，让乔布斯最安慰的是大女儿丽萨·布伦南·乔布斯的来访。一直以来，她跟乔布斯的关系都是复杂的。丽萨遗传到了乔布斯的偏执和固执，这样的两个人相处起来难免炮火隆隆。然而，对于丽萨，乔布斯始终是心存愧疚的，这从他曾以"丽萨"的名字命名世界上第一款采用图形用户界面技术的电脑就可见一斑。2011 年病休期间，面对授权撰写《乔布斯传》的沃尔特·艾萨克森，乔布斯再次道出了自己的歉疚之情："我曾多次跟她（丽萨）说，如果时间可以回到她 5 岁的时候，我一定会尽力做个好爸爸的。我希望她现在可以放弃过去，着眼未来，而不是恨我一辈子。"

丽萨的这次来访让乔布斯的愿望部分地实现了。他们的这次相处总体上来说，相当愉快，当然了，这有赖于乔布斯身体状况的暂时好转。丽萨告诉父亲，32 岁的自己最近正在第一次认真地谈恋爱，恋爱对象是一个年轻的电影制作人，他来自于加利福尼亚，目前正在纽约打拼自己的事业。这种类似于朋友间交换小秘密的举动，无疑让亲情苏醒的乔布斯觉得很贴心，于是，他竟然建议丽萨，婚后搬到自己所在的帕罗奥图住，以方便双方联系，他说："我的身体状况你也看到了，谁都不知道我可以活多久，说不定哪天就死了。所以如果你想多看我几眼的话，就搬来帕罗奥图吧。"尽管最后丽萨没有接受这个建议，但是父女关系的缓和还是让乔布斯的心情大好，他说："在这之前，我并不确定自己是否想见到她，因为我病了，需要静养，而她总能引起我情绪上的波动。但是，她的到来仍然让我很高兴，这让一直压在我心上的大石头放了下来。"

曾经乔布斯与谷歌的创始人拉里·佩奇和谢尔盖·布林关系密切，他们也一直将乔布斯视为导师级的人物，从他身上汲取前进的动力和营养；曾经乔布斯和谷歌的 CEO 埃里克·施密特是要好的朋友，施密特还曾经是苹果的董事会成员之一，他们密切合作，将谷歌的搜索和地图功能移植到了 iPhone 手机上，然而，这些美好都在谷歌决定进军智能手机市场并研发了安卓系统后烟消云散。乔布斯曾经对着施密特破口大骂，并叫嚣着要花光苹果账户上的最后一分钱和谷歌耗到底。

现在，一年过去了，得知乔布斯病休消息的拉里·佩奇在犹豫着要不要去看看这位曾经的引路人。佩奇之所以想去看望乔布斯还有一个原因，那就是自己刚从施密特手中接过 CEO 的权杖，急需乔布斯的指导。佩奇怀着忐忑的心情给乔布斯拨了电话，并道出了自己的想法："我可以去你那里请教一下如何做一个好 CEO 吗?"乔布斯犹豫了一下，然后说："我考虑一下吧。"一会儿，佩奇的电话响了起来，是乔布斯，他直截了当地说："没问题。"然后，佩奇有了这次膜拜之旅。乔布斯后来回忆说："拉里刚给我打电话说想要来拜访我时，我的第一反应是'去他妈的，我才没兴趣和一个小偷聊天呢！'但是随后，我想到了自己年轻遇到的前辈，像比尔·休利特和住在我周围的惠普的邻居等，他们都热心地帮助了我，所以，后来我就告诉他，你过来吧。"

在客厅中，乔布斯给佩奇上了一课，他讲述了如何才能创造出伟大的产品及如何保持公司持久的生命力。

在与佩奇的交谈中，乔布斯热心而真诚，对于自己的经验可谓倾囊相授，简直到了"知无不言，言无不尽"的地步。乔布斯围绕专注和选人告诉佩奇，一个公司必须做到专注，同时选用值得信任的人，打造可以依赖的团队。他告诉佩奇，必须避免团队中充斥二流选手，否则情况就危险了。他一再强调，谷歌必须搞清楚自己以后想成为什么样的公司，公司最重要的 5 个产品是什么，如果一直像现在这样生产线繁多，摊子铺得到处都是，就会成为和微软一样的公司，产品达标但不伟大。乔布斯还承担起了作为一个成功企业家的社会责任感，他说："我会竭尽所能地帮助下一代企业家记住伟大企业的血统，并让他们把这些传统发扬光大。我会继续与像马克·扎克伯格一样的人做这件事。硅谷一直非常支持我，我应该做出自己的贡献，回报社会。"

有人说，世界上最了解你的人是自己的竞争对手。而对于乔布斯来说，这个世界上最了解他的人恐怕要数比尔·盖茨了。乔布斯的一生尽管有很多的竞争对手，但最重要也最长久的却始终是盖茨。他们联手定义了个人电脑时代，却又开创了两种完全相反的商业模式。他们对于对方的成功都既赞叹又有所保留。盖茨对于乔布斯的成功，有时会觉得不能理解，但他显然不讨厌这样的竞争。乔布斯病休后，有一次，盖茨在和艾萨克森一起吃饭时，略显遗憾地说："我现在做的事情只是将尽可能多的人从疟疾的泥沼中拉出来，而乔布斯则仍然在创造新产品。有时候，我想也许我留在那个游戏里贡献更大一些。"他会不时地感叹乔布斯对于完美产品的追求："生病了，还不忘努力寻找改进 iPad 的方法，这真让人吃惊。"

乔布斯与盖茨之所以会有最后一次会面，有一个人功不可没，他就是星波公司的迈克·斯莱德。斯莱德既是乔布斯的朋友，又是盖茨的朋友，这让他主动承担起了搭桥牵线的任务，最终两人的会面时间定在了 5 月份。然而，乔布斯虚弱的身体差点让这次会面泡汤。就在约定日期的前一天，盖茨接到了乔布斯助理的电话，说乔布斯状况转差，会面时间需要另订。于是，他们重新约定了一个日期。这才有了电脑界两个传奇人物的最后会晤。

那天，盖茨一人开车来到了乔布斯家门口，然后自后门进入了乔布斯家中。屋子里很安静，他从敞开的厨房门口看到伊芙正在学习，于是，问道："乔布斯在吗？"伊芙用手势告诉盖茨，乔布斯在客厅。

于是，盖茨走向客厅，然后看到了这样一个情形：和上一次相比瘦了好多的乔布斯，正窝在沙发的一个角落里，少见的安静，和原来在苹果公司时暴躁而骇人的架势形成了鲜明的对比。

见到盖茨，乔布斯坐直身子，恢复成了原来的样子，锐利而充满力量。盖茨惊异于乔布斯的改变。他们开始像两个老头子一样回忆过去的种种，失去了健康的乔布斯在心里暗叹道："哇，比尔看起来真健康啊！"盖茨则暗叹："尽管被病痛折磨得瘦骨嶙峋，但这家伙还是那么精力充沛。"

乔布斯对于自己的身体状况丝毫没有避讳，他告诉盖茨，自己目前正在接受一种靶向药物治疗，就好像从一片荷叶跳到另一片荷叶，是在和癌症赛跑，希望总比癌症快一步。盖茨为乔布斯的乐观精神所感动。

一向矛盾重重的两人，这次在两件事情上达成了一致。他们都认为，科技应该更深入地影响学校，比如学生们应该用观看讲座和视频来代替目前的老师讲解，同时，课堂时间应该用来讨论和解决问题，而不是讲解知识。盖茨认为，以后的计算机和移动设备应该致力于提供个性化的课程和启发性的反馈。

同时他们都表达了对于自己另一半的感激。他们都认为是妻子让自己保持了心智的完整。他们还一致认为生为自己的孩子压力很大，两人甚至讨论起了如何帮助孩子们减压。正如盖茨后来回忆的那样："那次谈话是我们所有谈话中最私密的一次。"

在两人3个小时的交谈中，伊芙曾经晃了过来，盖茨就询问了她马术训练的情况，因为盖茨的女儿也参加了这个训练。

在谈话中，两个人再次肯定了对方所取得的成绩，盖茨称赞乔布斯创造了那些不可思议的东西，同时挽救了濒于破产的苹果。他甚至认可了乔布斯创造的商业模式，他说："我一直认为，一个企业只有像微软那样，坚持开放、横向的模式才能取得成功，但是你用苹果的发展告诉我，一体化的、垂直的模式也可以成功。"盖茨的坦诚让乔布斯感动，他说："你的模式也成功了。"

两人的会面在友好的氛围中结束，然而，两个人和两种商业模式毕竟是存在矛盾的，盖茨在后来接受艾萨克森采访时，为一体化模式的成功添加了条件："之所以目前一体化能够取得成功是因为有乔布斯在，在未来能否取得成功还是未知数。"而另一边，乔布斯也在接受艾萨克森采访时说："比尔的模式可行，但是它有一个大问题，那就是不能制造出伟大的产品。至少在一段时间内，这个问题都将存在。"

乔布斯病休期间，除了科技界人士，其他人偶尔也会踏上朝圣之旅。

比如美国前总统比尔·克林顿就曾经来看望乔布斯，两个人从中东问题说到美国政治，相谈甚欢。

在被病痛折磨的时间里，正是这些访客暂时地转移了乔布斯的注意力，让他获得了片刻的宁静。

优雅的权力交接

"我曾说过，如果某天我无法继续履行 CEO 的职务了，如果某天我无法满足大家对于这一职务的期待了，会第一个告诉你们。不幸的是，这一天来了。"

——乔布斯

尽管申请了病休，但是到重要产品发布的日子，乔布斯仍会拖着虚弱的身体，勉强参加。

2011 年 3 月 2 日，乔布斯拿着 iPad 走上舞台，人们给这位命途多舛的斗士以热烈的掌声，他脸上露出了浅浅的笑容，说："这个产品做了那么久，我可不想错过今天。"

2011 年 6 月 6 日，苹果全球开发者大会召开，酝酿已久的 iCloud 要在此次会议上亮相，尽管身体状况一直不好，但乔布斯坚持亲自发布这款苹果未来战略中的中枢产品。他知道依照目前的身体状况，这可能是自己最后一次参加苹果的产品发布会了。为了避免自己看上去过于瘦弱，乔布斯在常穿的黑色套头衫外面又加了一件黑色羊绒衫，还在蓝色牛仔裤里面套了一条保暖裤。然而，这些都遮不住他瘦削的事实。人们再次给这位极富悲剧色彩的英雄以热烈的掌声。

在 iPad 和 iCloud 的双重作用下，苹果不断有好消息传来。6 月 25 日，苹果的现金及有价证券总价值达到了 761 亿美元，而美国财政部同一时期拥有的总现金余额却只有 737.7 亿美元，这意味着苹果真的成了富可敌国的公司。一个多月后的 8 月 10 日，好消息再次传来，苹果的市值超越美国石油巨头埃克森美孚，成了全球市值第一的公司。这些消息让病休中的乔布斯既高兴又失落。高兴的是，苹果没有他照样运转正常，失落的是，原来苹果没有了他照样可以运转正常。

然而，这样的好消息对于乔布斯的病情没有任何帮助，7 月的时候，癌细胞已经扩散到了骨骼和身体的其他部分，更糟糕的是，医生们已经找不到合适的药物进行治疗，换句话说，乔布斯已经病入膏肓，无药可治了。

世界上最悲惨的事情莫过于英雄迟暮。乔布斯还有许多伟大的理想没有来得及实现，他还想为 iPad 开发电子教材和课程资料，以让学生们彻底摆脱厚重的书本；他还想和比尔·阿特金森一起研发一款像素更好的iPhone，让消费者在光线不足的情况下也可以拍出清晰的照片；他还打算将苹果公司的一些创新应用到电视上，发明一款非常简单易用的一体化电视……然而，时间已经不允许了。

他浑身上下都疼，大部分时间什么也不能做，只能窝在床上看电视，甚至连固体食物也已经吃不下去了。他自知时日不多，便让为自己写传记的艾萨克森来到家里，挑选要用的照片。

艾萨克森这样形容当时的乔布斯："他穿着卡其色的短裤和白色套头衫，在床上蜷缩成了小小的一团。病痛把他折磨得只剩皮包骨头，但是他笑得很开心，思维也依旧敏捷。"见到艾萨克森，乔布斯挣扎着坐了起来说："咱们得快点，我的力气不多了。"他已经没有力气自己来回走动了，只有指挥着艾萨克森，从房间的抽屉里找出了几本相册，然后让艾萨克森翻动着，他看。偶尔看到某张照片的时候，他会讲出一个小故事，也有时候会小声地嘟囔几句，或者仅仅露出缅怀的笑容。薄薄的几本相册却浓缩了一个人的一生，这是多么让人感慨的一件事啊！

当翻看到其中一张照片的时候，乔布斯停了下来，那是年轻的保罗·乔布斯抱着年幼的他的照片，他很久没有说话，好像是陷进了回忆里。过了一会儿才说："你可以选用这张照片。"然后，他示意艾萨克森找出另外一张，他婚礼上父亲慈爱地望着他的照片，说："这张也可以。"艾萨克森说："他应该为你感到骄傲。"乔布斯立刻说道："他的确以我为荣。"

这些照片好像唤起了乔布斯的记忆，他的精神比刚才好了一些，他们讨论起了出现在乔布斯生命中的那些人，迈克·马库拉、约翰·斯卡利、比尔·盖茨等。他们还谈到了当前美国的时局，这让乔布斯有些激动，他毫不客气地说："我对奥巴马很失望，他在领导方面的问题在于，他怕得罪人，不敢让某些人卷铺盖走人。我从来都不会让这种情况发生在苹果。"

艾萨克森和乔布斯的这次谈话持续了约两个小时，就在艾萨克森准备离开时，乔布斯叫住了他说："你稍等。"他缓了一两分钟才说道："不瞒你说，我对于让你为我写传记充满了恐惧。"艾萨克森问："那你为什么还同意呢？"乔布斯回答说："我想让我的孩子们了解我，让他们知道为什么我总是没有时间陪他们，也想让他们明白我所做的是什么样的事情以及对这个世界的影响。我知道，在我死了之后，肯定会有人写关于我的书，可他们并不了解我，与其那样，倒不如让你写，至少让大家听到我真正想说的话，了解我到底是个什么样的人。"

在 2011 年的夏天，乔布斯的身体状况不断恶化，他清醒地意识到，自己再也不能回苹果当 CEO 了。于是，辞职被提上日程。他不想离开苹果，这是个不争的事实，他多次和妻子、艾维等就辞职进行讨论，最后决定为苹果贡献自己的最后一分力量，那就是以身作则为如何进行权力移交做一个榜样，他说："苹果在过去 35 年中的权力移交都是惊天动地的，好像是在第三世界国家一样。这不是我希望的。我的目标是打造一家全球最好的公司，而有序的过渡对于这种公司的打造尤其重要。"

经过一番思量，乔布斯最终将过渡时机选在了 2011 年 8 月 24 日的董事会例会上。乔布斯非常重视这次交接仪式，他坚持要亲自宣布这个消息，而不是通过邮件或电话。这让他在几天前就开始强迫自己吃东西，以增加体力。

8 月 24 日上午 10 点多，乔布斯坐着轮椅秘密地来到了董事会的会议室。当时，董事会成员对于乔布斯的来意都已经心照不宣，但是却没有任何一个人愿意直奔主题，他们像往常一样，首先听取了蒂姆·库克和首席财务官彼得·奥本海默关于本季度业绩和未来一年情况的报告，然后，乔布斯平静地说："我有一点私人的事情需要宣布。"会议室里安静下来，所有人都直直地盯着乔布斯，暗想着"这一刻终于要来了"！蒂姆·库克感受到了现场气氛的压抑，问道："需要我和其他高管出去吗？"乔布斯略微停顿了一会儿，点了点头。于是，会议室内只剩下了 6 位外部董事。乔布斯开始展示自己对于苹果最后的爱："我曾说过，如果某天我无法继续履行 CEO 的职务了，如果某天我无法满足大家对于这一职务的期待了，会第一个告诉你们。不幸的是，这一天来了。"这是一封绝对称得上简短的信，里面只有 8 个句子而已，然而，就这 8 个句子，乔布斯却反反复复修改了好几个星期。在信中，乔布斯建议由库克接替自己，并希望自己可以继续担任董事会主席。最后，乔布斯动情地说道："我相信苹果在未来会更加灿烂，更有创造力。我期待着以一个全新的身份关注它的成功，并为之贡献自己的力量。"

随着乔布斯最后一句话的结束，会议室里陷入了长久的安静。最后阿尔·戈尔打破了僵局，他总结了乔布斯自 1997 年回归苹果后的各种成就。接着米基·德雷克斯勒补充说："乔布斯在苹果做的变革是我在商界看到过的最不可思议的事情。"亚瑟·莱文森也高度赞扬了乔布斯为平稳过渡而做的努力。坎贝尔在会议上没有发表任何言论，但是在董事会正式同意了乔布斯的移交申请后，他的眼圈红了。

中午的时候，菲尔·席勒和另一位设计师向乔布斯展示了一些正在研发中的产品，这引起了乔布斯的极大兴趣，他不断地提出各种问题和想法来打击他们。乔布斯对于一款语音识别软件的兴趣特别浓厚。他像个好奇宝宝一样问那个软件："帕罗奥图现在是什么天气？"软件给出了正确答案，乔布斯又尝试了一些其他问题，软件都回答正确，这激起了乔布斯的恶作剧心理，他问道："你是男的女的？"软件机械的声音响了起来："他们没有给我确定性别。"乔布斯被逗乐了，离开苹果的忧郁也被暂时的冲淡。

当聊到平板电脑时，有位苹果的员工兴奋地告诉乔布斯："惠普突然决定退出这个领域，因为他们发现自己根本就没法跟 iPad 竞争。"出乎众人意料，这一好消息不仅没有让乔布斯兴奋不已，反倒还让他难过起来，他说："这其实应该是一个悲伤的时刻。休利特和帕卡德花费毕生心血创立了一家优秀的公司，然后把它传给了一个他们认为可以信赖的人，现在这家公司却随时可能分崩离析，这难道不悲哀吗？"他沉默了一会儿，又低声说："我真希望自己可以留下更强大的遗产，这样惠普的惨剧就不会在苹果重演了。"现场再度陷入沉默，众人都在思考着这番意味深长的话。是啊，没有了乔布斯，苹果将何去何从？乔布斯离开时，董事会的每个成员都过来和他拥抱告别。

在苹果办完相关事宜的乔布斯回到家后，鲍威尔和孩子们为他举行了一个小小的庆祝仪式，这抚慰了他因失权而冰冷的心。当天晚上，艾萨克森来访，乔布斯谈到了此时的感觉："我曾经有过很伟大的事业，有过很幸运的人生，我已经做了自己能做的一切。"

有时，他会坐在屋后的花园里，思考死亡。他说："我有时相信上帝，有时又不信。大部分的时候，我都相信有我们看不见的存在。我宁愿相信一个人死后，还会有其他东西存在，比如由生命经历积淀的智慧。如果这些东西都随着人的死亡而不见了，会感觉怪怪的。所以我宁愿相信，会有些东西留下来。当然了，也有可能，就好像开关一样，人一死什么都没了。这可能也是我不喜欢给产品加开关的原因吧。"

2011 年 10 月 4 日，苹果发布 iPhone4s，乔布斯蜷在床上观看了整个发布会。第二天，在家人的陪伴下，乔布斯平静地离开了这个世界，享年56 岁。苹果官网第一时间公布了这个消息，并在首页贴出了乔布斯的遗像。

一代科技巨星陨落，但正如臧克家所说："有的人活着，他已经死了；有了人死了，他还活着……"

你无法在展望未来时串联点滴，你只能在回顾过去时将其升华

秘寻生母和胞妹

> "我盼望见到我的母亲，因为我想知道她这些年来过得如何。我想对她说声谢谢，感谢她当时没有选择堕胎，而是坚强地把我生了下来。要知道，那个时候，她才23岁，非常年轻，这会让她背负相当大的压力。"
>
> ——乔布斯

20世纪80年代初，乔布斯在事业上获得了极大的成功，苹果公司在他的带领下蒸蒸日上，散发着无穷的活力。虽然事业有成，但乔布斯内心始终存有一丝遗憾：他不知道自己的亲生母亲是谁。于是，乔布斯聘用了一个侦探，开始悄悄地寻找自己的生母。由于线索太少了，这名侦探调查很久，也没有丝毫的进展。后来，乔布斯在自己的出生证上发现了一个旧金山医生的名字。他想，这名医生或许会知道些什么。根据这唯一的线索，乔布斯查到了他的号码，并且和他取得了联系。但让乔布斯失望的是，这名医生并没有帮上什么忙。他告诉乔布斯，医院的记录在一场火灾中化为灰烬了。事实并非如此，医生说了谎。在他接到乔布斯的电话后，他写了一封信，信中介绍到乔布斯生母的一些情况。他把信装在信封里，信封上写着"我死后交给史蒂夫·乔布斯"的话。不久，医生死去，他

的遗孀就把这封信寄给了乔布斯。乔布斯从这封信里，了解到自己的生母是来自威斯康星州一个未婚的研究生，名字叫乔安妮·席贝尔。

乔布斯随后又聘请了一位侦探，继续寻找生母的下落。有了生母的名字这个线索，一切都简单多了。果然，几个月后，侦探就给乔布斯带来了一个振奋的消息：他已经找到乔安妮的下落，乔安妮现在名字是乔安妮·辛普森。原来，当年乔安妮未婚先孕，迫于压力将孩子送走，之后还是嫁给了乔布斯的生父阿卜杜勒法塔赫·约翰·钱德里，并且又生了一个孩子，名叫莫娜。五年之后，钱德里抛弃了乔安妮母女。乔安妮又嫁给了一个滑冰教练乔治·辛普森。不幸的是，这场婚姻也没能持续多久。从1970年开始，乔安妮带着莫娜四处流浪，后到了洛杉矶。

乔布斯在知道了生母的下落后，并没有急着和生母取得联络。他担心自己寻找生母的事情会让养父母保罗和克拉拉感到不快。多年来，保罗和克拉拉对于乔布斯的辛勤培育，谆谆教诲，令乔布斯感恩于心，他慢慢懂得了，保罗和克拉拉才是这个世界上最爱他的人。在他的眼里，保罗和克拉拉虽然不是亲生父母，却胜似亲生父母，他不愿意做出任何伤害到他们的事情。

1986年，正是乔布斯事业低谷期，从被苹果公司驱逐，到创立 NeXT 公司，看似是一个华丽的转变，实际上不过是一场无奈的抗争，NeXT 电脑的失败，令乔布斯内心受到了煎熬。同是这一年，养母克拉拉因病去世，这对乔布斯是更为沉重的打击。事业上的不利，亲人的离世，双重的折磨压得乔布斯透不过气来，孤独无依的乔布斯心中更加渴望能够见到自己的亲生母亲。

克拉拉去世后，乔布斯想了很久，最后把这件事告诉了养父保罗·乔布斯。保罗是一个慈父，支持儿子的决定，觉得完全可以接受，一点儿不介意乔布斯和自己的亲生父母取得联系。于是，乔布斯给乔安妮·辛普森打了个电话，告诉她自己是谁，然后约定了个时间去洛杉矶见她。乔布斯后来回忆此事时，说："我盼望见到我的母亲，因为我想知道她这些年来过得如何。我想对她说声谢谢，感谢她当时没有选择堕胎，而是坚强地把我生了下来。要知道，那个时候，她才23岁，非常年轻，这会让她背负相当大的压力。"

乔布斯去洛杉矶见到了自己的母亲乔安妮。乔安妮激动不已，她知道自己的这个被遗弃的儿子已经功成名就了。她知道他很富有，但不知道他做的是什么行业。乔安妮对自己的儿子感到很愧疚。她告诉乔布斯，当时自己有多么的不舍，承受了多么大的压力才在他的领养文件上签字的，而且是在被告知孩子将会在新家庭里多么的幸福时才签字的。她为自己的所作所为感到痛苦，请求乔布斯原谅。乔布斯安慰她说，自己能够理解当时她的决定，而且他童年时过得很好。

平静下来之后，乔安妮告诉乔布斯，他还有一个同父同母的亲妹妹，是个作家，现在居住在曼哈顿。乔布斯对此非常兴奋，在当时作家这个标签也是一种成功的象征。乔布斯认为，正因为妹妹身上流着同样的血液，具有同自己一样优良的基因，所以才能够取得成功。乔布斯这么认为显然有失偏颇，忽视了妹妹自身的努力，这也恰能说明乔布斯自己与生俱来的优越感。

同样，乔安妮也从来没有告诉莫娜·辛普森她有个哥哥。就在乔布斯拜访的当天，乔安妮给女儿莫娜打了一个电话，公布了这个消息："你还有一个亲哥哥，他很优秀，很出名，我打算带他来纽约见你。"在电话里，乔安妮卖个关子，并没有直接告诉莫娜，他的哥哥是硅谷的传奇，苹果的创始人史蒂夫·乔布斯。但是，她还是告诉了莫娜，一些关于她哥哥的零星的线索：他曾经很穷，现在有钱了，人长得英俊，也很有名。他有着长长的深色头发，住在加利福尼亚。

莫娜对于这个消息，颇感意外，也感到振奋和好奇。她也想知道，自己的哥哥到底是什么人。当时，莫娜正在《巴黎评论》工作。《巴黎评论》是乔治·普林顿在曼哈顿东河附近主办的文学期刊，莫娜是这家杂志社的编辑。在得知莫娜还有一个名人哥哥后，同事们开始帮莫娜猜她哥哥是谁。他们列出了一大堆可能是莫娜兄长的名人名单，位于该名单之首的人，是美国著名男演员约翰·特拉沃塔，他们认为这个人是最有可能的一个人。他们还猜到了其他的演艺界、IT界名人，其间某人说了句"说不定是苹果公司那几个创始人之一呢"，但是，没有人想到会是乔布斯。莫娜私下里希望，自己的兄长是知名作家亨利·詹姆斯的某个后人，一位才华横溢的天才作家。因为她是作家的身份，所以也希望自己的哥哥也是名作家。

不久，乔安妮带着乔布斯来到了纽约，和莫娜见面。他们的会面安排在瑞吉酒店的大堂，当乔安妮将乔布斯介绍给莫娜时，莫娜这才知道，自己的哥哥居然真的就是苹果的创始人。兄妹两人相见甚欢，他们谈了很多，主要谈了一些兴趣爱好方面的事情。乔布斯告诉莫娜，自己从事电脑方面的工作。莫娜对于电脑方面并不是很懂，但是她还在使用打字机来撰写文章。她告诉乔布斯，她正考虑买一台名为"Cromemco"的电脑。乔布斯就对她说，不妨再等一等，因为他正制造一种非常非常漂亮的产品。后来，他们一起出去散步，并彼此交换了电话号码。

乔布斯很开心自己有这么一个妹妹，初次见面妹妹给他留下了深刻的印象。他从她的身上找到了很多与自己相似的地方。他们的艺术品位很高，对艺术非常执着，追求完美，对周围环境的细节观察入微。在性格方面也非常相近，同样的敏感而且倔强。在共进晚餐的时候，他们会注意到周围建筑上的一些小细节或者有趣的事情，然后兴奋地讨论、交谈。乔布斯为自己有一个当作家的妹妹自豪，回到苹果公司后，乔布斯迫不及待地告诉大家，他有一个当作家的妹妹！

莫娜·辛普森

"我妹妹是我这个世界上最好的朋友。她是我的家人。我会经常打电话给她，说些这样那样的事情。"

——乔布斯

1955 年，乔安妮·席贝尔未婚先孕，当时她年仅 23 岁。在那个年代，美国社会仍然很保守。乔安妮顿时成了舆论批判的焦点。更为糟糕的是，孩子的父亲名叫阿卜杜勒法塔赫·约翰·钱德里，是叙利亚移民，他是乔安妮在威斯康星大学的政治老师。这段恋情遭到了乔安妮家人强烈的反对，乔安妮父亲甚至威胁女儿，如果不堕胎、和钱德里断绝关系便要取消她的继承权。

乔安妮是个坚强的女子，决定将孩子生下来。她独自一个人去了加州分娩。但是，由于自己是未婚妈妈，加上生活比较拮据，所以她决定让别人领养自己的孩子，最终加州一对不育夫妇保罗和克拉拉领养了这个孩子。这个孩子就是乔布斯。就在乔安妮放弃乔布斯几个月之后，她与乔布斯生父钱德里结婚，并于 1957 年 6 月在威斯康星州产下女儿莫娜。但是好景不长，四年后这段来之不易的婚姻走到尽头。钱德里抛下了自己的妻子和年幼的女儿飘然而去。乔安妮含辛茹苦照顾小莫娜。在莫娜 10 岁的时候，乔安妮和钱德里离婚，带着年幼的女儿搬到了洛杉矶生活，并改嫁第二任丈夫乔治·辛普森，于是莫娜也随继父的姓，改名莫娜·辛普森。

如果对比这两个孩子童年，不难发现，虽然乔布斯是个"弃儿"，但他的童年生活要幸福很多，因为养父母保罗和克拉拉给了他想要的一切，努力让他过上幸福的生活。而莫娜虽属婚生儿，但童年生活充满艰辛，年纪小小就跟随着母亲四处漂泊、流浪，直到定居洛杉矶，这才有一个完整的家。

莫娜青少年时期进入了贝弗利山高级中学学习，这所学校是一所公立学校，学生几乎全是白种人。对于自己的中学生涯，莫娜记忆不深，她只记得那是一个有"很多富人、吸毒者和精神病患者"的地方。随着年龄渐长，莫娜也逐渐知道了自己身世，每当问及这些事情时，母亲乔安妮都讳莫如深，很少告诉她当年之事，当然也没有告诉她，她还有一个被别人收养的哥哥。

莫娜毕业于加州伯克利大学以及哥伦比亚大学。由于对文学感兴趣，所以毕业后，成了一位自由撰稿人。到了 20 世纪 80 年代，莫娜的事业开始上升，她开始为纽约的《巴黎评论》担当编辑工作。虽然杂志社的办公地点在纽约，但是杂志实际上是在法国首都巴黎创刊发行的。

也就是莫娜当编辑的这几年里，乔布斯寻到她和她相认，两人关系越来越亲密。莫娜很珍视和兄长的友谊，也为乔布斯取得的成就感到骄傲。乔布斯也对妹妹的睿智、机敏印象深刻。"我妹妹是我这个世界上最好的朋友。她是我的家人。我会经常打电话给她，说些这样那样的事情。"他说。

1986 年底，莫娜出版了她的第一本小说《在别处》（Anywhere bru Here）。美国社会的名流、文学界的杰出人物乔治·普林顿在纽约专门为莫娜的小说举办了一次发行晚会，乔布斯专程飞到纽约陪同莫娜出席。在当天的晚会上，当莫娜将自己的哥哥乔布斯介绍给参加晚会的嘉宾时，众人都惊呆了，这才知道史蒂夫·乔布斯是莫娜的哥哥。乔治·普林顿以及很多莫娜的同事心中都十分震撼，他们虽然知道莫娜有一个哥哥在 IT 界工作，但又怎会想到那就是大名鼎鼎的史蒂夫·乔布斯呢。

其实，众人感到吃惊，这并不令人意外。因为，自从乔布斯和莫娜兄妹相见后，他们都把这件事当作秘密，没有告诉任何人。他们虽然经常打电话聊天，但是真正见面的机会并不多，他们都太爱自己的事业了。莫娜忙于写作，乔布斯忙于 NeXT 新技术的开发，所以除了重大节日外，很难见面。

莫娜的这部小说一经推出，立即引起读者强烈反响，取得了相当不错的销售成绩。很多小说评论家也对这部小说赞誉有加，其中有一位评论家就称赞莫娜的这部小说"是一部神级作品，场面宏大，情节跌宕起伏，创作技巧专业而且熟练"。对于年轻的作者莫娜·辛普森，这位评论家也是不吝溢美之词，他认为莫娜凭借这部杰出小说已经跻身美国最杰出的小说家行列之中了。

对于任何一位小说作者来说，把现实生活中的人物写进小说里是稀松平常的事情。莫娜也是如此，她承认她的小说里有很多情节都是参照了生活中一些人、一些事情，比如说乔布斯。莫娜的小说《在别处》中，有这么一个重要人物，名叫阿黛尔，莫娜是这样描述阿黛尔的："无论你多么恨她，多么得不能容忍她，无论她有没有破坏了你的生活，你也没办法说出一句怨言。因为这就是她，独一无二的她，你迷恋她，被她的魅力所折服。不管你付出了多大的努力，想要跟住她的舞步，都是不可能的。"莫娜最后在这部小说里写道："世界上有很多人就像阿黛尔一样，总是制造不和谐的噪音，让你烦心，让你感到苦恼不已，但正是这样的人才会让你付出你的爱。"

细心的读者想必也已经发现，从这个"阿黛尔"的角色身上，我们依稀可以看见乔布斯的影子。乔布斯是个备受争议的人，他一方面他的魅力无人能挡，但另一方面他性格暴躁乖戾，又令很多人敬而远之。

1993 年，莫娜出版了第二部小说名叫《消失的父亲》（The Lost Father），主要讲述了她父亲的一些事情。文中的主人公一直在寻找她不了解的父亲。后来，钱德里看见这部小说后，认为文中描写的父亲就是自己。乔布斯说服 NeXT 标识的设计师保罗·兰德为这本书设计封面，可是最终没有被采纳，莫娜·辛普森的说法是："那简直糟透了，我们根本没有办法用它。"

1996 年，莫娜的第三部小说《一个凡人》（Aregular Guy）出版。这部小说和第二部小说类似，也是讲述了一个女儿寻找生父的故事。但是，这个父亲的原型却并非是莫娜的父亲钱德里，而更像是乔布斯。书中的主人公汤姆·欧文斯是硅谷从事生物科技的大亨，身价百万。在书中，欧文斯最初被描述为一个古怪的利己主义者，是个工作狂，是个"忙得连马桶都不冲的人"。他专制、自我，自视甚高，有很多让人难以忍受的怪癖，很多事情上不仅无法与别人苟同，就算是别人的想法他也不会加以考虑，待人冷漠无情。故事结尾，主人公选择重新开始，结婚并且拥抱家庭生活。很多读者在读过这部小说后，都感觉到，文中的主人公欧文斯就是乔布斯。

这部小说出版后，有传言说，由于乔布斯不满意其中某些部分，兄妹俩的关系一度紧张。但几个月后，乔布斯在接受《纽约时报》采访时，坦诚自己读了这本书，并在主角身上看到了自己的影子。记者开始询问欧文斯与乔布斯到底有多相像，乔布斯说："这个角色在描写我的怪癖方面，大概有25%的相似度。但是，我不会告诉你这25%到底指的是哪个部分。"

乔布斯有时候会在着装方面和莫娜起争执。莫娜虽然是个优秀的作家，但是在着装方面显然并不在行，经常穿得很邋遢。乔布斯怪她衣着不够亮丽，不够迷人，经常对此冷嘲热讽。有一次，乔布斯又对莫娜的着装说三道四，莫娜生气了，就写了一封信给乔布斯，信中说："我只是一个年轻的作家，这就是我的生活，我没想当模特。"乔布斯见信后，并没有回信。没过多久，他就给她寄去了一箱子的衣服，尺码、颜色都很适合，这让莫娜对乔布斯的眼光刮目相看。

虽然，在很多事情上两人会发生一些小矛盾，甚至可能会因此而长时间不说话，但是总体说来，兄妹两人感情很好，关系非常亲密。每年的圣诞节，乔布斯都会邀请莫娜和生母乔安妮去家中做客。乔布斯曾经这样夸奖自己的妹妹莫娜·辛普森："她是我这个世界上最好的朋友。我不知道没有她我该怎么办。我也想象不到世上会不会有比她更好的妹妹。拿我那个同样是领养的妹妹帕蒂来说，她跟我从不亲密。"莫娜同样非常珍视与乔布斯的兄妹之情，常常护着他。

对生父毫无兴趣

"他没有善待我，这点我并不介意。最让我不满的是，他抛弃了莫娜！"

——乔布斯

乔布斯和乔安妮、莫娜母女关系越来越融洽。从莫娜那里，乔布斯还得到了生父阿卜杜勒法塔赫·约翰·钱德里的消息。当年，钱德里和乔安妮的恋情一直受到了乔安妮父亲的阻挠，直到父亲死去，乔安妮这才和钱德里终成眷属，这时候乔布斯已经出生，并且被保罗·乔布斯夫妇收养了。结婚之后，他们搬到了叙利亚，但当时叙利亚政局混乱，乔安妮在这里过得很不开心。后来，她只身回到了美国威斯康星州，并生下了第二个孩子莫娜。

莫娜出生后，钱德里也回到了美国，开始在威斯康星大学麦迪逊分校任教，并发表过一些文章。随后几年，乔安妮和钱德里婚姻出现了问题，两人在生活上的矛盾越来越大，最终以离婚结束。后来，乔安妮带着年幼的莫娜去了洛杉矶定居，并再婚改嫁给第二任丈夫乔治·辛普森。自那以后，钱德里和乔安妮母女就再也不曾见过面。钱德里对莫娜的成长漠不关心，他另外有了自己的新生活，做过教师，开过餐馆，还有过几次婚姻，但遗憾的是，一直没有孩子。

莫娜·辛普森长大后，一直在努力寻找自己的父亲。当年钱德里抛弃她们母女时，莫娜年仅5岁，记忆还很模糊，根据模糊的记忆寻找一个人，真可说是大海捞针。莫娜成为作家后，获得了一定的知名度，认识很多交际圈的名人。她通过曼哈顿的两位知名作家肯·奥莱塔和尼克·派勒吉，找到了一位侦探帮忙。这个人原本是纽约警察，退休后开了一家私人侦探社。莫娜希望从他那里得到生父的消息，将所有的积蓄都给他了，可是最终并没有找到她的父亲钱德里。

后来，她在加利福尼亚结识了另一位私家侦探。这名侦探靠谱得多了，他请求美国机动车管理局协助，最终查到了阿卜杜勒法塔赫·约翰·钱德里的具体地址。巧合的是，也在加利福尼亚州，不过是在另一座大城市萨克拉门托。莫娜通知了哥哥乔布斯，并且从纽约飞去找他。

但是，乔布斯显然没有见自己生父钱德里的兴趣。后来，回忆到此事时，乔布斯如此解释说：“他没有善待我，这点我并不介意。最让我不满的，是他抛弃了莫娜！”他很愤慨钱德里不负责任的行为，在莫娜还只是一个小孩子的时候就抛弃了她。但事实上乔布斯自己也抛弃了自己的私生女丽萨，他这么指责钱德里的时候，似乎已经忘记了自己不负责任的事情了。

其实，乔布斯这种心理可以理解。人在有了过错的时候，总是很习惯地给自己找借口，认为自己的过错要归咎于客观环境的制约，而如果别人有了错误，则往往会被认为是本性不良。既然乔布斯觉得钱德里人品有问题，他就很担心钱德里会觊觎自己的财富，敲诈自己，或者对媒体说一些乱七八糟的话。所以，他要求莫娜见到钱德里后，千万不要在他面前提到自己。

于是，莫娜一个人去了萨克拉门托。此时，钱德里在一家小餐馆工作。莫娜怀着忐忑的心情见到自己的父亲，并做了自我介绍。钱德里对女儿的到来非常高兴，但是显得有些慌乱，不知所措。他们在一起聊了好几个小时。钱德里询问了她们母女状况，莫娜告诉他一切都好。莫娜也问一些他的情况，钱德里似乎不愿意对女儿隐瞒什么，告诉了她这十几年来发生在自己身上的事情，当然也包括那几段失败的婚姻。父女两人虽还有些不自然，但氛围无疑是极好的。

由于乔布斯提前告诉过莫娜不要提到自己，所以莫娜只字未提兄长。但是，钱德里还是无意间提及了被遗弃的长子："你还有一个哥哥。我记得，当年你母亲还怀有一个男孩！"钱德里这么对莫娜说。

莫娜装出一无所知的样子，问："他怎么样了？"钱德里目光有些黯然："我们再也没见过那个孩子。他不在了。"莫娜想告诉他关于乔布斯的事情，犹豫了一下，最后什么也没有说。

后来，钱德里又提到了自己经营餐厅的一段经历。他告诉莫娜，他曾经在加州圣何塞北部经营一个地中海餐厅，那个地方很不错，比现在萨克拉门托的这个餐厅要漂亮，因为那里是硅谷的中心地带，所以常能看见一些科技界的成功人士。说到此处，钱德里有些自豪地说："那个地方真是棒极了。所有科技界的成功人士都会去那儿，我还记得史蒂夫·乔布斯去过那儿呢。"钱德里之所以会记得乔布斯，是因为乔布斯当时在硅谷实在是太有名了。乔布斯相貌英俊，事业有成，关于他的种种传奇、传说更是广为流传，可以说他头上的光环不亚于任何一位好莱坞的明星。虽然硅谷的高人很多，但是像乔布斯这样让人见过一眼就难忘记的人却并不多。

莫娜惊呆了！这真是造化弄人，这对分别了几十年的父子，竟然近在咫尺，却形同陌路。茫茫人海中，分别数十载的父子彼此相遇，这是多么奇妙的缘分，相见却不相识，又是多么的悲哀。

钱德里见她震惊模样，以为她不相信，接着说道："我没骗你，他真的来过，而且给了我很多小费。"莫娜很想告诉他："史蒂夫·乔布斯就是你的亲生儿子。"但是她记得乔布斯的告诫，忍住没说出来。

莫娜告别自己的父亲后，立即用餐馆的付费电话悄悄给哥哥乔布斯打了一个电话，约定在伯克利的罗马咖啡厅见面。见面后，莫娜将与钱德里见面的详情全部说了出来。她还告诉了乔布斯，钱德里曾经在圣何塞北部经营地中海餐厅见过乔布斯的事情。乔布斯听后，大吃一惊，他对钱德里还有些模糊的印象。"这真是不可思议。"后来，乔布斯谈到此事时，如此感慨地说。他还记得他去过那家餐厅几次，对于那家店的老板也很有印象，还和他握过手，但如何能够想到那人就是自己的父亲呢！当然，从乔布斯的叙述里，也能看出乔布斯至少在那个时候对于钱德里的整体印象还不坏。因为按照乔布斯的个性，是绝对不会同没有好感的人握手的。

尽管如此，乔布斯仍然不愿意去见自己的父亲。这个秘密一直埋藏了十几年，莫娜·辛普森虽然不时地去看望自己的父亲，但始终没有表明乔布斯是自己哥哥的事实。直到多年以后，2005 年左右，钱德里从网上看见有人谈论他与乔布斯的关系。在当时，乔布斯与妹妹莫娜·辛普森的兄妹关系已经公开了。莫娜·辛普森在一本书里表示自己的父亲是阿卜杜勒法塔赫·约翰·钱德里，所以有人据此推断，乔布斯一定是钱德里的另一个孩子。钱德里对这个消息非常震惊，将信将疑。次年，钱德里带着新任太太去纽约看女儿莫娜·辛普森。在闲谈之余，钱德里问起这个话题。莫娜证实了传闻，告诉他，乔布斯是他的另一个儿子，但同时又补充说，她觉得乔布斯没有兴趣见他。钱德里似乎接受了这一切，再也没有提起此事，也没有联络乔布斯。

自那以后，钱德里对于乔布斯的消息就很关注，经常在网上查看乔布斯的新闻或者视频。在得知乔布斯身体的健康状况恶化后，他给乔布斯发了几封邮件。乔布斯只回了两封，内容也很简单，有一封回信只有短短两个字："谢谢！"钱德里一直对外隐瞒乔布斯是他儿子的消息，也没有主动给乔布斯打过电话。因为他不希望让乔布斯认为他只是看上儿子的钱。但是，钱德里还是很希望能在有生之年和儿子见上一面，哪怕只是在一起喝一杯咖啡，他也会很高兴的。

莫娜·辛普森原本以为乔布斯迟早会和钱德里联系的，但是随着时间的推移，莫娜发现乔布斯对于和生父的见面越来越没了兴趣。2010 年 6 月，乔布斯带着自己的儿子里德去参加莫娜的生日晚宴。里德花了很长时间去翻阅祖父的照片，但乔布斯对此视若无睹，根本不愿意了解钱德里的事情。钱德里是叙利亚人，乔布斯的身体里也流着叙利亚人的血液。但乔布斯对于自己的血统毫不在乎，每次谈到叙利亚问题时，乔布斯也总是一副无所谓的态度。

乔布斯一直到死都没有见过钱德里一面，这实在是一件挺遗憾的事情。2011 年 10 月，在得知乔布斯死亡的消息后，钱德里情绪低落，一遍遍翻看着电脑上乔布斯的照片，久久说不出话来。

与克里斯安的爱恨情仇

"我们当时一起制作一部动画片，然后好上了，她也就成了我第一任正式女友。"

——乔布斯

20 世纪 60 年代，美国社会兴起了"嬉皮士"运动，这些反传统、反主流的青年们用自己惊世骇俗的出格行为，一次次冲击着普通民众的道德底线。70 年代初，乔布斯在加州霍姆斯特德中学念高中，此时的乔布斯已经知道了自己的身世，内心的痛苦、不安全感交织在一起，让他变得桀骜不驯，叛逆十足。他加入了"嬉皮士"运动，自暴自弃，用自己的堕落来报复社会。

1972 年春天，乔布斯即将从高中毕业。他生平有了第一位女朋友，开始同比他低一年级的克里斯安·布伦南交往。这个女孩有着一头浅褐色的秀发，绿眼睛，高颧骨，看上去弱不禁风，惹人怜爱，但个性却是狂放不羁。这正是乔布斯喜欢的类型。当时，克里斯安的父母正在闹离婚，没有人管她，这让她内心变得非常脆弱。乔布斯清楚地记得他是如何与克里斯安好上的，"我们当时一起制作一部动画片。然后好上了，她也就成了我第一任正式女友。"乔布斯说。两个同样怀着"被遗弃"感觉的年轻人，就这样走到了一起，如胶似漆。他们经常逃课，躲到一个没有人发现的角落，一边喝酒，一边聊天，有些时候还一起吸食迷幻药、大麻等毒品。

有一次，乔布斯带着克里斯安逃学来到了圣克拉拉城郊的一处麦田里。在那里，乔布斯第一次吸食了 LSD，这种学名为麦角酸二乙基酰胺的致幻剂，毒性很大，即使服食少量，也会让人的神经处于亢奋状态，从而对周围世界的感知发生变化。"那种感觉棒极了，"乔布斯回忆说，"就好像从寂静的麦田里传来了巴赫的音乐。而我自己就是乐团的指挥者，优美的旋律经久不息。"

当然，乔布斯和克里斯安在一起并非只有堕落、毒品、性而已，乔布斯有些时候会一本正经地告诉克里斯安，自己一定会成为一个百万富翁。他说话的神情，就仿佛那是一件信手拈来的小事。在乔布斯身上激情与冷漠并重，有些时候他施展超凡的魅力，让所有人都对他刮目相看，有些时候他保持沉默，久久不愿搭理别人，又酷又冷，近乎不近人情。克里斯安常和乔布斯腻在一起，对此尤其感触很深，她认为乔布斯有点"半疯"，因为他总是在不停地变换形象。

高中毕业后，乔布斯决定暑假要和克里斯安住在一起。因为和沃兹合作出售蓝盒子手头有一些钱，他在洛斯阿尔托斯一座山上租了一间小房子。然后，他回到家里，正式向父母宣告了这件事情："我要和克里斯安同居了。"保罗瞪大了眼睛，怒喝："不准去！除非我死了。"

乔布斯看着近乎歇斯底里的父亲无动于衷，丝毫不在乎父母的感受，只淡淡说了一句"再见"就离开了家门。这个夏天，乔布斯和克里斯安在他们租下的小屋里过上了"同居"的生活。这在当时虽然并不违法，但仍然被很多人斥为离经叛道的荒唐行为，当然，乔布斯显然不会在乎别人说些什么。

克里斯安很有才华，喜欢画画，她画了一幅小丑的画送给乔布斯，乔布斯就把这幅画一直挂在墙上。乔布斯有时候会很浪漫，他会写诗，玩玩吉他，但有些时候又非常冷血、粗鲁。

暑假期间，在乔布斯身上还发生了一件事：他的红色菲亚特着火了，他也差点因此丧命。当时，乔布斯和高中朋友蒂姆·布朗驾车行驶在圣克鲁兹山区的天际线大道上。蒂姆突然闻到一股烧焦味，他向后一看，吓了一跳：菲亚特的引擎正在"兹兹"冒着火花。蒂姆努力保持镇定，告诉乔布斯车着火了，让他靠边停车。乔布斯照做了，然后给父亲保罗打了电话。尽管父子两人这一段时间在闹矛盾，但是保罗还是驾车来到了这里，把乔布斯的菲亚特拖回了家。

菲亚特坏了，乔布斯只得寻思重新购买一台。他让沃兹开车载自己去了迪安扎学院，那儿有很多的招工启事。最后，他们选择圣何塞西门购物中心的工作，工作内容是穿上戏服逗小孩子玩，报酬3美元一个小时。于是，乔布斯、沃兹以及克里斯安在盛夏季节穿起了厚厚的戏服，分别扮演梦游仙境的爱丽丝、疯帽子和白兔子。尽管又热又闷，工作很辛苦，但沃兹仍然干得有滋有味，他很有爱心，把这份逗孩子笑的工作视为乐趣。而乔布斯则恰恰相反，他觉得这个烂工作完全是在受罪，以至于他只要在里面待上一会儿就有揍那些小孩儿的冲动。

乔布斯和克里斯安的关系起伏不定。1974年，乔布斯从印度回来后，同克里斯安在罗伯特·弗里德兰的农场度过了一段美好时光。但是当他们搬回洛斯阿尔托斯之后，两人关系转淡，最后成了普通朋友。乔布斯经过印度之行，经过佛教禅修的洗礼，已经戒掉毒瘾，并离开了克里斯安，回到了家中，在雅达利公司上班。而克里斯安则搬进了一间小公寓，很多时间她待在乙川弘文的禅宗中心。次年初，克里斯安和格雷格·卡尔霍恩交往，打得火热。他是乔布斯和克里斯安的好朋友，在乔布斯和克里斯安关系转淡时，他乘虚而入，并获得了克里斯安的芳心。那个时候，男女关系很开放，克里斯安周旋在两个男人之间，毫无顾忌。

1976年，卡尔霍恩决定去印度朝圣，克里斯安要求同去。乔布斯告诉卡尔霍恩不要带克里斯安同去，说她会妨碍他的精神探索，但是，卡尔霍恩还是带着克里斯安去了印度。这次朝圣之旅持续了近乎一年左右。他们到印度后曾经一度花光了身上所有的钱，卡尔霍恩就搭车去了伊朗，在德黑兰教英语赚钱。克里斯安则待在印度，等到卡尔霍恩赚够了钱，他们就分别搭车到阿富汗进行会合。一段时间后，克里斯安和卡尔霍恩关系破裂，分别返回了美国。

1977年，乔布斯的苹果公司已经渐入正轨，乔布斯手头有了很大一笔钱。他搬出了父母的房子，在库比蒂诺的城郊租下了一间房子，月租金600美元。和他住在一起的是丹尼尔·科特基，他是乔布斯的大学同学，同时也是苹果的第一批员工。科特基和乔布斯两人性格相近，都是典型的嬉皮士，所以非常的合拍。他们会做一些疯狂的事，比如将其中的一间房子出租给各种各样疯狂的人，有一段时间，乔布斯还将某个房间租给了一位脱衣舞女。没过多久，克里斯安也搬进了他们的房子。尽管乔布斯和克里斯安关系断断续续，但他们始终没有正式分手。

克里斯安搬进来以后，他们面临着分配房间的问题。乔布斯自然是霸占了其中最大的一间，克里斯安不愿意和乔布斯同居，选择了另外一间大房子，这样就只剩下了两个小房间。科特基觉得这两间小房子有点像是婴儿床，就搬进了客厅，睡在了一些泡沫垫子上。这些泡沫垫子都是苹果电脑包装箱的填充物，很柔软，睡在上面比较舒服。后来，克里斯安带了几只猫回来。这些猫非常调皮，常在泡沫上撒尿，科特基无可奈何，只得将这些泡沫扔掉，重新开辟睡觉的地方。

乔布斯和克里斯安同在一个屋檐下，有些时候难免把持不住，重燃欲火。他们纵欲的后果是，克里斯安发现自己怀孕了。这对两人来说，并不是一个好消息。当时，乔布斯和克里斯安关系断断续续维持了五年左右，尽管有时候会发生肉体关系，但激情早已不在了。尤其是乔布斯创办苹果后，整日忙于工作，疏离了克里斯安，这让她有着强烈的不安全感。她不知道两人未来将会怎样，更不知道这个孩子对乔布斯而言意味着什么。她很矛盾，对怀孕这件事手足无措。

1977 年 11 月，这一年的感恩节，格雷格·卡尔霍恩搭车从科罗拉多州来拜访乔布斯和克里斯安。卡尔霍恩是乔布斯的好友，也是克里斯安之前的情人。克里斯安认为他是一个可以诉说的人，就把自己怀孕的事情告诉了他，让他帮自己拿个主意。卡尔霍恩就在同乔布斯的交谈中，有意无意地提到这件事。但他发现，乔布斯对于克里斯安怀孕的事毫不关心，只关心自己的事业。乔布斯的冷漠让克里斯安伤透了心，两人之间的矛盾越积越深，关系急剧恶化。

亲子鉴定

"如果让我重来一次的话，我肯定会做得更好。"

——乔布斯

苹果公司日渐兴旺，乔布斯每天忙于工作，痴迷于苹果的事业版图，根本就没有做好当父亲的准备，再加上自己本身作为一个被遗弃的孩子，更令他内心里对"父亲"这个字眼充满了反感。所以，当克里斯安告诉他有了身孕时，乔布斯首先想到的不是负起责任，而是逃避现实。

乔布斯希望克里斯安能够去堕胎，在当时，堕胎已经是一件合法的事情了。但是，克里斯安也是一个我行我素的人，她很恼火乔布斯不负责任的行为，于是坚决不同意堕胎，表示要将孩子生下来。乔布斯心里感到恐惧、不安，他用自己的冷漠、粗暴无情来掩饰自己的情绪。他完全将自己置身事外，对克里斯安肚里的孩子不闻不问，就好像那根本不是自己的骨肉一样。

乔布斯甚至公开宣称，克里斯安肚里的孩子并不是自己的骨肉，他言之凿凿地说："我怎么能确定那个孩子是我骨肉？和克里斯安上床的男人可不止我一个。"这种说法让克里斯安怒不可遏，她确实有过其他的性伴侣，但是在那段时间里，她一直居住在乔布斯租来的房间里，和其他的男人根本没有任何的交集。克里斯安可以百分之一百确定，肚子里的孩子就是乔布斯的。

乔布斯的说法，也让丹尼尔·科特基诧异不已。因为，那段时间科特基正好与他们住在同一座房子里。如果乔布斯的说法成立的话，那么自己就成了最大的嫌疑犯。科特基当然很清楚事情的来龙去脉，也很明白克里斯安肚里的孩子确实是乔布斯的。但是，乔布斯为什么要否认呢？为什么要如此残酷地对待克里斯安呢？科特基觉得难以理解。他猜测，乔布斯根本就不想承担责任。

结婚更不可能了。乔布斯很明白，他虽然和克里斯安发生过肉体关系，且断断续续有五六年的交往，但是克里斯安并不是他心目中理想的结婚对象。如果因为孩子两个人勉强走到了一起，谁都不会快乐，婚姻也是会出现问题的。所以，乔布斯希望她能够堕胎，不要这个孩子。在克里斯安表示将会生下这个孩子后，乔布斯没有再逼迫她去堕胎，他只是要求克里斯安在生下孩子后，不要把孩子送人领养，因为他自己就是别人领养来的，他明白被遗弃的孩子的痛苦。

还有一个颇具讽刺性的巧合：当时乔布斯和克里斯安都是23岁，而乔安妮·席贝尔和阿卜杜勒法塔赫·约翰·钱德里也是在23岁有了乔布斯。当年，钱德里和乔安妮遗弃了乔布斯，而乔布斯现在也在试图遗弃自己的孩子。后来，乔布斯谈到此事时，一再否认自己继承了生父逃避现实、不肯承担责任的处事风格，但他也坦诚这个颇具讽刺意味的巧合令他感到非常震惊。

女人在怀孕期间神经会变得很敏感，乔布斯的麻木不仁，令克里斯安的情绪变得很不稳定，她开始在房间里摔盘子、扔东西，在家里乱丢垃圾，还用炭笔在墙上写上一些乱七八糟的谩骂的话。科特基被夹在了两人中间，左右为难，他有时候会对处于困境的克里斯安施以援手，安慰她"乔布斯对待你的方式不对"，也有时候会站在乔布斯的一边，告诉克里斯安做法过分。

这个时候，罗伯特·弗里德兰伸出了援助之手。他听说这件事后，就让克里斯安到她的苹果农场去住。伊丽莎白·霍姆斯和其他朋友当时还住在农场里，有他们的照应，克里斯安精神、情绪得到了慰藉。乔布斯也因为这个安排得到了喘息之机。为了彻底表明自己和克里斯安没有任何关系，也为了让克里斯安不再抱有幻想，乔布斯决定尽快寻找一个女人，来代替她的位置。

此时的乔布斯早已经不是当年那个蓄着长发、邋里邋遢的嬉皮士青年，而是苹果公司的老板，年少多金，且衣冠楚楚，相貌英俊。这样的一个青年俊彦，自然是不难找到新女朋友的。很快，他就和女职员巴巴拉·亚辛斯基陷入了爱河。这位魅力女性是一个有着波利尼西亚人和东欧人血统的金发尤物，长得非常漂亮。乔布斯对她非常迷恋，两人经常去巴巴拉位于山上的小平房里过夜。他们经常出双入对，一起在圣克鲁兹山生活，一起去看贝兹的演唱会，还曾经一起去夏威夷度假，这段感情持续了四年左右，直到乔布斯遇上了另一个女人——琼·贝兹。

1978 年 5 月 17 日，克里斯安在俄勒冈州的苹果农场产下了一名女婴。弗里德兰给乔布斯打了电话，告诉了他这个消息。弗里德兰是世界上少数对乔布斯有较大影响力的人，乔布斯接到电话后，态度判若两人，当即飞往农场，看望克里斯安母女，顺便给女儿取名。本来按照公社的惯例，是要给孩子娶一个带有东方精神的名字，但是乔布斯反对。他认为，孩子是在美国出生的，所以坚持给孩子取一个美国名字。克里斯安表示同意。最后，乔布斯给女儿取名为丽萨·妮科尔·布伦南，并没有把自己的姓氏赋予这个非婚生的小孩。乔布斯在农场待了几天后就返回苹果公司上班了，回到苹果后，乔布斯又恢复了冷若冰霜的态度，对克里斯安母女不闻不问。

不久，克里斯安带着女儿丽萨搬到了门洛帕克，住在一个又小又破的房子里。由于没有了经济来源，只能靠政府救济金维持生活。乔布斯此时已经成了硅谷最年轻有为的富豪之一，但是他对克里斯安母女漠不关心，拒不支付抚养费，始终不愿意承认丽萨是自己的女儿。

丽萨出生一年后，克里斯安实在难以忍受，就在加州圣马特奥县法院向乔布斯提起了诉讼，要求他承担起一个父亲的义务。起初，乔布斯决心奉陪到底，打赢这场官司。乔布斯找来了好几个律师为自己出谋划策，律师们想让科特基作证，称他从来没有看见乔布斯和克里斯安有过性行为，同时他们还想收集证据，证明克里斯安确实和其他的男人发生过肉体关系。乔布斯的这种态度让克里斯安有些抓狂，她打电话给乔布斯，劈头就是一通咆哮："你知道那不是真的……"

乔布斯在法庭上拒不承认丽萨是自己的骨肉，最终法院裁定，采用最新的 DNA 技术来辨明乔布斯和丽萨之间的亲子关系。当时，DNA 技术虽然还是新技术，但是已经被广泛运用生物、医学等各个领域了。乔布斯到加州大学洛杉矶分校做了测试，最终觉得这门新技术非常有用，同意进行亲子鉴定，把事情搞清楚。结果表明，乔布斯和丽萨是亲子关系的概率是 94.41%。法院据此判定丽萨是乔布斯的亲生女儿，乔布斯每月必须付 385 美元的赡养费，并偿还加州政府此前发放的 5856 美元的政府救济金。尽管法院已经做了裁决，但执拗的乔布斯仍然不接受法庭的判决，死活不承认丽萨是自己的女儿。有一次，他甚至在法庭上公然宣称自己没有生育能力，不可能生出这个孩子。这个借口当然是荒唐可笑的，对克里斯安母女也是不公平的。

这件事情让乔布斯在苹果声望受损，乔布斯为此在董事会就此事做了解释，但同时坚称，他不是孩子父亲的概率非常大。《时代》杂志的记者迈克尔·莫里茨这一时间正准备对乔布斯做一个专访。乔布斯就这件事情上向莫里茨表示："只要分析一下数据，就可以发现，全美国 28% 的男性都有可能是这个孩子的爸爸。"这个论断是极其荒谬的，也给克里斯安造成了极大的伤害，她认为乔布斯是在抨击她是一个可能同全美国 28% 的男人上过床的荡妇。

乔布斯拒不履行做父亲的责任，令丽萨母女度过了一段艰苦的岁月。在那两年里，丽萨和她的母亲差不多是靠福利救济度日的。直到 1980 年，乔布斯这才回心转意，同意接受法律判决，承认丽萨是自己的女儿，同时按时支付一定的抚养费用。后来，更接回丽萨共同生活了一段时间。

多年以后，乔布斯回首往事，对当年之事表示后悔，他承认，当年是由于自己还没有准备好当一个父亲，所以没能勇敢地面对。他希望当时能以另外一种方式处理整件事情，能够较好地安顿丽萨母女。乔布斯也不忘表示，自己善待了丽萨母女。他提供丽萨抚养费直到她 18 岁，还给了克里斯安一笔钱，给她们买了房子，装修好。克里斯安送丽萨去最好的学校读书，费用也是由他来承担的。"我努力把事情做好，"乔布斯说，"但如果让我重来一次的话，我肯定会做得更好。"

找回被遗弃的丽萨

"那时，我应该多去看看她的。"

——乔布斯

丽萨出生后，与母亲克里斯安相依为命，乔布斯很少去看她，从这一点上来说，乔布斯没有尽到做父亲的责任。然而，亲情、血缘关系毕竟是割舍不断的，乔布斯有些时候也会忍不住开车去看丽萨母女生活得怎样。克里斯安和丽萨住的地方离苹果公司很近，房子是乔布斯给她们买的。有一次，乔布斯开车经过这里，突然想到那个小丽萨已经3岁了。他停车走进了那所房子，但是他没有进门，只是坐在门前的台阶上跟克里斯安聊了一会儿。他不敢进屋去见丽萨，当然，丽萨也根本不知道他是谁，因为她自出生就没有见过自己的爸爸。后来，每年他都来这里几次，和克里斯安简单地讨论一下丽萨的学校或其他的事情，然后就开着车离开了。

但是，到了丽萨8岁的时候，乔布斯来这里更加频繁了。那个时候，他已经被驱逐出了苹果公司，另外创立了一家NeXT公司。NeXT公司氛围更为平静友善，少了苹果公司的争权夺利，乔布斯可以更加肆意地放纵自己的天性，做自己想做的事情。而且此时他已经过了而立之年，不再是当年的轻狂少年了。他认识到，自己应该为丽萨做些什么。乔布斯很喜欢这个孩子。尽管自小缺乏父爱，但丽萨小小年纪就显示出自己的艺术天赋，她的写作能力特别棒，令她的老师刮目相看。她聪明勇敢，活力十足，身上又隐隐透着某些乔布斯的叛逆气质，这让乔布斯引以为傲。他有时候出去吃饭，就开车接上她。两人还经常出去散步，他带她去滑旱冰。丽萨在乔布斯那里很放纵，乔布斯也总是满足她。有一天，乔布斯出乎意料地带着小丽萨去了自己的办公室，小妮子高兴极了，在走廊里侧手翻，还一边嚷着："快看我呀！"

乔布斯的这种改变，NeXT的同事们印象深刻。NeXT的工程师阿维·

特凡尼安是乔布斯的朋友，经常和乔布斯一块出去吃饭。据他说，乔布斯每次出去吃饭时，都会接上丽萨，见到丽萨时，他就好像变了一个人，不再是公司里那个脾气暴躁，需要控制一切的"暴君"，而是一个和颜悦色的慈父。乔布斯是个严格的素食者，丽萨却不是。丽萨想要吃鸡肉时，他从来都不会制止。

　　就好像无数的父母都会在孩子面前妥协一样，很多时候乔布斯也会因为女儿改变一些习惯。20 世纪 70 年代，年仅 19 岁的乔布斯远赴印度旅行，从印度回来后，他开始信奉佛教，并开始吃素。乔布斯在饮食方面很挑剔，严格要求自己，从来不会在这个问题上妥协，有一年苹果晚会上，由于工作人员没有为他准备素食，他当场大吵大叫，厉声训斥工作人员。然而，同丽萨在一起时，乔布斯虽然仍然保持着吃素食的习惯，但有时候也会因为女儿在饮食方面的要求有所放松。丽萨还记得当年和父亲一起在车里吃烧鸡的事："有几次我们去美食店里买热气腾腾的烧鸡，一卷一卷的鸡肉在烤叉上翻转着，香气四溢，店员把烧鸡装在衬有锡箔纸的纸袋里，我们就坐在车里用手拿着吃。"这样的景象并不多见，更多的时候，乔布斯在饮食方面仍然吹毛求疵，严格律己。有一次，乔布斯和丽萨一起出去吃饭。乔布斯正在喝汤，这时候有人告诉他，汤里面放有黄油。乔布斯听了这话，当即把一口汤吐了出来。丽萨起初对父亲这种饮食上的洁癖深感不解，但随着年长，逐渐意识到乔布斯的良苦用心。乔布斯向来追求极简主义，信奉佛教苦行、禅修。他认为，一个人的收获来自于自身的贫瘠、匮乏，情感上的富足、愉悦来自于自我克制。物极必反，欲望越多，渴望得到越多，最终很可能失去越多。

　　长期的疏离和冷漠，也让乔布斯对丽萨的爱显得弥足珍贵。尽管这份爱来得很晚，但丽萨仍然很珍惜每一次和父亲见面的机会。乔布斯每次去见丽萨，都会逗留几个小时。乔布斯没有像以前那样遮遮掩掩，拒不承认与丽萨的关系了。他常会带着丽萨出去玩，有些时候还会带着丽萨去拜访苹果公司的好友、同事安迪·赫茨菲尔德、乔安娜·霍夫曼等人。乔布斯第一次带着丽萨去见霍夫曼时，就开门见山地宣布："这是丽萨。"霍夫曼顿时就明白了，这就是乔布斯的女儿。两人的轮廓太像了，坚挺的下巴，略带中东味道的棱角无不说明了眼前这个可爱的小女孩就是乔布斯的女儿。霍夫曼小时候父母离异，直到 10 岁时才知道父亲是谁，这段刻骨铭心的痛苦经历，让她深深明白缺乏父爱对一个孩子而言是多么残忍的一件事。所以，她对于乔布斯的改变非常高兴，经常鼓励乔布斯要善待丽萨，努力做一个好父亲。乔布斯听从了她的建议，好好对待丽萨。后来，当乔布斯意识到这是多么重要时，他对霍夫曼感激万分。在很多年后，乔布斯还曾遗憾地说："那时，我应该多去看看她的。"

尽管，乔布斯在硅谷被很多人视为神一样的存在，但是面对着女儿丽萨，他只是一个父亲，一个凡人。有一次，乔布斯带着女儿丽萨去了日本，住进了东京有名的大仓酒店。这家酒店兼具时尚和商务风格，在一楼有一间精致的寿司餐厅。乔布斯带着丽萨前去品尝，鲜美、精致的寿司，令前来的食客们无不垂涎三尺。乔布斯领着丽萨找了一个安静的角落坐下，点了鳗鱼寿司。乔布斯没能抵住这种美食的诱惑，和丽萨大块朵颐。他们吃了很多，吃得很饱，丽萨至今还记得寿司入口即化的感觉，仿佛父女之间的距离也因此融化了。丽萨第一次感觉到和父亲在一起是那么的放松，那么的温暖，那么的满足。乔布斯在那一刻步下神坛，变成了一个普通人。

乔布斯和丽萨也会闹矛盾。乔布斯自私、善变，对克里斯安是这样，对于女儿丽萨也是这样。在上一秒钟，他可能表现得无比热情，就像是一个风度翩翩的绅士，但下一秒钟，他就可能变得冷酷无情、自私自利。丽萨总是不敢确定和乔布斯的关系，因为她不知道下一秒钟会发生什么。

有一次，丽萨举行生日会，很多人都早早地去参加了，但是乔布斯直到很晚都没有出现。最希望出现的人反而没有出现，丽萨的心情是可想而知的，据赫茨菲尔德的描述，丽萨变得极度焦躁、不安，直到最后乔布斯出现，丽萨的心情这才阴转晴，又变得兴高采烈起来。

丽萨8年级的时候，已经年满14岁了，正是叛逆的年龄。有一天，她的老师给乔布斯打电话，说有些问题很严重，校方表示如果可能的话，她最好从她妈妈家搬出来。乔布斯跟丽萨一起出去散步，问她愿不愿意过来跟他一起住。丽萨考虑了两天，最后答应了，搬进了新家。当时，乔布斯和鲍威尔已经结婚了。丽萨搬进来后，住进了紧挨着她爸爸卧室的那个房间。

克里斯安对女儿突然搬出家，住进了乔布斯的房子里大感不满，她认为是乔布斯要阴谋夺走了丽萨。她有时候会从几个街区外的住处赶过来，站在院子里向他们大声吵闹，嚷嚷乔布斯夺走女儿。

丽萨在帕洛奥图高中的4年里，基本上都是和乔布斯、鲍威尔住在一起。她此时已经开始使用"丽萨·布伦南·乔布斯"这个名字。乔布斯在这四年里，试图给予丽萨更多的关爱，但有时候又会表现得冷漠、不够亲密。丽萨每次和乔布斯闹矛盾时，都会躲到附近的朋友家里。鲍威尔这时候成了父母共同的桥梁，尽量关照丽萨，学校的活动也都是由鲍威尔去参加的。

到高年级后，丽萨的才华逐渐显露。由于其出色的文字能力，她加入了学校刊物《钟楼》的编辑部，成为其中一员。她还同另一个同学曝光了一桩丑闻——学校董事会秘密给学校管理层加薪。因为这件事，丽萨一度成为风云人物。上大学时，丽萨报考了哈佛大学。因为乔布斯太忙，没有在家，她自己模仿了爸爸的笔迹在申请表上签名。后来成功被哈佛大学录取。

1996年，丽萨正式进入哈佛大学。先后在校报《克里姆森报》、文学刊物《代言人》工作。后来，还去伦敦的国王大学留学一年。在大学时光里，乔布斯和丽萨的关系始终起伏不定，两人经常会为了一些鸡毛蒜皮的小事争吵。丽萨表现得很叛逆，甚至几个月不来往，不说话。有时候吵得激烈，乔布斯就断了她的经济来源，而丽萨就找她最好的朋友借。有一次，丽萨认为乔布斯不会支付自己的学费了，就向安迪·赫茨菲尔德借了2万美元。乔布斯得知这件事后，非常生气，对赫茨菲尔德大发雷霆，并当即将钱汇给对方。2000年，丽萨哈佛大学毕业，乔布斯并没有出现在女儿的毕业典礼上。据乔布斯所说，是因为他没有被丽萨邀请。

丽萨大学毕业后，同姑姑莫娜·辛普森一样，成了一名自由作家，并搬到曼哈顿居住。乔布斯跟她的关系仍然时好时坏。乔布斯对克里斯安很残忍，而丽萨不能容忍父亲对母亲这种恶劣的态度，因此矛盾不断。乔布斯曾经给丽萨买了一栋价值70万美元的房子，记在丽萨名下。但是克里斯安说服丽萨签字，转到自己名下，后来把房子卖了，用这笔钱跟一个精神导师出去旅游，钱花完了回到旧金山，成为一个艺术家。乔布斯对这件事非常不满。有一次，克里斯安患上严重的鼻窦感染，需要钱治病，乔布斯拒绝支付费用，这又导致丽萨好几年没跟他说话。

莫娜·辛普森根据这些事情，加上她的想象，写出了她的第三部小说《一个凡人》，并于1996年出版。这部小说着重刻画了一名被遗弃的女儿寻找自己生父的故事。这位父亲正是以乔布斯为原型，女儿正是以丽萨为原型。这部书在一定程度上符合事实，比如描写乔布斯的某些怪癖，描述了乔布斯和丽萨之间的关系等。这部小说对乔布斯的描写是十分苛刻的，所以在某些方面也曾引起了乔布斯的不快。丽萨也读了这部小说，从中看到了自己的影子，但在某些方面也有不满。多年来，丽萨跟莫娜的关系时好时坏，但较之乔布斯，又亲密得多了。

与贝兹的姐弟恋

> "我们就像天空中的两片云，偶然间相遇，然后认真地谈了一场恋爱。"
>
> ——乔布斯

芭芭拉·亚辛斯基是乔布斯继克里斯安后的另一个女人。两人相遇相知，认真地谈了一场恋爱，但激情很快退去。1982 年，乔布斯的生命中出现了第三个女人：琼·贝兹。琼·贝兹是美国著名乡村女歌手，有"民谣女皇"的称号。她比乔布斯整整大 14 岁，两人的恋情持续了好几年。

乔布斯能够结识大明星琼·贝兹，多亏了法里纳。当时，法里纳是一家慈善基金的主要负责人，正在为监狱募捐电脑。她找到了乔布斯，希望能和乔布斯达成合作。乔布斯对这次合作很感兴趣，同样让他感兴趣的是：法里纳竟然是大明星琼·贝兹的妹妹。乔布斯对琼·贝兹非常仰慕，通过法里纳的牵桥搭线，乔布斯终于结识了这位大明星。两人见面聊天，彼此心存好感。几周之后，他们就频频开始约会了，在库比蒂诺共进午餐。乔布斯后来回忆这段感情，不无伤感地说："我们就像天空中的两片云，偶然间相遇，然后认真地谈了一场恋爱。"

但是，乔布斯在里德学院时的好友伊丽莎白·霍姆斯认为，乔布斯与贝兹交往，是因为贝兹曾经是鲍勃·迪伦的情人。鲍勃·迪伦是乔布斯的偶像，20 世纪 60 年代，美国掀起了轰轰烈烈的反战浪潮。琼·贝兹和鲍勃·迪伦是当时著名的反战人士，在反战运动中，由于两人有着共同的艺术风格和共同的理想信仰，很快坠入爱河。他们的恋情一度被视为乐坛佳话，后来，两人分手了，因为他们太相似，注定无法厮守一生。70 年代时，贝兹和戴维·哈里斯结婚了，同样，他也是一位反战活动家。婚后，贝兹生下一个儿子加布里埃尔。遗憾的是，贝兹的这段婚姻最终仍以离婚而告终。到了 80 年代，贝兹已过不惑之年，却没料到会和乔布斯重燃爱火。

琼·贝兹机智且风趣，乔布斯和她在一起会觉得很放松。有一次，两人相约一起去吃午餐，贝兹告诉乔布斯，她正在教加布里埃尔如何打字。乔布斯觉得有些不可思议，问她："你真的在打字机上打字?"贝兹回答是，乔布斯跟着说："可是，那已经老得掉牙了。"当时，电脑已经具备打字功能，并且成为一种时尚、潮流，乔布斯是新科技的弄潮儿，所以才会这么说。

贝兹紧接着问："打字机老掉牙了，那么我呢?"尽管乔布斯口才出众，这个暧昧的问题仍令他一时不知道该怎么回答。两人的关系越来越亲密了，乔布斯的同事、朋友们对此有目共睹。

有一天，乔布斯带着贝兹到了他的办公室，向贝兹展示麦金塔的样机。这个举动让麦金塔团队目瞪口呆，他们完全没有想到一向重视保密工作的乔布斯竟然会把这台计算机曝光给一个外人。在乔布斯的眼里，贝兹当然不能算是一个外人的。他频频地出入贝兹的家，还送给了加布里埃尔一台 AppleII 电脑，后来又送给贝兹一台麦金塔电脑。乔布斯经常到贝兹家里教她如何使用电脑，喜欢显摆一些新技术。对于贝兹来说，这些技术太高深了，要完全搞懂可不容易。

乔布斯和贝兹在一起有时候表现得很浪漫，但有时候乔布斯的举动又让贝兹感到莫名其妙。贝兹至今仍然记得，在他们恋爱初期的一次晚餐时，乔布斯谈起了拉尔夫·劳伦和他的马球服装店。这家马球服装店贝兹从来没有去过，乔布斯告诉她，那儿有一件红裙子非常漂亮，很适合她。然后，他们驱车去了斯坦福购物中心的零售店。贝兹满怀欣喜地认为，乔布斯一定会买这条红裙子给自己，但出乎意料的是，乔布斯只是给自己买了一大堆衬衫，却没有给贝兹买那条红裙子。有时，乔布斯会送贝兹花，但他从来不肯承认是自己特地买花送给她的，而只是说这些花是办公室里活动剩下的。贝兹总结乔布斯的怪异行为，认为他既浪漫，又害怕浪漫。

乔布斯很喜欢在贝兹面前炫耀电脑的新技术，在 NeXT 计算机的开发阶段，乔布斯经常会开车去贝兹家里，向她展示 NeXT 计算机的各种功能。有一次，乔布斯向贝兹展示 NeXT 强大的音乐功能。他让它演奏了一曲勃拉姆斯的四重奏，然后兴奋地告诉贝兹，电脑最终会比人演奏得更好听，甚至连意境和节奏都会更好。贝兹对此非常愤怒，她是一名歌手，容不得乔布斯亵渎音乐。

乔布斯对琼·贝兹的这段感情基本上不被所有人看好，此时的乔布斯已经过了而立之年，已经不是当年那个为了否认亲生女儿不惜自称"没有生育能力"的毛头小伙子了，他渴望家庭和孩子，而琼·贝兹已经不可能给他这一切。就这样，大约过了3年，他们的感情转淡，从恋人变成了朋友。

在这段时间里，乔布斯生命里闯进了另一个女孩：珍妮弗·伊根。1983年的夏天，乔布斯跟琼·贝兹去硅谷参加一个小型的晚餐聚会，结识了坐在身边的珍妮弗·伊根。当时的伊根正就读于宾夕法尼亚大学，她根本不清楚乔布斯是谁，但乔布斯却深深地被伊根迷住了。伊根活泼、健美，身上散发着年轻人的魅力。乔布斯见到她的第一面，就喜欢上了这个美丽的女孩。乔布斯当时还很年轻，面容英俊，事业有成且富有魅力，伊根很快就同意了乔布斯的约会要求。

那一年里，乔布斯常常飞来东部看她。伊根也会坐火车前去和他见面。很多个夜晚，他们会煲几个小时的电话粥。在电话里，他们会争论对于人生的看法。乔布斯一直尊奉一条佛教信条：要避免对物质的执着。他告诉伊根，人们的消费欲望是不健康的，对于物质的执着会引发很多的问题。伊根则举了乔布斯制作很多诸如电脑之类的消费品的例子，反驳乔布斯的行为与他的信条背道而驰。而乔布斯则辩解，他之所以制作尽可能集所有功能于一体的电子产品是为了把人们的消费欲望降到最低。这个辩解显然有点苍白无力，因为在之后的几十年里，乔布斯一直致力于高科技产品的生产。而每一种产品的问世，都大大的刺激了顾客的消费欲望。

1984年1月，麦金塔面世，顿时风靡世界。乔布斯一夜成名，风光无限，他的光芒简直已经盖过了微软主席比尔·盖茨。

一天，乔布斯突然出现在伊根的家门前。他搬了一台尚未拆箱的麦金塔电脑，径直走进了伊根的卧室去安装。这一举动，令伊根家中的客人们震惊不已。乔布斯有些时候会告诉伊根，他预计自己不会长寿，所以才如此拼命地工作，如此缺乏耐心。

到了这年秋天，两人的关系逐渐转淡，伊根明确表示她现在太年轻了，谈婚论嫁还为时过早，彻底将乔布斯挡在了婚姻的门外。后来，两人联系就少了。乔布斯死后，一些媒体挖掘到乔布斯生前的一些绯闻旧事，并就此向伊根求证，但伊根对于当年的那段爱情始终讳莫如深，不愿多谈。

超凡脱俗的莱德斯

> "她是我真正爱的第一个人，我们心意相通。再也没有人比她更了解我了。"

——乔布斯

　　1985年，对于乔布斯而言，是人生中最为黑暗的一年。因为就在这一年，乔布斯被驱逐出他一手创建的苹果公司。没有比这更痛苦的事情了。或许是上天对他的补偿，乔布斯人生失意，情场却得意，也正是在这一年里，乔布斯邂逅了生命里一个重要的女人——克里斯蒂娜·莱德斯。乔布斯后来说，他生平真正爱的只有两个女人，一个是他的妻子鲍威尔，而另一人正是莱德斯。

　　莱德斯是一名图形设计师，曾经在奥斯本、惠普等电脑公司工作过。她相貌很美，有着金色的头发和白皙的皮肤，很多人都觉得她长得像好莱坞红星达丽尔·汉纳，其漂亮程度甚至有过之而无不及。

　　有一天，乔布斯去了莱德斯的公司办事，无意中见到了办公室里的莱德斯，顿时惊为天人，为之倾倒。乔布斯多年后回忆莱德斯，仍然很感慨地认为，她是他见过的最漂亮的女人。

　　乔布斯向莱德斯展开了猛烈的追求。但是，那时莱德斯已经有了男朋友。乔布斯可不管这些，他一旦认定了某个目标就非要达成不可。当乔布斯再次约莱德斯出去时，莱德斯很坦率地告诉自己的男朋友，她想出去了。晚餐后，莱德斯哭了起来，她明白她的人生从此被打乱了。果然，几个月后，莱德斯就搬进了乔布斯在伍德赛德那座没装修的大房子。乔布斯后来谈及这段感情，说："她是我真正爱的第一个人，我们心意相通。再也没有人比她更了解我了。"

　　他们确实有很多的共同语言。莱德斯来自于一个不幸的家庭，乔布斯就和她分享自己被领养的痛苦。两人生活上都朴实无华，他们的穿衣风格如出一辙，乔布斯一直追求纯粹的简约主义，常年上身穿着黑色高领毛衣，下身穿着蓝色牛仔裤，脚上穿着一双运动鞋。莱德斯也是如此，经常素面朝天，穿着牛仔裤，T恤衫，很少穿比较正式的服装。有一次，公司举行宴会，莱德斯穿了一条裙子，结果那天晚上她看上去很忸怩不安，好像如此正式的装束毁掉了她的天然美。他们的爱炽热、激烈，充满激情，全然不顾旁人的眼光。多年后，许多NeXT公司的老员工仍然记得他们在公司大厅亲热的场景。他们吵架也同样公开，在电影院里、家中访客面前，都发生过这样的事情。莱德斯喜欢朴素的生活，非常反感乔布斯在金钱方面资助自己。乔布斯曾经给莱德斯买了一辆新车，莱德斯暴跳如雷，开车掉头撞向了建筑物，车子全毁了。

在苹果公司陷入动荡，乔布斯被排挤出苹果时，莱德斯建议乔布斯不如到欧洲走一走，散散心。乔布斯答应了。于是，莱德斯陪着乔布斯踏上了欧洲的旅程。他们的第一站是巴黎。在这座举世闻名的浪漫之都，远离了公司的阴谋、争权夺利，身边又有着温婉可人的莱德斯陪伴，乔布斯心情放松了很多。某天夜晚，他们漫步在塞纳河畔，倚在光滑的石栏上，望着桥下的淙淙流水，讨论是否该定居法国。莱德斯希望乔布斯忘记不快，和她共同定居法国，生儿育女，过着简单而幸福的生活。但乔布斯不愿意，他虽然受挫但依然野心勃勃，他希望能够再创辉煌。对于乔布斯这样的一个吞吐风云的王者而言，爱情注定不会是他生命的全部，田园牧歌式的生活更是无法拴住他那颗放荡不羁的心。离开巴黎后，他们相继游历了托斯卡纳、佛罗伦萨、瑞典、莫斯科等地。三个月后，他们返回了美国。乔布斯重新投身战场，为事业而打拼。

莱德斯很聪明，很有灵气，可是她没有乔布斯的雄心壮志。这让他们在很多方面理念不同。莱德斯试过和乔布斯住在几乎空无一物的伍德赛德宅邸，但她并不开心。她讨厌住在这个几乎连家具都没有的房子里。她向往家庭生活，但乔布斯显然给不了她。乔布斯聘请了一对曾经在潘足斯之家餐厅工作的年轻而时髦的夫妇担任家里的管家和素食厨师，这让莱德斯感觉自己就像是一个外人。她有时候会搬出去，到自己在帕洛奥图的公寓居住。有一次，她和乔布斯大吵之后，愤而出走，搬回了家，临行前她在通向他们卧室的走廊墙壁上写道："忽视是一种虐待。"

莱德斯承认会为乔布斯而着迷，但同时也会因为乔布斯的忽视而感到痛苦万分。乔布斯太过于以自我为中心，经常会忽略莱德斯的感受。随着相处时间的长久，两人的矛盾、隔阂也越来越深。

在很多方面，乔布斯和莱德斯都似乎格格不入。乔布斯残忍、霸道，对于公司的员工很野蛮，做事情从来只考虑自己，很少考虑别人。而莱德斯恰恰相反，她待人和善，对任何人都很仁慈。在街上，遇到流浪汉，她总是会慷慨解囊。有时候，她还会去做义工，帮助那些患有精神病的患者。她对乔布斯的前任女友表现得也很豁达，她努力让克里斯安、丽萨与自己相处融洽。她还经常劝乔布斯多和丽萨相处，给予她足够多的关爱，可以说，乔布斯转变心意，接受丽萨，表现出一个父亲应有的态度，和莱德斯的努力有着很大的关系。莱德斯的这种特质让乔布斯着迷，但同时也注定在生活细节上，两人会因为性格差异而出现争执，难以和谐相处。

两人最大的分歧是哲学层面的分歧，莱德斯认为审美是个人的事情，没必要统一。而乔布斯则认为应该有一个理想的、统一的美的标准，对大众实行美学教育。他热衷于推销他的审美观，将自己的意识强加于他人身上。莱德斯不认同这种看法，认为人应该学会倾听，而不是一味地发号施令。

莱德斯知道自己想要什么样的生活，最终从对乔布斯的迷恋中清醒过来。她非常清楚，即便和乔布斯组成家庭，她也不会是一个好妻子。她可能会搞砸很多事情，她无法忍受乔布斯的不仁慈。她不想伤害乔布斯，但她也不想站在一边看着乔布斯伤害别人。1989 年的夏天，乔布斯向莱德斯求婚，却遭到了莱德斯的拒绝，这让乔布斯内心难免会生出几分的挫败感。

莱德斯和乔布斯分手后，除了照常在计算机公司上班外，还在业余时间帮助成立精神健康资源网站，帮助心理疾病患者。有一天，她偶然读到一本关于"自恋人格障碍"的精神病学手册。这本书让她惊呆了，她发现，乔布斯和这本书中列出的"自恋人格障碍"患者的几大特征完全吻合。比如说，喜欢指使他人，要他人为自己服务；过分自高自大，对自己的才能夸大其词，希望受人特别关注；认为自己应享有他人没有的特权；缺乏同情心，等等，这每一条似乎都是为乔布斯量身定做的，每一条都能够从乔布斯身上找出好多个具体的案例来做注脚。莱德斯瞬间明白了，她觉得自己比以往任何时候都更了解乔布斯了。这五年来分分合合，种种痛苦全都找到了症结。她几乎敢百分之一百地肯定，乔布斯是典型的"自恋人格障碍"患者。这也让她明白，期待让乔布斯能够做出改变，变得友善，不那么以自我为中心，比登天还难。

莱德斯后来有了自己的婚姻，也有了自己的孩子。乔布斯也和鲍威尔结婚，组建了自己的家庭。尽管两人联系已经不多，但乔布斯仍然会时不时地公开表达对她的思念。有一次，乔布斯在自己的起居室里回忆起莱德斯，突然大哭了起来。他认为莱德斯是他见过的最清纯的女性，他和她的身上有着某种精神关联。泪水滚滚滑落，这一刻的乔布斯不像是一名叱咤风云的枭雄，反倒像是一名情场失意的浪子。在乔布斯身患癌症，开始和死神抗争时，莱德斯恢复了和乔布斯的联系，经常鼓励他，给予他以支持。莱德斯回忆这段往事，仍然动情不已，表示虽然两人因为价值观的冲突注定没办法走到一起，但这些年来，彼此的关心和爱却一直持续下来。

劳伦·鲍威尔

> "我一生中真正爱的女人只有两个，蒂娜和劳伦。之前，我一直认为自己爱琼，但事实上我对她仅停留在了喜欢的阶段。"
>
> ——乔布斯

乔布斯和莱德斯分手后，很快又遇到了让他心动的姑娘。那是1989年一个周四的晚上，乔布斯接受斯坦福大学邀请，前去做一场演讲。到了会场后，乔布斯被引导坐在第一排的位置。乔布斯发现旁边坐着一个金发美女，就忍不住搭讪起来。这名美女就是乔布斯后来的妻子劳伦·鲍威尔。

鲍威尔来自新泽西州，是英雄的后代。她的亲生父亲是海军陆战队的飞行员，在引领一架受损的飞机着陆时，不料发生两机相撞事件，他为了让飞机坠落的地点避开居民区，没有来得及跳伞，结果不幸牺牲。鲍威尔的继父是个酒鬼和虐待狂，鲍威尔的母亲为了孩子们默默忍受着苦难，没有和这个男人离婚。家庭的不幸，让鲍威尔在很小的年纪就学会了自立。后来，她考上了宾夕法尼亚大学，在大学阶段获得了双学士学位，即宾夕法尼亚大学的文学士和沃顿商学院的理学士。毕业后，她就直接到了纽约华尔街，一开始在美林投资管理公司工作，后来又到了著名的高盛集团做固定收益交易策略师。

但是，鲍威尔对这份工作并不满意，觉得这份工作没有启发性，于是决定辞职，她的老板乔恩·科尔津想说服她留在高盛，被她拒绝。离职后，她飞到意大利的佛罗伦萨学习了8个月的艺术史，然后来到了斯坦福商学院，成为该校工商管理硕士班的一名学生。鲍威尔曾经在入学时，就发出了豪言壮语："我来这所学校的目的就是为了结识一个像史蒂夫·乔布斯那样的富豪，然后嫁给他。"很多人都对这种想法付之一笑，但鲍威尔却从不这么认为，她积极收集硅谷资讯，为目标而努力着。

这天，朋友拉她来参加一个讲座。当她知道来人是乔布斯后，兴奋极了，迫切地希望能够一睹偶像风采。但她们去得晚了，所有的位子都满了，所以她们坐在过道上。后来有人告诉她们不能坐在那儿，鲍威尔就带着她的朋友径直走到第一排，坐在前排为重要人物预留的位子上。仿佛冥冥之中自有注定似的，乔布斯进来后恰好坐在了她的身边。于是，两个人就这么相识了。

他们调侃了几句。鲍威尔笑说，她能坐在那儿是因为她中了彩票了。乔布斯听出她这话有仰慕之意，挑逗她问，奖品是什么呢。鲍威尔迷人地一笑，说："奖品就是你请我去吃晚饭。"两人都笑了。

演讲开始了。很多人都发现，一贯口才出众的乔布斯说话竟然结结巴巴，一副心不在焉的模样。太反常了！要知道乔布斯是硅谷有名的演讲大师、谈判专家，面对着数千人的场合，他可以即兴演讲1个小时，让所有的听众为他富有魅力的演讲而痴狂。但这次，明显有些不一样。

乔布斯站在台上，目光频频地投向了鲍威尔，多少显得有些意乱情迷。鲍威尔是标准的美人，正是乔布斯喜欢的那种类型。她有着一头金黄色的头发，脸容娇俏妩媚，腰肢纤细，双腿瘦直而迷人，和舞蹈家的差不多。鲍威尔也不时迎向乔布斯的目光，这更让乔布斯魂不守舍。

这恐怕是乔布斯一生中最为拙劣的演讲了。演讲结束后，乔布斯被一群同学围在中间询问，尽管保持着最基本的礼貌，但是内心却焦躁无比，因为他看到鲍威尔离开了，不过后来她又回来了，看着被众人围得水泄不通的他微笑。时间又过去了一会儿，鲍威尔终于等不下去了，她转身离开。见到这一幕的乔布斯立刻冲开众人，追了出去。终于在停车场看到了丽人的身影，他冲过去说："嘿，你的彩券不是还没兑换吗？怎么就走了？"这句话把鲍威尔逗笑了，乔布斯接着说："把你兑换彩券的时间定在周六怎么样？"鲍威尔同意了，给了他自己的电话号码。乔布斯也把自己的私人电话号码给了她，仅从这一点，就不难想象，乔布斯对于鲍威尔有多么喜欢了，因为这个电话只有自己最亲密的几个朋友和商业伙伴知道。

当晚，NeXT教育销售团队有一个晚宴要举行，乔布斯本来是打算参加的，但是现在他犹豫了："如果明天世界就会毁灭，我是会去参加晚宴呢，还是和这个美丽的女子约会呢？"答案不言自明，于是，乔布斯转身跑回到鲍威尔的车旁，问道："提前兑换奖券怎么样？"鲍威尔同意了。

美丽的夜晚，他们到帕洛奥图的一家时髦的素食餐厅圣迈克尔巷共度晚餐，仿佛有说不完的话似的，他们在那儿待了4个小时。而另一边，NeXT教育销售团队的人正苦苦等待着乔布斯。一直到晚宴进行到一半的时候，他们才等来了乔布斯的电话："嘿，伙计们，我有更重要的事情要做，不去参加晚宴了。我身边有位美丽的女士，我们正在进行第一次约会。"亲历了这一切的特凡尼安后来回忆说："乔布斯有时候很随性，但是那天，我感觉到肯定有些特别的事情发生了。"是的，特别的事情发生了，那就是爱情！从这一天起，乔布斯迎来了生命里最重要的一段恋情。

午夜之后，临别之际，鲍威尔邀请乔布斯周六到她在帕洛奥图的公寓做客。乔布斯愉快地答应了。回到家之后，鲍威尔特别兴奋，她激动地给自己的好友凯瑟琳·史密斯打电话："你绝对想不到我今天碰到了谁！也绝对想不到今天发生了什么！真是太让人兴奋了！"

次日早上，史密斯打电话过来询问事情的经过，史密斯听完后也很兴奋，就特地开车从伯克利赶来，装作是鲍威尔的室友，想见见乔布斯。周六，乔布斯如约而至，鲍威尔介绍了史密斯。乔布斯难得地显露了自己温柔的一面，还和史密斯交换了电话号码。乔布斯和鲍威尔热烈地相恋了，如胶似漆，羡煞旁人。

乔布斯的爱一如既往地炽热、充满激情，他们在公开场合接吻、亲热，完全不顾旁人的眼光。史密斯作为他们的朋友，这样的情境就见过很多次。史密斯成了两人爱情的主要见证者，他们经常征询史密斯的意见。乔布斯会给史密斯打电话，询问鲍威尔对他的印象如何，喜不喜欢他。

乔布斯后来回忆到这段感情时，坦诚鲍威尔是自己真正爱着的人："我一生中真正爱的女人只有两个，蒂娜和劳伦。之前，我一直认为自己爱琼，但事实上我对她仅停留在了喜欢的阶段。"

渐渐地，鲍威尔也体验到乔布斯忽冷忽热的待遇。当乔布斯专注在她身上时，她会觉得自己就是这个宇宙的中心，感到幸福无比；但是，当乔布斯专注事业上时，又会完全忽略掉她，仿佛她根本就不曾存在一样。这种感觉让鲍威尔非常困惑。好在两人相恋不久，她心上的伤痕还不多。

1990 年新年之交，乔布斯、鲍威尔受史密斯邀请前往伯克利作客。11 岁的女儿丽萨也一道前往。他们到名厨爱丽丝·沃特斯开设的餐厅潘尼斯之家就餐。餐桌上，因为某件事，乔布斯和鲍威尔发生了争吵，随后两人分别离开。鲍威尔当晚留在史密斯的公寓过夜。次日早上，有人敲门，史密斯打开门一看，原来是乔布斯。他手里拿着一束采来的野花，要见鲍威尔。史密斯让她进门，告诉他，鲍威尔还在睡着。乔布斯径直去了卧房。过了好几个小时，他这才从卧室里出来，请史密斯进去。乔布斯问史密斯："如果我想娶劳伦，你会祝福我们吗？"

史密斯问鲍威尔："你愿意吗？"鲍威尔点头。史密斯于是对乔布斯说："你已经得到答案了。"然而，这并不是一个肯定的答案。他一时兴起向鲍威尔求婚，但没过多久，就把这件事抛之脑后了。

这年暑假来临的时候，鲍威尔在斯坦福商学院读完了第一年的课程。尽管和乔布斯的恋爱让她分心，但考试仍然顺利地通过了，于是乔布斯带着鲍威尔去了欧洲旅行。由于鲍威尔在意大利佛罗伦萨待过一段时间，所以她给乔布斯做起了向导，整个意大利都留下了他们的足迹。

鲍威尔一直希望乔布斯能够记得娶她的承诺，但乔布斯恍如已经把这件事情淡忘，之后几个月都没再提起这件事。最后，史密斯向乔布斯发难，问他这究竟算是怎么一回事？乔布斯回答说，他需要确切地感觉到鲍威尔可以受得了他过的这种生活以及他这个人。一直等到 9 月份，乔布斯还没有任何的动静，鲍威尔伤透了心，就搬离了乔布斯的房子。到了 10 月份，乔布斯送给她一枚钻石订婚戒指，她又搬了回来。可是，乔布斯在她回来后，又再度变得冷漠。

12 月，乔布斯带着鲍威尔去了他最喜爱的度假胜地——夏威夷的康娜度假村，那是个家庭式度假村，所有人集体进餐。自从 9 年前乔布斯第一次来到这里后，就迷上了这个地方，之后每一年都想找个时间来这里度假。在这里，他们度过了一段快乐的时光。他们的爱情终于瓜熟蒂落，圣诞节前夜，乔布斯郑重向鲍威尔宣布，他想跟她结婚。只是这一次，又将会如何呢？

禅师主持的婚礼

"这些都要感谢我的婚姻，感谢我的妻子。"

——乔布斯

就在乔布斯承诺结婚不久，鲍威尔意外地发现自己怀孕了。她向乔布斯提出了尽快结婚的要求，尽管这个要求合情合理，但乔布斯又一次退缩了。他又开始为结婚这个念头犹豫不决，不想承担责任。14年前，乔布斯让克里斯安怀孕了，他不肯承担责任，否认丽萨是自己的女儿，甚至在法庭上公然撒谎说自己没有生育能力。没想到，这么多年过去了，乔布斯自私、缺乏安全感、不肯承担责任的个性依然没有改变，鲍威尔伤心透顶，愤怒地从乔布斯的房中搬离。

对于鲍威尔的离去，乔布斯采取了听之任之的策略。他想自己之所以不想跟鲍威尔结婚，可能是因为自己还爱着蒂娜·莱德斯。于是打电话、送花，乔布斯用尽各种方法，试图说服莱德斯回到自己身边，甚至他还想到了要和莱德斯结婚。然而，莱德斯已经心灰意冷，她对于自己和乔布斯的关系有着清醒的认知，她知道尽管自己和乔布斯精神上相通，但是却不能朝夕相处，于是断然拒绝了。对莱德斯的不舍和对鲍威尔的迷恋，让乔布斯不知所措。他开始向周围的人寻求帮助，他会询问身边的每个人，莱德斯和鲍威尔谁更漂亮，谁更适合做自己的妻子。大多数给出的答案都是鲍威尔，于是，乔布斯终于下定决心，和鲍威尔结婚。

其实，除了众人的选择外，促成这段婚姻的还有另外一个因素，那就是乔布斯事业上面临的挫折。那时候 NeXT 公司和皮克斯公司的经营都陷入了困境，几乎到了难以为继的地步。这对于雄心勃勃的乔布斯来说，是一个巨大的打击。加上几年前养母克拉拉·乔布斯因病去世，无人可依，乔布斯内心的不安全感越来越强烈。好在他遇到了劳伦·鲍威尔，鲍威尔是个充满理性，极具包容精神的女人，她成了乔布斯在其最失意的日子里身边的依靠。乔布斯不敢想象，一旦事业失败，他能否再找到一个像鲍威尔这么善解人意的女子了。莱德斯已经明确拒绝，琼·贝兹爱已不在，芭芭拉已成人妻，克里斯安则苦大仇深，错过了鲍威尔也许会遗憾终生。

　　除此之外，乔布斯还担心他对鲍威尔的所作所为会影响自己的事业。当年，他在事业有成时抛弃了克里斯安和丽萨母女，结果招致了种种非议。如今鲍威尔已经有了身孕，如果他还像当初年少轻狂时一样抛弃了对方，一旦事情曝光，只怕强大舆论压力会让他从此再无出头之日。

　　乔布斯的回心转意令鲍威尔很高兴，她很快搬回了乔布斯的房子，并和他商定将在这年的 3 月 18 日举行婚礼。在得知乔布斯将要告别单身，步入婚姻殿堂时，乔布斯很多朋友在感到惊奇之余，也纷纷献上了祝福。阿维·特凡尼安是 NeXT 的工程师，也是乔布斯的好友，建议乔布斯在结婚之前举行一个单身派对。乔布斯并不喜欢搞什么派对，而且他也没有什么铁哥们。在特凡尼安的劝说下，乔布斯最终同意搞一个单身派对，说是一个单身派对，其实参与的只有三个人，那就是准新郎官乔布斯及其好友特凡尼安和理查德·克兰德尔。克兰德尔本来是乔布斯的母校里德学院教授计算机的老师，但是他厌恶了教学，就休了长假，到 NeXT 参与计算机的研发。

　　3 月 17 日晚，特凡尼安和克兰德尔开着特意租来的豪华轿车来到了乔布斯家，打算开始庆祝乔布斯单身生涯中最后一个夜晚。富有戏剧性的是，来开门的不是乔布斯，而是鲍威尔，她穿着乔布斯的西装，还贴着假胡子说："嗨，伙计们，我是劳伦·鲍威尔，我跟你们一起庆祝乔布斯的单身派对吧！"她怪异的装束和语调引得特凡尼安和克兰德尔哈哈大笑。不过，最终鲍威尔没有加入到他们的单身派对中。

　　乔布斯上车后，特凡尼安驾车驶向了旧金山，希望给乔布斯一个难忘的单身派对。事实证明那确实是一次难忘的单身派对，因为乔布斯挑剔的饮食习惯，让所有人都印象深刻。特凡尼安本来想将派对的地点定在乔布斯喜欢的福德梅森格林素食餐厅的，但是没能订到位子，于是只好选在了另外一家很时尚的餐厅。结果，面包才刚上桌，乔布斯就下了一个结论："我不喜欢这家餐厅。"说完，起身就走。主角已经撤了，特凡尼安和克兰德尔只有跟着离开，最后他们来到了另外一家乔布斯喜欢的餐厅，单身派对才得以继续。和别人很 High 的单身派对相比，乔布斯的单身派对显得乏善可陈，三个人仅是在餐厅吃了顿饭，聊了会儿天，然后去一家酒吧喝了会儿酒，就各回各家了。不过，对于史蒂夫·乔布斯来说，能进行一次这样的单身派对已经相当不易了。

　　单身派对事件，让乔布斯对于特凡尼安心怀感激，因为他知道如果不是特凡尼安，估计自己连个单身派对都不会有，毕竟谁愿意为一个随时会发脾气的人搞派对啊！这种感激，让乔布斯还一厢情愿地做起了媒人。他想把自己的作家妹妹莫娜·辛普森介绍给特凡尼安，无奈辛普森心有所属，乔布斯才作罢。

鲍威尔尽管满心期待着和乔布斯结婚，但是她深知，和像乔布斯那样一个完美主义者结婚，绝对不会是一件容易的事。这首先表现在了婚礼的策划方案上，鲍威尔请来了婚礼策划师为她策划婚礼，对方展示了几个备选方案，供他们挑选。鲍威尔觉得难以取舍，乔布斯却看了会儿，就转身离开了房间。她们等了好久，也不见他没有回来。于是，鲍威尔就去找他，询问他的意见，乔布斯不耐烦地说："让他们滚蛋，他们做的就是狗屎。"已经对乔布斯这种情绪习以为常的鲍威尔，收集了乔布斯的意见，再次和策划师进行沟通，才最终确定了婚礼方案。

1991 年 3 月 18 日，36 岁的乔布斯·保罗·乔布斯和 27 岁的劳伦·鲍威尔正式举行了婚礼。婚礼地址选在约塞米蒂国家公园的阿瓦尼酒店，这家独具艺术风格的酒店风景十分优美，透过天花板上的落地窗可以欣赏到外面的半月石山和优山美地瀑布。婚礼秉持着乔布斯一贯的简约风格，操办得极其简单，参与仪式的嘉宾只有大约 50 人。他们大多是乔布斯和鲍威尔的家人，其中包括乔布斯的养父保罗·乔布斯、生母乔安妮·辛普森和妹妹莫娜·辛普森以及她的未婚夫理查德·阿佩尔。参加婚礼的人也并非是如外界所想乘飞机过去的，而是乘坐一辆乔布斯从硅谷租借来的豪华面包车。这是乔布斯坚持要求的，他希望能够控制婚礼的每个场面。

婚礼仪式也极其简单。多年来，乔布斯一直信奉佛教，所以他的婚礼多少有一点佛教的风格。当客人和簇拥着新娘的一群人步入屋内的时候，婚礼主持人、乔布斯的精神导师乙川弘文禅师挥杖敲锣，燃香诵经，宣告礼成。很多人对此不能理解，特凡尼安还打趣认为他是喝酒了呢。婚礼蛋糕也是尊重乔布斯的要求，按照严格素食标准制作的，没有添加任何的蛋、奶油及其他荤腥物质，这让很多人觉得难吃至极。之后，他们一家人出去散步。屋外大雪初晴，皑皑白雪一片。鲍威尔三个身高马大的兄弟打起了雪仗，场面激烈。乔布斯跟妹妹辛普森打趣说："瞧，鲍威尔是乔·纳马斯的后人，而我们是约翰·缪尔的后人。"乔·纳马斯是美国著名橄榄球四分卫，约翰·缪尔则被誉为"美国国家公园之父"。乔布斯这句话的意思是鲍威尔家善武，而他们家善文。

婚礼本身就是很盛大的一件事情，乔布斯又是那种很喜欢盛大场面的人，要知道，他在自己 30 岁的生日派对上，就隆重地邀请了 1000 多位亲朋好友、各界名流，盛况空前。那么，这一次，乔布斯为什么会如此低调呢？难道婚礼还不如生日宴会重要吗？有人猜测，这可能是因为乔布斯当时经济状况的恶化，公司入不敷出，亏损连连，这让他不想去邀请那些有头有脸的大人物。也有人认为乔布斯本来就对婚姻不是很看重，所以才在这方面显得懒散、低调。还有人认为，这可能是鲍威尔的主意。因为并不是每个女性都渴望有一个盛大的婚礼的，何况，鲍威尔知书达理，也一定会多为丈夫考虑。

这场婚礼是如此低调，以至于很多人都是在乔布斯结婚之后才知道这件事情。苹果公司麦金塔部门的前财务主管黛比·科尔曼也是在一个月后才听说了乔布斯结婚的消息，对此她评价说："有很多人在一鸣惊人之后，就归于沉寂了。比如《麦田守望者》的作者斯林格就仅写出了这一部传世之作。"持相同看法的不仅仅科尔曼一人，很多人都认为，步入婚姻的乔布斯，将会从此在事业上一蹶不振，再也不会东山再起。

事实证明，这只是他们一厢情愿的想法而已。因为，自从乔布斯和鲍威尔结婚之后，他的许多梦想都慢慢实现了。首先是他的皮克斯公司竟然凭借着一部《玩具总动员》起死回生，并连战连捷，先后制作了《虫虫特工队》、《怪物公司》、《海底总动员》、《超人特工队》等佳片，积累了大量的财富。乔布斯身家十几亿美元，重新跻身美国最成功人士行列。紧接着，他又力挽颓势，重返苹果公司执掌大权，并带领着苹果公司进入飞速发展的黄金十年，成为全球市值第一的公司。对于这一切，乔布斯曾感言："这些都要感谢我的婚姻，感谢我的妻子。"乔布斯认为，正是鲍威尔的到来改变了他糟糕的生活方式，将他引向了正确的生活道路。

虽然乔布斯自认为和莱德斯灵魂相通，但显然鲍威尔更适合他。鲍威尔坚强、包容，能够容忍乔布斯的苛刻。而克里斯安、莱德斯等人在情感上明显要比鲍威尔脆弱了，她们多愁善感，无法容忍忽视。乔布斯的冷漠，或许并非出于真心，只是性格使然，但对她们来说，却是一种伤害，这也注定了她们和乔布斯在一起不会天长地久。

这一点，乔布斯的很多朋友都深有体会。乔安娜·霍夫曼就认为，乔布斯能够和鲍威尔安顿下来，实在是太幸运了。因为鲍威尔很有才华，可以用自己的聪明才智吸引住乔布斯，性格又很豁达，可以包容乔布斯起伏多变的性格。安迪·赫茨菲尔德也有同感，认为鲍威尔虽然看起来和莱德斯有很多相似之处，其实完全不同。因为鲍威尔更坚强，就像是披了铠甲，可以抵挡外来的伤害，这也正是乔布斯和鲍威尔婚姻成功的原因。

有了安定的家

"我希望自己的孩子可以随意走到一个朋友家里玩。"

——乔布斯

婚后，乔布斯夫妇搬了一次家。虽然乔布斯在伍德赛德的那栋拥有11间卧室的房子更大更气派，但实在不适合作为夫妻两人的安家之所。于是，他们搬到了帕洛奥图的一个适合家庭居住的社区里。这个社区面积不大，但环境清幽、交通便利，距离世界著名的高等学府斯坦福大学仅有1英里的路程。邻居大多声名赫赫，包括乔布斯好友安迪·赫茨菲尔德和乔安娜·霍夫曼、险投资家约翰·杜尔、谷歌创始人拉里·佩奇、Facebook 创始人马克·扎克伯格等人。

社区的房子栉比鳞次地排列在安静的街道两旁，路边是人行道，在朝阳的沐浴下，显得低调而迷人。很多居家小院都是为斯坦福大学的职员设计的，通常有一个小院，卧室仅有两间，简单婉约，颇具农场风貌。由于住在这里的人们彼此都非常熟悉，所以邻居家的孩子们可以随便到各家去玩。"我希望自己的孩子可以随意走到一个朋友家里玩。"乔布斯后来这么说道。

这幢两层的红砖房建于 20 世纪 30 年代，是设计师卡尔·琼斯的作品，他的专长是精心打造"故事书风格"的英式或法式乡村小屋。房子极其雅致，建筑风格别树一帜。房屋木梁露在外面，屋顶铺着小圆石头，拼成曲线的图案。房子的两翼则围成一个传教士风格的庭院。很明显，这样的建筑风格和乔布斯推崇的那种极简主义和现代主义风格是完全背道而驰的。因此，可以想象，如果让乔布斯自己设计这座房子，肯定不会是这个样子。

乔布斯在买下房子后，就对房子进行了整修。原本窗子是彩绘玻璃，但他不喜欢这种艳丽的风格，就换成了透明玻璃。他们还扩建了厨房，增加了烧木柴的比萨炉和新房间，可以放下长长的木餐桌，成为家人餐前饭后的聚集地。乔布斯在整修的过程中，不断地改变主意，这也使得原本计划在4个月内完成的翻新工作最终用了16个月。起居室后面的小房子他们也买了下来，然后拆掉，改成后院。鲍威尔在里面种植了各种花卉和蔬菜，因此他们经常可以吃上纯天然的绿色蔬菜。

乔布斯逐渐对卡尔·琼斯产生了浓厚的兴趣。他认为，卡尔·琼斯同他一样，具有创新精神，很有创造力。这种惺惺相惜的情怀，甚至让乔布斯迷上了卡尔·琼斯利用旧材料的方式。他常向客人们介绍房子里的这些小细节，如厨房的横梁是曾经用于金门大桥打水泥地基的模子。当年，在建这座房子时，金门大桥正在建设，卡尔就用这些废弃不用的模子做了厨房的横梁。"他很了不起，完成了自学成才的过程，同时他的制作工艺非常精细。他一辈子都没有发财，他也从不在乎那些。"乔布斯说。

家具是乔布斯必须考虑的事情。过去，他是硅谷有名的黄金单身汉，自然不用考虑这些问题。但现在成家立室，有了妻子，并且很快会有孩子，他就必须步入正轨，置办一些必备的家居用品。他们买了床、梳妆台、摆在客厅的一套音响系统等，但是在沙发的问题上，他们两人一直未能达成一致。他们经常会在一起争论诸如"沙发的用途是什么？"此类的问题。在购买电器上，两人也会相持不下，经常会把这个问题上升到哲学高度。比如他们在选购一台新洗衣机时，会花很多时间讨论如何购买、取舍、设计等方面的问题，甚至会讨论彼此的价值观。最后，乔布斯、鲍威尔大约用了两星期时间，这才决定购买德国生产的米勒牌洗衣机和干衣机。

和很多富豪家满是艺术品不同，乔布斯的家中只有一件艺术品，那是安塞尔·亚当斯的一幅摄影壁画，是在加利福尼亚州隆派恩拍摄的内华达山脉冬季的日出。这幅巨画原本是安塞尔送给女儿的礼物，后来他女儿卖掉了。乔布斯就买下了这幅壁画，并把它放在带有穹顶的卧室里。有一次，这幅画被管家用湿布擦了，乔布斯就找到当时和亚当斯一起工作的人重新修复这幅画。

　　这幢房子实在太普通了，以至于让很多硅谷大佬们难以相信声名显赫的乔布斯竟然是住在这里。有一次，比尔·盖茨夫妇前来做客。看了这个像农家小院似的房子，盖茨简直难以置信："你们所有人都住在这儿？"当时，他在西雅图附近的 66000 平方英尺的豪宅已经动工。乔布斯已经入主苹果，是闻名世界的亿万富翁了，但他依然没有保镖、佣人，甚至白天都不锁后门。

　　乔布斯一家当时唯一的安全隐患来自他曾经的工作伙伴和朋友伯勒尔·史密斯。他曾经是麦金塔软件工程师，是一名技术天才。在乔布斯最辉煌的那段职业生涯中，他扮演着极其重要的角色。若论其贡献，恐怕不在乔布斯、安迪·赫茨菲尔德之下。1985 年，史密斯像多位被乔布斯榨干了最后一滴心血的麦金塔工程师一样，辞职离开。几年后，他逐渐患上了双极躁狂抑郁症和精神分裂症。随着病情的恶化，他开始光着身子在街上闲逛，有时候会砸毁街上的汽车，还经常袭击教堂，砸毁教堂的玻璃。经过一年多的治疗，史密斯似乎恢复了正常。但是，停药后，他的病又发作了。这一次，他把袭击目标对准了乔布斯的家。他会在晚上到乔布斯家扔石头、砸玻璃，发恐吓信等。情况越来越糟糕了，有一天，他骑着自行车靠近乔布斯的房屋，往屋里扔了个樱桃炸弹烟花。乔布斯立即报警。史密斯被戴上手铐押往帕洛阿尔托法院。后来，史密斯的好友赫茨菲尔德将他保释出来，悉心照顾，这件事才得已平息。乔布斯对史密斯很同情，经常问赫茨菲尔德自己还能帮上什么忙。有一次，史密斯再次因为犯病出事被关进监狱，还是乔布斯出面将他保释出来。

　　有了这个家，乔布斯在伍德赛德的那幢房子就废弃了。乔布斯一度想将这座 1925 年西班牙殖民复兴风格的房子拆掉，改建为现代化的豪宅，但一直未获批准，当地文物保护主义者希望保存这座建筑的原样，认为乔布斯的行为违反了加州法律。乔布斯和地方文化保护者进行了长期的斗争。直到 2011 年，乔布斯终于打赢了这场官司，但他时日无多，已经不想再建另一个家了。

　　当然，这座宅邸有时候仍旧会发生其作用。比如，他们会在那里的游泳池举行家庭派对。比尔·克林顿当总统时，曾经和妻子希拉里·克林顿来看在斯坦福上学的女儿，就住在这座府邸中。由于家中没有家具，每次克林顿夫妇来时，鲍威尔都会让人装饰一番，重新布置。在克林顿和莫妮卡·莱温斯基爆发桃色事件不久，克林顿夫妇再次来这里做客。鲍威尔检查家具时，发现一幅画不见了，就询问特工这是怎么一回事。一个人解释说，因为那幅画上是一个衣架和一条裙子，而那条裙子和莱温斯基的蓝裙子很像，他们怕希拉里见到生气，所以藏起来了。

有了安定的家，乔布斯明显有了很多的改变。在工作中，他或许会为某一件事情而暴跳如雷，火冒三丈，但在家里，他显得很平静、与世无争，对孩子们也付出很多的关爱。尤其是里德出生后，乔布斯在家里待的时间就更多了。丽萨此时已经是个中学生，乔布斯和她的关系越来越亲密，后来就把丽萨接到了家里，同自己生活在一起。鲍威尔很贤惠，并没有拒绝丽萨加入到他们的家庭中。有时候，乔布斯和丽萨闹了矛盾，鲍威尔还会主动帮他们调解纷争。

乔布斯步入中年之后变得日益平和，每个周末，他和妻子都腾出时间免费接待小学生到家里玩耍。有一年的万圣节前夕，住在帕洛奥图附近的巴德·布罗姆利带领着一群画着浓妆的小孩子们来到了乔布斯家门口。乔布斯亲自打开房门，欢迎孩子们进屋做客。他亲切地抱起孩子，逗他们玩，没有丝毫的不耐烦，他还取来一些蔬菜、水果等一些有益于健康的小食品给这些可爱的孩子们吃。

鲍威尔在成婚后，仍旧在斯坦福大学攻读她的工商管理硕士学位。她很独立，从来不认为自己嫁给了一个富豪就可以无所事事。她觉得有自己的事业很重要，所以就在做好一名称职妻子的同时，努力为自己的事业和目标而奋斗。她从斯坦福毕业后，和一个同学做起了生意，开了一家名叫泰拉维拉的公司，公司主要制作素食有机餐。鲍威尔通过当地的一些食品销售渠道将公司的有机沙拉和一些健康食品配送给北加利福尼亚的很多商店，公司生意相当不错。

两年后，鲍威尔辞去了工作，专心照顾里德。她在照顾家庭之余，还按照自己的兴趣与意愿做一些事情。她认为，一位好妈妈并不一定就是那种家庭主妇型的。一旦家里有了足够的钱，还应该把时间、技艺和自身的能量用在公益事业上。在这种思想的影响下，她在1997年创建了分轨制大学。这是所非营利性质的公益学校，主要招收那些没有机会升入大学深造的青少年。学校根据学生的能力、成绩或需要开设相关的课程，培养社会需要的人才。后来，鲍威尔担任了这所大学的校长。此外，鲍威尔在女性权益、文化发展等方面也做出了不少的贡献。

一定要看到里德毕业

"当我被告知身患癌症时，我就跟上帝祈祷，请一定要让我看到里德毕业。"

——乔布斯

1991 年，乔布斯和鲍威尔结婚六个月后，鲍威尔生下第一个孩子。是个男孩！开始两个星期，乔布斯夫妇没有给小男孩取名字，大家就一直称这个婴儿为"乔布斯的小男孩"。最后，他们给他取名为里德·保罗·乔布斯。里德是为了纪念乔布斯在里德学院那一段年少轻狂的时光，尽管乔布斯和鲍威尔坚持说，取"里德"这个名字只是因为好听，但熟悉乔布斯的人都明白，事实的真相是怎样的。"保罗"是乔布斯养父的名字。乔布斯对于养父保罗·莱茵霍尔德·乔布斯充满了感恩之情，所以把这个名字赋予自己同爱妻的第一个孩子。

里德可以说是最幸运的孩子。他出生并且成长于乔布斯最失意的日子，也正是在这个阶段，乔布斯付出了最多的父爱。那个时候，乔布斯在事业上饱受打击，无论是 NeXT，还是皮克斯公司，都遇到了挫折，这些经历把他那最锋利的"棱角"都磨平了，他变得不再目中无人，粗暴冷漠，在情感上反而更趋于一个正常人。再加上身为人父的新奇感受也让乔布斯对于人生有了另一种看法。他曾说道："人一旦做了父亲以后，他的人生观就会发生改变，这就好像你的内心深处突然多了一种神奇的力量去左右你的思想一样。此时，你对于周围的人和事的看法也会不同，这种全新的感觉在以前是绝对没有的。"

在里德两岁左右时，鲍威尔辞去了工作，开始做一个全职太太，全身心地照顾自己的孩子。她已经适应了做母亲的角色，并且打算要更多的孩子。乔布斯陪伴里德的时间很多，乔布斯深受佛教思想影响，觉得物质只能把生活填满却不能使生活充实。他很反感硅谷很多 CEO 都请保镖，认为那样的生活很变态。他坚持不请保镖，家中佣人也很少，这种极简主义对里德影响很大。

里德有些时候可以沾父亲的光，享受一些特殊的待遇。乔布斯在硅谷有很多的富翁好友，这些好友可不像乔布斯这样崇尚简约，他们生活都很奢华。甲骨文公司的 CEO 拉里·埃里森就是乔布斯的好友，他经常带乔布斯夫妇乘他的豪华游艇出游，而里德这时候也跟着沾光，体验豪华游艇的享受。1995 年，乔布斯 40 岁生日，埃里森为他举行了一场隆重的生日派对，硅谷科技明星、大亨云集。年仅 4 岁的里德忙里忙外，调皮地把埃里森称作"我们的大款朋友"。

里德长大后，在很多方面都很像他的父亲：聪明睿智、富有魅力，尤其是眼神，如鹰一般锐利，更是像极了乔布斯。但跟他父亲不同的是，他显然更有爱心，他温文尔雅，行为友善，待人谦虚，一点儿都没有他父亲天性里的残酷。他能力出众，富有创造力，对科学情有独钟。

乔布斯一直希望能够参加儿子的高中毕业典礼，但情况并不乐观，自从被诊断出患有癌症以后，乔布斯身体状况时好时坏，谁也不知道他能够走到哪一天。乔布斯努力和命运抗争，希望能够活得更久些，好参加儿子的毕业典礼。他这么告诉记者："当我被告知身患癌症时，我就跟上帝祈祷，请一定要让我看到里德毕业，这个信念支撑我挺过了 2009 年。"这话真让人动容，谁能想到一代天骄乔帮主也会有如此感性的一面。在他病重的那段时间里，里德确实成了他重要的精神支柱。每次看到里德时，他的心情都很放松，似乎连病也轻了几分。

父亲的病，也影响了里德对于未来的规划，他选择了医学。暑假时，他会去斯坦福的肿瘤学实验室实习，通过 DNA 排序去寻找结肠癌的基因标志。有一次，里德在实验中追踪到了基因变异如何在家庭成员间传播。乔布斯对此非常开心，为里德能够跟这些优秀的医生一起作研究而欣慰。他还把里德和自己做了比较，认为里德现在表现出的热情正像他当年对计算机的那种热情。他甚至宣称，"生物学和技术的结合定会促成 21 世纪最伟大的创新，它将开启一个新的时代，就像我在他那么大时，数字时代正拉开帷幕一样。"

这年，里德以他的癌症研究为基础，在水晶泉高地中学的班级做了高年级报告，乔布斯一家人全来捧场。当看着儿子在讲台上口若悬河地描述着如何用离心机和染色法做肿瘤的 DNA 排序时，乔布斯内心的骄傲、自豪可想而知。里德在医学方面的才华，令乔布斯刮目相看，他后来表示，他甚至幻想着将来里德会成为一名医生，和他的家人住在帕洛奥图，每天骑着自行车去上班。

2009 年初，乔布斯病情加重，宣布第二次病休，由库克·蒂姆代理 CEO 工作。随后几个月里，乔布斯在田纳西州孟菲斯市的一家医院里进行了肝脏移植手术。手术很成功，但医生发现他的癌细胞已经扩散到身体其他部位。鲍威尔随同照顾丈夫，里德此时就成为家中的顶梁柱。他照顾着两个年幼的妹妹，很有家长的架势。但是，等到来年春，乔布斯病情好转时，里德又恢复了以往风趣的个性。里德温和的个性让他和家人有着非常亲密的关系，有一次，他甚至和他们讨论起了要带自己的女朋友去哪里吃饭的问题。乔布斯建议他们去帕罗奥图非常有档次的伊尔弗纳奥餐厅。里德不好意思地告诉父亲，自己订晚了，没能订到位子。乔布斯就问儿子道："需要我帮忙吗?"里德立刻摇头否定说："我要自己解决问题。"里德的两个小妹妹也给出了自己的建议。一向内向的艾琳提议说，里德和他女朋友可以在自己家的花园里搭个帐篷，然后自己和伊芙下厨为他们做一顿美味的烛光晚餐。里德感激地拥抱了妹妹，但是没有采纳这一建议。

里德在学校里参加了旧金山的一个电视节目。他和四名同学校的学生组成了"神童"团队参加比赛。里德为了保持低调，特意以母亲的姓氏在节目中亮相。当时，除了伊芙参加马术比赛外，全家人都来给他加油打气。里德在这档节目中显示了自己丰富的学识。当主持人问他未来想做什么时，他回答希望将来致力研究肿瘤学，救助其他跟父亲同样患癌症的病人。

乔布斯在观众席中注视着自己的儿子，眼里充满自豪。他保持低调、神秘，不想被人认出来，所以，当工作人员忙忙碌碌地做着准备工作时，他努力控制自己的情绪，坐到了摆着一排排折叠椅的家长席中。但是，他蓝牛仔裤、黑色套头衫的标志性的穿着出卖了他，一个女人直接坐到他身边拍照。乔布斯明显有些不耐烦，他径直坐到了椅子的另一侧，根本不愿搭理那个女人。

2010 年 6 月，乔布斯如愿以偿地参加了里德的高中毕业典礼，亲眼见证了儿子生命中的重要时刻。乔布斯过去参加了很多的开幕典礼、颁奖典礼，但没有一次像这次这么高兴。他在现场兴奋地用心爱的 iPhone 给正为自己写传记的作家沃尔特·艾萨克森发去一封邮件，告诉对方，他正在现场参加儿子的毕业典礼，他快乐极了。当天晚上，为了庆祝里德毕业，乔布斯家里的人和朋友特地举行了家庭派对。里德非常高兴，依次和家中成员跳了舞。派对结束后，乔布斯还带着里德来到车库，让儿子从他的两辆自行车中任选一辆，因为他觉得自己不会再有机会骑了。里德选择了其中一辆，并向父亲表示感谢。乔布斯则回答说："孩子，这是理所当然的，谁让你身上有我的 DNA 呢？"

曾经有人问乔布斯，准备把什么东西留给他的孩子时，乔布斯这么回答："我要努力做一个好父亲，正如我的父亲一样。"微微一顿，他接着说了一句令人难忘的话，"我每天都在思考我究竟做了些什么。"

艾琳与伊芙

"她性格急躁，简直就像个炮筒子一样，同时还很倔强，和我有一拼，这就有点报应的意味了。"

——乔布斯

乔布斯生平共有四个孩子。长女丽萨是初恋女友克里斯安所生，早年曾一度被乔布斯遗弃，后来承认丽萨是自己的私生女，父女关系转为和睦。爱妻鲍威尔则为乔布斯生下了一男二女。除了爱子里德外，还有两个女儿：艾琳和伊芙。乔布斯跟儿子里德关系很亲密，但跟女儿们就疏远些。工作之外，他有时也会关注她们，但当他脑子里想着别的事情时，又会完全忽视她们。

艾琳·锡耶纳·乔布斯是乔布斯的第三个孩子，生于 1995 年。她安静内向，似乎更多地遗传了母亲鲍威尔的温婉和好脾气。艾琳在感情上没有得到父亲足够的关心和爱。每一次，当乔布斯大发脾气的时候，她就会有些不知所措，不知道该如何与父亲相处。但她身上还是有父亲的影子，她和自己的父亲一样，喜欢设计和建筑，梦想是成为一名建筑师，事实上她也确实有这方面的天分。父亲暴躁的脾气，让艾琳刻意地保持了与他的距离。因此，尽管对新苹果园区的设计图充满了好奇，但是因为父亲没有邀请自己一起看，她就选择了远远地避开。

为了尽力让自己成为一个好父亲，乔布斯曾经保证过，会在每个孩子13 岁的时候，带他们去最喜欢的地方旅行一次。艾琳对于自己与父亲的这次旅行非常期待。然而，事实充分证明了一句话，好事多磨。2008 年，艾琳终于 13 岁了，她期待着和父亲的旅行，然而乔布斯的病情却加重了，不能出行，这让艾琳很是失望。不过，乔布斯答应她等病况好转，他就履行诺言。这样一拖，就到了 2010 年，艾琳期待已久的旅行再次被提上日程。深知父亲喜好的艾琳选择了父亲非常喜欢的城市京都。然而，就在艾琳满心期待时，乔布斯突然说自己不想去了。艾琳为此伤心了好久，但她从没有表示出来，而是闷在了心里。艾琳期待已久的父女京都之旅，最后也变成了母女法国之旅。但是就在从法国回来后没过久，乔布斯带领着全家人飞往夏威夷度假村，鲍威尔对此非常激动，因为这是前往京都的前站，此前她还在担心丈夫会再次取消和艾琳的京都之行呢，现在看来一切的担心都没有必要了。可是，天有不测风云，在夏威夷乔布斯患上严重的牙痛，当时他没有在意，认为不过是小事一桩，只要凭借意志就能够不药而愈。结果，那颗牙坏掉了，他必须去医院修补。烦心事接二连三，就在乔布斯为牙疼之事心烦意乱时，苹果公司接到了大量顾客的投诉，说最新的 iPhone 4 手机天线有缺陷，信号质量很差。美国权威杂志《消费者报告》也因此而不推荐此款手机，从而引发了 iPhone 4 的"天线危机"。作为苹果 CEO，乔布斯在这种时候自然要挺身而出了。于是，他带里德赶回库比蒂诺，着手应对这一危机。鲍威尔和艾琳则留在了夏威夷，希望乔布斯能尽快地解决了这场危机，然后赶过来和她们会合，按原计划带领她们去京都。

让鲍威尔等人没有想到的是，乔布斯竟然真的在解决完所有问题后返回了夏威夷。里德没有同来，因为他需要在帕洛奥图家里照顾年纪最小的伊芙。鲍威尔、艾琳非常开心，认为这真是一个奇迹。随后他们飞赴京都，一起住在俵屋旅馆。这种旅馆静雅、简约，正是乔布斯一向钟爱的类型。在这座散发着禅意的城市里，乔布斯恍如走下了"神坛"，而只是一个凡人，一个好丈夫、一个好父亲。他带着她们吃好吃的荞面、美味的寿司。艾琳感觉很放松，很幸福，好像她和父亲的距离一下子拉近了。艾琳可能不知，有这种感觉的，除了她外，还有她的姐姐丽萨。二十多年前，乔布斯带着丽萨第一次来京都时，丽萨同样有这种感觉。他带着她在大仓酒店楼下的寿司店里，吃美味的鳗鱼寿司。他们吃得尽兴，那种奇妙的体验是前所未有的。

乔布斯还带着她们参观了京都有名的佛教禅宗寺庙。乔布斯一生受佛教影响，对于散发着禅意的东西痴迷，寺庙古刹也是他向往的地方。鲍威尔和艾琳对此也没有意见，兴高采烈地陪着乔布斯游历了很多名寺古刹。艾琳最喜欢的是西芳寺，这座寺庙原为圣德太子的别墅，后改建为禅宗别院。因为寺庙满园生长有 100 多种苔藓植物，郁郁青青。故而又被称为"苔寺"，艾琳对这些苍翠的青苔很感兴趣。父女两人在这种静谧、轻松的氛围下，关系自然又进一步。

2010 年春，艾琳最大的心愿是希望乔布斯带她去参加奥斯卡颁奖典礼。此前，皮克斯的作品《飞屋环游记》大获好评，收获好几项奥斯卡奖提名。乔布斯虽然身体情况很糟，但仍准备出席这一届奥斯卡颁奖礼。艾琳很喜欢电影，希望能够随着父亲一起走红地毯，露一把脸。鲍威尔也表示愿意放弃这次的奥斯卡之旅，而让乔布斯带女儿去，但乔布斯最终也没有带艾琳前去。

艾琳虽然年纪很轻，但成熟聪明、善解人意，对于父亲缺少对她的关注，她表示理解。她曾说："虽然我也很渴望父亲可以多关注我一点，但是我理解他，他不仅是我的父亲，还是一个大公司的 CEO，那很酷，所以我不生他的气。"

乔布斯最小的孩子名叫伊芙，出生于 1998 年。这个孩子像极了她的父亲，自信、有主见，是家中出名的暴脾气。她很勇敢，敢于和自己的父亲抗争，偶尔还能影响父亲的决定，跟他讨价还价，有时候甚至还敢开自己父亲的玩笑。乔布斯对于这个女儿很喜爱，也常拿这个可爱的孩子打趣。有一次，他开玩笑说，伊芙也许是将来接管苹果的人，如果她不去竞选总统的话。

伊芙和乔布斯一样，一旦定下一个目标，就一定要努力达成。她热爱骑马，而且立下一个宏大的心愿：到奥运会上参加马术比赛。她一本正经地去询问教练该如何做时，教练被她逗乐了，告诉她，那要付出很多的努力。伊芙则回答说："告诉我该怎么做就行了，剩下的我自己解决。"教练告诉了她很多训练的技巧。于是，伊芙就按照教练告诉她的，制订计划每天艰苦锻炼。

乔布斯很霸道，一般不能容忍别人对自己的决定说"不"，他只希望别人按照自己指定的计划行事。但是，伊芙似乎是个例外，她是个相当不错的谈判专家，敢于向父亲提出意见，搞定自己的父亲。最典型的一个例子是，2010 年的某个周末，一家人正筹备一次周末旅行。艾琳希望延迟半日，但是不敢跟父亲讲，因为乔布斯决定了的事情通常没有回旋的余地。当时，伊芙还只是个 12 岁的小丫头，但她自告奋勇，主动承担起说服父亲的任务。晚餐时，她郑重向父亲提出了这个要求，有理有据，俨然一名大义凛然的律师。乔布斯强忍笑意，打断了她的话："不行，我不同意那样做。"他这么说当然不是感到厌烦，而是想看看伊芙接下来回做些什么。可爱的伊芙果然没有气馁，这个晚上，她和妈妈鲍威尔一起分析了多种可以说服爸爸的方法，仍然试图改变父亲的心意。

乔布斯觉得伊芙更多地继承了自己的性格，因此她也吸引了乔布斯更多的关注，乔布斯曾这样评价自己的小女儿："她性格急躁，简直就像个炮筒子一样，同时还很倔强，和我有一拼，这就有点报应的意味了。"对于伊芙，乔布斯还表现出了自己细腻的一面，觉得女儿比想象的敏感得多。他认为，伊芙太聪明了，让她觉得自己可以远离别人，靠自己的聪明才智独自解决问题，但结果却发现自己没有什么朋友。朋友是很重要的，伊芙只有不断学习，认清自己，得到人生的历练，这样才能得到她需要的朋友。

领袖与跟风者的区别在于创新

一个伟大的传奇故事

"今天，世界失去了一位有远见卓识的人物，科技界失去了一位标志性的传奇人物。"

——迈克尔·戴尔

2011 年 10 月 5 日，乔布斯带着他改变世界的梦想离开了这个世界。

他 21 岁倾其所有创立苹果公司时，可谓一穷二白，可是离开这个世界的时候，持有的苹果和迪士尼的股票价值 46 亿美元。他一次次在绝境中奋起，在逆境中前进，他用勇往直前和百折不挠的精神留给世人一段鼓舞人心的传奇故事。

乔布斯的一生是坎坷而不平的。他是私生子，还未出生已经注定了要被遗弃的命运。"我觉得被抛弃这件事，只会让我更加独立。"对于被遗弃这件事，乔布斯曾经这样说。是的，被遗弃只是让乔布斯更加独立而有思想。他在上初中的时候，就用自己坚定的意志让父母同意搬家；在上大学的时候，就独立决定要去昂贵的里德学院上学；在仅上了一个学期大学之后，就决定退学……可以说，乔布斯一直都在完全按照自己的意志行事。

他目标非常明确，且有实现目标的决心和勇气。

他痴迷禅宗。为了挣到足够的钱去印度进行精神之旅，从未有过正式工作经验的他，一身嬉皮士的打扮就来到当时炙手可热的雅达利公司，并扬言说："得不到一份工作，我是不会离开的。"要知道当时雅达利的招聘启事上标明的条件是有在大公司工作的经历，乔布斯显然不符合这一条。可就是这样的勇气和决心让乔布斯获得了生平第一份正式工作。

苹果公司的诞生更是乔布斯勇往直前的见证。当时除了 Apple I 的主板外，乔布斯什么都没有，甚至这个主板也不是乔布斯设计的。可是没有资金、没有销售渠道、没有员工、没有办公室的苹果公司还是在乔布斯的坚持下成立了。苹果公司的成立资金是乔布斯和自己的合伙人沃兹砸锅卖铁筹来的，乔布斯卖掉了自己最值钱也仅有的财产——一辆大众汽车；而沃兹则卖掉了自己的惠普 65 计算器。

苹果公司的第一单生意也是乔布斯凭借自己的激情和勇气拉来的。Apple I 在制造好后，曾经在一个俱乐部上展示过。这次展示没有吸引到电脑发烧友，倒是引起了一个电脑销售商的注意。在展示结束后，电脑商给了乔布斯和沃兹一张名片，淡淡地说："保持联系。"结果第二天，乔布斯光着脚就冲进了那个电脑商的办公室，说自己来和他联系了。乔布斯的激情打动了这个电脑商，他决定订购 50 台 Apple I。这在苹果公司的发展史上可是个大事件，每当回忆起这件事的时候，乔布斯的好友和合伙人沃兹总是说："那是苹果发展的历程中，最大的一笔生意。"

有人说：要看一个人，不应只看他在顺境中如何得意，更应看他在逆境中如何崛起。

苹果公司成立于 1976 年的愚人节，这似乎注定了乔布斯要受到自己一手创办的公司的愚弄。

1985 年，也就是在苹果公司创办 9 年后，乔布斯遭遇了人生中的最大挫折，他被自己千方百计招聘来的 CEO 赶出了自己一手创办的公司。而这一年，乔布斯刚满 30 岁。

30 岁本应是人生的巅峰时刻，可乔布斯却不得不独自品尝着被驱逐的苦酒。被踢出苹果后，忧郁、彷徨、无助各种情绪困扰着乔布斯，他不明白自己怎么就走到了这一步。他和自己当时的女友去了欧洲，试图通过游历减轻伤痛。在欧洲，他经常会一个人骑着自行车出去，他在佛罗伦萨还认真地研究了当地建筑材料的质地，甚至专门留意了一下那里的铺路石，它们来自托斯卡纳小镇附近费伦佐拉的一家采石场。就像乔布斯当年退学后，选修的书法让他在麦金塔电脑上预置了很多字体一样，这次对于石头的无意关注，后来被乔布斯利用到了苹果零售店里。苹果零售店大部分店面的地板用的都是这家采石场的砂岩。由此可见，即使是在绝境中，即使已经被苹果驱逐，乔布斯仍然眷恋着苹果，仍然怀揣着改变世界的梦想！

乔布斯的消沉并没有持续很长时间，他改变世界的梦想仍然存在，他研制电脑的激情仍然火热，于是，很快他就重新找到了奋斗的目标，重燃了斗志。他决定要成立一家名字为 NeXT 的电脑公司，正如公司名字所昭示的，他要重新开始，奔赴人生中的下一站。

他决绝地卖出了手中持有的苹果的几乎全部股票，只留下了象征性的一股，他的说法是，如果自己愿意，还可以参加董事会。他利用出售股票得到的资金，很快成立了新公司 NeXT。第二年，他又购买了一家公司皮克斯。

如果说成立 NeXT 电脑公司还在众人意料之中的话，购买皮克斯就大大出乎众人意料了。要知道，在购买皮克斯之前，乔布斯从来没有接触过动画产业，估计他和动画最密切的联系也就是小时候看的动画片了。可是这样一个对动画一窍不通的家伙却毫不犹豫地购买了一个动画公司。

这就引出了作为决策者必须具有的另一项能力，那就是对于产业发展趋势和发展方向的精确预测，也就是要具有超前的眼光。

在这一点上乔布斯无疑是优秀的。他早在苹果公司成立之前，沃兹刚做出第一个 Apple I 主板的时候，就预见到 Apple I 代表着电脑产业的发展潮流和趋势；而这一次，乔布斯无疑又预见到了动画产业的发展趋势。

后来，乔布斯回忆购买皮克斯的动机时说："我看到动画的时候，有和在施乐看到图形用户界面同样的感觉。我知道在动画方面他们走在了别人前面。"

这种对于产业未来发展趋势的预测，让乔布斯总是走在时代前沿，占有了竞争优势，而这也成了乔布斯成功的法宝之一。

当别人可能还在逆境中痛苦、彷徨、迷茫的时候，乔布斯已经走出了逆境，一下子拥有了两家公司。这就是乔布斯不同于常人的地方，他有超前的眼光、一往无前的勇气、顽强不屈的意志力和明确的目标，并且为了实现目标，乔布斯愿意付出努力。这种一往无前的勇气，有时甚至让人觉得带有赌徒的性质。

皮克斯冒险上市就是乔布斯赌的最大的一次。当时，皮克斯和迪士尼合作制作的动画片《玩具总动员》大获成功，乔布斯决定在《玩具总动员》上映一周后，让皮克斯公司上市，而且是高价上市（本来确定的股票价格是每股 14 美元，但是乔布斯坚持将每股的价格提高到了每股 22 美元）。这对于皮克斯公司来说，风险是巨大的，要知道，皮克斯公司已经成立 10 年了，但是这 10 年间没有一年是获得很大赢利的，谁会愿意买一个从来没有明显赢利的公司的股票呢？这还真是应了哈姆雷特那句经典的台词："生存还是毁灭，这是个问题。"

但是，乔布斯赌赢了，开盘后不久，皮克斯的股价就飙升到了 45 美元，甚至因为买盘太过而不得不延迟进行交易，乔布斯拥有的皮克斯股票的价值也一下达到了 12 亿美元。而就在上市之前，乔布斯还处于破产的边缘，转眼之间他再次成了亿万富翁。

命运的天平终于向乔布斯倾斜了，上天终于给了这个命途多舛的弃儿应得的回报。可是，与其说这是上天对于乔布斯的馈赠，不如说这是乔布斯自己奋斗、拼搏来的成功。他顽强不息的奋斗精神、对于完美的苛刻追求、改变世界的激情、超前的眼光，真正地奠定了他成功的基石，也谱写了他精彩的人生传奇。

在皮克斯的成功上市让乔布斯从濒临破产到再次成为亿万富翁时，乔布斯接受了《纽约时报》约翰·马尔科夫的采访。在采访中，他对于自己资产的剧增毫不在意，他说："钱对我来说意义不大，我的未来不需要游艇，我做这个从来不是为了钱。"

自从开始创业，乔布斯就很少考虑赚钱的问题，他更多的时候，考虑的是改变世界。对于他来说，赚钱远没有改变世界有吸引力。

在苹果公司成立之初，乔布斯曾经去硅谷著名的风投聚集地寻求风险投资。在那里他见到了素有"硅谷风投教父"之称的唐·瓦伦丁。瓦伦丁见多了怀揣着发财梦创业的人们，他问乔布斯："你的梦想是什么？"他以为乔布斯会像很多人那样回答说："成为百万富翁。"然而乔布斯毫不犹豫地回答："我想改变世界。"瓦伦丁看着这个一穷二白的年轻人，为他的理想所震惊，他觉得眼前这个小伙子要么就是个自大狂，要么就是个超级人才。

1980 年 12 月 12 日，运转良好的苹果公司正式上市了。刚一开市，苹果公司 460 万的公开股在几分钟内就被抢购一空，一天之内股票价格上涨了 32%。这次上市成了有史以来新股上市最成功的一次，也是自 20 世纪 50 年代中期福特汽车公司公开上市超额认购以来，超额认购数量最大的一次。苹果公司一夜之间成就了 300 多个百万富翁，而乔布斯更是一跃成了身家 2.56 亿元的亿万富翁。

乔布斯曾经这样回顾过自己一夜暴富的感受："当我 23 岁的时候，财富达到了 100 万美元；在我 24 岁的时候，财富达到了 1000 万美元；而在我 25 岁的时候，财富则达到了 1 亿多美元。"世界上有资格说这句话的人没有几个，而乔布斯肯定是其中之一。

就像在皮克斯上市后，乔布斯说的那样，财富的多少并没有很大地影响乔布斯的生活。乔布斯的儿子里德·乔布斯总是称乔布斯的好友、甲骨文 CEO 拉里·埃里森为"我们的大款朋友"，可见乔布斯是多么不愿意炫富。乔布斯曾说："我认识的很多 CEO 都有保镖，有的甚至在家里都有保镖，那样的生活太变态了。我不想那样养大我的孩子。"他还说："我见到苹果公司的一些人在赚到钱后，就改变了自己原来的生活方法，这不是我想要的。我答应过自己，不会让钱毁了我的生活。"

这种不追求物质享受的生活方式，可能源于他痴迷的禅宗，禅宗让他认为物质只是把生活充满而不使之充实。不论这种生活方式的来源何在，他都让乔布斯更加专注于自己的理想——改变世界。

作为乔布斯创办的第一个公司，苹果始终承载着乔布斯改变世界的梦想。

在苹果逐步走向没落的时候，乔布斯很伤心，他曾经黯然地说："斯卡利引进下三烂的人和下三烂的价值观，把苹果给毁了。他们只在乎怎么赚钱，而不在乎如何制造出出色的产品。"的确，没有了独特而出色的产品做支撑，苹果公司就没有了区别于其他公司的优势，没落也就必然。

1997 年苹果没落，乔布斯在阔别 12 年后重新回"家"，他每年只象征性地拿 1 美元的薪水（乔布斯说，这 1 美元的薪水，一半是基本工资，另一半要看工作表现来决定拿不拿），却竭尽所能地拯救苹果，因为那是他改变世界最初的战场。罹患癌症后，乔布斯曾说："癌症应该就是在 1997 年患上的，因为那时候我需要皮克斯、苹果两头忙。自那起，我的免疫系统就非常弱。"

在乔布斯回归苹果之前，他和自己的好友甲骨文公司 CEO 拉里·埃里森有这样一段对话，充分地体现了两个人的追求是多么不同。

　　埃里森建议乔布斯通过收购的方法重回苹果，而乔布斯则不赞成这样的方法，他更愿意通过苹果购买 NeXT 而重回苹果。乔布斯对埃里森说："你看，拉里，这样一来，即使你不收购苹果，我也能重新回到苹果。"埃里森说："但是乔布斯，我不明白这样做的话，我们怎么赚钱呢？"乔布斯把拉里拉到自己跟前说："拉里，这就是我对你来说很重要的原因。你要那么多钱干吗呢？"埃里森嘀咕着说："可能我是不需要这些钱，可是为什么要让富达的那些基金经理赚到这些钱呢？"由此可见，乔布斯回归苹果的动机，与其说是赚钱，不如说是改变世界。

　　改变世界的愿望是如此强烈，以至于有时，乔布斯会为了这个理想而采取一些和赚钱的商业法则相悖的行为。

　　Palm 公司 CEO 和 Handspring 公司创始人唐娜·杜宾斯基自哈佛商学院毕业后曾经在苹果公司工作过一段时间。她谈到过这样一件事：当时杜宾斯基正负责打印机从分辨率为 300dpi 向 1200dpi 的转换工作。对于那些旧的库存是要降低价格处理掉，还是从那些想要特价品的顾客身上赚钱，她征求了乔布斯的意见。乔布斯的答案是："把它们直接从产品清单上划掉，人们需要买新的，不需要旧的。"从商业赚钱的角度来看，乔布斯的这一选择无疑是错误的，但是正是这种不考虑金钱因素的思考模式，成就了乔布斯改变世界的梦想。

　　不考虑金钱的态度，成就了乔布斯追求残酷完美主义的天性，让他更加关注顾客的用户体验，而这种从用户体验出发的设计观点，正是苹果公司区分与其他公司的个性之处，也是苹果公司成功的基石和必不可少的要素，它成就了乔布斯改变世界的梦想。

　　汲汲于金钱的人，总是会被眼前的利益所蒙蔽而舍弃长远利益；不考虑金钱的人，却往往能够高瞻远瞩地看到长远利益，从而获得巨大的收益。乔布斯用自己的亲身经历告诉人们：好产品才是赢利的关键，只有做好了产品，才会真正地赢利，永久地赢利；只关注赢利，而不专心做好产品的公司是没有未来的。

　　他，21 岁时拥有了自己的公司，30 岁时被自己一手创办的公司赶出门外，当年创立一家公司，第二年购买一家新公司；他，25 岁时成为亿万富翁，40 岁时处于破产边缘，他 42 岁时重返踢自己出门的公司，在世界范围内掀起了电脑革命、音乐革命、手机革命 56 岁辞世时所持股票价值 46 亿美元；……他的一生就是一部不屈不挠的顽强奋斗史。

他是一个还未出生就已经注定要被抛弃的孩子，他的生命中始终贯穿着被遗弃这个主题，但是他从未放弃过与命运的抗争。

他是一个创造者，他是一个斗士，他是一个传奇……

改变世界的第三只苹果

"感谢乔布斯，是你让我看到了我做的能够改变世界。我永远想念你。"

——马克·扎克伯格

苹果公司刚成立，乔布斯去红杉资本寻求风险投资的时候，曾说过："我的梦想是改变世界。"乔布斯是带着改变世界的梦想创立苹果公司的，苹果始终承载着乔布斯改变世界的梦想。

乔布斯创立了苹果，而苹果成就了乔布斯改变世界的梦想。

苹果改变世界的步伐是从苹果公司的另一创始人——沃兹研制的一块电路板开始的。

当时，电脑还是骇客们热衷的玩意，没有人认为电脑会像厨房的烤箱那样走进千家万户。然而苹果公司的 Apple I 让这一切成了可能。Apple I 改变了人机互动的模式，将人们从枯燥而讨厌的二进制中解放了出来，它最早定义了现代的人机交互方式。Apple I 不是世界上第一台个人电脑，但它绝对是世界上第一台容易操作的电脑。在 Apple I 之前，MITS 公司1975 年初推出的 Altair 8800 非常受电脑迷追捧，但是 Altair 8800 操作起来非常麻烦，因为它用的是传统的二进制计算机语言。而相对来说，Apple I 的操作方式就简单的多了，只要连上键盘和显示器就可以了。Apple I 改变世界的另一个地方在于，它配备了屏幕和键盘，正如 Apple I 的研发人沃兹所说："在 Apple I 之前，所有电脑都有一个难懂的前面板，没有屏幕和键盘。在 Apple I 之后，所有电脑都有了屏幕和键盘。"而 Apple I 所有这些与其他电脑的不同之处，都成就了乔布斯对于电脑的定位——全功能消费品。全功能消费品这一概念，为电脑走进普通百姓家奠定了基础。

如果说 Apple I 是苹果改变世界的前奏，那么 Apple II 就是苹果改变世界的小试牛刀之举了。

它是一款值得彪炳史册的电脑，彻底改变了人们对于电脑的印象；它采用了漂亮的塑料外壳代替笨重而粗糙的铁制或木质外壳；它第一次没有使用风扇散热；它是第一款使用英特尔动态内存的电脑；第一款可以玩彩色游戏的电脑；第一款配备有游戏控制键的电脑；第一款具有高分辨率图形功能的电脑。正如乔布斯所说："苹果二代最伟大的意义在于它是一台成品电脑，而不再是一堆零部件的组合了。"

在多年以后，沃兹依然骄傲地说："即使现在你从 eBay 网上买一台二手 Apple II，它也仍然能正常工作。"

Apple II 的成功是可以预见的，它在发布会当天就收到了 300 份订单，这比 Apple I 在过去一年内的总销量还大。它采用的塑料机箱，让它从那些笨重、粗糙的金属机箱和木质机箱中脱颖而出，让计算机初步具备了个人消费品的味道，拉近了电脑和消费者之间的距离。在 6 年后，Apple II 成了历史上第一款销售过百万的电脑。

承载着乔布斯改变世界梦想的苹果公司第一次改变了世界，拉开了个人电脑的第一个黄金时代。

如果说 Apple I 和 Apple II 更多的是从使用的简便性和功能性重新定义了个人电脑，那么麦金塔电脑就是从人机互动的友好性方面重新定义了个人电脑。

在雅达利公司，乔布斯第一次认识到了用户友好性的重要性，他非常欣赏雅达利公司乒乓游戏的游戏规则"投入硬币——躲开克林贡人"。这种"友好"的概念深深地影响了乔布斯。

1982 年，苹果寻找总裁时，乔布斯曾经和自己心仪的总裁人选斯卡利一起共进午餐。当时还是百事可乐总裁的斯卡利抱怨说，现在大多数计算机用起来都太麻烦了，带来的麻烦比用处还多。乔布斯回答了这样一句话："我们想要改变人们使用计算机的方式。"

乔布斯一直都在致力于改变人们使用计算机的方法，他认为计算机向人们透露出的信号应该是友好而有趣的。他的这一理念，不论是在被苹果踢出去之前，还是被苹果踢出去之后，以及后来回归苹果，始终如一。他一直向人们强调"友好"的概念，而在他之前，从来没有人知道计算机的友好应该是怎样的。乔布斯对于"友好"这一概念的追求深深地融进了苹果公司的基因中，成为了苹果公司区分与其他公司的特征之一。

乔布斯第一次对于"友好"概念的应用是在 Apple II 上，他认为电脑应该是一款像烤箱一样的消费品，这就拉近了电脑和使用者的距离。很快乔布斯对"友好"这一理念有了更深的理解，这得益于对施乐公司的参观。

当时是苹果公司上市前夕，施乐公司以参观施乐为条件，获得了购买苹果股票的资格。这次投资从经济效益来说，施乐是成功的，它仅投入100万美元却获得了3000万美元的收益，但是从知识产权来说，它却是损失惨重的，因为它独有的图形用户界面技术和鼠标概念遭到了外泄。

乔布斯第一次见到图形用户界面技术的时候，就兴奋地跳了起来，因为他敏锐地察觉到了这项技术代表的人机友好互动的概念，是电脑产业未来发展的趋势，有了这项技术，人们再也不用与烦冗的命令符和 DOS 指令直接打交道了。回到苹果后，乔布斯将这两项技术应用到了丽萨电脑和麦金塔电脑上，但是因为半路被踢出丽萨，所以麦金塔电脑更多地体现了乔布斯秉持的人机友好互动理念。

负责制作麦金塔图形用户界面的工程师柯戴尔·瑞茨拉夫说："乔布斯会一个像素一个像素地查看屏幕，确保图像准确对齐。"瑞茨拉夫负责设计的滚动条在整个图形用户界面中并不是特别重要，但即使是对于这些不起眼的部分，乔布斯也坚持要做到完美，坚持应该有比较艺术化的视觉效果。

乔布斯这种对于细节完美的苛刻追求，形成了其独特的个人风格，也深深地影响了苹果公司。

1997 年乔布斯回归苹果后，这种对于"友好"的追求有增无减。在研发 iPod 时，乔布斯认为当前市面上的音乐播放器都太复杂了，大部分人都搞不懂自己的播放器到底有哪些功能，有些功能都不知道怎么用，所以他决定，尽可能地简化 iPod 上的按键和功能，甚至连歌曲播放列表也只能在电脑上完成制作，再同步到 iPod 中。

在制造 iPhone 时，为了避免零件之间的合缝刮到用户的头发，苹果规定主要零件的合缝间距不能大于 0.1 毫米，同时，在测试的时候，测试员会拿着 iPhone 在脸颊上来回滑动，以确认没有一根头发会被合缝夹到。

正是这种从用户角度考虑问题的思维方式和追求残酷完美主义的精神，成就了苹果公司一件件让人们惊艳的产品。苹果公司之所以能够坚持这种思维方式和精神，是因为它和它的工作人员始终坚信自己不止是在制造产品，更是在谱写历史，在改变世界。

乔布斯认为，人们不知道自己想要什么，直到你把商品摆在了他们面前。乔布斯说："我记得亨利·福特曾说过：'如果我最初是问消费者他们想要什么，他们应该是会告诉我，要一匹更快的马！'"1984 年 1 月 24 日，麦金塔电脑发布当日，《大众科学》的一位记者问乔布斯在制造麦金塔电脑之前，做过什么类型的市场调查。乔布斯嘲讽地回答说："亚历山大·格雷厄姆·贝尔在发明电话之前做过市场调研吗？"可见，乔布斯将苹果公司和发明了电话、改变了世界联络方式的贝尔放在了同等的地位，这猛地听起来有些狂妄，但是 Apple II 和麦金塔时期的苹果是承受得起这个说法的。当时苹果公司凭借先进的技术和无比的创新能力，成功地开辟出一个本来不存在的个人电脑市场，拉动个人电脑产业的发展，这不能不说是很伟大的。如果没有苹果公司，个人电脑时代的到来至少要晚 5 年。

如果乔布斯没有被苹果公司踢走，也许苹果创造历史、改变世界的步伐仍将继续，然而，乔布斯被苹果流放了 12 年。12 年后，当乔布斯回归苹果的时候，电脑产业的面貌已经发生了翻天覆地的变化：原来的领头羊——苹果现在已经没落了，市场份额持续下降，处于破产的边缘，微软夺取了全面的胜利。这让一手创办了苹果，并对它寄予厚望的乔布斯很是伤心。在乔布斯回归苹果前夕，他曾经黯然地说："PC 产业的战争已经结束了，都结束了，微软早就赢了。"

乔布斯回归苹果时面临的就是这样一个产业格局。尽管苹果在 PC 之战中败北，让乔布斯很失望，但是他仍然深爱着苹果，毕竟这里是他改变世界的梦想开始的地方。回归苹果后，乔布斯开始了拯救苹果的大业。

曾经在苹果担任过主任工程师，目前在盛大多媒体创新研究院担任院长的陆坚认为，一个时代人们所穿衣服的颜色和款式与社会风俗、生活观念、人文理念等都有密切关系，中世纪的西方人和建国初期的中国人，衣服颜色上都非常单调。西方在文艺复兴之后，中国在改革开放之后，人们的衣服颜色才变得五彩缤纷起来。他认为，电脑领域也一样，真正的创新应该是改变人们习以为常的现状。

初回苹果的乔布斯，就做了陆坚口中的这类创新者。既然 PC 战争已经结束了，乔布斯认为苹果要想在电脑产业再次取得成功，只有独辟蹊径，开辟出一块新的市场。这时设计师乔纳森·艾维助了乔布斯一臂之力。

艾维一直非常关注电脑的外形和颜色，在乔布斯的支持下，他的很多理念得到实践，于是有了乔布斯回归苹果后第一款改变世界的产品——拥有海蓝色半透明外壳的 iMac。随后苹果又推出了其他四种颜色亮丽的 iMac。

iMac 问世后，乔布斯的老对手比尔·盖茨不屑地说："苹果领先的只是颜色而已，没有什么了不起的，"接着他故意指着一台漆成红色的 Windows 电脑说，"我们很快就能做到。"

然而，就像陆坚分析的那样，乔布斯的这招颜色战略意义就在于打破了人们习以为常的现状，它重新树立了苹果公司潮流、时尚的品牌形象，在年轻一代的消费者圈子里，开辟出了一块市场。

iMac 的成功，将苹果公司拉出了濒临破产的泥潭。没有了后顾之忧，苹果开始在改变世界的道路上大放异彩。

乔布斯曾经说："苹果公司更乐于去定义一个新市场，而不是参与到众多公司为一款前景难料的产品制造生存空间的战争中去。"

苹果公司在定义一个新市场时，更多的时候，凭借的是乔布斯敏锐的眼光，这种眼光让苹果公司总能在看似饱和的市场中，发现商机，开辟出新的市场。

苹果公司 2001 年发布的 iPod，在世界范围内掀起了一场音乐革命，人们不论在世界哪个地方，都可以看到戴着白色耳机听音乐的身影。2007 年，苹果公司发布 iPhone，这款手机自 2007 年 6 月开始发售到 2010 年底，销量达到了 9000 万部，利润占了手机市场利润总额的一半以上，就像乔布斯在手机发布会上说的那样："苹果重新发明了手机。"2010 年，苹果公司推出了乔布斯留给世界的最后礼物，也是苹果公司有史以来最成功的消费品 iPad，它在短短的 9 个月内，销量达到了 1500 万台，重新搅热了平板电脑市场。

其实在苹果公司发布这些产品之前，市场上也有同类商品存在，但是乔布斯一眼就看出市场中充斥的都是二流商品，从而为苹果公司推出同类产品提供了借鉴和定位依据，这样苹果产品的胜出也就不足为奇了。

苹果公司从不和同类商品直接竞争，它总是独辟蹊径地开创出一个新的市场，吸引消费者自己进入这个市场中，可能这才是苹果公司真正的伟大之处吧。

乔布斯曾经说："我的激情在于打造一家可以传世的公司，这家公司里的人动力十足地要创造出伟大的产品，其他一切都是第二位的。"他还说："有些人自称为'企业家'，但是创办企业的目的却是卖掉或在上市后一走了之，我讨厌这样的企业家。他们不愿意花精力打造一家真正可以传世的公司，因为打造一家这样的公司太难了。但是也只有那样，你才能对这个世界有所贡献，为前人留下的遗产添砖加瓦。"

如果说之前，乔布斯一直在做的是从企业文化的角度打造一家创世公司，那么自 2010 年起，乔布斯开始有了具体动作。

2010 年乔布斯心目中的传世公司之一——惠普决定弃用库比蒂诺园区，这个园区距离苹果总部不远，所以他悄悄地买了下来，并聘请了他认为世界上最好的建筑公司——诺曼·福斯特爵士的公司来负责园区的规划。他希望这个新建的苹果公司总部可以成为一个传世的项目。他说："我想留下一个标志性的园区，可以体现这家公司的价值观，代代相传。"

2010 年 5 月，苹果公司的市值超过微软，成了地球上最有价值的科技公司。2011 年春天，苹果公司的股票估价达到了 350 美元，比 1997 年的 3.4 美元，上涨了 100 倍。乔布斯曾经说过："我的目标是打造一家就像迪士尼、惠普、英特尔那样可以传世的公司。"无疑他做到了。

乔布斯时代的苹果改变了世界，后乔布斯时代的苹果能否继续改变世界，我们拭目以待……

声明：本书由于出版时没有及时联系上作者，请版权原作者看到此声明后立即与中华工商联合出版社联系，联系电话：010-58302907，我们将及时处理相关事宜。